皇宫红樯

中国历代后宫女人的爱恨情仇

向斯 著

人民东方出版传媒

东方出版社

责任编辑:姜 玮

图书在版编目(CIP)数据

皇宫红档:中国历代后宫女人的爱恨情仇/向斯 著.
　－北京:东方出版社,2015.2
ISBN 978－7－5060－7796－5

Ⅰ.①皇… Ⅱ.①向… Ⅲ.①宫廷-生活-中国-古代 Ⅳ.①K220.6

中国版本图书馆 CIP 数据核字(2014)第 240004 号

皇 宫 红 档

HUANGGONG HONGDANG

——中国历代后宫女人的爱恨情仇

向 斯 著

东方出版社 出版发行

(100706 北京市东城区隆福寺街 99 号)

环球印刷(北京)有限公司印刷 新华书店经销

2015 年 2 月第 1 版 2015 年 2 月北京第 1 次印刷

开本:710 毫米×1000 毫米 1/16 印张:30.5

字数:515 千字

ISBN 978－7－5060－7796－5 定价:68.00 元

邮购地址 100706 北京市东城区隆福寺街 99 号

人民东方图书销售中心 电话 (010)65250042 65289539

金镶珠宝帽顶

镶珠宝石青绒凤冠

镶珠翠青钿子

金累丝嵌珠宝凤钿

银镀金镶珠宝五凤纹钿尾

铜镀金点翠嵌珠宝双喜纹钿花

二龙戏珠翠条

金镶珠宝二龙挑子

金累丝九龙凤钿口

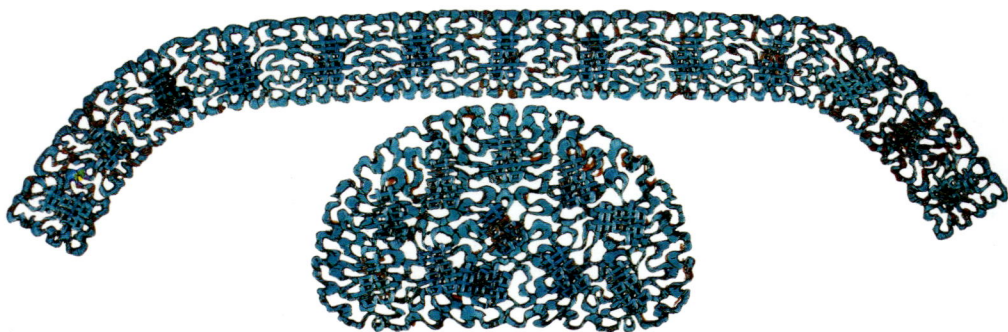

点翠双喜纹头面

点翠凤吹牡丹纹头面

翠如意簪

铜镀金点翠嵌翠珊瑚蝴蝶纹簪

金镶珠翠挑簪

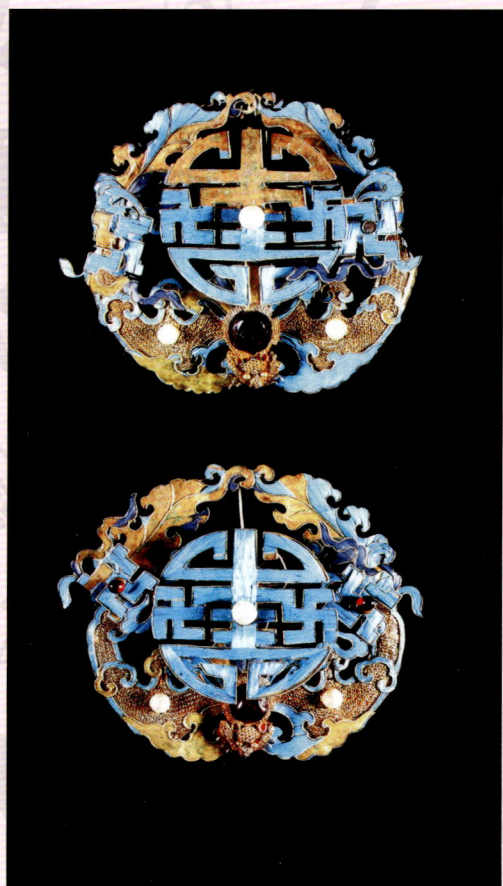

银镀金点翠嵌宝石蝠寿纹簪

红宝石点翠穿珠花

银镀金点翠穿珠流苏

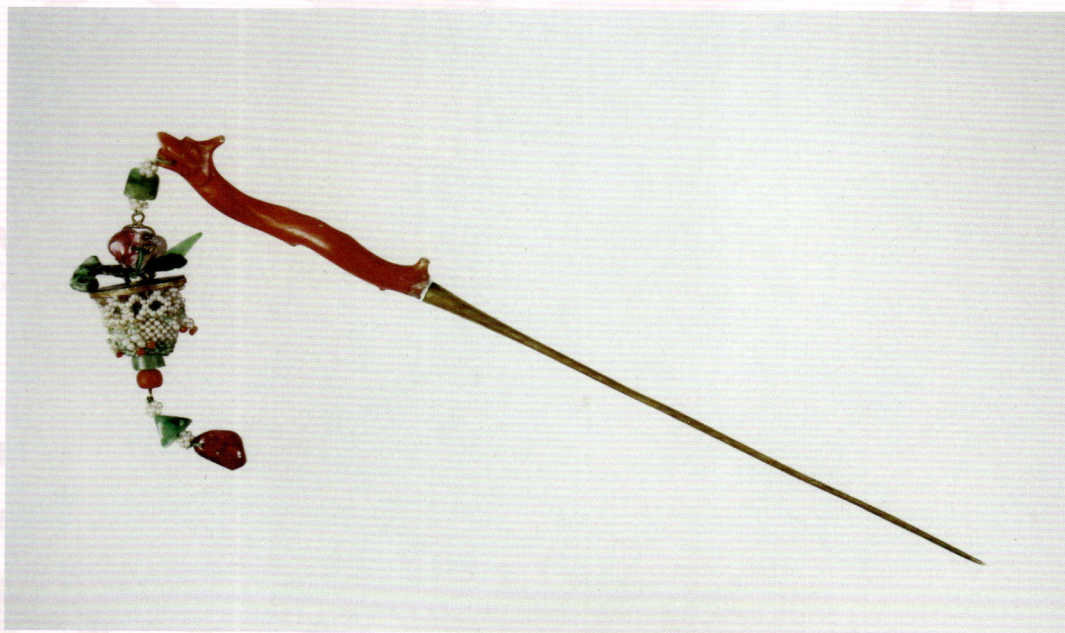

银镀金嵌珠石花蓝式簪

银镀金东升纹簪

金錾花双喜纹扁方

白玉嵌珠宝翠花卉纹扁方

红宝石朝珠

碧玺朝珠

米珠龙形耳环

翠玉耳环

碧玺珠软镯

金镶珠翠软手镯

金镶九龙戏珠镯

玳瑁镶金嵌珠宝镯

水晶手串

银镀金珠石累丝指甲套

翠十八子手串

珊瑚带珠翠十八子手串

金镶翠戒指

金镶蓝宝石戒指

碧玺带翠螭纹佩

金点翠花囊

翠玉镂雕双面香囊

翠香囊

目　录

引子：皇帝的女人们　/001

第一章　秦宫风月　/005
　　一、赵姬——从歌舞伎到太后　/007
　　二、深宫秽行　/009
　　三、宫廷政变　/010
　　四、敢谏者下油锅　/011

第二章　汉宫后妃　/013
　　一、第一位女皇吕后的爱恨情仇（上）/015
　　二、第一位女皇吕后的爱恨情仇（中）/018
　　三、第一位女皇吕后的爱恨情仇（下）/019
　　四、戚夫人的悲剧命运（上）/022
　　五、戚夫人的悲剧命运（中）/024
　　六、戚夫人的悲剧命运（下）/026
　　七、汉武帝金屋藏娇（上）/028
　　八、汉武帝金屋藏娇（下）/029
　　九、歌伎卫子夫（上）/031
　　十、歌伎卫子夫（中）/034
　　十一、歌伎卫子夫（下）/036
　　十二、北方有佳人（上）/045
　　十三、北方有佳人（下）/046
　　十四、汉成帝迷恋温柔乡（上）/048
　　十五、汉成帝迷恋温柔乡（中）/050

十六、汉成帝迷恋温柔乡（下）／052

十七、娶妻当娶阴丽华 ／055

第三章　汉宫隐私 ／057

一、汉宫后妃制度 ／059

二、明妃出塞（上）／060

三、明妃出塞（中）／063

四、明妃出塞（下）／064

五、门阀家族与皇帝联姻 ／067

六、铁血窦太后 ／068

七、淑女邓博士（上）／069

八、淑女邓博士（中）／071

九、淑女邓博士（下）／076

第四章　六朝恩怨 ／079

一、曹操好色（上）／081

二、曹操好色（中）／083

三、曹操好色（下）／084

四、洛神甄夫人（上）／086

五、洛神甄夫人（中）／089

六、洛神甄夫人（下）／093

七、黑旋风贾皇后（上）／097

八、黑旋风贾皇后（中）／107

九、黑旋风贾皇后（下）／110

十、铁腕冯太后（上）／114

十一、铁腕冯太后（下）／120

十二、冯氏姐妹花（上）／124

十三、冯氏姐妹花（中）／129

十四、冯氏姐妹花（下）／134

十五、齐宫尤物冯小怜 ／149

第五章　隋宫日月 ／155

一、隋宫后妃制度　/ 157

二、皇帝唯一的妻子（上）　/ 157

三、皇帝唯一的妻子（下）　/ 159

四、端庄萧皇后　/ 162

五、太子逼淫后母　/ 163

六、痴情侯女　/ 166

第六章　唐宫的女人们　/ 169

一、窦皇后的眼界　/ 171

二、贤德皇后长孙氏　/ 173

三、第二位女皇的爱恨情仇　/ 177

四、韦氏、太平公主与上官婉儿　/ 192

五、万千宠爱杨玉环（上）　/ 203

六、万千宠爱杨玉环（中）　/ 212

七、万千宠爱杨玉环（下）　/ 219

八、梅妃江采萍　/ 226

第七章　大唐风情　/ 237

一、唐宫后妃制度　/ 239

二、花鸟使选美　/ 240

三、宫女得幸之门　/ 242

四、唐宫才人　/ 246

五、宫人生活　/ 256

六、红叶题诗　/ 257

第八章　五代风流　/ 261

一、皇后爱珍宝不爱皇帝（上）　/ 263

二、皇后爱珍宝不爱皇帝（下）　/ 266

三、后唐宫人生活　/ 268

四、蜀主心上的花蕊夫人（上）　/ 269

五、蜀主心上的花蕊夫人（下）　/ 270

六、前蜀玉箫　/ 271

七、风流李后主 / 272

第九章　大宋繁华梦 / 275

一、太祖三贤后 / 277

二、太宗三贤后 / 278

三、真宗痴情刘美人 / 279

四、悲情李宸妃（上）/ 280

五、悲情李宸妃（下）/ 281

六、名妓李师师（上）/ 282

七、名妓李师师（下）/ 285

八、韦贤妃（上）/ 287

九、韦贤妃（下）/ 288

十、亡国帝后的悲凉 / 289

第十章　草原悲歌 / 299

一、宫中后妃制度 / 301

二、辽景宗萧皇后 / 301

三、《十香词》淫词冤案（上）/ 303

四、《十香词》淫词冤案（中）/ 310

五、《十香词》淫词冤案（下）/ 315

六、元妃李师儿 / 320

七、末代皇后的命运 / 323

八、月夜谁吹笛 / 325

第十一章　明帝妻妾成群 / 327

一、仁德马皇后 / 329

二、钱皇后彻夜跪哭 / 331

三、奇特的生死恋 / 333

四、皇后临危不乱 / 336

五、舍身殉情 / 339

六、宫女的幸福之门 / 341

第十二章　清帝的女人们 / 343

一、清宫后妃制度 / 345

二、孝庄太后嫁叔之谜（上）/ 351

三、孝庄太后嫁叔之谜（下）/ 354

四、顺治出家 / 359

五、康熙家庭生活 / 364

六、英俊天子弘历 / 385

七、孝贤皇后的爱情（上）/ 389

八、孝贤皇后的爱情（中）/ 391

九、孝贤皇后的爱情（下）/ 392

十、皇后削发风波（上）/ 396

十一、皇后削发风波（中）/ 397

十二、皇后削发风波（下）/ 399

十三、花心（上）/ 401

十四、花心（下）/ 403

十五、香妃之谜（上）/ 404

十六、香妃之谜（中）/ 406

十七、香妃之谜（下）/ 409

十八、乾隆最后的爱妃 / 412

十九、咸丰嫖妓 / 413

二十、第三位女皇的爱恨情仇（上）/ 414

二十一、第三位女皇的爱恨情仇（中）/ 419

二十二、第三位女皇的爱恨情仇（下）/ 428

二十三、光绪皇帝的爱恨情仇（上）/ 433

二十四、光绪皇帝的爱恨情仇（中）/ 442

二十五、光绪皇帝的爱恨情仇（下）/ 457

二十六、末代帝后（上）/ 471

二十七、末代帝后（中）/ 474

二十八、末代帝后（下）/ 479

后　记 / 481

引子：皇帝的女人们

1. 后宫嫔御制度

冰肌玉骨清无汗，水殿风来暗香满。

绣帘一点月窥人，倚枕钗横云鬓乱。

起来琼户启无声，时见疏星度河汉。

屈指西风几时来，只恐流年暗中换！

这是后蜀主孟昶写给他的美人花蕊夫人的一首《玉楼春》，生动地再现了他们纵情欢娱的后宫生活景象。时逢盛夏，炎炎的热风如幽灵般在天地间游荡。然而，在后蜀主迷恋的御苑摩诃池上，香风流溢，荷花盛开，灿烂如朝霞的木芙蓉花，蜿蜒数十里，如同一条赤色的长蛇，美丽娇艳。御苑的山坡上，瀑布飞溅，雾气蒸腾，水面上浮动着万千珍珠。充满百合、牡丹、并蒂莲和栀子花花香的薄雾弥漫在灰蒙蒙的水面上。

皇帝和他的女人们尽情地游览着微波荡漾的摩诃河，在流光溢彩的龙舟上彻夜狂欢。夜色中的御苑格外宁静，浩瀚的天空广漠无边，蓝色天幕下的星空格外灿烂。这是一幅清香扑面、风软树静的画面，这御苑胜地，就是金枝玉叶的人间天堂。可是，仿佛是刚刚游乐了摩诃河，宋军就突然兵临城下，宋太祖俘虏了孟昶和他的妻妾。宋太祖踌躇满志，在御苑的摩诃河边设宴庆功，让花蕊夫人献诗。夜色中的花蕊夫人格外美丽，她看了一眼奢华的宫苑，一挥而就：

君王城上竖降旗，妾在深宫哪得知？

十四万人齐解甲，再无一个是男儿！

中国有五千多年的文明历史，两千多年的帝制时代，造就了五百多位帝王，或者说，有五百多位专制帝王成就了两千多年的铁血统治时代。皇帝为了王朝能够传承千万代,广选天下美女,充实后宫。后宫是一个无声的战场,皇帝和他的后宫女人们,演绎着一幕又一幕悲欢离合的故事,上演着他们的爱恨情仇。在中国古代的宫廷之中,皇帝蓄养着成千上万的女人。据说,唐代时达到了4万,这是后宫女人数量的最高峰。可以说,这个数量十分惊人,在世界上也是独一无二的。

中国宫廷之中,女人的数量没有具体规定。不过,历代性喜渔色的帝王们,如同竞赛一般,竞相打破后宫女人数量的记录。饱读诗书的儒生体谅皇帝的苦衷,苦心孤诣地为皇帝建立了一套嫔御制度。他们把为皇帝提供性服务的制度称为嫔御制度,嫔御们所居之地称为六宫。皇后是皇帝的正式配偶,位居中宫,统率六宫,是六宫之长。因此,嫔御制度又称六宫制度。六宫嫔御成为制度,就需要给为皇帝提供性服务的女人定立名号。周代天子之时,正式确立了六宫名号,皇帝后宫,设一后、三夫人、九嫔、二十七世妇、八十一御妻,共一百二十一人。

周代这套后宫制度,明确后妃的身份,用于后宫内治。用于治内的六宫制度,和用于治外的六官制度是相辅相成的,它们一内一外,共同辅佐皇帝,治理天下。六官制度确定的是一相、三公、九卿、二十七大夫、八十一元士,也是一百二十一人,他们辅佐皇帝,治理朝政。在中国的儒家观念中,只有修身、齐家,才能治国平天下,家是十分重要的。皇帝的家就是后宫,六宫制度就是管理后宫、为皇帝提供服务的制度。

皇帝是天,皇后是地。天为乾,地为坤,皇天配后土。皇帝君临天下,皇后母仪天下,皇后是皇帝的正妻。中国各个朝代基本上都是设立一个皇后(有些少数民族建立的王朝例外)。皇后正位宫闱,体同天王。夫人坐论妇礼,九嫔掌教四德,世妇主知丧祭宾客,女御伺王燕寝。当然,这只是礼制上相关嫔御的分工,她们在后宫中的主要职责,就是为皇帝服务,伺候皇帝。皇后虽然体同天王,但她的身份还是依附于皇帝。如果皇帝不喜欢,或者皇后与皇帝喜爱的宠妃发生激烈冲突,皇帝都可以废除皇后,另立自己中意的女人。

2. 无声的战场

事实上,中国两千年帝制时代的宫廷之中,无数的女人侍奉一个丈夫,后宫是无法安宁的。有得宠的自然就有失宠的,有欢乐的自然就有痛苦的。皇帝的后宫,就成为无数女人争宠的战场,这个战场是无声的。结局同样悲壮和严酷。每场生死交战,胜利者享受荣华富贵,尊宠无比;失败者则万劫不复,苦海无边。对于失败者而言,不仅幸福没有了,甚至连最基本的生存机会也失去了。她们从天堂滑落，坠入万丈深渊，从此，就生活在血泪斑斑的岁月之中，苟延残喘，了却残生。或者，她们会被囚禁于冷宫内，没有日月，没有温暖，居住在门窗完全封闭的斗室，受到各种酷刑的折磨，命运更加悲惨。

作为女人，不妒忌、不怨恨、不争风吃醋是不可能的。翻阅中国历史，仔细研究，就会有惊人的发现：中国两千年的帝制时代，有550多位帝王，有数千个后妃；皇帝长寿的很少，平均年龄是39岁；皇后的平均寿命都不长，多数也是活不到40岁。女人本不安宁，后宫的女人都不简单，一个比一个精明。生活在女人群中的皇后心里不轻松，嫉妒、心酸、期望、失落，度日如年，循环往复，动荡和心烦的日子似乎没有尽头，未来的生活好像永远都不踏实。对于后宫的女主人来说，嫉妒的火焰如果不能彻底烧死对手，就会锥心刺骨地烧死自己。

有些皇后知书达理，修养较高，她们能够控制自己的情绪，调节自己嫉妒的程度。或者能够干脆将嫉妒之心隐藏起来，以一种超然态度泰然自若，淡然处之。或者每天吟诵佛经，阅读经史，绘画习字，以高雅的爱好娱乐自己，转移视线，回避那些烦恼的问题。

从心理上说，皇帝希望后宫安宁，喜欢温柔、礼貌、文质彬彬的后妃，讨厌嫉妒、粗鲁、胡搅蛮缠的女人。这样，贤后是皇帝心目中理想的女人。于是，宫中就有了教导后妃的《历代贤后图》。贤后懂得体谅皇帝，以关切之心来展示她博大的胸怀，甚至主动去后宫物色贤德的女人，献给皇帝。皇后为皇帝所想，能够做到这一步，实在是太难了。事实上，皇后每天为情所困，为爱所苦。每天，妒情炽热，如火焰一般地燃烧着，刺激着皇后们脆弱的神经。

如果败下阵来，皇后完全失宠，名誉、地位、身份、财富等，一切就都失去了。

3. 皇帝的爱情

人们会问，两千余年的帝制时代，中国帝王、后妃的一生之中，是否有过真正的爱情？是否在权色交易之外，真正存在过不计后果、撕心裂肺的情感？答案应该是肯定的。有些皇帝迷恋他的后妃，追寻自己的爱情，看重感情的依恋；有的皇帝看重感情，蔑视伦理，甚至于只要美人不要江山。不过，在绝大多数情况下，皇帝和他的女人，是离不开权和色的，让人分不清楚，他们之间，是权、色的分量重还是感情的成分多。

帝王睥睨天下，傲视四海，对于一切，他们都是以上临下的居高姿态。御，对于帝王而言，很生动，也很贴切。帝王对于一切都是御，一切都是被帝王所御。在中国漫长的历史长河中，"御"是帝王独享专用的动名词：衣服是御服，饮食是御膳,帝王专用的道路是御道,后宫的女人们是帝王的嫔御;帝王和宫中的女人发生关系叫做御幸,女人被皇帝召来侍寝叫做进御。如此种种,表达的是一种观念,就是世间一切,都是帝王的私有之物,都是供帝王们享受的。

有趣的是,帝王们初得天下之时,往往要采取措施,革除前朝积弊,以此来收拢人心。中国无数的改朝换代的变迁之中,帝王们一个经典的措施,就是罢废前朝宫室苑囿的建筑工程,大量放还宫中女人。帝王们这样做,无非是表明自己专心政务,不好女色。随着政权稳固以后,天下太平,经济繁荣,帝王们的淫欲开始膨胀了,渐渐疏于政务,开始讲求享乐。帝王们的享乐与普通人没有什么不同,无非也是声、色、犬、马,所不同的是程度而已,帝王们一旦开始寻欢作乐,欲望之门洞开,往往沉溺其中,不能自拔。帝王们痴迷于女色,有时达到了近乎疯狂的程度,这样,美女就会被称为女祸。最坏的结果,就是家破人亡、社稷倾覆。

第一章

秦宫风月

　　周孝王时,封伯益后代于秦(甘肃张家川),嬴姓,生活在犬丘(陕西兴平)一带。周宣王任命秦仲为大夫,犬戎杀死秦仲,秦仲长子庄公打败犬戎。庄公子秦襄公护送周平王东迁有功,封为诸侯。襄公子秦文公击退犬戎,占领岐山以西之地。春秋时,建都于雍(陕西凤翔东南),占有今陕西中部、甘肃东南。秦穆公时,攻灭十二国,称霸西戎。战国初年,发生内乱,国力衰弱。秦孝公任用商鞅变法,迁都咸阳,富国强兵,为战国七雄之一。秦惠王时,夺回河西之地,攻灭巴蜀,夺取楚国之汉中。秦昭王时,不断攻取魏、韩、赵、楚等国大量土地。

　　公元前 221 年,秦王嬴政统一中国,定都咸阳,建立秦王朝,正始称帝,称秦始皇,在位 11 年。秦之疆域,东、南到大海,西到今甘肃、四川,西南到云南、广西,北到阴山,东北至辽东。秦历时 14 年(前221—前 206 年),凡三世:秦始皇、秦二世胡亥、秦王子婴,灭亡。秦始皇行踪隐秘,他的身世一直是未解之谜。秦始皇的母亲赵姬敢爱敢恨,特立独行。大秦宫中,风月无边。

　　秦宫风月，引人怀想。风月中的风流人物无数，而震惊天下、改变历史的却是一位身材瘦小、腰肢柔美、相貌标致的女人。这位女人婀娜多姿，端庄美丽，然而，她却以柔情似水、不守妇道而闻名历史。她就是秦始皇的母亲赵姬。

　　秦始皇嬴政是中国第一位皇帝，他君临天下，头戴流冠，仪态万方，指挥着有庞大的秦军横扫六合，统一天下。这位叱咤风云的皇帝，可谓天地间顶天立地、睥睨四海的第一人。

　　然而，秦始皇的身世是一个历史谜案，他自己对此讳莫如深。他的母亲是一个歌舞伎，与大商人吕不韦有着特殊的暧昧关系，怀孕之后，吕不韦将她送给秦王，接着就生下了嬴政。从此以后，这个女人如影随形地跟随着他。他东征西讨，指挥大军一步步夺得天下。赵氏的身份发生着变化，从一个歌舞伎一跃成为母仪天下的太后。令秦始皇汗颜的是，秽行和绯闻始终缠绕着她，在他少年的心里留下阴影。直到他君临天下，秦始皇一直为此胆战心惊、忍辱蒙羞。

一、赵姬——从歌舞伎到太后

1. 质子子楚

　　秦始皇的母亲人称赵姬，谁也不知道她是一个怎样的女人，她是如何从一个风流的歌舞伎一跃而为大秦王朝的太后。有人说，这是秦帝国的宫禁之谜，人们讳莫如深。太史公司马迁大量阅读秦史，揭开了这个秦宫谜案。从史书记载上看，战国末年，秦成为七雄之一，七雄之中，秦是实力最为雄厚的、称霸一方的诸侯。七十高龄的秦昭襄王驰骋沙场已历半个世纪，他知道自己的时日已经不多了。谁来接替王位？太子柱被封为安国君，太子自然是未来王位的继承人。但是，太子柱最宠的华阳夫人一直没能生下一个儿子。

　　太子柱的众多姬妾中，夏姬备受冷落，夏姬所生的儿子——子楚自然最不得宠。子楚在太子柱的众多儿子中排行居中,在昭襄王眼里,也是一位不大引起注意的皇孙。当时,群雄角逐,各国互相猜忌,又互相利用。于是,各国之间便互派王族子孙作为人质,以此确保彼此的信任。这样,子楚便被昭襄王送到赵国作为质子。

赵孝成王二年(前 264 年),秦将白起一次坑杀赵国四十万降卒,秦、赵关系变得十分紧张,赵国人痛恨西秦。在这种情况下,子楚作为人质生活在赵国,他的狼狈日子可想而知。挣扎在水深火热中的子楚正当对生活绝望的时候,遇见了智慧过人的大商人吕不韦,从此改变命运。

2. 吕不韦的眼光

韩国大商人吕不韦是阳翟(河南省禹县)人。他为人精明,常在韩、赵两国贩运货物,赚了不少钱。他在赵都邯郸颇有名气,能自由地出入皇宫大院。他既有商人的精明,又有政治家的敏锐。同时,他熟知秦、赵的关系和强秦的深宫内幕。吕不韦在拥有相当财富以后,决定投机政治,把赌注压向受尽磨难又在秦宫中没有一席之地的子楚。

有一天,吕不韦拜访子楚,对他进行了一番试探以后,便和盘托出了自己的计划:秦昭襄王已经七十有余了,太子安国君入主王位为时不远。太子宠幸正妃,然而正妃华阳夫人没有儿子。子楚在安国君二十多个儿子中排行居中,又久为质子在外,皇祖和父亲极少亲近,宫中又没有人相佐,一旦安国君即位,再想立为嫡子,几乎没有可能。要想改变目前的处境,结束这种囚禁的生活,目今之计,只有趁安国君还未继位之时,千方百计地进行疏通,谋取太子之位也许还来得及。

子楚被吕不韦的分析所震动,决定接受这一方案。子楚承诺,如果能够继承皇帝大位,将与吕不韦平分天下。吕不韦很高兴,当即表示,他要竭尽全力,为子楚谋取王位继承人的宝座。他先拿出重金,前往秦都,为子楚奔走,四处活动,他又赠送华阳夫人厚礼,令子楚获得其喜爱。华阳夫人最终说服安国君立子楚为王位继承人,特地刻一玉符作为信物,确定了子楚的嫡嗣地位。

3. 美人赵姬

吕不韦十分宠爱能歌善舞的绝色佳人赵姬,二人形影不离,不久,赵姬有了身孕。一日,在吕不韦的安排下,子楚到吕府赴宴,意外地见到了美艳夺人的赵姬,一见钟情。见识过人的吕不韦慎思以后,忍痛割爱,将赵姬慷慨相赠。子楚喜出望外,对吕不韦感激不尽。不久,被子楚宠爱的赵姬生下了吕不韦的儿子。

子楚以为是自己的儿子,不胜欢喜,取名嬴政。这位儿子,就是日后的秦始皇。

公元前 250 年,昭襄王去世,安国君继位,即秦孝文王。华阳夫人立为王后,子楚立为太子。不到一年,孝文王病逝,子楚继位,为秦庄襄王,华阳夫人尊为华阳太后,子楚的母亲夏氏尊为夏太后,夫人赵氏立为王后,儿子嬴政立为太子。子楚兑现承诺,拜吕不韦为相国,封文信侯,食邑十万户。

庄襄王在位三年,因病离开人世,太子嬴政继位,时年十三。嬴政尊母亲赵氏为太后。吕不韦依旧为相国,尊称为仲父,朝野政务尽决于文信侯吕不韦。这时的天下已非秦的天下,而是吕氏父子和赵姬的天下,但嬴政却不知道他的生父是谁,只知道自己是庄襄王的儿子,体内流淌着秦王的血。

赵太后知道儿子的父亲是谁,她爱儿子,但盛年寡居,更眷恋当年云欢雨合的恋人吕不韦。深宫长夜寂寞,赵太后在母仪天下的国母至尊和享乐人生的男欢女爱方面,倾向于后者,欲望战胜了理智。赵太后生活在皇宫,时常召见相国吕不韦,他们相见,当然不是商讨军国重事,而是重拾旧爱,叙述离情。

然而,吕不韦城府极深、富于谋略、未雨绸缪,他看到了和一代太后偷情的危险,尤其是发现秦王一天天长大,吕不韦更加明白,他必须当机立断,从太后的怀抱中脱身,防患于未然。

二、深宫秽行

1. 伟男人嫪毐

吕不韦为了自己顺利脱身,他派人四处查访合适人选送给太后,就在自家舍人中,发现了一个名叫嫪毐的人。嫪毐原是一名邯郸的浪人,算来还是太后的同乡。吕不韦得知他的"本事"十分出众,见识以后,相当满意。于是,他将嫪毐留在了身边,以上好的酒食款待,并时时招来娼女,让他们大肆行乐。

经过精心策划,吕不韦特设盛宴,邀请众多京师好友。酒过三巡,唤出嫪毐,令其脱去衣服,当着众宾朋娼优,开始演示他非凡的性功能。众人大惊,无不叹服。嫪毐惊人的伟力传遍京城,便很快传至深宫。太后得到了奏报,让吕不韦将嫪毐秘密送进深宫。

2. 宫禁行淫

吕不韦派人指控嫪毐犯有重罪,审讯以后,立即判以宫刑。太后和吕不韦厚赐负责行刑的官吏,指使其掩人耳目,假行宫刑。于是,嫪毒以宦者的身份进入深宫,送到了太后身边。从此,他随侍在太后左右,终日欢爱。这样,吕不韦就顺理成章地退出了这场险恶的情感漩涡。

太后和嫪毒忘乎所以,结果,多年未孕的太后再次怀孕,贪恋嫪毒的她竟痴情地想生下孩子。

太后占卜一卦,对嬴政说,卦象显示应迁居宫室,以避灾祸。少年嬴政唯诺听命,太后就带着宦者嫪毒,迁移到远离皇宫的雍城。雍城是个独立的城市,富饶美丽,别具风格,且十分隐秘。太后和嫪毒在此无所顾忌,公然一同起卧,俨然一对恩爱夫妻。

太后在雍城长年和嫪毒欢爱,结果,一连生下了两个儿子。太后痴情于嫪毒,但她知道,这样下去,肯定不会隐瞒多久,一旦事情败露,该如何是好?太后就和嫪毒谋划:一旦奸情被秦王嬴政知道,就一不做,二不休,一举起兵,收拾秦王,取嬴政而代之,并以生下的两个儿子作为嗣君。

太后封嫪毒为长信侯,将丰饶的河西太原郡赐赏他。太后吩咐,雍城宫中的一应事情都决定于嫪毒,而且,雍城的一应军政事务也都尽委于嫪毒。实际上,嫪毒成了雍城这个小小王国的国君。嫪毒富甲天下,威风凛凛。他的僮仆达数千人。嫪毒府门庭若市,不可一世。

三、宫廷政变

1. 太后的私生子

嫪毒在太后的娇惯下,无所顾忌,忘乎所以,结果,招致了灭顶之灾。秦始皇九年(前 238 年),有一天,嫪毒和一位朝臣饮酒。酒醉以后,两人争执起来。嫪毒借着酒劲,怒气冲冲,不无炫耀地抖出了自己的隐私。嫪毒称自己是当今太后的心上人,是当世秦王的假父,这样的身份,你区区朝臣还敢顶嘴?

嫪毒的隐私暴露以后,消息不胫而走。有人就将太后秽行告知已经成年的秦王嬴政。秦始皇得报以后,万分愤怒,立即派人前去查实。调查的结果当然与举报相符,而且,此事还牵涉相国吕不韦。秦始皇恼羞成怒,着手了结母亲这段令他汗颜的奸情。

2. 蕲年宫政变

长信侯嫪毐得河西太原郡为毒国,享受着王侯才有的车马宫室,过着钟鸣鼎食的生活。嫪毐当然不想失去这些,决定先发制人。这是风和日丽的四月,秦始皇嬴政在雍城蕲年宫行冠礼。嫪毐出其不意,先声夺人,窃取秦王御玺和太后玺,急调县卒、宫卫官骑,突袭蕲年宫。嬴政闻变以后,沉着应战,命相国昌平君昌文君领咸阳士卒平息叛乱,攻打嫪毐。双方人马大战于咸阳。

关键时候,长于征战的嬴政颁令悬赏:凡有战功者拜爵厚赏;宦者参战者拜爵一级;国中有拿获嫪毐者赐钱一百万;杀死嫪毐者,赐赏五十万。经过一番较量,嫪毐败北被擒,叛军死伤无数。

嬴政将嫪毐施以重刑:车裂嫪毐,灭其三族。嫪毐的死党卫尉竭、内史肆、佐弋竭、中大夫令齐等二十余人斩首;追随嫪毐的宾客舍人罪轻者为供役宗庙的取薪者——鬼薪,罪重的四千余人夺爵,充军西蜀,徒役三年。太后和嫪毐生下的两个儿子,装入囊中扑杀。太后逐出咸阳皇宫,迁到城外的赍阳宫,断绝母子关系,永不再见。嬴政还特地颁令群臣:敢有以太后事进谏的,当即杀戮,蒺藜其背,断其四肢,悬尸宫外。

四、敢谏者下油锅

1. 墙上的人头

赵太后秽行深宫,虽然有些过分,但终归是嬴政的母亲。嬴政这样大开杀戒,处死了假父,扑杀了两个弟弟,又如此绝情于母亲,朝臣们觉得似乎不妥。虽有禁令在先,但朝臣们还是婉转进谏,结果,先后有 27 人被处死,并真的一一悬尸于宫墙之外。

秦宫血雨腥风,阴气逼人。在这种情形下,秦皇宫外,竟然又走出了一个人,他就是齐国人茅焦。他从容不迫,俨然视死如归,径直来到秦始皇的宫门外,求见嬴政。嬴政当然知道他的来意,让侍从告诉茅焦:看见宫墙外的 27 具尸体了吗? 这 27 人,都是违令替太后说话的,都是这样的结果,你难道还想送死?

茅焦淡然一笑,从容地说:告诉秦皇,天上有星辰 28 宿,现在是 27 人,我正好凑足 28 数;如果怕死,我就不来了! 侍从闻言,立即入门奏报。嬴政一声冷笑,吩咐:备好油锅,把油烧沸。

2. 请下油锅

茅焦不慌不忙地走到御座前,行过叩拜大礼以后,进奏说:小臣之所以敢于面谒陛下,是因为小臣觉得,自古以来,爱惜生命的人并不忌讳死,同样,一个以国家为重,明白国家兴亡道理的君主,也不会忌讳别人说国家危亡;道理很简单,如果只知道忌讳死,那不一定就能够确保长生;如果只知道忌讳亡,国家也不一定就会不亡。所以,世间生死存亡的道理,贤明智慧的君主都想知道,陛下难道不想知道吗?

茅焦停顿片刻,继续说:陛下虽然圣明,但是,最近,陛下有狂悖的行为,——车裂假父,囊杀二位弟弟,将亲生母亲迁出皇宫,然后,又残忍地杀戮直言谏士。陛下想想,商纣、夏桀的行为有过于此吗?如果天下臣民知道这些,臣民们能信服陛下吗?臣民离心,天下崩溃,还会有谁来倾心于秦国?还会有谁愿意归顺陛下?小臣只是替陛下担心罢了。小臣就说这些,请下油锅吧。

茅焦说完以后,从容不迫地解去衣服,走向油锅,秦皇嬴政听了这番话,目睹了茅焦夺人的风姿,心中悦服,感叹:真是一位顶天立地、仁义干云的英雄豪杰!他亲自走下座位,将侠义之士的茅焦扶起来,诚恳地说:先生,请起来吧,你说的有道理,愿意听从你的忠言。于是,嬴政吩咐,拜茅焦为上卿。一场残酷惨烈的杀戮转眼烟消云散,茅焦的义风侠胆扫却了笼罩在秦室皇宫的血腥阴霾。

秦皇嬴政下令,备好车马,亲自驾车,带上随从,前往幽囚母亲赵氏的宫室,亲自迎回母亲。母子相见,泪水横流。嬴政依旧尊赵氏为太后,迎回咸阳深宫——南宫甘泉宫。赵氏从此过上了富贵优裕又平静舒适的生活。

第二章

汉宫后妃

公元前 206 年,汉高祖刘邦灭秦。随后,打败西楚霸王项羽。公元前 202 年,刘邦正式称帝,建立强大的王朝,定都长安(陕西西安),史称西汉。疆域辽阔,东、东南至大海,西到巴尔喀什湖、费尔干纳盆地,以及葱岭地区,南到两广,西南到云南、广西、越南中部之地,北到大漠。西汉历时 214 年(前 206—8 年),凡 13 帝、后:汉高祖刘邦、汉惠帝刘盈、汉高后吕雉、汉文帝刘恒、汉景帝刘启、汉武帝刘彻、汉昭帝刘弗陵、汉宣帝刘询、汉元帝刘奭、汉成帝刘骜、汉哀帝刘欣、汉平帝刘衎、汉孺子婴。再经 17 年动荡(8—25 年),历王莽、淮阳王刘玄、成家公孙述,西汉灭亡。东汉历时 195 年(25—220 年),凡 13 帝:光武帝刘秀、明帝刘庄、章帝刘炟、和帝刘肇、殇帝刘隆、安帝刘祜、顺帝刘保、冲帝刘炳、质帝刘缵、桓帝刘志、灵帝刘宏、少帝刘辩、献帝刘协。

汉高祖刘邦皇后吕雉,协助刘邦,杀韩信、彭越等异姓王,建立西汉王朝。刘邦去世后,其子即位,为汉惠帝。吕后精通权术,执掌军政大权。当年,刘邦宠爱戚夫人,戚氏夺宠,试图夺嫡,鼓动刘邦立自己的儿子赵王如意为太子,未果。吕后掌权后,剁去戚夫人手脚,置于厕所之中,称为人彘。汉惠帝惊吓致死,吕后临朝称制,历时 16 年,建立庞大的吕氏王朝:杀刘氏诸王,分封诸吕为王、侯,控制皇家禁军南北军,宠信大臣审食其,任命为宰相,掌握实权,公卿大夫俯首听命。可以说,吕后是中国历史上没有称帝却拥有最高权力的第一位女皇,她大权在握,为所欲为,她的爱恨情仇惊心动魄。戚夫人、陈皇后、卫子夫、赵飞燕、阴丽华,都是一代佳人,她们的命运扣人心弦。

一、第一位女皇吕后的爱恨情仇（上）

1. 亭长的风度

吕雉是汉高祖刘邦的元配夫人，历史上称为吕后。父亲吕公，是单父人(今山东单县)，由于躲避仇人，避难来到沛县(江苏徐州)落籍。吕公喜欢交友，他和沛县县令是知交。乡民得知这些，便纷纷带着礼物前去拜会吕公。县吏萧何帮吕公料理宴会事宜，事先，萧何对各宾客说："贺仪在千钱以下者，座位就排在堂下。"

当时，刘邦只是一名小小亭长，终日饮酒作乐，赊账都付不起，哪还有钱送呈贺仪？更不可能备千钱以上的礼物。但是，刘邦知道，这可是一次出人头地的好机会，绝不能错过。但若屈居下座，怎么会引人注目？思谋再三，刘邦想出了一计。吕公宴会那一天，刘邦郑重其事地写了一份拜帖，拜贴上赫然写着贺仪一万钱。这在当时，绝对是一个惊人的数目，莫说县吏萧何吃惊，连吕公也非常诧异，连忙亲自出迎，礼接亭长刘邦。刘邦气宇轩昂，彬彬有礼，含笑入座。

吕公细看刘邦，认为这位气度非凡、谈吐风雅的亭长日后不可限量。他心里器重刘邦，在行动上，他更加谦让礼敬，将刘邦请入堂中，坐在上座。刘邦落落大方地坐在上座上，高谈阔论，旁若无人，气质、风度堪称上乘，在座的宾客无不黯然失色。吕公在酒宴过程中，一直观察着刘邦，并细察他的言谈，深究他的面相，吕公心里有谱。宴席结束后，酒足饭饱的刘邦起身告辞，吕公一再挽留。

2. 农妇生涯

客人散去，吕公以香茶招待刘邦。吕公看着刘邦，非常诚恳地对他说："今天见到阁下，面相上显示阁下贵不可言，望阁下好自珍爱。我有一个长女，相貌人品都不是下乘，我有意与阁下结这门亲，收阁下为女婿。"

刘邦喜出望外,没想到白吃白喝一顿丰盛的酒饭不说,拜帖的一万钱还没个交代,就被有这样身份、背景的吕公如此看重,还要嫁他爱女,赠送厚礼。刘邦万分感激之下,当即应允了这门亲事。刘邦不胜惊喜地辞别了吕公,欢快舒畅地奔回家门。

吕公的这位大女儿,就是日后汉高祖刘邦的皇后吕雉。当时,吕夫人急了,大喊:老头子,你疯了!刘邦只是一个小小亭长,终日游手好闲,不务正业。贺仪一万钱本来就是假的,是骗吃骗喝,也就罢了。可是,你还要上赶着嫁女儿。吕公认真地说:妇道人家,知道什么!吕雉在吕公的坚持下嫁给了亭长刘邦。当时,刘邦家景不富裕,成家以后,自立门户,刘邦依旧游侠放任,广交朋友,家里的生计全靠吕雉料理。一晃就是几年,吕雉从一个娇小姐变为农妇,一年四季下地耕作,操持家务,并先后替刘邦生下了一儿一女。

3. 相面

有一天,刘邦休假,在家歇息。吕雉和子女都在田里干活,一头汗水。一位老人路过这里,口渴了想喝点水。老人边喝水,边和温和地与吕雉闲聊。老人善于看相,初见到吕雉就大为心惊,等细加观察,越发地不敢相信自己的眼睛。老人告诉吕雉,她的命极贵,面相上贵不可言。老人又请她叫过儿子、女儿,也看一看。老人细看了吕雉的一双儿女,告诉吕雉,日后她之所以大贵,是由于这个儿子,儿子相貌是大贵之相,至于女儿,也是贵不可言。老人喝完茶后,就辞别了吕雉,向前赶路。过了一会,刘邦来到田间,吕氏告诉了刚才的一切。刘邦闻言后,急忙追赶那位老人。

刘邦果然追上了老人,恭敬地谦让一番后,刘邦也请老人替他看相。老人细细审视,不禁心中大惊。老人告诉刘邦,他的妻子和儿女之所以大贵,是由于他能大贵,贵不可言。老人希望刘邦好自珍重。刘邦恭送老人远去,心中大喜,想象着自己贵不可言,想必能入朝拜相?位极人臣?这时,身为亭长的刘邦恐怕还不敢奢望能够做上皇帝。

4. 收拾功臣

公元前208年,刘邦38岁,儿子刘盈刚刚5岁,刘邦揭竿而起,举兵反秦。汉王五年(前202年)冬天,刘邦战胜项羽,在定陶即皇帝位,定都洛阳,随后,迁都长安,也就是项羽火烧的秦都咸阳。刘邦即皇帝位后,册立吕雉为皇后,长子刘盈册为皇太子,女儿封为鲁元公主。

　　刘邦即皇帝位的第十年,代相陈豨造反,刘邦统兵讨伐,平息了叛乱。吕后回到京师长安。随后,她设计逮捕了阴谋政变的淮阴侯韩信。未加审讯,她就极其果断地将韩信杀于深宫长乐宫。韩信曾统兵百万,富于谋略和机变。韩信临死时,怎么也不相信,自己英名一世,竟葬送于一个妇人之手!韩信不甘心赴死,可是,最终,他还是在吕后的冷笑中命归西天。

　　手握兵权的陈豨、韩信覆灭后,刘邦、吕后需要铲除的下一个目标,就是开国大功臣、都于山东定陶的彭越。韩信被捕后,彭越惶惶终日。彭越的大将扈辄劝彭越干脆起兵造反,彭越犹豫不决。刘邦得讯,立即派兵围剿,活捉了彭越,将降他为庶人,充军四川。充军途中,刚出京城,彭越刚好遇上了从长安东来的吕雉皇后。彭越很委屈,对吕后诉说自己的不幸,赌咒发誓说自己没有谋反。最后,他伤心落泪地请求吕皇后,虽然不敢奢望求皇上赦免无罪,但请吕后代为求情,望不要发配遥远荒僻的四川,看能否改旨发配老家山东昌邑。吕后听完以后,满口答应,并对彭越说:你是功臣,为大汉帝业立下了赫赫战功,你的家人都在吧?一起回去,一定恢复你们的王位。彭越喜出望外,感激涕零。吕后便自作主张,带着配犯彭越一行人一起回到汉宫。

　　吕后回宫后,马上去见刘邦,对刘邦说:在回来的路上,遇见了彭越,就把他和他的家人都带回来了。吕后问他:废除了彭越梁王之位?刘邦点头:废为庶人。吕后又问:放逐蜀地?刘邦又点头:流放边疆,让他死在那里,除去后顾之忧。吕后摇头,笑着问他:知道什么是放虎归山吗?一语惊醒,刘邦大为震惊。

　　吕后接着说,彭越是大将军,劳苦功高,为创建大汉江山立下了汗马功劳,以他的才能和功绩,无论在哪里都是极富号召力的。如果将他充军到遥远的四川,那么必定鞭长莫及,无法控制他。这样,四方心怀怨恨和怀有野心的人必定会追附他,一同谋反。四川是天府之地,富甲一方,一旦彭越在那里形成势力,起而造反,岂不是自遗祸患吗?刘邦吓出一身冷汗,心想,如果彭越再来一次明修栈道、暗度陈仓,这江山是谁的就真难说了。

　　刘邦茅塞顿开,恍然大悟。幸亏精明过人的妻子想到了这些,带回了彭越。刘邦感激地望着吕后,试探地问她该如何处理,是不是真的改旨将彭越发配山东昌邑,以好就近控制?吕后摇头,做了一个杀的手势。刘邦明知故问:杀了?吕后摇头:夷三族。

　　刘邦真正明白了吕后的本意后,由衷佩服:眼前这个女人真是深不可测。他想一想,觉得在控制政权方面,自己还真的远不如这个看上去柔弱的女人。刘邦同意以后,吕后便吩咐随从,让人立即告发彭越图谋造反。彭越一直期盼着吕后带来的喜讯,没想到,等待他和他家族的却是极刑,他被糊里糊涂地推出斩首,他的三族也被追杀干净。至死,彭越都不知道是谁杀了他。

二、第一位女皇吕后的爱恨情仇(中)

1. 皇帝的婚姻

刘邦去世后,小刘邦 15 岁的吕后执掌大权,成为掌控朝廷权力的最高统治者,也就是实际的女皇。女皇有三个条件:一是掌握军事力量,二是决定文武官员的任免,三是随心所欲的生活。吕后具备以上条件,在随心所欲的生活方面,最典型的事例,就是拥有情人。吕后的第一个情人就是辟阳侯审食其,他俩的关系在汉宫中成为公开的秘密。汉惠帝四年(前 191 年),吕后要为 21 岁的皇帝刘盈选皇后,思虑再三,她决定亲上加亲,将自己还没有成年的外孙女张嫣嫁给已经成年的儿子刘盈。舅、甥成婚,这是乱伦,刘盈感觉极别扭,张嫣也觉得不是滋味,只有吕太后感觉极好。

2. 吕后的情人

惠帝刘盈对婚姻不满,心情不好。这时,有人密告惠帝,说皇帝的这桩乱伦婚姻是辟阳侯审食其干的! 审氏是母亲的情人,宫里谁都知道。现在,又干涉皇帝的婚事! 惠帝咬牙切齿,决意报复。有一天,惠帝找到一个借口,下旨将审食其逮捕下狱,准备处死。审食其原是刘邦在沛县时的贴身仆人,负责料理家务,主要任务是照顾吕后母子。吕氏被项羽俘虏时,他不离左右地照顾她,两人关系暧昧。刘邦即位后,知道他俩的特殊情分,但念其照顾家人有功,封其为辟阳侯。审氏与吕后关系亲密,在宫中依然旧情不断,刘邦睁一只眼,闭一只眼。现在,皇帝要收拾情人,吕后得讯,自己不便出面,就让手下的能人去办。

这位能人,名叫朱建。他走惠帝男宠的门路,救了审食其一命。当时,他直接找到惠帝的男宠闳孺,严肃地对宏孺说:审食其一死,你的命也难保! 朱建认真地分析说:皇上宠爱你,太后宠爱审食其。现在,皇上要杀审食其,太后一定会报复,肯定会把你杀掉! 闳孺一听,吓出一身冷汗。于是,他哭着去见惠帝,使出浑身解数,让惠帝刘盈赦免了审食其。

三、第一位女皇吕后的爱恨情仇（下）

1. 吕后的烦心事

吕雉不是一般的女人，她很有政治手腕，办事雷厉风行，果断狠辣。她的为人风格独特，早在成为手握大权的太后以前就表现了出来。刘邦去世以后，刘盈继立，吕雉尊为皇太后，朝中大事尽决于吕太后。因为，吕后强烈地嫉妒美艳夺宠的戚夫人，由妒生恨，所以，临政以后，她立即行动，心狠手辣地收拾了戚夫人。

本来，吕后是一个勤俭持家、安宁过日子的妇女，谁知命运安排，让她嫁给了刘邦。痛苦的经历和冷酷的生活锻造了她的残忍，使她为达目的，不顾一切。吕后平生只爱刘邦一个男人，后来，她发现刘邦好色，功成名就，就另寻别的女人，吕后从失望到绝望，就把一腔爱意全部放在一儿一女两个孩子身上。

刘邦为了边境的安宁，想把女儿鲁元公主远嫁匈奴。这件事情，对吕后刺激很大，她这时才明白，妻子、女儿对于刘邦，不过是手上的一件东西罢了。接着，刘邦宠爱戚夫人，夺宠进而夺嫡，险些将儿子刘盈的太子宝座废掉。每天，吕后生活在惶惑、惊恐之中，内心充满了仇恨和愤怒，天长日久，她的心理渐渐失去了平静和安宁，对谁都不相信。

2. 长子刘肥

刘盈是因为嫡出才册封太子，如果按长幼排列，他还有个长兄刘肥。刘肥是私生子，是刘邦结婚以前游手好闲之时与外妇生下的一个儿子。刘邦即皇帝位后，封刘肥为齐王，食邑山东七十余城。

刘盈即皇帝位后，召见刘肥。刘肥兴高采烈地入朝，和兄弟相见，刘盈设宴款待。当然，这是一次普通的家庭宴会。既然是家庭私宴，仁爱宽厚的惠帝刘盈很谦让，当然要尊哥哥刘肥为长，将刘肥让到上座。刘肥不知天高地厚，竟真的以长兄自居，坐在了上首。

吕后将这一切看在眼里，恨在心头。吕后什么也没有说，只是让人斟了两杯酒，酒中放了鸩毒，示意让刘肥敬酒上寿。刘肥站起来，端起酒杯，向太后走去。刘盈也随着刘肥站起来，走向太后。两兄弟各拿起一杯酒，敬过太后，便举杯要饮。吕后眼中大恐，自己的儿子如果饮下此酒，岂不一命呜呼！吕后走下座来，一把夺过刘盈的酒杯，扔在一边。刘肥目睹了这场变故，吓得浑身发抖，更不敢饮手中的那一杯。

刘肥回到住处,听说刚才那两杯酒,正是毒酒,刘肥吓得魂不附体。惶恐忧惧的刘肥知道,太后怨恨他,大概不会有他的好日子过。刘肥住在客舍,寝食难安,惊恐万状,不知如何是好。

刘肥哭丧着脸,惶惶不可终日。随从看出了事态严重,向刘肥献计,说吕太后只有一个女儿鲁元公主,视如掌上明珠。王有封地七十余城,而鲁元公主的采邑才有数城,吕后一定是对此不满。如果王拿出一个郡献给太后,孝敬给公主作汤沐邑,太后必然大喜。这样,王就可以脱祸,离开京师,回到封地。

刘肥认为此计很好,便接纳了这一建议。刘肥叩见太后,表示要献出城阳郡,孝敬公主,并愿意以母礼事奉鲁元公主,尊称公主为齐王太后。吕后闻言,略为高兴。

3. 吕后不相信眼泪

吕后非常自负,无论什么事,都是一锤定音,完全以自己为中心,不顾伦常的事时有发生。惠帝刘盈一天天长大了,该为惠帝择婚,册定一个皇后。选谁为皇后?吕后当然得好好考虑。选外姓人为皇后,势必会产生新的后族势力,和太后分庭抗礼,最好的办法自然是亲上加亲,不分彼此的好。惠帝十七岁即位,三年后正好二十岁。吕后异想天开,竟将惠帝刘盈的姐姐鲁元公主的女儿嫁给刘盈,册立为皇后!鲁元公主很年轻,她的女儿这时肯定还没有成年。吕后这样干,不顾伦理,刘盈心中不快,终日郁郁寡欢。

刘盈身体欠安,心中郁闷。刘盈有心理障碍,也一直没有碰过已作自己妻子的外甥女皇后张氏,因此,张氏没有怀孕。惠帝刘盈没有子嗣,吕后心中不安,她不能强迫刘盈为她生儿子,怎么办?必须另想办法。吕后老谋深算、鬼点子极多,眨眼之间,就想出了一计:取他人的儿子假称张皇后所生,杀其生母,抱养深宫。四年后,刘盈去世,吕后立假子即帝位,称为汉少帝,吕后临政。

惠帝刘盈忧郁而死,吕后立假子为帝,这事一定会让皇族和将相大臣心中不平。对此,吕后十分清楚,决定杀人以立威。吕后眼中充盈着杀机,因此,在追悼亲生儿子刘盈之时,她只是干嚎,而不流泪。谋士张良的儿子张辟疆看出了这一幕,便密告丞相曹参。

张辟疆问曹参:"丞相,你知道皇上去了,太后为什么哭而不哀吗?"曹参大惊,想不到,这位少年竟看出了端倪,而且,如此一针见血。此事,正是曹参所忧虑的,不知道该怎么办。

张辟疆说："这很简单,惠帝有好几个儿子,但都幼小。太后怕老臣不好驾驭,心怀忧虑。如此,朝廷将相大臣处境危矣!"曹参问:有什么妙计?张辟疆说:"丞相如果建议太后,拜诸吕为将,让他们统领京师禁军,官尊位重,太后一定很高兴。如此,朝廷将相,无忧矣!"

曹参沉吟片刻,觉得这一想法很好,便照计而行。丞相主动让职让权,太后吕雉自然求之不得,大封诸吕。吕后封吕姓男子为王侯,将吕姓女子嫁给刘氏王侯。吕后分封诸吕,目的只有一个,就是巩固她的统治,建立吕氏王朝。吕后知道,只要权力在手,什么都不足为惧。

4. 吕后的男宠

吕后刚毅、残忍,在政权方面实行铁血统治,在感情方面也毫不含糊。当年,刘邦帷薄不修,公然在朝堂上拥着戚夫人,听大臣入内奏事,宫内人人都知道,吕后心里十分难过。感情上受到冷落的吕后就投向审食其,两人心心相印。吕后大权在握,她和男宠更是无所顾忌。

淮南厉王刘长的母亲因为贯高谋反案受到牵连,要处以极刑,她的弟弟哭着求助于审食其,希望他能够出面,到吕后面前求情,请求吕后和皇帝的宽恕。厉王的母亲是吕后的情敌,因为被刘邦所幸,怀孕生下厉王。吕后嫉妒,审食其自然还不会求情。最后,厉王母亲走投无路,只好含恨自杀。

多年后,文帝即位。厉王知道文帝厌恶审食其,他用铁锥将审食其砸死。厉王在文帝面前,历数审食其的罪状地,其中之一,就是当年这位受宠的辟阳侯能够救助其母亲,而不全力出面营救。厉王母亲自杀后,厉王怀恨在心,吕后时代,厉王不敢声张,直到文帝即位后才敢发作,雪了心头之恨。

5. 诸吕的末日

吕太后晚年,身体虚弱,非常信神。有一天,她带着随从出宫敬神,回宫的途中,恍惚看见了一只白狗向她扑来,在她的腋下狠狠地抓了一把,她大惊失色,一下子惊醒过来。吕太后回宫后,卜算一卦,卦象指示是赵王如意捣鬼。自此以后,吕太后时常觉得,腋下隐隐作痛,卧病不起。吕后一病,就是四个月,而且,病势一天天加重。吕太后知道,自己将不久于人世了。吕太后考虑,她死以后,这社稷江山该由谁来统治? 是刘姓王侯还是吕姓王侯? 吕太后倾向于吕姓主政,刘姓辅佐。于是,吕后发令,将王朝中的一应礼法制度都作了巨大的调整,以确保吕氏政权。同时,她着手人事变动,让吕氏集团执掌兵权。

吕太后躺在病榻上,发布最重要的任命诏书,任赵王吕禄为上将军,领禁军北军;梁王吕产领禁军南军。南军、北军是京师的禁卫军,北军护卫京师,南军护卫皇宫。临终前,吕后召见吕禄、吕产,嘱咐他们:吕氏封王,大臣们心中不平。皇帝还年幼,我死后,恐怕会生变。你们要牢牢记住我的话,一定要掌握兵权,不能松懈。即使是服丧期间,也不能离开皇宫,离开军营!

公元前179年,吕太后终于离开人世。诸吕调动兵力,阴谋杀尽大臣。朱虚侯刘章的妻子是吕禄的女儿,刘章最先知道了宫中这一巨大变故。刘章将这一危急情况告知了他的哥哥齐王刘襄,让他立即起兵,诛杀诸吕。同时,刘章秘密联络太尉周勃、丞相陈平,告知宫中一切。

齐王刘襄起兵,反击诸吕。相国吕产立即行动,派遣将军灌婴领兵,镇压齐王。灌婴统兵来到荥阳,停止进兵,不仅不去镇压齐王,反而和齐王合作,调转枪头,准备攻击诸吕。周勃、陈平是开国元勋,也开始行动。当时,曲周侯郦商,有个儿子,名叫郦寄,和上将军吕禄关系很好。太尉周勃已经解除了兵权,此时,周勃和丞相陈平商议定计,决定劫持郦寄,进入北军,骗取上将军吕禄之将印。周勃马上行动,派人劫持郦商,胁迫郦寄去北军,骗吕禄说:"为了避免发生意外,大将军应交出军权、相印,赶快回到封地。"诸吕犹豫不决。周勃诈持皇帝之诏,进入北军,对将士们说:"追随吕氏的右袒,追随刘氏的左袒。"将士们追随皇室,全部左袒。吕氏兵权被解除,刘章入宫,诸吕不论男女老幼全部杀尽。

四、戚夫人的悲剧命运(上)

1. 定陶美人

草莽英雄刘邦一身豪气,一生都离不开美人。刘邦在吕雉之外,有过许多的女人。不过,刘邦在众多的女人之中,最宠爱的还是戚夫人。戚氏是定陶人,是一位远近闻名的美人,她的皮肤白皙,像雪白无瑕的白玉一样,清纯温润。她的眼睛圆圆的,十分柔美迷人。她的体态丰满,气质高雅。最为难得的是,她的歌喉优美,腰如柳枝,舞姿轻盈美妙,如流风,如飞雪,令人陶醉。

汉元年时,起兵征战的刘邦进驻定陶。这位胸怀大志的义军首领平生最好女色,听近侍奏报,说这一带有一位如花似玉的仙子,刘邦怦然心动,怎能不动心?刘邦的近侍找到了戚氏,送去厚重的聘礼,刘邦便占有了这位令自己心醉的美人。从此以后,刘邦离不开她。行军打仗,南征北战,都要戚氏陪伴左右,既寻欢作乐，又照料生活，解除寂寞。无论多么艰苦的战事，无论面对多么困窘的环境，无论多么疲乏劳累，只要一回到家中，躺在戚夫人柔美香甜的怀中，刘邦便会安然入睡，一切烦恼、劳累，烟消云散。

戚夫人获得刘邦的宠爱，日夜沉醉其中。过不多久，戚夫人发现，自己已经怀孕。她十分高兴。十月怀胎，终于分娩。戚夫人生下了一个壮壮实实的儿子。高祖刘邦看到爱妃生下的这个极像自己的儿子，喜不自胜。给儿子取名叫如意。如意七岁的时候，被封为代王，十岁时，被封为赵王。赵王如意长大了，长得越来越像刘邦。刘邦对戚夫人爱得无以复加，同时因儿子如意一颦一笑，一举手一投足都像自己，更将这母子二人视如珍宝，倍加爱怜。

2. 争夺太子位

戚夫人是个有心计的女人，她知道，眼前的幸福虽然享用不尽，但日后呢？一旦刘邦离世，太子刘盈即位，厉害的吕后能放过自己？戚夫人想：必须立如意为太子！于是，她借着刘邦的宠爱，时常啼哭，要刘邦改立如意为太子。

刘邦宠爱戚夫人，早有此意。但是，储君决定着国家未来的命运，得征询大臣们的意见。朝臣们对改立太子之事，一致反对，认为刘盈立太子已经八年，名位早就确定，而且，为人仁厚，宽怀待人。如果无罪坐废，必将大失人心，动摇根本。大臣反对，进谏的奏章纷呈沓来。刘邦宠爱戚夫人，无法断然下定废立的决心。太子的废立便在刘邦、戚夫人、如意和吕后、刘盈、朝臣之间相持，呈对峙状态。

危急时刻，御史周昌挺身而出，力争保留刘盈太子的地位。周昌有些口吃，但在拥护太子的热潮中，在诸臣里面数他最卖力。刘邦怒气冲冲，故意当庭质问他，为什么不能改立太子？周昌结结巴巴，但还是完整表达出了他坚决反对改立太子。周昌口吃结巴，十分滑稽，一番严肃的争辩被这可笑的气氛冲淡，怒气冲冲的刘邦不禁笑了起来。这场太子废立的争论不欢而散。躲在厢房偷听的吕后捏了一把汗，事后，她召来周昌，拜谢说："如果不是你的力争，今天，太子几乎被废，感谢先生的直言！"

刘邦改立太子的决心很坚定，加上宠妃戚夫人的眼泪，刘邦废掉太子之心似乎不可动摇。吕后密遣她的哥哥建成侯吕释之到留侯府请教张良。

张良倾向于保持太子之地位，沉吟片刻，他想出了一条妙计：皇上打天下时，有四位高士为躲避战乱，隐居商山。这四人白发苍苍，德高望重，名闻遐迩，时人称为商山四皓。皇上得天下后，曾郑重请他们下山，他们嫌皇上爱骂儒生，没有答应,不愿意出山做皇上的臣子。如果太子能谦卑礼敬,恭请四人出山,到太子府中做太子宾客,一旦皇上知道,必然有助于太子的声望,皇上也就会放弃废除太子。

吕后很高兴,感觉此计甚妙。太子自然言听计从,修书一封,情真意切,派谋士带着厚礼前去商山,叩请四皓。四皓深为感动,欣然接受邀请,到太子府中做太子宾客。吕后闻言,大大地松了一口气。

五、戚夫人的悲剧命运(中)

1. 宫廷盛宴

汉高祖十一年(前 196 年),淮南王英布造反。刘邦正在生病,想让太子刘盈领兵平叛。刘盈从来没有打过仗,一直生长在歌舞升平的皇宫,如何能对付久经沙场、曾是项羽手下勇将的英布?

仁厚的太子无法担此重任,又不能完全推让。否则,盛怒之下的刘邦会借机废了太子。面对这种困境,已是太子宾客的四皓之一东园公献计,召吕后的哥哥吕释之,让吕释之去见吕后,由吕后婉转说动刘邦,说:太子独自带兵,领导的都是刘邦当年手下的老将,对付的又是老谋深算的英布,众将恐怕难以心服,又如何能一举平叛? 英布得知太子领兵平叛,一定会更加猖狂,大举西进,京师危矣。皇上虽然有病在身,但是否可以随军筹划护持,诸将自会听令。皇上要受点苦,为了妻儿和社稷,皇上就苦一点吧。

东园公这一计,本旨是太子独自领兵,成功了不会增加秩位,失败了恐怕会动摇太子之位。因此,不如善为处置,不必冒险。吕后听了吕释之的说法,觉得很有道理,就借一个机会,说动刘邦。身上有病的刘邦心里当然不乐意,想不到这般年纪了,又有病在身,还指望不上早已成年的太子,实在说不过去了! 刘邦愤然地说:"哼,什么太子,知道这小子没什么用,不能担当重任,还得老子亲自挂帅!"

刘邦下令,命太子留守长安,自己亲自领兵征讨英布。第二年,英布叛乱被彻底平息,刘邦回到长安。余怒未消的刘邦看见太子,气不打一处来,又重提废除太子之事。朝廷大臣依旧坚决反对,但显然没有什么用。恰遇朝廷举行大规模的庆功宴会。踌躇满志的刘邦和群臣欢宴共饮,庆贺胜利。刘邦不经意地发现,在太子刘盈身后,怎么跟着四个须发全白的老人? 刘邦召来太子一行,发现四位老人精神矍铄，须眉皓齿，宽衣博带，一望可知是四位饱学之士。刘邦询问，四人是谁。四皓颔首，自报姓名。刘邦大惊，这不是自己请不来的那商山四皓吗？刘邦惊问："我以前请你们，你们躲避我，如今怎么却追随我的儿子？"

四皓微笑着，恭敬地回答说："皇上征伐四海，令天下臣服，英豪归心。但是，皇上一直轻慢儒生，动不动就骂人，我等义不受辱，当然，只能逃避皇上。太子恭敬仁孝，宽以待人，礼贤儒生，遐迩闻名，天下豪杰之士都愿意为太子所用，所以，我等自愿追随太子。"

大宴结束以后，四皓簇拥着太子从容不迫地离去。刘邦看见威望极高的商山四皓陪同太子离去，对戚夫人摇头，无奈地说："我一直想废了太子，但是，如今，太子有这四个高士辅佐，名望日隆，羽翼已成，恐怕更难动摇了！我百年以后，吕后就是你的主人！"就这样，刘盈保住了太子的地位。

戚夫人闻言，无可奈何，只能伤心落泪，悲痛不已。

2. 刘邦的忧愁

戚夫人的痛苦，也令刘邦寝食难安。刘邦从一介平民到君临天下，自然知道，他死以后，戚夫人将面临的是何等的险局。

大臣赵尧是刘邦器重的心腹之人，几次见皇上刘邦愁眉不展，闷闷不乐，便猜到了一二。一天，赵尧见到愁容满面的刘邦，便轻声说："陛下，你天天这样焦思忧虑，是不是为戚夫人和赵王如意？担心她们不见容于皇后，恐怕将来不能保全？"

刘邦抬头看看赵尧，心情沉重地点点头。刘邦叹口气，问大臣赵尧："是呀，正是担心这个，你足智多谋，有没有一个好办法？"胸有成竹的赵尧稍停一下，这才进奏："回皇上，有一个办法，不知道是否妥当。"刘邦听说有办法，便让赵尧快讲。赵尧这才说："陛下何不挑选一个精明强干、德高望重的大臣伺奉赵王，做赵王的丞相？这个大臣既要为人耿直，不屈权贵，又要不言自威，令皇后、太子和大臣有几分敬畏。"

刘邦听了这番话，虽然觉得这个计策不能从根本上消除危险。可是，从目前的情况看，也只如此。刘邦再问赵尧："谁最合适？"赵尧回答："小臣思谋再三，只有御史大夫、汾阴侯周昌最合适。"刘邦细细考量，御史大夫周昌确实是德高望重，精明能干，正直无私，还令皇后有几分感激，太子和大臣对他也有几分敬畏，虽然有点结巴，但只有他最合适。刘邦随即密召周昌，郑重地将赵王如意托付给他，让他好生照料。周昌肩负着皇上托付的重任，前往赵王封国就职。

六、戚夫人的悲剧命运（下）

1. 宫院女囚

汉高祖十二年（前195年）春天，刘邦离开了人世。这一年，刘盈16岁，即皇帝位，为汉惠帝。刘盈即位，尊母亲吕雉为太后，因刘盈年纪还小，天性仁弱，朝中大事便由吕后裁决。吕后顺理成章地掌握了朝廷和宫中大权。吕后稳固了权力以后，就开始发泄积愤，为所欲为，第一个开刀的便是戚夫人。

其实，早在刘邦咽气以前，精于政治谋略的吕后便已开始行动，并悄悄地控制了整个皇宫。刘邦一咽气，吕后就封锁后宫，召集心腹，秘密调动兵力，从容布局。整整四天，秘不发丧。

吕后心狠手辣，控制朝政的欲望异常强烈。刘邦去世了，吕后想借此机会杀掉手握重权又忠心于刘氏江山的刘邦旧将。郦商、审食其等几位心腹坚决反对，认为此时千万不可，操之过急反而不好。郦商、审食其反复劝说，晓以利害，恨恨不已的吕后这才作罢，暂时收回杀气，料理已故丈夫未寒的尸骨。

吕后派心腹侍从将戚夫人囚禁起来，移往深巷冷宫看管。戚夫人一头秀雅迷人的黑发曾经令刘邦魂牵梦绕、令吕后自愧不如。如今，吕后第一道命令便是将这头秀发剃掉。目瞪口呆的戚夫人大喊大叫，但最后还得满身伤痕地接受这个现实。吕后又冷冷地吩咐："把手脚铐起来，衣服扒光，换上囚犯的赭衣，每天在院中春米。"

苦役般的春米生活异常艰辛。悲伤、痛苦、愤恨、寂寞交替地袭击着戚夫人，引出了她不断线的眼泪。

2. 计杀赵王

吕后听到了戚夫人悲歌的详细情况，立即下旨，派心腹侍臣前往赵王封地传旨，召赵王如意入宫。

使臣奉吕后密旨到了赵王封地，转达圣意。赵王丞相周昌出面，婉辞谢绝。一连三个使臣来到赵王府，都被周昌一一挡回。吕后当然不甘心，可是，当年太子刘盈能保住太子之位，并因此能入主大位，都是因为大臣的极力维护，尤其是得力于周昌。她略施小计，来个釜底抽薪便解决了问题。

吕后先派使者召周昌入京，周昌只好奉旨上路。临行前，他嘱咐赵王，不要轻离封地。可是,周昌刚刚上路,第二个使臣便到赵府,召赵王进京。赵王失去了周昌的保护,只有听任摆布,俯首听令。这一年,赵王如意刚过 12 岁。

吕后心狠手辣,太子刘盈却十分仁厚。刘盈对弟弟如意很友爱,听说母亲召如意进京,知道如意处于危险境地,得马上营救。仁爱的惠帝刘盈立即出宫,在赵王如意到达之前,自己先到长安城外的东灞亲自迎接,把这个险些夺了自己帝位的小弟接到了自己起居的宫中,一起饮食起居,不离左右。

吕后得到心腹的报告,气得咬牙切齿。过了一些日子,一直平安无事。皇帝刘盈觉得危险过去,不太在意。这一天,早晨起床后,太子照例要到院中练剑。他见如意睡得很香,不忍心叫醒,就自己出宫院,去习射练剑。吕后的心腹早有准备,乘机进入皇帝寝宫,将准备好的毒酒强令赵王如意喝下。惠帝刘盈习射完了以后,他看到赵王已经面无血色,表情非常痛苦,嘴中涌出一缕鲜血。刘盈号啕大哭,悲痛欲绝。

3. 人彘

就这样,赵王如意离开了人世。接着,吕后再细细地折磨戚夫人。戚夫人得知儿子已被毒死,泪水流干了,双眼失去了光泽。戚夫人这种样子,吕后感觉有些害怕。她吩咐侍从,砍去了戚夫人的双手双脚,再命人挖掉戚夫人那双曾经令刘邦心醉神迷的眼睛,然后,让人用药熏聋戚夫人的耳朵,最后,准备一份哑药,强令戚夫人喝下去。

戚夫人失去了四肢,双眼没了,耳朵听不见了,又不能说话,人世之残酷莫过于此了。戚夫人被丢在了厕所中,呼吸臭气,称为人彘。好几天了,戚夫人还有气息,没有死。吕后也不让她死,就是要用这种手段让她吃尽苦头,然后慢慢死去。

吕后在宫中踱步,神态怡然自得,踌躇满志。一天,她心情极好,就召惠帝刘盈,让他陪同自己一道去厕所看人彘。天性仁厚的刘盈感觉奇怪,不知道母亲为什么心情很好。他猛地见到这么一个方块的东西,不禁心惊胆战,吓了一大跳,不知道是什么。刘盈越看越害怕,问这是谁? 回答是戚夫人。

刘盈吓傻了,一下子呆在了那里。他痛苦得大哭起来,怪自己的母亲太过残忍,杀死了戚夫人的儿子,又把她弄成这个样子。刘盈平静了以后,冷冷地对吕后说:"这不是人做得出来的事,您是太后竟做出来了。我身为太后的儿子,将有何面目治理天下?"自此以后,惠帝刘盈不问政事,终日纵情酒色。

七、汉武帝金屋藏娇（上）

1. 金屋阿娇

金屋藏娇，在历史上确有其事，故事的主人就是汉武帝刘彻的第一任皇后陈阿娇。阿娇的母亲是馆陶长公主，就是汉文帝刘恒和窦皇后所生的女儿刘嫖。刘嫖嫁堂邑侯陈午，两人感情很好，生下了这个视若掌上明珠、聪明过人、骄横任性的女儿阿娇。

汉景帝刘启是馆陶长公主刘嫖的兄弟，刘彻是汉景帝刘启的第九个儿子。刘彻后来即位为汉武帝，许诺建造金屋贮阿娇的正是刘彻。刘嫖是刘彻的嫡亲姑母，刘彻和阿娇是表兄妹。刘彻是因为爱慕阿娇才赢得了姑母刘嫖的喜爱，刘嫖说动了汉景帝，立刘彻为太子，进而入主大位。十年恩爱以后，刘彻抛弃了金屋阿娇，一个任性骄傲的金屋娇女变成了以泪洗面的长门怨女。

刘彻字通，小的时候就长得英武，惹人喜爱。幼年的刘彻常爱到姑母馆陶长公主家，与阿娇常在一起嬉玩。阿娇十分漂亮，一双眼睛楚楚动人。刘彻不到四岁时就被景帝刘启封为胶东王。封王以后的刘彻更是常去姑母家，找表妹阿娇玩耍。

有一次，馆陶长公主刘嫖爱怜地抱起少年胶东王刘彻，把他放在自己的膝上，问刘彻："你想要一个媳妇吗？"刘彻点点头。馆陶长公主觉得有趣，想不到这么小的家伙也想要个媳妇！馆陶长公主来了兴致，便笑着将左右侍女一百多人指给刘彻，让他挑选。

想不到的是，刘彻一一摇头，小脑袋摇得像个拨浪鼓，抿着嘴，一脸的严肃认真。馆陶长公主不禁心中十分高兴，觉得这个小王子很有品味，越发喜爱。馆陶长公主指着阿娇，问刘彻："阿娇怎么样？"刘彻郑重其事地点点头。

馆陶长公主高兴得笑了起来，没想到这小家伙还这么有心计，这么小就要定了阿娇！馆陶长公主兴致勃勃地再问刘彻："阿娇好吗？"刘彻回答说："好！"接着，刘彻像小大人似的说："如果娶阿娇作媳妇，我一定要造一座金屋，让阿娇在里面住！"馆陶长公主听后，笑得合不拢嘴。

十分高兴的馆陶长公主找来刘彻的母亲王夫人，叙说了这件趣事。想不到精明过人的王夫人当即促成了这门亲事，两家就这样定了亲。儿女联姻，自然就是一家人。和景帝刘启关系亲密的馆陶长公主理所当然地要为未来的女婿刘彻说情，使景帝在众多的儿子中挑选刘彻为太子。

2. 十年恩爱

刘彻做太子时，便娶了 14 岁的阿娇陈氏为妻，立为太子妃。刘彻即皇帝位，太子妃陈氏旋被册为皇后。阿娇陈皇后一直养尊处优，过着优裕富贵的生活，在家被父母宠爱着，撒娇使性惯了，从来不知道什么叫忧愁。做了皇后以后，阿娇依旧被武帝刘彻宠爱着。

十年间阿娇享受了无尽的欢乐，又受用了无尽的恩爱雨露。可是，她竟一次也没有怀孕。

十个春秋匆匆而过。对于陈皇后阿娇来说，这十个春秋仿佛是一眨眼的工夫。然而，对于武帝刘彻来说，这十年是那样的漫长，也是那样的丰富。刘彻从一个十六岁的少年成长为一个富于魄力和智慧、能文能武的一代天子。刘彻对朝政已十分熟悉，处理政务驾轻就熟，对朝臣政党、繁复的后宫更是了如指掌，协调起来游刃有余。可刘彻自己都为之惊讶的是，自己的感情发生了一些变化。他发觉，以前那般迷人、光彩夺目的阿娇不过是个任性的贵族女子罢了，有的时候令人十分不快，和她在一起常常觉得很不轻松，甚至于有些厌恶。精力旺盛的刘彻时常感到寂寞，移情别恋的想法不断地刺激着他。他下朝以后的脚步开始徘徊，他不想走向皇后阿娇的寝宫，只想自己待着。

阿娇终于意识到没有怀孕是一件十分严重的事，皇嗣可是江山社稷的大事，千万马虎不得。阿娇有意识地想使自己怀孕，但均没有成功。阿娇的母亲馆陶长公主也很着急，千方百计寻医、吃药、占卜、求神，所有能试的方法都试过了，依旧无济于事。

八、汉武帝金屋藏娇（下）

1. 感情的分量

恰于此时，沉鱼落雁的卫子夫出现在刘彻生活中，她仿佛向刘彻阴暗沉沉的生活中射进了一束灿烂的阳光。刘彻是在姐姐平阳公主家见到了羞花闭月的歌女卫子夫，刘彻在更衣室中临幸了她。平阳公主随后将卫子夫好生打扮以后，送进了刘彻后宫。刘彻的感情日渐波动，下朝以后更多地走向了卫子夫的宫室。刘彻寂寞的心里充满了这个娇艳可人的美女形象，一颗孤独的心终于有了寄托。刘彻与阿娇感情也日渐疏远。等到阿娇感觉到这种变化时，一切都为时已晚。

卫子夫再美也不过是一个歌女，这样低贱的歌女，竟能夺皇后之宠？陈皇后阿娇不能容忍,阿娇的母亲馆陶长公主刘嫖、武帝刘彻的母亲王太后也都不能容忍,她们纷纷为阿娇鸣不平,联合起来,共同对付卫子夫,想把英武的皇帝刘彻拉回到阿娇的身边,重温昔日出双入对、温情脉脉的生活。

卫子夫不仅秀色可餐,而且肚子也很争气,一连生下了三个女儿。卫子夫祈求苍天,祈求神灵。卫子夫又一次怀孕了,而且天从人愿,竟真的赐给了她一个儿子。武帝刘彻当然十分高兴,给儿子取名刘据。不久,便立刘据为太子。

2. 长门寂寞

刘彻宠爱卫子夫,移情于别的美女。阿娇比起别的得宠又失宠的女人更多一层哀愁。刘彻是她从小的伙伴,是她一直十分信赖的朋友,刘彻离开她,无异于是对他们童年纯真的背叛,是无情地撕裂着他们那段美好的毫无功利色彩的感情。阿娇曾忘情地拥有过刘彻,享受过别的女人所没有过的欢乐,而现在,仿佛是瞬息之间,十年构筑的五彩金屋土崩瓦解。阿娇的心如同插上了一支剑,在无声地滴着血。

茶饭不思的阿娇听着别的宫室传来的欢声笑语,更是寝食难安。阿娇每天期盼着,不知道从什么时候开始,她没有看到过刘彻,也不知道上一次见到是何年何月。阿娇更记不起是从何时起,皇后的寝宫中没有了刘彻的身影。她望眼欲穿,倾听着宫门的每一个动静,等候着刘彻。

阿娇苦熬着一个个漫漫长夜,眼睛红了,眼圈发黑,脸上灰白,容颜憔悴。这个时候,一位名叫楚服的女巫来到了皇后寝宫。楚服当然知道皇后的心境,知道皇后的心痛。楚服教阿娇巫蛊秘术。神思恍惚的阿娇如同一个溺水很久的人,发现了一根稻草便抱住不放。阿娇得巫蛊秘术,如获至宝。她按楚服的法子,做了一个小布人,称小布人为卫子夫,每天用针扎着、刺着这个卫子夫。

汉宫中是绝对禁止巫蛊秘术的。皇后阿娇在深宫行巫蛊术,诅咒刘彻的宠妃卫子夫,阿娇宫中的宫人向刘彻告发了阿娇。武帝刘彻勃然大怒,吩咐立即查实。调查的结果果真属实。刘彻本来就宠着美人卫子夫,再加上她为自己生了三女一儿,刘彻早就有废后的意思,无奈开不了口。如今有巫蛊这个借口,陈皇后阿娇在劫难逃。

3. 重金打造《长门赋》

阿娇皇后的印玺被收走了,被废之后迁居别宫。阿娇痛苦不堪地迁往长门宫。长门宫十分偏僻,到处荒草萋萋,弥漫着一股衰朽的气息。阿娇住进了这里,泪水涟涟,流淌着无言的落寞。

朝阳照耀着长门宫,如血的夕阳吞食着长门宫,长门宫的花木草树仿佛都失去了生机,一切失去了希望。阿娇的泪流干了。阿娇休整了一段时日后,一种生的热望又重新抬头。阿娇不甘心就这么离开刘彻,她要唤醒刘彻的记忆,重温昔日旧梦,再做一个温柔体贴的好女人。

阿娇知道,刘彻很喜欢读赋,尤其是司马相如的赋。刘彻当年读到《子虚赋》,大为赞赏,感叹这么飞扬的文采,竟不能一睹作者风采,实在抱恨终生!侍从告诉他,《子虚赋》的作者就在当世,正是陛下的臣民。刘彻立即召见司马相如。司马相如便留在了京师长安,随侍左右。阿娇和她的母后便备上百金,聘请大才子司马相如。阿娇向司马相如倾倒着一腔苦水,如泣如诉,十分哀恸。司马相如被这个痴情的女子深深打动,便铺纸挥毫,写下了流传千古的《长门赋》,一幅声泪俱下的怨妇思夫图。

武帝刘彻读罢了这篇赋,大为赞赏。但刘彻也只是称叹这篇赋好,赋中的怨妇情怀并没有感染他。刘彻依旧冷落长门宫。阿娇望穿秋水,心如死灰。

九、歌伎卫子夫(上)

1. 风流卫媪

卫子夫是汉代一位有名的皇后,她以美艳和歌喉征服了不可一世的汉武帝刘彻,从而取陈皇后阿娇而代之,成为刘彻的第二任皇后。卫子夫作为一个女人显然获得了成功。秀色可餐的卫子夫出身贫寒,身世也很坎坷。卫子夫的母亲卫媪,是个漂亮多情的女人。卫媪是武帝刘彻的妹丈平阳侯曹寿家的一位姬妾。卫媪先后生下了三男三女。长子名卫长君,次子名卫青,三子名卫步;长女名卫君孺,次女名卫少儿,三女名卫子夫。

这群孩子长大以后,都成了气候。三个儿子中,以卫青最具盛名,成为抗击匈奴、维护汉王朝广大疆土的民族英雄。三个女儿更是一个比一个出息。长女卫君孺嫁给公孙贺,公孙贺是位胡人,风流倜傥,闻名士林。第二个女儿卫少儿和霍仲孺相好,怀孕生下一子,取名霍去病。他相貌堂堂,壮硕健康,能征善战,就是日后令匈奴闻风丧胆的大汉将军。

比起卫君孺、卫少儿姐妹,三女卫子夫更加美丽,更为迷人。虽没受过良好的教育,但是,她天生一副极好的歌喉,声音甜美动听。小时候,卫子夫在平阳侯曹寿家中学习歌舞。长大后亭亭玉立,色艺俱佳,很得平阳公主的喜爱,侍从左右。

2. 公主的歌女

孤独寂寞的武帝刘彻这一天独自一人,信步漫游。不知不觉间,刘彻走到了平阳公主家中。平阳公主大为兴奋,立即将上好的酒菜摆上,招待这位皇帝弟弟。刘彻坐在那里,慢慢饮酒。平阳公主将平日为弟弟搜罗到的美女一一盛装引出,没想到刘彻看过以后,只是摇头。平阳公主继续为刘彻斟酒,从容地吩咐让歌女卫子夫献歌一曲。卫子夫从丝幕后出来了,简直如同跃出了一轮太阳,光彩夺目。刘彻微张着嘴,待在了那里,说不出一句话来!

卫子夫确实是太美了! 一对弯弯的秀眉下是一双水灵灵的大眼睛,好像能说话一般,一头黑色的秀发扎成双髻,飘飘欲飞。一张瓜子脸白嫩细腻,仿佛能挤出水。鼻子细小挺括,配着一张樱桃小嘴,十分甜美。

卫子夫小巧玲珑,正合征服四海的刘彻的口味。美丽无比的卫子夫更有天生的好歌喉,声音清亮圆润,优美动听。卫子夫唱得声情并茂,一双迷人的眼睛转动着万种风情。刘彻听得如醉如痴,眼神直勾勾地盯着卫子夫,仿佛丢了魂。

武帝刘彻寂寞太久了,这个时候便有些不能自制。他站起身来,要去别室更衣,点名要卫子夫侍候。卫子夫当然十分乐意,同时,也有些害怕。堂堂天子一直那么高高在上,可望而不可即,现在就见到了天子,还要为他更衣,这不是在梦中吧?

卫子夫糊里糊涂,随着刘彻进了别室。粗暴地在简陋的更衣室占有了卫子夫,直到尽兴为止。完事以后,刘彻穿好衣服,又重新入席,吩咐赏赐姐姐平阳公主金一千斤。平阳公主谢恩以后,心里有了主意:既然皇帝弟弟为了一刻欢娱不惜赏金千斤,一定是这美人儿令皇帝动心,何不送个人情,将这美人儿送进宫里?平阳公主将这意思告诉弟弟,刘彻当然乐意,又重赏了平阳公主。

3. 冷宫日月

第二天,平阳公主将卫子夫好生打扮,赠送大量衣物,如同出嫁女儿一样将卫子夫郑重其事地送进皇宫。临行时,平阳公主深情而诚挚地说:"去吧,多多保重,日后荣宠富贵了,别忘了我。"卫子夫十分感激地泣别了平阳公主,带着彩色的美梦,进入了重重深宫。

卫子夫带着几分羞涩地向往着皇帝的宠爱。然而,进入了深宫,每天饮食实在是不错,可那激动的时刻一直没有出现,皇上连影子也见不着。卫子夫在一个又一个漫漫长夜的等待中,渐渐心灰意冷了。

卫子夫明白,皇宫不比别处,妙龄美人太多了,皇上怎能顾得过来?自己不过是皇上喜爱的众多美人之一,皇上在更衣室中不过是逢场作戏,见美色就要而已,并不是自己有什么特别。卫子夫在痛苦、寂寞、悲伤、失望中期盼着皇帝刘彻,一盼就是一年有余,再也没有见到刘彻。

以泪洗面的卫子夫在煎熬着,忍受着冷落和失望的痛苦。然而,更大的痛苦在等待着她——武帝刘彻觉得后宫美女实在太多了,下令将后宫的宫女遣散一部分出宫。皇帝下诏遣宫女出宫,历来是皇帝的一大德政。让这些久居宫室又无缘得幸的女子能于青春尚在之时出宫嫁人,也是她们所愿的。然而,对于美艳无比又与皇帝有过肌肤之亲的卫子夫来说,这个期盼了整整近四百个日日夜夜的可怜结果,未免太过残酷。卫子夫听到这个消息,简直不敢相信,自己满怀期望进入皇宫,最后就是这样一个结局?

4. 美人的眼泪

卫子夫无论怎样的伤心、悲痛,还是得面对这个残酷的现实:她已被列入遣散出宫之列。卫子夫感叹自己的命运不济,一边收拾行装,一边低头垂泪。泪光盈盈的卫子夫艰难地走出生活了四百个日夜的熟悉的宫室,临到门口还禁不住深情地回望。永别了,这温馨舒适的宫室,这绝无仅有的红墙碧瓦。最让卫子夫留恋的是这院落的寂静,这静院中那一簇簇的丁香花,还有红绿相间的回纹窗,美丽无比的彩绘檐画。

卫子夫思绪纷乱地来到了一个开阔的广场。抬头一看,黑压压的一大片,都是秀发如墨的女子,一个个俊眉俏目,泪眼朦胧。卫子夫明白了,这都是和自己命运相同的女子,都以为自己是绝色佳人,会赢得皇上的垂爱,不料想都是红颜苦命。卫子夫一颗伤痛的心似乎好受一些。

卫子夫抬起头,发现前面威严的仪仗下坐着一位英武的男人,这不正是那天疯狂如颠地占有自己的刘彻吗?卫子夫呆在了那里,思前想后,禁不住泪水滂沱,掩面悲泣。卫子夫是那种绝色的美人,在一大群女子中间如鹤立鸡群。卫子夫看见武帝刘彻的一瞬间,刘彻仿佛有什么感应似地发现了卫子夫。他看见卫子夫可怜无助的悲泣,越发显得楚楚动人。美人的眼泪有着无穷魔力,胜过千年醇酒。刘彻一下子迷醉了,他那颗无坚不摧的英雄心为之颤抖。

武帝刘彻例行公事地给遣散出宫的女子作一次辞别,实际上,这是他作最后一次鉴别,看有没有好点的佳人能再留下。没想到,竟然发现了这位绝世的美女。刘彻走近过去,看清了卫子夫,这不是在姐姐平阳公主家见到的那位歌喉动听的美人吗?刘彻向卫子夫走过来,脸上很激动,眼睛中是那种喜悦和歉疚的神情。卫子夫渐渐力不能支,飘飘然仿佛像一片秋日的落叶。刘彻赶紧走近过去,扶起了娇弱无力的卫子夫,扶掖着她无声地走向了富丽堂皇的宫室。

十、歌伎卫子夫（中）

1. 欢喜床

美丽的丝帘在朱窗前飘动,帐幕重重,秀雅的丝帘闪动着五光十色的光泽。帐幕深处,就是锦褥绣被铺陈的欢喜床。床上悬挂着纱帐,纱帐上绘绣着精致的百子图。这是皇帝的龙床,能有机会来到这里,已经是天大的恩赐了。卫子夫香汤沐浴以后,更加风采照人,她带着一身诱人的幽香,走进了华丽寝宫的欢喜床。在赏心悦目的宫室中嬉戏,自然远远胜过更衣室。正当成年的刘彻精力旺盛,与擅长歌舞的卫子夫再度相遇,自然是销魂无限。

刘彻感觉到了一种从未有过的喜悦,他忘情于卫子夫的美色,日夜销魂。卫子夫也从此独享专房,宠冠后宫。热烈如火的纵情欢爱。接着,卫子夫惊奇地发现:她已怀上了皇上的骨血!卫子夫喜极而悲,不禁在房中哭泣起来。

2. 守卫建章宫

悲喜交集的卫子夫在十个月的期盼和等待中终于生下了一个孩子。孩子娇嫩的啼哭声打碎了卫子夫的一个美梦:这是女儿,不是儿子。令人欣慰的是,女儿很好看。卫子夫从破碎的梦中同时又看到了一个新的美梦:既然能生下这个女儿,那说明生育很健全,很容易怀孕,不怕没有儿子!

卫子夫因为得宠,又因宠怀孕,这无疑对久久不孕的陈皇后来说是个严重的威胁,也使日渐被皇上冷落的感情再一次雪上加霜。卫子夫受孕后,刘彻下旨腾出建章宫,让卫子夫到这里居住。建章宫豪华、舒适,离刘彻很近,宫中一应生活用品应有尽有,卫子夫觉得很舒适、惬意。

三兄弟卫青由于卫子夫得宠,也升任建章宫护卫。陈皇后的母亲馆陶长公主得知卫子夫怀孕,便将一腔妒火发向卫青:长公主命人将卫青捕获,囚禁起来,准备杀死他以泄愤恨。卫青的好友骑郎公孙敖率几名平日和卫青要好的宫廷卫士一举将卫青救出。卫青死里逃生。

卫子夫得报以后，十分气愤，便在武帝刘彻看望她并求欢时向他哭诉了这一切，并希望刘彻想想办法，让她和她的兄弟脱离险境。刘彻立即召见卫青，当面任卫青为建章宫总管。卫青长得修长健壮，武艺不凡，升任总管更是手握兵权，在建章宫是护卫中的第一。有卫青守护建章宫，谁还敢向卫青寻衅？更没有人敢进犯建章宫的主人卫子夫。

3. 大将军卫青

卫青旋拜职侍中，成为武帝刘彻的心腹近侍。接着，刘彻将卫子夫的姊妹兄弟一一委以要职：卫子夫姐妹三人，大姐卫君孺嫁公孙贺，胡人公孙贺任职太仆；二姐卫少儿再嫁陈平的曾孙陈掌，都升掌宫中要职。卫青后由侍中迁大中大夫。

公元前 129 年，武帝刘彻任卫青为车骑将军。这是武帝即位后的第十二年。武帝觉得，经历了一百多年的积累，汉王朝已经有足够的财力和强大的兵力对付匈奴。武帝让卫青领精骑一万人，出塞打击匈奴。卫青驰骋塞北，斩获匈奴七百余人，获得了汉王朝对匈奴首次大捷。武帝刘彻十分高兴，颁布诏书，封赐卫青爵关内侯。

从这以后，整整十年间，威武剽悍的卫青先后领精骑十次北击匈奴。卫少儿再嫁陈掌之前和霍仲孺生的霍去病是卫青的亲外甥，年方十八岁时就随同卫青第五次出征，并以作战威猛在军中获得了普遍的赞誉。霍去病曾亲率骑兵八百人，纵向深入匈奴军中，所向披靡，斩匈奴二千余人。刘彻得报以后，欣喜无比，在和卫子夫共享欢乐之后颁下诏书，封霍去病为冠军侯。

卫子夫是从武帝的姐姐平阳公主家发迹起家的。卫青当初也不过是平阳公主的骑卫随从。由于卫子夫得宠，卫青任以要职；卫青才华出众，屡战屡胜，封官拜爵，最后赐长平侯，封大将军，成为武职中最尊贵的人物。平阳公主一直对自己的丈夫平阳侯曹寿不满意，她便以曹寿有恶疾为借口，休掉了曹寿。皇帝的姐姐要退婚，谁敢说个不字？

4. 娶平阳公主

平阳公主退婚了，但绝不会守在空房，不再嫁人。那么，再嫁谁呢？平阳公主可不是普通的女人。她是皇帝的姐姐，满朝文武供她选择，而且要选择年青健壮又职尊位贵的人物。

平阳公主提出的条件是：地位高，有贤声，封侯爵。平阳公主问心腹侍女，谁最合适？侍从们几乎异口同声地说：大将军卫青。他们认为卫青体格健壮，正当盛年，封赐侯爵，官拜大将军，武功赫赫，彪炳史册，这些都是无人能比的。平阳公主听后不禁大笑：卫青是我当年的骑从，选他作驸马，未免降尊下嫁了吧？

左右心腹侍从一一摇头，认为不是这样的，此一时，彼一时也。侍从们说，且不说卫青武功超群，身强体壮，拜官封侯，就单凭这么年青官拜武职第一的大将军又是当今皇后卫子夫的至亲这两条，就能配天下至贵的公主。平阳公主嘴上虽还硬，但心里还是十分满意，而且比遍朝中的一应侯爵，的确只有卫青第一，谁也比不过。这样，平阳公主便把自己的想法示意给一直想报恩的卫子夫，卫子夫会意以后自然不胜欢喜：自己的弟弟娶皇上的姐姐，亲上加亲，在宫中是绝对地位稳固。卫子夫就把这番美意转告刘彻，刘彻亲自作媒，促成了这桩婚姻。

武帝即皇帝位后的第十三年，卫子夫在一连生下三个女儿之后，生下了一个儿子，取名刘据。这一年，刘彻年方二十九岁。卫子夫取陈皇后而代之，为六宫之长的皇后，儿子刘据便在六岁的时候册立为太子。太子丰神秀伟，聪明可爱，极喜读书。武帝刘彻极喜欢太子，特地吩咐，让在太子宫中造一处博望苑，供太子读书学习，广纳文士。

十一、歌伎卫子夫（下）

1. 平民王皇后

中国历代的深宫中有许多数也数不清的冤案，由于宫室太深，众多的冤案随着御沟的流水漂流远方，无人得知。但是，有两起大的冤案载在史册，使两位好皇后在冤屈中丧生，其惊险曲折，实在闻所未闻，令人扼腕叹息。这两起大冤案便是汉宫巫蛊案和辽宫《十香词》案。

汉宫巫蛊冤案的造成者是汉武帝刘彻，根源在两个方面：一是刘彻贪色移情；二是刘彻多疑猜忌，听信小人。而这场冤案的始作俑者和直接策划人便是武帝刘彻的心腹佞臣江充。江充之所以敢冒天下之大不韪诬陷太子，进而逼皇后自杀，是由于太子和江充这种小人平常不对头。江充深知，一旦皇上过世，太子就即大位，这个时候都恨之入骨的太子到那时还会饶过自己？所以，江充秘密筹划，成功地促成了这场冤案。

汉武帝刘彻独宠歌伎卫子夫，并把出身卑微的卫子夫放到了母仪天下的皇后的位置，这一举动似乎很令人奇怪。其实，这一方面取决于刘彻好色，另一方面是因为汉代的礼法制度不够完备,人们生活得较为率意,心理上比较轻松。

武帝刘彻的母亲王氏是汉景帝刘启的皇后。王皇后的母亲叫臧儿,是普通平民王仲的妻子。臧儿和王仲生活平静,过得平平淡淡。臧儿替王仲生下了两个女儿,大女儿就是后来的王皇后。

平民出身的王氏怎么进入皇宫?事实上,王氏本来也是过着普通民女的普通生活。王氏长大了,亭亭玉立,面容姣好,又极丰满。王氏到了出嫁年龄便嫁给了平民金王孙为妻子。金王孙很疼爱这个可爱的女人,王氏替金王孙生下了一个女儿。

臧儿不甘寂寞,也不想让美貌的女儿就这样了却一生。臧儿替女儿算命,算命先生说此女当大贵。臧儿一不做,二不休,强行带人将王氏抢回家,逼迫着金王孙和王氏离婚,并且将王氏生下的女儿留在王家,只让金王孙独自回去。金王孙怒气冲冲,坚决不同意。

臧儿被金王孙纠缠不过,干脆将女儿王氏送进皇宫,直接送到东宫侍候太子刘启。太子刘启被王氏的美艳、丰满和风韵所迷惑,沉溺和求欢其中,不能自拔。文帝去世以后,太子刘启即帝位,为汉景帝,王氏便因此立为皇后,坐镇六宫。

王皇后替景帝刘启生下了三个女儿和一个儿子,大女儿便是平阳公主,儿子就是刘彻。平阳公主是刘彻的亲姐,刘彻在景帝的众多儿子中却是第九个,不过,刘彻是王皇后所生,是嫡出。

王皇后的母亲臧儿是位了不起又能干的女人,她不仅强行将女儿抢婚送进深宫从而出人头地,同时,她自己也告别了平民王仲和平淡的平民生活,改嫁给位尊势众的田氏,并生下了田蚡、田胜。刘彻即皇帝位后,尊王氏为皇太后,尊王太后的母亲臧儿为平原君,并封田蚡为武安侯,田胜为周阳侯。

2. 皇帝认姐姐

刘彻是个好色而多情的皇帝。刘彻既好女色,也迷男色,他的男宠之一便是韩嫣。韩嫣长得如花似玉,人也极聪明伶俐。韩嫣之所以能长久获得刘彻的宠爱,就是常能将刘彻没有想到的想得周到、办得妥帖。

王皇后离开平民金王孙以后,进入太子宫中,步步高升,竟至做了皇后。王皇后有了这样的身份、地位,自然不想再提前夫金王孙,她和金王孙生下的女儿也就更不想提及,觉得这是自己的耻辱,是一段不光彩的往事。

可这件事却被韩嫣了解得清清楚楚。韩嫣还得知,王太后的大女儿即刘彻的异父姐姐还隐居在长陵小市,过着清淡的平民生活。韩嫣就将这段隐私告知了刘彻。武帝刘彻这才得知太后还有这么一个女儿,生活在民间,十分清苦。

刘彻立即吩咐备驾,前往长陵市看望姐姐。小小的长陵市哪里见到过皇帝的仪仗?武帝的威严几乎让长陵市的官员吓死过去。但武帝刘彻根本不屑于长陵官员,直接去看望自己的姐姐。皇帝御驾亲临,平民谁不吓破了胆?家里人不知道内情,以为犯了什么法,慌忙逃避。刘彻的近侍找到了女子,将她扶出来,拜见刘彻。刘彻下车,扶起她,看着她苍白的面容歉疚地说:大姐一直生活在这里,我不知道,否则,我早就接您入宫了。

武帝刘彻就带着自己的姐姐回到皇宫,让她住在长乐宫。刘彻将此事告知王太后,太后喜出望外,一颗牵挂的心终于有了着落。母女相见,泪水横流,不免抱头痛哭。武帝刘彻觉得这是宫中的一件大喜事,便下旨举宫欢庆,赐姐姐钱一千万,奴婢三百,田一百顷,上等房舍一区,号修成君。

3. 奸人江充

雄才大略的武帝刘彻就这样敢作敢为,无所顾忌,从不隐瞒自己的感情。刘彻在卫子夫光彩照人时毅然决然地宠爱她,立她为皇后,恩冠后宫。但是,中年以后,卫子夫的美色随着青春日渐逝去,贪色成性而敢作敢为的刘彻便因色衰而爱弛,恋宠起了别的美人。赵夫人、李夫人等美女先后得宠。

时光在不知不觉中流逝。精力、锐气和无所畏惧的魄力在悄无声息的衰老中一天天离自己远去。刘彻感到了心虚气短,一种对生命的恐惧便开始缠绕着他,令他转求天地神灵,信上了方术之士。刘彻走上了秦始皇当年寻仙问道的求生之路,不断地派遣方士,求长生不老药,并巡游天下,访求长寿神仙。

无论刘彻怎样竭尽财力和心力,任何仙药和神仙都无法挽救他不走向衰老。刘彻不知道这些,他烦躁、恐惧、暴跳如雷。但一切无济于事,病痛时时缠身。刘彻不承认这是生命衰老所带来的必然结果,却猜忌、怀疑,认为这是恨他的人在宫中行巫蛊厌胜秘术。因此,凡是有些嫌疑的,一律格杀勿论。佞臣江充乘虚而入,便制造了一起千古冤案。

江充最初不在宫中,更不会接近刘彻,他是如何获得刘彻的宠信,从而位极内臣,令朝臣们都趋奉巴结?主要在于江充能抓住机遇,并能投机奉承,投刘彻所好。刘彻进而便信任他,重用他,从而事无巨细,倚他为心腹。

刘彭祖是武帝刘彻的异母兄弟,封赵敬肃王。江充最初供职在赵敬肃王府中,是赵敬肃王宠信的属臣。赵太子丹不喜欢江充,认为他阴险凶狠。江充刚巧有一件事惹怒了太子丹,太子丹要惩治他。江充十分恐惧,便逃出王府,直奔京师长安,密告赵太子丹心怀叵测,觊觎神器。

武帝刘彻得讯以后,立即派人前往赵肃王府查究,结果真有此事。刘彻便下诏废赵太子丹为庶民,特地召见江充。江充伟岸魁梧,仪表堂堂,刘彻见后十分喜欢,应对也极称意,刘彻便将江充留在身边,委他为锦衣使者,随侍皇帝身边,替皇帝侦伺督察皇亲贵戚、朝廷大臣的言行过失。这实际上是皇帝的私人密探,是御用特务。这个差使说明皇帝倚他为心腹,而且每天都能见到皇帝,随从左右。这为机敏过人、善于察言观色的江充提供了充分施展才能的极好机会。从这以后,刘彻便再也离不开江充。

4. 蔑视皇太子

江充有了皇帝的信任,便尽心竭力为皇帝卖命。他招兵买马,组成一个心腹集团,专伺侦察皇帝以外的名流要员,并将他们的日常言行活动统统奏报给猜忌多疑的武帝刘彻。刘彻有了这样一个心腹耳目,觉得每天对大臣们的行动了如指掌,便十分放心,也十分高兴。刘彻自然而然地对自己忠心耿耿的江充另眼相看,信任得无以复加。

有一次,太子刘据的家臣进入皇宫,例行奏事,乘着车在宫中的驰道上行驶。这当然是违禁的事,驰道是皇帝独用的,是尊贵的象征谁也不能越职染指。太子家臣这样做了,自然被江充的心腹告知江充,江充就将太子家臣拿下,交由自己的属下处理。

太子得到报告以后,不免异常愤怒,立即派人去见江充,并希望不要将此事摊开,不要究治太子属臣。太子这样做的目的很明确,就是大事化小,小事化了,不要让皇上刘彻知道。如果刘彻得知,肯定会猜忌太子,轻则责怪太子教诫家臣不严,重则怀疑太子有抢权的野心,在皇帝染病时纵家臣越礼。

江充不理会太子的期望,一意孤行,和盘托出,告知了武帝刘彻。刘彻自然对太子属臣的行为很气恨,从而怀疑到了太子,而刘彻对江充不畏太子之威如实奏报,更见出忠心耿耿,便越发的信任江充,疏远太子。江充这等蔑视储君太子,朝臣们无不震惊。

5. 丞相公孙贺

江充门生便纷至沓来,效命者络绎不绝。江充势倾朝野。武帝刘彻 17 岁即皇帝位,在位 54 年,71 岁时离开人世。晚年的刘彻多病缠身,总是疑神疑鬼。刘彻去世前三年,就是即位后第五十一年,一次他在建章宫行走时,无意中竟看见了一个男子,身上佩一把宝剑,目中无人、大摇大摆地走进了宫禁森严的重地龙华门。刘彻认为此人十分可疑,绝不是宫中侍卫,便吩咐关闭大门,立即追捕。近侍大量出动,搜遍了各处,一无所获。刘彻大怒,下令宫中所有卫士,搜过宫室以后大搜上林苑,并令关闭长安城门搜查,一连查缉了十一日,仍然一无所获。

武帝刘彻自此更加心烦意乱,情绪喜怒无常,疑心猜忌更重,甚至喜欢无中生有,乱杀无辜。宫中巫蛊案数起,杀死了人员无数,其中就包括武帝刘彻的女儿阳石公主、诸邑公主、太子刘据和皇后卫子夫。而到最后,刘彻才知道,这是一场冤案,但一切都无法挽回。

巫蛊是汉时在民间广为流行的一种巫术,后来传入宫中,成为宫廷权力、爱宠之争的一种意识上置对方于死地的手段。巫蛊就是用巫术诅咒自己痛恨的人,并做一个木偶埋在地下,制作一个假人代替所痛恨的人,用针扎,这样天长日久,就可以置对方于死地,称为巫蛊。

汉宫巫蛊冤案是从公孙贺开始的。公孙贺是胡人,由于夫人卫君孺是皇后卫子夫的姐姐,公孙贺官至丞相。公孙贺有一个儿子,名叫敬声,视如掌上明珠,娇惯成性。敬声骄奢放荡,挥霍无度,以至私自挪用北军军费一千九百余万。案发以后,敬声被捕,下狱治罪。一旦判罪,自然会受重刑。

公孙贺是个很能干的人,又是权极人臣的丞相,且极爱自己的儿子。公孙贺为了救赎敬声,便主动请求捉拿朱安世,以解除皇帝刘彻的一块心病。朱安世是阳陵大盗,民间视为一代大侠,专与官府作对,官府调兵遣将,始终连影子都没见到,刘彻对此十分恼火。

公孙贺主动请战,想将功赎罪以救助自己的儿子,何况他又是自己的国戚,刘彻同意了公孙贺的请求。公孙贺调集自己的心腹爱将,都身怀绝技,一同捉拿朱安世。事隔不久,公孙贺真的将朱安世捉拿归案。武帝刘彻当然很高兴,便赦免了敬声。公孙贺父子皆大欢喜。可是,公孙贺父子高兴得太早了,没想到朱安世会反咬一口。

朱安世是一代强人,猛然间无意被公孙贺捉住,心里咽不下这口气。可是,朱安世已被捕获,成了公孙贺的阶下囚,不服气也得服气。朱安世心生一计,反正是活不成了,何不让千刀万剐的公孙贺陪死?朱安世便在狱中,郑重其事的给武帝刘彻写了一封信。

朱安世在信中罗列了公孙贺的许多罪行,并揭露公孙贺不满足于皇后的姐姐做妻子,还搜罗美女,无所不为;这还不算,公孙贺的儿子敬声还公然和皇上的女儿阳石公主奸通,并且密谋要取皇上而代之,在宫中皇上经常出入的甘泉宫路下埋放木偶人,巫蛊诅咒皇上。这封信很快转到武帝刘彻手中。

多疑猜忌的刘彻看了这封揭露信,哪里受得了这个? 雷霆震怒之下,刘彻吩咐立即查究。查究的大事自然交江充负责,江充派爪牙四出网罗罪名,借机将丞相公孙贺的人马一网打尽。公孙贺父子被收捕入狱,严刑拷打,牵连蔓引,致许多人无端获罪。公孙贺父子惨死狱中。江充觉得还不够,便灭公孙贺家族,连皇后的姐姐卫君孺也不能幸免。

6. 荒唐的巫蛊案

江充消灭了公孙贺,便将矛头指向其他手握重权的皇亲国戚。武帝刘彻的女儿阳石公主、诸邑公主、卫青的儿子长平侯卫伉也都受到牵连,并且都一一被杀。江充很得意,进而将仇恨利剑指向曾经得罪过他的太子刘据。

太子刘据一直不喜欢江充。江充深知,多病多疑的武帝日子不多,一旦武帝去世,太子即大位,自己的末日也就到了。江充借这次查究公孙贺之机,便设计将太子网罗其中,最好是能像公孙贺那样,尽数除尽。

太子天性仁和,宽厚孝诚。刘彻觉得太子不像自己,仁厚过之,不过,在守成时代,太子不失为一位圣明通达的君主。刘彻有一次对大将军卫青说:汉室立国不是很久,各项规划制度很不完备,四方夷狄不停侵扰,这些都需急待解决;我如果不变更制度,定出法则,后世有何可依? 如果不用兵讨伐,征服四夷,天下如何安宁? 只是这样的结果,必然是劳民伤财;我的命数有限,继承王位的人如果还像我这样变更制度,大肆兴兵,国家就危险了,就会像秦始皇一样,蹈亡秦覆辙;太子稳重敦厚,天性好静,是一个能安天下的守成君主,再没有比太子更合适的人了。

可叹的是,大将军卫青先武帝而去,没能防止这场无端的灾祸。刘彻晚年用法无度,太子宽厚,多有平反,纠正了刘彻的一些失误。但是,这无形中就得罪了那些刘彻任用的好用重刑酷法的大臣,这些人时常在武帝跟前搬弄是非,诽谤太子,武帝自然和太子有些隔阂。

皇后卫子夫年长色衰以后,武帝刘彻移情于赵婕妤。赵婕妤住在华丽的甘泉宫,武帝便时常宿在甘泉宫。武帝到皇后卫子夫的宫室越来越少,自然和皇后、太子很少见面,一些隔阂自然无法消除,生疏感一天甚于一天。

有一天,武帝刘彻神思恍惚,朦胧中看见几千个木人,手里拿着兵器,恶狠狠地向他袭来。惊醒以后,刘彻冷汗淋漓,感到遍体酸软,周身无力,精力锐气荡然无存。刘彻自此以后,便精气散逸,身体江河日下。刘彻觉得这是巫蛊所造成的，让江充加紧查实。

江充便煽风点火，说宫中有不少人忌恨皇上，盼皇上早日殡天，他们用巫蛊邪术诅咒作恶。刘彻越发信以为真，当面委江充为锦衣使者，查办一应巫蛊的人员，立即严惩。江充十分得意，接旨后指使爪牙四出，重点清理一应痛恨的人，尤其是太子。

京师长安和各封地郡国，宫室天翻地覆，一有木偶人或可疑的东西便大肆搜捕，再从酷刑逼其招供，然后拉出去斩杀。几万人就这样经历了一番酷刑以后被一一处死。每件杀案江充都有审讯，并一一送呈刘彻。刘彻不仅默许了江充的所为，还厚赏江充。

江充无所顾忌，干脆投刘彻所好。江充奏报刘彻，说善观天象的大师禀报，宫中有一股黑杀之气，正是蛊气，如果不将这股蛊气清除，皇上的病恐怕会一日重似一日。刘彻立即命江充带人入宫搜查，清除蛊气。

江充率领心腹按道侯韩说、御史章赣领众多爪牙一同进入后宫。一个宫一个宫地挖地三尺，搜查木偶人。皇帝御座下的地面挖掘了，各宫宫室一片狼藉，最后到了皇后中宫和太子东宫，竟也要挖地三尺。

皇后卫子夫和太子刘据怒不可遏，可是有圣旨在，皇后、太子只能听之任之。江充掘完以后，奏报武帝，说在中宫和东宫挖出的木偶人最多，并且每一个木偶人身上都写了大量咒语，诅咒陛下，文句不堪入目。刘彻自然大怒，但想想又不至于此，就想召太子入宫，问个明白。刘彻住在城外的甘泉宫。太子刘据得知江充诬告自己，心里十分恐惧。太子知道父皇偏信江充，想出城面见父皇，解释清楚，又有些不敢，怕父皇不问是非曲直，就地置他于死地。太子万般无奈，无计可施，便找少傅石德问计。石德更是一个贪生怕死又十分胆怯的人，他也怕皇上怪罪太子，从而殃及自己，心里十分恐惧。

石德对太子说，不久前丞相公孙贺父子和阳石公主、诸邑公主都因巫蛊之罪，先后被处死，受到牵连的不计其数；如今，江充要诬告太子，没有人能说上话，情况十分危急；皇上有病，躺在甘泉宫，皇后、太子想问病探望，都没有回音，皇上吉凶与否不得而知；江充如此胆大妄为，不正是赵高的作为吗？秦太子扶苏就是死于奸臣毒手；这个时候，别无选择，最好是以皇上的名义，收捕江充，杀了他，这样或许能逃此劫难。

仁厚宽怀的太子从来没有这样想过，对这一计谋犹豫不决。太子觉得，没有父皇的命令，如何能擅杀父皇的使者？与其这样，还不如前往甘泉宫，拜见父皇，讲明真相。可是，江充阻止太子进入甘泉宫。卫皇后没有意识到事态严重，中宫没有任何动静。太子无计可施，就在万般无奈的情况下接受了石德的秘计，派人假称天子使者，收捕江充，一举将江充和他的死党杀死。

7. 太子宫廷政变

杀死江充后，太子于当天夜里派心腹假称天子使者，进入皇后中宫未央宫，告知皇后所发生的一切。皇后这时方才知道大祸将临，情况万分危急。太子调用皇后御厩车马、射士，派人打开长乐宫中贮备宫中武器的武库，急调长乐宫卫士，大肆搜捕江充党羽，一律斩杀。宫中血雨腥风，京师长安乌烟瘴气，一时大乱。

京师人心惶惶，不知道怎么回事，只听说太子谋反。朝官自丞相以下，也一无所知。江充的党羽苏文在京师大乱中逃出京城，直奔甘泉宫，告知武帝刘彻，说太子在宫中兴兵谋反，还杀死了使者江充。

武帝刘彻派使臣面见太子，问明情况。使者胆小怕死，不敢进入长安，没入长安便回复武帝，说太子叛势已成，叛兵穷凶极恶，如果不是自己逃得快，早就身首分家！武帝刘彻再也不抱幻想了，相信真的是太子谋反，想取自己而代之。刘彻决定严惩太子。皇帝不在京师，京师出了变故，自然由太子和丞相负责应变；如今太子叛乱，自然由丞相作出应变。当时，丞相是武帝刘彻的庶兄，名叫刘屈牦。太子率兵进入丞相府后，也是一片大乱。丞相在混乱中逃出了丞相府，连丞相大印也不知丢在哪里。惊慌失措的丞相刘屈牦不知道出了什么事，便派相府长史乘着快马飞报武帝刘彻。

刘彻怒不可遏，问相府长史：京师大乱，丞相采取了什么措施应变？相府长史跪奏，说丞相不敢宣布太子谋反，只是逃命。刘彻呵斥说：事实摆在那里，有什么不敢宣布，丞相实在是太无能了！刘彻当即下令，命丞相负责平息叛乱；令京师内外官兵和京畿附近郡县兵卒由丞相统一指挥。

太子控制了皇宫。太子在京师城中向百姓宣告：皇帝在甘泉宫，病情严重，消息一直隔绝，恐怕内中有变，奸臣乘机夺权，所以起兵捉拿奸臣。可就在这时，武帝刘彻亲自移师长安城西的建章宫，直接指挥聚集的军队，准备平息叛乱。

太子指挥的兵士实在太少。太子派人到北军中，希望能指挥北军，但被北军使者任安拒绝。太子只好领少量的兵士和丞相刘屈牦指挥的数倍官兵在京师激战，整整五天五夜，死伤无数，长安城杀声震天，尸体枕藉。

太子兵寡战败，领着残兵逃出京师长安。丞相率领的政府军占领京师以后，将这次叛乱的主谋一一搜捕，太子少傅石德和众多的太子宾客、太子家小统统被杀。皇后卫子夫也觉得脱不了干系，儿子家小都杀戮已尽，自己还活着干什么？于是，皇后卫子夫也自杀身亡。

8. 天大的冤案

太子刘据领着他的死党奔出长安城后，向东仓皇逃亡，一直逃到今河南阌乡一位农民家隐藏。这户农家心地善良，很同情太子的遭遇，便答应掩护，渡此大难。可是，农民十分贫苦，只有靠卖草鞋来供养太子。

太子逃逸在外，当然是个祸根。武帝刘彻下令各地郡县，严加盘查搜捕。各个郡县地方接到圣旨，都加紧盘查，期望抓到逃亡在外的太子邀功。官府爪牙奉命四出，密切注视着太子的行踪。

走投无路、饥寒交迫的太子记起在阌乡有一个交谊很深的朋友。这个朋友家中殷实，太子便派心腹前去求助。不幸的是，事机泄漏，官府爪牙发现了太子的行踪，兵卒迅速围捕太子。官兵密密麻麻，将太子藏匿的农户人家围了里外三层。太子见出逃已没有任何希望，便紧闭门户，自缢而死。太子的两个儿子也随同离开了人世。

太子一家死亡殆尽。武帝刘彻想不明白，继续派人调查此事。一年以后，此事真相大白，太子无辜，皇后也是冤死，这完全是由佞臣江充导演的一场宫廷巫蛊冤案。武帝刘彻十分后悔，可是，后悔有什么用？人已去了，不可能再生。受到沉重打击的刘彻自此越发精神不振。

这个时候，一位看守汉高祖陵庙的守吏名叫田千秋的，以小小的职位竟越级上书给武帝刘彻，请求给太子和皇后平反。田千秋情真意切，条陈得很有层次，据理为太子申冤。书中说：这件事情，太子有罪的话也不过是被逼兴兵，要是治罪也只能是笞刑；天子之子因为过失而误杀一人，该定什么罪呢？

心情沉痛的武帝刘彻看到了田千秋的上书以后，心中越发追悔，更觉得自己在这件事情上处理欠妥。刘彻痛定思痛，当年的豪气和精力又有些在心中复苏。刘彻不拘一格使用人才的天性再一次抬头。于是，刘彻召见田千秋，将田千秋当作心腹。刘彻见到田千秋后，诚挚地对田千秋说：父亲、儿子之间的事，一般人是难以说清的，何况是皇上和太子？谁也不敢多言；你能直言不讳，而且讲的很有道理，这是高皇帝神灵保佑，教你来辅佐我，成就大业。刘彻郑重其事，以礼接待这位守陵小吏。刘彻任命田千秋为大鸿胪。不久以后，刘彻又以田千秋处事能干超擢田千秋为丞相。武帝刘彻真正是一个爱才识才的圣明皇帝。田千秋仅以一封上书而显露不同凡响的天智和才华，恰被智慧过人的武帝刘彻所赏识，真正是生逢其时。不久,刘彻因思念太子,便在京师长安修了一座宫殿,赐名思子宫。并在阌乡建了一座望思台,以此寄托哀思。

十二、北方有佳人(上)

李延年原本因犯法而受腐刑,负责饲养宫中的狗,后因擅长音律,颇得武帝喜爱。

有一天,李延年在召侍驾。刘彻看上去心情极好,脸上容光焕发。李延年知道机会来了,便大展柔韧轻松的舞姿,放开圆润活泼的歌喉,漫舞高歌:

北方有佳人,

绝世而独立。

一顾倾人城,

再顾倾人国。

宁不知倾城与倾国,

佳人难再得。

武帝刘彻听了这么一曲,嗜色如命的他能不如醉如痴?这样倾国倾城、羞花闭月的北方佳人,只是在梦中遇见过,真实的人儿哪里会有,怎么去找!刘彻听罢美曲,为佳人难得摇首叹息。

刘彻愁情郁结,一腔多情的爱恋无由排遣。刘彻在一片寂寥的情绪中漫步到了姐姐平阳公主家中。平阳公主知道弟弟正为北方有佳人的一首美曲害相思,她摆上美酒,武帝刘彻无心下咽,只是喟叹佳人难得。

平阳公主微微一笑,说有一良方能解皇上心愁。刘彻笑而摇头,入席默然,只是闷声饮酒。平阳公主说:你不是苦叹北方无佳人吗?有!要是不信,就到艺人李延年家里去看看,他的妹妹就是一位倾国倾城的绝色佳人。

武帝刘彻半张着嘴,好半天回不过神来。等明白过来是怎么回事,刘彻便站了起来,乐不可支地辞别姐姐,立即召见李延年的妹妹李氏。刘彻那颗本来不安分的心此时越发奔腾起来,翻江倒海。刘彻无法想象李氏会是如何的一个女人,大概也不会比后宫女子强到哪里。

刘彻在急切不安的期待中等待着美人,时光是那样的慢,李氏怎么还没有到来?刘彻的耳边老是回荡着李延年圆润的歌声,那令他神迷心醉的美曲。李氏真是绝世而独立吗?会一顾倾人城,再顾倾人国?该不会只是皮肤白嫩一点的弱不禁风的女子？

刘彻像热锅上的蚂蚁，在宫殿中来回走着，他猛然回过头，只见殿堂门口，站着一位亭亭玉立、一身淡雅装束的女子，那姿容，那清纯，那雅丽，简直是一位下凡的仙女。刘彻愣在了那里。门口的仙女虽清素淡雅，却如一轮喷薄而出的朝日，那样的光彩夺目。李氏实在太美了，美得脱俗，美得出世，美得自然天成，一尘不染。刘彻呼出一口气，庆幸自己能结识这样一位美人。李氏无愧于北方佳人，确实是绝世而独立，何止倾城倾国。

刘彻迷迷糊糊地坐在龙椅上，一双眼睛只是目不转睛地盯着李氏。李氏半羞半怯地在御前施礼，然后，轻歌一曲，踏曲而舞。李氏毕竟是女人，女人的舞姿歌喉更能勾魂，被李延年的歌声弄得如醉如痴的武帝刘彻更被李氏的舞姿和歌声迷得失魂落魄。武帝刘彻心里知道，从此以后，他再也离不开她。

十三、北方有佳人（下）

刘彻拥有了北方佳人李氏，爱幸得无以复加。李氏独宠专房，沐浴着皇上的雨露阳光，宠冠后宫。不久以后，美艳绝伦的李氏身怀六甲，足月以后，生下了一个儿子。但过不多久，身体瘦弱的儿子便告别了人世，赐谥昌邑哀王。

美丽而清雅的李氏终归身体虚弱，禁不住刘彻没有止境的欲求和宫中的喧闹和繁杂，终于卧病不起。一应的御医治过了，但都无济于事，病情没有一点好转的迹象，日渐加重。李氏这一卧病就是很长时日，李氏绝色的容颜便也同时被病魔吞去，剩下的只是一张苍白而清瘦的脸，是白中泛黄的一副病容。

武帝刘彻急切地要见到李氏，但一次次都被御医和李氏阻住。宫中规定，后宫女子一旦染病，要绝对禁止侍驾左右，皇上也被严禁与病人接触。御医力劝刘彻，不要看望李氏，等她病情好转了再去。

但是，独断专行的武帝刘彻哪里会被御医劝住？更不会有耐心地等待着李氏的康复。刘彻只听说李氏病情一天天加重，便自顾自地闯进了李氏的寝宫。

李氏病容倦怠，正躺在床上，和众姐妹说话。李氏得知皇上来了，便不顾一切，拉过一床被子，盖在自己的脸上。众姐妹忙在房中跪迎刘彻。刘彻进入李氏寝宫后，没注意房中的其他女子，一个箭步跨近床前，叫着李氏，探问病情。李氏不说话，只是将被子严严实实地盖住脸。哀声说道："请恕奴婢无礼，奴婢卧病很久了，形貌都已毁坏，不能再见皇上。只是，儿子和兄弟，这就托付给您，我就放下心了。"

武帝刘彻坐在床边,心急火燎的就想见到这位朝思暮想的美人,没想到美人躲在被子下,就是不让见,而且,就这样别别扭扭的托付儿子和兄弟。武帝刘彻按下心中的恼火,耐着性子对李夫人说:"夫人,你的病有段日子了,是有些重,还是能够治好。即便难有好转,见上我一面,当面把王(李夫人的儿子)和兄弟托付给我,岂不是更好?"

刘彻说着,想动手掀开被子。李夫人在被子中捏着被子,哭了起来。李夫人边哭边哀声说:"陛下,妇人貌不修饰,不见君父,我的容貌这般憔悴了,不敢面见皇上。"刘彻在床边急得团团转,随即扶着床恳求着李夫人:"夫人,只要你让我看一眼,我就封你的兄弟做官,还赐给你一千金。"

李夫人依旧哭泣,却坚决拒绝。李夫人回答说:"陛下,封不封我兄弟做官,不在于见不见这一面,而在于陛下。"武帝刘彻十分恼火,伸手就掀被子,想看一眼这病中的美人。聪明过人的李夫人早有准备,就是不松手,紧紧攥着被角。两人扭了一阵,李夫人有些不支,便翻过身去,面朝墙壁,捧着脸痛哭。刘彻没想到是这种结局,便恼怒地站了起来,怏怏而去。

武帝刘彻离开以后,跪伏在地和躲在后室的众姐妹们忙围了过来。众姐妹们耳闻目睹了这一幕,一个个心中十分奇怪。皇上能这样痴情一个女子,能在病中破例来探望,只想看上一眼,这已经是天大的福气了,而李夫人竟然不接受,还扭打起来,就是不让皇上看上一眼,这真是太不可思议了。

李夫人还在哭泣。姐妹们围过去,给她掀开被子,说皇上已经气走了。姐妹们七嘴八舌,责怪李夫人,说怎么能这样对待皇上?

李夫人等众姐妹们说完,才哀婉地说道:"谢谢姐妹们的好意,不过,姐妹们不知道,我之所以不见皇上,不是怨恨皇上,也不是故意气皇上,正是为了更好地托付儿子和兄弟。"李夫人说着,泪水又淌了下来。众姐妹们越听越迷惑。

李夫人擦净了鼻涕和泪水,平静地说:"我是出身微贱的女子,因为容貌娇好,获得皇上的爱幸。可是,自古以来,凡是以美貌取悦于人的,色衰则爱必弛,爱弛则恩必绝。这几年,皇上之所以眷恋我,顾念我,不是因为别的,只是由于我的容貌好。如今,我的病很沉重,容貌已经毁了,皇上见到我的模样,肯定会厌恶我、唾弃我,到那时,皇上怎么会还顾念我的儿子、我的兄弟?"

李夫人说得十分平静,但却句句金石,掷地有声。众姐妹听得心服口服,默默无语。李夫人的话无疑很有道理。从此以后,李夫人拒绝再见刘彻。过不多久,李夫人撒手而去。

十四、汉成帝迷恋温柔乡（上）

赵氏姐妹是中国历史上一对有名的美女。姐姐赵飞燕，美色、歌喉、舞艺绝伦，尤以身轻如燕驰名历史。色、艺俱佳的赵飞燕令汉成帝倾心，收入宫中，宠幸无比，终至封歌舞伎赵飞燕为母仪天下的皇后。赵飞燕入主后宫以后，引荐美色更胜于自己的妹妹赵合德，成帝迷恋成癖，终日醉生梦死在赵合德的温柔乡中，最后终因纵欲过度而一命呜呼。

赵飞燕美貌惊人，却有着奇特的出身。赵飞燕既姓赵，又姓冯。为什么一人兼有二姓？是父母的姓氏吗？不是，这涉及赵飞燕独特的身世。和赵飞燕独特的身世造成两姓的情形相类似的，便是赵飞燕丰富的人生经历，从而锻造了她修长优美的身段、迷人柔韧的舞姿和绕梁三日的歌喉。

史书上记载说，赵飞燕出身于官宦家庭，赵飞燕的母亲是江都冗王的郡主，美貌惊人。郡主嫁给了官员赵曼。郡主不能满足于赵曼的恩爱，便和精力旺盛的冯万金私通，结果先后怀孕生下二女，这便是赵氏姐妹，但名义上郡主是赵曼的妻子，二女便只能姓赵氏。

郡主是个纵情享乐的女人，怀孕生子只不过是无法拒阻的事情而已，是纵欲的结果，迫于无奈，只能耐住十个足月，生下后了事。女儿生下了，郡主只嫌玩乐的时间不够，哪里还会养育女儿？何况是和情人私通生下的私生子！郡主便决定抛弃女儿。

赵飞燕生下后只有三天，郡主不肯养育，便将她抱出屋，扔到了外面。三天三夜过去了，做了母亲的郡主又有些不忍，便前去看看，没想到这么幼小的生命还活着，竟没有受到任何伤害！郡主的母性和母爱复苏，便伸手抱起了降生才几天的女儿，回到家中，试着养育。

郡主的丈夫赵曼在赵飞燕降生不久就离开了人世。这时，赵飞燕、赵合德姐妹都已降生，都是冯万金的血脉。赵曼死后，生活的重担压在了郡主身上，郡主又不是那种吃苦耐劳、忍辱负重、一心照料孩子的母亲，而是贪图享乐的女人，她怎么会承担这样的家庭重担？

郡主抱着两个女儿，到情人冯万金家中。冯万金也知道两个女儿是自己的骨肉，冯万金喜欢两个女儿，更喜欢两个女儿的母亲。可是，郡主留下了两个女儿便离去了，独自享乐，过一种悠闲自得，纵情纵欲的美妙日子。两个女儿的抚养重担便一下子落在了身为父亲的冯万金肩上。

冯万金也不是那种会精打细算、好好过日子的精明男人,自己的生活都一塌糊涂,突然间又来了两个年幼的女儿,那种窘迫的生活可想而知。冯万金想尽心照料女儿,无奈能力有限,日子越过越紧张,以致陷入穷困潦倒,走上了绝境。不久,冯万金又撒手而去,留下了这一对年方几岁的女儿。

冯万金去了,赵飞燕、赵合德姐妹便破衣烂衫,流落街头。这一天,赵飞燕正在京师街头讨食,遇见了一位雍容华贵、奴仆成群的女子。赵氏姐妹不敢上前乞讨,可这个女子竟向赵氏姐妹走来。这个女子打量着几岁的小姐妹,发现小姐妹眉清目秀,眼睛十分迷人,脸上虽然脏污不堪,但皮肤白皙,是一对可堪造就的美玉。华贵的女子就买下了这对小姐妹,带回府中。

这位华贵的女人不是别人,正是汉第九代皇帝汉成帝刘骜的姐姐阳阿公主。赵氏姐妹睁着一双迷人的眼睛,跟着阳阿公主进入富丽堂皇的公主府。府内奇珍罗列,珠玉充栋,仆妇成群。赵氏姐妹先被送到后室浴洗更衣,然后再来拜见公主。公主举目细看,果然是一对小仙子:秀眉俊目,小巧玲珑,一双眼睛别具神韵,只是皮肤略显粗糙和微黑,这是风吹雨打的结果,还有点面黄肌瘦,估计养育一段日子准会脱胎换骨。

赵氏姐妹从此就生活在锦衣玉食的公主府中,以歌舞伎的身份在府中学习歌舞。虽然赵氏姐妹在府中地位低下,但毕竟是豪富的公主府第。这和流落街头、衣食无着的日子简直是天壤之别!

刘骜是汉元帝刘奭的儿子,母亲是元帝皇后王政君。王政君是汉末有名的人物王莽的姑母。元帝44岁时离开人世,太子刘骜即皇帝位,为汉成帝,时年19岁。

刘骜在歌舞升平、灯红酒绿的富贵生活中长大,周围一直是妙龄婀娜的美女,渐渐成瘾成癖,离不开美酒、美女。元帝去世以后,政治上王氏独握权柄,刘骜心甘情愿地陶醉在酒色之中。

在成帝32岁那年,也就是鸿嘉元年,公元前20年,他已做了13年的皇帝。后宫虽然美人充栋,成帝也觉得有些腻味了,便打算微服出宫,去找点新鲜和刺激。

有一天,成帝一行人来到姐姐阳阿公主家,公主赶忙兴高采烈地设宴摆酒。酒酣耳热,公主为了给皇帝弟弟助兴,吩咐献上歌舞。只见一片柔软的丝幕转出一个女子,肌肤如玉,柔若无骨,腰如柳枝,姗姗而出,宛如弱柳扶风,美色夺人。成帝半张着嘴,呆在了那里。只见女子喉如莺歌,舞如燕飞,成帝一时竟丢魂落魄,不知道自己是谁? 身在何处?

成帝再也坐不住了，便拥着这位美人，走进卧室，宽去衣带，当即占有了她。随后，将她带入后宫，日夜宠幸，纵情享乐。这位美女便是身轻如燕的赵氏飞燕。赵飞燕知道，自己能迷住皇上的不是容色，而是舞姿和歌喉，是艺而非色，如果要论色，能长久迷住皇上的只有自己的妹妹赵合德。于是，赵飞燕在得宠的时光中，没有只顾自己一味享乐，而是在和成帝的忘情恩爱中选一个最佳时机，向成帝引荐了自己的妹妹赵合德，让她一同共享恩爱，共同占有皇上，对付其他美女。事实上，赵飞燕的这一举动十分成功。

绝代佳人赵合德走进了后宫，赵合德不仅天生丽质，还别有一番情韵，独具万种风情，能在无言中夺人魂魄，令多情的男人失魂落魄。

成帝刘骜目瞪口呆，瞅着美人迷迷糊糊的。成帝贴身的随侍也都看傻了眼，不敢相信这是人间的女子，人间能有这样超凡脱俗的女子？披香博士淖方城只见过书上关于美人的描述，没想到真的见到了。学问渊博的博士竟也经不住美人的诱惑，口中津液横生，口水外流。淖方城博士咽着口水艰难地对成帝说："这是祸水啊，灭火绝没问题！"博士都如此绝望地哀叹，何况好色如命的成帝？

十五、汉成帝迷恋温柔乡（中）

成帝占有了赵氏姐妹，每天就和赵氏姐妹泡在一起，纵情玩乐。别的后宫女人便只有认命，长叹而已。时间长了，成帝偶尔也临幸别的女人。鸿嘉三年时，王美人怀孕。许皇后的姐姐许谒以此为契机，用巫蛊诅咒王美人，想让成帝回心转意。赵飞燕探知此事，密告王太后。结果，拷问得实。王太后一举将许皇后收拾，并祸及皇后家族：许谒等人以大逆不道罪处死；许皇后废处昭台宫；皇后族人遣归故里山阳郡。一年后，许皇后再迁长定宫。幽囚九年，因淳于长一案，许皇后被降旨赐死于长定宫。

许皇后被废的第二年，忘情于赵飞燕柔情的成帝便下旨要立赵飞燕为母仪天下的皇后。太后王政君觉得有些不妥。王太后倒不是对赵飞燕印象不好，恰恰相反，赵飞燕迷人、漂亮，很招太后的喜欢，加上赵飞燕甘当太后的心腹共同对付许皇后，大获全胜，太后越发喜欢赵飞燕。可是，喜欢归喜欢，突然间，要立赵飞燕为刚刚废去了皇后之位空缺出的皇后，太后心里有些不大舒服。当然，赵飞燕出身寒微，立了皇后不会引起后族崛起，从而和太后家族抗衡，进而分庭抗礼，有了这一层，太后心里就好受多了。

太后对立赵飞燕为皇后,没有什么特别反对的意见,太后最后只是说,赵飞燕出身太寒微,猛然间母仪天下,朝野会服吗?淳长于给成帝献计:先封赵飞燕的父亲为成阳侯,赵飞燕就是侯门之女,还不尊贵?尊贵了其父,再立其女,不是名正言顺?成帝觉得这主意很好,就奏告太后,太后也觉得这还过得去。这样,赵飞燕的父亲先封成阳侯,七个月后,赵飞燕堂而皇之地做了母仪天下的皇后。赵飞燕的妹妹赵合德自然也获得名号,封为仅次于皇后的昭仪。

宫中的这一变动在朝野引起了巨大的反响。要知道,皇后的废立可不只是皇家的事,而是整个国家的大事。所以,朝臣们自然不会保持沉默,纷纷上书,表示自己的看法。有的大臣写得直截了当,反对立赵飞燕为皇后,措辞用句十分辛辣。成帝看过奏章,气得七窍生烟。这是什么话,难道出身寒微就不能母仪天下吗?真是岂有此理。成帝天性柔弱,盛怒之下,还念及上奏章的是宗室子弟,没有加以死罪,而是降死罪一等,判为鬼薪,就是终身为陵墓拾柴火。成帝这样做自然是杀鸡给猴看,让那些自以为是、仗义执言的大臣们懂点分寸,别想怎么干就怎么干。

赵飞燕坐镇后宫。赵氏姐妹迷惑着成帝,终日沐浴着雨露恩爱。但也许是天意,做了皇后的赵飞燕如同许皇后当年一样,就是不怀孕。许皇后的结局令赵飞燕恐惧。可是,想尽了千方百计,赵飞燕还是怀不了孕。赵飞燕就想和成帝怀不上,难道和别的男人也怀不上吗?赵飞燕就把成帝拱手让给妹妹赵合德,她自己另召别的美男子私通。

赵飞燕聪明过人,和男人私通自然要做得天衣无缝。赵飞燕长于音乐歌舞,对于音乐天生喜好。成帝有位侍郎,名叫庆安世,年方15岁,却长得眉清目秀,像美人一样漂亮。庆安世精通音乐,擅长鼓琴,曲调出神入化。庆安世最拿手的节目是《双凤离鸾》,弹奏缠绵哀婉,如醉如痴。赵飞燕极喜听《双凤离鸾》,时常召庆安世进入皇后寝宫,弹奏和欣赏着这段妙曲,两人也在妙曲的催导下双飞双栖,忘情寻欢。

庆安世成了赵飞燕的情夫以后,日月便有了新的光泽。庆安世自由出入皇后寝宫,凤床卧室也是毫无禁忌。庆安世儒雅伟岸,风姿出众,他脚踩着柔软温馨的轻丝履,手持招风扇,披着皇后赐赠的紫绨裘,流连于皇后深宫,嬉戏欢情于床笫之间。赵飞燕如此涉险私通,既是肉欲的满足,更是为了怀孕。但是,十分遗憾,不管赵飞燕如何努力,怀孕一直没有成功。

赵飞燕不是那种轻易认输的人,怀不上孕自是不会善罢甘休。当然,赵飞燕尝到了和美男子纵情私通的欢娱和美味,更加沉溺其中,希望能获得更多的美男子。赵飞燕就奏请成帝,想别开一室,早晚祈祷神灵,望早日得子。成帝对这一请求表示赞同。赵飞燕便把祈祷神灵的密室改建成纵情寻欢的场所。建好密室以后,赵飞燕约定,在她进入密室时,宫中一应人员,包括皇上在内,都不许入室,以免冲撞了神灵。事实上,密室中没有神灵,只有阳刚十足的肉体精灵,任何人不许入内是怕冲撞了赵皇后的美事。

赵飞燕先派心腹精选宫中的美貌侍郎,再选壮硕伟岸的多情少年。赵飞燕还是没有怀孕,就命人选宫室和皇室中生有多子的侍郎、属官、宫奴,凡是英伟、美貌、多子多女的都一一淫遍。还是没有怀孕。嗜男色成性的赵飞燕就派手下心腹,在京城四处寻探,凡是美貌、壮硕的轻薄少年,都一一收来,化装成女人送进后宫,每天十数人和赵飞燕纵情寻乐。赵飞燕享尽人间春色,但肉欲满足了,还是没能怀孕。

赵飞燕如此纵欲,自然不对妹妹赵合德隐瞒。赵合德每天和成帝泡在一起,成帝已然离不开赵合德。但赵合德深知,一旦姐姐和外人的淫行被皇帝知道,后果将不堪设想。赵合德就一方面继续迷惑汉成帝,寻欢纵欲,一方面想方设法,为姐姐掩饰。

有一次欢情过后,赵合德泪眼汪汪地看着汉成帝,成帝莫明其妙,问怎么回事?赵合德泪如珍珠,成帝哪里受得了这个?怜香惜玉的成帝便拥着赵合德,问个中缘由。赵合德平静了一点后,幽幽地说:"陛下,我姐妹有今日的荣华富贵,全得陛下的宠爱。可是,宠爱易招嫉妒,尤其是姐姐,性情刚烈,易招人妒恨。如果有人诬陷我们姐妹,我们赵家就有灭族之祸!"

痴情的汉成帝听说是这么回事,一颗虚着的心便踏实了些。这么娇美的美人,谁敢诬陷?诬陷了她们,灭了赵氏家族,我还活着有什么快乐?成帝发誓赌咒,宽慰劝解赵合德,让她放宽心,不管有没有人诬陷,有皇上做主还能如何!

果然不出聪明过人的赵合德所料,过不多久,有人秘密进奏成帝,说赵皇后不守妇道,时常召美貌少年入宫,大肆淫乐。成帝一听就火冒三丈,清纯如水的赵皇后,哪里会召少年入宫?果真像美人赵合德所说的,是妒恨所引起的诬告!成帝当即下令,将上告者立即处死,以儆效尤。有了赵合德掩盖和保护,赵飞燕就越发无所顾忌了。

十六、汉成帝迷恋温柔乡(下)

赵合德实在是一代尤物。汉成帝迷恋赵合德,有点不能自拔。终日沉醉赵合德温柔乡中醉生梦死的成帝不理朝政,只是一味地看着美人,喃喃自语:温柔乡,我只要温柔乡,不要白云乡。白云乡是梁武帝的追求和向往,是长寿、成仙的代称。成帝不求长寿,也不拜仙道,只希望终日拥有赵合德,不管是生是死。

赵合德沉鱼落雁,美色惊人又天分极高,还善于梳妆打扮。赵合德初入宫时,天生丽质,巧为打扮,一身光辉,顿时令后宫佳丽黯然失色。

她用一种膏状的东西抹在头发上,把头发卷起来,做成一个耸立的发髻,十分迷人。她又把眉毛细心描得又细又长,看上去极为秀美,称为远山黛。她还发明了一种美容妆:在脸上先抹上粉,再略微施以朱色,若有若无的模样,看着如一朵朝阳映照的云层,于不经意间层层叠叠,富于立体感和柔美的色彩,称为慵来妆。

赵合德天生美貌,又如此风流多情,长于风月,柔若无骨,率意任性,娇嗔可人,成帝当然抵挡不住,只有在石榴裙下俯首称臣。赵合德封为昭仪住在昭阳宫。成帝离不开赵合德,终日流连在昭阳宫中。

成帝在赵合德身边待久了,便有点想换换口味。性嬉渔色的成帝有一天和赵合德一块闲聊,无意中说到后宫中容貌美丽的许美人,说她刚生下了一个儿子,有几天了。赵合德一听,顿时红颜失色,粉脸狰狞。赵合德扔掉了手中的茶碗,掀翻了桌椅,失声大哭。成帝呆在了那里,手足无措,不知道该如何对付,更不知道该怎么劝慰。

赵合德闹过一阵后,稍事平静。赵合德泪眼汪汪地哭着说:"好个你陛下,你有的时候不回昭阳宫,说是去中宫,满以为你就去姐姐那里,原来还有一个许美人,一个骚气十足的狐狸精!你倒说说,许美人是怎么怀上的,怎么就平白无故地生下了一个儿子!"

赵合德边说边哭,边哭边诉,哭诉到伤心处,便痛不欲生,用小手狠狠地揪自己的头发,抓自己的脸,打自己。赵合德当然清楚,她只能用这种苦肉计才能彻底征服成帝。成帝爱赵合德是不遗余力的,看着自己心爱的美人这等伤害自己、虐待自己,成帝心如刀割,如同伤害了自己一般,成帝便也跟着心痛地流泪、哭泣。

赵合德见这种手法十分奏效,就越发不可收拾,更为来劲。赵合德哭泣着,就朝着成帝身后的墙壁撞过去,头撞在墙上咚咚的响。成帝一阵阵心痛,赵合德在泪眼朦胧中欣赏着成帝的痛苦,心中翻滚着辛酸、悲愤、喜悦和幸福的复杂感觉,各种情绪涌动,越发感到委屈。赵合德就势干脆从床上滚了下来,一头栽倒在地上，伤心地痛哭。

成帝急得团团转，只是手足无措地在一旁落泪。宫女们慌忙不迭地从地上扶起光艳照人的赵合德，小心地侍候着。可是，赵合德谁也不认，谁的账都不买，只是一个劲地痛哭，整整哭闹了一宿。成帝也陪在一旁落泪，一晚上无心安歇。

第二天，赵合德双眼红肿，在昭阳宫绝食。美人本来就瘦弱，如此绝食，岂不是更要命！成帝见赵合德饿着，便自己也陪着，不吃不喝。一天过去了，赵合德饿得不行，成帝也饿得有气无力。赵合德觉得成帝真心待自己，便有些心痛成帝。赵合德知道，这闹一闹不过是给成帝一点颜色看看，但总不能老这么闹下去。两人就这样僵持在昭阳宫中。

赵合德怕成帝饿坏了身子，遂流着泪对成帝说："我是陛下的使女，是奴婢，是一文不值的女人，我饿死了谁也不相干！你是皇上，是统御天下的圣明天子，天下的女人都是你的，你何苦陪着小妾，在这儿受罪？你高兴的时候，对我们姐妹发誓，决不再娶，也决不变心。哈，现在多好，心没有变，却弄出了一个儿子。还不快些立这个儿子做太子，将来好做皇帝。"

成帝像做错了事的孩子，只是一个劲地赔罪认不是。成帝再次赌咒发誓，说如果再负于她们姐妹，一定不得好死。日后，定好好相待，永远宠着她俩。赵合德半嗔半怒，装作不相信。成帝越发着急，恨不得把心掏出来交给美人。赵合德逼成帝就犯，便使着性子说："陛下要是真心待我姐妹，就下旨将许美人的儿子赐死，看陛下敢不敢？"

成帝一心想讨好美人，只想让美人欢心，重新拥有她，哪里会考虑什么儿子骨肉，更不会想到什么江山社稷和皇家子嗣。成帝真的下一道旨，命人将许美人生下的才几天的儿子抱过来。很快地，许美人的儿子抱到了昭阳宫，交给了成帝。成帝看着襁褓中的儿子，连眼都不眨一下，将自己唯一的儿子捏死在箧中。

赵合德破涕为笑，但表面上还是在为自己也为孩子伤心落泪。赵合德知道，她完全占有了成帝，成帝的迷恋已经超出了常规，宁肯捏死自己的儿子而求欢于美人，这在自古以来都是少有！

成帝纵情美色，没有节制，也不讲人伦礼义、王朝法统。成帝的荒淫生活不久便传出宫廷，让大臣们得知。光禄大夫刘向忧心如焚，便决定将历代贤妃美妇光耀国家和历代美色淫女败亡国家的古时事例，编成一书，献给成帝，以为鉴戒。刘向很快将书编成了，取名《列女传》，进呈御览。成帝看了，大为高兴，对刘向的举动赞赏不已。但成帝依旧我行我素，该干什么依旧干什么，还是终日沉浸在赵氏姐妹的温柔乡中。

成帝在通常寻欢招式中渐渐觉得乏味,便花样翻新,寻求更大的刺激。成帝把深宫和赵氏姐妹寻欢的地方,都让近侍重新装饰,四面摆上屏风,屏风上画着生动的纣王、妲己长夜淫乐图。成帝昼夜如此放纵,再怎么补也挡不住身体的亏空,便日渐消瘦,神思恍惚。

成帝纵情声色,和赵氏姐妹纵欲寻欢,弄垮了身体,太后知道了。可是,太后又不能直截了当指责赵氏姐妹,或批评成帝,太后便拿成帝的男宠张放开刀。太后召成帝到太后宫中,婉转劝解成帝,不要过于宠幸张放,要珍重身体,亲理朝政。并当即逼成帝下一道旨,遣男宠张放回自己的封地,立即离开皇宫,远离京师。

成帝纵欲的结果,便是加速了自己命归黄泉。46 岁那年,公元前 7 年春天,成帝终于病倒了,鼻歪嘴斜,不能说话,卧床不起,最后一命归西。太后王政君心生疑惑,正当壮年的成帝怎么会就这样离开了人世? 太后派大司马王莽追查此事,详细查实成帝卧病前的生活起居。查到了赵合德,是赵合德和成帝在一起,忘情寻欢。赵合德知道自己死有余辜,便一狠心,在宫中自杀。

十七、娶妻当娶阴丽华

汉光武帝刘秀,为平民时,有一次到新野,听说南阳新野有一位貌若仙子的美人,名叫阴丽华。刘秀慕名前去,好一番感慨,只看得涎水下咽。后来,刘秀到长安,见到宫城的执金吾车骑威风凛凛,又一番感慨。刘秀叹息说:"当官当为执金吾,娶妻当得阴丽华!"

更始元年六月,身为将军的刘秀不忘初衷,派人接阴丽华到宛城,娶阴丽华为妻。当时,阴丽华年仅 19 岁。不久,刘秀出任更始帝司隶校尉,前往洛阳任职,阴丽华只好暂归新野。刘秀称帝以后,命侍中傅俊将阴丽华接到洛阳,封为贵人。

阴丽华天生丽质,雅性宽仁。刘秀宠爱阴丽华,即皇帝位后想立她为皇后,但阴丽华坚决辞让,刘秀便封郭氏为皇后。建武四年(公元 28 年),阴丽华在元氏(今河北元氏县)生儿子刘庄,这便是后来的汉明帝。建武十七年,刘秀废皇后郭氏,立贵人阴丽华为皇后。阴丽华端庄美貌,恭俭仁慈,不拘言笑。刘庄即位后,尊阴丽华为皇太后。永平七年(公元 64 年),阴太后去世,终年 60 岁,与光武帝合葬于原陵。

第二章

汉宫隐私

汉初是个相对较为自由的朝代,没有太多的制度约束,无为而治的黄老之说流行于汉宫。汉高祖刘邦出身寒微,由他确立的汉室宫廷制度,相对较为宽松。宫中生活的皇帝,穿着开裆裤,喝着自酿的美酒,无忧无虑地生活。随着专制制度的不断加强,宫禁渐渐森严,宫廷隐私讳莫如深。

王昭君,名嫱,字昭君,乳名皓月。她是汉元帝时期宫女,被迫嫁给匈奴王,成为呼韩邪单于阏氏(皇后),生一子,为右日逐王。昭君嫁三年,呼韩邪单于去世,依匈奴习俗,再嫁呼韩邪单于长子复株累单于。昭君向汉廷上书求归,汉成帝敕令"从胡俗",于是,昭君再嫁长子复株累单于,两人共同生活了 11 年,又生二女,长女名须卜居次,次女名当于居次(公主)。王昭君去世后,厚葬于今呼和浩特市南郊,墓依大青山,傍黄河水,人称"青冢"。晋朝时,为避晋太祖司马昭讳,改称明君,史称"明妃"。

汉代时,许多皇帝是双性恋者。能够充当皇帝同性恋者的男宠,主要包括两类人:一类是宫内的美貌侍从,包括皇帝的近侍和宦官;一类是宫外的美男子,包括朝臣和京师美少年。有些男宠,则是皇帝的少年伙伴,是皇帝少年之时感情倾慕的伴侣。

一、汉宫后妃制度

汉代是个相对较为自由的朝代，没有太多的制度约束，也没有太多的羁绊。无为而治的黄老之说，流行于汉室宫廷。汉高祖刘邦出身寒微，原本就是个街头流浪的自由无产者，由他确立的汉室宫廷，相对较为宽松，宫中生活的皇帝，喝着自酿的美酒，愉快地和他的女人们，过着相对轻松、散漫和无忧无虑的生活。

汉武帝是中国历史上不可多得的一位英武皇帝，文才武略，纵横天下。同时，他也是一位儿女情长的多情皇帝，一生之中，有众多的红颜知己，与多位美丽的女人结下了生死情缘。其中，最为感人的有两人，一位是金屋藏娇的香艳主人陈皇后，另一位是北方有佳人的美妃李夫人。特别是李夫人，生也爱恋，死也痴迷，死后还千方百计地让方士招魂。

诗人白居易感叹这段宫闱史事，用生动的诗句再现了当时的良辰：

九华帐中夜悄悄，返魂香降夫人魂。

夫人之魂在何许？香烟引到焚香处。

既来何苦不须史，缥缈悠扬还减去。

去何速兮何来迟？是耶非耶两不知。

翠蛾仿佛平生貌，不似昭阳寝疾时。

魂之不来君心苦，魂之来兮君亦悲。

背灯隔帐不得语，安用暂来还见违。

伤心不独汉武帝，自古及今皆若斯。

西汉初年，皇帝的正配称为皇后，其余嫔妃称为夫人、美人、良人、儿子、长使、少使。汉武帝时，后宫的女人成倍增加，嫔妃名号增加了婕妤、烃娥、容华、充衣。汉元帝时，又加昭仪，并有五官、顺常、无涓、共和、娱灵、保林、良使等等。刘秀建立东汉，称光武帝。光武帝并省前朝后宫制度，规定皇后之外，只立贵人、美人和彩女,后又加宫人,凡嫔妃四等。

二、明妃出塞（上）

1. 匈奴单于

呼韩邪单于(前80—前31年),姓名是挛鞮稽侯狦,公元前58—公元前31年在位。大约生于公元前80年,是匈奴单于挛鞮虚闾权渠的儿子。其父死,未能立,逃至妻父乌禅幕处,公元前58年,他22岁,被乌禅幕等人拥立,击败握衍朐鞮单于屠耆堂。公元前53年,他27岁,引众南迁靠近汉塞,遣子入汉,对汉称臣。公元前51年2月,他29岁,正式朝见汉宣皇于甘泉宫(今陕西淳化西北),受到隆重接待。他是第一个臣服于汉的匈奴主,汉宣帝亲自到长安郊外迎接。随后,汉宣帝派一万六千名骑兵护送他到了漠南,赠送他三万四千斛粮食。公元前49年2月,他第二次朝见汉宣帝。公元前33年2月,他47岁,第三次朝见汉皇帝,请求和亲,汉元帝将19岁的汉宫女王嫱(昭君)嫁他为妻,号为宁胡阏氏。从此,汉与匈奴和平40余年无战事。公元前31年,挛鞮稽侯狦病死,时年49岁。王昭君小呼韩邪单于28岁,时年21岁,从胡俗,嫁呼韩邪宠妾大阏氏的长子。

呼韩邪单于的儿子们包括:

长子铢娄渠堂:母亲是乌禅幕的女儿,大约公元前65年出生,公元前56年,升任右贤王。公元前53年2月,被送到汉国做人质。公元前43年,回到匈奴并升任左贤王。他比稽侯狦单于早死。

次子雕陶莫皋:母亲是呼衍王的小女儿,号称大阏氏。大约公元前50年出生,公元前34年,升任左贤王。公元前31年,他19岁,继任单于,号称复株累若鞮单于,娶21岁的王昭君。公元前20年,病死,年仅30岁。

三子且糜胥:母亲是呼衍王的小女儿,号称大阏氏。大约公元前48年出生,公元前31年,升任左贤王。公元前20年,继任单于,号称搜谐若鞮单于。公元前12年,病死。

四子且莫车:母亲是呼衍王的大女儿,号称颛渠阏氏。大约公元前47年出生,公元前20年,升任左贤王。公元前12年,继任单于,号称车牙若鞮单于。公元前8年,病死。

五子囊知牙斯:母亲是呼衍王的大女儿,号称颛渠阏氏。大约公元前45年出生,公元前12年,升任左贤王。公元前8年,继任单于,号称乌珠留若鞮单于。

公元 13 年,病死。

六子咸:母亲是呼衍王的小女儿,号称大阏氏。大约公元前 44 年出生,公元 11 年,自立为单于,号称孝单于。同年,去单于号。 公元 13 年,继任单于,号称乌累若鞮单于。公元 18 年,病死。

七子乐:母亲是呼衍王的小女儿,号称大阏氏。大约公元前 42 年出生,公元前 8 年,升任左贤王。 公元 12 年,病死。

八子助:他的母亲不详。大约公元前 41 年出生,公元 11 年,自立为单于,号称顺单于。同年病死。

九子舆:母亲号称第五阏氏,约公元前 40 年出生,公元 14 年,升任左贤王。公元 18 年,继任单于,号称呼都而尸道皋若鞮单于。 公元 46 年,病死。

十子卢浑:母亲号称屠耆阏氏,大约公元前 39 年出生,公元 13 年,升任右贤王。

二十子伊屠智牙师:母亲是王昭君,号称宁胡阏氏。大约公元前 32 年出生,先是担任右日逐王,后来升任为右谷蠡王。 被舆杀死。

另还有九子,姓名不详。

2. 芳名远播

王昭君是汉元帝时人,大约出生于公元前 52 年,其出生地是南郡秭归县宝坪村(今湖北省宜昌市秭归县昭君村)。王昭君是以良家子身份选入汉宫的,成为汉元帝的嫔妃。几年后,47 岁的匈奴单于呼韩邪来朝,请求和亲。汉元帝欣然接受,吩咐以皇女赐之。昭君入宫多年,一直无缘见天子一面,心中很悲愤,主动请求北行和亲。呼韩邪单于十分高兴,临行时,汉元帝在宫中举行大宴,召昭君出见。昭君十分美丽,清雅动人,单于喜出望外。汉元帝目瞪口呆,这也是他第一次见到这位宫中的美人,他没想到,竟然如此美丽。他非常后悔,想留下昭君,但怕失信于匈奴,引起汉匈战火。这段历史,正史《后汉书》这样记载:昭君"丰容靓饰,光明汉宫。顾影徘徊,竦动左右。帝见大惊,意欲留之,而难于失信,遂与匈奴。"(《后汉书》卷八十九《南匈奴传》)

王昭君出生在长江三峡秭归的一个普通平民之家,出生之地风景极好,宝坪村山清水秀,清澈的溪水绕村。她的父亲王穰为人正直淳朴,老来得女,十分疼爱昭君,家中的兄嫂也很喜欢她。王昭君天生丽质,为人非常聪颖,琴、棋、书、画样样皆通,特别擅长琵琶。王昭君有才有貌,她的芳名很快闻名遐迩。历史上,汉元帝刘奭是以仁柔、好儒而著称的,宣称仁治天下。公元前 36 年,刘奭做了12年皇帝,已经40岁了,想好好享受人生。他下令广选美女,充实后宫。这一年,王昭君16岁,芳名远播,自然成为南郡的首选。这年春天,王昭君告别家乡父老,坐着官船和马车,只身前往汉代都城。她从香溪顺流而下,进入长江,逆汉水而上,越过秦岭,历时三个月时间,于初夏之时到达京城长安,成为汉宫掖庭待诏。

3. 冷宫三年

据说,王昭君进宫后,自视清高,不屑与俗人为伍。后宫美女众多,元帝根本看不过来,就让宫廷画师——画出美人像,他再根据画像宣召侍寝。王昭君自恃相貌秀美,绝不像别的女人奸样巴结、贿赂宫廷画师。画师毛延寿感觉被昭君轻视了,想在画像时报复她。在给昭君画像时,毛延寿故意丑化昭君,特地在她的像上点上了一颗克夫痣,加描几笔,成为落泪的样子。这是恶相,在汉宫中是一大禁忌。有了这幅画像,昭君就被永远打入另册,自然一直没有被皇帝召幸;昭君入宫3年,从来无缘面君。

昭君生活在深宫之中,忧郁寡欢。据说,湖北女人忧伤的时候,喜欢在五更天,哼唱《五更调》,表达自己的满腔幽怨。湖北的《五更调》版本很多,歌词内容也是五彩缤纷。其中之一,是表达昭君和她家乡的亲人相互思念,这就是有名的《五更哀怨曲》:

一更天,最心伤。爹娘爱我如珍宝,在家和乐世难寻。如今样样有,珍珠绮罗新。羊羔美酒享不尽,忆起家园泪满襟。

二更里,细思量。忍抛亲思三千里,爹娘年迈靠何人?宫中无音讯,日夜想昭君。朝思暮想心不定,只望进京见朝廷。

三更里,夜半天。黄昏月夜苦忧煎,帐底孤单不成眠。相思情无已,薄命断姻缘。春夏秋冬人虚度,痴心一片亦堪怜。

四更里,苦难当。凄凄惨惨泪汪汪,妾身命苦人断肠。可恨毛延寿,画笔欺君王。未蒙召幸作凤凰,冷落宫中受凄凉。

五更里,梦难成。深宫内院冷清清,良宵一夜虚抛掷。父母空想女,女亦倍思亲。命里如此可奈何,自叹人生皆有定。

汉宣帝时,中国北方的匈奴发生大规模内乱,单于五分天下,相互攻杀,战争不断。其中,呼韩邪单于在拼杀中败下阵来,逃到汉朝边境,请求进入汉境,朝见汉帝,表示臣服。呼韩邪单于是第一个到中原来朝见汉帝的匈奴单于,汉宣帝十分重视,亲自到长安郊外去迎接,特地举行了盛大的宴会为他接风。呼韩邪单于有宾至如归的感觉，就在长安住了一个多月。单于想回去了，汉宣帝选派了两位能征善战的大将军护送，将军统率一万人马，浩浩荡荡地将呼韩邪单于送到漠南。这时，匈奴正是荒年，缺少粮食，汉宣帝特旨送给他们三万四千斛粮食。呼韩邪单于受到如此优厚的待遇，震动了西域各国，他们纷纷前来汉朝，表示臣服。

公元前33年，匈奴呼韩邪单于47岁了，再次来到汉朝，进贡称臣。汉元帝很高兴，厚赏匈奴。在宴席上，单于正式请求和亲，表示以此永结汉、匈之好。汉元帝当即答应了单于的请求，吩咐侍从立即去办。近侍从后宫女子中选择，没有妃嫔愿意前往北漠。这时，王昭君挺身而出，表示愿意前往北漠和亲。汉元帝没有见过王昭君，看一眼宫廷画师提供的画像，当即就批准了这场婚姻。

三、明妃出塞（中）

1. 和亲北行

汉高祖时，国内不稳，面对北部匈奴的不断骚扰，大臣娄敬德提出"和亲"的想法，这是汉朝最早的和亲之议。当时，匈奴很强盛，白登山之围后，汉室更加恐惧北方的威胁。和亲之议一出，获得了汉高祖刘邦的认可，可是，吕后不愿意。她只有一个女儿鲁元公主，不想让她远嫁北漠。经过几番交涉，最后，汉室确定以和亲的方式稳定北方，但是，和亲并不一定非要选择皇帝的女儿，可以挑选一个宗室的女儿或者后宫的女人冒充公主，与匈奴和亲。这一次，汉元帝是从后宫挑选，选择王昭君北行和亲。

有了汉室美人随同北行，呼韩邪单于十分高兴。元帝决定以皇帝之女的身份赏给昭君厚厚的嫁妆：锦帛二万八千匹，絮一万六千斤，以及大量的黄金、美玉等贵重的宫廷物品。

2. 昭君出塞

汉元帝喜欢昭君，对她依依不舍。元帝决定亲自送行，一直送出长安城外十余里。王昭君一身绒装，在匈奴卫士的护卫下，踏上了北去的征程。昭君怀念故土，越往北，心情越沉重。看到天空中的雁阵，昭君更加思念自己的家园，思念曾经生活了三年的汉宫。坐在马车上，昭君拿出琵琶，情不自禁地弹了思乡曲。天上的大雁看到了美丽的昭君，听到了昭君的思乡曲，不禁纷纷飞下来，盘旋在昭君的周围，不想离去。

北漠数千里,他们一行车毡细马,告别长安,北出潼关,渡过黄河,出雁门关,历时一年的时间,大约在第二年初夏之时,到达漠北。漠北匈奴听说呼韩邪单于回来了,还带来了汉室公主,纷纷出来观望、迎接。昭君出塞后,汉、匈出现和睦相处的边境局面,北部安定了下来,人民安居乐业,经济发展,国泰民安,呈现一片欣欣向荣的和平景象。所以,史官这样记述:边城晏闭,牛马布野,三世无犬吠之警,黎庶忘干戈之役。

四、明妃出塞（下）

1. 塞外生活

经过一年多的奔波,王昭君一行终于到达匈奴。一路上,呼韩邪单于一直十分照顾她,两人非常恩爱,单于封她为"宁胡阏氏"。不久,昭君为呼韩邪单于生下一个儿子,取名伊督智牙师,有的史书写做伊屠牙斯,后封为右日逐王。结婚后第三年,也就是公元前31年,呼韩邪单于逝世。呼韩邪单于与大阏氏的长子雕提模皋继位,号为复株累若鞮单于。按照匈奴的习俗,嫡子可以娶庶母为妻。

雕提模皋小王昭君两岁,本来就十分迷恋王昭君,于是,单于依照风俗,正式娶王昭君为妻。王昭君觉得,子娶其母,这与汉人伦理不符,完全背离了礼教道德,所以,王昭君考虑再三,就上书给汉成帝,要求返回汉朝。但是,汉成帝接到昭君的上书之后,并没有同意她的请求,而是以正式的敕令回复昭君,希望她依从匈奴的风俗,再嫁嫡长子雕提模皋单于。于是,王昭君别无选择,只好同意了雕陶莫皋的求婚,成为新一代单于的妻子。

王昭君美丽、高贵,气质非凡。呼韩邪单于爱恋,复株累若鞮单于也仰慕她。他们两人年龄相当,比起呼韩邪单于来,思念已久的复株累若鞮单于对昭君爱得更加热烈,也更加荡气回肠。他们两人之间的爱恋和仰慕一时传为美谈,成为草原上人们传颂的佳话。就这样,王昭君又开始了新的生活。若鞮单于与王昭君一起生活了11年。他们相敬如宾,相互关爱。王昭君先后替新单于生下了两个女儿,长女为须卜居次,次女为当于居次。居次是匈奴语,意思就是公主之意。

2. 青冢

昭君去世的年月,没有史书记载,不可考。昭君去世后,葬于青冢。青冢位于呼和浩特市南部,蒙古语称为特木柳乌尔虎。唐大诗人杜甫很怀念昭君,特地写下了《咏怀古迹》诗以纪念和缅怀：一去紫台连朔漠，独留青冢向黄昏。诗人杜牧感叹：青冢前头陇水流，燕支山下暮云秋。白居易写道：不见青冢上，行人为浇酒。据考证，王昭君的青冢只是她的衣冠冢，里面根本没有她的遗骨。北方草原民族的丧葬是十分神秘的，王昭君魂归何处？至今仍然是一个历史之谜。

当然，史学界对于"昭君出塞"的评价也出现过不同的声音，其历史功过，赞誉为主，毁之也有。从史料的蛛丝马迹上分析，昭君的晚年生活并不幸福。汉、匈之间也开始出现了裂痕，冲突日趋激烈。昭君将自己的整个青春岁月都献给了匈奴，换得了几十年的安宁和平。眼看着自己以毕生努力创造的和平岁月将毁于一旦，王昭君感觉十分失落。昭君内心痛苦，正是在幽怨和绝望之中，不舍地离开人世。按照她的遗愿，匈奴将她埋葬在大黑河南岸。

现在，从敦煌发现的唐代《王昭君变文》记载上看，昭君去世后，埋葬她的仪式不是按照汉人的风俗完成的，而是完全按照匈奴的习俗，葬礼十分隆重。汉哀帝接到昭君的死讯之后，特地派遣使臣北上参加葬礼，在单于之庭举行了郑重的吊唁活动。

昭君墓至今还在，依旧耸立北方的草原中，这里青草如茵，即使是入秋以后，草原一片枯黄，只有这昭君墓上一片草色，所以，当地人至今仍称之为"青冢"。关于青冢的解释，见于历代文人笔记和史书。《塞北纪游上说》：塞外多白沙，空气映之，凡山林村阜，无不黛色横空，若泼浓墨，昭君墓烟垓朦胧，远见数十里外，故曰青冢。《笃麻偶笔》却有完全不同的说法：王昭君墓无草木，远而望之，冥蒙作青色，故云青冢。

王昭君在汉代时一直被称为昭君，她的事迹人们称为昭君出塞。西晋时，为避司马昭之讳，昭君改称为"明君"，由"明君"渐称"明妃"，所以，晋以后，"昭君出塞"，又称"明妃出塞"。有关昭君远嫁北漠，无数方人士子为之扼腕，诗词歌赋代不绝书。有一咏史联很有深意，录之共赏：刘邦羹父，霸王别姬，问天下如何英雄？徒令史家扼腕；昭君出塞，文姬归汉，叹世间若此丈夫，偏要须眉汗颜！

3. 昭君《怨词》

历代关于王昭君的诗歌大约有 700 余首，有关的小说、故事大约有 40 种，先后有 500 多位作家、诗人咏叹昭君的事迹，他们包括李白、杜甫、白居易、李商隐、王安石、耶律楚材等人。最有名的大作，自然是昭君《怨词》：

秋木萋萋，其叶萎黄。有鸟处山，集于苞桑。

养育毛羽，形容生光。既得行云，上游曲房。

离宫绝旷,身体摧藏。志念没沉,不得颉颃。

虽得委禽,心有徊惶。我独伊何,来往变常。

翩翩之燕,远集西羌。高山峨峨,河水泱泱。

父兮母兮,进阻且长。呜呼哀哉!忧心恻伤。

注解:

苞桑:丛生桑树。

曲房:皇宫后室。

颉颃:音协杭。鸟儿上飞为颉,下飞为颃。指鸟儿上下翻飞。

委:堆。

来往:后宫女人每夜来往于皇帝寝宫。

西羌:西部的羌族。

泱泱:水深且广貌。

禁脔:指权威者独享的猪头肉,比喻他人不得染指。

李白、杜甫、王安石的诗篇流传千古,千百年来,一直为人传唱。

李白《王昭君》:

汉家秦地月,流影照明妃;

一上玉关道,天涯去不归。

汉月还从东海出,明妃西嫁无来日;

燕支常寒雪作花,蛾眉憔悴没胡沙;

生乏黄金枉图画,死留青冢使人嗟。

杜甫《咏怀古迹》:

群山万壑赴荆门,生长明妃尚有村。

一去紫台连朔漠,独留青冢向黄昏。

画图省识春风面,环佩空归夜月魂。

千载琵琶作胡语,分明怨恨曲中论。

王安石《明妃曲》:

一

明妃初出汉宫时,泪湿春风鬓脚垂。

低徊顾影无颜色,尚得君王不自持。

归来却怪丹青手,入眼平生未曾有。

意态由来画不成,当时枉杀毛延寿。

一去心知更不归,可怜着尽汉宫衣。

寄声欲问塞南事,只有年年鸿雁飞。

家人万里传消息,好在毡城莫相忆。

君不见咫尺长门闭阿娇,人生失意无南北。

二

明妃初嫁与胡儿,毡车百辆皆胡姬;

含情欲说无语处,传与琵琶心自知。

黄金捍拨春风手,弹着飞鸿劝胡酒;

汉宫侍女暗垂泪,沙上行人却回首。

汉恩自浅胡自深,人生乐在相知心;

可怜青冢已芜没,尚有哀弦留至今。

五、门阀家族与皇帝联姻

西汉是中国繁荣发达、制度日渐完备的时代。经过西汉末年的战乱,制度凋敝,道德松弛,社会一片混乱。东汉王朝收拾残局,政治上虽天下一心,归于一统,但乱世的混乱无序依旧渗透在新的王朝的每一滴血液中。乱世会产生活跃的学术、学说和思想,乱世也会造就不可一世的英雄,收拾乱世之后的新王朝更会产生一批新贵,从而形成势焰熏人的门阀大家族。

阴氏、郭氏、樊氏、马氏是四姓外戚家族,是通过和皇室联姻而显贵一时。这四姓都是因为有女子被皇上宠爱,立为皇后,从而贵极天下,家族也随之显耀,族中子女封官拜爵,代代相沿,形成望族,时称四姓小侯。

阴氏就是阴丽华的娘家。

更始元年六月,刘秀在宛城娶阴丽华为妻,时年阴丽华十九岁。刘秀称帝后,阴丽华被接到洛阳皇宫,晋封为贵人。

建武四年征讨彭宠时,阴丽华在元氏(今河北元氏县)生下一子,取名刘庄,便是后来的汉明帝。建武十七年,郭皇后被废,刘秀立贵人阴丽华为皇后。刘庄即皇帝位,为汉明帝,母亲阴丽华尊为皇太后。阴丽华身为东汉开国皇帝刘秀的皇后,又是守成君主刘庄的母亲,阴氏家族能不贵极天下?

郭氏、樊氏、马氏也同阴氏家族有相同的际遇。郭氏是汉光武帝刘秀郭皇后的娘家。樊氏是汉光武帝刘秀母亲的娘家。马氏是汉明帝刘庄皇后马氏的娘家。

马皇后是陕西扶风茂陵人氏,伏波将军马援最小的女儿。本来,马援将军在征讨五溪少数民族时战死,权臣梁松、窦固乘机加害马氏家族,繁盛的马家顷刻间失势,时常被权贵大户侮辱。愤怒不过的从兄马严进言太夫人,拒绝三妹的一应求婚者,将三妹送进宫廷,以求发达。马氏十三岁时被送入太子刘庄宫中,被太子看上。太子刘庄即皇帝位,马氏便被立为贵人,永平13年,马氏立为皇后。

马皇后通晓诗书,好《春秋》、《楚辞》、《周官》和董仲舒书。马皇后天资聪颖,为人朴素,不喜交游。侍奉明帝时,谈及政事,明智的马皇后多有高见,补益政务。特别在连年不解的楚狱问题上,罪犯重刑之下,牵连蔓引,入狱者不计其数,马皇后进言明帝,切莫株连无辜太多。明帝感悟,大加赦免。明帝深爱着马皇后,也极尊重马皇后。章帝即位,尊马氏为皇太后,打算将舅舅马廖、马防、马光封为列侯,太后多次拒绝。马太后说:"古往今来,豪宦富贵人家,禄位重叠的,就像一年结两次果实的树木一样,根基必伤!"

东汉四大家族是指阴家、马家、窦家、梁家,如果再包括太傅邓禹的邓家,便是五大世家。

六、铁血窦太后

明帝去世以后,刘旭即皇帝位,为汉章帝。章帝在位13年,31岁时去世,刘肇即皇帝位,为汉和帝。刘肇登基时,年仅10岁,窦太后临朝执政。

窦太后是位工于心计、善玩手腕的铁血女人。窦太后是陕西扶风平陵人,是大司空窦融的曾孙女,父亲是窦勋,窦太后是长女。建初三年,窦氏和其妹一同被选入章帝后宫的长乐宫,获得章帝的爱幸,第二年便被立为皇后。窦皇后天生美貌,为人机敏,长年专宠后宫。在此之前,宋贵人替章帝生下了儿子刘庆,立为太子,梁贵人替章帝生下了儿子刘肇。窦皇后专宠后,一直没能怀孕生子,心中十分妒恨。窦皇后多次在章帝面前进谗言,说宋、梁二人不仁,迫令宋贵人自杀,皇太子刘庆也被废为清河王。窦太后又将梁贵人所生的儿子刘肇收为养子,为自己抚养。建初八年,窦太后作飞书,就是以匿名信的形式,诬陷梁贵人的父亲褒亲愍侯梁竦。梁竦被处死,梁贵人也随之忧愤而死。窦太后控制着年轻的和帝刘肇,以皇太后身份统驭天下。

窦太后控制朝政当然是通过窦氏家族来完成,朝中一应要位、重职都落入窦姓手中。和帝刘肇一天天在宫中长大,渐渐知道了自己的身世,知道自己的母亲梁贵人忧伤而死,而忧伤的原因是外公梁竦被窦太后陷害身亡。和帝将这一家仇默记在心中,不动声色,只待来日机会成熟,再行复仇雪恨。

和帝到了 14 岁时,已经是一个冷漠、威严的皇帝。少年血气方刚,再也按捺不住母仇家恨。和帝联络几个亲信宦官,秘密谋划。一天和帝亲自到窦党掌管的京师禁卫军北军军营,突然下令解除窦党军权,自领北军,以迅雷不及掩耳之势,一举铲平窦党,收拾窦氏家族。和帝发动宫廷政变,将皇权一下子抓到了自己手中,统理朝政。接着,和帝便开始着手大婚。

七、淑女邓博士(上)

皇帝大婚是朝廷的一件大事,尤其是少年有为的皇帝,更要大张旗鼓。大婚的准备工作便是广选天下美女,充实后宫,再从中选出两位作为候选人,以备定夺。两位候选人选出来了,一位是大家族阴氏阴纲家的女儿;一位是大豪族邓氏邓训家的女儿。阴氏选入后宫,立即封为阴贵人。邓训在这大选的时日,一命归西,应当选入宫中的女儿邓绥因守父丧,暂时居家,没有入宫。这一年邓绥十三岁。三年以后,出落得花容月貌、亭亭玉女的邓绥正好十六岁,守丧期满,正式送入后宫。在这三年中,和帝改革制度,选拔人才,更新察举,使得政务清明,国势日盛。然而,雄才伟略的和帝留意后宫,一直没有合适的女人可以册立皇后,皇后一位就这样空着。邓绥进入了后宫,也进入了和帝的生活。和帝喜欢上了这位文雅秀丽的女人,封邓绥为贵人,但是否册封皇后还待观察一阵。

邓家是豪门大族,爵至高密侯。太傅公邓禹是东汉的开国元勋,曾辅佐先武帝刘秀创立东汉王朝;邓氏的父亲是护羌校尉邓训;邓氏的母亲是先烈阴皇后族弟的女儿。邓绥就是生长在这样一个富甲天下的王侯之家。

邓绥天资极好,从小就受到了良好的教育。邓绥过人的聪明和仁厚的天性在她很小的时候就体现了出来。史书上记载,邓绥五岁的时候,祖母即太傅公邓禹的夫人有一天替她剪头发。小邓绥文静、秀雅,很得祖母的喜爱。可是,祖母毕竟年事太高了,老眼昏花,哪里看得清头发? 祖母操持着剪刀,一下手就把小邓绥的额头给剪破了,血顿时就往下淌。

令仆从们奇怪的是,小小的邓绥竟像没有伤着一样,一动也不动,默不吭声。祖母兴冲冲地剪完了头发,邓绥始终配合,像没事一样。事后仆从们问邓绥,难道不疼吗? 怎么一声不吭? 小邓绥却摇头说:"头破了点皮,出了血,当然有些痛。可是，祖母年纪大了，因为喜欢我才给我剪发，如果喊痛，让祖母知道了，祖母能不难过？所以就忍着。"

邓绥很早就受到启蒙教育，6 岁时便能读史书，12 岁就能背诵和讲解经典《诗经》、《论语》。哥哥们开始没有意识到邓绥这位小妹很有才华，在他们诵习经书时，小邓绥时或提一些问题，往往把哥哥们给难住，即便琢磨半天也难以回答。哥哥们这才知道自己的妹妹是个了不起的女子，便都叫邓绥为小才女。

小才女邓绥手不释卷，志在浩瀚的经史典籍，以至家里的人都称她为诸生。邓绥日渐长大，从不想着女工、女红，只是一天到晚不知疲倦的读书。邓绥的母亲阴氏便有些担忧，觉得小女儿如此热衷学业，不事女工，将来嫁出去该是如何？好在邓家是豪门大族，想必嫁给的人家也是巨室，不在乎女子必得会些女工、女红。但这毕竟是女子的本分，是应学会的生活技艺。

有一天阴氏到邓绥的闺房，见邓绥正手捧书籍，贪婪地阅读。阴氏便笑着向邓绥说："乖女儿，你不学些女红家事，天天就这么读书，难道要做个女博士吗？女儿家终是要出嫁的，你不学点女红家事，将来如何治家？"聪明乖顺的邓绥见母亲这样说，虽然自己不喜欢女红家事，但还是听从了母亲的话，白天学做女红，晚上学习诵读。

邓绥喜爱读书，诵习不倦，越发显得文静秀气，气度不凡。父亲邓训见这个小女儿天赋不凡，才华横溢，心中十分喜欢。父女俩关系融洽和谐，感情很深。邓绥 13 岁时，不幸降临到邓家：其父邓训身患重病，不久便离开了人世。邓绥正赶上宫中选美女，但因守丧，便不能入宫。邓绥悲泣哀哭，祭悼着自己的慈父，居家守丧。三年中，邓绥谨守丧礼，不吃荤腥，不事音乐游乐，形容憔悴。家人和亲属、仆役都对邓绥十分爱怜，也十分敬重。

三年丧期刚满，又遇上宫中例选。邓绥恢复了日常饮食，越发显得风姿绰约，亭亭玉立。邓家是豪门巨族，深知这样家族的女子选送进宫，在众多的美女中更容易引起皇上的注意和看重，入宫便会册封嫔妃，而皇后之位一直空着，邓绥入宫后有可能荣登后位。

邓家商讨此事。邓绥的叔父说："邓绥长得很漂亮，又是个才女，一定造化不小。不是说邓绥在 10 岁时，有几次做梦，梦中自己用手摸天，还仰起头，饮吮着青天下的石钟乳？要知道，这可是登天之象，正应着这次入选，荣登皇后之位！"这番话当然令在座的家人高兴。谁都知道，一旦有女子入主皇后宝座，家族便会鸡犬升天，有享不尽的荣华富贵。邓绥的母亲阴氏便接口说："这闺女可能真的不是常人。前几年请了一位大师算卦，大师听了这个梦，半天不说话，最后才惶惶地说,这是贵象,此梦吉不可言。古时帝尧就曾梦中攀天,帝汤也曾梦中仰头吮天,他们不都成了垂名万世的帝王?这是大吉大贵的梦象!"

众人听得心花怒放,觉得皇后之位非邓绥莫属。邓绥的另一个叔父满怀希望地说道:"是啊。当年太傅公就曾说过,说我统兵百万,没有妄杀过一人,日后邓氏家族必兴!看来我邓家有神灵保佑,蒙受福运,该好生祭祀祖先、神灵。"邓绥的哥哥邓骘也说:"章帝的时候,父亲受命去晋北,调查滹沱河石臼河的漕运工程,见工程浩大,工役不堪其苦,父亲立即上奏,请求停止工程,让民休息。皇上允准了这一奏请,这下不知保全了多少河工的性命。"

邓绥家人十分兴奋,从邓绥的面目、梦象到祖宗的积善、功德,七嘴八舌,说得很是热闹。大家都觉得,邓绥是个造化不小的女子,这入宫以后,后位是留给她的!只是,这都是家人的推测,真的命运如何,谁都心里没谱。这个时候,邓绥的母亲阴氏便提议,找一个道行很高的相士,给邓绥看看相,看吉凶祸福如何?家人们都一致同意。

经过寻访,终于找到了一个能预卜未来的相士。这位相士名叫苏文,是闻名洛阳城的神算大师。苏文被请到了邓府,坐定以后,叫邓绥出见。苏文放眼细看详察,只见这位端庄秀雅、亭亭玉立的女子,身高约一米六六,皮肤白皙,宽眉,凤眼,胆鼻,薄唇,头发乌黑,眉宇间有一股灵慧之气。苏文大师暗自惊叹,这可是富贵之相,未来贵不可言!苏文默不作声,邓绥退到内室以后,苏文才对邓绥的家人说:"恭喜府上,小姐面相正合成汤之格:长身,宽眉;额高不露,凤眼;胆鼻,眼中黑白分明;端庄灵秀,步履泰然;声如鸣凤,音色纯正。这种面相,男必封侯拜爵,女则必为后妃。"

相面高人这番话,令邓家人欣喜若狂。邓家好生装扮邓绥,送邓绥参加例选,自然被送中。邓绥就要进入皇室后宫。邓绥的母亲阴氏一再叮咛:"进了皇宫,和家里不一样,宫中看重礼法,凡事都要谦恭柔顺。宫里规矩多,务必谨慎小心。你这一进宫,是祸是福,就全靠你自己。"

八、淑女邓博士(中)

邓绥随同一道入选的良家美女们就这样怀着惴惴不安的心情走进了至尊至贵的皇家禁宫。邓绥身材修长,在美女群中,越发显得鹤立鸡群,超脱不凡。但遗憾的是,邓绥进入后宫以后,一直没有机会见到皇帝,皇帝刘肇忙完政务以后，便去宠爱着的阴贵人宫中，享受着阴贵人的柔情，一同笑谈和玩乐，无意顾及他人。

阴贵人是三年前选入后宫的。阴贵人出自名门，出身高贵，是光武帝刘秀阴皇后的哥哥前执金吾阴识的曾孙女儿。阴贵人聪慧秀丽，善解人意，通晓书艺，才华出众。入宫三年，备受和帝刘肇的爱宠，宠冠后宫。和帝忘记了别的女子的存在，有些离不开她。邓绥入宫后半年，就是永元八年、公元 96 年，和帝 18 岁，隆重地册立阴贵人为阴皇后，邓绥同时进封贵人。

一直空缺的后位一下子被阴贵人夺去了，邓绥家人有些傻了眼，便开始怀疑高人看相不过是信口一说，当不得真。邓绥心中虽然有些失落，但毕竟刚刚入宫，表面上依旧从容恬静，不失大家闺秀的雅致。可是，皇后既然产生了，而且不是等闲之辈的女子，怎么能容忍对自己皇后宝位构成巨大威胁的邓贵人？

邓绥谨慎小心，遵守宫禁礼法，可邓绥一点也不知灾难随时可能降临。邓绥的身材、美貌、气质风度，都无时不引发着阴皇后的妒火。要知道，阴皇后是以小巧玲珑的美享誉宫中的，而且一直被皇帝所欣赏、所宠爱。而邓贵人则是长身玉立，文雅娴静中洋溢着一股不可抗拒的妖媚。阴皇后觉得和邓贵人在一起，没有压倒她的那种感觉，仿佛是一只鸡和一只凤凰，无形中便感到自己是贵人而邓贵人则是皇后。这无论如何是不能容忍的。

和帝春秋正盛，和阴皇后相处了数年，新鲜感逐渐不复存在。邓贵人的天生丽质和卓尔不群，自是逃不出喜好美色的和帝眼睛，和帝怎么会放下这样一个美女，置之于冷宫而不顾？这对于一个想拥有天下美色的皇帝来说，也是一种征服，一次挑战。

邓绥封为贵人后住在嘉德宫。嘉德宫在九龙门内，宫中静谧、幽雅，景致秀丽，风光怡人。和帝享受了邓贵人的美色后，便转移了对阴皇后的一腔痴情，迷恋起了邓贵人。和帝忽略了阴皇后，也忘记了上朝，只是没完没了地待在嘉德宫，和邓贵人寻欢。娴雅文静的邓绥也只能听之任之，满足和帝。

阴皇后坐候中宫，从白天等到黑夜，从深夜盼到黎明，中宫没有出现和帝的踪影。这是自邓贵人入宫以后才出现的局面，阴皇后瞪着充血的眼睛，恨恨地注视着九龙门。阴皇后在期盼和仇恨中打发着一个又一个漫漫长夜。长夜的落寞、孤独不断地增长着阴皇后的妒火和仇恨。

有一天，宫中设宴，和帝邀众妃美人共饮。酒过三巡，后妃们举杯纷纷向共有的丈夫和帝敬酒。邓贵人高众人一头，真如鹤立鸡群，众美人对此十分含恨。阴皇后这时盯着邓贵人，冷冷地说："邓贵人，你真美啊。长身玉立，像鹤立鸡群，我等真是自愧形秽。"阴皇后口里这么说,脸上却如同罩一层霜,寒气袭人。众嫔妃嘻嘻地笑,脸上是出了一口鸟气的幸灾乐祸的表情。

邓绥赶忙致礼,诚惶诚恐。邓绥深知宫禁险恶,一有不慎便会招致灾祸。邓绥自入宫后,一直小心谨慎,不合礼义的事不做,不合宫规的话不说,尤其是进见阴皇后时,战战兢兢,格外殷勤,生怕遗人把柄。对于侍女也是刻意抚慰,不敢慢怠。没想到还是免不了众矢之的,还是逃不过阴皇后的斥责。

邓贵人施以重礼后,惶恐地说:"回禀皇后,臣妾托体父母,臣妾的一切都是在皇后的庇荫之下,伏望皇后海涵。"邓贵人谦恭惶恐,答得十分得体,阴皇后什么也没说,众美人们也都沉默。邓绥知道,从此以后,越发要小心才是了,否则,后果不堪设想。

压抑和惶恐的邓绥受不了宫中的紧张生活,终于病倒了,一连几日卧床不起。怜爱邓绥的和帝以为是邓贵人思念亲人,有此一病,便格外加恩,准她的母亲、兄弟入宫探望,照料饮食和进药,并特许不限时日。这可是从来没有过的恩宠,连阴皇后也无此殊荣。正是因为这样,邓贵人就越发知道,不能受此恩宠,否则,会招来难以想象的麻烦。

和帝困惑不解,问邓贵人,何以如此加恩反而坚拒?邓贵人就只好回答:"陛下,宫禁森严,如果让臣妾的家人进入宫中禁地,有违宫规,为法所不容。而且,陛下这一殊恩,还会招致朝臣对陛下幸私忘法的批评,对于臣妾则更有恃宠之讥。这样上下交损,于公于私都是不好的。所以,臣妾不敢接受陛下的恩。"和帝摇摇头,自语似地说:"别的妃嫔,都是以亲人能够进入后宫为荣,贵人反而引以为忧,诚惶诚恐,还怕引起朝议,替朕着想,这实在是太少见,也太难能可贵了。"邓贵人这才转忧为喜,对和帝说:"臣妾多谢陛下,陛下的厚恩,臣妾不知道该如何报答。"和帝和邓贵人的感情更加深挚,也更为和谐。

阴皇后受宠多年,一直没有怀孕生子,阴皇后在邓贵人受宠时,最害怕的便是邓贵人怀孕。阴皇后的宠爱被邓贵人夺去了,如果邓贵人再怀孕生子,皇后的宝座真有可能被邓贵人夺去。阴皇后在惶恐中一有机会便千方百计恶心邓贵人,寻衅生事。邓贵人心中恐惧,心里难过,但又能如何?既然进入了深宫,置身其中,只得好生应付。

宫中一应的宴会、出游,后妃美人争奇斗艳,标新立异,刻意妆饰,唯邓贵人总是淡妆素裹,不加任何彩饰,也从不穿任何华丽的衣服。有的时候,邓贵人的衣服颜色、款式大致和皇后相同,邓贵人便立即诚惶诚恐地入室更换。如果有皇后在场,邓贵人从不敢直身傲立,或弛然就座,总是弓身偻腰,站在一旁,谦恭卑微。邓贵人和阴皇后一同进见和帝时,邓贵人也是总往后靠,站在角落,尽量不引人注意。和帝如有问话,邓贵人从不先皇后而回答,总是等皇后答完以后,和帝再问,才简短地答复。

纵情声色、不拘小节的和帝看出了邓贵人的谦卑和小心。和帝认为,邓贵人这样谦卑劳心,对皇后以示恭敬,是她仁德宽怀的表现,更反映出她的风雅不凡。和帝便由衷的赞叹说:"邓贵人这等谨慎用心,修德之劳,实在是太难为她。"和帝渐渐离不开邓贵人,皇后越发妒恨。邓贵人见此情形,心中十分不安。和帝宠眷邓贵人,入夜后总是到嘉德宫留宿,邓贵人便称自己有病,让和帝到中宫陪着阴皇后。邓贵人知道,自己已是够招人恨的了,如果专宠,更会召恨。

后宫后妃美人很多,但一直没有怀孕。邓贵人以皇帝后嗣为忧,常为皇子祈祷,并亲自采选宫女,送给和帝。和帝爱幸她,侍婢敬重她,宫女称颂她,邓贵人的宽厚仁德便享誉宫中,超过了皇后。阴皇后更是咬牙切齿暗恨不已。邓贵人心中无愧,尽管这样委曲求全,还是不能见容于皇后,邓贵人感到做人不容易,活得太累,也太艰难。

永元 13 年,公元 101 年,年方 22 岁的和帝刘肇不幸染病,卧床不起。和帝生命垂危,挣扎在生死阴阳界中。坐镇后宫的阴皇后顿起杀机,以为时机到了,正好可以杀尽邓氏家族,以泄多年的怨恨。阴皇后恨恨地对左右说:"我一得志,一定要杀了邓贵人,杀尽她的全家,看她还能神气什么!"

当时,卧病不起的和帝住在章德宫,皇后阴氏住在长秋宫,邓贵人住在嘉德宫。皇帝卧病,除了皇后以外,没有皇帝的宣召,谁也不能随意进入章德宫探望病情。所以,只有阴皇后知道皇帝的病情,而阴皇后出此狂言,近侍们就知道了此话的分量,猜想皇帝可能真的不行了。如果皇上真的驾崩,皇后得势,邓贵人及其家族就会真的死无遗类了。阴皇后的近侍敬仰邓贵人,也同情她,便悄悄地将这一情况告诉了邓贵人。

邓贵人听了这话,一下子吓懵了。这实在是无异于晴天霹雳。邓贵人缓过神后,泪水便像断线的珍珠滚落下来。邓贵人泣不成声地说:"我恭敬谨慎,一心服侍皇后,想不到还是不能被皇后所容,看来我的祸事为时不远了。"邓贵人敬重皇后,决没有取而代之的野心,可想不到还是这种结局。邓贵人对于死倒不是很畏惧,只是觉得伤心、委屈。邓贵人最害怕的是自己不但没有给家族带来安宁和荣誉,反而会招致灭门之祸,邓贵人无论如何也不甘心。邓贵人泪流满面,心里像压着一块石头,格外的沉重。邓贵人冷静下来以后,想着如何解决这个严峻的问题。邓贵人想,看来自己是无论如何也保不了命了,一定要保住自己的家族。

而如果真的这样,就只有一条路可以走:自己从容赴死,求得上天保佑皇帝,让皇帝痊愈。

邓贵人将自己的这一想法告诉心腹侍女赵玉。赵玉听后,如万箭穿心,便极力劝阻:"贵人一定要三思而后行,千万不可草率。"邓贵人含着泪,痛楚地说:"我这番苦心,你应该了解,这是出于三思以后才作出的决定。这样做,既可报答皇上宠遇的厚恩,求得皇上早日康复,又可以免除家门无端的灾祸,还可以保全皇后的名声。"

邓贵人拿定了主意,命赵玉准备好祭品、香案。邓贵人决定在这天晚上,祭祷一番以后,饮鸩自尽。邓贵人淋浴、更衣,铺开纸,挥笔写下了一篇祷文,表述了自己替皇上祈福、从容赴死的决心。赵玉无计可施,便只好听从吩咐。赵玉在忙乱中,急中生智,想出了一个主意:何不用缓兵之计,救贵人一命?

等邓贵人将喝鸩酒之际,赵玉奔进宫中,奏报邓贵人:"章德宫传讯过来了,说皇上的病基本上好了,再过几天就会痊愈!"邓贵人听这一说,心里的一块石头终于落了地。邓贵人以为是自己的虔诚感动了上天,上天保佑,让皇上康复。邓贵人长吁一口气,说:"谢天谢地,皇上康复,我也心安了。"

真是天不绝邓贵人,事是这等凑巧。第二天,真的传出了和帝病愈的消息。宫里一场虚惊。和帝渐渐康复了。下朝以后,和帝依旧更多地走向嘉德宫,和邓贵人同吃同宿。阴皇后一天天被冷落,忍耐力便到了极致。可是,阴皇后又能如何呢?无可奈何的阴皇后便想出了一个无可奈何的主意:以巫蛊诅咒邓绥,让邓绥早日死去。流行于汉宫的巫蛊活动一直为宫中女子所信奉,但汉宫中严禁此类不仁的行为,被视为邪道,坚决禁止。而阴皇后所行的巫蛊是最毒的那一种。

阴皇后巫蛊恶咒邓贵人,赢得了家人的支持。阴皇后的外祖母邓朱经常出入长秋宫,阴皇后让邓朱在家中秘密供养毒虫,行巫蛊秘术,巫咒邓贵人。时间一久,有心腹秘告和帝。和帝自然大怒,但和帝表面上不动声色,暗中派心腹查实。查核的结果,自然真有其事,不仅邓朱和皇后参与其中,还包括邓朱的两个儿子、阴皇后的三个弟弟。

和帝勃然大怒,认为阴皇后有失妇德,违反宫规,不足以母仪天下。和帝派司徒鲁恭到中宫长秋宫,收回皇后玺绶,废阴皇后名号,迁阴皇后出长秋宫,坐废于桐宫。事发以后,邓贵人极力劝阻和帝,营救阴皇后,但和帝不听,一切无济于事。阴皇后这年才24岁,入宫十余年,不仅被废了皇后名号,还祸及家族:舅舅邓奉、邓毅,弟弟阴辅,逮捕入狱拷问致死;阴后的父亲阴纲自杀;另两个弟弟阴敞、阴轶及邓朱家族流放日南(今越南)。不到一年,阴皇后在忧郁中去世。邓贵人心情复杂,不知道该高兴还是该痛苦。阴皇后自己逼死了自己,害了自己一家。邓贵人仿佛经历了一场大变故,内心变得麻木和平静。邓贵人觉得一无所求,只期望平静的生活。然而,皇后一位空缺,朝臣们不能保持沉默。永元14年的冬天,大臣奏请和帝立后的奏章纷纷送进后宫。

经历了这场变故,和帝对于立后越发慎重。和帝觉得,皇后必须德昭天下,仁披四海,只有这样,才可以上承宗庙,母仪朝野。而具备皇后资格的,和帝心中有数,她便是贵人邓绥。这样,经过议定,册立邓贵人为母仪天下的皇后。册立皇后的大典是在永元14年的冬十月举行。邓绥册为皇后的这一年是22岁。她知道,自己已经没有了死敌手,但年纪太轻,位居至尊,恐怕德薄。邓后手书拜谢,谦恭有加,谨慎小心地德治后宫。邓绥求学于学识渊博的宫中女官曹大家。曹大家即班昭,是《前汉书》作者班固和建功西域的定远侯班超的妹妹。

邓绥师从曹大家,虚心学习。邓绥向曹大家既学经史诸子,又学天文、数学。班昭在讲学之余,写下了一篇流传千古的《女诫》七篇,从修身、养性、居家、处世诸方面深入浅出地阐述和论证。《女诫》中强调女子四行,即妇德、妇言、妇容、妇功,指出这是中国妇女的美德标准,应当好好遵循。邓后礼重曹大家,更看重《女诫》。邓后常以《女诫》自律,教育宫人。当时,郡国竞相进献珍宝,宫中、朝中奢靡成风,各级官员争先恐后搜罗奇珍异物进呈宫中。邓后正位中宫,下旨取消一应上贡珍玩,严诫奢费,只要求地方进献纸墨,其余一概屏除。

汉时宫中惯例,一旦正位后宫,皇后家族便要封官拜爵。和帝在邓绥册立皇后以后,也要依例进封邓氏家族,邓后却婉辞拒绝。邓绥熟读史书,深知后族强大,必将招至皇族的抗拒,结果不是坐废,便是满门灭绝。直至和帝去世,邓后的族人都没有高官厚爵。邓后的哥哥邓骘在和帝去世前,只不过是个中级武官的虎贲中郎将。

九、淑女邓博士(下)

和帝纵情声色,饮酒纵欲,使得体质虚弱,易染重病。邓绥册立皇后一年,和帝再度病倒,而且病势日重,生命垂危。元兴元年,公元105年,和帝终于不支,终年26岁。和帝猝然离世,皇后没有子嗣,这江山社稷该交托何人? 时年25岁的邓皇后便要作出决定。邓皇后此时已入宫9年,几起几伏,险些丧命,也受尽了皇上的宠爱。但遗憾的是,邓氏一直没能怀孕生子。怎么办? 如果立皇帝,自然是立别的女子的儿子,一旦皇帝长大,手握皇权,自己将被置于何地?邓后便下定决心:权力必须自己掌握,绝不能放权。

和帝这时有两个儿子:长子刘胜,次子刘隆。刘胜是和帝和宫女生的,此时年满八岁,但不能言语,天生痴愚。刘隆刚刚降生,才两三个月。按立嫡立长的原则,和帝去世,宜立刘胜。可是,此时的邓后已不是当年那个委曲求全、谦卑屈膝的女子,而是权重天下的皇后和未来的太后,邓后肯定要从自己的角度细细考虑,安排人选。

刘隆出世才几个月,邓后考虑,将刘隆养为己子,立为皇帝,自己既可以听政,又便于控制,岂不是很好?这样,邓皇后建议立刘隆为帝,大臣们不能不奉旨。刘隆即位为帝,就是汉殇帝。邓皇后尊为皇太后,总揽朝政。

邓太后临朝,下令朝中辅臣可以进入后宫奏事。邓太后控制了朝廷和宫中的大权。但邓太后毕竟是女子,朝野大事总不能事必躬亲,一一过问,依靠谁来执政?自然是自己的家人,邓氏家族。邓太后已经不是当年那个克己奉公、不敢给自己家族封官拜爵的邓皇后了,而是手握生杀重权、无所顾忌的太后,对邓氏族人大肆封官拜爵,给予要职。

接着,邓太后整顿宫闱。宫中由各地供应的衣物,堆积如山,贡物源源不断,民深以为苦,邓太后下令减少或减半。宫中饮食太过奢侈,邓太后下旨只许早晚吃一肉一饭,不许乱加乱添,更不许动辄山珍海味。各地郡国的年例贡物一律减半。郡国和地方遭受灾害,则统统免除一年租赋。最为仁德的是,在宫中多年的邓后深知久居深宫的女人的痛苦,下令所有掖庭侍女、宗族家养的妇婢,遣归回籍,各令婚嫁。

刘隆即皇帝位才八个月便不幸死去,皇位又一次空缺。就面临的难题来说,刘隆去世时才一岁多一点。剩下的就只是和帝唯一的儿子年方9岁的刘胜。刘胜已经错过了第一次的机会,邓太后担心,前一次没有立他,他难道不怀恨在心?如果这次立他,他会认为是理所当然的,等到他执政,肯定会报复。

邓太后就查看亲藩中有哪一个年幼的继承皇位较为合适,关键是要年幼的,越小越好,便于控制。皇家世系的玉牒记载得清清楚楚,一查便知道,和帝的哥哥清河王刘庆是和帝最近的一支,刘庆有个儿子,名叫刘祐,年方13岁,看来只有他最合适。邓太后经过细细察看、了解,又召刘祐入宫看视,决定立刘祐为帝,就是汉安帝。邓后依旧尊为太后,临朝执政,掌握朝野和宫中大权。邓太后经过了亲身体验,觉得权力决不可轻易授人,一定要牢牢握在手中,一旦安帝成年,也不能拱手让权。

邓太后一手遮天，为所欲为，视朝廷大臣如无睹，这无疑会引起大臣们的强烈不满。大臣以司空周章为代表，对邓太后的做法表示坚决反对。周章等大臣多次上疏，指责邓太后的所作所为。邓太后对此置之不理。周章见弹劾没有反应，越发愤怒，进而铤而走险，准备发动政变。周章的密谋很快就泄漏了，邓太后准备搜捕，周章畏罪自杀，牵连多人受到惩处，这场政变没有形成就这样被扑灭。这件事后，邓太后越发抓紧了权力。大臣中只要有人提及归政，敏感的邓太后就会严加处理，毫不留情。

邓太后手握重权，倒也做了不少善事，政务方面也十分勤奋。她在大旱的年份亲自到洛阳寺审理冤狱。一位囚犯，重刑逼供，被迫自认杀人，在狱中折磨得没有模样，瘦弱不堪。太后临狱，狱吏陪同，囚犯想申冤又不敢。囚犯心事重重，正想离开时，太后又召回来，重新审理，结果真的是冤案。囚犯无罪释放，洛阳令抵罪收入洛阳寺狱。

邓太后在威服四海方面也做得十分出色。西北羌人乘汉主过世，发动叛乱，大肆入侵汉地，生民涂炭。邓太后命哥哥邓骘统兵镇压羌人。汉兵惨败，羌人乘胜入侵陕西、山西。邓太后便下旨调回邓骘，另委任尚统兵平羌。临战换统帅，汉兵配合不当，羌兵得手东进，迫进京师第一防线的黄河。太后知人善任，委精通兵法、富于韬略的虞羽入甘肃平甘肃羌乱。西北安宁。

邓太后对于家族、皇族子弟的教育十分重视，并先后创办了两所宫邸学校。开辟邸学，教授经史，男女共校，这在中国历史上是第一次。

邓太后苦心经营，希望邓氏家族能免灭门之灾，长相保守，但事与愿违。建光元年，邓太后执政16年，病死宫中，终年41岁。这一年汉安帝28岁，亲理朝政。邓太后去世，有人密告，说太后的兄弟邓悝、邓弘、邓阊曾经想废掉安帝，另立刘胜。安帝借机大动干戈，吩咐收捕邓悝、邓弘、邓阊的儿子，以大逆不道罪，撤官为民，迫令自杀，家属流徙。接着，邓氏子弟在官的七人，都被迫自杀。

第四章

六朝恩怨

　　六朝时期,包括三国、两晋、南北朝。三国,指魏、蜀、吴,历时 45 年(220—265 年)。两晋,指西晋 51 年(265—316 年)、东晋、十六国 103 年(317—420 年)。南北朝,指南朝宋、齐、梁、陈和北朝北魏、东魏、西魏、北齐、北周,历时 169 年(420—589 年)。六朝,是指三国吴、东晋,以及南朝之宋、齐、梁、陈。它们都以建康(南京)为首都,历时 300 余年。

　　曹操,沛国谯人(安徽亳州),出生于官宦世家,是汉丞相曹参之后。曹操的父亲曹嵩是曹腾的养子,汉灵帝时官至太尉,历侍四代皇帝,有相当名望,汉桓帝时被封为费亭侯。曹嵩,继承了曹腾的侯爵。曹操年轻时,机智警敏,任性好侠,放荡不羁,特别是他不修品行,不求学业,所以,当时之人较为轻蔑他。只有梁国桥玄等人对他评价很高,认为他不是凡人。

　　桥玄对曹操说:"天下将乱,非命世之才不能济也。能安之者,其在君乎?"南阳何颙说:"汉室将亡,安天下者,必此人也!"南阳许劭以知人著称,他曾对曹操说:"君清平之奸贼,乱世之英雄!"《三国志》称,曹操是"治世之能臣,乱世之英雄"。就是这位曹操,篡权,贪财,好色,真正一代奸雄。曹魏宫中,美女如云。甄夫人如同洛神,是宫中的一颗明珠。

　　六朝时期,豪强四起,强权林立,军阀割据,政权更迭。西晋之时,出了一位著名的皇后贾南风(256—300 年)。贾皇后是平阳襄陵(山西襄汾东北)人,是晋惠帝司马衷的皇后,权臣贾充的女儿。她貌丑,性妒,是脾气乖戾的女人。因为乱政和陷害他人,恶迹斑斑,贾南风一直被视为后宫乱政的反面人物,其凶妒暴虐、手段之残忍,令人发指。她残杀怀孕妃嫔,眼睛都不眨。大权在握之后,贾皇后淫乱天下:在宫中,与太医令程据等等人私通;在宫外,派密使寻找美少男,入宫享乐,然后虐杀。《晋书》称:"妃性酷虐,尝手杀数人。或以戟掷孕妾,子随刃堕地。"周昙赋诗:"贾后甘为废戮人,齐王还杀赵王伦。 一从天下无真主,瓜割中原四百春。"

从三国到南北朝时期(220—580 年),是中国历史一个大混乱的特殊阶段。这个时期,政治动荡,军阀混战,到处一片萧条,烽烟四起。但是,在这个政治失控的时代,人们生活的空间相对较大,选择生活的方式也较为自由。对于有知识的士人来说,这是一个发挥自己智慧和知识的黄金时期。处于这相对自由的时空之中,他们思想活跃,感情奔放,有的干脆入山修道,有的沉溺于酒色香阵之中。宫中生活更是五花八门,精彩纷呈。

一、曹操好色(上)

曹操是位个性鲜明的人物,文武兼备,人称乱世之枭雄。建安十二年(207年)金秋时节,曹操一身绒装,登临渤海之滨的碣石山(河北昌黎)。金风送爽,山间小路曲折蜿蜒。清风吹拂着他的头盔铠甲,他举目四顾,感觉神清气爽。突然,瑟瑟秋风从天际涌来,揪动海水,瞬息之间,浩渺无垠的大海巨浪滔天,水天一色,四际苍茫雄浑,极其壮观!

曹操诗兴大发,面对大海,欣然赋诗:

东临碣石,以观沧海。

水何澹澹,山岛耸峙。

树木丛生,百草丰茂。

秋风萧瑟,洪波涌起。

日月之行,若出其中。

星汉灿烂,若出其里!

浪漫诗人曹操感情细腻,对于女人也极有品位。皇帝爱好美色,是中国皇帝的通病。不同的是,皇帝的修养,决定了其对于美色的需要和个性品位,也决定了其对于异性的欣赏感觉和角度。曹操所处的时代是一个混乱的年代,也是一个风华流溢的时代。

曹操在中国历史上是个十分有名的人物。曹操在世时虽然没有即位称帝，但从权力到地位到声望各个方面看，曹操实际上就是一位有实无名的皇帝。曹操开创了曹魏江山的基业，到他的儿子曹丕时，水到渠成，享受曹操打下的江山，正式建魏称帝，史称魏文帝，追封曹操为魏武帝。

曹操是历史大动荡时期的杰出人物，有豪雄的气魄，有奸雄的心计，更有一股扫荡天下的英雄气概。曹操有一颗征服天下的英雄心，这颗英雄心不仅坚如磐石，无坚不摧，唯我独尊地拥有天下；而且，这颗英雄心也儿女情长，柔情如水，能容纳天下万千美色。

自古英雄都爱美人，曹操和历史上几位既好色又打江山的皇帝一样，喜好美色，但不沉迷其中。当然，也不乏有过几次被美色所迷惑，忘乎所以，行事失于考虑，险些送了性命，这也是曹操好美色所付出的代价。

曹操和多少女人有过性关系？这实在无从考证。仅从可信的史书中可以知道，曹操占有的女人载诸史册的有丁夫人、卞夫人、尹夫人、刘夫人、杜夫人、秦夫人、王昭仪、李姬、孙姬、周姬、刘姬、赵姬。

记载魏晋人物事迹的著名书籍《世说新语》中讲了这样一件事，说有名的美男子何晏，曾经被曹操胁迫，改姓曹。何晏是汉代权臣何进的孙子。何皇后、何进被杀后，何氏家族败落，何晏的父亲很早就去世，由何晏的母亲尹氏撑持家务，维持生存。尹氏的美貌是远近闻名的，但毕竟已是孩子的母亲，年纪也不轻了。就是这样，尹氏还是没有逃过曹操色迷迷的眼睛。

曹操借着何家败落，趁火打劫，将尹氏占为己有。生活陷入困境的尹氏半推半就，自然应允了曹操，依附于他。这样，尹氏便成了曹操妾。曹操得到了尹氏，尹氏搬入曹府，尹氏的儿子何晏自然也进了曹府。踌躇满志的曹操见何晏聪明美貌，十分可爱，曹操便喜欢上了何晏，想让何晏改姓曹氏，正式收为自己的儿子。

可是，聪明过人的小神童何晏连连摇头，根本就不同意。何晏只是一个孩子，一个孩子如何拒绝刚愎自用的曹操？何晏划定地方，自己坐在划定的圈中。府里的人迷惑不解，问何晏："你这是干什么？"何晏振振有词地说："这是何氏庐，谁也不许进。"曹操得报以后，知道美人尹氏这个儿子人小鬼大，不会同意改姓，曹操便看在美人的份上，不再勉强何晏。

二、曹操好色（中）

建安二年，公元 197 年初，曹操统领大军，讨伐张绣，进驻宛。张绣交战大败，便投降曹操。曹操早就听说已故将军张济的老婆姿色倾城，这时收降了张绣部众，张济的遗孀自然也在其中。曹操派心腹找来了张济的老婆，实在美貌丰润，秀色动人。曹操便忘情地占有了这个女人，并把她据为己有，留在身边。

张济去世了，这本来就是张氏家族的大不幸。张济如花似玉的娘子是张氏家族的安慰，更是张济部众的女神。突然之间，女神被敌人曹操占有，族人张绣和众将能不痛恨曹操？于是，投降后本来就有些后悔的张绣便决计再反曹操。曹操的心腹发现了张绣的反叛之心，密奏曹操，曹操决计要除掉张绣。但奇怪的是，一直以果断著称的曹操并没有立即行动，而是还一味沉湎在张济夫人的美色欢情之中。

张绣在夜间突然领兵偷袭曹操。曹军大败，长子曹昂战死。此后张绣一直是曹操的一块心病。直到官渡之战前，袁绍派人约张绣攻许，张绣才在谋士贾诩的劝说下投降。

由于曹操的好色导致这系列的变故，张绣和曹操终是有个了结。但曹昂的去世引起了一场"家庭纠纷"。曹昂的生母是曹操的大妾刘夫人。不幸的是，红颜薄命，刘夫人早早地便撒手而去。刘夫人临死前，将孩子托付给仁厚宽怀的丁夫人。丁夫人视曹昂如亲生儿子，万般疼爱。

丁夫人初闻曹昂战死的噩耗，痛不欲生。哀痛的丁夫人无法去恨张绣，便将一腔怨恨转向曹操：是你曹操贪欢好色，逼反了张绣，杀死了曹昂！丁夫人就恨上了曹操，从此以后，便冷待曹操，让曹操一次次十分扫兴。曹操憋着一肚子火，终于按捺不住了，恼羞成怒之下，将丁夫人遣送回家。丁夫人出自贫寒人家，家境清贫。丁夫人泰然从容地回到家中，断了尘世的欲望，不思显达，不慕荣华，不恋富贵，终日纺纱织布，过着清淡贫寒的生活。丁夫人如此淡漠令曹操十分气愤，原以为吓唬一下让丁夫人回心转意，流些眼泪认个错，两人和好如初，没想到丁夫人是如此倔犟，根本没有和好的意思。丁夫人不能原谅曹操因过分贪欢好色而将曹昂的性命葬送，这是绝对不能原谅的。

三、曹操好色（下）

丁夫人就这样离开了皇宫，走出了曹操的生活，远离令人烦恼的红尘世界。丁夫人离去以后，曹操新宠卞氏取代了丁夫人的位置，坐镇曹氏后宫。丁夫人是良家子女，有一颗善良纯正的心。卞氏出身娼门，生性浪漫多情，长于风月，极得曹操的钟爱。曹操将卞氏留在身边，侍寝欢娱，享不尽的雨露恩爱。卞氏秀雅丰满，美艳动人。曹操纵情求欢，卞氏陶醉其中，一次次怀孕。卞氏先后替曹操生下了四个子女：曹丕、曹彰、曹植、曹熊。

卞氏虽然出自娼门，相貌出众，风情动人，但卞氏在曹操面前表现得十分贤惠温柔，百依百顺。卞氏聪明出众，她在后宫中广结人缘，众美人宫女都很感恩。卞氏以其美色和贤惠赢得曹操的宠爱，又以接连生下的出众的儿子固宠。卞氏作为女人，成功又幸运。

丁夫人回家过日子，平平静静，淡漠如旧。曹操十分奇怪，也十分难过。曹操不能容忍由着性子漠视自己的丁夫人，但曹操又迷恋美貌倾城、性格独特的丁夫人，曹操在这复杂难耐的心境中备受煎熬。

曹操在一次行军路过丁夫人娘家时，特地骑马前去看望丁夫人。身穿铠甲的曹操推开柴门，抬头看见一身素装的丁夫人坐在织布机前，正聚精会神地织布。丁夫人虽然衣着朴素，可是越发有一种超凡脱俗的秀美，一张白皙瘦削的脸越发清秀，罩着一种缥缈的仙气，楚楚动人，惹人怜爱。

曹操出神地盯着久违了的夫人，怦然心动。侍从见丁夫人没有任何反应，怕统率千军万马的曹操下不了台，便轻声提醒丁夫人，说曹操来了，特来看望她。丁夫人依旧织布，像没有听见一样，根本不予理睬。曹操走到织布机旁边，多情地看着丁夫人，伸出手抚摸着丁夫人的后背，对丁夫人说："和我一起回宫好吗？"丁夫人充耳不闻，头也不抬，照旧坐在那里，一丝不苟地织布。

愣了半天神，曹操不知该如何是好。面对发号施令的近侍，曹操觉得有些尴尬，好在都是心腹。曹操苦笑着，摇摇头，无奈地离开织机，走出柴门，准备上马离开这座茅屋。近侍们都捏了一把冷汗，生怕丁夫人这般的冷淡会惹怒曹操，从而激起不测。没想到，曹操这样平静、这样宽怀地准备离去。近侍们悬着的一颗心终于可以放下来。

但更为出人意料的事接踵而来。临要上马时，多情的曹操又朝茅屋看了一眼,恋恋不舍。最后,曹操又一次走进柴门,来到丁夫人的身边。丁夫人冷漠依旧,织布依旧。曹操恳切地再问丁夫人:"可以和我一块回去吗?"曹操那恳求的神情、语调令近侍们目瞪口呆。曹操多情地看着丁夫人,等着丁夫人的回答,如同做了错事的孩子渴求大人的宽恕。

丁夫人对曹操已经死了心,不想再搭理曹操,平添烦恼。丁夫人像身边没人一样,小心地织着布,干自己的活计。

曹操见丁夫人如此淡漠,如此绝情,大失所望。曹操绝望地叹息了一声:"唉,真是决绝啊!"快快不快的曹操这才痛苦地离去。过不多久,曹操派特使传谕丁夫人,说如果她愿意,可以改嫁他人。丁夫人没有答理,不置可否。但趋炎附势的丁夫人家人,怎么也不答应,说无论如何丁夫人不会再嫁他人。言外之意,丁夫人会守着曹操,希望曹操能接走丁夫人。

后来,曹操果然腻了众美人,强烈地思念起了丁夫人。到了邺城后,曹操终于熬不住了,便派人强行将丁夫人接回宫中。丁夫人接到了后宫,曹操喜不自胜。曹操设宴郑重其事的款待丁夫人。丁夫人不说一句话。开宴时,曹操只请丁夫人。丁夫人静静地吃,不领曹操的多情。吃完以后,丁夫人让人依然把她送回娘家。曹操心急火燎,没有任何办法。温情不能感化美人那颗绝望的心,曹操没有良策,只好看着丁夫人离去。

曹操熬持不了几日,又有点思念丁夫人。曹操又派心腹到丁夫人家中,又强行接走丁夫人,送到后宫。丁夫人依旧不冷不热,不说一句话,吃了饭就走人。曹操迷惑不解,丁夫人何以如此铁石心肠? 如此绝情? 反复多次,丁夫人被接到后宫,吃过饭后又送回娘家,始终不言不笑,平平静静。

反反复复,次数多了,厚道的丁夫人便有些气恼。被逼无奈的丁夫人就郑重地对曹操说:废放的人,哪能这样没完没了? 从此之后,丁夫人拒绝跟任何人回到后宫,也拒绝见曹操的任何心腹和使臣。从那以后,丁夫人再也没有回到后宫,也就再也没有见到曹操。不久,郁闷苦难的丁夫人染病,平静地死在家里,一了百了。曹操听到丁夫人病故的消息,痛心疾首,既恋着她,又觉得愧对于她。曹操在临死的时候还恋顾着丁夫人,充满愧疚地说:"我思前想后,心中想着丁夫人,也眷顾着她,不曾负心。可是,假如死后真的有灵,儿子曹昂如果问我,母亲在哪里? 我将如何回答?"

四、洛神甄夫人（上）

1.《洛神赋》

《洛神赋》是风流才子曹植用心血凝成的一篇传颂千古的优秀作品。曹植用一支生花妙笔，描述了一个天上地下美貌绝伦的女人。这个女人尽善尽美，是天地之气凝结而成，从外貌、形体、皮肤、发型到气质、风度，都是一切人间女子所无法与之相比的。这个女人在曹植的心目中完美无缺，视其为洛神。曹植生花笔下的洛神翩若惊鸿、流风回雪，具有超凡脱俗的惊艳之美、素雅之美。

传说洛神是曹植思慕的嫂嫂甄氏，就是魏文帝曹丕的妃子甄洛甄夫人。唐代大学者李善注解《洛神赋》，将曹植和甄洛的一段恋爱故事讲述得活灵活现，生动逼真，更使洛神和甄洛等同起来。人们喜爱这段浪漫故事，更愿意相信这段故事的曲折、真实。这样，洛神甄夫人的传说借助《洛神赋》的优美文字和李善的浪漫注解不胫而走，风行天下。可惜的是，这个故事是多情的才子编造的。

《洛神赋》是三国时期的浪漫主义名篇，是中国六朝时期的经典作品。《洛神赋》是后来的魏明帝改称的篇名，其原名是《感鄄赋》。通常认为，这篇大作是因为才子曹植被封鄄城时所作的，故得篇名。另一个说法是，这篇《感甄赋》中的"甄"是指魏文帝宠妃甄氏，认为是曹植与魏明帝曹睿之母甄氏之间有一段特殊的感情，曹植有感而发。魏明帝曹睿想掩盖这段叔嫂恋，遂将《感鄄赋》改名为《洛神赋》，世人认为这是欲盖弥彰。

曹植（公元192—232年），字子建，沛国谯（今安徽亳州）人。他是三国时期魏国的著名诗人、文学家，是曹操之妻卞氏所生的第三个儿子。他自幼颖慧过人，10岁时，就能诵读诗、文、辞赋，多达数十万言，出口成章，下笔成文，深得曹操的宠爱。曹操曾一度认为，诸子之中，曹植是"最可定大事者"，几次想要立他为太子。然而，曹植行为放浪，任性而为，不自管束，屡犯法禁，引起曹操的震怒和反感。相比之下，他的兄长曹丕则为人谨慎，办事稳重，深得曹操的赏识，在立储之争中，曹丕渐渐占了上风。

建安二十二年（公元217年），曹操立曹丕为太子。建安二十五年，曹操病逝，曹丕继魏王位，随后称帝。哥哥登上帝位，曹植的生活从此发生了突变，从一个无忧无虑的享乐公子，变成了一个处处受限制、时时遭打击的监视对象。黄初七年（公元226年），曹丕病逝，其子曹叡继位，即魏明帝。曹叡对叔叔更加严厉，对他严加防范，处处设限，他的处境更加恶劣，没有任何好转。曹植在文帝、明帝执政的 12 年中,曾先后迁移封地多次,最后所迁的封地在陈郡,死在了那里,卒后赐谥思,故人称"陈王"或"陈思王"。

据《魏志·文昭甄皇后传》记载:甄氏是中山无极人,上蔡令甄逸之女。建安年间,她嫁给袁绍的儿子袁熙。东汉献帝七年,官渡之战,袁绍兵败病死。曹操趁机出兵,甄氏成了曹军的俘虏,继而嫁曹丕为妻。曹操正室夫人刘氏生长子曹昂,早年死于宛城。次夫人是卞氏,生四个儿子:曹丕,笃厚恭谨;曹彰,勇而无谋;曹植,聪明机警,却嗜酒放纵;曹熊,身体病弱。

当时,曹操致力于他的霸业,曹丕身负重任,领军作战。曹植年纪小,生性敏感,喜欢文学,厌恶战争,在后宫中与嫂子甄妃朝夕相处,生出了一段旷世感情。曹操死后,曹丕于汉献帝二十六年(公元 220 年),登上帝位,定都洛阳,是为魏文帝,建立魏国。甄氏封为妃,受宠。后来,因为色衰失宠,最后惨死。据说,甄氏死时,以糠塞口,以发遮面,十分凄惨。

甄后惨死的那年,曹植奉命来到洛阳,朝见哥哥。当时,甄后所生的太子曹叡陪皇叔吃饭。曹植看着侄子,想起了自己喜爱的甄后,心中无比悲伤。饭后,皇帝曹丕将甄氏的遗物玉镂金带枕送给了曹植。曹植睹物思人,思绪万千。在返回封地的途中,他夜宿舟中,恍惚之间,遥见甄妃凌波御风,姗姗而来。曹植在梦中惊醒,感慨不已。回到鄄城,曹植心里一直回味着他与甄氏洛水相遇的情景,情感激荡,文思泉涌,写下了一篇千古杰作《感甄赋》。四年后(公元 234 年),明帝曹叡继位,因觉原赋名字不雅,遂改为《洛神赋》。人们感动于曹植与甄氏的恋情,世代相传,将甄后视为洛神。

2. 美人甄氏

曹丕的甄夫人确实很美,曹植的《洛神赋》也确实惊天地、泣鬼神,但曹植笔下的洛神是他心中的女神,并不是甄夫人。甄夫人是曹丕的正妃,本来被曹丕所宠慕,即位后要立为皇后,但被甄氏拒绝。甄夫人生魏明帝曹叡,更加奠定了她在曹魏历史上不可取代的地位。因为甄氏是曹植欣赏、敬仰的嫂夫人,加之曹植的《洛神赋》一直被人误认为洛神就是甄夫人,因而甄夫人得以青史留名,成为多少人心中的美神。

甄氏是中山无极人,是做过上蔡县令的甄逸的最小的女儿。甄氏的母亲张氏,是常山远近闻名的美人。甄逸夫妇十分恩爱,生下三儿五女,甄氏排行最小,生于汉灵帝光和五年十二月,就是公元 182 年,取名为甄洛。最小的甄氏聪明漂亮,惹人喜爱。甄逸夫妇疼爱得无以复加,视如掌上明珠。甄氏的哥哥、姐姐们也都很喜爱她。

甄氏实在是美色惊人，如仙子下凡。据说，她每次就寝，肤白如玉，以致家人仿佛看到有人将玉盖在她的身上，惊奇不解。由此可见甄氏玉颜美色，光彩照人。甄氏生长在世宦家庭，是汉代宰相甄邯的后裔。甄氏的血液中流动着贵族的气质，日后果真出落得出类拔萃。

甄洛十分可爱，可问世才三年，就父亲去世，张氏有些迷惑，不知道这个可爱的小家伙给家族带来的将是祸还是福。张氏在困惑中便想到了求助相士。张氏请当地有名的相士刘良来到家中，为一大群儿女看相。刘良细细察看张氏的儿子和女儿，一直默然无语。看到最小的甄洛，刘良心中一惊，眼睛中放出奇异的光。刘良细看甄洛以后，对张氏悄声说："这个女孩贵不可言。"

3. 书香自华

张氏悬着的一颗心便踏实了下来，更加小心地抚养着甄洛，让她平安长大。张氏知道，甄氏家族的荣显，很可能应在甄洛身上，这个贵不可言的小家伙，日后说不定会选为皇帝的妃子，或者是皇后。女子之贵，不过后妃而已。甄洛就在这家人的厚望中一天天无忧无虑地长大。

甄洛聪明灵秀，从小就喜欢识字读书。甄洛九岁时，常爱在哥哥们的纸上用笔写划。哥哥们见到后，常取笑打趣她说："你是女孩子，女孩子应学些女红女工，天天识字读书，是想做个女博士吗？"甄洛小小年纪却一本正经地回答："自古以来，哪一个贤女不读书识字？从书中学习做人的道理？吸取前人的成败作为鉴戒？不读书识字，怎么行？"哥哥们听后，十分惊讶，想不到才9岁的女孩，却如此出语不凡。

甄洛一天天长大，出落得花容月貌。爱好学习的甄洛博览群书，通晓经史，成为远近闻名的才女。哥哥们不再取笑她，而是帮她读书，探讨学问，渐渐地，哥哥们的有限知识捉襟见肘，应付不了甄洛。甄洛不久就超过长她十多岁的三个哥哥。甄洛读书明理，了知天下大事，更对朝政的得失、政治明暗有自己的见识，俨然是足不出户而知天下事的一代才子。

4. 小观音

东汉末年，烽烟四起，群雄角逐。董卓胁迫汉献帝迁都长安，纵火焚烧旧都洛阳，饥民流离失所，离乡背井。而此时，官宦大户的甄府却发起了国难财，将囤积的大量粮食高价出售。十岁的甄洛知道了母亲的所为，便郑重其事地对母亲说："现在兵荒马乱，正常的生活秩序已全部打乱了，灾难不知道什么时候就会降临。饥民一天天在增多，他们没有吃的，面黄肌瘦，痛苦挣扎。可是，许多的富人趁火打劫，用粮食低价换取饥民的珠宝，这实在是不好。如果我家也这样做，一定会招饥民的愤恨，日后可能会发生不测。不如，现在将仓里的粮食拿出来，周济一下亲朋好友、左邻右舍，一时有变，会有个照应。广济饥民，便不会招灾。"张氏如梦初醒。

甄洛父亲去世后不久，大哥也离开了人世，14岁时，二哥甄俨也撒手而去。自从父亲甄逸去世后，大哥、二哥一直是家中的梁柱，支撑这个大家庭。二哥举孝廉在外做官，突然间离开了人世，甄洛异常难过。张氏待人严厉，并不以甄俨去世了而宽待他的妻儿。甄洛很敬爱二哥，对母亲的做法，深为不安。

甄洛趁母亲高兴的时候，对她说："二哥已经去了，嫂子这么年轻，就在家守寡，实在可怜，还要照料一个孩子，想想她的心有多苦？有多不容易？您应该好好待她，比二哥在世时应更好些，像对自己的亲女儿才对。"

张氏有些感动，心想，这小丫头像观音一样，真的长大了，说得很在理。从此，张氏厚待甄俨的妻儿，家中和谐温馨如初。甄洛还请求和二嫂同住，照料侄儿。嫂嫂对甄洛由衷感激，也由衷喜爱。嫂嫂逢人便夸。甄洛在不知不觉中，美名传遍四野。

五、洛神甄夫人（中）

1. 嫁入袁门

当时，出身于四世三公豪门大族的汝南汝阳人袁绍，势力强大，和另一个北方割据一方的豪雄曹操抗争，争夺天下。建安初年，甄洛十余岁时，袁绍出任大将军，兼领冀州牧，甄氏所在中山无极正属袁绍的管辖范围。甄洛才色双绝的美名远扬，袁绍自然得知，袁绍便替自己的二儿子袁熙娶了这个美貌的女子。甄洛便成了袁熙的夫人。

官渡大战，曹操取得了以少胜多的决定性胜利，袁绍惨败。此后不久，曹操就兵围邺城，邺城副将苏由投降了曹操。苏由对邺城的守备、兵力、财力、人员一清二楚。在说到留在邺城的袁氏家人时，苏由说袁绍的夫人刘氏留在城中，刘氏怕寂寞，二媳妇甄氏极得刘氏的喜爱，便把她留在身边。

2. 父子抢亲

好色的曹操早就听说二媳妇甄氏在袁氏父子的众多美艳妻妾中是最为秀美、最具风情的,曹操听说甄氏还在邺城,怦然心动,激动不已。多情的曹操想进一步证实甄氏的美丽,便含蓄地说:"一直听说袁绍的几个媳妇都很美,这个甄氏究竟怎样?"

苏由当然知道曹操有颗好色之心。苏由平静地回答:"袁绍的几个儿媳妇确实个个貌若仙子,美貌惊人,但在这几个儿媳妇中,却要数这二媳妇甄氏最美。甄氏不仅美艳绝伦,而且还知书达理,善解人意。刘夫人在袁府中是以脾气古怪闻名的,谁也侍候不好,只有这个二媳妇甄氏,合刘夫人的脾气,刘夫人十分的喜爱。甄氏在袁府中调和上下,内外亲融,府中人人都喜爱她。"一员守城武将说起这位二媳妇甄氏都头头是道,心驰神往,可见这位美人的美名传遍邺城,妇孺皆知。

邺城失陷,曹兵蜂拥而入。一支精兵极其神速地奔赴袁府,将袁府团团包围。这支精兵是曹操儿子曹丕的卫队。原来,在苏由告诉曹操邺城的情况后,一直躲着偷听的曹丕又单独召见了苏由,再次详细地询问了美人甄氏的详情。曹丕被苏由描述的甄氏的美丽所迷醉,魂不守舍。

有了这番语言的刺激,曹丕便暗中策划,不管父亲曹操的禁令,城破之日自领卫队直奔袁府,先行抢夺了甄氏。父亲总不至于和儿子争夺女人吧!曹丕围住了袁府以后,便直奔后室。后室中闻变的刘夫人十分平静,身边有一个女人,满脸污浊,显然是故意掩饰的。曹丕一眼就看出刘夫人身边女人的天姿国色,这定然是甄氏无疑。

曹丕手持利剑,走近甄氏。血气方刚的曹丕令刘夫人和甄氏惊恐。曹丕让甄氏抬起头来。刘夫人依令捧起甄氏的脸。甄氏脸上挂满泪珠,曹丕知道,这是惊恐的泪水。曹丕用袖子为甄氏擦去眼泪,也擦净了脸上的灰垢。曹丕真的惊呆了,这个女人的美哪是语言所能描述的,简直比讲述的要美艳千百倍。

曹丕有点醉了。甄氏是一张鹅蛋似的小俊脸,脸上白皙如玉,眼睫毛如帘,一双眼睛水汪汪的,像两个水潭,两道柳眉弯弯,鼻子挺括细巧,嘴如樱桃,秀发如瀑布,实在是美丽动人,沉鱼落雁。曹丕没见过这么美的女子,情不自禁地轻叹:"好一个仙子!"曹丕安慰了刘夫人几句后,便起身辞别。刘夫人悬着的心放了下来,平静地对甄洛说:"放心吧,我们不会死了。"

3. 曹操垂涎

曹操遣派心腹将军率领卫队守护袁府,把美人甄洛带来。卫队飞奔袁府,发现早有曹丕的卫队把守。近侍报知曹操，说曹丕已经去了，守住了袁府。曹操大怒，愤愤地说："这次攻打邺城，就是为这甄氏！"曹操气恨这样的美人竟让儿子抢了先！可是，儿子先占了，做父亲的总不能大打出手，跟儿子公然争夺一个女人！

曹丕拜见曹操，一见面便乖巧地请求父亲把甄氏赐给他。曹操垂涎甄氏，可是，事已如此，无奈之下，只好答应儿子的请求。这样，甄氏便成了曹丕夫人。曹丕这年 19 岁，而甄氏这年 24 岁，比曹丕大 5 岁。曹丕得到了甄氏，十分疼爱她。感觉做一个男人活在世上十分幸福。

4. 心如止水

曹丕迷恋甄氏的美貌，更爱甄氏的文才。曹丕以才士自居，十分欣赏甄氏的才情。曹丕邀文人墨客们饮宴时，总让甄氏陪坐，一同饮酒赋诗。恩爱不久，甄氏怀孕，足月后生下了一个儿子，取名曹叡，就是后来的魏明帝。不久，又生下一个女儿，后封为东卿公主。甄氏最初对曹丕一心侍奉，尽妻子之责。

甄氏心里明白，她是因为美貌才吸引曹丕的，也正是因为太子情窦初开，她才成为太子夫人。她知道，现实不容她有什么奢望，她心如止水，只想平静地度过此生。她大曹丕 5 岁，而且，是曹家世仇袁氏的媳妇。仇家之妇，年龄又长，再嫁的女人，有这两条，还能奢望什么？不过苟全性命，活下来而已。甄氏在这种心态下，便顺从和依附着曹丕，不敢任性，不敢专宠。

曹丕做了皇太子后，甄氏对曹丕说："皇上肩负着江山社稷的重任，古来的帝王都广置妻妾，生下众多的子孙，这样才保证了帝业万世长久。希望陛下以江山社稷为重，广求贤女，生育孩子，成为陛下的大业继承人。"曹丕本就是好色之徒，有了甄氏的这番话，自然十分高兴，但甄氏的美色一直深深地迷惑着他，他离不开甄氏，只是偶尔才临幸别的美人。

5. 任夫人风波

曹丕迷恋甄氏，想废掉任夫人。甄洛求情说："任夫人是千金小姐，出自名门望族，为人娴静漂亮，温柔贤惠，这些都是我远远不及的，你怎么能废她呢？"曹丕恨恨地摇头说："任氏眼光短浅，心胸狭窄，性情暴躁，喜怒无常，不仅不温柔贤惠，反而十分怨恨我，必须废掉她。"甄洛知道，这是借口，主要原因是曹丕宠爱自己，他才借故废掉任夫人。甄洛流着眼泪，继续求情："陛下，宫中都知道你宠爱我，如果废了任夫人，大家以为是我挑拨，容不下他人。这样，我既有私心重的罪名,又有专宠的罪名,这是我万万不敢当的,请陛下宽恕了她吧。"

曹丕是聪明人,知道任何女人都希望专宠,表面上说的和心中想的往往不是一回事。曹丕不听甄洛的进言,将任夫人废掉。甄洛虽然表面上温柔娴雅,但毕竟是位青春正盛的女人,她也有意无意地和曹丕后宫中众多的美人们争宠。岁月是不留情的,等人老珠黄,谁也不会稀罕一个没有姿色的老婆子。聪明的甄洛在后宫众多的美人中独得曹丕头等的宠爱,同时,甄洛为日后考虑,千般侍候曹丕的母亲卞夫人。卞夫人十分喜爱甄洛,甄洛便有了一个极厚实的靠山。

6. 感动卞夫人

建安十六年七月,就是公元 211 年,曹操挥师西征,进攻韩遂、马超两位武艺超群的强敌。曹操心爱的卞夫人即曹丕的母亲随行。曹丕升任副丞相,留守邺城。甄洛也自然留了下来。行军途中,卞夫人突然得病,不能随曹操前行,只好停在孟津,好生调养。留守邺城的甄洛听说卞夫人患病,留在孟津,便决意请求前往孟津照料卞夫人。孟津离邺城好几百里,其间又隔一条急流奔涌的黄河。当时,军阀割据,流匪遍野,黄河沿岸经常有强盗出没。这种情况下,没有大军护送,曹丕怎么会允许自己如花似玉的妻子前往孟津?曹丕不许,甄洛急得只是啼哭。甄洛这颗对新婆婆至亲至爱的孝心感动着众人,也很快传到孟津。卞夫人听到了,自然十分感动。

曹丕自然也为自己的母亲着急,连番派遣心腹往返于战争前线和孟津、邺城。孟津很安全卞夫人休养一段日子后,很快就康复。甄洛听到卞夫人痊愈,高兴之余,还是不大放心,对曹丕说:"夫人在家的时候,身体有时不舒服,往往要拖很长一段时日才慢慢见好,这次病得这样重,又这样突然,怎么会这么快就好?你这是怕我担心,才这样宽慰我!"曹丕只好再派人前往孟津,探问病况。

前往孟津的人很快就回来了,还带回了卞夫人的亲笔信。信中称自己已完全康复,不久便可回到邺城,请曹丕和甄洛放心,不必牵挂。曹丕和甄洛看了信,自然欢喜,双双等候着曹操凯旋,和卞夫人回到邺城。甄洛这段日子温情脉脉地侍候丈夫,照料着儿子,夫妇二人过得十分开心。

建安十七年,曹操大败韩遂、马超,班师回到邺城。曹丕、甄洛还有留守邺城的文武百官出城迎接。卞夫人的轿子刚一出现,喜不自胜的甄洛早已泪流满面,激动不已。左右的人都很喜欢甄洛,看她对婆婆如此真情实意,人人都十分感动。卞夫人也被甄洛的爱心所感染,下轿后就走向甄洛,泪水也奔涌而出。卞夫人动情地说:"你老担心我的病,以为像平常一样,要拖很长时间。其实,这次只是一点小病,十几天病就好了,不信,你看我这脸色。"甄洛见卞夫人这样亲切,又确实脸色红润,便破涕为笑,十分高兴。卞夫人拉着甄洛的手,对众人说:"这真是个好媳妇啊!"甄洛羞涩地低下了头。

六、洛神甄夫人(下)

1. 才子曹植

曹操文才武略,才思也是独步当世。有一天,曹操十分高兴,吩咐设宴铜雀台,大会文武百官。兴致渐浓,曹操遂命诸子写《铜雀台赋》。曹丕、曹衮握笔在手,谋篇布局,搜肠刮肚,久久不能成篇,而曹植天生不世才具,从容自如,谈笑间笔下生花,一挥而就。曹操击节称赞。曹丕也非等闲之笔,但较之天才曹植便黯然失色。曹丕便越发忌恨曹植。

曹植的旷世之才令曹操惊服,在立继承人上曹操颇费踌躇。身为兄长的曹丕才华不及其弟,立嗣上处处被动,形势十分不妙。曹操赏识曹植。曹操最信任的相府主簿杨修,相府举足轻重的主事丁仪、丁廙、贾逵等也赏识曹植、亲附曹植。曹操就有意立曹植为接班人。

曹植封为平原侯时,兄长曹丕只是五官中郎将,食禄才二千石。曹丕忧心忡忡,十分苦闷地向爱妻甄氏诉说。可是,甄氏不仅不体谅夫君的苦闷,参与谋划,反而处处护着曹植,替曹植说话。甄氏十分爱慕曹植的才华,钦佩曹植文人气质和高贵风骨,相比之下,曹丕简直如土鸡瓦狗。妻子不为丈夫说话,反而护着别人,做丈夫的自然不能容忍。曹丕大怒,便将一腔怨恨向甄氏发泄,从此夫妻冷漠,如同路人。

曹丕得不到甄氏的关切和疼爱,便转而向姬妾郭氏诉苦。郭氏善解人意,体贴入微,又工于心计,处处为曹丕着想,善为谋划,曹丕由衷感激,并倾心宠爱。郭氏想出了一个又一个倒曹植的好主意,并召来智谋出众的谋士、任职朝歌令的吴质。曹丕如虎添翼,曹植的败局在他们的精心谋划下已定。

立嗣的较量中,才子曹植及其同党遭到惨败,曹丕及郭氏、谋士吴质等取得了决定性的胜利。曹丕赢得了继承江山社稷的世子地位,也获得了智谋过人的爱姬郭氏,但曹丕却失去了甄氏。甄氏认为身为兄长的曹丕才华不如亲弟,不必那么心胸狭窄,容不得人,更不应该心存不轨,和亲弟过不去。曹丕击败了曹植,甄氏认为曹丕的为人可耻,甄氏越发蔑视曹丕。

2. 甄氏的心思

建安二十一年,公元 216 年,曹操统率大军南下攻吴,准备一举灭亡孙权,统一天下。曹操宠爱的卞夫人随行。曹丕和甄洛以及甄洛生的一儿一女也随驾南征。出征时,甄洛染病,不能随同前行,只好独自留在邺城。第二年九月,即建安二十二年,公元 217 年,曹操大军班师回朝。甄洛得讯,立即出城迎接。卞夫人见到甄洛,简直不敢相信:甄洛白皙细嫩,容光焕发,更加楚楚动人。这是只有在女人陶醉于爱河之中才会出现的情形。这哪里像有了一儿一女的女人? 更不像别离了丈夫、儿女长达数月之后应有的状态!

看着判若两人的甄洛,心里爱着甄洛的卞夫人不免有些狐疑,就关切地问:"你和儿女分开这么长时间了,难道你不思念他们? 你的脸色这么好,有什么喜事?"甄洛兴高采烈地说:"孩子跟随着奶奶,我有什么担心的,只是,奶奶辛苦了。"卞夫人知道,甄洛心里有了美好的事,一定是甜蜜蜜的。

广为流传的说法是,在这段日子,曹植和甄洛这两个相互倾慕的男女无视相差十岁的差异,倾心相爱,忘情地投身爱河之中,爱得死去活来。甄洛为赢得了才子曹植的爱情而再次复活,容光焕发,光彩照人。

3. 拒绝做皇后

建安二十五年,公元 220 年,曹操病逝;世子曹丕嗣立;十月,曹丕迫汉献帝禅位,废汉自立,国号魏,为魏文帝,追封曹操为魏武帝,定都洛阳。曹丕依旧爱恋着甄洛,觉得甄洛气质高贵,可以母仪天下,想册封甄洛为皇后。甄洛生长子曹叡,以甄洛为皇后应是理所应当,非她莫属。可是,甄洛蔑视曹丕,不愿意和曹丕有过多的瓜葛,甄洛坚决拒绝。这在中国历史上是独一无二的。曹丕对甄洛不能为自己解难分忧,出谋划策,本来就耿耿于怀,十分恼火,想到甄洛是原配,又生下了儿子,本是原谅了她,册她为皇后,没想到,她还不买账。

甄洛很固执,拒绝做皇后。郭氏野心勃勃,一心想做皇后。如何除掉甄洛,坐上皇后的宝座,这一直是郭氏的心事。郭氏帮曹丕坐上了皇帝大位,曹丕很宠爱郭氏。郭氏善于察言观色,投其所好。甄洛拒绝做皇后,惹怒了曹丕,郭氏觉得机会来了。郭氏巧妙地告诉曹丕说,甄洛所生的曹叡是八个月降生的,可能不是曹丕的骨血。这一招十分致命,如果曹叡不是曹丕的儿子,那甄洛是没什么令曹丕留恋的。

曹丕听了郭氏这一说,心中大为震惊,并越想越是这么回事。狐疑满腹的曹丕对这件事久久不能释怀,越想越不是滋味。第二年六月份,曹丕统兵南征孙权,路过邺城,逗留几日。见到甄洛以后,曹丕终于忍不住查问起曹叡的身世。甄洛怒不可遏,两人大吵一架,不欢而散。甄洛在苦闷的心境中度着时日。过不多久,甄洛突然死去。

4. 死亡之谜

关于甄洛去世,一直是个历史之谜。甄洛的死因史书上就有截然相反的两种说法,一是以《魏书》为代表,一是以《魏志》为代表。

《魏书》记载,曹丕册封甄洛为皇后,玺书三次送到,甄洛都恳辞拒绝;当时正值盛暑,曹丕想到秋天凉爽以后,再册封甄洛;时隔不久,甄洛突然染命,旋即在邺城去世。这是甄洛病死的说法。

《魏志》记述说,甄洛失意于曹丕,心中怨恨,时有怨言;曹丕得报以后,勃然大怒,到第二年六月,曹丕遣使臣宣旨,将甄洛赐死。这是赐死的说法。

甄洛死于病还是被赐死? 从常情上判断,甄洛可能是被曹丕赐死,病死的可能性较小。下一个问题是,甄氏是如何被赐死的? 为什么被赐死? 仅仅是因为有怨言? 甄洛是位知书达礼、很有教养、也很有涵养的女子,她不会因为所谓失意,去和郭氏这种人争宠而争风吃醋,闹得宫室不宁。

甄洛的美德是屡屡见于史书的。史书称她当初宠幸越浓,越是自我损抑。日常燕闲时,甄洛常劝导曹丕,广求贤女,蓄育子孙,以丰继嗣。后宫中有被宠幸的女子,甄洛不仅不妒恨怨怒,反而大加劝勉,好生抚慰。如果有女子失宠、失意,她便会多方宽慰,从容开导。从这些记述上看,人品、学识、为人、处世,甄洛都无懈可击。曹丕可能是因为怨恨甄洛,而下旨将她赐死。至于因何怨恨,是甄洛蔑视他他难以忍受? 是甄洛移情于曹植被曹丕得知? 是曹丕怀疑曹叡的身世两人恶语相加,惹怒了曹丕? 如此等等,不得而知。

5. 质疑叔嫂恋

黄初七年(公元 226 年),曹叡继位,为魏明帝。明帝追谥其母甄夫人曰文昭皇后,为避母讳,特旨将《感甄赋》改为《洛神赋》。无论是曹植,还是曹睿,他们没有想到,这篇《洛神赋》为何在后世产生如此巨大的影响。后人对明帝的改名举动产生过许多猜想,认为这是"欲盖弥彰",曹植的宓妃于是变成了洛神甄洛。宋人刘克庄说,这是好事之人乃"造甄后之事以实之"。明学者王世贞说:"令洛神见之,未免笑子建伧父耳。"清代学者何焯、朱乾、潘德舆、丁晏、张云等人怀疑这一事件的真实性,提出种种质疑。

归纳起来,有如下几点:

(一)曹植内向,没有胆量爱上他的嫂子。他写《感甄赋》,不过是感慨身世,感觉世事无常。他与哥哥曹丕争位失败,哥哥登上皇帝宝座,他们之间关系本来就很紧张,他曹植哪里有胆爱上他的嫂子,又写出《感甄赋》,这岂不是色胆包天?

(二)勾引嫂子,这是"禽兽之恶行",这不是曹植这样的人所能做出来的。质疑者说:"其有污其兄之妻而其兄晏然,污其兄子之母而兄子晏然,况身为帝王者乎?"

(三)《感甄赋》是有感而作,但"甄"并不是甄后之"甄",而是鄄城之"鄄"。曹植在写这篇赋前一年,任鄄城王。"鄄"与"甄"通,因此"感甄"实是"感鄄"。当时,14 岁的曹植不可能向 24 岁的已婚女人甄氏求婚。

(四)《洛神赋》是"托词宓妃以寄心文帝",是诗人以其言"屈子之志也",这"纯是爱君恋阙之词",是"长寄心于君王"之作,与甄妃无关。

(五)李善注说文帝曹丕向曹植展示甄后之枕,并把此枕赐给曹植,这不合乎情理。这是"里老所不为"之事,何况是帝王? 纯属无稽之谈。

6. 曹植创作《洛神赋》

曹植文学活动的主要领域是诗歌,明显分为前期、后期,两个时期创作的内容有很大的差异。前期的诗歌可分为两大类,一是写实作品,表现贵族公子的优游生活。一是感怀作品,反映他"生乎乱、长乎军"的随感之作。后期诗歌,主要记录了他的悲伤与忧郁,抒发他在压制、愤慨又无可奈何之时的哀怨心情,有些诗歌表现他不甘被弃、希冀建功立业的强烈愿望。曹植存世比较完整的诗歌有80 余首,展示了他在诗歌艺术上的突破与创新,特别是在五言诗的创作方面,他独步当世,贡献很大。

当时,汉乐府古辞以叙事为主,《古诗十九首》以抒情为特色,曹植融会贯通,将抒情和叙事有机地结合起来,以五言诗的形式,描写纷纭的世事和复杂的感情,深刻地表达了曲折多变的心理活动,极大地丰富了诗歌的艺术表达功能。曹植在诗歌和辞赋创作方面,都有杰出成就。他的辞赋独辟蹊径,继承两汉以来的抒情传统,又吸收了楚辞的浪漫主义精神,将辞赋发展到了一个新的境界。《洛神赋》是曹植辞赋作品中的杰出代表,他以浪漫主义的手法,通过生动的梦幻境界,描写了人、神之间的真挚爱情,最后,因为"人神殊道",无法结合,不得不分离,惆怅满怀。

《洛神赋》故事完整,分为六个段落:第一段,描写作者从洛阳回封地,惊奇地看到了"丽人"宓妃,仙子一样的美人伫立山崖,引人神往。这一段,就是话本中的"入话"。第二段，写"宓妃"外貌的美丽，特别是描述容仪、服饰之美。第三段，以第一人称手法，写"我"心中之所以爱慕洛神，是因为她实在太美、心太好了，既礼仪周全，又善解人意，说话优美动听。所以，特地向她表达真情，赠以信物。她答应了约会，我却内心不安，担心她不赴约，可是，内心对她爱慕极深。第四段，写洛神为"君王"的诚心所感动，楚楚动人的样子。第五段，"恨人神之道殊"。第六段，写别后"我"对洛神的思念。

这篇《洛神赋》，有如下突出的特点：

（一）极富于想象力。作者设想他从京城洛阳启程，东归封地鄄城。在这东归途中，走到洛川之畔，停下马车，在河边饮马。这时，他轻松地在阳林漫步，突然，他眼前一亮，看到了洛神宓妃：她体态轻盈，摇曳飘忽的样子，如一只飞翔的大雁。她身体柔软，婀娜弯曲，轻柔的状态就像一条水中的游龙。她是那样的鲜美、华丽，较之秋菊之多姿、茂松之苍翠有过之。她翩若仙子，姣如朝霞，洁如芙蓉，真是风华绝代，无与伦比。如此的绝代佳人，自然产生了爱慕之情，于是，就托水波以传意，寄玉佩以定情。然而，她太神圣，太高洁，太风雅了，让人不敢造次。最后，洛神终于被他的真情感动了，愿意与他相见，互诉衷情。但是，终因人神殊途，结合无望，只能依依惜别。这篇想象力丰富的作品并不是他的首创，而是有感于宋玉的《神女赋》、《高唐赋》而完成的。

（二）辞藻华丽，生动传神。全篇讲究排偶、对仗，富于音律美，语言凝练、生动，构思奇特。描述之中，虚实与比喻、烘托并用，人物神态飘逸，栩栩如生。尤其是对洛神的描写特别传神，其身体、五官、姿态、服饰等的描写栩栩如生，一个沉鱼落雁的洛神呼之若出。洛神如清水芙蓉，有一种天然之美，不用雕饰。他与洛神会面时，神态生动，仿佛真人浮现于眼前，风姿绰约。他与洛神分手时，屏翳收风，川后静波，冯来鸣鼓，女娲清歌。真挚的感情、纯洁相恋萦回天地间，令人感动。一切是这样的美好，洛神离去后，留下了她不尽的情思，缠绵不断。洛神的倩影萦绕在梦中，相遇时的情景历历在目，相恋浪漫，分离苦涩，心神不宁，久久徘徊在洛水之间，不忍离去。

七、黑旋风贾皇后（上）

1. 晋武帝糟蹋才女

晋武帝司马炎是中国历史上一位很有作为的皇帝，也是一位糊涂的皇帝。

司马炎的最大成就,就是完成了统一大业,建立了晋王朝。可是,他建立了帝业以后,开始懈怠政事,醉心游乐。司马炎有很多矛盾的地方,为政方面,能听直言,从谏如流,喜爱人才,重视人才。然而,他的最大嗜好却是痴迷于女色。大破东吴以后,成千上万的吴国美女成了司马炎的囊中物。

司马炎下诏,选吴国五千美女送入后宫。这时,加上他原有的后宫数千女子,他的后宫美人超过了一万人。女人实在太多了,今夜寝于何处?司马炎突发奇想,发明了羊车:坐在车上,任羊车漫游,羊走到哪所宫室,就在哪里留宿。留住羊车,就是留住皇帝。羊爱食竹叶,爱添盐,于是,聪明的女人就用盐汁浇地,以竹叶插窗户,招引羊车。羊车,成为晋宫中皇帝临幸的代名词,也因晋武帝司马炎的风流而闻名遐迩。

文学家左思写了篇《三都赋》,花了十年时间。中书令张华喜爱文赋,读了《三都赋》后,拍案叫绝,逢人便夸。一时之间,《三都赋》声名鹊起。人们争相传阅,大量抢购纸张抄录,一时洛阳纸贵。司马炎很爱重人才,也很喜欢文赋,对左思的才气十分敬仰。司马炎听说,左思有个妹妹左棻,也是才华横溢,天生一支生花妙笔。司马炎心中仰慕,就将左思的妹妹纳入后宫,封为修仪。左修仪文采灿烂,深得司马炎的敬重,不久,进封贵嫔。

但是,左棻有才,却相貌平平,才气如何能赢得皇帝的一颗好色之心?司马炎喜欢左氏的文采,入室赏文,却并不动心。左棻入宫以后,情感备受冷落,一颗高傲的心就那么空悬着,整天孤芳自赏。成年累月,她一直静静地待在自己的宫室之中,期盼着皇帝,每天吟诗作赋,聊以自慰。司马炎真是荒唐,只是因为喜欢文赋,就召才女入宫,入宫以后,只是赏文,这不是耽误才女、糟蹋才女。司马炎一生做了许多荒唐事,糟蹋才女左棻,就是其一。

司马炎的后宫女人上万,真是个花花大世界。皇帝宠爱的女人多了,自然生下子女众多。司马炎活了54岁,在位25年,后宫的女人们先后替他生下了26个儿子。不幸的是,26个儿子中,虽然不乏聪慧之辈,但太子却是个庸才。长子司马轨,出生不久就夭折了。次子司马衷,是皇后所生,成为事实上的长子。按立嫡立长的原则,司马衷要立为太子。司马衷字正度,除了贪图享受,一无所知。

2. 庸才太子

武帝立司马衷为太子,太子的,武帝十分清楚。他知道,这样的太子,难以肩负国家重任,考虑再三,他打算废了太子。他和杨皇后商量,身为母亲的杨皇后当然不同意,坚决反对更易太子。杨皇后名杨艳,字琼芝,出自豪门大族。杨皇后出身高贵，相貌美丽，先后生下了三男三女，长子早逝，次子就是司马衷。杨皇后当然知道自己的儿子是什么材料，然而，这个儿子既是嫡，又是长，无论如何，一定要立为太子，继承皇位。

武帝是创业之君，他担心太子天性愚钝，难以胜任国家大事。杨皇后每次都不直接反驳，而是和颜悦色地说："儿子是咱们的，虽然不太聪明，但却忠厚老实，天性纯良，只要好生教导，一定会有长进的。"有一次，武帝试探地说："太子难当大任，现在，更易太子，还来得及。"杨皇后摇头，坚决地说："太子的名分已经定了，不能改。按照立嫡立长的祖制，他都应是太子，不能变。如果破坏了祖制，日后怎么理政？大臣不守法度，朝廷岂不乱套？废除太子，我坚决反对。"

武帝司马炎一生果敢刚毅，可是，在美人面前，他总是表现得优柔寡断，对痴呆太子的废除，一时下不了决心。武帝想一想，决定派遣可以信赖的大臣荀勖去测试一下太子。荀勖是颖川颍阴（河南许昌）人，曾任魏朝参军，受到司马炎信任。司马炎代魏建晋，他立下汗马功劳，拜职中书监，迁侍中、尚书令，成为晋室宰相。他与贾充合作制订晋律，又奉命入宫整理典籍，著《中经新薄》，将古籍按照甲乙丙丁分成四类，开创了中国古籍图书四部分类的先河。

司马炎很信任荀勖，尤其佩服荀勖的高深学问和不世之才。于是，他派荀勖前往太子府，观察太子，如实奏报。不久，荀勖进奏，说太子爱读书，有了很大的进步，知道询问百姓的疾苦，是可造之材。荀勖是位学者，他如此力保痴愚太子，人们不解，猜疑可能是皇后以重金将他收买。

正当司马炎犹豫不决的时候，荀勖不如实奏报实情，反而力保太子，最后导致了太子继承大位的恶果。荀勖这样做，为自己的人生抹上了污点，也颇为时人所讥讽。当然，武帝司马炎是聪明人，决定谁当太子，他大权在握。他对荀勖之奏将信将疑，不过，有皇后及强大后族势力的支持，有宰相大臣的力保和辅佐，他就睁一只眼闭一只眼，姑且相信，不再考虑更易太子。一转眼，太子就13岁了，按照当时的惯例，要为太子选婚。

3. 太子选婚

太子选婚，无论对于皇室还是国家，都是一件大事。太子妃是未来的皇后，皇后的独特身份决定了后族势力的兴起，因此，皇后的宝座历来成为皇亲贵戚、王公大臣们争夺的焦点。太子选婚之议一出，王公大臣们纷纷行动，动员全部家族的力量，物色自己家族之中合适的女子，开始积极活动，全力以赴地进行准备，力求促成一段美好的姻缘，荣登皇后宝座，从而名垂青史，使家族荣显。

这个时候，人们眼睛盯着的是权位和荣耀，没有人会考虑太子是高是矮？是痴是呆？事实上，只要坐在太子位上，是痴呆傻子也没有关系，即使是缺胳膊少腿又有何妨？只要是太子，哪怕是木偶人都行！在权力的光环下，女人的个人幸福是微不足道的。

武帝司马炎是创业之君，他在长年的征战中，很信任和赏识征东大将军卫瓘。卫瓘字伯玉，是河东安邑(山西夏县)人，魏时曾任侍中、廷尉卿。司马炎建立西晋时，功勋卓著，拜尚书令，迁司空，成为开国宰相。当时，入选太子妃竞争最为激烈的是两大家族：一是卫瓘，一是贾充。司马炎了解卫瓘的家族，对卫瓘的女儿十分中意——白皙、漂亮，很有风采。

和卫瓘公开竞争的是晋开国元勋贾充，他生有四个女儿：前妻李氏生两个女儿，后妻郭氏生两个女儿。长女贾荃，已经嫁给司马师的儿子齐王司马攸。武帝司马炎很信任贾充，西晋初年，贾充官高位显，出任朝廷宰相；掌握军权，拜车骑将军，控制最为精锐的军队。鲜为人知的是，当年册立司马炎为太子，如果贾充不全力支持，恐怕历史将是另外一幅光景。司马炎对于贾充的鼎力相助，一直铭记在心。所以，司马炎入主帝位以后，对贾充一直心存感激，对他非常信任。

选择卫氏还是贾氏？武帝司马炎难以抉择。于是，他把这个难题交给他信任的大臣。荀勖是司马炎信任的心腹之一，他才华横溢，和工于心计的贾充关系很好，臭味相投，他们两家也是至交，情谊深厚。荀勖知道皇帝正在犹豫，他希望贾充的女儿能够当上太子妃，他考虑再三，决定亲自到贾家，对贾充和他的妻子郭槐献计：用重金贿赂杨皇后的近侍宫女，让她们一有机会，就称赞贾充的女儿。

重金的魅力立竿见影，侍女们一有机会，就在皇后身边说，贾氏品貌端庄，聪慧文静，贤德过人，美貌出众，最宜选为太子妃。杨皇后是一位轻信的人，特别信任身边的侍女。她左右的侍女每天称赞，天长日久，杨皇后自然而然地心动了，接受了贾氏之女是贤德之女的说法。杨皇后经常听到赞美，对贾氏的女儿自然颇有好感。她觉得，名声这样好的女子一定才貌双全，品行肯定不错。

与此同时，荀勖也开始积极活动，在朝中暗中联络一些交谊很好的大臣，如苟颐、冯统等文武官员，他们在各种场合，有意无意地称赞贾充的女儿，赞赏她德才兼备，是世上不可多得的女子。随后，荀勖为了保险起见，干脆上书武帝，直接称赞贾充的女儿姿德淑茂，可以列入太子妃之选。如此双管齐下，荀勖、贾充感觉入选太子妃，已经有了相当的把握。

朝臣争夺太子妃日渐白热化，武帝司马炎一直不表态。司马炎想，既然朝野闹得沸沸扬扬，都说贾充的女儿如何出色，何不召来看看？召贾氏入宫，这是大事,自然要和皇后商量。武帝问杨皇后:"太子的婚事,有什么想法?"杨皇后知道皇帝的来意,从容地说:"贾充的女儿,都说才貌双全,品德也不错,大概真的十分出色。"武帝犹豫了一下,接着问:卫瓘的女儿如何? 杨皇后沉吟片刻,淡淡地说:"称赞卫瓘女儿的人很少,我想,一定是才色平平。"

武帝司马炎看着杨皇后,摇摇头,很镇定地说:都说贾家的女儿行,我看未必。据我所知,贾女不行,有五不可。杨皇后很吃惊,又感觉奇怪,忙问:真是第一次听说,贾女有哪五不可? 武帝走到窗前,认真地对皇后说:"我审阅了贾氏的家族,发现他们有五个方面的毛病:性悍妒,不生子,身材矮,皮肤黑,貌不美。这就是贾氏子女的五不可,有其一,不可取,何况五丑兼而有之? 与贾氏相反,卫瓘家族,有五美:性仁贤,皮肤白,身材高,相貌秀,人丁兴旺。贾氏和卫氏之女,完全不同,你选哪个?"

杨皇后听皇帝这样一说,一时愣在了那里。她是那种固执己见的女人,对贾氏之女,已经有了好感,仿佛生了根一样,一时改变不了。经武帝这样一说,竟然有五丑五美之分。杨皇后不愿意驳斥皇帝,也不好意思反对皇帝的意见,就婉转地说:"皇上,咱们都只是道听途说,谁也没有见过贾氏、卫氏的女儿。听别人说的,一个说好,当然比不上十个说好,大家伙说好,一定是不会有错。我还是觉得,可能贾家的女儿更合适些。"皇帝知道,杨皇后天性很偏,认准的事,谁也不能改变。武帝把话说得这么清楚了,杨皇后还在坚持己见,武帝不想为此争执,更不想再说什么了。

4. 疯狂的太子妃

经过一番激烈的角逐,贾充、荀勖的金钱外交获得了成功,婚事由杨皇后做主,选定贾氏为太子妃。武帝虽然很敏锐,一眼能够分辨出是非丑恶,可是,关键时候,皇后和大臣坚持,武帝犹豫,婚事就这样定了下来。一旦确定下来,武帝再想更改,就更难了。晋武帝泰始八年二月,就是公元 272 年,十四岁的太子司马衷举行婚礼,隆重地迎娶贾充的女儿贾南风,册立贾氏为太子妃,入住太子宫。

司马衷愚顽无知,哪里是贾南风的对手? 只一个回合,司马衷就俯首称臣,甘心听命,贾南风呼风唤雨,完全控制了东宫。这位出身相府的高贵女人立即行动,将太子府中的关键位子换上自己信任的人,府中的一切动静了如指掌。太子妃皮肤黑黑的,说话、做事雷厉风行,性情暴烈,嫉妒心强,喜怒无常,动不动就大打出手,好事者在背后就称她为黑旋风。

贾南风充满野性,她的天性不幸被司马炎言中。她的确性情悍妒,在感情上不能容忍任何女人。可以说，她的嫉妒之情达到了神经质的程度，一旦发作，近乎疯狂，处于完全失控状态。太子府中，每一次嫉妒发作，贾南风都会闹得鸡犬不宁，天翻地覆。当年为她说好话的女人目睹此情此景，有些后悔，即使是贾氏信任的侍女也不免目瞪口呆，感觉这女人太恐怖了，她还是太子妃呢，一旦做了皇后，她不得活剥人皮耶？

贾南风在太子宫中横着走，事事霸道，唯我独尊。她本来脾气就躁，见风就是雨，为所欲为。如果看谁不顺眼，或者心中有什么不痛快，黑旋风就会兴风作浪，大闹太子宫，甚至于动手残杀怀孕的女人。有一次，贾南风听说一个侍女怀孕了，是太子的孩子，肚子已经很大，快要临产了，她勃然大怒，血液沸腾，吩咐心腹侍女，立即将那个快要临产的侍女带到跟前。

贾南风怒火中烧，恨得咬牙切齿，在大殿中不停地走来走去。她口若悬河，骂骂咧咧，气咻咻地叫喊。越想越恼，越骂越生气。恨恨不已的贾南风一抬头，看见在她不远处的殿中，站着一个美貌的女子，正抬着头，怯怯地看她。她的肚子很大，正是那位怀孕的侍女，在她的身边，还有一个相貌端正的侍女搀扶着她。怀孕侍女想拜见府中的主人太子妃，可是，她俯不下身，正站在那里，不知所措，看上去是那样的楚楚动人。贾南风冷冷的，眼睛开始变得血红，充满了怒火。但是，怀孕的侍女似乎目空一切，眼中没有任何惧色，她的脸上反而是充满了怀孕的喜悦幸福和自得。贾南风甚至于注意到了她的表情，一张粉脸如同一朵盛开的鲜花，一丝微笑也是有意无意地挂在嘴角，似乎是挑衅，也好像是在嘲笑。

贾南风火冒三丈，一双眼睛阴森森地盯着她，慢慢走过去，顺手抄起放在柜子边的一枝短戟，闪电般地向怀孕侍女刺去。短戟插进了侍女高高凸起的肚子，眨眼之间，只听得咝啦一声，侍女一声凄厉的惨叫，向后仰倒，昏死了过去。现场血花飞溅，浓浓的血腥味在大殿中弥漫。侍女倒在了血泊之中，人们惊奇地发现，一团血呼呼的东西尚在血水中蠕动，那是还没有足月的孩子，在暴力中来到这个世上，还没有呼吸，孩子挣扎着，就离开了人世。场面血腥残暴，真是惨不忍睹，太子府中的所有侍女都目瞪口呆，愣在了那里。贾南风哼了一声，根本不当一回事，扔掉短戟，没事似的吩咐侍女好生收拾干净。

这场东宫变故，真是骇人听闻。贾南风刺死孕妇惨案，很快就传遍了皇宫。武帝司马炎闻讯，不敢相信自己的耳朵，也不相信这会是真的。这简直是闻所未闻，太出人意料了。而且，这场前所未有的血案，竟然发生在太子府中。武帝不敢相信，太子妃会做出这种事。

武帝派侍从前往查看，侍从探听属实，报告武帝。这时，司马炎有些后悔，悔恨自己不该听信杨皇后的话,为太子娶了这么一个不管不顾、胡作非为的泼妇。可是,贾南风已经册为太子妃了,下一步该怎么办,是维持现状? 还是废了她? 这时,近侍奏报,金墉城刚刚修好,请皇上检查。这座小城不大,是专门用来收容坐废、犯罪的后妃宫女,将她们打入这荒僻冷宫,与世隔绝。司马炎打定主意,准备将贾南风太子妃废掉,将她关进这座金墉城。然后,再另选一位贤淑慧静的女子做太子妃。

5. 杨芷皇后

皇帝震怒,贾南风关进了金墉城。但是,她并不害怕,她知道,一切都不会改变,因为,她的身后有一个势力很大的家族。果然,贾南风被关,宫中和朝中有一帮人出面,为她撑腰说话,他们身居要职,掌握军政大权,都是举足轻重的人物。贾南风有强大的势力作后盾,有实力雄厚的家族撑腰,有杨皇后替她说话,她当然有恃无恐! 这一次,她做得有些过分,她的残暴让她闻名遐迩。武帝司马炎动怒了,宫中、朝中都关注着事态的发展。

皇帝有意废除太子妃,此意一出,朝廷立即热闹起来。贾充的私党荀勖、冯统、杨珧以及赵粲等人纷纷出面,进奏皇帝,为贾南风说话,营救遣送金墉城等待被废除的太子妃。营救的人无非是大事化小,小事化了,说太子妃年纪太小了,容易冲动,意气用事,动怒确实有些过火。不过,感情上嫉妒,历来是所有女人的天性,这很正常,尤其是贾家的女人,本来就有悍妒的传统,这是皇上知道的,等她年纪大一点,知道控制自己的感情,自然就会好些。

劝说的奏章纷纷送到御前,出面说话的人一拨又一拨,纷至沓来。出面说话的人一多,加上他们都是皇帝信任和倚重的重臣、侍从,武帝的怒气稍稍平复了一些。在这个时候,是否废了太子妃,武帝又开始犹豫。武帝没有主意,又故伎重演,转而去问皇后,意下如何。这个时候,皇后杨艳已经去世。从史书记载上看,杨皇后的去世似乎是武帝好色所导致的。因为,虽然后宫女人上万,武帝仍然不满足,他下令所有名门大族的适龄女子,都要选送入宫,以备选用。

武帝司马炎的选妃令是在泰始九年八月颁布的,也就是杨艳立为皇后的第九年。选妃令明定,所有公卿大员、富室豪门的适龄女子,都一律应选;凡是隐匿不送者,犯不敬罪,处以死刑。成千的金枝玉叶们离开家庭,带着她们的梦想走进皇宫。当时,武帝司马炎出于尊重杨皇后,让她主持挑选嫔妃,这也是皇后职责所在。

杨皇后嫉妒心重,看见眼前这一群年轻美貌的女人,她们又出身于名门,一个个气宇轩昂,杨艳皇后哪里受得了?她绝不能容忍年轻美艳的名门女子进入皇宫,侍候皇帝,争宠夺爱!怎么办?杨艳皇后灵机一动,心里有数了,把好挑选关,不就万事大吉了?于是,她在心里定下了两条入选标准:一是挑选人高马大、身材魁梧的女子入宫,二是凡是有一点姿色的女人全部遣回。

挑选嫔妃的工作很杂乱,也很烦碎。有一天,杨皇后主持挑选,司马炎也来了,刚好是审阅卞藩的女儿,这女子美丽极了,真是沉鱼落雁之容。坐在一边的司马炎简直看呆了,他绝对相信,像这样美丽的女子,一定会留在宫中。可是,审阅的结果大出皇帝意外,杨皇后竟然发话,将她遣送回家。也就是说,卞氏落选了。

司马炎不知道皇后因为什么没有选上卞氏,有些急了,真心真意地走过来,有些讨好似地对杨皇后说:"皇后,这女子不错啊,真是不错!"杨皇后当然明白他的意思,毫不妥协,立即反驳说:"是啊,皇上,真不错。不过,卞家三代都做皇后,不能委屈了这女人,只做妃子!"皇后所指的卞家三代做皇后,是指曹操之妻、曹髦之妻和曹奂之妻,她们都是出自卞氏家族。司马炎一听,勃然大怒,当即宣布挑选嫔妃之事,由自个来办。这样,司马炎亲自挑选美女,不再搭理杨皇后。

从这件事上看,司马炎并不是事事优柔寡断,在美色上他也是办事果断,毫不含糊。他在身边备了一些红纱,将选中的美女,用红纱在她玉臂上打个结,送进后宫。然后,他再从手缠红纱的女子中,选出数十名绝色女子,留在自己的宫中,一一册封。其中,就有后来最为得宠的贵嫔胡芳、夫人诸葛婉,她们的地位仅次于皇后。

这次选妃风波,对杨艳皇后打击很大。不久,杨皇后因为长时间的压抑和忧郁,内心痛苦,以致病倒了,卧床不起。御医仔细诊治,想尽了一切办法,病情毫无转机,反而一天比一天恶化。杨皇后临终时,皇帝司马炎前来看她。皇帝坐在病榻上,杨皇后把头枕在司马炎腿上,望着他,提出了最后的要求:皇上,如果还念着多年的情分,请在我死后,将叔父杨骏的女儿杨芷召进宫。杨芷很美,胜过后宫任何一个女人,请立她为皇后。司马炎心想,皇后终究爱我和懂我,临死时还不忘记进献美人。他看着皇后,含着泪,答应了她。

这时,要废除太子妃贾南风,后宫之主的皇后,正是杨芷。司马炎问杨芷:皇后,你说,太子妃是否当废?杨芷皇后想一想,从容地说:"回皇上,这件事,有两点想法,供你参考。一,贾充是朝中第一功臣,不能因为贾南风,忽略了贾氏对王朝的功德。二,贾南风年纪还小,女人嫉妒,太正常了,等她再长大一点,可能会好些,何不给她一次机会,别废了,我再好好管教管教她?"

司马炎听了这番话,回想心腹侍从的赞美、文武大臣的劝说,加上皇后这么两点,本来犹豫不决的武帝更没有主意了。没有主意,那就是维护现状。就这样,废太子妃的风波,再一次平息。杨芷皇后召来贾南风,以皇后的身份严厉训诫了她一番。杨皇后本来是好意,只是做做过场,好给皇帝有个交代。没想到,贾南风倒认真了,并和杨皇后结了怨。贾南风对杨皇后并不感恩,她不认为皇后要帮助自己,反而觉得,皇帝司马炎要废了她太子妃,完全是杨皇后的鬼主意。从此,贾南风对杨皇后怀恨在心,这一恨,为杨皇后的悲剧命运埋下了祸根。

6. 测试太子

历史上,有一典故,成也萧何,败也萧何。司马炎对于西晋,也是如此,他建立了晋王朝,也几乎毁灭了晋王朝。太子的问题是大问题,一直悬而未决,成了武帝司马炎的一块心病。在两位杨皇后的坚持下,册立太子,并保留了太子的地位,司马炎一直默认了这一结果。可是,随着时间的推移,许多忧心国事的朝臣纷纷上书,请求皇帝,为江山社稷考虑,太子之事,一定三思而行。

朝臣的意思是说,很多人还是认为,太子是愚笨的。司马炎想,太子之事,不能含糊,如何才能堵住朝臣的嘴?司马炎考虑再三,想出了一个更为荒唐的主意:宫中设宴,大会群臣,当众测试太子。司马炎将自己的想法告诉了几个信任的大臣,让他们上奏,让太子在宫廷宴席上当众批复,相当于当着大臣的面,现场办公。大臣们领旨,马上着手准备。虽然皇帝严厉告诫他们,一定保密,可是,所有这一切,很快密报到了太子府,贾南风立即参与了密谋。

宫廷宴席十分隆重,山珍海味极其丰盛,文武大臣和太子宫中的大小官员都一身朝服,应邀参加这次的宫廷盛宴。酒酣耳热之际,司马炎坐在主桌上,几个心腹大臣郑重其事走了过来,送上奏折,说有几件急奏需要及时处理。司马炎端着酒杯,当众吩咐:将奏折密封,立即送到东宫,交太子当场处理,密封带回。近侍奉旨,立即前往太子府。太子妃贾南风早就知道此事,让侍女好生款待皇帝的使臣,奉上重金。她拆开皇帝送来的奏章,命早在府中候命的几位文臣立即阅看,拟出批复的答文。

太子府请来的几位文臣,都是人情练达的老臣,在官场历练已久,有学问,人极精明,又精通政务,他们的批语自然考虑周全,无懈可击。贾南风将批复交给亲信给事张泓审阅,张泓浏览以后,赞叹说:批文确实精妙,不过,可能不妥。贾南风问:有何不妥?不妨直说。张泓犹豫一下,开口说:皇上知道,太子不好读书,大臣们也心里有数。可是,你看这些文字,都是大手笔,批复得太好了,大臣们反而会生疑,这样恐怕不太好。不如,就事论事,一句话,写得简明扼要,就行了。

太子妃贾南风很高兴,认为有道理,当即命张泓重拟,再由太子亲自抄写批复。司马炎当众拆看密封,看了批复,自然万分高兴,随手拿奏章和太子批复拿给太子少傅卫瓘和几个主张更换太子的大臣看。卫瓘一看,当然知道是假的,太子的批复显然是抄写的。几位大臣一看就知道,这是贾氏一班人合伙作假,欺世盗名。皇帝没有废除太子的意思,大臣卫瓘知道,在这件事上不能轻易表态,更不能戳穿作假的把戏。卫氏不说话,其他大臣又能说什么? 这场盛宴以后,大臣们再也不提更换太子一事。

7. 太子的风流事

众大臣传阅太子批复的奏章之时,在贾南风的操控之下,太子的地位基本稳固了。孕妇风波悄然平息,东宫归于平静,呈现出一片祥和之象。太子妃贾南风鼓足干劲,一心一意地侍候太子,不停歇地怀孕生子,一口气,一连生了4个女儿。贾南风有些气馁,费了这么大的劲,竟然没有生下儿子。这位性情暴躁的太子妃十分恼怒,多年积累的气恼和怨恨全面爆发。这时,贾南风发现了其他怀孕的侍女,于是,这些怀孕的或者说被太子宠幸过的侍女,成为太子妃新一轮的发泄对象:盛怒之下,贾南风亲手杀死了两位怀孕侍女;当众宣布,任何女人,不许接近太子。

事实上,这个时候,太子已经有了一个儿子,只是,这位痴呆太子不知道而已。原来,在太子娶妻之前,大约13岁之时,尚不懂得男女之事,武帝司马炎考虑太子年龄太小,特地在他的后宫之中,挑选了一位丰满成熟、通晓宫规的才人谢玖,前往东宫,教导刚刚成年的太子。谢玖天生丽质,相貌出众。她到东宫以后,唯一的任务就是侍候太子的饮食起居,教导太子男女之事。

贾南风进入太子府成为太子妃时,谢玖已经怀孕。太子妃的厉害,谢玖是早就知道的,相处了一段时间以后,谢玖更加清楚了太子妃的为人。她知道,如果再在太子府待下去,不仅腹中的孩子难保,恐怕连性命都保不住。聪明过人的谢玖知道太子妃不会容她,便进奏武帝,请求回到西宫。不久,谢玖生下了一个儿子,取名司马通,养在武帝后宫。司马通3岁时,有一天,太子到后宫给父母请安,在园子中见到了司马通,和他一起玩耍。这时,司马炎告诉他,这是他和谢玖生下的儿子。

武帝司马炎贪恋女色,没有节制地纵情享乐。天长日久,他夜夜驾着羊车游乐后宫,渐渐地,他的身体日渐亏损和虚弱了,最后卧病不起。太熙元年四月,就是公元 290 年,司马炎在洛阳含章殿去世。太子司马衷在灵前即皇帝位,为晋惠帝。杨芷皇后尊为皇太后,太子妃贾南风册为皇后。杨芷的父亲杨骏一身多职,任太尉、太傅、大都督,统领军政事务,总理朝政。从当时的情况看,朝中军政大权和皇宫事务大权,都掌握在太后杨芷父女的手里。皇帝司马衷无所谓,但皇后贾南风却不会善罢甘休。皇后和太后的权力之争正式拉开序幕,晋宫即将上演一场血雨腥风的宫廷政变。

八、黑旋风贾皇后（中）

1. 宫廷政变

司马衷做了皇帝,贾南风如愿以偿地做了皇后,她的心情很愉快。但是,贾南风没有高兴几天,突然发现,朝廷和宫中大权,不在皇帝的手里,全都掌握在太后杨芷父女的手中。这种状况,对于生性泼辣、敢作敢为的任性皇后贾南风来说,绝对不能容忍,也无法容忍。按照历来宫中的惯例,皇后是后宫的主人。王朝礼法和宫规上明文规定,皇后坐镇后宫,是六宫之主。可是,杨芷太后并不是当今皇上的生母,凭什么她们父女掌握着军政大权？凭什么她主宰后宫？

皇后贾南风开始招兵买马,积极进行准备。皇后与太后明争暗斗,一场大的政坛动荡在所难免。就贾家来说,这个时候,一直主持朝廷事务的贾充已经去世,但影响力还在。贾南风能够依靠的,主要是族兄贾模、舅父郭彰,他们官高位显,很有实力。贾南风决定,控制皇权发号施令,以皇后的名义控制后宫,然后以贾模、郭彰为心腹联络朝臣,共决大事,以对付太后杨芷父女。

贾南风痛恨太尉杨骏,对杨芷太后更是咬牙切齿。杨芷虽然是太后,名分上是贾南风的长辈,实际上,她比贾南风还要小两岁。杨芷很天真,以为自己帮了贾南风的忙,贾皇后会感恩。她绝对没有想到,贾南风不仅不感恩,反而视她们父女为仇敌。贾皇后很自负,根本没把太后杨芷和太尉杨骏放在眼里,她认为这两人很平庸,都不是她的对手。

贾南风知道,杨骏经营多年,在朝廷和军中有大批亲信。因此,她当然不会轻视太后父女的实力。贾南风熟谙政务和权力运作,在具体谋划上,她十分心细,不敢轻敌,采取的是审慎稳妥的步骤,秘密地进行安排和谋划。贾南风考虑再三,决定从诸王着手,联合和利用诸王的力量,架空杨骏,一举除之。杨骏超级自负,高贵的府第和优裕的生活,造就了他自以为是的性格,目空一切。他有着强烈的权力欲,对不愿投靠自己的大臣、近侍决不手软,大施淫威,彻底剥夺他们的权力。

殿中郎孟观、李肇自视才高,孤芳自赏,对于外戚杨骏,根本没有放在眼里。杨骏很蔑视他们,剥夺他们的权力,或对他们视而不见,或对他们傲慢无礼。孟观、李肇无法在朝中立足,心里十分怨恨杨骏。出于生存的考虑,他们两个不自觉地投到了贾南风皇后的阵营中,成为贾皇后亲信宦官董猛的座上客。孟观、李肇十分机敏,位置显要,他们能够在第一时间知道杨骏的一切举动。

孟观、杨肇前来投诚效忠,贾南风当然高兴,给予他们许多好处,让他们密切注意杨骏的动向,随时奏报。孟观、李肇二人本是朝廷大臣,以清高自许,他们曾上书条陈,抨击杨骏结党营私、败坏朝政、危害国家。他们投靠贾皇后后,接受皇后的赏赐,成为注视杨骏一举一动、随时密奏的贾皇后私党集团重要的成员,是贾皇后了知对手一切举动的关键人物和忠实心腹。有了这二人的私密奏报,贾皇后知己知彼,感觉胜券在握。

谋而后动,一切按计划进行,贾南风觉得时机成熟了,就决定开始行动。她派遣密使前往荆州,带着皇帝的诏书,密召坐镇荆州的惠帝亲弟、楚王司马玮带精兵秘密进京。司马玮奉旨,欣然从命。这样,除掉杨骏的宫廷政变正式拉开了序幕。永平元年二月二十日,就是公元 291 年,楚王司马玮和都督扬州诸军事的淮南王司马允带兵抵达京师洛阳。经过精心谋划,他们于三月八日发动政变。与此同时,孟观、李肇秘密奉命,正式上书晋惠帝,说太尉杨骏谋反。

贾皇后控制下的晋惠帝立即行动,深夜下达诏书:撤销杨骏一切职务,令楚王司马玮会同东安公司马繇(惠帝叔叔),率金殿禁卫军四百人,立即逮捕杨骏。太后杨芷惊闻政变的消息,大惊失色。她知道,这是有预谋的宫廷政变,事情紧急,政局危如累卵,可以说,稍有不慎,就会招致灭顶之灾,甚至是灭族之灾。皇宫都被禁军包围了,情急之中,困守深宫的太后杨芷心生一计,在一块白绢上写下一行字,用箭射出宫外。

杨芷太后想召军士进宫平叛,没想到,捡到了这块白绢的军士是贾皇后的人,他立即将白绢送呈贾皇后。贾氏一看,笑了起来,只见白绢上写着:救太傅者有赏。贾南风一阵冷笑,吩咐立即将此谋反白绢公之于众。贾皇后以皇帝的名义宣布:太后杨芷和太傅杨骏一同谋反,立即逮捕。政变按计划进行,一切顺利。

贾南风大获成功,借机大量安插亲信,控制皇宫,完全左右朝政。皇帝的密旨一日数出,迅速扩大战果:逮捕杨骏之弟杨珧、杨济,逮捕杨骏的所有亲戚,逮捕杨骏所有律诗党。贾南风雷厉风行,立即将他们全部处死,统统夷灭三族。贾南风真是铁石心肠,仅一夜之间,杀死对手男女老少,共达数千之众。

2. 收拾太后

当年,晋武帝很信任杨骏,授予他军政方面的大权。临终的时候,武帝依然信赖杨骏,将他召到床前,成为托付江山社稷的顾命大臣,并正式授予顾命诏书。宫廷政变以后,贾皇后怕此正规的诏书在大臣手中外传,给敌人以还击的口实,立即派遣心腹侍从前往杨府,当场烧毁杨府之中所有的文件,一切纸张之类的东西片纸不留。贾皇后的心机、权谋和精打细算简直是天生的,从这件小事上可见一斑。

太傅杨骏被立即处死了,杨骏的亲人、故旧、私党都被一网打尽,夷灭三族。在贾皇后的政敌黑名单上,只剩下一个不共戴天的死敌,就是太后杨芷。政变的第二天,就是三月九日,贾南风以皇帝的名义颁发一道圣旨,命后军将军荀悝,带领禁军,押送皇太后杨芷到永宁宫,将她囚禁起来,周围以重兵把守,与世隔绝。与此同时,贾南风又颁了一道诏书,说太后犯罪,押在宫中,出于仁道的考虑,特旨保全太后母亲庞氏的性命,准其母女同住,以示恩典。实际上,这是同时将她们母女二人囚禁宫中,以便一起处死,做到一网打尽。

果然,没过多久,贾皇后政权稳固了,决定向杨芷母女下毒手。贾南风先指使自己的心腹大臣上书朝廷,指责杨太后手书谋反信,用箭将谋反信射入军营,鼓动造反,募集军士效命,图谋危害社稷。这是谋反大罪,按律当斩。大臣按照贾皇后的旨意,拟定的处罚意见是:念太后有功,特废为庶人,囚禁于金墉城。贾皇后将奏章交廷臣合议,上书具奏回复合议结果。刚刚经历了宫廷政变,从大乱的硝烟中死里逃生,浓重的血腥味依旧在宫殿中弥漫、飘散,哪个大臣们敢出面反对? 合议的结果,是同意所奏,将太后杨芷废为庶人,关押金墉城。

杨芷太后的命运就这样确定了下来,最后的处理结果送达御案,当然由贾皇后钦定治罪:太傅杨骏谋反,按律其家属理当斩首。念杨骏有功,其妻庞氏特旨保全性命。保全庞氏性命,是为了安慰太后,现在,既然太后已经废为庶人,太后不复存在,庞氏理当问斩,以正法纪。这段诏书绕了一个大弯,最后落实到一个结果:处死杨太后的母亲庞氏。

贾南风皇后手握大权,将皇帝的诏书郑重其事地交大臣廷议。廷议的结果自然是支持皇后。皇帝俯首听命,贾皇珠以皇帝的名义下诏,将庞氏斩首。庞氏处死后不久,即元康二年二月,贾皇后感觉政权稳固了,吩咐将囚禁在宫中的太后杨芷活活饿死。太后杨芷父女被彻底消灭了,贾皇后很得意,权力方面已经没有可以分庭抗礼的对手了。皇帝呆木有余,智识不足,这个时候,治国理政的大权,实际上已经从杨氏父女转到了皇后贾南风的手中。贾南风踌躇满志,以皇后的身份坐镇后宫,并成功地将后宫变成朝廷的指挥中枢。

九、黑旋风贾皇后(下)

1. 贾后的男宠们

晋王朝从晋武帝以后,乏善可陈。晋惠帝元康元年到九年是晋室混乱的年代,在这短短的八年期间,政务荒疏,宫廷骄奢淫逸,官员醉生梦死,整个社会陷入一片腐化堕落的生活状态之中。这种社会风气主要的制造者、鼓动者和推动者,就是手握大权的贾皇后和她的男宠们。反过来,这种奢侈、放纵的气息,又刺激了贾皇后的情感欲望和内在激情。贾皇后本来就欲望强烈,敢作敢为,她创造了又置身于这样一个特殊的生活氛围之中,就更加无所顾忌,纵情享乐了。

手握生杀大权的贾皇后是位感情丰富的女人,这位杀人不眨眼的黑旋风,也有一腔女性的柔情。所以,在贾皇后的身边,围绕着一群她喜爱的男宠。太医令程据就是贾皇后的男宠之一,他身材修长,皮肤白皙,长得高大英俊。身材矮小的贾皇后喜欢高大的男人,当然很喜爱这位懂得医术的御医程据。程据善解人意,通晓房中术,伺候贾皇后细致周到、无微不至,深得贾氏的欢心。贾皇后随时召幸,享受之后,将程据送出后宫。程据是与贾皇后有着特殊关系而能够活下来的极少男宠之一。欲望强烈的贾皇后经常派心腹侍从出宫选美、猎奇,凡是发现美貌少年、美貌男子和特殊功能的伟岸男人,用内府特制的黑箱车载入宫中,供贾皇后消受,然后一一杀掉。

贾皇后享受男色,然后杀掉,她的这一特殊嗜好,宫里人都知道。城南发生了一起离奇的小吏艳遇案,此案在洛阳城传开之后,人们才知道贾皇后享受男色的特殊嗜好。洛阳城南盗贼猖獗,由尉部负责地方治安。城南有一位尉部小吏,白皙健壮,长身秀伟,长得出奇的英俊。奇怪的是,这位一直勤勤恳恳的小吏不给任何人打招呼,有一天,突然失踪了。他的家人很着急,不知道发生了什么事。更加奇怪的是,小吏神秘失踪,一失踪就是十多天;十多天后,他又神秘地回家了。

小吏回来了,可是,他像整个变了一个人:神思恍惚,神态奇异;衣着考究,衣饰华贵,他带在身边的箱子和用品,从来没有人见过。小吏离奇变化让邻里产生怀疑,更多的人怀疑他有什么不为人知的不轨行为。于是,好事者便向小吏的上司举报,他的上司也感觉异样,特地审问了这位小吏,问他发生了什么事?为什么有这些贵重的衣物? 小吏很老实,就如实地讲了他的一次奇特经历:

有一天,来了一个年岁较大的老婆子。老婆子衣服华丽,气度不凡,一看就知道老婆子出自富贵人家。老婆子说,她的主人得了重病,请法师诊治。法师说,必须到城南请一位年轻貌美的男子,在家住几日,借助阳刚旺火,驱除病魔,病人方能康复。老婆子很诚恳,请求一定帮忙。她先给一份定金,并且说,完事以后,一定重谢。听老婆子这一说,报酬很丰厚,救人要紧,就只好答应了。于是,随着老婆子,就上了一辆黑箱车,藏在车上的一个箱子中。

小吏接着说:坐在车上,拐了好几个弯,来到一个奇特的地方。下车以后,什么也看不清,只知道走进了一座很大的宫殿,眼前都是琼楼玉宇,殿阁房舍建筑精巧,室内布置十分漂亮。我问老婆子,这样上等的好屋,是什么地方啊?老婆子说,这是天上。我们走进一间华屋,屋子里香味很浓,侍女极多,她们衣着华丽,进进出出的。她们把我先送到一个浴池,用香汤给我洗浴。然后,她们给我穿上很华贵的衣服,走到一个屋子里,桌子上摆满了山珍海味。

吃了饭后,她们把我送到一间卧室,室内满是金银珠宝,床褥帐幔华丽非常,我从来没有见过。一会儿后,来了一个女子,年纪约三十多岁,身材矮小,皮肤有点黑,眉后有点小疵。一连几天,我和这女人同吃同睡,女子很快乐。临走的时候,她吩咐侍女,送了我许多衣物,就坐那辆黑箱车,回到家中。

这件奇事,传得很快,很快传遍了南城。当时,贾皇后的娘家就在城南。贾皇后的远房亲戚听说南城一个小吏的奇特叙述,心里明白,这个三十多岁的女子不是别人,正是贾皇后。事实上,审问小吏的长官听了这事的经过,也大致明白了是怎么回事,更知道那个三十多岁的女人是谁了,他自然停止追问,也不再查究。这件奇事,很显然,小吏之所以能够保全性命,是因为他太俊、太憨、太可爱,这样一个好男人,贾皇后有点舍不得,就不忍杀他,留了他一条性命。

2. 收拾太子

贾皇后控制着皇帝,主持后宫和朝廷事务,大权独揽,呼风唤雨。政权巩固以后,贾皇后过着奢侈的生活,纵情享受。可是,贾皇后知道,虽然政敌清除了,但是,她的心里总有一个解不开的结:一直没有一个儿子。这是贾皇后的一块心病,也是她夜深人静之时独自心烦、忧心忡忡之所在。她心里很清楚,没有儿子,意味着没有继承大位的子嗣,这会给异己分子以可乘之机,将直接危及身家性命以及贾氏家族。

如果皇帝没有儿子,完全控制了后宫的贾皇后可以放心地享乐,弛然而卧。然而,皇帝早年的时候,曾和武帝的才人谢玖生下了一个儿子司马通,这个儿子,对贾皇后以及贾氏家族构成了直接威胁。更为恐怖的是,司马衷即皇帝位后,按照惯例,大臣们奏请将皇长子司马通册立为太子,册立之日是永康元年八月二十六日,就是公元290年,这意味着,这位太子就是皇位继承人。贾皇后忌恨太子,但册立太子的时候,司马通才几岁,她正全力以赴地忙于夺权,时机尚不成熟,不便下手。

贾皇后夺取了权力,掌握政局以后,一转眼就是几年。这个时候,太子一天天长大了。在贾皇后眼里,太子很不招人喜爱,根本的原因是太子将威胁到贾皇后的权力,贾皇后想除掉太子,事前造舆论说太子有四不足:一是不聪明,二是不惫厚,三是好嬉游,四是不读书。其实,按理说,这样的太子是根本不会危及贾皇后的权力的,但是,太子不是自己亲生的,太子的存在就是贾皇后的噩梦之源,所以,贾皇后绝不会放过太子。

元康元年十二月,就是公元299年,太子司马通的长子司马彪突然染病了,而且病情较重。太子上书惠帝,请求给长子授封王爵。皇帝问贾皇后,皇后不同意,皇帝也就没有答理此事。苦等了好几天,没有任何音讯,眼看着长子的病势越来越严重,情急中的太子别无办法,只好求天:他请巫师来到太子府中,为长子祭天祈祷,希望长子能够度此大劫。太子本想以皇帝封授王爵,来冲灾驱邪。这一想法无法实现以后,他就想以法事祭天,祈求上苍保佑,希望长子病情能够好转。没想到,封王的想法被贾皇后扼杀,而让太子更没有想到的是,太子府的法事活动被贾皇后得知,贾氏认为这是一个特殊的举动,是宫廷之中严格禁止的巫蛊活动。

贾皇后得到太子府法事的详细奏报以后,知道收拾太子的日子到了。她不动声色,精心布局,太子在贾氏的局中在劫难逃。贾氏先后三次派人前往太子府,探视太子长子的病情,秘密地详细了解太子府中的情况,并说皇帝很重视此事,将召见太子。元康元年12月29日清早,贾皇后派人送信给太子,召太子立即入宫,说皇帝召见太子。太子来不及梳洗,就急匆匆地入宫,拜见惠帝。惠帝刚起床,突然看见太子来了,不知道是怎么回事,就让他去见皇后。太子来到皇后宫中,被侍女领到一个房间,皇后不在这里。

房间很大,室内的布置特别奢华,里面站着一排侍女。侍女们见太子来了,她们有条不紊地摆上美酒三升,红枣一盘,侍女首领笑容可掬地请太子品尝,说皇后一会就到了。随后,她们献上歌舞,为太子助兴。太子不会喝酒,他知道,这三升美酒下肚,自己肯定会醉;他也知道,这美酒和红枣是皇后所赐,他不能不喝,也不敢不喝。太子担心自己长子的病情,不想喝酒,就请求侍女:谢谢皇后赏酒,实在没有三升的酒量,不敢喝。

这时,皇后从屏风后来出来了,盯着太子,冷冷地说:没有酒量? 你哪次入宫没喝酒? 为讨皇上的喜欢,连饮两大杯都不在话下,还在乎这三升酒? 我赏赐的酒就不喝了? 告诉你,这是皇上赐给你的酒,是为你儿子祝福的,酒喝了,皇上祈福,你儿子的病就好了。太子见到皇后,连忙跪伏在地上,哀求说:谢皇后、皇上赐酒。大朝会时,陛下赐酒,我只是勉强喝一点,不敢推辞。近些年来,身体不好,从来没有一次喝过三升的。何况,没有吃早饭,空着肚子,喝下这三升酒,肯定会大醉,如何能拜见皇后?

贾皇后站在那里,听了太子这番话,立时大怒,呵斥说:太子大胆! 你真是不孝! 皇上赐你喝酒,你这般推脱,难道酒中有毒吗?! 贾皇后话没说完,哼的一声,转身走了。太子没有办法,只好硬着头皮,喝下了眼前这三升酒。一碗接一碗,没有下酒菜,喝下两升以后,太子实在不行了,就请求侍女:献上歌舞吧,看看歌舞,剩下的一升酒,带回府中去喝。侍女摇头:歌舞停了,酒必须喝。侍女说自己是遵旨行事,不能从命。太子明白了,这哪里是赐酒,分明是皇后故意所为。三升酒喝下去了,太子恍恍惚惚的,坐在桌子前,仿佛置身于五里雾中,哪里分得清南北东西。

这时,贾皇后命黄门侍郎潘岳拿着一份拟好的文书,来到太子所在的房间。侍女呈上笔墨纸砚,一一在桌前摆好。潘岳告诉太子,说这是皇上拟好的文书,命太子立即抄写,好带回复命。太子已经醉了,眼前昏天黑地,哪里知道文书写的是何物? 侍女扶着他,坐在桌前。他知道,圣旨不可违,拿起笔,一个字一个字地照着抄写。抄写完后,太子彻底醉了,瘫倒在桌子底下,根本不知道自己抄写的是什么。

太子抄写的两份文书,是贾皇后设计的谋反字条,内容是这样的,一份是针对皇帝的:陛下自裁,不然,决不客气。另一份是针对皇后的:皇后也自裁,不然,便亲自结束你。谢妃同时行动,以绝后患。这两张字条,当然是叛乱文书。贾皇后拿着太子亲笔所写的叛乱文书,慢慢欣赏着,文书字迹潦草,确实是出自太子之手,贾皇后大笑起来。这份叛乱文书立即送到皇帝手中,皇帝大惊失色,躲在宫中。贾皇后将太子囚禁起来,发布诏书,将太子废为庶民。不久,太子惨死宫中。

贾皇后擅权揽政,胡作非为,滥杀无辜,自然引起了司马氏皇室集团的惊惧,诸王人人自危。封王在外的司马氏子弟们拥兵在外,自然不肯坐以待毙,他们秘密联络,准备起兵,想联合起来,发动宫廷政变,杀死贾皇后,夺回皇权。永康元年(公元 300 年)四月三日深夜,赵王司马伦联合齐王司马同,在几位将军的支持下,发动宫廷政变,占领了皇宫,活捉了贾皇后。他们控制了皇帝,行动迅速,以皇帝的名义颁旨:贾皇后谋反,夷灭贾氏三族;立即捉拿贾氏私党,就地正法。贾皇后披头散发,秘密囚禁于金墉城,重兵看守。几天后,赵王假传圣旨,赏赐贾皇后金屑酒。就这样,黑旋风贾皇后被毒死。

十、铁腕冯太后(上)

六朝,是战乱的时代,也是法制废弛的自由时期。香艳的宫体诗游荡在南朝的后宫之中,皇帝风花雪月,每天美酒佳肴,过着花天酒地的纵欲生活。皇帝和他的女人们生活在豪华富丽的宫殿之中,他们不知道,一墙之隔的皇宫之外,百姓饥寒交迫,流离失所。风雨不调的年份,妻离子散,卖儿卖女,饿殍遍野,饥民相食。无论什么时候,宫中肉林酒池,皇帝在美女簇拥下的脂粉香阵中,饮酒赋诗,在温柔乡里纵情狂欢,醉生梦死。梁简文帝富于文采,他这样描述梁宫宫人的昼眠娇颜:

梦笑开娇靥,眠鬟压落花。

簟文生玉腕,香汗浸红纱。

六朝时期,北朝宫廷不同于南朝的奢侈香艳,但宫廷生活也是别有洞天。北魏时期,文成帝 11 岁时登上皇帝宝座,君临天下,由其母亲代理政务。可是,他即位不到一年,其母亲病故了。文成帝是个早熟的孩子,他从小就和乳母常氏生活在一起,是吃着常氏的奶水长大的。常氏乳养着文成帝,对他照顾得无微不至,就像文成帝的亲生母亲一样。这时,文成帝的生母去世了,谁做太后? 11 岁的文成帝很有主见,打算打破常规,荣尊乳母常氏为太后。乳母尊为太后,这是从来没有过的先例。文成帝提出以后,大臣们立即出面反对。但是,文成帝坚持己见,不理会大臣的意见。第二天,文成帝颁布诏书,尊乳母常氏为保太后。第二年,文成帝正式颁诏,改尊保太后常氏为皇太后。

　　经过几年的历练，文成帝完全成熟了，成为君临天下、牢牢控制皇权的北魏皇帝。文成帝 17 岁时，常太后考虑，皇帝应该大婚了，要为他挑选皇后。有一天，文成帝看望常太后，她对文成帝说：皇上，你年纪不小了，按照宫规，你应当册立皇后，统摄六宫。文成帝说，一切由太后做主。常太后说：按照先朝定下的规矩，挑选皇后，要手造金人。皇帝从自己的嫔妃中，选择中意的数人，她们分居一室，各自亲手铸造金人，铸成为吉，先铸成者，方可册为皇后。文成帝同意，挑选皇后之事，就交给常太后办理。

　　当时，在文成帝后宫之中，已经有许多嫔妃。其中，文成帝最宠爱的女子有四人，她们是冯氏、李氏、曹氏、沮渠氏。这四人中，以冯氏最为得宠。四个女人都很漂亮，但北方民族崇尚剽悍能干，冯氏恰恰聪明、能干，富于智慧，善解人意。年轻的文成帝和聪慧的冯氏琴瑟和谐，两人只要看一眼对方，基本上就知道对方的意思，他们之间的谈话也很愉快，相处融洽，也合得来。后宫之中，宫人们都知道，冯氏的美貌、才智和善解人意是无人能及的，她以独特的魅力深深地吸引着文成帝。在文成帝的心目中，冯氏就是皇后。但是，宫廷有宫廷的规矩，这一次，他当然希望冯氏能够铸成金人，立为皇后。

　　冯氏的祖籍是长乐信都人，就是今天的河北省冀县。她出身于名门大族，出生之地是长安。她的父亲名叫冯朗，是世家子弟，官至北燕广平公，后来，投降北魏，历官秦、雍二州刺史、西郡公。因为一场变故，冯朗获罪，被处极刑，他的家属子女没入宫中。冯氏的姑母天生丽质，深得魏太武帝的宠爱，召入后宫，封为昭仪。

　　据说，冯昭仪以美色挽救了一座城市：北魏延和三年，即公元 434 年，北魏兵临城下。北燕大臣冯文通知道城市守不住，就将美丽的冯氏献给魏太武帝，唯一的条件是息兵言和。太武帝见到美人，被美色所动，收下了冯氏，立即下令息兵。这个时候，冯昭仪已经在魏宫多年，熟谙宫中的规制，自然也很熟悉如何铸造金人。

　　冯氏年幼的时候，在冯昭仪的引导下，进入北魏宫中。冯昭仪精心抚养冯氏，将她视为自己的女儿。冯氏在宫中生活多年，14 四岁时，已经出落得花容月貌，选入文成帝后宫，成为皇帝的宠儿。冯氏心灵手巧，在冯照仪的指导下，早就学会了铸造金人。

　　北魏从道武帝拓跋珪时开始，确立了三条宫中规矩：立皇后时，皇后候选人必须手铸金人，铸成则立，铸不成则不立；立太子时，必杀太子生母；汉人女子，不得立为皇后。北魏的这些特殊宫规，冯昭仪当然清楚，常太后也很清楚。冯氏年轻美貌,人极乖巧,也很心细,所以,冯氏在后宫之中,左右逢源。她小心翼翼接近常太后,对太后伺候得无微不至,太后对冯氏也极喜欢。

冯氏在宫中长大,深得冯昭仪和常太后的喜爱,皇帝也格外宠爱她。她心地善良,熟知宫中故事,又没有架子,与太监、宫女们相处很好。在宫中老太监王遇、张祐的指点下,冯氏更加熟练地掌握了铸造金人的技术。因此,文成帝宠爱的四个女人,在宫中一试身手,冯氏自然不在话下:冯氏和其他三位候选人同时奉命铸造金人,最后,只有冯氏一人铸造成功。北魏太安元年,公元452年,贵人冯氏被册立为皇后,她就是北魏历史上著名的文明皇后。

值得一提的是,北魏宫廷不同于一般的中国宫廷,宫规较为特别。文成帝17岁册立皇帝之前3年,也就是在他14岁的时候,他就有了一个儿子,取名拓跋弘。拓跋弘的母亲李氏,是一位宫女,长得端庄美丽。李氏生下了皇帝的第一个儿子,因功论赏,封为李夫人。冯氏册立为皇后,深知宫中的规矩,她便力劝文成帝,立拓跋弘为皇太子。

冯皇后是经过深思熟虑的,她这样做,一举三得:一、立了皇太子,就得杀死太子的母亲;二、如果不立皇太子,皇后冯氏生下儿子,就会立皇后的儿子为太子,皇后冯氏就会被杀。三、皇长子拓跋弘还年幼,如果立为太子,其母亲李氏被杀,身为皇后的冯氏可将太子抱过来,作为自己的儿子抚养。

当然,在宫中生活多年的冯皇后知道,立太子的事,要从长计议,不能操之太急,也不能由自己出面。有一天,天气极好,阳光明媚,冯皇后前往太后宫中看望常太后,拉家常时,说到立太子一事,终于说动了常太后。据史料记载,冯氏说动太后,真是不动声色。常太后先问冯氏:皇帝近来忙些什么?冯皇后说:皇帝好骑射,喜欢打猎,经常和几个叔王一起,比赛骑射。常太后沉吟片刻,让皇后劝劝皇帝,要多关心政务。

冯皇后笑一笑,乘机应声说:回太后,皇帝素来自己做主,谁劝得动他?几个叔王,和他的脾气很相投,他们在一起,更是玩得尽兴。不过,有一件事,太后还真是要考虑。说起来都知道,国之根本,是在建储。当年,恭皇帝(拓跋晃)去世后,储位悬虚,吴王跃居储位,图谋不轨,皇朝险遭不测。如果不是陆丽、源贺几位忠臣辅佐皇室,如何能有今日!

冯皇后从容不迫,娓娓道来,真心实意地关心国家安危,一席话,将储位一事,说得天衣无缝。常太后听了,觉得言之有理,而且,常太后觉得,这储位一事,才是真正的当务之急,拖延不得。冯皇后接着太后的话说,这是国家大事,谁也不能多说话,只能请太后做主,早立储君,国家之福。太后很深沉地点点头,表示同意。

这个时候,文成帝已经有了两个儿子:皇长子拓跋弘,不满两岁;皇次子拓跋长乐,刚刚降生才几个月。该立谁为皇太子? 常太后想一想,心里有数,但她觉得这件大事很重要,立谁为太子,要问问文成帝。有一天,文成帝到常太后宫中问安。常太后说:"太子是一国储君,是国家的根本,不知皇上有什么考虑?"文成帝恭敬地回答,说自己还年轻,不用着急。常太后摇头,便将冯皇后说的话,又讲了一遍:太武爷驾崩,太子未立,吴王乘机篡位,国家险些陷入绝境。最后,太后说,人生无常,旦夕祸福难以预料,为防不测,宜早定太子。

文成帝好像如梦初醒,听太后这一说,他才引起了警觉,觉得是应该早立太子。文成帝喜欢拓跋弘,这个孩子长得健壮,方面大耳,外形和气度上都很有些像文成帝,是帝王之相。文成帝心里有谱,想立长子拓跋弘为太子。可是,按照宫规,册立了长子为太子,就必须杀其母李氏。

文成帝考虑再三,决定拜见常太后,提出自己的想法:立长子拓跋弘为太子,可是,依例拓跋弘的母亲李氏不能保全性命。这是祖制,请太后主持,按国法行事就行了。常太后一听,放下心来。皇帝没有提出保全李氏的性命,遵循祖制,事情就简单得多了。她当即表示同意,说请皇帝放心,只要皇帝决定了太子人选,余下的事就好解决。保太后告诉了冯皇后,皇后听了,当然更加高兴。

有一天,常太后在后宫设家宴,召请冯皇后、李夫人和文成帝宠爱的众多妃嫔美人,参加这个非常的宫廷宴会。这种形式的家宴,以前从来没有过,所以,除了冯皇后以外,人人都觉得奇怪。她们相互打听,不知道为什么举行这么盛大的家宴? 她们都记得,自从入宫以来,太后从来没有设宴后宫,召请众人,今天设宴,一定是有什么好事。冯皇后得知太后宴请众后妃,知道大事已定,心里特别高兴。

太后举办的宴席自然十分丰盛,满桌子美味佳肴,太后破例备上了丰盛的宫廷御酒,还呈上内廷歌舞以助酒兴。太后很慈祥,皇后随和亲切,嫔妃们渐渐松弛下来,一个个坐在那里,吃得极为开心。宴席达到高潮时,常太后举起酒杯,来到主桌李夫人跟前,亲切地对她说:"李夫人,恭喜你了。"李夫人赶紧站起来,不知道有什么喜事,猜测自己可能要荣迁一级? 李夫人一时没有明白过来,笑容可掬地对太后说:"回太后,贱妾很愚笨,请太后告知,喜从何来?"

常太后举酒杯,看一眼表情各异、狐疑满腹的众后妃,从容地说:"各位,告诉大家一个好消息,皇上已经决定了,立李夫人的儿子拓跋弘为太子,恭喜李夫人!"众人一听,出乎意外,不免大惊。李夫人花容失色,一下子瘫坐在地上。只有冯皇后,稳稳地坐在那里,成竹在胸,脸上是十分平静的神情。冯皇后率先走过来,举着酒杯,对李夫人说:李夫人,恭喜你!

李夫人知道,立太子,必须先杀其母亲。李夫人瘫坐在桌前,一时说不出话来,只感觉头晕目眩。这时,常太后举着酒杯,和李夫人相碰,一饮而尽。常太后看一眼冯皇后,从容地说:"李夫人,祖宗定下的规矩,就是国家定下的法度,规矩是永远没有办法改变的,只能认真执行。你放心吧,皇帝说了,会恩典你的家人的。"

李夫人是河南蒙县人,出生在小康平民之家。当时,战事仍频,到处残杀攻伐,没有宁日。永昌王拓跋仁偶遇李夫人,十分中意,就用重金将她聘入王府,带回长安。后来,永昌王犯法后,皇帝将他赐死府中,王府内的所有女子没入皇宫。按照宫规,罪人府中没入皇宫的女子,都是充任奴婢。一次偶然的机会,文成帝发现了李氏,感觉这个女人品性端庄,丰满、美丽,很有几分姿色。文成帝喜欢她, 将她纳入自己的后宫。他们两人相处和谐,不久,李氏怀孕,生下了儿子拓跋弘。

李氏生下了皇子拓跋弘,这是皇帝的第一个儿子,文成帝自然喜出望外,整个后宫都处于兴奋的情绪之中。李氏是皇子的母亲,皇子降生了,皇子的母亲身份当然随之改变,一下子由宫廷奴婢变成了宫中的主人,宫人们称之为李夫人。皇子很健康,身份也改变了,李夫人以为,厄运从此到头了,将开始一个新的美好生活。后宫的生活安稳了下来,李夫人心里十分踏实。从儿子降生以后,她感觉自己在宫中的地位稳固了,未来的日子一定有享受不尽的荣华富贵。可是,她万万没有想到,好日子刚刚开始,仅仅过了两年,儿子做了太子,自己却要因为儿子而断送性命!李夫人顿足长叹,这究竟是什么规矩啊?

不知过了多久,李氏回过神来,泣不成声。众后妃们不知道是该高兴,还是该伤心,也不知是该恭喜,还是该安慰,大家坐在那里,面面相觑。这时,大家才明白,原来,这场丰盛的家宴,竟然是李夫人的辞别宴。明白了这是辞别宴,谁也没有心思再坐那里吃菜、喝酒了。冯皇后看一眼太后,第一个告辞。其他众嫔妃,一个个点个头,心里带着几分得意,辞别而去。

灯火透亮的宫院,刚刚还是热闹非凡的,一下子安静了下来。宫室中,只剩下李夫人和一群侍女了。常太后备了一份药酒,命侍女送来,当面交给李夫人。侍女说:夫人,这是太后赏赐的御酒,请喝下,一路走好。侍女站在一边,当面监督她,必须当场喝下。李夫人悲泣着,对侍女说:请你回太后,我走前,让我再见儿子一面!侍女摇头,轻声说:太后不允。李夫人情绪激动,扶着墙壁,不禁失声痛哭。侍女再次奉上御酒,交给李夫人。李夫人大骂:天啊! 这该死的典制! 我的儿啊,你在哪里! 侍女逼近上来,强行将药酒交给李夫人。李夫人别无选择,只好一饮而尽,含恨离开人世。

不久,长子拓跋弘立为太子,年方两岁。太子十分可爱,冯皇后很喜欢。李夫人去了,文成帝命冯皇后抚养幼年的太子。可以说,册立太子一事,冯皇后心想事成,一切全如心愿,冯皇后的心里是说不出的惊喜。冯皇后坐镇六宫,抚育着幼年的太子,照料着太子的饮食起居。太子无忧无虑,一天天长大。冯皇后无微不至地照顾着太子,每天亲自检查太子的饮食。在太子的心目中,冯皇后很慈祥,很亲切。太子喜欢皇后,视皇后为母亲,他们之间关系融洽,亲如母子。

9 年后,和平六年五月,也就是公元 465 年,文成帝病死于平城太华殿。这位年轻的皇帝,在位 14 年,年仅 26 岁。2 岁时已经被立为皇太子的拓跋弘在枢前即皇帝位,这一年,太子 11 岁,即位后,称为献文帝。风华正茂的文成帝突然撒手西去了,他将巨大的哀痛留给了同样风华正茂的冯皇后。

冯皇后本来以为一切如愿,没想到,这么年轻,皇帝就走了,一转眼间,她却成了寡妇。冯皇后肝肠寸断,悲痛欲绝,她不敢相信眼前发生的一切。最初的几天,睹物思人,她一直以为皇帝还活着,等她明白过来皇帝已经走了,她依然不敢相信这是事实。她常常瞪着大眼睛问身边的侍女:皇帝呢? 他真的不声不响地撒手去了?

按照北魏宫中的惯例,皇帝去世三天以后,要把死者的衣物、器用都集中起来,郑重其事地举行仪式,祭奠一番。然后,在发枢之前,在死者的宫院之中,将这些衣物、器用当众烧毁。焚烧皇帝衣物的时候,通常由太后亲自到场主持,所有参加丧事的文武百官和后妃众人等都必须一身礼服,痛哭流涕,为死者送别,用悲伤和泪水寄托自己的哀思。文成帝的衣物、用品集中起来了,点着了火。眨眼之间,院子里烈焰升腾,大火噼噼啪啪,熊熊燃烧起来。

这时,惊人的一幕出现了:冯皇后坐在那里,一直泪如雨下地看着遗物。突然,她从座位上站起来,疯了一样地扑向火堆,扑向那熟悉的强弓硬箭和黄色锦袍。很显然,皇后想纵身火海,殉情自尽。事情发生的太突然了,所有在场的人员都呆愣在那里,不知道眼前发生了什么事,一个个目瞪口呆。只有一位太监,眼疾手快,一把抓住了冯皇后的一个衣角。冯皇后趔趄了一下,一下子扑倒在火堆旁边,昏死过去。侍卫们惊醒了过来,立即将冯皇后救起,送入皇后宫中。十分万幸的是,皇后没有受伤,只是烧坏了外面的衣服。大约过了一个时辰,冯皇后苏醒过来,眼睛直直地看着天空,静静地坐在那里。

十一、铁腕冯太后（下）

皇帝年少，冯太后知道自己不能不过问政务。冯太后主持御前会议，宣布自己临朝听政，处理一切军政事务。冯太后置身后宫，前朝事务，她只能依靠和倚信中书令高允和中书侍郎高闾、贾秀。同时，为了更好地控制政务，冯太后下旨召回德高望重的大臣源贺，让他们一同辅政。冯太后信任高允，决定以高允为首辅。冯太后组建了中枢机构，宣布朝中一应军政大事由辅臣提出处理意见，最后交由冯太后决断。

时间飞快，献文帝一天天长大，渐渐成长为一个刚毅果敢、文武兼备、有智有勇的男子汉。献文帝 15 岁的时候，儿子拓跋宏出世。按照宫规，皇长子降生了，皇帝已经成人，应该可以亲政了。冯太后别无选择，宣布归政献文帝，声称自己不再过问政务，专心于养育皇孙拓跋宏。但是，冯太后是一位权力欲极旺的女人，虽然表面上她说归政于皇帝，但是实际上，她仍然牢牢地控制着王朝的军政权力，许多核心部门都由她信任的人把握着，不容年轻的献文帝染指。当然，冯太后正式从政治舞台的前台走了下来，她的活动空间发生了改变，从前朝退到了后宫。她委任自己的哥哥为太傅，朝廷一切军政事务，交给了自己的哥哥冯熙全权处理。

冯太后大权在握，正当花样年华，每天衣食无忧，居住在豪华的宫殿之中，她如何打发漫漫长夜？从史料记载上看，刚刚执掌皇权、统治天下的冯太后无所禁忌，已经有了三个情人，他们是她手下的大臣，伟岸俊美，温柔体贴，才华横溢。他们以做皇太后的情夫为荣，他们分别是吏部尚书王睿、南部尚书李中、宿卫监李奕。

冯太后坐镇后宫，遥控外朝，但她更多的心思用在享受男色方面。每当她想美男子的时候，她就会以议事的名义，召其情人来到后宫，进入卧室。侍女们也知道，议事就是幽会。皇太后的情人一引入后宫，立即带入无人之境的内室，两人心照不宣，纵情云雨。冯太后喜好男宠的消息不胫而走，很快就传遍宫中和朝中，朝臣尽人皆知。于是，一个个自视甚高、相貌俊美的大臣纷纷聚集在冯太后的身边，向太后展示才艺，献媚邀宠，自荐枕席。冯太后心情愉快，兴致高昂，兴高采烈地享受着荣华富贵的生活。朝中大臣有自荐的，有观望的，也有议论的，他们都知道，宫中有一位君临天下的风流太后。

冯太后知道，纸是终究包不住火的，她的这些深宫秽行，肯定会在朝中被人广为传播。她不觉得这是不光彩的事，她一点也不害怕。但是，她也知道，这不是宫廷规制和伦理道德所容的。怎么办？如何嵌制人口？冯太后考虑再三，决定实行高压统治，威刑天下。她知道，淫威之下，方能压制异议，同时，也会道路侧目。冯太后的眼光变得凶狠了，侍从、宫人、大臣稍有过失，放纵以后的太后通常就会大做文章，动辄施以重罚。当然，精通权术的冯太后清楚地知道，对于自己身边的侍从和大臣，威严不能太过，重罚之后，再施以恩赏，受罚者感激涕零，怨气随消。

冯太后淫乱后宫，恩威并用，朝臣人人自危，心怀畏惧。冯太后的秽行与倡导变革的献文帝发生了冲突，惹怒了亲政的献文帝，于是，引发了一场惊心动魄的宫廷政变。献文帝是一位很单纯的皇帝，对冯太后，他一直很孝顺。随着年龄一天天长大，他渐渐知道了冯太后的秽行，他认为这是淫乱后宫，是历代宫廷所严格禁止的。少年皇帝没有实权，心里很不痛快。后来，献文帝听说，冯太后公然召幸大臣，在后宫中与男宠淫通，朝中大臣和无赖男宠们相互炫耀，以此为荣。他们沾沾自喜，横行朝中。尚书李敷、李奕兄弟公开自己的情人身份，他们恃宠而骄，飞扬跋扈，将献文帝也没有放在眼里。

献文帝的内心十分痛苦，他的这些痛苦是国丑家丑，对于刚刚成年的皇帝来说，他无法向身边的人倾诉。有一天，献文帝召见太子之母李夫人的父亲，也就是自己的岳父散骑常侍李惠入宫，几杯酒下肚，献文帝泪流满面，诉说了自己心中的不满。李惠知道，李夫人之死，是冯太后一手策划的，他对冯太后充满怨恨。听了皇帝的诉说，李惠献计：借刀杀人。当时，和李敷同族的相州刺史李欣贪赃枉法，朝廷正在立案调查，证据确凿。献文帝借此良机，将李敷、李奕兄弟逮捕入狱，审讯、拷打，牵连漫引，献文帝乘机将李敷、李奕及其死党十余家数百余人，全部问斩！

李氏案一出，朝野大哗。皇帝腰斩了当朝太后心爱的情人，这岂不是在太岁头上动土，公开宣战？太后闻讯，果然勃然大怒，声称要面见皇帝。但是，太后得知，李氏兄弟罪证确凿，皇帝依照法律严惩他们，是伸张正义。冯太后没有办法，只好隐忍。献文帝借机整顿朝纲，树立权威，将自己信任的大臣尽可能地安排到重要岗位，同时又杀了几个无视皇上权威的不法大臣，而且，这些不法大臣又都是太后的私宠！

冯太后忍无可忍，决定找献文帝兴师问罪。这样，皇帝执政以来，两人的冲突第一次公开化。不过，精通权术的冯太后当然知道分寸，她充分表达了自己的抗议之后，就知趣地让步了，她不想把关系搞得太僵，更不想让皇帝成为自己的政敌。这场风波之后,冯太后考虑再三,决定还是要关心皇帝,想办法笼络他。最好的办法,当然是联姻,将自己的亲属选入后宫,册为皇后。冯太后想到了自己的兄弟冯熙,他的长女冯氏,正是皇后的最佳人选。冯太后面见献文帝,试探着提出选后的问题,献文帝余怒未消,婉言拒绝。

当时,后宫之中,献文帝宠爱的有四个夫人,以韩贵人最为得宠,献文帝一直想立她为皇后。这时,冯太后再次提出选后这个话题的时候,献文帝知道,太后想将冯氏之女选为皇后。所以,他不得不讲出实情,想立韩氏为皇后。冯太后一听献文帝的话,特别是听到皇帝称赞韩贵人德貌双全,立即就火冒三丈,当即驳斥说:"韩贵人?她出身微贱,如何能母仪天下?请皇上务必三思。"选立皇后之事,太后和皇帝再次发生冲突,各不相让。

献文帝聪明机敏,他知道,冯太后想立她的哥哥冯熙的女儿为皇后,冯太后这样做,无非是控制自己,进一步巩固自己的权力。对于献文帝来说,他一直想摆脱太后的控制,自己执掌大权。皇后是六宫之主,一定要选一位自己喜爱的人,皇帝坚持己见,说皇后之选,非韩贵人不可。双方难以通融,每次都是不欢而散。最后,献文帝托辞说自己还小,不妨等过了二十岁,再选立皇后。这样,选后之事,暂且搁置下来

冯太后手握军权,牢牢抓住权力,想方设法控制献文帝。献文帝想有所作为,但他的周身被太后罗织的密网所束缚,他感到很不自由,渐渐地,他对太后感到厌恶。献文帝信奉佛教,他在尘世中找不到出路,转而沉迷佛教,在浩如烟海的佛典之中寻找慰藉,消极避世。日子久了,超凡脱世的献文帝渐渐萌发了退位的想法,他想做太上皇,把皇位传给太子。这个时候,献文帝还不到 20 岁,而太子才刚刚 5 岁。

献文帝想法已定,就召集文武大臣,宣布退位为太上皇,由太子即位为皇帝。因为太子尚小,献文帝决定,让叔父京北王拓跋子推代为理政。皇帝宣旨以后,文武群臣大惊失色,不知所措。这道上谕,无异于晴天霹雳。大臣们纷纷上书,反对皇帝退位,再三劝解皇帝,临朝执政。但是,一切都无济于事,献文帝已经下定决心。冯太后心中暗喜,一直冷静旁观,关注着事态的进展。她始终没有阻止献文帝禅位,当皇帝当面向她提出时,她只强调一点:皇位必须禅给太子。

献文帝知道这个结果,他接受了太后的条件。就这样,年仅 18 岁的献文帝做了太上皇,他可能是中国历史上第一个太上皇,也是最年轻的太上皇。年方 5 岁的太子即位,成为少年皇帝。少年皇帝如何执政?无法执政,朝中一切军政事务,自然重新集权于冯太后手中。冯太后实行铁腕统治,没有了献文帝的束缚,

她更加无所顾忌，为所欲为。

事实上，献文帝是一位豪侠仗义的男人，长于骑射，有着非凡的马上工夫。据说，他很英勇，曾在 15 岁之时，亲手射杀了一只老虎。但是，献文帝太过仁孝，没有手腕，没有权术，对冯太后宽纵有余，威势不足，最后导致大权旁落，或者说，即使是亲政以后，他也从来没有真正获得权力。对献文帝来说，太后有把柄握在自己的手中：太后好淫，她与太卜令王睿、秘书令李冲关系暧昧，不清不白。献文帝看不惯太后的淫行，他完全可以借机立威，收拾太后和她的情人。

献文帝不动手，他的对手却要置他于死地。王睿、李冲淫乱后宫，他们知道这是死罪，一旦皇帝执政，他们死有余辜。他们心怀鬼胎，自然惧怕献文帝。随着献文帝长大，他们的恐惧与日俱增。于是，他们时常与冯太后幽会，也常常在太后跟前挑拨。冯太后贪恋权力，在心里本来就疏远献文帝，有了这些情人撑腰，她更觉得献文帝碍手碍脚。现在，献文帝不是皇帝，不如除掉算了。于是，冯太后密命心腹侍从，在献文帝的食物中下毒。承明元年 6 月，做了六年太上皇的献文帝被毒死宫中，终年仅 23 岁。

献文帝去世，太子拓跋宏即皇帝位，历史上称为孝文帝，他就是后来以改革旧制而闻名历史的一位皇帝。孝文帝即位后，冯太后尊为太皇太后。因为孝文帝年纪太小，依然由太皇太后冯氏临朝执政。冯太后踌躇满志，俨然以女皇帝自居，年方 10 岁的孝文帝听任驱使，俯首听命。孝文帝就像他的父亲一样，天性十分仁孝，他的母亲去世之时，他的年纪很小，一直由冯太后抚养。对于孝文帝来说，他视冯太后为自己的生母，冯太后在世之时，他十分听话和孝顺，对于冯太后，他从不违抗。

太皇太后冯氏主政之时，大开杀戒，将所有反对自己的大臣及其家属逮捕，统统处死。冯氏的为所欲为，引起了部分大臣的不满。兰台御史张求不满冯氏的贪权揽政、滥杀无辜，对她淫乱后宫更是非常气愤。于是，他联络部分朝臣，精心策划政变。冯氏信佛，他们计划将政变之地设在佛寺之中。政变十分周密，不料，事机泄露。冯太后得讯后，立即下手，将张求等参与政变的所有人员大约 100 余人，全部逮捕。最后，冯太后吩咐，将他们夷灭三族，先后杀死了数千之众。

大权在握，冯太后环顾天下，没有了对手。正当盛年的冯太后再一次纵情声色嬉乐之中。冯太后的男宠很多，最宠的是两个美男子，一个是王睿，一个是李冲。王睿字洛诚，太原晋阳人，他聪明过人，相貌堂堂。据说，他自幼就喜欢读书，很小就学会了占卦，擅长阴阳八卦。太子发现了他的卓异，提拔他为太卜中散,成为朝中最为年轻的朝官。

有一天,冯太后看见了王睿,发现这位年轻的官员身材修长,眉疏目朗,仪表堂堂,太后十分喜爱。太后听说他会算卦,便以占卦的名义,召王睿进宫。双目含情,两情相悦,两人在太后的寝宫风云际会,龙飞凤舞。王睿似乎算准了自己的龙腾卦,从此以后,他仕途通达,平步青云。太后宠爱他,也宠爱他的女儿:他的女儿出嫁前,先接到宫中,按照公主和王女的礼仪,接受文武大臣的朝贺。太后视王睿的女儿为自己的女儿,出嫁时,太后送了厚礼,还亲自送行,一直送到一半的路程。王睿女儿出嫁,京师震动,许多人以为,是皇帝的公主出嫁,一个个羡慕不已。

太后的恩德,王睿自然感激涕零。有一次,太后率文武大臣来到虎圈看虎,突然,一只虎受惊了,猛然跃上了御道,直扑太后。众随从惊惶失措,纷纷溃散,只有情人王睿,提着大戟,勇往直前,吓退了扑上来的老虎,保护了面无血色的太后。这场变故,让太后十分激动,她很感激王睿的忠诚,更迷恋他的勇武和强悍。冯太后尽情放纵,给王睿高官美职,赐赏他大量的金银财帛。据记载,即使是深夜,太后也会将珍贵财宝命人送到王睿家中。王睿富甲天下,拥有良田无数,奴仆成群,牛马充栋。

王睿之外,冯太后还有许多情人,周边国家,都知道北魏有一位风流太后,他们一旦有什么要求,只要派遣美男子出使,一夜敲定。

最典型的事例,就是南朝齐国,他们有求于北魏,就派使臣刘缵前来,面见太后。刘缵风仪过人,气度非凡,仪表堂堂。冯太后好生喜爱,一见刘缵,就动了贪心。冯太后在宫中设宴,召请刘缵,成就了一段风流好事。刘缵完成了所有的使命,也获得了与太后的意外艳遇,更成就了一段中国外交史上的风流佳话。

太和十四年九月,公元 490 年,执政 25 年的冯太后病死宫中,年仅 49 岁。冯太后虽然喜好美色,铁腕统治,对于对手毫不留情,杀人无数。但是,从总体上说,她为政宽厚,体爱百姓,重用人才,推行官禄制,设立三长,实行均田法,极大地推动了经济的繁荣和发展,赢得了臣民的拥戴。冯氏死后,根据她的政绩,给谥号为文明,人称文明太后。

十二、冯氏姐妹花(上)

1. 冯太后

北魏献文帝皇兴元年八月,也就是公元 467 年,北魏孝文帝拓跋宏出生于平城紫宫。他是献文帝的长子,3岁的时候被立为皇太子,5岁时,献文帝自愿退位,自称太上皇,将皇帝位禅让给他。10年后的承明元年六月,就是公元476年,手握大权的冯太后从容不迫地毒死了献文帝,正式临朝称制,治理天下。这一年,拓跋宏年方10岁。

孝文帝是5岁的时候就做了皇帝,但少年皇帝的生活并不幸福。他一直生活在冯太后的羽翼之下,冯太后权力欲旺盛,他从小在心里就对冯太后感到恐惧,只是苟且度日。随着年龄的增长,孝文帝自我感觉良好,个性渐渐显露出来,权力意志开始增强,唯我独尊的皇帝意识日渐膨胀。宫人们发现,伴随着小皇帝成长的步伐,他和冯太后在许多方面开始发生冲突。

孝文帝刚刚成年,冯太后出于巩固冯氏家族的需要,着手替皇帝操办婚事,娶冯太后侄女冯妙莲为皇后。皇后冯氏是冯太后一手安排的,在孝文帝的感觉中,这是一场政治婚姻。当然,年轻美丽的冯皇后风姿绰约,在未来的生活之中,她带给了孝文帝许多人生快乐,也带给了孝文帝无尽的痛苦。冯皇后身如弱柳,性欲旺盛,有着与杨柳一样的性情,水性杨花。尤其是在她养病的岁月,秘密与擅长房中术的僧人私通,演绎了一场惊心动魄的宫廷悲喜剧。孝文帝欲哭无泪,忍无可忍。最后,冯皇后无法收拾残局,惨死在宫中。

孝文帝不是一位平庸之君,应该说,在中国历史上,他是一位胸怀大志的君主,敢于革新,不拘泥于僵化的制度,对于不合情理的风俗坚决摒弃。随着孝文帝皇长子拓跋恂渐渐长大,惯于考虑控制权力的冯太后决定立拓跋恂为皇太子,冯太后征求孝文帝的意见,孝文帝自然没有异议,他知道有异议也没有用。但是,冯太后的本意不是要立皇太子,而是要杀皇太子的母亲林氏:按照北魏宫中的惯例,立拓跋恂为皇太子,就要杀死皇太子的母亲林氏。林氏温柔贤惠,端庄秀美,顾盼生情,楚楚动人。孝文帝很宠爱林氏,当他意识到要立林氏的儿子为太子却要杀死林氏时,孝文帝突然明白了太后的用意,他如何肯依!

孝文帝立即去找冯太后,恳请她不要杀死林氏。冯太后十分严肃,不冷不热地说:宫规不可坏,祖宗之法不可变!冯太后不接受孝文帝的请求,坚持要杀死林氏。孝文帝流着眼泪,站在那里,十分坚定地说:我的母亲就是在我立为太子的时候被杀的,失母之痛,令我终身遗憾,也终身遗恨!从现在起,不能再让这残酷的一幕重演,恳请太后,现在改了这一制度!历史上的冯太后是位女改革家,她的心胸很博大,以改革北魏旧制而震动朝野,扬名历史。可是,在这项陋习上,冯太后绝不让步,一定要坚持己见,立太子而必杀其母林氏。

冯太后的理由冠冕堂皇:这是拓跋氏的祖宗家法,任何人,任何时候,都不能破例,也不能坏了家法。其实,善于变通的冯太后并不是遵行家法的人,不然,她不会大张旗鼓地变革旧制,她是从内心厌恶林氏,仇恨林氏,必欲置之于死地而后快。冯太后大权在握,孝文帝力争无效,内心十分痛苦而沮丧。孝文帝回到寝宫,一直在问自己:冯太后真是维护家法吗?不是的,如果冯太后是因循守旧、维护家法祖法的人,她就不会实行大规模改革,冯太后在对待太子和林氏这件事上,一定有自己的考虑,有个人的私心。

冯太后知道,宫人们都很喜欢林氏,林氏娴静、秀美,端庄识礼,对于身边的人十分爱护,是位招人喜爱的女人。孝文帝很喜欢她,也很尊重她。林氏的品德、容貌,足可以母仪天下,立为皇后。然而,冯太后不能容忍林氏立为皇后,因为林氏做了皇后,新的后族势力必然崛起,对太后冯氏家族来说就直接构成了新的威胁,深谙权力谋术的冯太后自然不会放手权力,也绝对不会容忍在她统治时期出现这种局面。这样,林氏的生死取决于冯太后一念之间,而冯太后从政局、家庭和权力诸方面综合考虑,只能选择传统,或者说是在传统的幌子下达到自己的目的:册立太子,杀死太子的母亲林氏。

2. 孝文帝相亲

孝文帝最为宠爱的林氏死了,谁来做皇后?孝文帝心灰意冷,不愿再想这些,一切自然由冯太后做主。冯太后深思熟虑,早就有自己的全盘考虑。冯太后有位哥哥,名叫冯熙,是当朝太傅,替太后执掌大权。冯熙的正室夫人是博陵长公主,是文成帝拓跋濬的姐姐,也就是孝文帝的祖姑,她生下了两个儿子、一个女儿:长子名冯诞,次子名冯修,女儿名冯媛。冯熙除了正室博陵长公主以外,还有侧室,就是妾。侧室常氏极得冯熙的宠爱,长得美艳惊人,先后替冯熙生下了两个女儿:长女冯妙莲,次女冯姗。冯太后一直考虑,哥哥的子女是自己的至亲,从哥哥冯熙的女儿中挑选一个做孝文帝皇后。

太和十二年,也就是公元488年,六月的一天,风和日丽,荷花盛开,冯府满院飘香。权臣冯熙选择这个良辰吉日,恭请自己的妹妹太皇太后和当今皇上孝文帝光临冯府,游园观荷,看景赏花。冯太后问明情况,自然满口应允哥哥所请,并让贴身侍女恭请孝文帝,她们一同来到冯府。冯府上下井然有序,一个个看上去异常忙碌,院中张灯结彩,喜气洋洋,礼宾侍女在大门口一字排开,全府恭迎着太皇太后和皇帝大驾。

冯府是皇太后的娘家,回家省亲,冯太后自然十分高兴。大家见面以后,先行君臣之礼,然后以家人的身份相见,免除一应礼节,随意吃茶、说话、共享天伦之乐。花园清静雅致,绿草如茵,垂柳依依。年轻的孝文帝哪里坐得住,和皇太后打过招呼之后,开始信步在花园游赏。清风阵阵,飘来淡淡的荷香,沁人肺腑,皇帝感觉十分高兴。

赏荷亭构造精致,掩映在高大垂柳的一片翠绿之中。冯熙别出心裁,特地将盛大的家宴在宽阔的赏荷亭前摆开。池中波光粼粼,荷叶郁郁葱葱,一朵朵莲花在绿荷中盛开,别有一番韵致。皇太后和孝文帝坐主座上,冯熙夫妇陪同照应,他们吃着佳肴,饮着美酒,观赏着阳光照耀下盛开的一朵朵荷花,真是心旷神怡。琵琶伴舞,百戏献技,热闹的歌舞将家宴推上了喜庆的高峰。

酒过三巡,皇太后神采奕奕,看上去兴致极好。她看看周围,看一眼皇帝,发现皇帝脸上一片驼红,非常快活、惬意。皇太后看着冯熙,笑吟吟地说:今日皇帝很高兴,何不叫女儿们出来拜见一下皇帝? 冯熙心领神会,立即答应着,吩咐叫女儿们出来。女孩们自然早就准备好了,一切收拾妥当。第一个从后院中出来的,是正室博陵长公主的女儿冯媛。

冯媛13岁,虽然稚气未脱,但长身玉立,相貌清秀,一种水一样清纯的美丽扑面而来,让孝文帝眼前一亮。冯媛施礼,对皇帝婉然一笑,她那稚气的样子让人觉得她还没有长大是一个没有成熟的女孩子。可是,13岁的冯媛自认为自己是一个成熟的女人,她知道,这次拜见皇太后和皇帝是十分重要的,有可能会改变她的一生。13岁的女孩知道爱美丽,更知道如何打扮自己,让自己青春靓丽。冯媛知道,孝文帝是北方人,喜欢骑马射箭。她相信,孝文帝会喜欢北方女人,她就按北方习俗中闺女的传统打扮,梳一个平头,头发上略加彩饰,身穿紫绸短袄,高领、窄袖,显得英姿飒爽,充满活力。

冯媛捧着美酒,先给皇太后敬酒祝寿,祝福太后万寿无疆。太后很高兴,拉过冯媛,爱怜地抚摸着她,问她的年龄,夸奖她礼仪周到,人很漂亮,衣服很得体。冯媛谢谢太后的垂爱,将太后的问题一一作答。随后,冯媛红着脸,向孝文帝敬酒,恭祝孝文帝万岁。孝文帝第一次面对美貌的冯媛,有点慌乱,不敢看她,只是让她免礼。论辈分,冯媛是皇太后的侄女,要长孝文帝一辈,孝文帝不知道该如何称呼,自然有些紧张。冯媛生长在相府,从小接受良好的教育,父母教导有方,耳濡目染,所以,小小年纪就已经非常成熟了,知道言语有度,举止有方,行走入座,端庄有礼。孝文帝看着这个小大人一样的小女人,觉得很有趣,心里甚至有几分钦佩。

冯媛充分展示了她的少女风姿之后,从后室出来的是冯妙莲、冯姗姐妹。冯妙莲、冯姗是冯熙的侧室常氏所生的两个女儿,虽然地位比冯媛低,但论年龄,她们比冯媛要大些,是冯媛的姐姐。冯妙莲这年 17 岁,冯姗 16 岁。冯妙莲长身玉立,丰腴动人,特别是那双丹凤眼睛,顾盼生情,能勾人魂魄。冯姗头发乌黑,身体很丰满,站在那里亭亭玉立,风采照人。常氏很疼爱这两个女儿,她满怀希望,盼望着这两个女儿能被皇太后看上,能打动皇帝,选为皇后。

常氏聪明过人,她了解孝文帝的爱好和个性,知道这个聪明的年轻皇帝不喜欢北方游牧民族的生活方式,却很喜爱风景如画的江南,喜欢中原的汉族文化。常氏将两个宝贝女儿打扮成南朝贵族女子的模样,像两枝花骨朵:她们盘着一头秀发,将头发梳成展翅飞翔状态的飞云髻,云髻上斜插一枝镶嵌珍珠的凤钗步摇。身上穿着一套刺绣荷花的紧身粉色绸衫,色彩鲜艳,巧妙地勾勒出了女儿身的生动曲线,让苗条的身材凹凸毕现,仿佛是一团跳跃的火焰,洋溢着青春的无尽韵致。更加迷人的点缀是在她们的绸衫之外,再披系一条浅紫色的轻纱,纱上绘绣着精致的五彩祥云,看上去缥缈若仙,充满灵气,十分迷人。

冯妙莲、冯姗姐妹姗姗而出,款款行来,婀娜多姿,真如一道耀眼的金光,令孝文帝有点目眩。看着这一对光彩照人的姐妹花,太后不禁赞叹:好一对美人儿! 孝文帝扫了一眼,就被她们丰满的身体和青春的活力所吸引,一时不禁春心荡漾,不能自已。孝文帝实在有点眼晕,他看惯了北方女子的装束,见惯了平头、高领、窄袖、短袄和灯笼裤,感觉有些平淡,今天在这春光无限的赏荷亭前,冷不丁地见了南朝的飞云髻和髻上令人心醉的步摇,孝文帝真的有些醉了。

孝文帝眯着那双有神的眼睛,看着眼前的两个南朝美女模样的姐妹,从心里十分喜爱这南国的风韵。孝文帝被南朝风情所打动,似乎是为了回应太后,由衷地称赞说:好一对姊妹花! 两姐妹捧着美酒,娉娉婷婷地移步过来,敬给皇太后和皇帝。孝文帝喝过了美人敬上的美酒,一饮而尽,笑逐颜开。冯太后将一切看在眼里,心里十分欢喜。

盛宴过后,冯太后叫过孝文帝,问他:太傅的这几个女儿,印象如何? 孝文帝依然沉浸在惊艳的喜悦里,应声感叹:明艳可爱。冯太后问:喜欢哪一个? 可以选进后宫。孝文帝一听,一下子脸上飞红,咕哝了一声。冯太后笑了起来,看着他:都很喜欢? 没关系啊,可以三个都送进后宫。不过,在孝文帝心里,要说最喜欢的,恐怕要算常氏生的南朝风情模样的两个女儿,特别是风采照人的长女冯妙莲。但是,孝文帝刚刚成年,又没有执掌大权,不好直说,反正三个女儿都要选进宫中,孝文帝心里美滋滋的,感觉很高兴。至于挑选谁为皇后,就由冯太后做主了。

冯太后何等精明,一眼就知道了孝文帝的心思。她更知道,这个年龄的男人精力旺盛,有几个不贪恋女色? 尤其是这个年龄的皇帝,他们胸怀天下,淹有四海,恨不得占有世上的一切城池,将天下美女尽行拥入怀中,何况这三个女子! 冯太后笑容可掬,召来哥哥冯熙,当着皇帝的面,好生夸奖了一番冯府的盛宴。然后,她说:你的三个女儿,都很不错,皇帝都喜欢。你看,是不是都送入后宫,日后再从中挑选一个做皇后?

冯熙一听,自然喜出望外,马上抑制住内心的狂喜,从容地点头说:好! 好! 好! 冯熙同意了,皇帝极喜欢,皇后的人选就这样轻易地确定了下来。冯太后很高兴,想了想,对哥哥冯熙说:按照礼制,正室博陵长公主的女儿冯媛选为皇后是最合适的。不过,现在,她只有 13 岁,年纪还是小了一点。冯熙点头附和,连连说是。冯太后停顿了一会,想一想,慢慢地说:这样吧,等冯媛再长大一点,再考虑送进后宫。现在,先将冯妙莲、冯姗两姐妹送进宫中。冯熙点头,立即表示赞同。几天后,冯妙莲、冯姗姐妹经过精心打扮,送进了孝文帝后宫。

十三、冯氏姐妹花（中）

1. 冯妙莲

孝文帝很喜欢冯氏姐妹,对这对姊妹花十分宠爱,尤其是姐姐冯妙莲。冯妙莲面目清秀,丰满迷人,一双眼睛风情万种。这对姐妹喜欢江南的生活,对于南朝女子的衣式特别喜欢。冯妙莲痴迷于南朝贵族女子的发式、衣着,对江南丝竹情有独钟,她自己更有南方贵族女人的一种独特风韵,无论是衣服、发饰还是神情,她看上去总是那样超凡脱俗。孝文帝很迷恋这对姐妹,一入宫,就封她们为贵人。孝文帝拥有了这对姐妹,感觉很充实,仿佛每天的太阳是专门为他升起的,每天的阳光也格外光彩夺目。

孝文帝每天陪着她们,宠着她们,一起在花园中游赏。每天,孝文帝出入这两姐妹的寝宫,看她们弹琴、画画、读书、写字,他们一同饮食,一同起卧,十分惬意。在孝文帝的感觉中,冯妙莲、冯姗姐妹各有千秋,别有洞天,她们各具特色,以不同的个性和风情吸引着年轻、多情的孝文帝。冯妙莲是个成熟的女人,天资聪慧,长于风月,似乎是天生的风月高手,精通男女之道,擅长卖弄风情。她的美貌、体香和这些风月手段,深深地吸引情窦初开的孝文帝。

孝文帝兴趣很广,喜欢吃,好美味。冯妙莲知道,要想使孝文帝离不开自己,除了美貌、身体之外,还要其他的许多东西。冯妙莲很有心机,她得知孝文帝喜欢吃,她本来就擅长美食,特地尝试着做鹅掌,花样翻新。孝文帝喜欢音乐、文学,她就在这些方面狠下工夫。冯妙莲是敢想敢做的女人,什么事只要想到就做,她的每个想法都得到了母亲常氏的大力支持。

冯妙莲经常有奇思妙想,想到各种固宠之法。在她的建议下,其母常氏选了四个妙龄女子,请江南最好的乐师,教授她们丝竹音乐和歌舞技艺,调教她们的歌喉,强化她们的舞技,四个女子造就成四个乐伎,演技出神入化。冯妙莲将这四个女子留在身边,以备侍候皇帝之需,演乐助兴。一有时间,冯妙莲就潜心于烹饪技艺,反复研究鹅掌的制作方法,她的一手鹅掌绝技美味绝伦,让她的母亲常氏深为叹服。

比起妙莲的丰满来,冯姗显得较为单薄。她很清秀,长得消瘦、文弱,一副弱不禁风的样子。她喜好读书,特别爱好文学,为人多愁善感。冯姗没有姐姐那么多心眼,更不擅风情,不懂风月。冯姗观赏了姐姐妙莲所选四个女侍的歌舞之后,极为喜欢。妙莲就说:你既然喜欢,就给她们一一取个雅致的名字。冯姗点头,略一深思,就挥笔写下四个名字:兰香、惠香、逸香、琴香。妙莲一看,觉得很好,很适合这四个女子。四个女孩也都喜欢这四个名字,妙莲就根据她们的特点,分别定名,兰香排列第一。就这样,两姐妹无忧无虑地在后宫生活,在奢华富贵的欢乐中打发悠闲的青春时光。

有一天,冯妙莲和妹妹冯姗相约,在她们的寝宫设宴,郑重其事地邀请孝文帝赏光。孝文帝觉得很新鲜,欣然接受了姐妹俩的邀请,准时来到她们的寝宫赴约。孝文帝一天都没有心思做事,只是在想,这对美丽的姐妹花,会有什么新花样?傍晚时分,宫室沐浴在金色的晚霞之中。孝文帝走进熟悉的宫室,一切都变样了:室内悬挂着红色的灯笼,红缎被子上绣绘着鸳鸯,床帐上有喜庆的百子闹春图。床前的桌椅都搬开了,显得十分宽敞。

雕花紫檀的食桌上,摆满了美酒佳肴。姐妹俩一左一右地坐在皇帝两边,陪着皇帝吃菜品酒。酒过三巡,孝文帝脸上红红的,显得有些兴奋。这时,四个歌伎出场了,她们步伐轻盈,踏着节拍,在柔软的地毯上轻歌曼舞。接着,她们一一登台,弹奏着迷人的江南丝竹。曼妙的音乐流动着,仿佛在皮肤上轻柔地流淌,十分悠扬动听。这是孝文帝见所未见、闻所未闻的场景,他感觉置身于神仙福地,有点不敢相信自己的眼睛。不知什么时候,妙莲离席,亲自掌勺,为孝文帝烹制了一盘精美的烤鹅掌,她端到孝文帝的面前。皇帝随意地品尝了一下,惊得目瞪口呆:鹅掌味美鲜香,滑嫩可口,滋味十分丰富,远比御厨房制作的鹅掌美味。

孝文帝很欣赏四个侍女的歌舞,赏赐她们彩绢各一匹,问她们的名字。冯妙莲说：回皇上，她们没有名字，给她们取了艺名，称为四香。皇帝笑道：敢问雅名，是哪四香？妙莲说出了她们的名字，孝文帝颇为惊异：如此雅致，是谁取的？妙莲笑吟吟地说：你猜猜。孝文帝指着妙莲：就是你。妙莲笑而不答，得意地看看着冯姗。冯姗满脸通红，孝文帝一看，猜出了是这妹妹取的，心里高兴，只是慢慢品酒，不再说话。过了一会儿，孝文帝拥着两姐妹，高兴地对她们说：你们姐妹，是上天赏给我的宝贝，我何德之有！你俩真是雅致，南朝歌舞，江南丝竹，柔曼的舞蹈，你们是从哪里学来的？你俩真是用心了，朕很高兴。妙莲还会烹制美味，你做的烤鹅掌，可称为天下第一味了，真是难得！

冯妙莲穿着薄衫，春意荡漾。她见孝文帝很高兴，就请求孝文帝，对她姐妹二人给一个评价。孝文帝先看看小妹冯姗，笑着说：你是小妹，喜好文学，雅致好静，给你八个字吧——媚而不佻，静而不滞。冯姗坐在那里，含笑看着皇帝。冯姗虽然长得美艳，娇媚可人，但是，她好学喜静，崇尚雅致，说话做事端庄有礼，从没有一点轻佻。可以说，冯姗是雅静之中风姿绰约，感情丰富，仪态万千，尤其是她的天真、活泼，委实可爱。冯姗听了这一评价，自然满心喜欢。冯妙莲听了，心里很高兴，她像狐狸一样地看着皇帝，那双大眼睛眨巴着，意思是说：那么我呢？皇上如何评价？孝文帝看着冯妙莲，紧紧地盯着她的丹凤眼，那是一双什么样的眼睛啊，闪射着迷人的光泽，荡漾着万种风情。孝文帝咽一口口水，有些忘情。孝文帝看着冯妙莲，意味深长地说：你嘛，千年狐精，风采照人。这样吧，也给你八个字：风韵自饶，妖媚艳丽。

孝文帝宠爱着冯氏姐妹，他们在后宫中过着幸福、快乐的时光。工于心计的冯妙莲花样百出，用各种方式吸引着孝文帝。随着孝文帝日渐成熟，孝文帝更加理智。他提醒自己，一个好皇帝是不会太沉溺于女色，因此，他对自己极为克制。孝文帝白天读书，熟悉政务，学习骑射技能，只在晚上的时候同冯氏姐妹在一起。孝文帝有冯氏姐妹在身边，没有荒废自己的学业，相反，他在白天时更加刻苦用功，阅读大量书籍，以免被文学功底深厚的冯氏姐妹嘲笑，尤其是不声不响的妹妹冯姗。在冯太后的眼里，青春浪漫的孝文帝和美丽多情的冯氏姐妹生活在后宫之中，过着平静的生活，悠闲而舒适，太后感到很满意。

2. 灾难

可是，好景不长。冯氏姐妹入宫的第三年，灾难不期而至：两姐妹卷入了悲惨的命运之中，在劫难逃。先是妹妹冯姗怀孕，这本来是件大喜事，孝文帝喜出望外，冯姗也感到很高兴。可是，胎儿太大，文弱多病的冯姗生不下孩子，竟然难产而死！祸不单行，冯姗去世了，灾难随后降临到了姐姐妙莲的身上：不知道什么原因，妙莲突然身染当时不治之症的咳血重病，一下子卧床不起了。接二连三的灾难降临到冯氏姐妹的身上，她们选为皇后的美梦彻底破灭了。孝文帝十分悲痛，冯太后和冯熙兄妹伤心至极，她们在伤痛之余，感觉造化弄人。

未来怎么样？下一步该怎么办？皇太后、太傅和孝文帝都在考虑。孝文帝依旧痴情守望，不顾御医的警告，每天都去看望病中的妙莲，对御医禁止看视病人的禁令置之不理。御医们联合进谏，请求太后出面，不要让皇帝再去接触危险的病人。冯太后从皇帝的安危着想，不能不出面干预了。冯太后知道，皇帝很悲凉，失爱之痛让他一时不能自拔。

冯太后劝告皇帝，要多留心政务，空闲的时候可以去看望一下，但绝不允许留宿。冯太后指示御医，全力以赴地施药医治，控制病情，无论如何，绝不能耽误了治疗。太后和皇帝都明白，如果妙莲的病治不好，日后的结局一定很惨，生活必定凄惶。趁现在病势尚不严重，应想尽办法，全力根治。可是，所有医术高超的御医都试遍了，没有人能够确诊病情，也没有有效的药方让妙莲康复。宫人们说，这病十分古怪，任何人都治不好。

这个时候，一件从天而降的美人事件打破了平静的生活，轰动了整个后宫。据当时的史料记载，北魏宫中，来了一个绝色美女，简直是倾国倾城，其美貌远远胜过了冯氏姐妹。冯太后见过这位女子之后，也无法偏袒冯氏姐妹，不得不由衷赞叹这女人之美。孝文帝喜好美色，看见这美人，立即就没了魂，一双眼睛更是傻傻的。冯妙莲正在卧病之中，听到这个消息，心急如焚，迫不及待地寻问心腹侍女：宫里真的来了一个绝色女人？真的异乎寻常美艳过人？是不是狐狸精？

冯妙莲的眼睛放着绿光，好像要吃人一样。她的心腹侍女先摇摇头，又胆怯地点点头，只好如实承认，说真的来了这么一个女人，出奇的美丽，真的十分迷人。妙莲问：她是哪里来的？侍女说，这个美女不是天上掉下来的，她是高丽人。听说，她的父亲叫高扬，祖上一直居住在北海，后来，落籍在高丽。高丽连年混战，最近发生了内乱，高扬就带着全家内迁，逃难来到龙城。高扬生有三个女儿，都十分艳丽。这是他的第二个女儿，是最美的一个，简直是仙子。龙城太守听说新来的平民高扬有三个美丽的女儿，立即召见，惊艳之余，立即修书上报，想进献给皇帝。

太守修好选美的奏章，派遣专使飞报朝廷。接到奏报以后，负责选美的北部院使立即派专人前往龙城，就将这个美女带回了京城。美女到了平城，北部院验视，惊为天人，立即报呈皇太后。冯太后得报，出于好奇，命北部院立即带领引见。只见这女子,年纪约 14 岁,长身玉立,身材有些像冯妙莲。她的皮肤很白晳,秀发如云,明眸皓齿,有点像冯姗。特别是那双猫眼一样的眼睛,令人迷惑,让人发木。这是一双什么样的夺魂眼睛啊!她的美丽,集齐了冯氏姐妹的所有优点,远远胜过了令皇帝迷恋的冯妙莲!冯太后虽然有些妒忌,但她不得不承认,这个美艳的女人,恐怕普天之下没有哪个女人能与之相比!太后吩咐,留下了这个美女。

高丽美女如一颗耀眼之星,一瞬间照亮了北魏的后宫。孝文帝很兴奋,被这高丽女子的美丽惊呆了。冯太后认为这是一个极好的机会,可以让皇帝从妙莲的情感纠葛中解脱出来。太后召来皇帝,让他不要再去看望重病中的冯妙莲,等妙莲完全好了以后再说。孝文帝痛快地答应了皇太后的要求,召幸高氏,随之沉溺于爱河。孝文帝移情于高氏,对她呵护关爱,无微不至,两人很快就如胶似漆,难舍难分。从此以后,孝文帝的身影越来越少地出现在冯妙莲的寝宫。即便孝文帝偶尔来走走,也不如从前那般关心、体贴,充满深情了。皇太后发现,孝文帝渐渐对冯妙莲心不在焉了。冯太后心情很复杂,冯妙莲一颗病痛的心更加充满了苦涩。

皇帝移情别恋,冯妙莲十分失落,日复一日,她的病情越发严重。冯太后知道,这样下去,妙莲在宫中会活不长久,后果将不堪设想。冯太后再三考虑,决定将冯妙莲送出宫外,安心静养。这一想法,也得到了冯妙莲的认可。冯太后知道,冯府有座家庙,位置很幽静,环境极其优美,很适合养病。冯妙莲要离开皇宫,回家养病了。皇太后将这消息通报给孝文帝,正在热恋中的孝文帝假惺惺地表示慰留和关切,然后似乎是不得不许可,认为身体康复要紧,同意妙莲回家,好好养病。

3. 出宫

冯妙莲临行前,孝文帝亲自来到她的寝宫,为曾经热恋的女人送别。孝文帝离开这里才几日,感觉恍若隔世。他跨进房间,看见病中的美人面色苍白,骨瘦如柴,孝文帝眼圈都红了。妙莲惹人怜爱,病中的女人更是楚楚可人,让皇帝顿生怜香惜玉之感。孝文帝走近她,好生安慰,期望妙莲能够回到家中,静心养病,不要胡思乱想,尽快康复。他相信,有家人的细心照料,一定会早日康复的。冯妙莲看见皇帝并非薄情郎君,说话如此体贴,深为感动,泣不成声,抽泣地说:皇上,这次离开皇宫,恐怕再也没有机会见到皇上了!只恨小女命薄福薄,不能好好侍候皇上,望皇上千万珍重。

孝文帝吩咐,多带些宫里的生活用品,赏赐了一大笔银子和大量珍宝。他看着冯妙莲,想起了她们姐妹曾经给予的许多欢乐,再看看美人如此面色苍白,弱不禁风,孝文帝不禁悲从中来,泪流满面。孝文帝思念妙莲那楚楚动人的妹妹冯姗,想起了她的才情和羞怯。几年来相处的美好时光历历在目,宫室犹在,人却已非。孝文帝觉得十分伤感,泪水止不住地流淌下来。孝文帝从身上摘下随身的玉佩,交给妙莲,轻声说:你好好养病吧,别惦记我。病养好了,我亲自去接你回来。你记住,我会永远记着你的!冯妙莲听罢,悲喜交集,早已哭成了泪人。

妙莲离开皇宫的日子,孝文帝常常站在窗前,眼前总是会出现冯氏姐妹的笑脸。如今,宫室的陈设依旧,宫中的主人却没有踪影。冯姗在难产的痛苦呻吟中撒手西去,孩子还没有看一眼这个世界,也随着走了。冯妙莲心灵手巧,她的烹饪技艺简直出神入化,御厨都得甘拜下风。可是,这么好的一个人,却突然得了怪症,回家养病。冯太后知道,皇帝还是喜欢她们姐妹的,对她们有很深的感情。太后心里十分沉重,她本想从这两朵姐妹花中挑出一位,立为皇后,最好的人选就是妙莲。可是,如今,这一想法只能成为一个美好的泡影了。

但是,冯太后是何等人也,她绝不会就此止步。皇后是后宫之主,这皇后的宝座必须由冯家的女子来坐,谁也不能染指,也不可能染指,特别是新入宫的高丽女人。冯太后记起来了,冯熙不是还有一个小女儿冯媛吗?她可是正室夫人生的,是嫡长女。现在,过了三年了,冯媛已经长大,何不将她迎进后宫?冯太后雷厉风行,立即吩咐下去。这道懿旨,犹如一道耀眼的阳光,冲破了多日的阴霾,照耀着阴郁多日的冯府。冯熙得讯,自然喜出望外。冯府立即忙碌起来,仆人们进进出出,开始采办喜庆时期的宴会用品和喜庆礼物。就这样,一直笼罩着冯府的悲哀气氛,被这人为的喜庆活动冲淡了,冲走了,冯府重新开始焕发着生机。

十四、冯氏姐妹花(下)

1. 冯太后去世

冯媛已经出落成了一个标志的女人,丰满、成熟,充满活力。经过一番精心打扮,冯媛焕然一新,完全变成了一个满身都是诱惑力的高贵女人。经过复杂的程序和隆重的仪式,浩浩荡荡的迎亲队伍将美丽的冯媛送进了后宫。冯媛依旧小巧玲珑,依旧一脸稚气,似乎完全没有经历过人生的痛苦和和磨历。她喜欢北方女子的装扮,说话、做事完全是北方女人的做派,言行举止大大咧咧,没有一丝妙莲姐妹南朝女子的迷人风韵，孝文帝心里很失望，自然对她兴致全无。

冯媛不知道皇上的心思，也无心于趋奉和巴结皇上，求取皇上的欢心。冯媛漫不经心，对什么都是那种大家小姐的淡漠心态。奇怪的是，冯媛对宫室、庭院、松柏、花草、珍奇动物充满了兴致，唯独对男女之事似乎毫无兴致，可能是风月之窍没开。冯媛和冯妙莲姐妹性情上有着天壤之别，对性事十分淡漠，这事让孝文帝觉得很奇怪，也觉得乏味。好在有个风情万种的高丽美人侍候在身边，善解人意，体贴入微，正当成年的孝文帝感觉情感上有了慰藉，悠悠于宫殿楼台之间，也就无所谓烦恼和忧虑了。孝文帝兴之所至，偶尔来到冯媛的宫室，坐一坐，看看她在干什么。兴致不同，话不投机，几乎每次都是败兴而归。

太和十四年九月，就是公元 490 年，一直大权在握的冯太后终于病倒了，卧床不起。不久，冯太后离开了人世。孝文帝天生仁孝，对太后的死感觉十分悲痛。冯太后生前对孝文帝很严厉，一直手握皇权，不肯下放权力。孝文帝对冯太后的过于严厉和所作所为虽然时有不满，但孝文帝并不记仇，对冯太后依旧怀有很深的感情，血缘、亲情有时能化解误会，早晨一觉醒来，发现坐在宝座上的太后依然是自己的亲人。冯太后溘然离世，年仅 49 岁。孝文帝感觉着切肤的悲痛，认为太后这是操劳国事、为拓跋氏的江山社稷劳累所致。

这一年，仁爱、忠厚的孝文帝已经 23 岁了。史书记载说，哀痛已极的孝文帝仅仅几天，便形销骨立，不成人形。孝文帝五天五夜不进饮食，侍候他的宫人们忧心忡忡，后宫嫔妃等女人们也十分担心，不知道该怎么办。五天后，孝文帝开始进食了，哀痛终于过去。孝文帝宣布，三年守孝；守孝期间，依照丧礼，不食荤腥，禁绝酒色。皇帝的这一想法，自然遭到大臣们的坚决反对。进谏的奏章纷纷进呈御前，大意是国家政务如此纷繁，一国之君，如何能三年守孝，而且如此地谨守古礼！在大臣们的施压下，孝文帝妥协，下旨结庐守孝半年。

六个月后，在大臣们的再三恳请下，孝文帝离开了草庐，移住偏殿，在皇宫东室听政，恢复了皇帝主持政务的正常生活。然而，皇帝依然坚持禁绝酒色。三年时光，在不知不觉中流走。孝文帝按丧礼行事，决不苟且。朝廷文武百官敬仰皇帝，他们对皇帝如此严于律己深为佩服，皇帝成了他们生活的表率，北魏的官场出现了祥和气象。后宫的女子们心中幽怨，不明白皇帝为什么如此没有人道？为什么要如此折磨自己？可是，皇帝就要这样做，她们也无可奈何。

2. 冯媛皇后

太和十七年，就是公元 493 年，皇帝三年服丧期满。孝文帝正式发布诏书，恢复正常的宫中秩序和生活。皇帝服丧期满以后，第一个首要的大事就是册立皇后。按照冯太后生前的愿望，就是要择定冯熙的女儿为皇后。冯熙的三个女儿，一死一病，这时只有三年前入宫的冯媛一人还在宫中。孝文帝曾当面答应太后，要册立冯熙的女儿为皇后。从他内心来说，虽然并不喜欢冯媛，可是，这个女人身份特殊，是太后的亲侄女，一切仿佛命中注定，只能如此。

太和十七年四月，经过隆重的册立仪式，冯媛正式册立为皇后，成为孝文帝的第一任皇后。可惜的是，洞房花烛夜后，孝文帝对她依然没有感觉，似乎就是索然无味，更谈不上什么感情了。然而，奇怪的是，真正尝到了人道之欢以后，冯媛皇后脱胎换骨，整个人都变了，风情之门大开。可是，孝文帝没有热情，他俩一冷一热，唱起了阴阳两重天。冯媛满足不了对情感的渴望，每天入夜是最难熬的时光，她躺在繁华的宫室，流着眼泪，一遍遍地数着银豆，内心十分凄凉。

冯媛长大了，是一个成熟的女人，懂得了男欢女爱。这个在相府中生长的女人任性惯了，从小到大历来是想做什么就做什么。这时，她感觉自己欲望强烈，一次又一次向孝文帝表达自己的感受，可是，孝文帝更加对她反感，退避三舍。孝文帝也感觉奇怪，为什么一直对这位太后的血脉没有好感，难道说是上世结下了仇怨？皇帝的冷漠并没有冷却冯媛的热望，她的冲动一次比一次强烈。当然，仁慈宽厚的孝文帝对身为皇后的冯媛始终是由衷敬重的，两人相见，都是彬彬有礼，相处在一起，也是很客气。冯媛想改变这种状况，但屡试屡败。

第二年，太和十八年，即公元 494 年，孝文帝统兵南征，取得了空前大捷。孝文帝决定迁都，放弃游牧生活方式和服饰、习俗，实行汉化。孝文帝的迁都决定一出，立即遭到了许多旧族和遗老们的反对。冯媛皇后支持孝文帝变革，她统率后宫女人们，收拾细软，着手一切准备，从古都平城迁都到中原都城洛阳。迁都的忙乱和繁杂平添了生活的乐趣，也劳累了身心，劳碌的日子无形中消除了冯媛的内心苦闷。十分奇怪的是，在这段忙碌的日子，冯媛皇后越发出落得楚楚动人，以前干瘦的模样和无精打采的样子完全没有了。

迁都刚刚稳定下来，中原生活刚刚适应，冯媛与皇帝的感情生活开始有所改观。不料，灾难接踵而至：先是父亲冯熙病故了，接着，她的哥哥冯诞也离开了人世。孝文帝很重感情，对皇亲国戚格外照应，他和冯熙、冯诞父子感情很深。对太傅冯熙十分敬重。对于皇后的哥哥冯诞，他们情同手足。冯熙父子相继离世，孝文帝很悲痛，为了表达自己的特殊情感，孝文帝开始移情于冯诞的胞妹冯媛皇后。皇帝的爱怜和一腔柔情，令冯媛皇后大感意外，悲喜交加。冯媛在失去了亲人之痛的日子里意外地获得了爱情，她感到很满足，柔弱的心中充盈着梦幻般的悲凉和幸福。

冯媛皇后没有想到的是,她刚刚过上了稳定的夫妻生活,刚刚开始享受快活、舒心的日子,灾难再一次降临。这次带来灾难的不是别人,正是她的异母姐姐冯妙莲。孝文帝刚刚适应冯媛皇后,开始试着宠爱她,冯媛才感觉什么是一个女人的幸福。可是,她的满足生活和幸福日子刚刚开始,姐姐冯妙莲再一次闯入了她的生活,一切完全改观。

冯妙莲回到宫中,重新赢得了孝文帝。接着,她步步进逼,终于在太和二十年七月,就是公元 496 年,获得成功:孝文帝将皇后冯媛贬为庶人,立冯妙莲为皇后。被姐姐堂而皇之地抢夺皇后宝座,冯媛哪里能接受。她一气之下,决定遁入空门,出家做尼姑。最终冯媛削去乌黑的长发,毅然决然地走进了瑶光寺,伴着青灯、梵钟,了此一生。

3. 复活

冯妙莲如何从病魔中脱身,重见天日? 如何牢牢地迷住了孝文帝,从容不迫地战胜妹妹冯媛,坐上皇后宝座? 冯妙莲的奇迹复生和迷惑皇帝的狐媚身手迅速在北魏宫廷传播,宫人们为之着迷,她们近乎疯狂地追随着妙莲,模仿她的发型、打扮和衣着,暗中练习她的步态、坐姿、眼神、手势、神情以及喝水、打嗝的样子。宫人们更加痴迷的是,妙莲是如何从不治之症的大病中痊愈的? 从哪里获得了新生的生命动力? 是什么人教授了她的绝世媚术? 宫人们想破了脑袋,找不到答案,于是,神乎其神的传闻开始悄悄传播:妙莲是女魔,是女妖,是修炼千年的狐狸精再世。就这样,北魏宫廷笼罩在一处玄妙的气氛之中,宫人们迷惑不解,对妙莲又敬仰,又恐惧,进而顶礼膜拜。妙莲如一团迷雾一样出没在宫中,生活在宫人们未来的梦里。

当年,冯妙莲走出了深宫以后,坐在幕帘低垂的马车中,心灰意冷地踏上了回家的归程。曾几何时,受到皇帝的恩宠,风光无限,姐妹俩如同仙人下凡,现在,就这么灰不溜秋地溜出皇宫,悄无声息地回到娘家? 马车行走着,杂沓的马蹄声音敲击着妙莲那颗破碎的心,将往日的记忆从尘封已久的心底搅起,将她的思绪带到了从前。沉闷的车轮声和着尘土在古旧的大街上游荡,天地间灰蒙蒙的,暮气沉沉。冯妙莲泪水涟涟,想起了入宫的如花岁月。那时候的她,风光无限,娇艳美丽,光彩照人。那一年多大? 十七岁! 含苞欲放,是花儿最美的时节! 可是,仅仅三年,花残容毁,形销骨立,这难道是上天赏赐给我的命吗? 仅仅二十岁,就走到了生命的终结?

冯妙莲心如止水,万念俱灰。她不知道是如何走进家庙的,更不知道走进家庙后自己居然昏睡了三天。入居家庙后,冯妙莲带发修行。她虽然暂且决绝了红尘世界男欢女爱的妄想,但却始终记着了皇帝送行时的许诺,一门心思,潜心调养。心无杂念的冯妙莲极有自制力,定力也极好。调养了一段时日,病情有所好转,病势得到了控制。冯妙莲的母亲常氏日夜操心,为治疗女儿的病倾注了她的全部心血。常氏四处托人打探求医,悬赏为女儿治病,没日没夜的奔波劳碌,终于看到了转机。

常氏知道,冯太后一直想立冯氏女子为皇后,这样的心意,太后从来没有改变。冯太后喜欢冯妙莲,皇上也喜欢冯妙莲,如果不是这场怪病,这皇后的宝座绝对是非冯妙莲莫属。如今,冯媛虽然入宫做了皇后,但皇上不喜欢她。只要冯妙莲能够将病治愈,回到皇宫,这皇后的宝座依然还是大有希望。常氏为这缥缈的希望所激动,她精心地护理妙莲,用心调养,还广召天下名医。

这时,冯府来了一位身强体壮的汉子,身怀绝技。这位汉子是河北人,精通医道,专治女人疑难杂症,一直在河北一带行医,传说药到病除,遐迩闻名,人称他为高菩萨。高菩萨并不真的是和尚,而是一个民间中医,他的真名叫高罗汉,只是相貌宽厚,慈眉善目,故称菩萨。常氏听说了高菩萨的神奇之后,立即派家人前往联系,以重金礼聘,请他到家庙替冯妙莲治病。

高菩萨研究道术,精通养生秘法。他刚刚30多岁,正当壮年,精气旺盛。高菩萨身材高大健美,脾气温和,为人朴实,很得女人的信任和喜欢。在治疗女科之时,因为高菩萨精通医道,尤其长于房中秘术,所以,他能够明白青春时期的女人病因何在、症结何在,能够一针见血,手到病除。高菩萨是一位治疗女科的高手,他是医术、按摩、精神抚慰、心理开导以及性爱双修齐上,在他看来,几乎没有不能治愈的女子绝症。

冯妙莲在高菩萨的特殊治疗下,只几个疗程,就奇迹般的康复了。冯妙莲正是如花似玉的年龄,年方20岁,春光正盛。这个年龄的女人身体是个迷宫,连她们自己也不知道自己需要什么。对于妙莲来说,少女的年龄,一度在宫中过了几年纵情欢乐的日子,得到了至尊皇帝的宠爱,从王府进入皇宫,如同走进了人间天堂,走上了人生的最高舞台;猛然间,妹妹病逝,自己因病闲住家庙,仿佛一下子从天堂中跌落下来,没有跌入人间,而是直接跌入深谷;现在,又是突然间,遇见了高菩萨,所有在宫中的不治之症消失得无影无踪,病症没有了,恢复了美丽的容颜,又是一个健康如初、渴望宠爱的女儿身。

4.平城相会

孝文帝喜欢汉文化,深受汉化影响。他喜爱中原,了解中原汉人的儒家经史,从心底仰慕中原文化。冯太后去世后,孝文帝亲政理事,他决定改变太后的政务风格,决意放弃胡人风俗,全盘汉化。太和十九年,就是公元495年,洛阳新宫基本建成。孝文帝召集大臣,宣布迁都。反对迁都的大臣,或被降职,或被驱逐。迁都令下达,满朝文武开始行动。后妃美人和宫人、仆役组成浩浩荡荡的南迁马队,绵延几十里,由皇家卫队护卫着,迁入新宫。随后,京师的皇亲国戚、王公贵族、各大机关和文武大臣也分批大规模迁移。平城作为故都,只留下部分官员和家族留守。

洛阳新宫焕然一新,完全是天子的气象。宫室一应齐备,比平城的规模更大,也更加华丽。后宫的金枝玉叶们欢天喜地,如一群喜鹊叫个不停,孝文帝十分满意。孝文帝视察了洛阳新宫,亲临祭祀祖宗的家庙,发现家庙中没有祖先的牌位。这还了得!孝文帝决定返回平城,亲自到平城太庙,将列祖列宗的神主牌位请出来,带回新都,亲自移祀于洛阳太庙。按理说,这是一次纯政治性的皇帝政务活动,是一次庄严肃穆的移祀祖宗牌位之行。没想到的是,这次活动给了一身风月工夫的冯妙莲一个绝佳的良机,她引导皇帝走进冯府,来到修身的家庙,一切从此改变:改变了孝文帝的生活,改变了北魏后宫的祥和,改变了皇后冯媛的命运,改变了冯妙莲的整个人生。这场改变,使北魏后宫天翻地覆,动荡不安。

身在平城的妙莲发挥她的相府优势,第一时间知道了皇帝的平城之行,她知道,皇帝一定会来冯府。她在家庙中踱步,仔细策划。她感觉欣喜若狂,决定大展身手。她的父亲冯熙当时还健在,官至太师,在朝廷中依然是最有权势的宰相。只是,冯熙体弱多病,卧床不起,获得皇帝特旨,留守平城,在自己家中调养。这时,皇后冯媛已经统率庞大的后宫美女团迁居洛阳。冯媛年轻,离开故乡,很想念她的父亲。父亲病了,她感觉不能在父亲身边侍奉、照料,心中十分不安,牵挂着父亲。孝文帝来告别时,冯媛表达了自己对父亲的思念,请皇上替自己回家看望父亲。孝文帝安慰着冯媛,答应到了平城,一定前去看望她的父亲冯熙。

冯媛哪里知道,她的这次孝心表达为她的幸福生活埋下了祸根,也使得皇帝的平城之行成为她们婚姻生活的掘墓之行。冯熙得知皇帝要到府上看视,自然十分高兴,吩咐一应人等立即准备,好好迎接圣驾。冯妙莲在家庙中纵情玩乐,第一时间得到了皇帝前来的消息,知道自己的大好机会来了。她决定控制自己青春正盛的情欲,吩咐高菩萨暂时离开家庙,等候她的消息。她想重返皇宫,重新登上皇后宝座,成为后宫的主人。冯妙莲一身素服,鲜艳如花,看上去真的如同一朵出水的莲花。她回到家中,温婉斯文,轻声软语,拜见自己的父母,对仆人也礼仪周到,十分客气。大小姐完全康复了,一家人都很高兴。冯熙、常氏夫妻看着女儿唇红齿白,面色红润,雪白的肌肤中透着鲜嫩,心中说不出的高兴。他们真是喜出望外,想不到女儿真的会全好了。他们不知道,女儿柔弱的外表下正潜藏着一颗不安的野心。

冯妙莲知道,自己这次能否重返皇宫,很大程度上取决于父母,如果父母能够很好地配合,一定大有希望。冯妙莲考虑再三,决定先单独拜见母亲。她坐在自己的闺房之中,把自己的心思全部告诉母亲常氏。常氏很高兴,谁不希望自己的亲生女儿成为皇后。常氏沉吟片刻,献计说,皇帝回来,第一印象特别重要,最好是一起迎驾,一同参加家宴。冯妙莲想了一想,觉得不妥,因为在场人员太多,不容易引起皇帝的注意。而且,冯妙莲是奉命带发在家庙为尼修行的,一旦混迹于大庭广众之中,被皇上看见,也实在是不妥。

女儿一说,本来就没有什么心眼的常氏一下子就没了主意。足智多谋的冯妙莲诡秘地一笑,对常氏说,只要母亲能留皇上在家吃饭,让皇上到家庙看她,她就有好办法,一定会让皇上离不开她。常氏相信女儿,因为这孩子从小就鬼主意多,但她左思右想,还是想不出冯妙莲有如何的妙计能够留住皇上。临别时,常氏还是疑惑不解,她问冯妙莲,是否让皇上请她陪膳?要知道,陪皇帝进膳是要得到特旨恩准才行!

冯妙莲看着母亲不解的神色,嫣然一笑,就直接说出了自己的妙计。冯妙莲说:皇上不是喜欢吃鹅掌吗?我做的一手鹅掌,绝对是天下第一美味,皇上当年在宫里,就百吃不厌!如果皇上能在家用膳,我亲自烹调,做一手美味鹅掌,送皇上尝尝,皇上一定会记起我。皇上问起我以后,你们就说是女儿做好的,她还在家庙中。皇上知道了,自然会主动来看我,这样,不就能和皇上单独相处?

常氏笑了起来,想不到原来这么简单,更想不到自己的这女儿鬼主意这么多!常氏十分高兴,觉得这办法可行。常氏将女儿的想法如实告诉了丈夫冯熙,希望得到冯熙的支持,助女儿一臂之力,一定要留住皇上,在府上进膳。冯熙病情很重,觉得自己的日子可能不会太多。他知道,皇帝来看望自己,已经是天大的面子了,能否留住皇帝在这儿进膳,这很难说。而且,自己身体如此,体力不支,皇帝不会留下吃饭的。冯熙面现难色,冯妙莲看在眼里。这时,她悄悄地来到父亲冯熙病床边,泪眼蒙眬地叫着父亲,说了自己的想法,最后,她恳求说:这是女儿回到皇宫的最后一次机会,也是女儿最后一次请求父亲。这次机会错过了,以后恐怕很难见到皇上了。那样的话,女儿活着,倒不如一死!

冯熙在常氏母女声泪俱下的劝说下终于松口了,同意合作。天从人愿,一切都按冯妙莲的设想,十分顺利。孝文帝讲求节俭,不奢华,不贪吃,进食总是适可而止。冯妙莲很了解皇帝的习性,知道在上第三道菜时是皇帝品尝美味的最佳时机,因此,第三道菜,就让人送上她亲手制作的美味鹅掌。孝文帝早就饿了,吃了两道菜,胃口刚刚打开,感觉最为敏锐。当这道鹅掌送上来时,他立即想到了妙莲,亲口一尝,真正吃到了这道天下第一鲜菜时,他就明白了,这是妙莲亲手烧的美味。可是,妙莲不是病情很重、不可救治了?

孝文帝恍然大悟,一定是妙莲的母亲做的。于是,他笑着问太师冯熙:这道鹅掌,出自何人之手?想必是夫人亲手做的?常氏摇头,似乎迫不及待地等着回答:回答皇上,是我女儿冯妙莲亲手做的。孝文帝十分吃惊,关切地问:妙莲不是在家庙修行?常氏急切地说:是,皇上,她完全好了,正等着皇上呢!冯熙瞪了常氏一眼,孝文帝感觉很意外,吃惊地问:妙莲真的全好了?常氏十分兴奋,点着头,滔滔不绝讲了女儿如何完全康复,如何一直清心寡欲,在家庙清修,听说皇上来了,特地做了一道皇上最喜欢吃的美味。

孝文帝心潮起伏,想起了妙莲姐妹,平城后宫那段美好的日子历历在目。没等常氏说完,他再也坐不住了,立即前往家庙,看望久别的美人。他心中惴惴不安,分开的这些日子,妙莲病得沉重,十分瘦弱,不知道现在她会是什么样子。孝文帝走进家庙,庙中佛堂素雅,窗明几净,桌椅上纤尘不染。堂中的香炉很典雅精致,炉内燃烧着特别味道的檀香,沁人心脾。香烟丝丝缕缕,仿佛穿过了你的心,让你无知无觉,引导你走向快乐的天堂。室内花木清幽,丝帘悬挂,蓝色的窗纱像遥远的天幕,窗外竹林青翠,郁郁葱葱,一座家庙宛如仙境。

冯妙莲更是别出心裁:一身素雅高贵的天青长衫,系一条宝蓝色长带,清瘦白皙的瓜子脸,配一个道士髻,清雅娴静,超凡脱俗,真正是一位飘然仙子。多情风雅的孝文帝一下子惊呆了,如此风韵迷人、满目风情的素雅仙子真的是当年的妙莲吗?孝文帝站在那里,任蓝色的飘带在头顶轻拂,已经迷得灵魂出窍了。

三天三夜,孝文帝就在冯府家庙修行,每天由妙莲陪伴着。妙莲随侍着孝文帝,照料他的起居生活。孝文帝忘记了这次的平城之行是来取走祖宗牌位,想马上带着妙莲回到新都洛阳皇宫。妙莲温婉动人,提醒着皇帝,要带上祖宗牌位,带到洛阳皇宫,定其祭祀。妙莲离开了冯府家庙,这里记载着自己的无尽痛苦和无穷欢乐,记载着曾经的绝望和极致的幸福,这是自己的根,是自己最为绝望之时可以躲避、可以新生的家。妙莲流着眼泪,快乐地离开了故乡,重新回到后宫,只是,这时的后宫已经不是当年自己的妹妹一起生活的平城了,而是新都洛阳。

冯妙莲问皇帝,喜欢自己什么?皇帝只是傻笑,不知道该如何回答。妙莲的聪明才智?风情万种?长于风月?似乎是,又似乎不是。她配制的春香是何其清香,她使用的春药让人何其疯狂!就这样,孝文帝心甘情愿地拜倒在冯妙莲的素雅裙下,没有了自己,不能自拔。孝文帝日夜沉醉在冯妙莲欢乐乡中,流连于寝宫卧榻和坐禅蒲团之上,寻欢作乐。妙莲春风得意,宠冠后宫。不久,孝文帝册封妙莲为左昭仪,地位仅次于皇后。但是,妙莲比冯媛先进宫,年岁也比她大,气势上更压皇后一头。

5. 争宠

自从皇帝回宫以后,带来了妙莲,一切彻底改变了。皇后冯媛自然愤愤不平,对妙莲恨之入骨,特别是对她以妖媚之术入宫夺爱恨得咬牙切齿。皇帝知道皇后对妙莲深为不满,他尽量不让她们同时出现。冯媛比妙莲小,虽然叫妙莲为姐,但冯媛是正室所出,个性倔强,现在的身份是母仪天下的皇后,冯媛怎么会把妙莲放在眼里?冯媛蔑视妙莲,认为她出身低贱,认为她不过是冯府的奴才,也是后宫的奴才,奴才怎么能和皇后抗衡!?令皇后冯媛疑惑不解的是,自从平城之行以后,皇上好像整个换了一个人,魂不守舍。

冯媛怎么也想不明白,皇上怎么就离不开她的眼睛?怎么就老是到她那里?别的宫室就那么一钱不值、不屑一顾?冯媛本来脾气就燥,她不停地在正宫中踱步,狂怒地破口大骂,简直是要疯了。冯媛觉得自己如此年轻,把一切献给了皇帝,皇帝竟然如此无情。冯媛恨皇上,自然更恨夺爱夺宠、卖弄风骚的姐姐冯妙莲。冯媛烦躁不安,虽然是后宫之主,可是,由于皇帝的冷落,她感觉自己好像生活在无底的深渊。她伤心、郁闷,妒恨交加,日夜不停地咒骂着冯妙莲。

冯妙莲依恃孝文帝的宠爱和多年的苦心经营,在洛阳后宫开始了全新的生活,也开始了与妹妹皇后的全面抗衡。按照宫中规矩,皇后是后宫之主,所有后宫妃嫔美人在每月朔望之时,都要前往正宫,参拜皇后。这是传承下来的祖制,任何人都必须遵循。可是,每次参拜,都没有妙莲的身影,原来,妙莲每次都说自己病了。左昭仪不定时来正宫拜见皇后,每月的定期朝拜也是称病不拜,这分明是蔑视皇后的权威。皇后冯媛恼羞成怒,恨得咬牙切齿,想动用宫规惩罚姐姐,又碍于皇帝的宠爱,左思右想,除了气得顿足,却无可奈何。

皇后没有办法,妙莲可不是等待命运的人,她开始策划取皇后而代之的行动。洛阳后宫,皇后和高丽美人是冯妙莲的两个劲敌。冯妙莲知道,在赢得皇上的这场较量中,她一出场,就占了上风,而且就现在看来,她是胜券在握。但是,她知道，仅靠美貌、风月是不够的，必须痛下毒手，赢得天机，占据皇后宝座。

　　冯妙莲天生丽质，本来就一头秀发，肌肤如雪，让皇帝爱怜不已。她在高菩萨的调教下，知道配制香料、香水，善于打扮。她对于发饰是很有造诣的，能将一头秀发千变万化，做出无穷花样。汉代宫廷的后妃发饰是十分复杂的，以皇后的灵蛇发饰闻名遐迩。妙莲吸收了各种发饰的造型，她发明的发饰样式独特，味道新鲜，清香刺激，孝文帝极为喜爱。妙莲在家庙之中，自己独创了一手绝佳媚术，就是将麝香细末放入肚脐眼中，隐入体内，肉眼看不见，淡淡的香味飘逸四出，仿佛来自体香，令人心醉，称为肌香丸。

　　孝文帝哪里见过这些发饰？哪里受得了感官、味觉和视觉的多重刺激？他拥着美丽的妙莲，被她的醉人清香刺激得热血沸腾。孝文帝奇怪，这通体的奇香来自何处，何以源源不断？妙莲施展媚功，故弄玄虚，答得玄乎其玄。她说，她大病一场以后，在家庙修行，整整一百天，吃斋打坐，念经颂福。没想到，竟然脱了一层皮，整个人如同脱胎换骨。从那以后，开始出现奇迹，身上就有了奇香。美人一脸真诚，眼睛里天真无邪，单纯的孝文帝哪能不相信？孝文帝真的相信这一切，更觉得妙莲一身仙气，非凡间人也。他们更加热烈地纵情狂欢，难舍难分。孝文帝知道，自己再也离不开、摆脱不了这诱人的肌香了。

　　冯妙莲从容不迫，有孝文帝的宠爱，她什么都不怕。她恃宠而骄，日常在宫中，根本不把皇后放在眼里。冯妙莲没有忘记自己的目标，也没有忘记当年的夙愿，一定要登上皇后宝座。尽管当今的皇后是自己的妹妹，但冯妙莲毫不退让，决意一争高下，夺回后位。冯妙莲最聪明的地方就是知道抓住机会，知道什么时候该说什么话。她经常在和孝文帝兴致最为高昂的时候，乘机和皇后比较，巧妙地说皇后的坏话，时间一长，皇帝对皇后的态度开始发生转变。

6. 皇后出家

　　冯媛一直感觉极好，这位有着贵族小姐倔犟脾气的皇后喜欢骑射，大大咧咧的，生活较随意。但是，冯媛有一个致命弱点被冯妙莲发现了，就是依然保留着游牧时期的习惯，生活保守，拒绝说汉话、穿汉服。妙莲得讯以后，如获至宝，在合适的时候，告诉了孝文帝。这不是公然对抗皇帝的汉化政策吗？皇后是后宫的表率，皇后应该统率后宫的女人们穿汉服，说汉话。

　　皇后如此对抗，皇帝知道了，自然大为不满。冯妙莲以此为借口，添盐加醋，巧妙攻击，皇后的末日不远了。妙莲特别指出皇后不能理解皇帝，不懂得皇帝的心情，还在后宫中散布说，皇上汉化，是为了纵欲，为众王择亲。冯妙莲搬弄是非的工夫不亚于她的风情，挑拨离间之下，孝文帝对皇后开始大为恼恨。皇后冯媛听到一点蛛丝马迹，那里能知道什么真正的内幕？皇后咬牙切齿，恨不得生吃了姐姐冯妙莲。

宫人们都知道，冯氏姐妹势同水火。有一天，孝文帝出京游乐。这一天，刚好是后宫嫔妃参拜皇后的日子。还是和从前一样，冯妙莲照旧称病在家，不到正宫拜见皇后。皇后冯媛知道皇帝不在宫中，她看准了这个日子，决定好好地收拾妙莲。皇后命令随侍宫监，手持皇后金牌，前往冯妙莲寝宫，宣召妙莲，命她必须马上来见。宫监身材魁梧，是后宫中的执事内监。妙莲没有办法，只能接旨，随同宫监前往正宫，拜见皇后，也就是拜见小自己四岁的妹妹冯媛。

皇后冯媛见了冯妙莲，立时气血上涌，厉声呵斥：你这妖孽，真是狗胆包天！你没进宫时，宫里气氛祥和，人人和气，个个都快活。自从你进了宫，迷惑皇上，媚术邀宠，让皇上无心理政。你搬弄是非，搅得后宫鸡犬不宁。大礼时，你装病不拜，目无皇后，违反宫规，你说，你该当何罪？冯媛坐在那里，恨恨地盯着冯妙莲，眼中冒着怒火，身上微微发抖。

冯妙莲看一眼冯媛，从容不迫地说：皇后，你慢慢说，别激动，也别骂脏话，更别噎着，要是噎死了，我可担当不起你这位大皇后！论大小，我是姐，你是妹；论先后，我先入宫，你后入宫；论名分，你是皇后，我是昭仪。你看看，我是姐姐，我先入宫，你却做了皇后！我不争什么，也不计较什么，你为什么还争风吃醋？你为什么还这般跟我斤斤计较？为什么这样没有心胸没有肚量？怎么这样没有德性、不能容人？

冯妙莲不卑不亢，以守为攻，反唇相讥，不动声色地指责皇后，骂皇后没有心胸，没有器量，不能容人。受了这一顿抢白，皇后冯媛气得浑身发抖，脸上红一阵白一阵的。冯媛咬牙切齿，吩咐宫监：给我拿下这娼妇，剥掉她的衣服，责二十大板。这是深宫大院，用的是皇宫家法。皇后吩咐了，就是懿旨，宫监必须立即执行。可是，站在两边的宫监、宫人面面相觑，谁也不敢动手。他们知道，妙莲是皇帝心爱的女人，惹怒了皇帝，雷霆震怒，一定活不了。嫔妃们站在那里，她们也恨透了妙莲，一直想出出气。可是，皇后吩咐了，却无人执刑。嫔妃们纷纷跪下来，替冯妙莲求情，更主要的是让皇后好下台。众人合请之下，冯妙莲答应给皇后赔礼道歉。这场风波，就这样暂时压下了。

有一次，宫中举行家宴，两姐妹的冲突再度爆发。孝文帝宠爱冯妙莲，让冯妙莲和另外几个美丽的嫔妃侍宴。酒过三巡，孝文帝很高兴，突然，他记起了还有皇后。于是，他命侍女前去召请皇后。皇后知道，冯妙莲早就在那里了，所以，不愿意赴宴。一请不来，孝文帝再派人去，多次催请，皇后这才收拾一番，前来赴宴。皇后冯媛到达时，除皇帝以外，按照宫规、古礼；在座的各位嫔妃、宫人都得跪迎。皇后一到，众人自然离座迎接，唯独冯妙莲，当着皇帝的面，只是欠欠身，好像纹丝不动一样，没有起来迎接。

　　冯皇后心里一咯噔，脸上掠过一丝愠色。皇后向孝文帝行礼请安，冯妙莲也不回避，就在皇帝身边，接受皇后的施礼。皇后更不痛快了，立即怒气冲冲，瞪着妙莲，不想入座。孝文帝赶紧抚慰，笑着请皇后入座。冯媛怒声说：哼，我不坐，我不想和骚狐狸同坐一起！众嫔妃窃笑，内心狂喜，知道这场皇帝在场的盛宴，又有一场好戏上演了。冯妙莲毫不示弱，立即接话，巧妙地引起众怒：你说清楚，我们几个坐在这里，陪皇上吃饭，谁是骚狐狸？皇后不明白这是陷阱，冷冷地回答：谁是骚狐狸这还用问？自己骚自己心里明白！

　　皇后没心眼，她不经意的气话，伤了一大片。孝文帝坐在一边，十分尴尬，面子上就有点过意不去。孝文帝礼貌地叫了一声："皇后！"皇后心里本来就有气，家宴竟然不让皇后主持，不通知皇后，这叫什么鬼家宴？分明就是纵欲宴了！最为可气的是，你们吃到一半，想拿皇后开心，差人来叫，一遍两遍三遍的来请，没完没了！想不到，这家宴之地，主不是主，仆不知仆，女人乱了宫规，皇帝不管，还反而向着目中无人的骚货。不仅如此，皇帝还当着众人的面对自己大吼！

　　皇后冯媛感觉十分委屈，长年的屈辱一齐涌上心来，冯媛不禁哭了起来。她恼羞成怒，流着眼泪，突然冲着孝文帝大声叫道：皇上，你不能这样护着她，这样纵容她。她迷惑皇上，她是魔，她是妖！她目无皇后，以下犯上，为所欲为。皇上啊，你被她迷昏了头！冯媛越说越气，泣不成声，歇斯底里地咆哮起来：她不讲规矩，不讲道理，不守宫规，你不教训她，反而帮她，皇上啊，你怎么这样！你们都不是好东西，都是一路货！"皇后情绪失控，泣不成声，大声叫喊之后，怒气冲冲地哭泣着离去。

　　孝文帝本是好意，想让皇后一起，共享家宴的欢欣，想不到，竟然成了这种结局。皇后太不应该了，太失体统，不仅公然当着众人和昭仪对骂，还敢骂皇上！孝文帝脸面大失，怒火中烧。遭到一顿痛骂，冯妙莲感觉委屈，乘机哭了起来，边哭边诉，添盐加醋，说得皇帝青筋暴跳。妙莲的眼泪和委屈像火一样燎过皇帝的心，让皇帝十分难过，这如同是火上浇油。孝文帝本来就对皇后没感觉，不喜欢，结果，一怒之下，孝文帝第二天下旨：废皇后为庶人，派使收回皇后玺绶。冯媛从皇后之位一下子贬为庶民，从正宫迁出。她没有眼泪，迁居皇家瑶光寺，落发为尼，直至生命终结。

7. 登上皇后宝座

这一年,太子拓跋恂 15 岁,年轻气盛,意气用事。因为天气炎热,太子身体太肥胖,特别害怕南方炎热,喜欢北方凉爽,所以,他趁孝文帝不在京师之机,竟然私自领着随从,前往平城避暑。太子无故带兵出宫,被守城的人拒挡,守城将军立即奏报孝文帝。太子这样做,在行动上是目无法纪,实质上则是害怕吃苦。孝文帝得知真相,十分气愤,这样的太子,日后如何能担当重任? 一怒之下,太子的厄运就降临了。孝文帝立即派人捉拿了太子。太子送到御前,孝文帝亲自举鞭抽打,发泄怒气,废太子为庶人。太子废了,立谁为太子? 经反复权衡,孝文帝立高夫人所生的儿子拓跋恪为太子。

冯妙莲纵情享乐,一直没能怀孕,受宠的几年,自然一直没有给皇帝生育儿女。冯妙莲想仿效冯太后,抚养年轻的太子。这一年,太子拓跋恪 13 岁,为人乖巧,聪明听话。可是,孝文帝已经废除了立子杀母的习俗。太子的母亲高夫人健在,如何收养? 冯妙莲眼睛一眨,决定干掉她。她看准时机,派心腹近侍前往汲郡共县,秘密将高夫人杀死。就这样,高夫人不明不白地死了。冯妙莲奏请皇帝,由自己亲自抚养太子,孝文帝同意。随后,冯妙莲顺利地登上了皇后宝座。可以说,妙莲收养太子、入主后位,真可谓步步生莲,谋划诸事一一得逞,一切顺心如意。

太和二十一年,就是公元 497 年,齐、魏之兵在河南南阳交火,进而引起了严重的流血冲突。孝文帝统兵 20 万,进军新野。孝文帝离开京城,外朝有宰相大臣主持,后宫没有皇后,谁来主持? 于是,孝文帝立冯妙莲为皇后,统率六宫。冯妙莲心花怒放,如愿以偿。皇帝领兵在外,后宫中的一切自然由正位中宫的皇后做主。孝文帝领兵征讨,南征北战。孝文帝期望开疆拓土,保卫大魏江山,经历了一场又一场血雨腥风。战争的岁月十分残酷,一转眼,就是一年有余。

皇后冯妙莲坐守后宫,这位水性杨花的女人,如何守得住深宫寂寞? 皇帝骑马走了,披星戴月统兵征战,为金枝玉叶的女人们营造安宁而华丽的后宫。皇帝一走,冯妙莲立即召来心腹中常侍双蒙,吩咐他日夜兼程前往平城,召请自己的恩师兼情人高菩萨。双蒙十分精明,他秘密将高菩萨引入后宫,办妥了一切手续,让他担任宫中执事,神不知鬼不觉地生活在宫中,随侍皇后妙莲。夜深人静,遥远的天空只有几颗星星。妙莲和高菩萨在星光下的皇后寝宫昼夜宣淫,纵欲狂欢。他们如漆似胶,热情如火,不分昼夜地寻欢作乐。开始时,他们只是秘密地幽会。几天后,他们实在难以自持,干脆同出入、同坐卧。

8. 揭露奸情

孝文帝统大军南征,与齐兵血战,历时两年,最后,因积劳成疾,病倒在汝南。冯妙莲得知孝文帝病重,没有打算前往军营探视,依然我行我素。她知道,皇帝不会贸然回宫了,所以,就公然和高菩萨淫乱,不顾后果。宫人们看在眼里,谁也不敢多言,谁也不敢进谏。不久,孝文帝最小的妹妹彭城公主知道了这起丑闻。彭城公主十分气愤,为哥哥鸣不平。哥哥为了宫廷的安宁,在南方拼命,皇后却背叛哥哥,在后宫偷养男人!公主寝食难安,为哥哥揪心。

彭城公主长得很清秀,她下嫁的是南阳王刘昶的儿子。但是,很不幸,她出嫁不久,丈夫就去世了。公主很失落,一直寡居在家,无以排遣内心的寂寞。冯妙莲有个同母弟弟,名叫冯夙,他早就看上了彭城公主,想娶公主为妻。公主丈夫去世后,冯夙就向冯皇后求情,请皇后从中说合做媒。冯妙莲觉得,公主与冯府联姻,是好事,就答应帮忙玉成此事。妙莲面奏孝文帝,请他下旨,让彭城公主改嫁冯夙。孝文帝答应了,同意一起玉成此事。可是,孝文帝问彭城公主是否有意?没想到,彭城公主断然拒绝:公主厌恶冯妙莲,进而厌恶和讨厌所有的冯家人。公主知道了冯皇后私通的丑行,就更加明确地表示,不想嫁给冯夙。

皇帝统兵南征了,宫里的事,由皇后做主。冯妙莲皇后答应了冯夙,皇帝也同意玉成此事,所以,妙莲决定,一定要办成这件事。各种尝试失败后,妙莲决定逼嫁彭城公主。她秘密地选定婚期,确定黄道吉日,发誓一定要为冯夙办成此事。皇后逼嫁!彭城公主十分愤怒,顽强反抗。但是,后宫执事人员都是听从皇后指挥的。公主走投无路,只好带几个心腹随从,快马乘车,飞奔汝南,面见自己的哥哥孝文帝。

孝文帝正在病中,见小妹风尘仆仆,远道冒雨而来,十分奇怪,问她什么缘故?彭城公主哭了起来,明确讲出了自己的苦衷,表示绝不愿意嫁给冯夙。孝文帝说,这场姻缘,是皇后撮合、自己允准的,皇家与冯家联姻,有什么不好?难道冯夙有什么毛病?人品不好?为何不愿意?彭城公主只好如实说出自己的想法,说她不喜欢皇后,自然就不喜欢皇后的家人。皇帝问为什么不喜欢?公主沉吟片刻,吞吞吐吐地讲出皇后在后宫的丑闻。公主讲完了,气愤地说:皇后淫乱后宫,我实在看不惯,怎肯下嫁她的弟弟!

孝文帝如雷轰顶,大为震惊。他不敢相信这是真的,忙问是怎么回事。彭城公主就说,冯皇后以中常侍双蒙为心腹,招引宫外男人,入宫,担任中官。这人通医,擅长媚术,名叫高菩萨。一年来,他们两人一直在宫中,同吃同卧。如今,她听说皇上病重了,难以回宫,两人就不管不顾了,一不做二不休,干脆公然通奸!皇后害怕皇帝知道这件丑事,就强行联姻,想逼嫁冯夙,没有办法,只好骑马逃婚!

这真是闻所未闻,孝文帝有点不敢相信,他坐在那里,以为气昏了头的妹妹在这里胡编乱造!他当然不会相信,也不敢相信,那么美艳、那么风情、那么痴情绵绵的皇后还会看上别人?还会在他皇帝之外和别人私通?!孝文帝审视公主,发现彭城公主一脸认真,没有一点玩笑的意思。公主看哥哥不相信,对哥哥说,何不派一个心腹,回宫秘密调查?孝文帝会意,立即派心腹悄悄回宫,调查皇后的隐私。冯皇后得知彭城公主连夜出逃,去了汝南,知道大事不好。她知道,公主早就知道了她的事,这次面见皇帝,一定会全部告知。

9. 末日

冯皇后心中有鬼,不免胆颤心惊。她一方面秘密地遣走了高菩萨,一方面不断地派出亲信,前往汝南,问候孝文帝。孝文帝从容淡定地应付着皇后的使臣,像没事一样,不动声色。孝文帝的病情在军营高度保密,御医细心调治。几个月后,孝文帝病情好转,体力开始恢复。突然,孝文帝带着一支精锐的御林军,秘密地回到洛阳。进入皇宫后,立即秘密召见心腹宫监小黄门苏兴寿。苏兴寿和盘托出,说出了皇后的全部秽行,并拿出了一本秘册。

深夜时分,孝文帝来到温室,宣召冯皇后。禁卫森严,没有进屋,皇后就知道皇帝回宫了。走到温室门前,御前侍从拦住冯皇后,仔细搜身。这是前所未有的情况,冯皇后知道,一定是事情败露了,大势已去,一切完了。冯皇后很镇定,一进门,就直接跪倒在孝文帝面前,不停地叩头。她的头叩得出血了,她没有停下来,只是在那里哭诉,表达自己对皇帝的痴情和一年来的委屈。孝文帝不说话,冷冷地问她:你的丑事,你自己说吧,还想解释?

冯皇后抬头,看见了五花大绑、拘捕在室外的高菩萨、双蒙,她什么都明白了。她知道,这个时候,说什么都没有用,想抵赖也不敢了。冯皇后很坦然,也很从容,她神秘地说,想跟孝文帝单独谈谈。孝文帝看着她,示意侍从们退下。内廷总管长秋卿白整从皇帝的安危考虑,奏请留下。孝文帝看着皇后,皇后摇头,表示不愿意,白整坚持侍候在皇帝身边。孝文帝想一想,决定留下白整,但让他塞上耳朵。这时,皇后靠近皇帝,附在他的耳边低声细语。

皇后的解释显然没有说通皇帝,孝文帝摇着头,依然眉头紧锁。皇后想靠近皇帝,但孝文帝防备着,不让她接近,他知道她一身的媚术。妙莲无法伸展自己的绝技,更无法自圆其说,等待的就是皇帝对她的宣判。皇帝示意白整,白整击一下掌。孝文帝的两个弟弟彭城王拓跋勰、北海王拓跋洋走了进来,一身绒装,十分威武。孝文帝对他们说：现在，她不是你们的嫂子，也不是皇后了。你们好生问她，一定问个水落石出！"

　　二王坐了下来，开始审问冯妙莲。刑具摆放在一边，寒光闪闪的，上面血迹斑斑。妙莲知道，只能一切如实说了，最坏的结果是皇帝赐死，何必受大刑之苦。两个时辰，妙莲如实地交代了自己的事情，说到细微处，两个杀人如麻的王爷也感到面红耳赤，心惊肉跳。妙莲说，在她最艰难、最无助的日子，没有亲人，没有皇帝，她十分绝望，在走投无路之时，她曾请过女巫，诅咒皇帝，希望皇帝早死。一切真相大白，皇后背叛皇帝，罪行累累。高菩萨、双蒙被判处极刑，凌迟处死。皇后妙莲怎么处决？一旦公开处决，宫中秽行外传，岂不是皇家的奇耻大辱，给皇帝的脸上抹黑？二王做不了主，上奏皇帝。最后，由皇帝裁定：废除皇后，幽禁宫中，令其自裁。

　　冯妙莲皇后青春正盛，不想赴死。她苦苦哀求皇帝，留她一条生路。孝文帝沉默，不逼她自尽，也不赦免她。太和二十三年，孝文帝统率大军，在汉水之滨大败齐军，取得空前大捷。然而，这场血战以后，孝文帝病倒了，卧床不起。这年四月，浩浩荡荡的大军护卫着病重的孝文帝北返洛阳，行到河南鲁山之时，传出噩讯：皇帝驾崩了。孝文帝临死前，召弟弟彭城王来到床前，一字一顿地说：皇后不守妇德，恐死后，会干预朝政。我死后，传遗诏，赐令自尽。另择地，以皇后礼安葬。

　　孝文帝在位 28 年，终年 33 岁。彭城王、北海王奉遗诏执掌北魏军政大权。北海王奉皇帝遗旨，由长秋卿白整陪同着，一起来到宫中囚禁冯妙莲的住所。北海王宣读皇帝的遗诏，奉上宫中配制的药酒，迫令冯妙莲自尽。冯妙莲披头散发，在宫室中狂奔，拒绝自尽。她一边跑，一边大声叫喊：皇上爱我，皇上离不开我！我要面见皇上，皇上不会让我死，是你们要害我！不饮这酒，绝不饮，这是毒酒！北海王示意，白整一行人强行执行：他们捉住妙莲，强迫她喝下毒酒。这就是一代风流多情的美丽皇后冯妙莲，毒酒结束了她不平静的一生。按照皇帝的遗愿，宫中以皇后之礼下葬妙莲，葬于长陵。

十五、齐宫尤物冯小怜

1. 冯小怜之美

　　北魏分裂为东魏、西魏两国，从地理上看，大致是以今天山西与陕西两省交界之地的黄河为界：东魏，占黄河以东、淮水以北，定都邺城，即今河南省临漳县；西魏，占黄河以西、秦岭以北的关陇地区，定都长安。就国力而言，西魏远不如东魏。北齐，是高洋夺取东魏而建立的政权，是当时北方实力最强的王朝；北周，是宇文觉夺取西魏政权而建立的，实力最小。宇文觉建立北周时，南朝梁被陈国取代。

不久，北齐与北周实力相当。北齐不思进取，势力较弱的南朝的陈国侵吞了北齐淮南一带。同时，北周越过秦岭，夺取了北齐汉中和四川等地。这时，北齐建国已经17年了，势力雄厚。可是，北齐皇帝高纬胸无大志，一心宠爱冯小怜，成为不要江山爱美人的典型范例。

北齐建国十七年后，高纬即位，就是北齐后主。他是个标准的纨绔子弟，终日美酒佳人，声色犬马，过着豪奢放浪的生活。每天，他穿着珍珠连缀的罗衫，坐着宝石镶嵌的玉辇，闲游在后宫楼阁之间，追逐美妃佳人，日夜狂欢，醉生梦死。

史书记载，冯小怜，北齐后主高纬淑妃，美姿色，擅琵琶，工歌舞。她自幼入宫，选充后宫，成为后主穆皇后的侍女。不久，穆皇后发现，皇上不注意自己，而是注视着自己身边的侍女冯小怜。皇后如梦初醒，准备收拾小怜。但为时已晚，皇帝抢先一步，赏赐小怜一座别致的宫院。皇后宠衰，终日以泪洗面。后主高纬迷上了侍女冯小怜，越级晋小怜为淑妃，宠冠后宫。

高纬痴情于小怜，不能自拔。不久，小怜晋封为左皇后。后主吩咐，小怜坐与同席，席与共饮，出入宫中，与皇帝并驾齐驱。后主痴情，沉迷于冯氏的美色，他对小怜发誓：生生世世，愿得生死一处！本来，北齐宫中，曾几何时，后主高纬最宠美人曹昭仪。宫中最华丽的宫殿是隆基堂，高纬就将隆基堂赏赐给曹昭仪。冯小怜妒忌曹昭仪，想夺得隆基堂。后主迷情，为了讨小怜高兴，绝情地将曹昭仪赶出隆基堂。后主召来建筑师，按照小怜的喜好，将隆基堂全部重新装修，铺设花色地面。后主耗费巨资，只为博得美人一笑。

2. 冯小怜三绝

冯小怜的美丽是出乎人们想象的，甚至有人惊叹，她是千年一出的尤物。冯小怜之所以令高纬魂不守舍，据说，她身怀三绝：

一、天生丽质。她的玉体浑然天成，如同没有瑕疵的美玉，高纬好色，对小怜的裸体百看不厌：曲线优美，凹凸有致；皮肤白皙，玲珑剔透；冬暖夏凉，温婉如玉。

二、才艺出众。她的身材极好，具有超强艺术天赋，自幼经过音乐、舞蹈方面的严格训练,有出众的音乐才华,擅长弹琴,能够演奏许多古曲。长于舞蹈,能够跳出许多花样的歌舞。特别不同的是,她练就了一身柔弱无骨的工夫,看上去如杨柳扶风,尤其是她弱不禁风的样子,惹人怜爱,引得无数男人竞折腰,没法不为之神魂颠倒。

三、天赋过人。她聪明伶俐,精通医理,通晓人体构造和脉络系统,懂得养生、按摩,手法熟练,拿捏准确,用力到位。她特别精通运动养生,以舞通筋,运脉活血。尤其是在她侍候穆皇后的时候,她的揉、捏、槌、擂、扳、担等手法炉火纯青,让人目不暇接。每天夜晚,她的一套手法令穆皇后疲惫全消,深为叹服。

冯小怜如此天生丽质、才华出众、天赋过人,人们只能感叹她乃真是天生尤物,是上天送到人间夺人魂魄的精灵。这样天仙一样的女人,难怪皇帝高纬宁可不要江山,也要为她赴汤蹈火,不顾一切地博她一笑,发誓要生生世世和她在一起。

3. 小怜的精彩典故

(1)战败何妨

北周武帝亲率大军攻打平阳(今临汾)和晋阳(今太原),形势危急。不久,北周占领平阳。平阳战事正酣,北齐后主高纬不理战事,只顾着和小怜缠绵。需要紧急决策之际,高纬一味享乐,等候在帐外的将军急得真跳脚,哭泣着说:再不发令,就要大败了。高纬看着冯小怜,不屑一顾地说:只要小怜无恙,战败又有何妨!

(2)玉体横陈

高纬痴迷冯小怜的玉体,经常在宫中观赏,百看不厌。有一天,在隆基堂上,他突发奇想,让冯小怜玉体横陈。然后,他吩咐近侍:传旨下去,小怜玉体横陈,千金一观。圣旨一下,京城沸腾了。皇亲国戚、王公巨室、文武大臣行动起来,纷纷提出现金,前往隆基堂,交上千金,观赏小怜的玉体,一饱眼福。

(3)观战

敌军压境,相持数月,北风劲吹,严冬就要来了,北齐军队开始后撤。冯小怜突发奇想,想去打猎。高纬毫不犹豫,立即带着冯小怜,前往天池狩猎。懂得军事的大臣紧急奏报,请求展开军事行动:严冬将至,北周军已经退回长安,正好立即行动,一举收复平阳。高纬不置可否,依旧打猎。冯小怜听说大臣请求收复平阳,一时兴起,向皇帝高纬提出:小妾想亲观战事,何不夺回平阳? 高纬欣然从命,吩咐大军向平阳开拔,皇帝御驾亲征,夺回平阳。高纬特别吩咐,冯小怜戎装随行。

北齐军将士如云，很快就将平阳城团团围住，围得水泄不通。为了收复这座本来属于北齐的重要战略城市，北齐将士奋勇争先，发起了一次又一次的猛攻。他们挖地道，架云梯，用血肉之躯，在城墙上很快打开了一个大缺口。留守平阳的北周大将梁士彦率领守军，拼死抵抗。但是，北齐兵冲锋陷阵，奋不顾身。北周军垂死挣扎，平阳岌岌可危，眼看着已经守不住了。这时，只要高纬下达总攻令，平阳就唾手可得。

可是，就在这个时候，美人冯小怜撒娇说：皇上，观看打仗，比打猎好玩多了！今天天色已晚，无法看清攻城之战的激烈场面，何不暂且休兵，次日攻城？高纬大笑：好，传令下去，三军罢兵，次日攻城！城墙缺口的北齐兵听到后撤的命令，不敢相信自己的耳朵：为了打开这个缺口，已经死了多少兄弟啊？为什么不发动总攻一举攻下这座城市？没有办法，接到后撤的命令，他们只好丢下死难兄弟的尸体，以及大量伤员，退出这个缺口。

北周军感觉奇怪，当他们相信北齐军已经撤出时，他们激动得哭了起来，相信天助我也。北齐军撤回了，当他们听说是小怜想观战，请求皇上第二天天明以后攻城，他们沸腾了起来！有的将士赞成，认为小怜想观看激烈的夺城战，想看到英勇的北齐军夺回平阳，没有什么不好的。有的将士大骂，认为这是拿生命当儿戏，为了观战，白白死了许多兄弟！将士们的意见没有什么用，一切听最高统帅高纬的，大军休整，次日攻城。

北周守军感谢上苍，让他们死里逃生。他们不敢怠慢，动员全城老少，立即行动，修复缺口，加固工事，让平阳城恢复旧貌，更加稳固。第二天，天昏地暗，北风怒号，突然之间，鹅毛一样的大雪纷纷扬扬，满天翻飞。冯小怜披着狐裘，看着天空，对高纬说：皇上，下大雪了。天气不好，不宜观战，请暂停攻城。高纬一笑置之，竟然真的传令：不准攻城。

几天后，雪停了，雾也没有了，天气清朗，晴空万里。小怜一身绒装，兴致勃勃准备观战。可是，这个时候，北周武帝亲率大军昼夜兼程，已经从千里之外赶到平阳。阳光下，北周、北齐大军对阵城外，展开血战。平阳守军打开城门，从城内冲出，北周武帝大军从外进攻，北齐军内外夹击。北齐军大败，溃不成军，高纬只好带着残兵败将，退回晋阳。因为小怜观战，平阳之战，胜券在握的北齐军最终惨败。

（4）天桥

平阳大捷后，北周武帝感慨良多。周武帝历来爱惜将士，他认为，在严寒季节,作战太艰苦,所以,他准备带领大军,退回长安,好生休整。大将梁士彦听说周皇上准备放弃平阳,退回长安,他立即进谏,苦苦劝说,认为大军刚刚取得大捷,士气高昂,机不可失,应当乘胜追击,统领大军,挥师直捣北齐重镇晋阳。北周武帝想一想,认为很有道理,立即采纳了梁士彦的主张,下令大军开拔。他亲领大军,一路上追杀北齐兵,直逼晋阳城下。

晋阳是北齐的北方重镇,经营多年,城高壕深,固若金汤。高纬认为,时值严冬,北周兵劳师远来,疲惫不堪,不久就会退走。可是,北周大军不仅不撤走,还积极准备进攻。这时,冯小怜又突发奇想,提出想看看北周军队。于是,高纬吩咐,在城中建造一座天桥,高耸入云,以便观赏北周军。军队动用大量人力、物力,几天时间,天桥就建好了。

高纬携冯小怜登上天桥,遥望城外的北周军。有一天,他们正在观赏军队习操,突然,不远处的天桥垮塌下来。冯小怜吓了一大跳,认为是不祥之兆,哭泣着,要后主高纬放弃晋阳,返回邺城。面对美人的请求,皇帝高纬再次脑子进水,毫不犹豫地吩咐:放弃晋阳,返回邺城。

(5)只要小怜

北齐军突然撤出晋阳,北周喜出望外,没有想到,兵不血刃,竟然轻而易举地夺得了北齐重镇。占领了晋阳,北周武帝并不满足,下令犒赏三军,挥师邺城。高纬退守邺城,身边尚有精兵十万。可是,这位爱美人的皇帝为了能够天天和小怜在一起,居然下旨,传皇位给8岁的太子高恒,自己在后宫做太上皇。北周大军压境,兵临城下。

高纬惊惶失措,没有任何指示,自己悄悄带着冯小怜,由近侍护卫着,打开邺城城门,往东逃奔青州。北周取得大捷,轻易夺得邺城。北齐太上皇高纬、皇帝高恒、左皇后冯小怜、右皇后穆黄花成为阶下囚,一同押送长安。高纬见到周武帝,跪伏在地上,请求说:我不要江山,只要冯小怜,请陛下还我。周武帝大笑:何在乎一个小怜!武帝动了恻隐之心,真的将冯小怜赏给他。

5. 冯小怜实乃后宫尤物

不久,高纬被杀,周武帝将冯小怜赐给了代王宇文达。冯小怜善解人意,尽心尽意地侍候代王。小怜弹着琵琶,突然,弦断了。小怜感慨万千,即兴写下了《感琵琶弦断赠代王达》诗:

虽蒙今日宠,犹忆昔日怜。

欲知心断绝,应看膝上弦。

代王宠妃李氏，是后来隋朝开国大臣李询的妹妹。小怜来到代王府，深得代王的宠爱。李氏受到了冷落，终日郁郁寡欢，以泪洗面。李氏与小怜争宠，小怜占上风，差点把李氏逼死。公元581年，隋文帝创建隋朝，冯小怜再次被俘。隋文帝把冯小怜赏赐给功臣李洵。这位李询，就是当年代王宠妃李氏的哥哥。李询的母亲知道冯小怜差点害死自己的女儿，十分恨她。这时，老太太乘机报复，逼迫小怜自杀。可怜一代尤物，别无选择，只好自尽。

唐代大诗人李商隐感慨这段往事，曾写诗《北齐》二首，感叹冯小怜：

一

一笑相倾国便亡，何劳荆棘始堪伤？

小怜玉体横陈夜，已报周师入晋阳。

二

巧笑知堪敌万机，倾城最在着戎衣；

晋阳已陷休回顾，更请君王猎一围。

第五章

隋宫日月

　　隋文帝杨坚(541—604年)是弘农华阴(陕西)人。北周时,承袭父亲爵位,为隋国公。他的女儿为北周宣帝皇后。北周静帝宇文衍幼年即位,他任丞相,总揽朝政,封为隋王。大定元年(581年),废静帝自立,建立隋朝。开皇七年(587年),灭后梁。九年(589年),灭陈。从此,结束了六朝的混乱状态,统一全国。在位23年,仁寿四年(604年),被太子杨广杀死。隋历时37年(581—618年),凡2帝:隋文帝杨坚、隋炀帝杨广。隋朝疆域,东、南到大海,西达今新疆东部,西南、南到云南、广西以及越南北部,北抵大漠,东北达辽河。

　　隋炀帝是中国历史上一位十分独特的皇帝。他之所以独特,主要表现在三个方面:一、他是才华横溢的诗人皇帝。二、他是数一数二的好色之君。三、他是荒淫之主。隋王朝二世而亡,两位皇帝,在女色方面表现出了两种截然不同的态度:隋文帝杨坚是创业之君,他的后宫之中,有正式名号的女人只有一个,就是独孤皇后,他是中国历史上第一个奉行一夫一妻制的皇帝;隋炀帝杨广是守成之君,他的后宫女人无数,在位14年,千方百计地搜罗天下美女,他的行乐方式令人目瞪口呆。

一、隋宫后妃制度

隋炀帝杨广是中国历史上一位赫赫有名的皇帝,他之所以有名,主要是两个方面与众不同:一是荒淫无耻,二是才华出众。在中国五百多位帝王之中,他的文才出类拔萃,他的诗词成就十分卓越。据说,他对自己的才华也很自负,他曾自豪地说:如果应试科举,我也能高中状元! 隋炀帝的诗词别具一格,对后世的文人产生了相当大的影响,宋代大诗人秦观、苏轼也都敬佩他,称赞他的词风别开生面,自有一种天然韵致。甚至于有些大文豪的著名诗词,也都是模仿或者抄袭自隋炀帝。

隋文帝杨坚得有天下以后,对于前朝种种积弊,一一革除。女色祸政是前朝的弊政之一,所以,后宫旧制也在文帝革除之列。文帝明确规定:后宫只设皇后一人,正位宫闱。

隋开皇二年,文帝吩咐侍臣,依《周礼》著内宫程式,省减后宫之数,规定:嫔三人,世妇九人,女御三十八人。

隋炀帝时,后宫嫔御制度不断翻新,屡创新高。炀帝大兴土木,建造豪华的宫殿,广召天下美女,充实后宫。他恃才傲物,自制各种芳名作为宠妃的名号,赐赏自己喜爱的女人。他宣称复古《周礼》,恢复周代的六宫制度,设立贵妃、淑妃、德妃三夫人,顺仪、顺容、顺华、修仪、修容、充仪、充容、充华九嫔,婕妤十二人,御女二十四人,采女三十七人,总一百二十人。

二、皇帝唯一的妻子(上)

弘农华阴人杨忠,是北周的开国功臣,官拜大将军,是北周的八柱国之一。杨忠的长子杨坚,生得一表人才。据史官记载,杨坚相貌奇伟,有帝王之相:为人龙额,额上有玉柱入顶,目光外射,有纹在手似王,长上短下,深沉凝重。云中人独孤信是北周的另一位开国功臣,也是八柱国之一,官拜大都督、大司马,授河内公。独孤信有七个女儿,幼女14岁,待字闺中。独孤信见杨坚生有奇表,经过细心考察,决定将自己最疼爱的幼女嫁给杨坚。

杨坚娶独孤氏为妻,两人感情很好。独孤皇后,河南洛阳人,北周大司马、河内公独孤信的女儿。她为人低调,温和恭敬,谦卑自守,世人以为贤后。《隋书·后妃传》说,高祖(杨坚)与皇后相处和好,发誓一生一世,绝无二心。皇后独孤氏相貌端庄,为人柔顺恭孝,相夫教子、送往迎来,礼义周全,不失妇道。独孤氏出身于名门之家,与后周皇室经及王公大臣的关系盘根错节:独孤皇后有6个姐姐,她和大姐关系很好,为北周明帝宇文毓皇后。其长女是她的掌上明珠,为北周宣帝宇文赟皇后。她的四姐嫁给了李昞,李昞是唐开国皇帝李渊的父亲,也就是说,她的四姐是唐太祖李渊的母亲、唐太宗李世民的祖母。独孤氏之家,历北周、隋、唐三朝,既是功臣之后,也是外戚之家。可以说,独孤氏的家族势力,贵戚之盛,无人能比。因此,《北周书》感慨:贵戚之盛,自古以来所没有也。

北周宣帝宇文赟死后,掌握军事大权的杨坚临危受命,总知中外兵马事,辅佐年仅8岁的北周静帝宇文阐。杨坚总揽军政大权,总理朝政。一年后,大定元年(公元581年)二月,周静帝下诏禅位,杨坚建隋代周,定都长安,为隋文帝,独孤氏立为皇后。这段建隋代周的历史,史官这样记载:周宣帝崩,杨坚居禁中,总百揆。独孤氏派人告诉杨坚:"大事如此,已是骑兽的形势,下不能下,只有奋力向前。"杨坚骑虎难下,更加坚定了决心,废周自立。

杨坚建隋以后,突厥依旧与中国交市。市易活动中,突厥方面,有一篚明珠惹人注目,大约价值八百万。当时,幽州总管阴寿想买下这篚明珠,送给令他尊敬的独孤皇后。阴寿特地致书独孤皇后,说明这件事情的原委。没想到的是,独孤皇后当即就回绝了,她答复说:"这不是我所需要的。如今,敌寇犯边,将士疲劳,不如将这八百万,赏给有功将士。"阴寿的奏章传开以后,文武百官纷纷上书皇帝,进表称贺皇后之贤。朝野大臣称赞皇后的善行和美德,文帝杨坚当然高兴,他在宠爱独孤氏之外,更增加了几分敬佩。

杨坚每次上朝的时候,独孤氏总是与杨坚一起,坐着御辇,前往上朝的大殿,一直送到大周阁的地方才停止。然后,独孤氏坐在辇上,目送着自己的丈夫上朝。独孤氏为了更好地了解政务的情况,特地挑选了几个宦官,让他们轮流在理政的大殿当值,暗中探听一切政务情况,及时汇报。凡是感觉政有所失时,独孤皇后随时进谏,提出自己的看法。所以,史官称赞:政多匡谏,多有弘益。每天,皇帝退朝时,独孤氏则早早地恭候在大周阁前,两人一同返回后宫。

独孤氏如此地用心良苦,每天接送皇帝杨坚上朝、退朝,关心朝政得失,贤明、敏锐地匡辅失误,目的是帮助丈夫尽快稳定政权,让刚刚建立的王朝尽量减少失误,步入正轨。皇后这样做,在中国历史上是十分罕有的,这也是独孤皇后富于个性的独特之处。其实,独孤氏幼年很不幸,她很早就失去了双亲,孤儿的命运也锻炼了她,使她过早成熟,考虑事情更加细致。对于亲情,她从小缺少,可望而不可即,所以,她在亲情方面格外注意。公卿之中有父母者,她都要特别关照,亲切问候,礼节十分周到。

独孤皇后展现了女性的政务天才和独特魅力,皇帝欣赏有加,大臣们也心悦诚服。有司官员受到启发,进奏皇帝,援引《周礼》的规定,提出百官之妻列入王朝的礼仪活动之中。独孤皇后不同意,明确地说:"以妇人与政,或从此渐,不可开其源。"独孤皇后虽然规谏得失,但严格遵循妇德,决不干预政务。她不仅自己以身作则,严于律己,而且还经常告诫各位公主、王公大臣之妻,务必遵守妇德,信守礼仪,遵循朝廷法度,绝不要傲慢狂妄,甚至于在日常生活方面也不能失礼于姑舅。

大都督崔长仁是独孤皇后的外兄弟,有恃无恐,触犯了法律,按律当斩。皇帝杨坚念其是独孤皇后的亲戚,想网开一面,特赦其无罪。独孤皇后知道以后,面见皇帝,郑重其事地对皇帝杨坚说:"国家大事,焉可顾私?请依法行事!"于是,皇帝签署命令,崔长仁依律坐罪,判处死刑。

独孤皇后有位异母弟弟名叫独孤陀,曾多次请求独孤皇后给他官职,皇后婉言拒绝了。这个小鬼恼羞成怒,就以猫鬼巫蛊之术,诅咒皇后。事情很快败露,独孤陀被逮捕,按律坐罪,应当处死。独孤皇后得讯,心里十分痛苦,三天三夜不进饮食。最后,独孤皇后面见皇帝,替独孤陀求情:"陀若蠹政害民,我不敢言。如今,却因我而坐罪,请免他一死。"皇帝很感动,特旨独孤陀减死罪一等,免于一死。独孤皇后是位胸怀很宽广的女人,事事以国家为重。谈及政事之时,独孤皇后的想法往往与皇帝的杨坚的想法一致,每当这个时候,两人都是相视一笑,杨坚感觉很欣慰,也感到十分惊讶。皇帝、皇后同心协力,共创盛世,人们由衷敬佩,因而称他们为二圣。

三、皇帝唯一的妻子(下)

独孤皇后是位杰出的女人,她的聪明才智不是一般大臣可比的。她不仅眼光独特,思维敏锐,而且极具亲和力,心中充满了仁爱之情。每年,大理寺都会送来秋决死囚的名单,独孤皇后看到这些即将处死者的姓名,不免伤感,有时还会伤心落泪。独孤皇后是位坦诚的女人,认真做事、认真做人。作为女人,她对政治得失不苟且,对性命关天不苟且,对于情爱之事更是认真对待,丝毫不容苟且。因此,在中国历史上,她是第一个能够成为皇上唯一妻子的女人。

男人置妾,是中国历代的传统,是历代的礼法所认定的,没有人提出异议,也从来没有人反对过。走上仕途的大臣基本上都是三妻四妾,随着官职的升迁,渐渐妻妾成群,似乎妻妾成为一个男人社会身份、地位的最好注脚。在独孤皇后这里,不仅男人置妾成了问题,而且,独孤皇后第一个正式提出异议,第一个坚决表示反对。在隋初的后宫之中,由于男人置妾的问题,曾兴起了一场又一场的政坛风波,有的风波甚至升级为政治事件,演变成一场血雨腥风的悲剧。当然,每一场风波,最后都是以独孤皇后的胜利而告终。因此,独孤皇后在贤后之外,也被称为妒妇。事实上,独孤氏的悍妒之名,远远胜过了她的贤后之名。

独孤皇后心如大海,唯独在夫妇问题上,她极为敏感,心眼像针尖那么小。她明确主张,一夫一妻,坚决反对男人置妾。由于独孤皇后旗帜鲜明,主张一夫一妻,所以,皇帝只能有一个老婆,就是皇后。皇帝只能有皇后,后宫的女人们怎么办?可怜隋初时期后宫的女人,皇后不容她们沾恩,她们只能关在厚厚的宫墙之中,在重重宫门之内以泪洗面,怨天尤人。她们终日不能见到皇上一面,即便见到,也只能远远观看,不可能承幸。

独孤皇后遵循妇德,信守着自己一夫一妻的主张,皇帝杨坚尊敬她,也信守着自己对独孤氏的承诺。他们和谐相处,享受着他们独有的夫妻恩爱。苍天有眼,独孤氏独占着皇帝,她一连替皇帝杨坚生下了五个儿子。后继有人,皇帝没有后顾之忧,他们夫妻之间的感情更加牢固。皇帝杨坚疼爱独孤氏,也很敬重她,自然也尊重她所坚持的一夫一妻制。独孤氏认为,夫妻一起生活,应该相互忠诚,一夫一妻,终身相守。她反对皇帝纳妾,也反对大臣纳妾,无论什么时候,她一听到纳妾之事,就极为厌恶。

独孤氏册立为皇后,母仪天下,正位六宫。其实,有什么六宫?只有皇后一宫而已。大婚之初,皇帝杨坚向她保证:不纳妾,生死相守。独孤皇后收服了皇帝,她觉得不够,她还要在外朝制造一种良好的氛围,让朝野上下,文武大臣,人人不纳妾!只有这样,信守一夫一妻的皇帝,才会心理平衡,才会觉得不委屈。所以,独孤皇后传出话,哪个大臣敢于置妾,她就收拾他。

当年,杨坚迷恋独孤氏,确实立过誓言,保证绝不纳妾。可是,做了皇帝以后，天下女人都是皇帝的私有物，情况就有所不同了。偌大的皇宫，宫殿重重，宫院中的阶前柳下，到处都是如花似玉的女人，她们青春年少，楚楚动人。面对这些妙龄女子，让皇帝目不斜视，恐怕做不到，皇帝杨坚开始动摇了。承平日久，快乐无痕，独孤皇后的脸上渐渐留下了岁月的痕迹。皇后芳容渐去，皇帝越雷池的念头渐渐强烈，日盛一日。

美人尉迟氏的出现，终于点燃了杨坚的欲望之火，杨坚再也按捺不住自己的冲动了。那是春天，春雨之后，梨花飘香，仁寿宫院一片生机勃勃。杨坚信步走来，看见宫院中梨花带雨，心中仿佛有一只兔子撞了一下，有一种特殊的感觉。这时，梨花树下，突然出现了一个女人，她正是尉迟氏。她似乎刚刚哭过，当她看见杨坚的时候，也吃了一惊，大感意外。尉迟氏真是美艳照人，她哭过以后，也是梨花带雨的模样，杨坚看了，整个人都化了，知道自己化进了梨花雨中。

尉迟氏，是尉迟迥的孙女。尉迟迥是隋初武将，兵败以后，其眷属没入官府为奴。尉迟氏年轻美貌，娇弱动人。比起已过中年的独孤皇后，尉迟氏清纯美丽，自然妩媚动人。杨坚看见她后，就迷上了这个少女，一有机会，就在不同的地方召幸她，与她缠绵温存。不久，独孤皇后知道了此事，她并不兴师问罪，而是不动声色。有一天，独孤皇后送皇帝上朝以后，派人将尉迟氏杀了。

皇帝有不祥之感，似乎感觉有什么事要发生，就提前退朝。退朝的皇帝来到后宫，独孤皇后看着他，她的侍女送上一个盒子。皇帝有些奇怪，问盒子里是什么东西？皇后命侍女打开。皇帝一看，立即面无人色。原来，盒内不是什么珍宝，而是尉迟氏血淋淋的人头！皇帝杨坚怒不可遏，瞪着她，说不出一句话来。他不能对皇后如何，"腾"地一下站了起来，气呼呼地跑出寝宫。他从御厩中拉出一匹马，骑上马，疯了一样纵马狂奔。他驰出皇宫，一口气跑出了20余里，跑入了一座险要的山谷。这里丛林密布，谷深山险。杨坚骑在马上，声嘶力竭地大声叫喊，泪流满面。

正在办公的宰相大臣高颎、杨素得报以后，害怕皇帝出什么意外，立即骑上马，紧追其后，一直追到山谷。这时，他们停了下来，等皇帝发泄了愤怒以后，两人上前，扣着马，也流着泪，苦苦劝慰皇上。过了许久，杨坚平静了下来，长叹一声："我是皇帝，却没有一点自由！（吾贵为天子，不得自由！）"高颎站在一边，劝解说："皇上，不能因为一个女人，而轻视天下啊！（陛下，岂以一妇人而轻天下！）"

听了心腹大臣的这番话，杨坚心中的怒意稍稍缓解。他们站在那里，看着夜色中的山谷，驻马良久。直到子夜时分，他们君臣三人才一起回到宫中。独孤皇后恭候在殿内，见皇上回来，流着泪，跪拜谢罪。高颖、杨素站在一旁，倒上酒，好生劝解皇帝。皇帝杨坚苦笑起来，拿起酒杯，一饮而尽。独孤皇后一直恭恭敬敬，满脸歉疚。就这样，皇帝皇后算是和解了。

仁寿二年（602年）八月，月晕四重，独孤皇后染病。几天后，太白犯轩辕，独孤皇后病危。当夜，独孤皇后死于永安宫，时年50岁，入葬太陵。独孤皇后去世以后，皇帝杨坚开始纵情女色，宠幸宣华夫人陈氏、容华夫人蔡氏。由于过度纵欲，皇帝杨坚渐渐身体不支。独孤皇后去世一年以后，杨坚身体垮了，渐渐卧床不起。临终前，杨坚想起了独孤皇后，想到了她在世时的种种好处，愧疚地对身边的人说："如果皇后在世，我哪里会是这样！（使皇后在，吾不及此！）"去世前，杨坚怀念他和独孤皇后一起的日子，但一切为时已晚。

宣华夫人陈氏是陈宣帝的女儿，为人聪慧，性情温和，相貌十分秀丽。陈灭亡时，陈氏选入后宫，入充嫔御之列。独孤皇后性情悍妒，后宫女人不得进御，只有陈氏偶尔有宠。史官记载："陈氏，陈宣帝之女也。性聪慧，姿貌无双。及陈灭，配掖庭，后选入宫为嫔。时独孤皇后性妒，后宫罕得进御，唯陈氏有宠。……文献皇后（独孤氏）崩，进位为贵人，专房擅宠，主断内事，六宫莫与为比。及上大渐，遗诏拜为宣华夫人。"

容华夫人蔡氏，丹阳人。陈灭以后，选入宫中，充世妇。她仪容姣好，杨坚喜爱，因为独孤皇后的缘故，稀得进御。独孤皇后去世后，杨坚频繁召幸她，封为贵人，参决后宫事务，地位仅次于陈氏。杨坚去世前，赐封她为容华夫人。

四、端庄萧皇后

公元六世纪末，梁武帝的曾孙、梁明帝萧岿，在梁灭亡以后，投奔北周，封为梁王。他建都于江陵，在那里，生下了一个宝贝女儿萧氏，她就是后来隋炀帝的正配夫人，端庄淑女萧皇后。当时，南朝江陵有个风俗，认为女儿二月出生，可能命运不好，还会祸及亲人。可是，皇帝之女的萧氏公主，偏偏出生于二月。于是，明帝萧岿毫不犹豫，第二天，他就将亲生女儿萧氏送给了没有子女的远房亲戚萧岌抚养。

似乎真是命运作怪，养父养母对萧氏十分宠爱，可是，在萧氏8岁的时候，十分疼爱她的养父、养母相继去世。政权更迭，梁王朝灰飞烟灭。少女萧氏走投无路，只好转而寄养于母舅张轲家中。这个时候，张轲家势败落，家中一贫如洗，生活十分凄苦。萧氏在苦难中一天天成长,渐渐出落得花容月貌。她性格内向,娴静温和,见到她的人,无不称赞她贤淑端庄,是一个很有修养的高贵女人。

当时,隋炀帝杨广还是晋王,文帝杨坚准备为晋王在梁地选一位王妃。选择王妃的事情进展顺利,许多良家之女参选。然而,偏偏梁地所选的所有美女,生辰八字诸方面推算之后,最后均是大不吉。对于讲求占卜吉凶的隋王室来说,这是大事,绝不能通融。萧岿早就听说自己的女儿已出落得羞花闭月,出于侥幸,提出迎回萧氏,特地派遣使者沐浴熏香,送占卜师占验。结果,所占为吉,人皆大喜。萧氏生辰送呈宫中,经过仔细审核验视,均为大吉。萧氏迎进了晋王府,经过隆重的仪式,被立为王妃。

萧氏生活在晋王府中,以王妃的身份,与晋王一起生活了二十年,度过了她最为美满幸福的家居生活。在这期间,她先后替晋王生下了两个儿子。晋王即位以后,她被册立为皇后,她的儿子杨昭被册立为太子。这个时候,萧氏在仪容、风韵方面完全成熟,进入了她人生的盛年时期。然而,萧氏毕竟进入了中年,二十多年的夫妻生活,磨灭了他们之间的所有新鲜感。

对于入主帝位的杨广来说,生命正当盛年,皇后却只是一个象征罢了,已经不能引起他太多的兴趣。他想寻欢作乐,去宠幸更加年青、更加漂亮的女人。后宫中,美丽的女人实在太多了,有前朝父皇留下了,也有新选进的。杨广已经不是当年那个晋王了。

对于萧皇后来说,晋王曾令她心动:他博学广识,为人谦逊,仪容俊美,才思敏捷。特别令她回味的是,他是那样的善解人意、礼让周到、体贴入微。然而,登上皇帝宝座以后的晋王完全变成了另外一个人了:他恣情纵欲,好大喜功,讲求享乐。最让萧皇后惊奇的是,一直严于律己的晋王立为太子以后,一直保持着进退有节,在朝廷大臣的眼中始终被人所称道。可是,皇帝病重之时,就是这个人人称赞品德高尚的太子,终于按捺不住自己对美色的贪恋,竟在皇帝的病榻前,非礼皇帝宠爱的宣华夫人。萧氏听到这个消息,惊得目瞪口呆。

五、太子逼淫后母

宣华夫人的美丽,是宫人们所公认的。太子杨广垂涎宣华夫人,已非一日。文帝杨坚病重时,宣华夫人奉诏侍疾。杨广为晋王时,早就有夺嫡之计,千方百计想取代太子,谋取储位。杨广献媚宣华夫人陈氏,想借陈氏之口在皇帝面前说些好话。

为了获得陈氏作谋取太子位的内应，杨广礼仪周到地侍候陈氏，时时进献重礼。他进献的金蛇、金驼等奇珍异宝，陈氏十分喜欢，皇帝杨坚经常会听到陈氏对晋王杨广的称赞。不久，皇太子杨勇一再失误，最终被皇帝废掉。太子废了，主要得力于杨坚的独孤皇后和宠幸的陈氏。晋王杨广遂意了，随之立为太子。独孤皇后去世以后，陈氏进为贵人，独宠专房，主断内事，六宫之中，无人能比。

文帝杨坚躺在仁寿宫中，病体沉疴。他哪里知道，在他的寝室龙床之外，会发生太子非礼事件。当时，杨坚令宣华夫人照料起居，太子杨广每天进宫探视。有一天，天亮时分，宣华夫人出室更衣。垂涎一夜的太子杨广两眼红红的，尾随其后，闪身也跟进了更衣室，搂过后母宣华夫人陈氏，强行亲热，逼迫就范。宣华夫人陈氏没有任何心理准备，惊惶失措，拒绝了太子的非礼要求，匆匆忙忙，头发散乱地奔回寝室，面无血色。

躺在病榻的文帝十分敏感，他欠起身，看一眼陈氏，知道有特别状况发生了。杨坚盯着陈氏，问道：惊慌什么！出什么事了？为何如此神色慌乱？宣华夫人站在那里，手足无措，脸色由白变红。在皇帝的一再逼问下，陈氏泫然落泪，轻声说："太子非礼。"杨坚一下子瘫倒在床上，真如五雷轰顶。杨坚不敢相信，他一直引为自豪的太子杨广，竟然会是这种货色？老子还没有咽气呢！他就如此迫不及待了？他一旦做了皇帝，岂不在宫中横着走！杨坚躺在床上，恚然骂道："真是畜生！何足以付托大事，独孤皇后误我！"皇帝杨坚如梦初醒，想起独孤皇后力主废除太子杨勇、册立杨广，后悔不已，原来杨广是个孽子。然而，一切为时已晚。太子杨广已经控制了皇宫，皇帝杨坚驾崩。皇帝去世，杨广秘不发丧，随即入主大位。

父皇杨坚暴崩的当夜，太子杨广就开始在宫中横着走了！当夜，他就悠游在父亲的后宫之中，逼淫父皇的爱妃宣华夫人。接着，杨广将父皇的另一位爱妃容华夫人在父亲的宫中逼淫。杨广在柩前即皇帝位，为隋炀帝。登上皇帝宝座以后的杨广，更加无所顾忌，为所欲为，极尽享乐之能事。史官说，杨广荒淫无道，故给谥号为炀，人称炀帝。

杨广如此荒唐淫乐，无人敢于进谏。萧皇后对此无能为力，偶尔见面时，只能从健康的角度，关心皇上，婉言从旁规劝。但是，杨广自我感觉良好，对萧皇后的话，充耳不闻，依然我行我素。不过，杨广对于萧皇后一直是很敬重的。每次游幸，杨广总要萧皇后侍驾随行。萧皇后见杨广日益失德，国势衰微，无可挽回，她感到焦虑，又不敢直言，于是，考虑再三，她就写了一篇《述志赋》，表达自己的忧虑,排遣心中的忧闷。

《述志赋》不长,但写得文采飞扬。其主旨是告诉人们,无论何时,当临深履薄,居安思危。写这篇赋,萧后的目的是规谏、劝导杨广,行乐应有所收敛,君主肩负着江山社稷的重任,应当勤奋理政,时时以国事为重。谁知,这篇赋交给杨广,他喝着美酒,读过赋以后,淡然一笑,扔在了一边。

杨广大不以为然,萧皇后觉得很失望。杨广认为人生苦短,不及时行乐,更待何时?圣主尧、舜如何?暴君桀、纣又如何?到头来,还不是同样命归于黄泉!萧后感到绝望了,杨广十分固执,根本不可能改变。从此以后,萧后干脆不再说什么了。杨广穷奢极欲,恣意行事,纵情享乐。他这样做,结果是政治黑暗,人心涣散,国势朝政江河日下。民不聊生,人们铤而走险,揭竿而起。各地义兵纷纷起事,战火此起彼伏。禁卫军将军司马德戡想推翻杨广,拥立新帝。于是,他处心积虑,暗中策划,秘密联络杨广近侍斐虔通等人,共推宇文化及为首领。他们计划杀死皇帝杨广以后,返回长安,共推宇文化及为帝。

这一密谋,被一位宫女得知,宫女慌忙地禀告萧皇后。萧皇后想一想,就让宫女直接报告给皇帝杨广。谁知杨广听完奏报以后,心烦意乱,不仅不相信这些话,反而指责宫女,造谣惑众,吩咐立即将她斩首。自此以后,再也没人前去奏报叛乱之事,杨广就生活在自己的狭窄空间里。

大业十四年(公元618年)三月,宇文化及发动兵变。叛军包围了行宫,杨广被俘,叛军活活将他缢死,杨广的幼子赵王杨杲也一起被杀。繁华的宫殿一片狼藉,空气中充满了血腥味。乱兵走了,萧皇后走了过来,看见皇帝的惨状,她流下泪来。当她看见倒在血泊中的皇子时,不禁失声痛哭。然后,她平静了下来。吩咐宫人,将床板拆下来,做成了两口简易的棺材,将杨广父子收殓了,埋入西苑的花园之中。

皇帝杨广被杀,萧皇后被叛军劫持,可怕的消息不胫而走,传遍了京城内外。很快,和亲北漠、下嫁突厥的义成公主得到这个消息,恨得咬牙切齿,发誓一定要为皇帝、皇后报仇。在义成公主的督导下,始毕可汗派出使臣南下,面见占据河北、称霸一方的窦建德,要求他立即出兵,杀死宇文化及,消灭他的叛军。窦建德迫于突厥强大军事力量的压力,马上包围了叛军,活捉了宇文化及,将他和他的全家全部杀死。然后,窦建德将宇文化及的首级呈送突厥可汗。

义成公主十分悲伤,隆重地为父皇杨广发丧,举办丧礼。同时,义成公主派遣使臣南下,恭迎萧皇后北上。隋王朝分崩离析了,到处一片混乱,战火开始在四处漫延。萧皇后想一想,确实没有一个安全的处所,北去突厥,可能是最好的选择了。这段历史,史官这样记载:突厥处罗可汗派遣使臣南下,使臣来到洛州,迎接萧皇后。窦建德迫于突厥的实力,不敢阻留。萧皇后登上马车,随使臣北去突厥。大唐贞观四年(630年),唐军大破突厥骑兵,唐太宗吩咐,以礼迎回萧皇后。萧皇后南下,回到京师长安,一直生活在大唐宫中,寿终正寝。

六、痴情侯女

隋炀帝杨广一生多情,结下了无数情缘。他自视甚高、自命不凡,他的最大本领就是将风雅和荒淫两种极端的生活状态,有机地结合起来,让他的生活五光十色。晚年的时候,杨广突发奇想,别出心裁地吩咐侍从,在烟花缭绕的扬州建造迷楼。杨广描绘图纸,提出明确要求。经过皇家设计师的精心设计和大量建筑师的协力建造,迷楼很快就建好了。迷楼看上去小巧玲珑,建筑独具特色,精巧别致,巧夺天工。

杨广喜出望外,令侍从四出,到全国各地挑选最好的美女充实后宫。然后,他从后宫的这些女人中,挑选美貌、多情、多才的女人送入迷楼。才女侯氏,是隋炀帝众多的后宫佳丽之一,美貌、多情、多才,然而,因为她太孤傲了,没有被皇帝的侍从选入迷楼。杨广终日缠绵在迷楼之中,在脂粉香阵中销魂。对于入宫的女人来说,如果不在迷楼,那就意味着没有见到皇帝的任何机会。

日复一日,时光流逝,孤芳自赏的侯氏顾影自怜,自怨自艾。她感到十分寂寞,也十分忧伤。每天,她带着希望迎接黎明,度过漫漫长日,在寂寞和无望中送走落日。花开了,花谢了。草绿了,草黄了。花草凋谢,过了严冬,春风吹拂,大地生机勃勃,又是一片花红草绿。可是,人呢?怎么不如花草。皇帝近在咫尺,却如远在天涯。侯氏将一腔幽怨写在纸上,化成一首首诗篇,倾诉自己的相思。

侯氏日夜忧思,以泪洗面,渐渐地,她由希望到失望,由失望到绝望。绝望中的美人侯氏眼前的一切都是灰蒙蒙的,没有一点生机,甚至于太阳也是灰白的,没有任何光泽。她感到,活着实在是太痛苦,没有希望,没有乐趣,只有寂寞、孤独、幽怨和悲伤。侯氏揽镜自照,看见的是一张惨白的脸。她想,与其苟延生命,不如一死了之,死了,真是一了百了。

于是,侯氏坐在那里,写了自己的绝命诗。写好以后,侯氏把诗收好,细心地放在一个精巧的锦囊里,封好口。然后,她把锦囊牢牢地系在自己手臂上。窗外萧瑟,树上的叶子都黄了,正一片一片地飘零。侯氏流着泪,踩上橙子,脚一歪,悬梁自尽了。

侯氏死得十分平静,她的脸上流着两行清泪,笼罩着一层圣洁之光。宫人们觉得奇怪,她仿佛不是去赴死,而是去和皇帝约会。侯氏知道,她死后,宫人们会发现她写的诗,这些诗,就会送到御前。皇上坐下来,细细地读她的诗,就能感受到她的感情,她的痛苦,她的忧伤。皇帝也能知道,在他的后宫之中,有她这样一个与众不同的女人,她是如此的容颜美丽,才华横溢。

侯氏死了,平静的宫院一下子沸腾了起来。宦官和宫人们奔跑着,急忙将她从梁上放下来。忙乱之中,宫人们发现侯氏的手臂上系着一样东西,是一个精致的锦囊。她们取过锦囊,立即送给了皇帝。皇帝杨广初听奏报,微微吃惊。然而,等他接过锦囊,打开封口,翻开侯氏的一叠诗稿,阅人无数的杨广真的震惊了。一首首诗,记述了侯氏的多情和哀怨。这哪里是一叠诗,简直就是一颗少女之心,是一缕缕缠绵不绝的柔情。

杨广立即放下诗,急忙不迭地前往宫院,看望侯氏,希望她还活着。然而,侯氏死了,没有一丝气息。杨广抚着她,看着她白皙的容颜,痛惜不已,感叹说:"人已死了,却容貌依旧,美如桃花。"他痛定思痛,急召中使许廷辅,瞪着他,质问道:"我让你选择美女,送入迷楼,你怎么独独没有选上这么好的女人?"许廷辅浑身颤抖,跪伏谢罪。杨广将许廷辅下狱,赐其自尽。

杨广流着泪,嗟叹良久,伤怀不已。杨广吩咐,以嫔妃之礼,厚葬侯氏,礼遇其家人。侯氏的优美遗诗交付乐府,让乐师配曲,在宫中传唱。杨广后来依然会情不自禁地品读侯氏的诗,感到诗如其人。侯氏用心血写下的《自感》三首如下:

庭绝玉辇迹,芳草渐成科。
隐隐闻萧鼓,君恩何处多!

欲泣不成泪,悲来翻强歌。
庭花方烂漫,无计奈春何。

春阴正无际,独步意如何?
不及闲花柳,翻承雨露多!

杨广特别喜欢读侯氏的《自伤》绝命诗。在这首诗中,她用优美的文字,叙述了她入宫八年的寂寞少女生活,生动地描述了她的苦闷、彷徨、挣扎和忧伤。高墙隔绝的宫禁生活让她绝望,她时时刻刻思念自己的亲人。她感叹,可惜没有羽翼,飞不出宫墙。

《自伤》诗如下：

初入承明日，深深报未央。

长门七八载，无复见君王。

春寒入骨清，独卧愁空房。

飒履步庭下，幽怀空感伤。

平日新爱惜，自待聊非常。

色美反成弃，命薄何可量？

君恩实疏远，妾意徒彷徨。

家岂无骨肉，偏亲老北堂。

此身无羽翼，何计出高墙？

惟命诚可重，弃割良可伤。

悬帛朱栋上，肝肠如沸汤。

引颈又自惜，有若丝牵肠。

毅然就死地，从此归冥乡！

第六章

唐宫的女人们

唐高祖李渊(566—635 年),祖籍陇西成纪(甘肃秦安),出身贵族之家,承袭唐国公。大业十三年(617年),任太原留守。农民大起义,隋朝土崩瓦解。李渊和次子李世民乘机起兵,轻松地攻占了首都长安,立隋炀帝之孙杨侑为帝。第二年,逼迫杨侑退位,建立唐朝。在位 9 年,被迫传位给次子李世民,自称太上皇。唐历时 289 年(618—907 年),凡 22 帝后:唐高祖李渊、太宗李世民、高宗李治、大周女皇武则天、中宗李显、睿宗李旦、殇帝李重茂、玄宗李隆基、肃宗李亨、代宗李豫、德宗李适、顺宗李诵、宪宗李纯、穆宗李恒、敬宗李湛、文宗李昂、武宗李炎、宣宗李忱、懿宗李漼、僖宗李儇、昭宗李晔、哀帝李柷。唐代疆域,东、南到大海,北到贝加尔湖、叶塞尼亚河上游,西北到里海,东北达日本海。

唐初之时,出现了一位杰出的女人武则天(624 年—705 年)。她是并州文水(山西文水县东)人,是中国历史上唯一一个正式称帝的女皇帝,也是即位年龄最大的皇帝,即位之时 67 岁。同时,她懂得长寿之道,是寿命最长的皇帝之一,终年 82 岁。她是唐朝功臣武士彟的次女,母亲是杨氏。她 14 岁时,选择入后宫,成为唐太宗的才人,唐太宗赐号媚娘。太子李治即位,为唐高宗。高宗李治将后母武氏纳入后宫,初封为昭仪,后册为皇后,尊号为天后,与高宗李治并称二圣。唐中宗、唐睿宗执政的 8 年间,她为皇太后,临朝称制。随后,自立为皇帝,定洛阳为都城,改称神都,建立武周王朝。神龙元年(705 年)正月,武则天病笃,宰相张柬之发动兵变,迫使武氏退位,史称神龙革命。唐中宗复辟,恢复唐朝,上尊号则天大圣皇帝。后来,遵武氏遗命,改称则天大圣皇后,以皇后身份,入葬乾陵。唐玄宗开元四年(716 年),改谥号为则天皇后;天宝八载(749 年),加谥则天顺圣皇后。

窦皇后、长孙皇后,一代贤后,德标后世。

唐玄宗迷恋儿媳杨玉环,他们的爱情惊天动地、愁肠百结。

李渊、李世民父子创建了唐王朝,他们是大唐的开国皇帝。他们以天下为己任,仗义疏财,遍结四海豪士,在关中建立霸业,定都长安。史家历来认为,李渊父子是乱世之时建功立业的英雄,他们心无旁骛,救民于水火之中,常为后人所称道。其实,李渊、李世民父子,也是贪恋女色的男人,不过,他们父子都是很出色的男人,二人的夫人也都是正位宫闱的皇后,出类拔萃,可为历代皇后的典范。

女皇武则天是一个天才的女皇,也是一位卓越的女性,她的政治天赋和过人的统治术,让人才辈出的朝野大臣拜倒在她的石榴裙下,许多杰出之士如狄仁杰之流,甘心为之驱使,成为女皇领导下的杰出良臣,他们共同创造了中唐之盛。

唐玄宗李隆基是一位才华横溢又风流倜傥的多情皇帝。他的一生十分精彩,上演一幕又一幕爱恨情仇的浪漫故事。其中,最为精彩的篇章,自然是他和他的儿媳杨玉环共同谱写的爱情绝唱。唐玄宗迷恋他的儿媳妇杨玉环,于是,置江山社稷于不顾,放纵狂欢,一发不可收拾,直到边将的铁蹄踏破他们的狂欢梦。他们的爱恋引发了一场险些颠覆大唐王朝的战争,这就是长达 8 年的安史之乱,京城一度陷落,许多无辜的生命成为他们浪漫爱情的殉葬品。

一、窦皇后的眼界

李渊的皇后是窦氏,她是京兆平陵(陕西兴平)人。其父窦毅十分勇武,后周之时,官至上柱国,娶周武帝的姐姐襄阳长公主为妻。入隋以后,窦毅历定州总管、神武公。窦氏出生的时候,一头好发,而且,她的头发与众不同,格外地茂密旺盛。史书记载,她出生之时,发垂过颈。3 岁时,头发便与身等。窦氏渐渐长大了,聪慧过人,不仅相貌秀美,头发乌黑,而且读书识字,一目十行。她爱读《女诫》、《列女传》等女性专用书,也喜欢读《诗经》、《论语》等儒经,能够过目不忘,随时讲读。周武帝很疼爱窦氏，将她养在宫中，对她的宠爱，超过于任何其他的外甥。

窦氏十分机敏，眼光独特，对人和事的看法，常有不寻常的见地。她是一位传统的女性，为人孝顺，极重亲情。史书记载说：有一天，窦氏听说隋高祖受禅为皇帝，十分气愤，立即从床上跳下来，大声说："可恨我不是男人，不能为舅家报仇！"窦父急忙捂住她的嘴说："别乱说，会灭我全族！"

窦氏是个很有侠义心肠的女人，她做人做事，都是如此，义形于色。她遵守传统，痛恨朝代更迭。后周末年，败局已定，窦氏在混乱的时局下长大。不久，窦氏出落成了一个窈窕淑女，她对时局无法左右，也不能阻止隋朝代周，不知不觉间，窦氏到了出阁的年龄。窦氏端庄美丽，遐迩闻名，求婚者络绎不绝。

求婚、约姻和提亲者太多，窦毅就对来人说："我这女儿，有好相貌，又见识不凡，哪能随便嫁人。"于是，窦毅想到了一个办法，就是比武招亲。他亲手在屏风间画了两只孔雀，让求婚者每人射两箭。至于射中什么地方为胜？他没有说，但他在心里有答案，就是射中孔雀眼睛的人方可成婚。

求婚者纷纷前来，一试身手，然而，他们一一都被淘汰了，前后多达数十人。最后，李渊出场了，未来的天子就是出手不凡：他先后两箭，各射中孔雀一目！于是，按照约定，窦毅将女儿窦氏许配给李渊，可谓英雄配美人。这时，窦氏没有选择，只好认命，心甘情愿地嫁了这位气宇轩昂的青年李渊。

当时，李渊的母亲元贞太后年岁大了，身体不好，因为多年疾病缠身，性情暴躁，加上她天性严厉，脸上很少有笑容，所以，家里的女人们都很怕她，小字辈的女人们对她更是敬畏，没有人敢去侍候她。迎娶窦氏以后，她主动侍奉老太太，对老人照顾得无微不至，尽心尽孝，有时甚至于几天或者一个月都卧不释衣。

窦氏是个完美主义者，什么事都力求尽善尽美。她嫁到李家后，言行举止，合乎礼法，老太太很欣慰，家中上下人等无不钦佩。在做好家务之余，窦氏还潜心读书、练字。她写的有关女子的篇章、规诫，很有深意，文字古雅。她的书法很娟秀，自有家学传承，她特别擅长模仿字体，模仿李渊的字迹几可乱真，李渊自己都差点不能辨别真假。

窦氏的锐利眼光和远见卓识共同生活的日子里逐渐被李渊认识，并且一次又一次地得到了验证。当时，李渊在隋炀帝身边，很受宠信，他的最大爱好，就是畜养好马。窦氏知道以后，考虑再三，对李渊说："皇上喜欢好马，你养了这么多，为什么不献给他？留下这些好马，会招来罪过，没有益处。"

李渊不听，认为这是妇人胆小怕事罢了。不久，李渊果然受到了皇帝的无端责问和严厉处罚。李渊明白了,这才感觉夫人眼光独特,看得很准。政治渐渐混乱,隋炀帝更加荒淫无度。李渊从自己的安危考虑,决定听从夫人的建议,多次将自己精心喂养的鹰、犬、良马,进献给皇帝。隋炀帝杨广得到这些喜爱之物,当然高兴,欢喜之余,擢升李渊为将军。李渊心里十分高兴,亲身经历这些以后,知道了夫人的睿智。有一天,他获得禁卫将军的印信,流着泪,高兴地对儿子说:"早听你母亲的话,我早就是大将军了。"

窦氏和李渊感情很好,她先后替李渊生下了四个儿子:长子建成,次子世民,三子元霸,四子元吉。窦氏生前,李渊没有起事,一直在隋炀帝的手下任职。隋炀帝大业年间,窦氏就撒手人寰了,病死于涿郡,年仅45岁。几年后,李渊建立唐朝,特地下诏,将窦氏所葬的园地赐名为寿安陵,赐她谥号穆。后来,诏袝献陵,人称太穆皇后。

窦氏在生下的四个儿子中,最宠爱的是次子李世民。传说李世民出生时,身上有两条龙纹。当然,李世民生有二龙之符,是史官的记载,有美化之嫌。二龙之符,是帝王之象。不管是否有二龙之符,窦氏对李世民的疼爱是最真最笃的,这恐怕符合事实。玄武门兵变之后,李世民夺得了实权,不久,正式登基,做了大唐的第二任皇帝,时刻都不曾忘记疼爱自己的母亲。

有一次,李世民路过庆善宫,睹物思人,想起了自己的母亲窦氏,不禁唏嘘落泪。李世民看着宫室,对身边的侍臣说:"我是在这里出生的,现在,这里一切依旧,可母亲却去世了,母亲的养育之恩,不能报答!"说罢,李世民号啕大哭,他的左右侍从也无不唏嘘落泪。于是,李世民在正殿之中设立牌位,祭祀自己的母亲。

有一天,李世民临幸九成宫,当天夜里,他做了一个梦,梦中看见了自己的母亲,她的模样和活着时一样。梦醒以后,李世民潸然泪下,不能自已。第二天,李世民诏令有司,大开皇家粮仓,赈济京城孤寡贫穷之人,以报窦氏之德。上元年间,李世民赐谥窦氏为太穆神皇后。

二、贤德皇后长孙氏

李世民的皇后是长孙氏,河南洛阳人,她是北魏拓跋氏的后裔。长孙氏的先人曾任宗室长,因号长孙,此后便以此为姓。她的高祖智慧过人,官至大丞相封冯翊王。曾祖长孙裕,封平原公。祖父长孙兕,行武出身,官至左将军。其父亲长孙晟,博览群书,通书史,晓兵法,隋朝之时,任禁卫军右骁卫将军。

长孙氏从小就喜爱读书,特别是喜欢读图文并茂的图传书籍。她熟悉历史,常常以历史上的善恶故事为鉴戒,以古往今来的后妃事迹鞭策自己,不以小善而不为,不以小恶而为之,严于律己,遵循礼法。长孙氏的伯父长孙炽是周时的通道馆学士,他听说长孙氏的聪慧和明智,特别是有劝抚突厥女之心,不禁感叹其为奇女子。于是,他劝告长孙氏的父亲:她是一个聪明睿智的女孩,将来必有大福,一定会有前程不可限量的了不起的儿子,婚姻大事方面不可不慎重。正是在哥哥的劝告下,长孙晟才决定比武招婿。最后,将女儿嫁给了未来的大唐天子李世民。

长孙氏天性俭约,日用器物、服饰够用就行,从来不多取。她喜欢读书,不论寒冬、酷暑,从不旷废。在后宫之中,她经常与李世民品茶谈天,交流读书心得,有时甚至坐谈到深夜。但是,她从不过问朝廷政务。有时,即便是遇到难题的李世民特地来问她,她也拒不回答。李世民知道,她是一个很有智慧的女人,在决定重大问题的时候,他有时想征求长孙夫人的意见,长孙氏婉言辞谢,温和地说:"母鸡司晨,乃败家之兆,能这样做吗?"李世民坚持听听她的意见,再问,她干脆不再回答。

后宫之中,如果有人违犯宫规,皇帝很生气,指示按律治罪。这时,长孙氏总是毫不犹豫地站在皇帝这一边,请求皇帝惩治犯人的过失或者罪责。等皇上气消以后,她会认真仔细地调查、了解,务必考查详细,明白是非曲直,绝不能有任何冤屈。长孙氏是一位心胸开阔的女人,她身为后宫之主,从来不与嫔妃、宫人争宠。一位下嫔受宠,不久生下豫章公主,不幸的是,公主很快夭折了。长孙皇后百般安慰她,生活起居方面给予多方照顾。事实上,即使宫中的侍婢宫女患病,长孙皇后也是常常放下自己手中的事,前往看望,还用御制药饮帮助她们治病。长孙皇后的仁德,宫中上下,无不感激。

长孙无忌(约597—659年),字辅机,河南洛阳人。先世是鲜卑族拓跋氏,北魏皇族支系,后改为长孙氏。他是长孙皇后的哥哥,也是唐太宗李世民的内兄。长孙无忌好学多才,精通文史。长孙无忌与唐太宗李世民是布衣之交,两人自小感情很好。隋义宁元年(617年),李渊起兵太原。长孙无忌进见,李渊爱其才略,授任渭北行军典签。从此,长孙无忌开始辅佐李世民,建功立业。

李渊建立唐王朝,长孙无忌是大唐的开国功臣,论功位居第一,封齐国公,后徙赵国公。唐武德九年(626年),他参与了玄武门之变,帮助李世民夺取帝位,成为李世民时代的功臣,历任尚书仆射、司空。他为人谨慎,请求改任司徒。贞观十一年（637年），他奉命与房玄龄等纂修《贞观律》。贞观十七年，李世民选功臣二十四人，命画师在凌烟阁中给他们画像，长孙无忌位居第一。

长孙无忌辅佐李世民，立下了不朽功勋，李世民特旨，允许他可以自由出入宫禁，甚至于皇帝卧室，他也可以长驱直入。长孙皇后知道以后，找到李世民，表示坚决不同意，她对李世民说："我主持后宫事务，已经尊贵至极了，我不想让我的亲戚再在朝廷掌权。汉代外戚的教训，如吕氏、霍氏的下场，我不能不引以为戒！"皇帝李世民不听，他说他信任长孙无忌，坚持委以重任，任命长孙无忌为尚书仆射。

唐高宗时，册封长孙无忌为太尉，同中书门下三品。永徽二年（651年），他奉命与律学士对唐律逐条解释，撰成《律疏》30卷。宋以后，此书称为《唐律疏议》。不久，长孙无忌因为坚决反对立武则天为皇后，与武后结仇。武后执政时期，武后宠信的大臣许敬宗上书诬陷弹劾，武后将他削爵，流放黔州（今重庆市彭水县）。随后，他走投无路，只好自缢身亡。

长孙皇后有个异母兄弟叫长孙安业，品行恶劣，为人无行。当年，皇后的父亲去世时，这位长兄竟然将长孙皇后和她的哥哥长孙无忌驱逐出家门，赶回她的外婆家。长孙氏册立为皇后以后，家族荣显，权势很大。长孙皇后不计前嫌，将长孙安业擢升为禁卫将军。后来，这位品行不端的长孙安业贪污受贿，图谋不轨，与李孝常等人密谋造反，事泄，全部被逮捕。按律，长孙安业获罪当诛。长孙皇后面见皇帝，叩头谢罪说："长孙安业犯有死罪，不能饶恕。但是，他以前对我不好，大家都知道。今天，如果将他处以死罪，恐怕别人会以为我是在报私仇，这对陛下也不好。"于是，李世民下旨，将安业减罪一等，流放越地。长孙皇后喜爱太子李承乾，太子的乳母乘机进言，请求增加东宫仪仗和什器，长孙皇后摇头说："身为太子，忧虑的应该是品德不高，名声不好，为什么忧虑器不够用？"

李世民生病，历时一年没有好转。长孙皇后天天在病床侍候，昼夜都不离开皇帝。而且，她经常把毒药带在身上，存放在衣带里。她说：如果皇上有什么三长两短，我也不能独自活命。贞观八年，长孙皇后陪同皇帝李世民游幸九成宫。长孙皇后一向有气喘病，到九成宫后，不幸病倒，在九成宫中调养。这时，谯国公柴绍等紧急密告：一群乌合之众，发动了宫廷政变。形势十分危急。久经战阵的李世民得报，立即全副武装。长孙皇后带着病，请求跟随皇帝。皇帝吩咐，让皇后坐在舆中，快速撤离。这时，负责治疗皇后的宫司上前劝阻谏止，认为皇后不宜移动，长孙皇后说："皇上受惊，我能安心吗？我一定要和皇上在一起！"皇帝和他的侍卫保护着皇后，绕开了叛军，一起脱离了险境。

长孙皇后的病情日益加重，太子李承乾忧心如焚，奏请皇帝大赦天下，召集道人超度祈福，举行法会祛灾。长孙皇后对太子说："人的生死是天定的，个人无能为力。如果修福能延长寿命，我没做恶事，就是自然之寿了。如果做善事无益于寿命，那还求什么呢？要知道，大赦是国之大事，佛老之教是异教，在这种情况下，这样做，都是不应该的。你想想，哪能因为我而乱了天下大法？"

太子闻言，表示谨听教诲，不敢以此进奏了。但是，太子还是担心母后，就将这件事转告大臣房玄龄。房玄龄很受感动，就转奏太宗李世民。太宗感叹皇后的美德，对太子的做法表示肯定。这时，大臣们纷纷进奏，请求皇帝大赦天下，以替皇后消灾。皇帝允准，吩咐侍臣去办。长孙皇后知道后，力争不可，皇帝这才作罢。

贞观十年(636年)六月，长孙皇后病危，奄奄一息。当时，房玄龄因为小过，遭到皇帝的斥责，回家反省。长孙皇后对太宗恋恋不舍，诀别之时，小声说："房玄龄事奉陛下已经很久了，有见识，擅长奇计密谋，没有特别的缘故，不能冷落他。我家久受皇恩，无德受禄，容易招至灾祸，请以后不要将朝廷中枢要职、高官授给我家，我们以外戚身份参加朝廷事务，就足够了。我活着的时候，没做什么有益的事。我去世以后，请不要厚葬，只希望一切从简，依山起坟，不用棺椁，以瓦器、木器等物品陪葬就可以了。只有这样，简约送终，才是真正没有忘记我。"

长孙皇后生前不参与朝政，临终之时却顾念大臣，关心政务。弥留之际，她请求皇帝：亲近君子，远离小人。接受忠告，虚心纳谏。勿听谗言，停止游猎，减少劳役。皇后最后叮嘱说，皇帝只有做到如此，她才能死而无恨。皇后取出衣带上夹带的毒药，拿给皇帝看，认真地说：陛下生病的日子，我发誓，一定要自杀追随陛下，我不能居于吕后的位置！不久，长孙皇后崩于立政殿，年仅36岁。

唐太宗十分怀念长孙皇后，认为她是历代皇后的楷模。长孙皇后品德高尚，宅心仁厚。做人方面，严于律己，做事不尚苟且，不徇私情，不谋私利，堂堂正正。她留给后世最宝贵的财富，也是历代为人所称道的，就是她采辑古代妇人事迹，编纂成书的《女则》十篇。书中汇辑了各代女性成功的经验和事迹，也着重指斥了汉代外戚之祸，认为马皇后不能裁抑外戚之家，不能告戒车马之侈，不能停止参与政事，从而酿成大祸。书中见解独特，在许多方面提出忠告。

皇后曾告诫身边的宫人，说自己撰写此书，只是用于自我约束，内容上没有什么条理，不要让皇上看到。长孙皇后去世后，她身边的宫人就把这部书进献给皇帝。唐太宗读完，深为感叹，哀恸不已，对侍臣说："这部书，可以垂范后世，我哪能不遵天命而徇私情！我再也听不到劝告的声音，我失去了一位优良的好助手,真是哀痛!"

　　5个月后,李世民将长孙皇后安葬于昭陵(陕西醴泉县北)。皇帝赐长孙皇后谥号文德。唐太宗亲自撰写表文,记述事情始末,刻写在陵墓左边的石碑上。李世民说:长孙皇后一生节俭,临终之时,留下遗言,丧事从简。她认为,盗墓贼的目的,不过是搜括金银财宝,墓中没有金银财宝,他们还搜括什么!我的意思,也是如此。君主以天下为家,何必非要把金银财宝放在坟墓中,才算自己所有。现在,我们在山上修建坟墓,凿石工人才一百余人,几十天就完工了。墓中不陪葬金银珠宝,人马、器具都是木器和陶器,做做样子罢了。这样做,也许可以使盗墓贼死了窃心,让生者怀念,让死者安心,都不受到伤害。以后,百世子孙,都应该效法。上元年间,皇帝李世民赐长孙皇后谥号为文德圣皇后。

　　李世民思念长孙皇后,年龄大了,更是不能自已。于是,他吩咐近侍,在皇家园林中,建造了一座十分精致的多层高楼。他经常和他的宠臣登楼远眺,能够清楚地看见长孙皇后入葬之地的昭陵。有一次,正二品的特进大夫魏征来了,皇帝李世民就带他上楼,眺望长孙皇后的坟墓。魏征仔细眺望,看了很久,对皇帝说:我眼睛昏花,使劲看,怎么什么也看不见。李世民指给他看,说:不太远。魏征说:我以为,陛下遥望的是献陵。如果是昭墓,我早就看到了!献陵,是李世民的父亲李渊的陵墓。李世民一听,心中大惊,立即明白了魏征的进谏。于是,李世民流着眼泪,吩咐拆毁这座高楼。

三、第二位女皇的爱恨情仇

1. 女皇故乡情

　　中国历史上第一位正式称帝的女皇,也是中国历史上唯一一位建立帝号的女人,就是武则天。她的祖籍是并州文水(今山西文水县东),出生之时,她的父亲是利州(今四川省广元市)都督。利州,是古州名,西魏时,改称西益州,治所在兴安,唐代时称利州,辖地相当于今四川广元、旺苍县地区。所以,武则天的生长之地是四川利州,川蜀之地是她生长的地方。但她的故里,也就是其父亲的故乡是文水县城北部的南徐村,因此,按照古代祖籍从父之说,武则天应为文水人。

　　中国官修正史的《新唐书》、《旧唐书》以及官方认可的年体长卷《资治通鉴》诸书,都明确无误地记载:武则天,并州文水人。武则天也认为自己是文水人,称文水为自己的故乡。当年,她派自己特别宠信的大臣崔玄义去做并州都督。临行时,她特地召见崔义玄,当面对他说:并州,朕之枌榆。枌,一种常见乔木。榆,也是一种常见落叶乔木,叶子卵形,花有短梗,翅果是倒卵形,通称榆钱。枌榆,就是故乡中常见的树木,后来就喻指故乡。

并州,是中国古代的九州之一,历史很悠久。《周礼·职方》记载:正北曰并州,其山镇曰恒山。古恒山,在今河北曲阳一带。汉武帝时,并州是十三刺史部之一,辖地在今山西、内蒙古自治区和河北各一部分地区。东汉时期,并州的辖地扩大,包括陕西北部和河套地区。唐代时,并州管辖今山西曲阳以南、文水以北汾水中游的广大地区。

武则天祖籍的并州文水之地,有她众多的亲戚,她的家族祖庙也建造在当地。武则天 31 岁时做皇后,五年后,她开始与高宗一起临朝执政。也是在这一年,她决定和唐高宗一起回到故乡。这是女皇第一次回乡省亲,她 36 岁了,经历了宫廷的刀光剑影,但回到家乡,她心情激动,做了充分的准备。回到家乡以后,她大摆宴席,在并州宽阔的朝堂,宴请所有的亲族、邻里和故旧。这次宴会十分成功,她的亲戚们以她为荣,都很兴奋。她多次恩泽故乡,所以,家乡的乡亲父老们对她感激涕零。

武则天正式临朝执政和称帝以后,经常询问家乡的情况,也曾多次接见家乡的父老乡亲。她的家乡情结很重,考虑再三,决定正式下诏,改家乡并州为大唐北都。当年,汉高祖刘邦登基以后,回到故乡,大宴乡亲,醉酒之中,高声吟唱《大风歌》,豪情万丈。武则天知道,她不能仿效刘邦醉酒吟歌,但是,她却仿效刘邦惠及故乡的先例,多次施恩家乡,并正式下诏:并州之地百姓,世代免除赋税等等。

并州地方官进奏主持政务的女皇武则天,称并州是寿乡,民风淳朴,人们安居乐业,有不少长寿老人。武则天很高兴,特地下诏:并州辖内,所有年 80 岁以上老人,均授予郡君。郡君,是皇帝赏赐和钦定的荣誉称号。在当时,郡君的身份和地位,相当于进士。所以,女皇施恩父老,当地民间流行一句俗语:八十老儿赛进士。

并州文水县城往北,大约十里,就是南徐村,这是武则天武氏家族的发迹之地,也是中国第一个正式称帝的女皇武则天的龙兴之所。如今,在这个村子里,唯一能够见证女皇武则天当年辉煌事业的遗迹,就是千年古刹的武则天庙了。这座古庙,建筑雄伟,精巧别致,风格典雅,是全国重点文物保护单位。武则天庙占地面积约 26000 平方米,最早建筑于何时,不可考,但现存遗迹则是多个朝代、多种风格的综合体。

武则天庙存世已经一千余年了，保存至今的主要遗迹，包括大殿、东西配殿和风格独特的碑亭，以及一座构造精巧的舞楼。现存的武则天庙正殿是金代建筑，保留着明显的金代建筑风格。舞楼庄严典雅，是一座卷棚顶式的明代建筑，经过清代重修。最引人注目的地方，恐怕是舞台南面雕像了，它正对山门，姿态优雅，正是根据武则天的真实模样雕刻的武则天像。

这座武则天雕像，展示了女皇本真的样子，不穿象征权力的衮袍，不戴君临天下的冕冠，只是一身常服和普通装饰：女皇素面朝天，一双丹凤眼，相貌秀丽；凤冠、龙钗之类的东西是象征性的头饰，看上去很普通，都是按照缩小的比例雕刻的，尽显女皇容貌之美、气质之美和体态之美。雕像刀法娴熟，神态逼真，栩栩如生。像总高5米，台高4米，台基边长9.9米。殿门前，原有一副对联，是天才诗人专门为女皇量身定做的，送给武则天最恰当，也最合适：六宫粉黛无颜色，万国衣冠拜冕旒。

2. 父亲武士彟

唐太宗贞观十五年(641年)，皇帝广选天下美女。四川利州都督武士彟，字信，并州文水人。彟(huo 获)，意思是度量长短的尺度。屈原在《离骚》中说：勉升降以上下兮，求矩彟之所同。武士彟喜欢交游，讲信义，朋友很多。他是武将出身，却很有眼光，就像他的名字一样，做什么事都很有尺度。他和李渊很早就结识了，留守太原时，他任职行军参军，负责招募新军。新军召集齐了，李渊让好友刘弘基、长孙弘德统领。然而，这两位统领心怀鬼胎，想建立自己的武装。

王威、高君雅看不过去，私下与武士彟商量：弘基一伙的行为，罪当处死，却为何带这么多兵？我们是否应该举报他！武氏摇头说：他们是唐公李渊的好友，他会信？我们举报了，反而会被怀疑。不久，发生了叛乱，武氏以大将军参军平息了叛乱，授职光禄大夫，封义原郡公。武氏对李渊说：我做了好几次梦，梦见你骑着马，从天而降！李渊大笑：你和王威击败刘弘基，是功臣，而且一直对我很尊敬，理当授与你官职，如何在这里对我献媚？武氏诚恳地回答：真是如此，多次梦见。李渊看见武氏的眼神很真诚，知道他的梦是真的，也开始相信自己是天命所归，理应当皇帝。

武氏很得李渊、李世民父子宠信，官至工部尚书，封应国公；历任利州、荆州都督。去世后，赠礼部尚书。唐高宗时，以武士彟的仲女武则天为皇后，崇赠武士为并州都督，授与司徒，封周国公。后来，武则天加赠她父亲为太尉、太子太师、太原郡王，配享李渊庙，列于众功臣之上。武则天称女皇后，追尊父亲为忠孝太皇,封五世,立武氏七庙,册封为皇帝。铲除诸武后,又削除武士彟帝号,恢复为太原王。

武士彟有兄弟三人,他有两个哥哥:大哥武士陵,二哥武士逸。他先娶相里氏,生两个儿子:武元庆、武元爽。后来,又娶杨氏,生三个女儿:长女嫁贺兰氏,早寡。仲女即第二个女儿就是武则天,入宫为唐太宗才人。季女即第三个女儿嫁郭氏。武则天发迹以后,封母亲杨氏为代国夫人,进荣国夫人;封姐姐为韩国夫人。

3. 入宫

武士彟的第二个女儿是武则天,相貌美丽,远近闻名。唐太宗时,广选美女,她顺利入选,进入李世民后宫。这一年,武氏不满 14 岁。后宫美女如云,武氏入宫,没有什么特别的,只是一双眼睛出奇的美丽,有狐媚之态。李世民喜欢她的眼睛,得知她叫武照,觉得名字不太好,有点男性化,就赐名武媚。可是,李世民似乎只是对她的眼睛较为感兴趣,赏赐了美名之后,就再也没有理她。宫人们称她为武媚娘,武媚娘见不到皇上,她不知道该去媚谁。没办法,武氏派充为宫中低级的侍女尚衣。

武媚不仅容貌美丽,眼睛狐媚,而且意志坚定,有胆有识,工于心计。她临入宫前,不满 14 岁,母亲杨氏看着这么小的女儿,不禁伤心地哭泣起来,与她依依惜别。可是,她却毫无戚色,看着母亲,从容不迫地说:"入宫见到天子,谁知道不会是享福? 何必在这里儿女情长,悲悲切切的!"母亲看着她,惊诧不已。入宫以后,武媚的勇气、心机与胆识,让皇帝李世民目瞪口呆。李世民豪气干云,喜欢柔情似水的小女人,不喜欢像武媚这样的豪侠之女。

李世民喜欢好马,可是,宫中有一匹他极喜爱的烈马,无人能够制服,让李世民苦恼不已。在降服宫中烈马这件事上,武氏的刚烈性格表露无遗,让李世民大为惊叹,另眼相看。武氏也因三物降烈马而闻名遐迩,载于青史。这件史事,史官这样记载:唐太宗有一匹烈马,长得又肥又大,十分健壮,可是,宫中无人能够驾驭它。武媚闻讯,对皇帝李世民说:这匹烈马,我能驾驭。不过,我要有三样东西,一是铁鞭,二是铁挝,三是匕首。先用铁鞭抽它,不服,就用铁挝戳它,再不服,就用匕首割断它的咽喉!

4. 与死神擦肩而过

武媚娘非凡的胆识,引起了唐太宗李世民的注意。李世民出于好奇,召幸了武媚娘,将她正式收为自己的女人,给她的封号为才人。才人,是当时唐代后宫中嫔妃之一,位在皇后、三夫人、九嫔以下,是二十七世妇之中品级最低的嫔御。可是,武媚娘封为才人以后,再也见不着皇帝,如同打入了冷宫。这一冷,就是好几年,唐太宗李世民没再理会她。

李世民是一位自视很高的男人,久经战阵,自我感觉英明神武,不可一世。他是属于强悍类型的男人,喜欢的女人自然不会是豪爽、勇武这一类的。从他的个性来看,他喜欢的是风雅、文弱的女子。事实上,柔情似水、温婉娇媚的女人能够抚慰豪迈不羁的英雄心,因此,江南湖州才女徐惠擅宠,封为贤妃。武氏貌美眼媚,李世民猎奇,偶然临幸她,赐名武媚娘,仅此而已。

不过,武媚娘的刚烈个性没能吸引个性很强的李世民,却引起了另一个男人的注意,他就是李世民的儿子、个性文弱的皇太子李治。李治是唐太宗李世民的第九个儿子,性格内向,外蔫内火。太子李承乾谋反被废以后,李世民立李治为太子,因为李治文弱,所以,他对几乎是同龄的武媚娘由敬而爱,由爱而着迷。他是一个感情丰富、性格内敛的男人,喜欢个性张扬的女人。武媚娘十分秀丽,体态丰盈,年龄上只比太子大 4 岁,一直十分吸引太子。特别是武媚娘的超强个性,有呼风唤雨的猎猎女侠之风,尤其是她三物降服烈马一事,让懦弱的李治兴奋无比,佩服得五体投地。

贞观二十二年(648 年)初夏,太白星在白昼出现,这是极其罕见的天象。太宗李世民感到惊心,急宣太史令李淳风入宫,询问这是什么天象? 李淳风十分严肃地回答:“女主正昌。”皇帝闻言,立时大惊。一直对“女主武王”耿耿于怀的李世民不免紧张起来,看着李淳风,惶惑地说:“秘记所载的,难道是真的?”李淳风平静地答道:“据天象推断,秘记所预言的,已经成为现实。那位女主,现在就在陛下宫中。从今以后,不过四十年,她会拥有李氏天下,几乎杀尽皇室子孙。”

太史令的一番话,让皇帝李世民吓出一身冷汗。沉吟片刻,李世民盯着太史令,恨恨地说:“既然在宫中,只要有一丝可疑的人,统统杀掉,就可防患未然,你看如何?”李淳风知道,作为皇帝信任的大臣,在这非常时期,是应当贡献智慧,尽忠报效知遇之恩的。古人讲,进忠有三术:一曰防,二曰救,三曰戒。先其未然谓之防,发而止之之谓之救,行而责之之谓之戒。可是,就现在的局势来看,这三术都已经无济于事。

李淳风看着皇帝,恭敬地回答:“陛下,这是命数,命数已定,做什么都是徒劳无功的,无法禳灾,无法躲避。更何况,她能进宫,命很大,也很硬,再多杀戮,只会伤及无辜。从天象上看,这位女主的大势已成,而且就在宫中,已经是陛下的眷属了。她是陛下所亲爱的,好在四十年后,她就老了,老了就仁爱。虽然她会更易国号,自立为帝,但对于陛下的子孙,好像还不会赶尽杀绝。如今,如果真的杀了她,她又托生,就更加年轻了。这样一来,一旦成势,她就会将唐室子孙杀戮干尽。"李世民听了这一说,倒抽一口凉气,但觉得言之有理。不过,李世民还是放心不下,将宫中武氏数人杀了,唯独没有想到收拾武媚娘。

5. 眼光

男人征服女人,显示的是力量。女人献身男人,显示的是眼光。

唐太宗病危时,刚刚 52 岁。如果他去世,按照宫规,皇帝的后宫女人除了殉葬,只有一条生路,就是前往皇家寺庙的感业寺,落发为尼,终老寺中。这是后宫嫔妃们的宿命,也是皇帝的女人们唯一的选择,千百年来,似乎无人能够改变这种命运。然而,武媚娘以她独特的眼光和过人的胆略,改变了这种宿命,选择了另一条生路,创造了又一种别样的命运:她大胆选择了太子,献身这个小男人,她的命运从此彻底改变。

贞观二十三年(649 年)春天,皇帝李世民病情加重。不知道为什么,身体虚弱的皇帝特别指示,让才人武媚娘侍候起居。皇太子李治牵挂父皇,几乎每天都入宫探望父亲。这一年,武媚娘 25 岁,皇太子 21 岁。武媚娘成熟丰满,每天精心打扮,给年轻的皇太子展示她的迷人风情。皇太子完全被武媚娘迷住了,他每天盼望着天亮,盼望着尽快进宫,以便能够再多看一眼武媚娘。后来,皇太子李治不得不承认,他每天进宫,名义上是探望父亲,实际上就是想看武媚娘。

有一天,太子李治天没亮就醒了。他早早地穿戴整齐,好不容易等到了进宫的时间。阳光明媚,杨柳堆烟,万里晴空一片湛蓝。静寂的宫院很温暖,正是春暖花开的时节,春融大地,燕子低飞。皇帝的病情更加严重了,几乎不吃东西。太子一身素服,心情有些复杂,默默地来到皇帝的寝宫。他走进更衣室,洗漱更衣,一身整洁之后才去探望父亲。突然,他的眼前一亮,一个熟悉的身影飘到了他的眼前,正是武媚娘。武媚娘相信,只要献身给这个男人,他就再也不会离开自己了。

6. 幽会感业寺

五月,唐太宗李世民病逝,太子李治即位,为唐第三代皇帝唐高宗。按照宫中惯例,新皇帝即位,大行皇帝后宫中的女人,除了四夫人、九嫔以外,其他的二十七世妇、八十一御女等皇帝临幸过的女人,全部送往皇家寺庙的感业寺,削发为尼。于是,金色的斜阳之下,一大队宫娥美女,穿着黑色的丧服,踏上了通往感业寺的道路。她们依旧年轻,却一个个心情沉重,垂头丧气。她们知道,随着皇帝的去世,自己的幸福生活也随之埋葬了。

武媚娘置身在这长长的黑色队列之中,时年仅 21 岁,正是花样年华,青春正盛。面对这黑压压的队伍,她的心中也是一片萧瑟,万般沉重。所不同的是,她有希望,有梦想,她希望和梦想的一条长线就系在一个男人手上,他就是太子,现在已经登上了皇位的皇帝李治。想到他,武媚娘的心情就好多了,也轻松多了。就这样,她在沉重和轻松交替的心情中,走进了感业寺。时光真是漫长啊,一个夏天,仿佛过了十年。

秋色笼罩了长安,感业寺浑厚沉重的钟声在暮色中回荡。秋风习习,落叶萧萧。女尼们静坐在感业寺中,脸色灰暗,心如死水,生命在无边的寂寞中已渐渐麻木。只有武媚娘是个例外,她内心平静,精神饱满,人在感业寺中,心却时不时地飞往太宗别庙。因为,皇帝李治很快就会到太宗别庙上香。到那里,皇帝一定会到感业寺烧香。实际上,只是借烧香之名,行幽会之实,皇帝的本意是看望武媚娘。想到这一点,武媚娘就心里踏实,充满期待,更满怀希望。

永徽元年(650 年)五月,是新皇帝李治即位一周年,也是唐太宗李世民的周年忌日。按照丧礼的规定,皇帝李治前往太宗别庙祭祀、上香,然后,驾临感业寺烧香。忌日这一天,李治一身礼服,十分庄重地到父亲的别庙,行周年祭祀大礼。然后,李治来到感业寺,与父皇的才人武媚娘幽会。李治来了,高大而清瘦,看得武媚娘一阵头晕,恍一恍,差点栽倒。

李治看着自己朝思暮想的情人,看着她清瘦而白皙的样子,显得更加美丽,更加楚楚动人,李治也是一阵恍惚。他不禁跨前一步,扶着离别了一年的美人。人依旧,情依旧,物换星移,一切恍如隔世。两人相拥而泣,一会儿哭,一会儿笑。武媚娘娇弱无力,像一个受尽委曲的小女人,一双狐媚的眼睛直直地看着李治,充满了泪水。只一会儿工夫,泪水如同断线的珍珠,大颗大颗地滚出了武媚娘的眼睛,滚滚如潮,都实实地洒在李治的手上、身上。李治像一个大男人一样地扶着武媚娘,眼睛湿湿的,心中充满了怜悯。然后,他们相携、相偎着,走进了武媚娘的卧室。

7. 王皇后的美梦

皇帝和武才人幽会感业寺,她们相拥而泣的感人一幕,很快悄悄地在皇宫和京师皇室与上层之中传播。李治王皇后得知这一消息后,神情古怪,一会是满脸愁容,一会又是笑逐颜开。宫女们知道,其实,王皇后心里是十分痛苦的。皇帝很少皇后正宫,而是几乎天天都去萧淑妃的宫中。她一想到这些,就满面愁容。皇帝宠爱武媚娘,满怀酸楚的王皇后琢磨几天,又心中暗喜,生出一计:何不利用武媚娘,迎她进宫,正好用她来打击正得宠争位的萧淑妃?

王皇后是并州祁地(山西祁县)人,出身于名门望族。她是北魏尚书左仆射王思政的孙女,天生丽质。王家是名门,生养了众多优秀女儿,与李唐皇室是世代姻亲。其从祖母同安长公主以王氏端庄婉淑,向唐太宗李世民献言,纳为晋王妃。晋王李治长大后,娶王氏为王妃。太子李承乾被废,晋王李治继为太子,王氏就升为太子妃。王妃的父亲是王仁祐,特旨擢迁为陈州刺史。结婚以后,他们两人感情很好,一起生活在东宫。但是,太子妃王氏最苦恼的是,她一直没有生育,身处明争暗斗十分激烈的后宫之中,处于权力旋涡的中心,王氏不免心中有些紧张。最为可怕的是,太子李治宠爱萧氏,萧氏生下了儿子李素节,儿子极为聪明,深得皇帝和太子的宠爱,很快册封为许王。

唐太宗李世民去世,太子李治即位,为唐高宗。李治入主帝位以后,王氏立为皇后。皇后的父亲王仁祐以特旨进封为魏国公,皇后的母亲柳氏封魏国夫人。当时,对王皇后构成最大威胁的是萧良娣,她受到皇帝李治的宠爱,一跃而为仅次于皇后的萧淑妃。萧氏年轻美丽,生下了儿子,一直受到皇帝的宠爱。这样,萧淑妃就成了王皇后最大的威胁,也是她一直无法排解的一块心病。

感业寺香烟缭绕,天子李治与女尼武媚娘相拥而泣,其透露出来的信息无疑是令人惊异的,是他们长时间相爱情深似海? 还是只是偶然相遇寻求刺激? 不然的话,不会冒此天下之大不韪。王皇后开始做她的美梦:果然如此,引武媚娘进宫,与萧妃相抗衡,萧妃哪里是武媚娘的对手? 两美相争,自己坐收渔利,岂不是很美? 这样做,于皇上、于武媚、于自己,真是三全其美,关键的是,狠狠打击了萧妃!

8. 武媚娘的肚皮工夫

高宗与武媚娘相拥而泣的几天以后,武媚娘在感业寺刚刚待了十个月,她的生活因王皇后而彻底发生改变:王皇后派人到感业寺,神秘地将她接回宫中。皇帝李治得讯以后,不禁大喜,欣喜若狂地奔向武媚娘,两人悲喜交集,再次相拥而泣。武媚娘娇弱无力地抱着李治,泣不成声,不迭声地叫着:皇上皇上! 娇柔的声音和狐媚的眼睛,双管齐下,皇帝李治全身酥软,几乎没有一点力气了。从此,武媚娘不仅留在了宫中,而且拥有了自己的独立宫室,成为自己宫室中唯我独尊的女皇。李治完全被武媚娘迷惑了,片刻也不能离开。

　　武媚娘享受着皇帝的阳光雨露,利用自己宠冠后宫的独特身份,迅速建立起了自己的关系网。面对这样一个非同寻常的的女人,萧淑妃仰天长叹,只有躲在自己的宫中,伤心落泪。但是,宫廷之中,最受伤害、最受刺激的不是萧淑妃,而是自鸣得意、以功臣自居的王皇后。最初,武媚娘回宫的时候,对王皇后充满感激,无论什么时候,只要有王皇后在,她总是低眉顺眼地侍立着,对王皇后十分恭敬。武媚娘心里知道,她这样做,不过是权宜之计而已。

　　这个时候的武媚娘,美丽聪慧,富于心计,将自己伪装成一个楚楚可人的小女人,表演工夫真是炉火纯青。史书称:才人有权数,诡变不穷。史官记载:武才人工于心计,诡计无穷。最初,她谦词卑躬地事奉王皇后,王皇后十分高兴,不禁多次在皇帝面前称赞她,说武才人是才貌双全的好女人。不久,在皇帝的恩宠和皇后的偏爱下,武才人青云直上,一年之内,跃升数级,很快册封为昭仪。武媚娘谦卑、恭敬地侍候王皇后,然而,天性憨厚的王皇后哪里知道,这武媚娘只是表面上温柔善良、忠诚老实。武媚娘春风得意,萧淑妃被压下去了。可是,王皇后得意得太早了。

　　作为女人,武媚娘的绝世本领就是她的肚皮工夫。她和李治幽会时,就已经怀孕,随后生下了第一个儿子,取名李弘。在排行上,他是皇五子,生于永徽三年。接着,她又生了一个儿子,取名李贤。在排行上,他是皇六子,生于永徽五年。生下李贤以后,武氏被封为昭仪。昭仪是皇帝的宠妃,在九嫔之中,位列第一,在后宫中,其地位仅次于皇后、贵妃。当时,宫中只有皇后,因此,武昭仪居于第二位。有一天,当王皇后发现,两位皇子绕膝嬉戏,武媚娘继续受到皇帝的恩宠,她到这时才惊醒过来:萧淑妃已经被完全打下去了,没有什么威胁,可是,真正要命的威胁是来自武媚娘,这位令皇上魂不守舍的武昭仪可不是等闲之辈。随后,武氏又先后生下了两个皇子,她的肚皮工夫令后宫女人们叹为观止。

9. 亲自闷死女儿

　　皇子的嬉闹声,惊醒了梦中人。王皇后考虑再三,决定和萧淑妃结成联盟,共同对付武媚娘。然而,王皇后、萧淑妃哪里是武昭仪的对手? 武昭仪虽然年轻,经历可不一般。她在太宗的后宫中,已经历了 10 年时光的磨炼,目睹了后宫的钩心斗角和明争暗斗,熟悉宫中的一切,在宫廷内外结识了许多密友,结成了密实的关系网。

　　当年,唐太宗李世民独宠女诗人徐惠,武媚受到冷落,打入了冷宫。寂寞的冷宫生活逼使武氏苦修经史,她认真读书,熟悉了许多历史故事,特别是对宫廷政变、后妃争斗仔细分析,悉心研究,充分吸取成功的经验和失败的教训。

皇帝李治宠爱武媚娘,对她赏赐丰富,恩宠不衰。不仅如此,李治想讨得武媚娘的欢心,一再恩及武氏家族。皇帝下诏:封武氏死去的父亲为太原郡公,母亲杨氏为太原郡君。与此同时,皇帝在长安城内,赏赐豪华府邸一区,供武氏一家享用。皇帝恩及家人,其他武氏人等,也都一一授与官职,给予不同赏赐。武媚娘春风得意,但她一直表现得不动声色。一方面,她充分发挥媚术,继续迷惑皇帝李治,让他沉溺其中,不能自拔。另一方面,武媚娘暗中交结宫中宦官、宫人,培植心腹,结成以她为中心的紧密联盟。

王皇后的一举一动,全部在武媚娘集团的掌控之中。王皇后密结萧妃,武媚娘立即感觉到了危险。她认真考虑对策,派遣精明能干的宫人暗中注视着王皇后和萧妃的一切行动,一有机会,就巧妙地将王、萧二人的怨愤、谩骂等种种"劣迹",及时准确地告诉给皇帝李治。时间一久,几件让皇帝不痛快的事情及时得到印证,皇帝李治渐渐对王皇后失去了信任,对萧妃由不满到开始疏远。皇帝的日渐冷落,令王皇后和萧妃疑惑不解,等到她们还没有明白为什么会失宠时,武媚娘决定动手了。武媚娘抓住时机,以自己的亲生女儿为代价,嫁祸于王皇后。这样,王皇后和萧妃在后宫的幸福日子彻底终结。

皇帝李治宠幸,武媚娘独宠专房。不久,武氏再次怀孕,10个月后,生下了一个健康、美丽的女儿。女儿长得很好看,很多地方像李治,白白的皮肤,胖胖的脸蛋,眉毛、眼睛美丽极了,特别是她笑的样子,如同一朵含苞待放的玫瑰,蓬勃灿烂,生机勃勃。皇帝李治很喜爱这个女儿,一有空闲,他就会来到武媚娘宫中,抱抱可爱的小公主。这个时候,武媚娘和皇后身边的宫人们差不多都知道,王皇后的被废是不可避免的,只是时间迟早而已。同时,宫里人都知道,王皇后失宠,对武媚娘心怀怨恨,平常在宫中一说到武媚娘就怒形于色。

武媚娘工于心计,精心设计了一场大棋局:亲手弄死自己的女儿,嫁罪于王皇后。这样,王皇后被废就成为现实。这场大棋局真是出神入化,惊心动魄。这场棋局的结果,是制造了一起连环的宫廷血案,进而引发了政治大地震。这场地震,由后宫波及整个朝廷,牵涉之广,影响之大,是超乎想象的,后族、嫔妃、宫女、内侍和文武大臣都牵涉其中,真是血雨腥风。这一切,都是武媚娘从容不迫地一手导演的。在这场争斗中,武媚娘是唯一的受益者和胜利者。

整个事件追溯起来,废黜王皇后一事,实际上是由王皇后的母亲柳氏引发的。柳氏出身于名门,一生争强好胜,荣誉胜过一切。女儿入宫为皇后,柳氏十分高兴,一直引以为荣。可是,仅仅几年时间,情况发生了恶变。柳氏熟悉宫中的一切,当她目睹着武媚娘擅宠,自己的女儿身为皇后,却在宫中受到冷落,柳氏不能容忍,就想从旁帮助女儿。可是,宫廷深似海,如何帮助? 柳氏没有办法,依然想到了以厌胜之术,诅咒武媚娘。

厌胜,是中国古代方士的一种巫术,称能以诅咒制服人或者杀死人及物,此术在汉、隋、唐时期较为流行。唐诗人杜甫曾写《石犀行》一诗,中有两句:自古虽有厌胜法,天生江水向东流。意思是说,厌胜之法虽然自古就有,但只是一种巫术罢了,它不能改变任何自然状态。古代有一种厌胜钱,与厌胜无关。厌胜钱又称压胜钱,是一种铸成钱币形式的吉祥物或者是避邪物,不是货币,仅供佩戴。

汉代流行巫术,称诅咒以及木偶人埋于地下,可以害人,称为巫蛊。自汉武帝时期巫蛊事件以后,历代宫廷严厉禁止巫蛊、厌胜之术,凡是诅咒他人的一切行为,都是宫中的大忌。武媚娘的耳目及时侦知了柳氏行厌胜术一事,立即奏报武媚娘。武氏得悉这一情况,看准时机,果断地奏报给皇帝李治。李治刚刚行乐,心情极好,听到这一情况,感到自己宠爱的媚娘受到了伤害,拍案而起,下令将柳氏驱逐出宫,永远不许回来;柳氏的舅舅是中书令柳奭,皇帝下诏,将他贬为荣州刺史。事情发展到了这一步,形势更加险恶了。传言四起,废除王皇后、册立武昭仪为皇后之说,一时间甚嚣尘上。

针对王皇后的废除和武昭仪的册立,朝廷分为两派。一派是朝廷元老派,以唐太宗凌烟阁二十四功臣之首的长孙无忌为代表,包括褚遂良、于志宁、来济、裴行俭等大臣,他们手握重权,得到了关陇地区门阀大族的全力支持,史称关陇集团。他们以元老派为核心,拥护和支持先皇的方略,维护正宗和传统的李唐王朝。另一派是新兴的寒门才俊,他们无权无势,空有一腔热血,痛恨等级森严的门阀势力,义无反顾地支持皇帝立武昭仪为皇后。他们以李义府、许敬宗、袁公瑜、崔义玄等人为代表,广泛得到了寒门士子的支持,以山东财团为后盾,史称山东集团。他们支持和拥护武则天,渴望获得权位,他们依靠着武则天,期望她入主皇后大位,期待着权力的再分配。

两派人马势均力敌,针锋相对,互不相让。在这种乱局下,皇帝李治感觉有些为难,犹豫不决,不知道是否该废或立。事实上,在废王立武风波中,最关键的人物是元老派四人,他们是此事的坚决反对派。这四位元老是太尉长孙无忌、右仆射褚遂良、侍中来济、中书令韩瑗,他们德高望重,手握大权。正常情况下,这些元老和朝廷重臣能够影响政局的走向,也能够有效地阻止皇后被废除。

皇帝李治站在武媚娘这一边,主张废除王皇后。他和武昭仪商量之后,决定先试探试探,拿着宫里的厚礼,笼络反对派的首要人物长孙无忌,看是否会奏效。

李治和武昭仪考虑再三,决定亲自先到长孙无忌府上,拜会这位大老。他们带了丰盛的礼物、珍宝,共计十车,浩浩荡荡地送到长孙无忌家,同时,皇帝下诏,封长孙无忌宠姬的三子为朝散大夫。皇帝大驾光临,长孙无忌喜出望外,盛宴款待。酒酣耳热之际,皇帝李治宛转表示,王皇后没有生子,心胸狭窄,天性不仁,为人猜忌,不宜做皇后,想废了皇后,立武昭仪为皇后。长孙无忌闻言,装做没有听见,故意顾左右而言他,不予回答。结果,一场盛宴,不欢而散。

事情处于胶着状态,怎么办?武媚娘决定寻找时机,创造机会,改变目前的状态,以免夜长梦多。于是,武媚娘看准时机,亲手弄死了可爱的女儿。这悲惨的一幕,史家记载得十分清楚:武昭仪生下一个女儿,养在宫中。有一天,王皇后去看视,过一会儿,就离开了。武昭仪立即偷偷出来,将女儿弄死,放在被子下。过一会儿,皇帝来了,来看自己漂亮的女儿。武昭仪出来迎接,像没事一样,高高兴兴的。武昭仪走近女儿,揭开被子,立即瞪大了眼睛,面无血色。她发现女儿死了,大声喝问侍儿:"女儿怎么了!刚才谁来过?"侍儿回答:"王皇后"。武昭仪一下子坐在地上,放声大哭。皇帝不明真相,走过来一看,女儿真的死了,不禁大怒说:"天啊,皇后杀了我的女儿!以前,她就常和昭仪过不去,今天,竟然做出这样的事来!"

看着死去的女儿,皇帝李治决心废除王皇后。不久,李治提出,想进封武昭仪为宸妃。昭仪是正二品,宸妃在昭仪之上,皇后之下。侍中韩瑗、中书令来济是元老派,率先反对抬高武昭仪,说:嫔妃的名号是早已确定下来的,如今再另立别的名号,不合适。宸妃之立,因为大臣的反对而告寝。

10. 朝堂大冲突

皇帝女儿惨死一案,朝野震惊。自从女儿惨死以后,武昭仪每天愁眉不展,魂不守舍,看上去楚楚可怜的样子。失去爱女,自己心爱的宠妃又是如此惨景,皇帝李治心里很难受,总是想着怎么样才能让武媚娘高兴起来。他心里更加宠爱她,也更想保护她。皇帝下定决心,要废除王皇后,吩咐让大臣廷议。长孙无忌等元老派依然坚决反对,不想妥协。皇帝李治主意已定,处于骑虎难下之势,决定当众摊牌。

永徽六年(公元655年)九月的一天,27岁的皇帝李治吩咐,在内殿召见长孙无忌、褚遂良、于志宁、李勣四位元老。临行时,右仆射褚遂良说:"今天召见,多半是为宫中的事。皇上的主意已经定了,反对,肯定会被赐死。你们不是皇亲国戚,就是功臣元老,不能让皇上担杀死舅和功臣的罪名。我出身平民,没立什么功,能有今天的身份、地位,是受到先皇的看重和信任。今天,皇后之事,如果不以死谏争,将有什么面目再见先帝?"

褚遂良,字登善,钱塘(浙江杭州)人。博涉文史,精通书法。唐太宗时期,历任谏议大夫、中书令等职。贞观二十三年(649年),唐太宗遗诏,令53岁的褚遂良与长孙无忌一同辅政。临终前,唐太宗将太子李治和太子妃王氏托付给二人。现在,皇帝李治要废除皇后,褚遂良作为皇帝临终之时托付大事的辅命大臣,既要不负托付,又要保全皇帝,他考虑再三,只有自己赴汤蹈火了。他这样做,真是委曲求全,仁至义尽,连死也要给皇上面子。

长孙无忌、褚遂良、于志宁一身朝服,奉召入殿。李勣称病,不参加这次召见。三位元老到了,皇帝李治看一眼他们,直奔主题:"武昭仪有儿子,想立她为皇后,想听听大臣的意见,你们有什么看法?"皇帝的话音刚落,褚遂良随即站出来表示反对,他应声回答:"皇后是名门之后,是先帝为陛下重礼聘娶的正室。记得先帝临终时,拉着陛下的手,对我们说:'这对好儿女,如今交给你们了。没有特别的错,不能废她。(朕佳儿佳妇,今以付卿。非有大故,不可废也!)'"听了这席话,皇帝李治半天说不出话来。先皇的遗音在耳,当然不宜当着辅臣的面出言不逊。

第二天,李治再次召见元老,还是商谈废后之事。仆射褚遂良沉吟片刻,作出妥协:"陛下,如果一定要另立皇后,可以换别人,何必非要立武氏不可?武氏事奉过先帝,这是谁都知道的,立武氏为后,世人将怎样看陛下?我违了陛下之意,罪该万死。"说着,褚遂良掷笏殿阶,叩头流血说:"今天,我把这官笏还给陛下,让我告老回家吧。"这是当堂以辞官相威胁,谏阻此事。

皇帝李治立时心头火起,看着他,勃然大怒,大声呵道:来人啊,快,将他拖下去。这时,殿外立即上来几位彪形大汉,不由分说,将白发苍苍的褚遂良架起来就走,拖出大殿。太尉长孙无忌看出事态严重了,赶忙进奏说:"皇上,遂良是先皇的顾命大臣,要善待元老,不能用刑!"武媚娘躲在屏风后面,听得十分清楚,恨恨地骂道:"这个老不死的,怎么不杀了这老家伙!"

皇帝与元老派公开发生冲突,朝廷气氛骤变。侍中韩瑗立即上疏,声援褚遂良:"美人妲己倾覆殷商,美女褒姒灭亡周朝,这是前车之鉴。陛下如果不听我的劝告,一意孤行,恐怕后果将不堪设想。"中书令来济也上书进奏,表明自己的主张:"主上立皇后,旨在定立乾坤,母仪天下,宜选礼教之后、名家之女。当年,汉成帝以婢女为皇后,结果,没几年,江山倾覆,应该引以为戒。"反对立武氏为后的元老派前仆后继,绝不妥协。

11. 登上皇后宝座

双方各执己见,闹得不可开交,精兵强将一一亮相。然而,十分奇怪的是,元老派中只有一个人始终一言不发,他就是司空李勣。李勣,本姓徐,名世勣,字懋功,曹州离狐(山东东明)人。隋炀帝大业年间,他追随翟让在瓦岗寨起义。随后,他为瓦岗军驻守黎阳(河南浚县),保卫仓库。好友李密归顺大唐后,他带着户口、土地、籍账面见李密,由李密亲手交给李渊。李渊很高兴,授与他黎州总管。他追随杨世民,攻伐东都,镇压窦建德起义军,俘虏王世充大将军。接着,大破刘黑闼、徐园朗,战功卓著。李世民即位,授与他并州(山西太原)都督。随李靖击灭东突厥,封英国公。高宗时,历官尚书左仆射、司空。

李勣是元老之一,身份特殊,一直保持沉默,肯定是不赞成元老派的主张。武媚娘和李治都觉得有些蹊跷,武媚娘建议问问他。皇帝听武氏的,吩咐召见李勣。李勣进宫,皇帝问他:立后一事,为何一直保持沉默?李勣从容不迫地回答,让皇帝和武后大为震惊,如梦初醒。他说:"回陛下,立后一事,是陛下的家事,何必要问外人?"李治惊诧之下,立即恍然大悟。武昭仪高兴地一拍手掌,一时茅塞顿开。武媚娘马上吩咐:召许敬宗进宫。武氏吩咐许敬宗,对外放话:农民丰收了,都想娶新妇,何况是天子?天子想立皇后,他人敢说什么!

李勣的一席话打破了两派的平衡状态,形势急转直下。卫尉卿许敬宗、李书舍人李义府对武氏忠心耿耿,充当急先锋。许敬宗字延族,杭州新城人(浙江富阳)人。隋朝时,举秀才。后入瓦岗军,成为李密记室。唐太宗时,官至中书舍人。唐高宗李治时,官至礼部尚书。他坚决主张立武则天为皇后,是武氏的忠实信徒。武氏得势后,将他升迁为侍中,代表皇帝监修国史。他曾怂恿武氏贬逐元老派,先后将韩瑗、来济、褚遂良、长孙无忌、上官仪等驱逐出京。武则天时期,十分得势,历官中书令、同中书门下三品,与李义府同掌国政,是女皇武则天最重要的信臣。

李义府是瀛洲公元饶阳(河北饶阳)人,迁居永泰(四川盐亭)。唐太宗时,历官门下省典仪、监察御史。唐高宗时,迁中书舍人。他和许敬宗力主废王氏,立武氏,因拥护有功,拜职中书侍郎、中书令、右相。任职期间,他倚仗武则天的信任和自己拥有的权势,卖官鬻爵,大发横财,残害忠良。李义府表面温和敦厚,待人和蔼可亲,暗地里却肆意攻击,陷害中伤,如猫杀戮老鼠一样不留余地,时人称他为人猫。武则天时期,他很得势,曾经主持重修《氏族志》,提出不论门第,不分高下,所有五品官员,全入士流。最后,因罪流放,忧愤而死。

王皇后被废,武则天立为皇后,武氏开始控制权力,清除异党。褚遂良立即被贬官,逐出京师,发往谭州。褚遂良工于书法,最初学虞世南笔法,后来学王羲之,自成一家。他的书法别具一格,与欧阳询、虞世南、薛稷齐名,并称初唐四大家。可惜,这样一个忠心耿耿的大臣,一个杰出的书法大师,在政治争斗中,最后死于非命。接着,皇帝李治下诏,以王皇后、萧淑妃以谋行鸩毒(谋杀武昭仪女婴,女婴后追封为安定公主)之罪,废为庶人。元老派彻底失败了,拥武派春风得意,他们乘机而动,纷纷上表,请求立武氏为皇后。

　　特别是中书舍人李义府、卫尉卿许敬宗上表,奏请册立武后,正合皇帝李治之意。史官称:中书舍人李义府、卫尉卿许敬宗素险侧,狙势即表请昭仪为后,帝意决,下诏废后。诏李勣、于志宁奉玺绶进昭仪为皇后,命群臣及四夷酋长朝后于肃义门,内外命妇入谒。朝皇后,自此始! 皇帝向天下颁布诏书,立武氏为皇后:武氏门著勋庸,地华缨黻。往以才行,选入后庭。誉重椒闱,德光兰掖。朕往昔在储贰,特荷先慈,常得侍从,弗离朝夕。宫壸之内,恒枭饬躬。嫔嫱之间,未尝忤旨。圣情监悉,每垂赏叹,遂以武氏赐朕,事同政君,可立为皇后。

　　永徽六年(655年)十一月,皇帝李治临朝,命李勣、于志宁为册立皇后正、副使,奉玺绶进武昭仪为皇后。百官群僚、四夷酋长奉命朝贺皇后于肃义门,三呼皇后千岁;内外命妇,也奉命入谒。历史上,百官、命妇朝见皇后,自此而始。第二年正月,太子李忠被废,封梁王。武氏的长子李弘被册为太子。至此,武则天仅仅用了5年的时间,由才人而昭仪进而入主皇后宝座;并且,废除太子,改立自己的儿子为太子,作为未来的储君。可以说,她为自己的前程所设计的一切目的均已达到。

　　31岁的武皇后会满足吗? 她会就此而止? 不会,她的眼光早就盯上了皇帝的宝座。显庆五年(公元660年)十月,高宗李治风眩头重,目不能视。从此,朝廷文武百官的奏章,皇帝李治全部交给武则天裁决。也就是从这时开始,武则天开始参决朝政。武则天天资聪颖,对政务十分敏锐。政务之余,她涉猎文史经传,博览群书。她善于书法,字体娟秀。正是因为她才色双绝,因此,极得皇帝李治的宠爱。皇帝天性柔弱,遇事时优柔寡断。武则天办事果断,雷厉风行,特别是在裁决政事方面有条不紊,皇帝李治很满意,也十分敬仰。

　　武则天入主皇后之位后,帮助皇帝裁理政务。开始之时,她还秉承皇帝的旨意,按部就班地办事理政。后来,渐渐手握军政大权以后,就开始专作威福,一意孤行。这里,皇帝得到各种奏报,想收回皇权、重新控制朝政之时,为时已晚,已经不可能了。身体稍好的皇帝李治不胜愤怒,于是,他与武皇后的冲突开始公开化。麟德元年(664年)十月,皇帝李治忍无可忍,密召西台侍郎上官仪草诏,要立即废了皇后武则天。上官仪很高兴，马上着手草拟废后诏书。

　　武则天的心腹侍女和内臣得知这一惊天消息，立即奔告武则天。武氏大惊，毫不犹豫地直奔前朝，急匆匆地跑到皇帝李治跟前，跪在地上，楚楚可怜地哭诉，泣下如雨地讲述自己的忠诚、委屈和不幸。皇帝李治犹豫不决，羞涩地看着皇后，将她拉起来，然后忸怩地对她说："我，最初没有此心，是上官仪教的。"武则天破涕为笑，拥着皇帝，走向后宫。一场废后的危机，就这样轻松化解了。稳定好皇帝之后，武皇后恨死了上官仪，决意收拾他。不久，武则天收到大臣许敬宗的秘密上奏，诬告上官仪谋反。武则天立即批示，将上官仪逮捕，下狱处死。从此以后，皇帝李治临朝视事，武则天垂帘主政，政事无论大小，一律与闻武皇后。这个时候，朝廷大权实则已经尽归武则天，皇帝李治不过是拱手侍立而已。武后主政，天下知之，时人称武则天和皇帝为二圣。

　　弘道元年(683年)十二月，皇帝去世。武则天控制着军政大权，全面主政。这时，武后的长子即太子李弘已经被武后鸩杀，她的次子雍王李贤立为太子，武后看不惯这位太子，随后找个借口，将李贤废为庶人。武则天第三个儿子是英王李哲，为人憨厚，武氏将他立为皇太子，皇帝去世后，立李哲为皇帝，为唐中宗，武则天为皇太后，总揽朝政。两个月后，武则天废中宗李哲为庐陵王，立第四个儿子豫王李旦为帝，为唐睿宗。唐睿宗终日居于别殿，不理朝政，朝政一如既往地尽归于武则天。武则天不放心自己的儿子，吩咐近侍，将皇帝李旦和诸们儿子幽禁在深宫之中，出入都有专人看管。在她的高压之下，她的儿子幽禁深宫，有的竟然不出宫门，长达十余年之久。武则天大权独揽，踌躇满志，下令改东都为神州，立武氏七庙。

四、韦氏、太平公主与上官婉儿

1. 母子情仇

　　武则天先后生了四个儿子，两个女儿，其中，一个女儿幼儿时被杀。她的四个儿子都很棒，聪明，健康，是理想的太平天子：长子李弘、次子李贤、三子李哲、四子李旦。武后疼爱的是最小的女儿，也就是幼女太平公主。武后对四个儿子一点也不喜爱，而对幼女则疼爱得无以复加。原因很简单，是天性似与不似。太子李弘天性仁厚，心肠太软；次子、三子宽厚有余，威猛不足；四子更是近于怯弱；而太平公主则不同，不仅相貌像她，而且果断、见识诸方面也远远胜于几个哥哥，简直就是武后的翻版,因此,武后疼爱太平公主,只恨她是女儿身。

太子李弘是武则天的长子,也是她与李治偷情时的结晶。李弘仁厚,聪明、英俊,因为各方面太优秀了,成为贪恋权位的武则天的障碍,所以,必然失爱于武则天。武则天厌恶太子,将他囚禁于宫中。上元二年(674年)五月,武后50岁,24岁的太子李弘猝死于合璧宫。六月,武则天立自己亲生的第二个儿子、雍王李贤为太子。

李贤比起哥哥李弘来,更加优秀。他身材更高,更有才华,也更加儒雅,在朝野百官之中,声望更高。如此完美的儿子,一般母亲会欣喜若狂。然而,武后太喜爱权力了,权力胜过骨肉。自然,李贤更不为武后所容,做太子不久就废为庶人。接着,武后下令将太子李贤逐出皇宫,幽禁在成都。李贤在被杀前,含泪写诗一首,想感化自己的母亲。这首诗,就是历史上十分有名的《黄台瓜辞》:

种瓜黄台下,瓜熟子离离。

一摘使瓜好,再摘使瓜稀。

三摘尚自可,四摘抱蔓归!

武后看后,只是一声冷笑,将诗稿扔进火里。她说:四摘抱蔓归,抱蔓又如何?没有儿子做皇帝,正好,我做女皇!武后真的像摘黄瓜一样,随意摧残她的儿子们。在武后的心中,权力永远是第一位的,儿女不过是自己快乐的副产品。

2. 婆媳恩怨

武则天亲生的第三子是雍州牧、英王李哲,武后收拾了第二个儿子李贤之后,就立他为太子。李哲原名李显,在排行上,他是高宗李治的第七个儿子。武后立他为太子时,他刚刚24岁。李哲在东宫时,就娶京兆万年人韦氏为妃。在韦氏之前,李哲封英王之时,已经聘娶了京北长安人赵氏为妃。赵氏门第显贵,自视甚高。对于这样自为是的女人,个性极强的武后当然不喜欢。很快,婆媳之间发生了冲突。

武后毫不留情,吩咐将赵氏幽囚在内侍省的单独小院之中,派心腹近侍日夜看守。赵妃依然故我,以为自己的丈夫会来救出自己,自己显赫的家族也不会袖手旁观。赵妃错了,她完全低估了武后的手段。武后将赵氏囚禁之后,立即封锁所有消息。赵氏被囚禁在一间暗室之中,看守人将所有的门窗封死了,墙壁上只留一个小洞,每天只供给一点喂猪的饲料。这样的环境和这样的饮食,对于从小娇生惯养的赵氏来说,无异于逼她自杀。

几天以后,负责守卫的人员发现,有好几天没听到室内的动静了,而且,从室内飘出了一股浓浓的臭味。他们开门一看，赵氏的尸体已经腐乱，满屋子都是眼睛血红的老鼠，正虎视眈眈地盯着闯入者。尸体的臭味飘出室外，在宫院中弥漫。赵氏金枝玉叶之身，落得如此下场，惨不忍睹，真是令人嗟叹。武后来自中等官宦之家，她似乎对出身高贵、自以为是的女人格外厌恶。

韦氏比起赵氏来说，出自寒门，命运要好得多。赵氏幽囚至死，王妃之位空缺，韦氏册为王妃。韦妃秀丽，十分聪颖，英王李哲很宠爱她。韦氏是一个很有见地的女人，了解武后的个性和为人，对于政局有清醒的认识。她时常提醒丈夫，一定要谨慎小心，居安思危，任何时候，千万不能锋芒毕露。李哲本来就宽厚，为人恭敬，谨小慎微。在韦氏的不断提醒下，李哲恭敬地侍候武后以及武后身边的亲信，母子相安无事，婆媳之间也相对平静。

3年后，高宗李治病逝。在武后的操纵下，太子李哲在枢前即皇帝位，为唐中宗，年号嗣圣，韦氏立为皇后。武则天为皇太后，总揽朝政。这一年，武后整整60岁，而皇帝李哲刚刚28岁。李哲做了皇帝，正当盛年，血气方刚，想到的第一件事就是收回皇权，彻底地改变已经被武后完全控制的朝局，在未来的岁月有所作为。但是，李哲太高估自己作为皇帝的身份了，他不知道实权是决定一切的。他也忘记了韦皇后一再的规劝，千万不可锋芒毕露。结果，由于皇帝李哲一言不慎，语气失了分寸，他在位不到一个月，就被母亲武后赶下皇帝宝座，做了阶下囚。正如韦皇后曾经对李哲说过的，不幸而言中：后能立你，亦能废你！

李哲登上了皇帝宝座以后，有点踌躇满志。他很喜爱自己的皇后韦氏，经过反复考虑之后，想把要职侍中授予自己的岳父，一方面是表示对皇后的恩宠，一方面也是为了进一步控制实权。武后立即明白了皇帝的意思，武后亲手提拔的大臣也马上明白武后的授意，他们纷纷上书，对授与韦氏侍中之职，表示坚决反对。皇帝李显大怒，对反对他的侍臣大声吼叫：我是皇帝，我把天下让给他，也没有什么不可以！

第二天，这位28岁的成年皇帝李哲，才知道自己一时口出狂言的代价是多么惨重：仅仅一夜之间，他的身份彻底改变了，从一个皇帝，变成了一个最为可怜的人。他像平常一样，穿着皇帝的龙袍，在侍卫的护从下来到大殿。可是，一进大殿，他就被殿内的卫士捉拿了，从皇帝变成为武后的阶下囚。武后来了，仪态万方。武后的近侍当堂宣旨：废去李哲皇帝，贬为庐陵王。

皇帝李哲怒火中烧，眼睛血红，大声地质问自己的母亲：废我皇帝，我何罪之有？武后盯着儿子，冷冷地对他说：小子，你没有罪？你不是要把祖宗传给的江山社稷，要拱手让给你的傻子岳父？皇帝李哲大声喘息，气得一句话也说不出来，只好忍气吞声。皇帝被废，授庐陵王。宫廷卫士秘密行动，先将李哲关押在均州，后来，又将他迁徙于房州。

不久，英国公的孙子徐敬业以匡复庐陵王为号召，在扬州起事。房州地方官惊骇，文武大臣也不免惊慌起来。房州太守立即派出重兵，严密看守庐陵王李哲，日夜监视，绝不让李哲落到叛军手里。武后也很关切，武后与朝廷的密使也一天几至。李哲忧心如焚，每天如热锅上的蚂蚁，担心自己的性命。只要皇宫的密使驰至，他总是面无血色，浑身颤抖，以为自己的死期到了，就要自杀。每当这个时候，韦氏就会陪伴着他，在一旁温和地劝解他："放宽心些！人生祸福无常，早晚都是一样的，别太在意。"

武后平定了徐敬业叛军，李哲平静下来，他们一家这才平安无事。韦氏很有心计，为了防止不测，她告诉李哲，从今天起，她亲自照料李哲的饮食起居，不让任何其他人插手。李哲当然明白夫人的苦心，流着眼泪，心里十分感激。韦氏已先后替他生下了一子三女，孩子们还很年幼，然而，在此非常时期，韦氏又有了身孕。流落在外的生活是十分艰苦的，这里里外外，都靠韦氏一人操持。

李哲很感动，他拉着韦氏的手，发誓似地说：一旦重登皇帝宝座，你想干什么就干什么！（一朝登位，任尔所为）就这样，李哲夫妇离乡背井，每天身处于危境之中。但是，他们相互照顾，相互宽慰，过着平常百姓的夫妻生活。时光飞逝，他们在房州生活，一住就是整整 14 年。

3. 重登帝位

圣历元年（698 年）三月，武则天 74 岁了。在宰相狄仁杰的力请之下，武则天托言李哲有病，派密使将他们一家召回神州（京都）。李哲被贬出京后，武后将第四个亲生儿子李旦立为太子。李旦很仁厚，他是李哲的亲弟弟。李旦一直为人低调，处世淡泊。李旦知道哥哥要回来，心里很高兴，立即面见武后，请求母亲武后，废除自己的太子之位，将太子位还给李哲。武后看着这个懦弱的儿子，点头表示同意。李哲回京以后，再次被立为太子，韦氏也因此再次被封为太子妃。李哲的长子李重润被封为邵王，以皇太孙的身份开府置官。

当时的政局十分复杂，但是，韦氏洞若观火，看得很明白。在韦氏看来，围绕在武后周围实权人物，主要有四个人，他们生杀予夺、控制朝政：第一位是太平公主，她是武后最小的女儿，也最得宠于武后，控制着后宫，是武后的眼睛，为所欲为；第二位、第三位分别是武后的亲侄武承嗣、武三思，特别是武三思，相貌英伟，健康壮硕，擅长于马上的骑射工夫。武三思最擅长甜言蜜语，巧言令色，一张甜嘴和他的三寸不烂之舌,极得武后的欢心;第四位就是武后的御前心腹女官,也就是兰台令史上官婉儿。这个女人非同寻常,相貌秀丽,文才出众,侍从在武后身边,掌理朝中的一切诏令文书。除这四人之外,再就是武后心仪的男宠了,他们个个身怀绝技,都能恃宠进言。

韦氏对政局有着超乎寻常的预知力和敏锐感。她耳提面命,一次又一次地忠告李哲,一定要小心行事,千万夹着尾巴做人。尤其是对那些武后身边的宠臣以及武后的爱女,任何时候,任何地方,务必要恭恭敬敬,以诚相待。14年的艰苦磨炼,让李哲明白了许多事情,他很感谢他的夫人,认为是自己的女人让自己才能活下来,也是自己的女人才让自己渡过难关,重新回到京城,回到母亲的身边。

李哲不断变化的身份,让他整个人也变了。他懂得在待人接物的时候,谦恭礼让,特别是懂得与武后身边的要人周旋,知道如何与他们亲近。在这群人中,最为精明过人的莫过于武三思了。武三思知道,特别是在这个时候,一定要与武后的儿子们保持良好的关系,因为,这涉及一家人或者说一个家族的身家性命。武三思巴不得与太子靠近,这样做,对自己、家庭、家族,不论是现在,还是将来,都是有益的,也都是一份可靠的保障。

李哲回京以后,在韦氏的鼓动下,就和武三思建立了良好的关系,他们两家也因此来往密密。他们经常聚会,相互宴请,即使是重大场合,家眷也不回避。这个时候,李哲夫妇刚过40,武三思也是三十多岁的年龄,他们年龄相当,生活的阅历都很丰富,相同和相近的谈资也很多。李哲感觉武三思十分健谈,两人在一起,很轻松,也很愉快。李哲发现,不仅仅自己喜欢和武三思在一起,夫人韦氏似乎也很喜欢这位侄子。

最为关键的是,武三思仪表堂堂,极善言辞,他的甜言蜜语很快打动了韦氏的心,自然而然,他也就很快俘虏了韦氏。盛年的韦氏春情正炽,两人越过了朋友的障碍,从偷情开始,渐入佳境。他们从寻欢中找到了久违的感觉,见面时如漆似胶,分别时依依不舍。他们相见恨晚,似乎谁也离不开谁了。

韦氏做过皇后,也经历了庐陵县14年的生死磨炼。她是何等精明之人,非常明白她和丈夫的微妙处境。她知道,武承嗣、武三思二武身份很特殊,他们在武后的权力网中举足轻重,如果与二武结亲,以联姻的方式来巩固李哲的太子地位,一定是有百益而无一害,武后也一定十分喜欢。于是,经过精心筹划和多方游说,李哲的长女永泰公主嫁给武承嗣的儿子武延基,李哲的幼女、年方18岁的安乐公主嫁给武三思的儿子高阳王武崇训。

武后的心情十分复杂,不知道自己是该站在儿子这一边,还是应该站在自己生长的家族这一边。更多的时候,她觉得,自己就是武氏,是武氏家族的后代,儿子虽是自己的亲生骨肉,但不过是李氏家族的骨血,也是外人。武后年岁大了,她一直担心,自己死后,李氏宗室重新执政,会不会蹂躏武氏,诛灭武氏家族?武氏与李氏联姻,血脉相通,血肉相连,联姻会使李氏和武氏成为至亲,即使政局发生变故,武氏也可以保全。这样的结局,当然是再好也不过了。

4. 大开杀戒

唐高宗李治有8个儿子:后妃生4人,武氏亲生4人。武氏从感业寺回宫前,李治有燕王、悼王、泽王、许王4位皇子。武氏入宫以后,这4位非武氏所生的皇子,都遭到了武氏的排斥打击,苟延残喘,苟且偷生。皇后武氏亲生4位皇子,李弘是长子,立为太子。有一天,太子李弘发现,萧淑妃的两个女儿,年纪不小了,一直待在宫中,没有出嫁。李弘同情她们,特地请求母亲,把两个姐姐嫁出去。武氏没有说话,看一眼殿外站岗的卫士,吩咐:好,她们二人,就嫁殿上值班卫士。两个金枝玉叶的公主,就这样匆匆下嫁了。

有一天,皇三子李显的正妻赵妃,无意之中,惹怒了武后。武后冷笑一声,吩咐卫士:来人啊,把她关起来。不久,囚禁在宫中的赵妃,被活活饿死。赵氏的惨死,宫人们都知道,但谁也不敢说一个不字。当时,李弘是太子,他听说此事后,不敢相信。等他得知这是真的,饿死赵妃的竟然是自己的母亲,他怒不可遏,奔进宫中,怒气冲冲地质问母亲:为什么,贤德的儿媳妇会饿死在宫中?武氏不屑地看一眼太子,平静地说:你胆子不小,竟敢质问我?赶出去!卫士奉旨,立即捉拿太子,将他赶出皇宫,囚禁起来。18天后,太子遭遇不幸,中毒身亡。又过了几天,太子弘的妻子忧郁成疾,自杀身亡。

皇帝李治的8个儿子,结局都很悲惨:一个早亡,5个被武后害死,两个被幽禁在宫中长达12年之久!武后认为,政权是她的,江山社稷也是她的,任何人不能染指。她不能容忍王公大臣问鼎皇权,也不能容忍自己的子孙威胁皇权。武后是一位自视甚高的女人,她蔑视所有的男人,包括自己的儿子,她认为,他们是不配做皇帝的,只有自己才有资格君临天下。她很霸气,很冷血,也很歹毒,将儿子李显、李旦立了又废,废了又立,玩弄于股掌之间。光宅元年(684年),60岁的武后干脆抛开自己的儿子,亲自临政。

武后控制权力的过程中,遭遇到王公大臣们的不断反对。为了权力,武后大开杀戒。首先,武后将血腥的屠刀指向宗室王公,将他们逼入绝境。王公们走投无路,被迫起事。唐中宗李哲(李显)的岳母是长乐公主,面对王公们的悲惨境遇,她义愤填膺,愤怒地对丈夫说:李唐皇室的男儿呢?如果李唐皇室还有男儿,早就应该起事造反了!武后听到奏报,不禁冷笑。她手握重兵,大权在握,牢牢地控制着上百万军队,口含天宪,谁敢造反?当时,唐太宗后代和唐高宗李治的兄弟有10多人,他们都是王公大臣,子孙众多,居王位者多达30余人。李唐皇室确实有血气方刚的男儿,如越王等人,他们先后起事造反,结果,无一不是兵败自杀。

英国公的孙子徐敬业筹划很久,决定在扬州起兵。徐敬业是曹州离狐(山东东明)人,是唐初大将李勣的孙子。从小他就跟随李勣从军,南征北战,功勋赫赫,授与太仆少卿,袭英国公爵。光宅元年(684年),60岁的武则天宣布废除自己的第三子、唐中宗李哲,毒杀自己的第二子故太子李贤,徐敬业遂联合唐之奇、骆宾王等人,在扬州宣布起兵,坚决反对武则天临朝执政。他们以匡复庐陵王李哲相号召,徐敬业自称匡复府上将,领扬州大都督,统兵10余万,传檄各州县,宣布武氏的种种罪恶。他们还特地寻得一个貌似李贤的人,奉为英主,号令天下,分兵屯守于淮阴(江苏清江)一带,北击润州(镇江)。

扬州起事影响极大,因为,徐敬业请大才子骆宾王相助,让骆才子做他的秘书。骆宾王是婺州义乌(浙江义乌)人,是唐朝著名诗人,初唐四杰之一。唐高宗时,历官长安主薄、侍御史。因故下狱,对武则天临政十分反感,获释之后出任临海丞。

武后派遣李孝逸大将军作为统军主帅,统领30万精锐大军南下征讨。同时,武后秘密派遣著名大将黑齿常之将军随后监视,他统领着更加精锐的几十万大军。黑齿常之是百济西部人,初为本国将领,苏定方将军平定百济之时,他以所部投降。苏定方囚禁百济王,纵部大掠,他率部逃走。唐高宗时,遣使诏谕,他再次率部归唐。武后很器重他,委以重任。当时,吐蕃挥师东进,大败唐军。武后命黑齿常之统率精锐之师讨伐吐蕃军,屡战屡胜,武后授与他河源道经略大使。在任7年间,他在河源设置烽火台70余所,垦田5000顷,每年收获粟斛百余万。随后大败后突厥军,任燕然道大总管。后被酷吏周兴诬陷谋反,投入狱中,缢死。

徐敬业大军只是乌合之众,他们沿江布防,没有什么作战经验。李孝逸大军是大唐正规军,后面又有更加精锐的黑齿常之军督阵。所以,起义军与正规军相遇,一触即溃。徐氏兵败之后,南下逃往海陵(江苏泰州),被部将所杀。追随徐敬业的25位叛军将领全部被斩首,他们的首级装在一个匣子里,高高地悬挂在洛阳城头。撰写《讨武后檄文》的骆宾王不知所终,可能死于非命,也可能逃逸山林。后来传说,他在杭州灵隐寺出家为僧。武后后来派人寻找他,没有消息。武后感叹:真是可惜,好一个才子也!

武后严密地注视着京师,不仅派出重兵守卫,还派出精锐部队严厉镇压王公的叛乱。牢牢控制军队的同时,武后实行高压统治,选用酷吏,分别给予重任,大兴冤狱,残酷迫害,无情打击。昼夜不断的审讯,大案堆积如山,武后借机网罗所有宗室人员,一网打尽。在武后的高压之下,许多王公遭受灭门之灾:霍王、韩王、舒王、徐王、越王,5 家灭门;更多的王公之家,分崩离析,支离破碎,只有鲁王、纪王、许王等少数皇室子孙苟延残喘,被流放到偏远的烟瘴之地。清理了宗室王公,武后的屠刀转而指向其他王公大臣和文武百官。据统计,武后临政期间,先后杀后妃、子、侄等皇亲、宫妃 20 余人;杀宗室王公近 40 家,数百人,许多家庭遭受灭门之灾;杀王朝重臣、文武百官 36 人。

5. 放荡的后宫

武则天晚年,将一切政务交给了宰相张柬之。她只在后宫之中,享受着二张的欢爱。二张恃宠而骄,卖官鬻爵,为所欲为。宰相张柬之和朝廷正直之臣桓彦范、敬晖、袁怒己、崔玄晔等人密谋易主,发动政变,立太子李哲为帝,诛杀二张。张柬之是襄州襄阳(湖北襄樊)人,进士出身,一直只做清源丞一类的小官。永昌元年(689 年),65 岁的武则天发现了他的特殊才能,特旨召他入京,授与他监察御史,旋迁凤阁舍人。这时,张柬之已经七十多岁了。不久,张柬之忤旨,贬逐出京,授合州蜀州刺史。武则天晚年时,由宰相狄仁杰推荐,张柬之任同凤阁鸾台平章事。

神龙元年(705 年)正月二十日,经过精心组织、细心策划和充分准备,宰相张柬之联合志同道合的大臣和禁卫军将领,毅然发动宫廷政变。他们冲进宫中,杀死张易之、张昌宗兄弟,以兵谏威逼武后让位,拥太子李哲为皇帝,为唐中宗。因为拥护有功,唐中宗授与张柬之天官尚书,封汉阳郡公。不久,进封汉阳郡王。但是,李哲称帝以后,被风流淫荡的女人们所缠绕,政局再次发生逆转。仅仅几个月后,武则天的侄子武三思控制了朝政。当年,拥护有功的大臣纷纷被排斥,全部驱逐出京,惨死他乡:张柬之贬谪新州司马,忧愤而死。政变发生 10 个月后,武则天逝世。

神龙政变,拥护李哲即位,为唐中宗,李哲夫人韦氏立为皇后。李哲平庸懦弱,不理政务,一味地骄纵当年同甘共苦的韦皇后。结果,宫中府中,成为女人们的天下,朝政和宫廷完全由宫中9位女人把持,她们分别是:韦皇后、太平公主、安乐公主、长宁公主、宜城公主、新平公主、定安公主、成安公主、上官婉儿。她们骄奢淫逸,在富裕的大唐宫廷之中过着淫荡的生活。与她们奢侈逸乐的生活形成鲜明对照的,就是人民饥寒交迫。所以,王梵志入禅,却写出了底层平民的怨恨诗:

> 我昔未生时,冥冥无所知。
>
> 天公强生我,生我复何为!
>
> 无衣使我寒,无食使我饥。
>
> 还你天公我,还我未生时!

韦氏依靠丈夫李哲,重新登上了皇后的宝座。她知道,她的皇帝丈夫是一个胸无大志的人,对于权力没有感觉。于是,她企图重演武则天的故事,再度建立万岁通天的女儿王国。她梦想着由皇后到女皇,君临天下,她设计着自己的皇权之路,分三步走:第一步,控制皇帝;第二步,排斥张柬之等正统大臣;第三步,联合武三思。李哲入主帝位之后,韦皇后基本上是按照这种构思来设计自己的权力之路,她也基本上做到了。她完全控制了皇帝,成功地排挤了张柬之等宰相重臣,她大肆揽权,卖官鬻爵,还大卖度牒,仅仅几个月的时间,使得国家的官员数量和僧尼数量急剧猛增。

太平公主是唐高宗的女儿,也是武则天的生女。最初,她嫁给薛绍。后来,她改嫁武则天的侄子武攸暨。史书称她聪慧、明敏,好权力,多谋略。在权术方面,她继承了武则天明敏驭人的天赋,深得武后的宠爱。宰相张柬之密谋神龙之变,她是重要的参与者和策划人。这些女人之中,太平公主辈分最长,其他几位公主都是唐中宗李哲的女儿。上官婉儿是陕州陕县(河南三门峡)人,是西台侍郎上官仪的孙女。上官仪入狱被杀,籍没全家,她随母亲郑氏配入后宫,以婢女身份当值内庭。她继承了父亲的文学才华,工于诗词,擅长属文,深得武则天的喜爱,武氏爱其才华,特赦其无罪,命其参决政事。她广结朋友,与韦皇后、太平公主交好。神龙政变以后,她依旧得势。唐中宗执政时,她被纳入后宫,封为昭容。

上官仪是贞观进士,授与弘文馆直学士。唐高宗时,官至西台侍郎、同东西台三品。因为坚决主张废除武则天的皇后之位,被武氏残忍杀害:麟德元年(664年),40岁的武后指使宠臣许敬宗上书,诬陷上官仪与废太子、梁王李忠谋反。武氏下令,将他逮捕入狱,籍没其全家。上官仪是一位正直的官员,也是一位著名的诗人。他的诗词绮丽婉媚,具有深厚的宫廷气息。他位高权重、身份显贵之后，许多王公大臣、达官显宦纷纷仿效他，人称上官体；他的诗歌讲究对仗，是归纳六朝以来诗歌的对仗方法而创作的，因而又称为六对诗、八对诗。他的诗歌，对于大唐律诗的形成，曾产生了深远的影响。上官婉儿得父亲真传，诗歌婉丽，武则天、韦皇后和太平公主都十分喜欢。身为昭容，她上书言事，建议皇帝扩大书馆，增设学士。她身份特殊，甚至还代言朝廷，品评天下诗文。

当年，在庐陵生活困顿之时，李哲对韦氏发誓：一朝登位，任尔所为。所以，韦皇后有皇帝的誓言作保，她能够支配皇帝李哲，真的为所欲为，甚至于她和情人武三思打牌，让戴绿帽子的皇帝丈夫数筹码，她俩挤眉弄眼，皇帝在一旁视若无睹。韦皇后自我感觉很好，处处仿效武后，学习武后，雄心勃勃地准备一步登天。中宗李哲临朝听政之时，她甚至于垂帘帝后，参决政务。太平公主是中宗李哲的亲妹，在武后时代，她骄纵任性，奢侈淫恣，哥哥李哲对她一直是言听计从，唯唯诺诺。在这些公主中，安乐公主最小，也最得皇帝的宠爱，她之所需、所求，自然来者不拒，无一不给予满足。才女上官婉儿封授昭仪，成为皇帝的嫔妃，朝夕陪伴在皇帝左右。她密结韦皇后、安乐公主，操纵政治，广收贿赂，结党营私，对朝政和皇宫产生了极大的影响。

中宗李哲就生活在这群放纵淫荡的女人群中，任她们为所欲为，尤其是韦皇后，放纵得无以复加。且不说韦后的父亲韦玄贞追封为上洛王，母亲崔氏追封为妃，韦后自己施帷幔坐殿上，与闻政事，弄得天下鼎沸，朝野皆知，而中宗李哲竟充耳不闻。

李哲自己终日纵情享乐，不管韦后究竟与谁淫通。他每天欢歌逐舞、斗鸡走狗，通宵寻乐。他喜好双陆戏，即十二张骨牌刻十二生肖，胜者依属肖等级计算筹码。韦后和武三思淫通之余，也对此博戏玩乐不疲。有时，韦后与武三思盘踞于胡床之上，互逐胜负，而中宗却视若无睹，不仅不认为是非礼，竟还在一边帮着他们计算筹码。

6. 宫廷政变

朝臣只知道韦后与武三思相通，没有想到韦后这等淫乱。韦氏宗门有一个小官韦月，耻于宗门有一个这样的淫后，便不顾死活，上书告发武三思私通中宫，要中宗大奋乾纲，肃清宫闱，杀武三思。中宗一听就大动肝火，不但不查问是否属实，反而不分青红皂白，要将韦月处死。好在黄门侍郎宋璟谏阻，御史苏珦等从旁劝说，这才使韦月免于一死。韦后私通一事便公然传播。

中宗有四个儿子，韦后所生的李重润早已和永泰公主一道被武后杖杀，另三子李重福、李重俊、李重茂都是宫人所生。李重福贬放外州，李重俊立为太子。安乐公主是韦后的小女儿，最得中宗和韦后的宠爱，秀美敏辩，光艳天下，嫁武三思之子武崇训。安乐公主得中宗、韦后、武三思的爱宠，因而无法无天，想取皇太子而代之，立皇太女，继承帝位。

太子当然不能容忍。景龙元年七月，李重俊联合羽林大将军李多祚、将军李恩冲、李承况、独孤祎之、沙叱忠义、成王李千里等，假传中宗密令，调羽林军三百，收捕武三思及其死党。武三思、武崇训及全家老小被杀。安乐公主回到内宫，免于一死。

太子杀死武三思后，分兵守卫皇门、宫门，亲自率李多祚从肃章门而入，进宫搜捕上官婉儿。后宫一片混乱。中宗、韦后、安乐公主手足无措。上官婉儿处变不惊，从容地告诉中宗，从西侧静谧的小路直奔玄武门，那里有宿卫兵驻守；拿御玺令宿卫兵把守玄武门；再派一位近侍传令兵部尚书宗楚客，这样可以立即平乱。中宗一行于是逃到了玄武门，下令全部宿卫守住门楼，保卫圣驾。

太子率领的羽林军赶到。上官婉儿见太子手下的兵丁不多，便进奏中宗，亲临门楼，宣布太子叛逆，杀叛逆者重赏。中宗采纳这个建议，在韦后、安乐公主、上官婉儿的护卫下走出门楼，手扶栏杆，宣布太子谋反。结果，宿卫兵攻向叛军。太子手下的羽林军倒戈。太子李重俊、将军李多祚被杀。

大乱平息以后，中宗依旧寻欢作乐。韦后、安乐公主更加放纵。韦后口味渐高，专宠那些有才气的美男子。她先后与中书侍郎崔湜、散骑常侍马秦客、光禄卿杨均私通。崔湜风流不羁，与韦后淫通的同时，又巴结上官婉儿，两人眉来眼去，一拍即合。

7. 公主淫乱

韦后奢侈淫乱，各公主纷纷仿效，不甘寂寞。太平公主、长宁公主、安乐公主接受采邑，各置官属，私树党羽。她们又大修府邸，敲诈盘剥，强征民居。长宁公主在府邸后建造一个人工湖，叫昆明池，穷极奢丽。中宗、韦后一一拜会，到各家游乐宴饮。安乐公主见长宁公主府邸壮丽，奢华无比，自叹不如，回去后便照昆明池辟花园、造水池，意在定要胜过昆明池，故名定昆池。

安乐公主奢华游乐与各姐妹争胜，又在淫乱私通上不甘落后。她专好美男子，因看上了小叔子武承嗣的儿子武延秀，便要求嫁给他。中宗、韦后有求必应，答应了她的要求。婚庆之日，宫中喜气洋洋，而宫外的京师城巷，则窃笑传播，舆论大哗。后宫沉浸在荒淫秽乱之中。

后宫秽行甚嚣尘上,中宗一无所知,只顾自己行乐。朝臣和后党便展开了激烈的交锋。先是武三思在世时,奏准上韦后号为顺天皇后,亲谒宗庙,赠韦后父韦玄贞上洛郡王。左拾遗贾虚己力谏:"不是李氏封王,盟书让天下共弃! 如今复国不久,又宠私皇后家,先朝祸鉴不远,太可怕了! 如果让皇后辞谢,那天下就知道后宫谦让,不是很好吗?"中宗不听,韦后也不予理睬。

8. 毒杀和事天子

中宗郊视,令韦后亚献。正月望夜,中宗与韦后微服过市,徜徉观览,放纵宫女出游,结果宫女都淫奔不还。国子祭酒叶静能善于禁架,常侍马秦客高于医术,光禄少卿杨均擅长烹调,都引入后廷。杨均、秦客和皇后私通。后宫如此这般,朝臣不能容忍。景龙三年(709 年),监察御史崔琬弹劾中书令宗楚客,变乱朝政。宗楚客大怒,当堂自陈忠鲠,一心为朝廷。中宗不加追问,还命崔、宗二人结拜兄弟和解。朝臣失望,称中宗为和事天子。

次年五月,许州司兵参军燕钦融上书:皇后淫乱,干预国政,宗族强盛。安乐公主、武延秀(公主后夫)、宗楚客图危宗社。中宗大为惊骇,召燕钦融当面对质。燕钦融一一列举事实,中宗无言以对。宗楚客见事情不好,便假传圣旨,命武士将燕氏推出宫门打死。中宗怏怏不快,认为韦后所作所为太为过分,便有意废掉韦后。

韦后得讯,大为惊恐,于是与安乐公主密计。韦后想学武后临朝。安乐公主觉着母后临朝,自己做皇太女也未尝不可。于是,母女俩在食物中放毒,中宗在神龙殿被毒死,享年 55 年。

五、万千宠爱杨玉环(上)

唐代第一风流皇帝要算唐玄宗李隆基,他才华横溢,多情。在他的一生之中,拥有无数优秀的女人。能够赢得他的宠爱,在他心中占有一席之地的女人有6 人,她们是发妻王皇后、杨贵妃、梅妃、武惠妃、赵丽妃和皇甫德仪。不过,最让他痴迷的就是他的儿媳杨玉环。据史书记载,唐玄宗时期,后宫的女人多达 4 万之众,进入皇帝生活的特殊女人,除了上述几人之外,还有:杨皇后、刘华妃、钱妃、郭顺仪、武贤仪、董芳仪、高婕妤、柳婕妤、钟美人、卢美人、王美人、杜美人、刘才人、陈才人、郑才人、阎才人、常才人等。在中国的帝王之林中,唐玄宗是拥有女人最多的一位皇帝。后宫美人充栋,这么多美人载诸史册,这在中国历史上也是十分罕见的。

1. 杨玉环

杨贵妃本名叫什么? 很长时间没人知道。《新唐书》、《旧唐书》、《资治通鉴》未写,《长恨歌传》称其为杨玄琰女。杨氏是蒲州永乐(山西芮城)人,生于唐玄宗开元四年(716 年),死于天宝十五年(756 年),年仅 40 岁。她去世 100 年后,唐宣宗大中九年(855),唐进士郑处诲撰《明皇杂录》,第一次明确杨贵妃的名字:"杨贵妃,小字玉环"。另一位进士郑嵎,与郑处诲几乎生活在同一时期,他在《津阳门诗注》中称:"玉奴,太真小字也"。综合各种史料,可知杨贵妃的姓名、字号和大概身世。

郑处诲字延美,荥阳(河南荥阳)人,当朝宰相郑余庆之孙。唐文宗大和八年(834 年)进士及第,历官拾遗、监察、尚书郎、给事中、刑部侍郎、刺史、观察使、检校刑部尚书等职。郑处诲在《明皇杂录》中,记载了一位未卜先知的道人李遐周,道术深厚,唐玄宗很欣赏他,经常召他入宫,称为李神仙。他居住在玄都观,有一天,这位李神仙突然失踪,人们在他居室的墙壁上发现了数章题诗,神秘莫测,是预测未来大事的,莫不应验:燕市人皆去,函关马不归。若逢山下鬼,环上系罗衣。诗后最后一句的注解称:贵妃,小字玉环。马嵬时,高力士以罗巾缢之也。

杨贵妃,小字玉环,昵称玉奴,道号太真。她的父亲是杨玄琰,早丧,由叔父杨玄珪收养。从小就晓音律,善舞蹈。她 18 岁时,选为唐玄宗第 18 个儿子寿王李瑁妃,夫妻恩爱,两人过了 5 年多的幸福生活。开元二十八年(740),唐玄宗第一次见到儿媳杨玉环时,她才 24 岁,玄宗已经 55 岁。玄宗一见钟情,决定抢夺这个儿媳妇:先让她入道观,赐号太真。随后,召入宫禁,册为贵妃。玉环一人得道,鸡犬升天:她的三个姐姐分别封为韩国夫人、虢国夫人、秦国夫人;其堂兄杨钊,由监察御史升侍御史,皇帝亲自赐名国忠。李林甫去世后,杨国忠代为右相,兼吏部尚书,兼领四十余使,权倾朝野。

2. 长恨歌

唐玄宗李隆基是一位性情中人,他是帝王之林中的一个情圣,也是一个情感丰富的风流种子。可以说,他一生的最大特点就是多情。在他的人生中,凡是让他心动的女人,他会立即采取行动,不择手段地据为己有,他的儿媳杨玉环就是生动的一例。李隆基和杨玉环的爱情故事,经过白居易《长恨歌》的渲染,成为流传于世、载于青史的千古绝唱。大诗人笔下的《长恨歌》字字珠玑,自唐至今,感染了无数代人。白居易之后,许多文人被李隆基的爱情故事所感动,完成了大量的文学作品。

《长恨歌》是唐朝大诗人白居易的一首长篇叙事诗,也是作者诗歌作品的代表作之一。这个名篇创作于唐宪宗元和元年(806年),距杨贵妃去世整整50年。全诗语言生动,人物传神,故事引人入胜,十分真实、形象地叙述了唐玄宗与杨贵妃之间的爱情悲剧。诗人通过历史人物、具体事件和生动传说,描绘了一个哀婉动人的爱情故事,特别是马嵬之变时,他们缠绵哀怨、生离死别,千百年来,感染了无数人,这就是流传千古的《长恨歌》。

3. 抢夺儿媳

唐玄宗李隆基在感情方面并不像人们想象的那么专一。他先后爱过很多女人,与许多女人同时保持来往:他在迷恋杨玉环时,对于梅妃江采萍不能忘情。同时,一个名叫念奴的美女经常陪伴在他的身边,随侍左右。据说,念奴很美,最美的是她的眼睛。每当念奴执板展喉的时候,她总是要顾盼生情,眼送秋波,向玄宗传达一种特有的柔情。每当这个时候,玄宗总是一边欣赏音乐,一边乐于享受念奴的特殊风情。后来,《念奴娇》成了文人之中一首著名的曲牌。

李隆基即皇帝位前,授与潞州别驾。那个时候,他年轻气盛,喜欢倡优丽人。后来,登上皇帝宝座以后,他特别痴迷于倡优出身的赵丽妃。随后,他又移情于钱妃、皇甫德仪、刘才人。中年以后,李隆基迷恋武惠妃。不久,武惠妃去世,年仅40岁。武惠妃去世后,李隆基感叹:后宫女子,无一人中意者!这一年,玄宗52岁。

美人无中意者,这种状况,对于好色多情的玄宗来说,情怀无处可寄,无异于是一种酷刑。玄宗每天静坐深宫,郁郁寡欢,闷闷不乐,时不时地生气、发怒。皇上的喜怒无常,近侍们心里清楚,因此,他们千方百计,四处寻找能让皇上中意的女子。工夫不负有心人,不久,有位近侍面见皇帝,神秘地进奏:杨玄琰有个女儿,名叫杨玉环,绝代佳人,宜充掖庭!

玄宗问:杨玄琰是谁?玉环在哪里?近侍笑着说:杨玄琰早就去世了。玉环现在王府,是寿王妃。玄宗面露愠色:寿王妃还宜充掖庭!近侍太懂皇帝的心了,从容不迫地说:奴才万死!寿王妃真是绝世无双啊,奴才冒死叩请召见!玄宗闻言,大喜,顾不了玉环是不是儿媳妇,吩咐:召入禁中一观。唐玄宗在一座静寂的宫院中见到了杨玉环,她清秀美丽,丰腻娇艳,善歌能舞,通晓音律,才识过人。这是一个善解人意、风情万种的女人,这样的一流女人没法不让风流种子李隆基动心。这一年,她 24 岁。玄宗一见痴情,喜欢她,恨不得立即下诏将她留在宫中。看得出来,玉环也很喜爱皇帝,一见钟情。

可是,儒家的礼仪伦常在,国法在,玄宗不能这么做,也不敢这样做。考虑再三,玄宗下诏,让她以孝顺的名义,宣布出家,到皇家道观做女道士,为病中的窦太后荐福。随后,玄宗赐玉环道号"太真"。玉环奉旨,搬出寿王府,住进了皇家道观的太真宫,人称杨太真。大约熬过了五年,玄宗感觉能够掩人耳目了,就郑重其事地为儿子寿王李瑁赐婚,迎娶韦昭训的女儿为寿王妃。接着,玄宗迫不及待地将儿媳杨玉环迎回自己的宫里,册为贵妃。这段玄宗时期的宫廷秘史,唐诗人李商隐十分感慨,写下了《骊山有感·咏杨妃》诗:

> 骊岫飞泉泛暖香,九龙阿护玉莲房。
>
> 平明每幸长生殿,不从金舆惟寿王。

4. 如得至宝

将近花甲之年的唐玄宗不顾一切地迎娶儿媳妇杨玉环,是因为这个儿媳妇非寻常之人,有许多非凡之处:一是年轻,小玄宗 31 岁;二是美貌,惊若仙人;三是聪慧,心有灵犀;四是才艺,能歌善舞;五是温柔,善解人意,体贴入微。正如《旧唐书》所说:"太真姿质丰艳,善歌舞,通音律,智算过人。每顾盼承迎,动如上意。"《新唐书》的记载也大致相同,只是含蓄地加了一句"遂专房宴"。玄宗阅女人无数,他自认为他的品位是一流的。不过,自从他见玉环,就真的魂不守舍了。他很迷恋玉环,得到玉环以后,曾自豪地说:"朕得杨贵妃,如得至宝也!" 为此,他还乘兴创作了一首曲子,名《得宝子》,经常让宫廷乐师为他演奏。

杨玉环何以如此迷人?玄宗为她神魂颠倒,不顾一切:春宵苦短日高起,从此君王不早朝! 分析其原因,应该是多方面的,不过,其主要原因还是杨玉环天生丽质,集色、才、艺、智于一身。史书记载:杨玉环第一次秘密入宫时,玄宗初次见她,她是一身女道士装扮。她的模样十分俊俏,她的特殊装扮从此就刻在了皇帝的心里:眼睛明亮清澈,头发光亮乌黑。皮肤白皙,丰腻诱人。浅蓝色的女道服饰,裁剪适度,宽松相宜。身体丰满,量体裁衣的丝质衣服曲线优雅,尽显女性之美。

玄宗第一眼看见玉环,真是有点发呆。女人虽多,但如此气质高贵、举止娴雅者实属罕见,特别是她在顾盼之间,巧笑倩兮,美目传情,让玄宗有点失态,一时不知道自己身在何处,今夕何夕!

5. 家族荣显

天宝初年，玄宗将玉环接到宫中，册为贵妃，从此，他再也离不开这个奇特的女人。入宫以后的杨玉环独宠专房，侍女成群，宫人称她为贵妃娘子。因为皇帝的宠爱，她在后宫的地位是最高的，待遇也是最为优厚的：虽有皇后，但贵妃的仪制等同皇后，地位和待遇也因皇帝之宠而超越常规。杨玉环受宠，杨氏家人飞黄腾达，家族也享受荣华富贵。

杨玉环有三个姐姐，玄宗称她们为姨。她们也同贵妃一样，美貌惊人，玄宗十分喜欢，于是，玄宗特旨，分别封她们为韩国、虢国、秦国夫人，赏赐特制腰牌，自由出入宫禁，正是所谓"恩宠声焰震天下。"据说，每当命妇入班朝觐，只要有三夫人在，娇宠任性的持盈公主等人都不敢吱声，更不敢就座。

三夫人中，特别是虢国夫人，恩宠一时，势焰熏人。虢国夫人喜爱豪宅，每天热衷于大兴宅第。《明皇杂录》称其：栋宇之华盛，举无与比。虢国夫人抢夺韦嗣立旧宅，震惊朝野。有一天，韦氏一家人刚刚吃过午饭，孩子们正在他们自己宽大宅院的堂庑间午间休息。忽然，韦氏家人惊奇地看见院门大开，只见一个妇人坐在黄辇上，辇停在门口。

她不是别人，正是大名鼎鼎的虢国夫人。她慢慢地从华丽的步辇上走了下来，悠然自得地打量着眼前的这座大宅院。她身穿黄罗长衫，外罩纱帔，身边簇拥着数十个侍女。她们谈笑风生，旁若无人。虢国夫人像回到自己家一样，走到韦氏诸子休息的堂庑前，对他们说：听说此宅想卖，不知道想卖多少钱？韦氏家长闻讯，立即赶来，对她恭敬地说：这是先人留下的旧宅，不忍舍弃。

韦氏话音未落，突然从院门外涌进了数百工匠，他们不说话，直奔东西厢房，撤其家具，拆其瓦木。对方人多势众，来势汹汹。韦氏知道来者不善，面对如此一群凶神恶煞之徒，他别无选择，只能尽可能地保住自家的宝贝。他立即率领自己诸子和众多家童，将琴棋书画、细软珍宝集中起来，东西太多了，都堆积在院子的路中间。黄衫女人吩咐：给空地十五亩。就这样，一座豪华的大宅院，给空地15 亩，她就占有了，宅院一分钱不付。

韦氏后来才知道，这个女人就是当今圣上的虢国夫人，他更不敢吱声了。虢国夫人知道，韦氏是富豪，她决定宰他一刀。她召集建造宫殿的一流工匠，大兴土木，彻砖墁地，将这座宅院装修成一座华丽宫殿。然后，虢国夫人以 200 万两银子卖给韦氏，物归原主。

这件抢夺宅院之事，《明皇杂录》这样记载：韦氏诸子乃率家童，洁其琴书，委于路中，而授韦氏隙十数亩，其宅一无所酬。虢国中堂既成，召匠圬墁，授二百万偿其值,而复以金盏瑟瑟三斗为赏。后复归韦氏,曾有暴风拔树,委其堂上,已而视之,略无所伤。既撤瓦以观之,皆承以木瓦,其制作精致,皆此类也。虢国每入禁中,常乘骢马,使小黄门御。紫骢之俊健,黄门之端秀,皆冠绝一时。玄宗还赏赐虢国夫人照夜玑,真稀世之宝。

6. 六宫粉黛无颜色

杨玉环身材娇好,是一个歌舞方面的奇才。唐玄宗精通音律,在音乐、戏曲、舞蹈、乐器诸方面颇有造诣。玄宗和玉环,相见恨晚,可谓一对知音。他们情趣相投,在组建宫廷乐队、编排宫廷乐舞方面表现出了空前的默契。《旧唐书》说,玄宗好音律,曾特别组建了一支"宫廷乐队",选拔子弟300人,宫女数百人,演习宫廷音乐。有一次,玄宗倡议,以大唐宫廷乐器配西域所传5种乐器,开一场盛大的宫廷音乐会。杨贵妃十分高兴,积极筹办。音乐会时,贵妃怀抱琵琶,玄宗手持羯鼓,轻歌曼舞,热闹非凡,玄宗为玉环所陶醉。正如白居易所写:"缓歌曼舞凝丝竹,尽日君王看不足。"

《明皇杂录》记载:天宝中,上命宫女子数百人为梨园弟子,皆居宜春北院。上素晓音律,时有马仙期、李龟年、贺怀智洞知音律。安禄山自范阳入觐,亦献白玉箫管数百事,安皆陈于梨园,自是音响殆不类人间。有中官白秀贞,自蜀使回,得琵琶以献。其槽以逻沙檀为之,温润如玉,光辉可鉴,有金缕红文蹙成双凤。贵妃每抱是琵琶奏于梨园,音韵凄清,飘如云外。而诸王贵主泊虢国以下,竟为贵妃琵琶弟子。每授曲毕,广有进献。

6月1日是贵妃的生日,玄宗临幸华清宫,命小部奏乐。小部,就是梨园法部所设置的乐队,30人,都是15岁以下的乐童。当时,玄宗很高兴,创作了一首新曲,在长生殿上演奏。乐曲很悠扬动听,但是,乐曲没有取名。当时,恰逢南海进献荔枝,皇帝赐名《荔枝番》。每次玄宗创作了好曲子,玉环总是自己先欣赏,亲自演奏。杨玉环擅长琵琶之外,还善于击磬。据说,她演奏击磬时,"拊搏之音泠泠然,多新声,虽梨园弟子,莫能及之。"玄宗爱玉环过人之才艺,特命近侍,精选宫廷所藏蓝田绿玉,精雕细琢,制成玉磬,上面饰以金钿珠翠。玄宗亲自验收,将这件珍贵无比的玉磬赏赐玉环。

杨玉环属于体态丰腴的女人,以"胖"为美。同时,她又是一位天才的舞蹈家,她的肥胖,丝毫不影响她的舞蹈之美。恰恰相反,她的丰满、柔美,飘逸之中有几分妖冶,吸引着父辈一样的皇帝。看了她的舞蹈,玄宗更加迷恋她,简直是为她痴,为她狂。玉环虽然肥胖,却身手矫健,不怕旋转,喜欢跳西域那种节奏快、舞姿灵巧的胡旋舞。

　　唐玄宗迷恋玉环，痴情于玉环的优雅舞姿。于是，玄宗特别为她创作了一首《霓裳羽衣曲》。传说，有一天，术士叶法善陪同玄宗宴饮，酒过三巡，术士运用法术，化成一座金桥，连接月宫。他陪同玄宗走过金桥，来到月宫。只见乐曲悠扬，月宫之中，美丽的仙女们正在载歌载舞。玄宗被优美悦耳的曲调吸引了，久久不忍离开。玄宗默默记下了曲谱和歌舞，回到宫中，弹奏出来，赐名《霓裳羽衣曲》。

　　其实，《霓裳羽衣曲》是一支源于印度的婆罗门曲，从中亚地区传入中原。河西府节度使杨敬述听到此曲后，感觉极美，入朝之时，就进献给玄宗。玄宗精通音律，觉得曲调悠扬和美，如同天籁之音。他细加润色、改编，填制歌词，宣布为贵妃特地创制的美曲，送给贵妃。贵妃玉环喜出望外，用了几十天时间，依照舞曲，创作了大型宫廷乐舞《霓裳羽衣舞》。在舞蹈、音乐、服饰和气氛诸方面，《霓裳羽衣舞》刻意创造一种虚无缥缈的神仙境界，着力描绘超凡脱俗的仙女形象，气势磅礴，十分华美。

　　正式上演时，在宽敞的大殿中，贵妃依韵而歌，踏歌而舞，她的舞姿飘荡如云，腾跃如风，看得玄宗眼花缭乱，美不胜收。这段《霓裳羽衣舞》，真是精美绝伦。《霓裳羽衣舞》的配舞是十分成功的：玉环以传统的宫廷乐舞为基础，融汇了西域舞蹈的回旋舞姿，使整个舞蹈轻柔飘逸，如流雪回风。贵妃最为得宠的侍女张云容得贵妃真传，最善跳《霓裳羽衣舞》。有一次，贵妃带着云容到绣岭宫，云容在玄宗和贵妃面前跳《霓裳羽衣舞》，跳得十分优美。玄宗很兴奋，赏赐丰厚。贵妃也很激动，写《赠张云容舞》一诗，赞美侍女：

　　　罗袖动香香不已，红蕖袅袅秋烟里。

　　　轻云岭上乍摇风，嫩柳池边初拂水。

　　张云容确实是一个非凡侍女，相貌秀丽，舞技也相当出色，所以，玄宗和贵妃都很喜爱她。当时，盛传一个离奇故事，说云容死而复生，与薛绍结合：云容得宠，她与宫廷道士申天师很熟。有一天，她求天师，给长生药。天师给她一粒降雪丹。天师说：你将来死后，要一个大棺材，嘴里含美玉降雪丹，此丹可保证内脏不腐。百年之后，遇到你的爱人，结成夫妇，可以成仙！后来，张云容被贵妃排挤到行宫之一的连昌宫（河南宜阳境内，从长安到东都之间的行宫），死在那里，按天师吩咐下葬。唐宪宗时，平陆县尉薛绍私放了一个为母复仇的杀人犯，被流放充军，半路逃跑，跑进了已经荒凉的连昌宫。半夜时分，忽然出现了三个美丽的女人，她们殷勤备至，摆酒唱歌，陪同薛绍一起赏月。当晚，薛绍就与其中一个结为夫妻，她就是张云容。张云容很高兴，写《合婚诗》，表达喜悦之情：

韶光不见分成尘,曾饵金丹忽有神。

不意薛生掫旧律,独开幽谷一枝春!

薛绍也很激动,也写下了《合婚诗》相和:

误入宫垣漏网人,月华静洗玉阶尘。

自疑飞到蓬莱顶,琼艳三枝半夜春!

《资治通鉴》记载:上皇每酺宴,先设太常雅乐坐部、立部,继以鼓吹、胡乐、教坊、府县散乐、杂戏。又以山车、陆船,载乐往来。又出宫人,演《霓裳羽衣》。又教舞马百匹,衔杯上寿。又引犀、象入场,或拜或舞。这种音乐、舞蹈、杂技、动物演出熔于一炉的盛大宫廷乐舞,应当是玄宗、玉环共同心血的结晶。

诗人王建有感于《霓裳羽衣曲》之优美,写下了《霓裳词》十首,节录如下:

自入梨园得出稀,更番上曲不教归。

一时跪拜霓裳彻,立地阶前赐紫衣。

旋翻新谱声初足,除却梨园未教人。

宣与书家分手写,中官走马赐功臣。

伴教霓裳有贵妃,从初直到曲成时。

日长耳里闻声熟,拍数分毫错总知!

7. 华清池

中国已经发现的温泉多达 2700 余处,西安华清池温泉名冠四海,称"天下第一御泉"。华清池又称华清宫,位于西安东部,距西安大约 30 公里,坐落在临潼骊山北麓。这里是中国大唐时期最负盛名的皇家温泉胜地,这里的温泉水十分独特:其与日月同流,不盈不虚。华清池温泉水温常年保持在 43℃,水质纯净,细腻柔滑,芳香宜人。温泉水中含有二氧化硅、氟离子等 10 多种矿物质,对风湿、关节炎和皮肤疾病等均有明显的疗效。

据史书记载,大约在 3000 年前的西周时期,在这里就发现了温泉。相传,最早在这里修建离宫的是西周君主周幽王,他是一个懂得享乐的皇帝,他发现了这里的温泉,非常喜欢,就吩咐修建离宫。随后,秦、汉、隋各代,先后修辑、增建,扩大规模。唐代时,经济繁荣,国力充足,多次大规模增建和扩建,皇帝赐名曰汤泉宫,后又改名温泉宫。

唐玄宗时,经济鼎盛,玄宗拔出巨款,在华清池大兴土木:以白玉石治汤井为池,环山广建宫殿,赐名华清宫。因为宫在温泉之上,宫内有池,又名华清池。唐代之时,华清池是皇帝和他的后妃们游宴、享乐的行宫。每年十月,他们来到这里，直到第二年春天才回到皇宫。唐诗人王建(768—830)是颖川(河南许昌)人，官至侍御史、陕州司马。他在《汤泉宫行》一诗中写道：

十月一日天子来，青绳御路无尘埃。宫前内里汤各别，每个白玉芙蓉开。

据史书记载，从开元二年(714年)到天宝十四年(755年)的41年时间里，唐玄宗来华清宫沐浴，先后达36次之多。这里的飞霜殿是最美的宫殿，就是唐玄宗和杨贵妃沐浴、行乐的寝殿。他们的行乐生活，白居易在《长恨歌》中这样描述：

春寒赐浴华清池，温泉水滑洗凝脂。侍儿扶起娇无力，始是新承恩泽时。

华清池是以温泉著名的，这里的温泉很多，但主要有4处泉源，都是分布在一个石券洞内。洞内有圆形水池，半径大约1米，泉水清澈，水清见底。池中水气蒸腾，池下有无数暗道，流水潺潺，终日不息。据说，这里的温泉出水量十分惊人，每小时达113吨。温泉水是无色透明的优质水，水温稳定，通常是在43度左右。洞中的四处水源中，有一处泉眼是十分古老的，发现于3000年前的西周时期。泉水之中，含有多种矿物质和有机物质，包括石灰、碳酸钠、二氧化硅、三氧化二铝、氧化钠、硫黄、硫酸钠等多种矿物质。

骊山温泉，千古涌流，奔腾不息。冬天时，温泉的温水在墙内循环流动，形成暖气，让室内犹如春天。所以，每当北风呼啸、漫天飘雪之时，这里就会形成特殊的景观，落雪为霜。唐玄宗和杨贵妃都喜欢这里，因此赐名飞霜殿，成为他们的寝宫。

8. 贵妃妆扮

天宝初年，大唐经济繁荣。京城的达官贵族和士庶百姓喜欢穿胡服，戴貂皮帽，成为一种时尚。妇人则喜欢头插步摇，身穿窄小襟袖，婀娜多姿。杨贵妃入宫以后，获得皇帝的特别宠爱。上之所好，下必甚焉。贵妃的装扮爱好花样翻新，往往成为后妃、宫人们追逐模仿的目标，随之传遍京城以及全国。贵妃服饰多样，美饰翻新。不过，他最喜爱的妆扮宫人是无法模仿的：以假髻为首饰，身穿御用黄丝裙。正因为贵妃的特殊喜好，天宝末年，京城传唱着这样一首童谣：义髻抛河里，黄裙逐水流。

9. 美人吃醋

玄宗不顾一切地抢夺玉环，将她纳入后宫，册为贵妃。玉环得宠，她需要皇帝对她感情专一，不能在她之外另有新欢。玉环是十分认真的，她和她的侍女都密切注视着皇帝的动静,一旦发现皇帝移情别恋,哪怕是道听途说的蛛丝马迹,玉环就会不依不饶,大闹宫廷。有的时候,她妒火中烧,性情暴烈,大发阔小姐脾气,在宫中闹得乌烟瘴气,宫人们十分害怕,玄宗也感到很头痛。

有一次,玉环吃醋,大闹寝宫,将宫中大量的珍宝、玉玩砸得粉碎。这一次,实在闹腾得太过分了,玄宗大怒。盛怒之下,玄宗吩咐高力士:快,将她遣送回家!立即送走!高力士领首,看一眼贵妃,扶着花容失色的美人,走出寝宫。仅仅一会儿工夫,玄宗就后悔了。他在大殿中来回走动,开始变得焦躁不安。他觉得,身边没有了贵妃,似乎少了什么,总感觉到处是空空的,坐立不安,魂不守舍。

玄宗整天精力不集中,无法理政。到了吃饭的时间,御桌上即使摆上美味佳肴,他也不想吃。玄宗问自己:怎么办?再下旨,召回贵妃?不行,皇帝不能如此轻率,朝令夕改。可是,不朝令夕改又怎么办?不收回成命,贵妃永远不会回来!玄宗恼羞成怒,气恨交加,心中堆积了一大团无名火。他抬起头,看见了形象丑陋、行为畏缩的宦官,他一下子暴发了,怒火朝宦官们发泄:他手上捧着茶杯,狠狠地朝御前服侍的宦官砸去;闻讯赶来的宦官,走路稍慢一点,他就呵斥随侍拉下去,痛打一顿。

宦官首领高力士看见这一切,心里早就明白是什么原因。皇帝平常是很温和的,从不动辄鞭笞宦官,这种情况,完全说明皇帝已经情绪失控,不同寻常。高力士太懂皇帝了,他知道了皇帝的心思,更明白皇帝此时的想法。高力士看一眼皇帝,小心翼翼地走了。他知道皇帝舍不得贵妃,拉她出宫时,就将她安排在一个安静的院落。这时,他不声不响地将贵妃接回宫中。当天晚上,洗漱完毕,皇帝在寝室中看见贵妃,喜出望外,老泪纵横。贵妃见到皇帝,立即伏在地上,哭泣着谢恩。两人又惊又喜,相拥而泣,心里说不出的高兴。仅隔一天,竟然如同生死之别。这时,他们才知道,两人已经融为一体,再也分不开。

六、万千宠爱杨玉环(中)

1. 温泉洗浴

杨玉环生机勃勃,充满活力,她年轻美丽的身体吸引着花甲之年的皇帝。对于皇帝来说,最大的享受莫过于在华清宫的莲花池、海棠池中,欣赏浴中的贵妃。她的头发乌黑发亮,身体丰腻饱满,肌肤白皙如雪。泡过温泉之后,本来有些肥胖的贵妃肌肤白里透红,气喘吁吁,娇弱无力,仿佛一团蒸腾的雾气就能将她推倒似的。每当这个时候，玄宗就会身不由己，亲自前去扶掖着贵妃。

据史书记载，华清宫中，珍藏着堆积如山的奇珍异宝，特别是皇帝、贵妃寝宫的飞霜殿，更是摆满了各地进献的稀世之宝。贵妃好新奇，喜珍宝。玄宗每次带贵妃前往华清宫，他们都是坐在一辆华丽的御用马车上，由高力士亲自执辔，策马徐行。各封疆大吏、地方长官以及锦绣官、冶琢金玉之徒，大抵千人之众，他们搜罗珍玩，索奇献宝，将最精美之物献给贵妃。

贵妃所好，王公大臣争相献媚，地方官纷纷仿效，趋之若鹜。各地争献珍宝，数目之大，器物之精，令人惊骇。在这群献媚的官吏之中，以岭南节度使张九章、广陵长史王翼所献珍宝最为精美，最为珍贵，自然，也最能博得贵妃的欢心和欣赏。于是，岭南节度使张九章荣进银青阶金紫大夫，广陵长史王翼越级提拔，超擢户部侍郎。

诗人王建听说了许多开元、天宝旧事，写下了著名《温泉宫行》诗：

十月一日天子来，青绳御路无尘埃。
宫前内里汤各别，每个白玉芙蓉开。
朝元阁向山上起，城绕青山龙暖水。
夜开金殿看星河，宫女知更月明里。
武皇得仙王母女，山鸡昼鸣宫中树。
温泉浃浃出宫流，宫使年年修玉楼。
禁兵去尽无射猎，日西麋鹿登城头。
梨园弟子偷曲谱，头白人间教歌舞。

2. 再次遣送宫外

天宝九年(750年)，贵妃玉环44岁。这一次事变，不是因为贵妃吃醋，与玄宗发生冲突，而是玄宗吃醋，玉环再次被玄宗遣送宫外。这一次的冲突不同以施，以前都是因为玄宗拈花惹草，唯独这一次，完全是因为贵妃不安分守己、玄宗胡乱吃醋所致：玄宗吃醋的对象不是别人，正是他十分信任和喜爱的兄弟宁王。

唐玄宗是一位很重情义的人，他十分友爱自己的几位兄弟。他有一条红玉带，非常珍贵，宁王表示喜欢，他立即自解红玉带，送给宁王。唐高宗破高丽时，得到了一条紫金带，极其稀有。开元初年，玄宗拥有这条紫金带，感觉不错。有一次，高丽使者来朝，玄宗在内殿宴请使者。高丽使者见到这条紫金带，非常激动，对内官说：紫金带是本国珍宝，年岁荒芜，人民流散，烽烟四起。幸好此带藏在内府，今天能见一面，足矣！后来，岐王喜欢此带，玄宗慷慨地将此带赏赐给岐王。

玄宗登基以后,极重视兄弟情义,特地在大殿之中,设五幄,与五王经常相处,称为五王帐。天宝九年(750年),玄宗已经65岁了,他对贵妃已经力不从心,所以,他经常和兄弟们饮酒狂欢,长夜话旧,然后长枕大被,共卧一处。时间久了,贵妃对皇帝自然心中生怨。长夜绵绵,贵妃哪里耐得住寂寞?诸王经常进宫,贵妃就与诸王过从甚密。诸王之中,宁王年青英俊,在许多方面与玄宗相似,特别是有着过人的音乐天赋,笛子吹得极好,即使是宫廷乐师,也无人能比。

贵妃很喜欢宁王,经常和他一起演奏音乐,切磋乐舞。宁王的游乐骑射工夫和落拓不羁的个性也是出类拔萃的,让贵妃着迷。玄宗也很器重宁王,宁王直言不讳,敢于进谏,玄宗基本上都能接受。有一次,武惠妃生日,玄宗与诸公主举办生日宴会,在万岁楼下一起跳舞。宴会之后,玄宗坐上步辇,从复道回宫。突然,他看见护从的卫士将吃了一半的饼扔进了水沟里。

玄宗勃然大怒,吩咐高力士:逮捕他,杖杀之!当时,皇帝震怒,左右随从、近侍、大臣都不敢言,只有宁王从容进谏:陛下,从复道窥见卫士气有过,立即杖杀,微臣觉得,人臣不能自安,又有失大体。陛下之意,是勤俭节约,近物惜粮,不忍看到糟蹋粮食。然而,性命关天,怎么能轻视性命而反粮食?请陛下三思。玄宗恍然大悟,立即收回成命。

玄宗有一心爱之物,就是紫玉笛。因为宁王擅长吹笛,所以,玄宗将此笛送给了宁王。然而,贵妃与宁王之间的亲密关系,近侍不断奏报,足以让玄宗为之恼火。有一天,玄宗看望贵妃,两人在一起品评音乐,无意之中,玄宗发现,赏赐给宁王的紫玉笛,怎么会在这里?玄宗怫然变色,质问贵妃:紫玉笛从何而来?贵妃脸色煞白,嘟囔支吾。她知道,这是御赐之物,不能随便送人的,否则犯大不敬罪,可招致杀身之祸。这是贵妃在宁王那里时,看见这紫玉笛精美,自己偷偷地拿走的。偷窃圣物,不能说,她只能支吾。

玄宗见状,以为贵妃与宁王偷情是实,他们以御赐玉笛为定情信物,玄宗勃然大怒,大声吩咐:来人啊,将她扔出宫去!皇帝的女人是不能出宫的,出宫,就是死之意。这一声喊,贵妃猛然回过神来,立时花容失色。皇帝动怒,遣送宫外,这一次的过失似乎无可挽回了。贵妃哭泣不止,高力士奉旨,扶着贵妃慢慢出宫。高力士劝慰贵妃,皇上不过是一时冲动,不出一天就会后悔。贵妃摇头,她知道,现在不同了,皇上已经老了,不喜欢自己了,不会回心转意。

杨贵妃的哥哥杨国忠,身为宰相,太了解皇帝的脾气和个性了。考虑再三,杨国忠确信,皇帝还是痴迷贵妃的,绝不会因为吃宁王的醋,而下杀死贵妃的决心。杨国忠和高力士商量，还是先将杨贵妃安置在一个幽静的院落，静候皇帝回心转意。皇帝不回心转意，贵妃就不能出现。

杨国忠请高力士面见玄宗，进奏说：陛下，贵妃既然犯有死罪，叩请皇帝看在曾蒙受圣恩的份上，请让她死在宫中，不要在外面受辱。贵妃押走了，玄宗本来心里就难受。一整天，玄宗都处在爱恨交织和内心煎熬之中，不知道该如何处置贵妃。这时，他听了高力士的这番话，不免大惊：难道说一定要处死贵妃？已过花甲之年的玄宗第一次无助地看着跟随自己一辈子的侍从高力士，黯然神伤，不知道该怎么办。高力士不说话，只是看着皇帝。玄宗坐卧不安，饮食不思，到了晚上，只好命中人张韬光前去探望。

高力士放心了，立即告诉了杨国忠。贵妃被安置在外一处静寂的院落，也是日夜不安，饮食不思。突然，贵妃看见了皇上派来的中使张韬光，她的心直往下沉，以为皇上真的派人来处死她。贵妃看着中使，哭泣着说："请告诉陛下，小女罪该万死。然而，小女肤发以外，都是皇上所赐。小女如今要死了，无以报皇上厚恩……"

贵妃正说着，从身后拿出一把剪刀，举了起来。中使张韬光脸色煞白，伸手拦拦着大喊：不要！高力士站在一边，笑了起来。说时迟那时快，贵妃举刀向上，剪断了自己的一缕秀发，双手呈上，对张韬光说："请呈陛下，以此留诀！"中使张韬光捧着贵妃的头发，笑了起来。张韬光看一眼高力士，两人会心一笑。然后，他什么也不说，转身走了，直接向皇上奏报。

玄宗呆在寝宫之中，坐也不是，站也不是，就像一只热锅上的蚂蚁，在殿中团团转。这里，他突然看到张韬光走来，手里拿着贵妃的一束秀发，大惊失色：贵妃死了？贵妃死了？张韬光摇头，看着皇帝。玄宗发疯了似的叫喊：高力士，快接回贵妃，接回贵妃！高力士引着贵妃，回到宫中。贵妃消瘦了许多，眼睛更大，人也更美丽了。玄宗看着贵妃，怜香惜玉之情油然而生。两人相见，泪眼相照，紧紧地拥抱在一起，许久许久。他们重叙恩爱，一切和好如初。

3. 贵妃是解语花

贵妃美丽如花，父亲一般年龄的玄宗真是由衷喜爱。他们游赏宫殿，两情相悦，心心相知。玄宗在玉环面前，不是什么皇帝，而是一个多情的男人。玉环在玄宗面前，不像一个承欢谄媚的妃子，更像一个女儿，一个恃宠而骄的妻子。她是一个比较自我的女人，敢说敢笑，敢打敢闹，敢爱敢恨。她喜怒无常，妒忌心重，肆无忌惮，百无禁忌。每次发生冲突，都是玄宗作出让步，几个回合下来，玄宗心甘情愿地拜倒在玉环的石榴裙下。

平常的日子，玄宗很平易近人，对贵妃没有一点居高临下之态。在贵妃的心里，皇帝就是一个好丈夫，脾气很好，十分宽容。每天玄宗下朝归来，回到贵妃的住处，感觉就像丈夫收工回家一样，融洽和美。冬天的时候，大雪纷飞。宫殿的屋檐下，结出了一根根晶莹的冰凌。一排排的，在阳光下熠熠生辉。玄宗下朝回来，看见身穿鲜艳服装的贵妃正在屋檐下，津津有味地赏玩几根亮晶晶的东西。玄宗凑近过来，不禁好奇地问："什么东西呀？"贵妃回头看一眼皇帝，笑着回答："冰筷子！"玄宗笑了起来，爱怜地对近侍说："妃子聪明，真是可爱！"

春天是最美的时节，春风化雨，百花盛开，满院子都洋溢着花香。唐玄宗喜爱春天，贵妃也是。每年春天时，他们都会相约在烟雨楼中，饮酒作诗。他们在花园中漫步，在春雨中漫游。每当走到一个鲜花盛开的地方，玄宗总是不禁停下脚步，看一眼鲜花，再看一眼美人。只要见到特别艳丽的花朵，玄宗总要摘下最美丽的一朵，一边替贵妃戴上，一边喃喃地说：鲜花虽美，如何比得了贵妃也！

御苑是玄宗、贵妃最喜爱的花园，春夏之时，月季吐艳，牡丹盛开，整个花园一片春意盎然。玄宗喜欢这个季节，百花吐艳，他经常采摘一大堆花，织成一个花冠，冠前别一枝特别大、特别鲜艳的花朵，送给贵妃，称贵妃是鲜花之中的花魁。秋天的时候，天高云淡，神清气爽。玄宗喜欢携着贵妃，泛舟太液池。池中微波荡漾，白莲盛开。群臣观赏着白莲，赞美它的高洁。玄宗微笑着，指着贵妃，对身边的贵戚说："白莲虽美，何能比我解语花也？"

4. 任风如何吹

杨贵妃放浪、任性，实在不是一个淑女型的女人。她肥胖、贪杯，天姿国色，美艳而娇憨。玄宗经常与贵妃开玩笑，还曾对她的肥胖有过戏言，说得十分幽默。有一天，玄宗在寝殿看书，看了几本，正在翻阅《汉成帝传》。这时，贵妃无事，闲逛着从后面走过来了。她走近皇帝，给他整了一下衣领，随意地问道："看的什么书？"玄宗看她一眼，笑着说："别问，知道了，你要生气。"

贵妃一听，笑了起来，看一眼书，明白了皇帝的意思。她干脆就坐在玄宗的旁边，两人头挨着头，一起慢慢看。他们翻开的一页，只见书上写道：汉成帝获飞燕，身轻，弱不胜风，恐其飘走，帝为造水晶盘，令宫人掌托而歌舞。玄宗抱着贵妃，对她轻声戏言："飞燕弱不胜风，你则任风如何吹！"玄宗的意思，贵妃肥胖体重，决不会被风吹走。

身体肥硕，对于贵妃来说，虽是一种美，但也是一种折磨。肥胖怕热，夏天难熬。贵妃怕热，每到夏天，她总是把一个冰凉的玉鱼含在口里，藉其凉津，滋润心肺。夏季的贵妃衣服穿得很少，她在内室，经常身穿轻绡，薄如羽翼，侍女们围绕着她的周围，一头大汗，不停地挥扇鼓风。可是，肥胖的贵妃依然浑身是汗，带着香气和红腻的汗水不停地从她的脸颊上流淌下来。贵妃夏天的模样，更加慵懒，更加娇媚，玄宗为之痴倒，也为之发狂。

玄宗宠爱贵妃，几乎所有的活动，都要带着贵妃参加。有一次，玄宗临御勤政楼，令教坊乐工演奏新乐，百戏、女伎纷纷献技。当时，教坊杂技之中，有一位王大娘，才艺出众，最擅长戴百尺竿：头戴百尺竿，竿上施木山，形状如瀛洲、方丈，然后，令小儿持绛节，在竿上上下翻滚，出入其间，载歌载舞。玄宗和贵妃坐在主席台上，身边是神童之称的刘晏。当时，刘晏年方10岁，皇帝特旨，授予这位神童秘书省正字。刘晏相貌猥琐，却聪明过人。

玄宗知道贵妃喜欢刘晏，特地将刘晏召到楼上，来到御座前的帘下。贵妃抱过刘晏，将他放在自己的膝上，为他化妆，施粉黛，梳理头发。玄宗知道刘晏的才情，特地打趣：刘晏，卿为正字，正得几字？刘晏口若悬河：天下字皆正，唯朋字未正得！贵妃十分高兴，就令刘晏吟诗，赞美王大娘戴竿。刘晏应声吟咏：

楼前百戏竞争新，唯有长竿妙入神。

谁谓绮罗翻有力，犹自嫌轻更着人。

玄宗大喜，贵妃也大喜，紧紧地将刘晏抱在怀里。玄宗说：诗吟得好，真好！贵妃说：好，就得赏赐。玄宗大笑，吩咐以牙笏黄纹袍赐之。

5. 贵妃醉酒

玄宗喜欢喝酒，有一天，在木兰殿前，玄宗宴请诸王。当时，木兰花开。玄宗很高兴，不停地与贵妃一起赏花品酒。不知道过了多久，贵妃醉了，她站起来，乘着酒醉，在木兰花前，舞一曲《霓裳羽衣舞》。舞姿美妙，如回风流雪。玄宗微醉，笑着说：昨天，梦见仙子十余人。她们御卿云而下，各执乐器，悬空演奏，曲调优美清越。记得一个仙子飘来，对我说：此神仙典，名《紫云回》，今传授陛下，为正始之音！醒来以后，以玉笛吹之，尽得其音。今试为爱妃演奏，请听。于是，玄宗演奏，贵妃跳舞。

当夜，玄宗又梦见龙女。龙女美貌，对他说：我是凌波池中的龙女，今制《凌波曲》，传授陛下！玄宗醒来，再与贵妃饮酒，演奏此曲，曲尽其美。贵妃为二曲编舞，让宜春院和梨园弟子以及诸王演唱。时值新年，新进一批女伶。其中，一位女伶名叫谢阿蛮，模样清秀，身体柔软，极善跳舞。玄宗吩咐，在清元殿欢聚，迎接新年,上演了一场新年音乐会:玄宗击羯鼓,宁王吹玉笛,贵妃弹琵琶,马仙期执方响,李龟年奏觱篥,野狐弹箜篌,贺怀智击响拍。音乐会非常成功,自凌晨至中午,一曲接一曲,愉悦无比。

当时,观众席上,只有贵妃和八姐秦国夫人坐在那里观看。曲子美妙,演技上乘,贵妃边饮边欣赏,不知不觉间,她又醉了。演奏完一曲,玄宗看着贵妃,笑着请"赏":贵夫人,小的们供职乐籍,今天,有幸侍候夫人,请赏一缠头!贵妃醉醺醺地说:好,止一缠头?秦国夫人接口说:"大唐天子阿姨,岂无钱用邪?一曲,赏三百万钱!"贵妃喜欢女伶阿蛮,爱怜地说:"我家穷,没什么赏给大师,我来替皇上赏!"贵妃醉眼蒙眬,微笑着,命侍儿红桃娘,取她心爱的红栗玉臂一支,赏给阿蛮。

6. 美人赏花

勤政殿赏杂技,木兰殿看花,清元殿奏乐,玄宗携着贵妃,有着玩不尽的开心乐事。嗜酒贪杯,自古以来,不是淑女所为。可是,在大唐时代,奢侈成风,崇尚饮酒,宫廷竟为豪侈。贵妃身体肥胖,夜晚纵酒,早晨起来,往往感觉肺部难受。所以,每天早晨,宫人们经常看见贵妃穿一身睡衣,漫步在御苑的花丛之中,攀着花树之枝,吸吮花朵上的露水,以露水润肺。玄宗得知此事,感觉有趣,戏称:美人赏花。

御苑之中,百花鲜艳。其中,最美丽的花朵就是皇帝亲手栽种的芍药、牡丹,有红的、紫的、浅红的、通白的,品种繁多,达数十种。这些御苑牡丹花冠大,颜色鲜艳,十分华贵。玄宗很喜欢牡丹,感觉它们有灵性,如同贵妃。玄宗吩咐,将这些牡丹,移植到他们生活起居的所有地方,尤其是适宜于它们生长的兴庆池东。

有一天,牡丹盛开。玄宗吩咐,前往兴庆池东的沉香亭前,饮酒赏花。玄宗坐在沉香亭前,命人宣召贵妃。这时,贵妃酒还未醒。高力士奉旨,派侍儿将贵妃扶来。玄宗举目望去,但见贵妃醉态蒙眬,头发蓬乱,一脸残妆,鬓乱钗横,依然十分美丽。贵妃来玄宗面前,看上去一幅摇摇欲坠的样子,不能再拜。玄宗爱怜笑了,微笑着说:"这哪是妃子醉了,分明是海棠没有睡醒!"

贵妃披着长裙相随。玄宗看着满园美景,命召梨园弟子,奏乐尽兴。乐师李龟年来了,手捧檀板,准备奏乐。玄宗伸出手,立即制止。他看一眼众乐师,望着贵妃,笑着说:赏名花,对美妃,焉能用旧词!于是,玄宗吩咐:李龟年,持御用金花瓣,宣翰林学士李白,立进清平乐三章!

不巧的是,翰林学士宿醉未醒。李龟年宣旨,内侍扶着李白,李白醉了,根本站立不稳。圣旨宣了,李白大概听明白了,立即哈哈大笔起来。李白看着高力士,抬起自己的脚,大声说:好,来来来,为我脱靴。李白的靴子满是泥土,实在是太脏了。高力士微笑着,躬下身,亲自为学士脱靴。李白大笑,叫道:好,备纸墨,立进《清平乐》三章:

> 云想衣裳花想容,春风拂槛露华浓。
>
> 若非群玉山头见,会向瑶台月下逢。
>
> 一枝红艳露凝香,云雨巫山枉断肠。
>
> 借问汉宫谁得似,可怜飞燕倚新妆。
>
> 名花倾国两相欢,长得君王带笑看。
>
> 解释春风无限恨,沉香亭北倚槛杆。

写完以后,李白扔下笔,醉倒了,呼呼睡去。李龟年大喜,拿着墨迹淋漓的诗稿,兴致勃勃地来到沉香亭前,恭敬地捧上新词,报告玄宗:李学士醉了,这是他醉中写的新词! 玄宗接过词,细读,万分高兴,感叹:真是醉仙啊! 玄宗交给贵妃,贵妃当众吟咏。众人鼓掌,纷纷叫好。玄宗命梨园弟子略作准备,抚丝竹,演奏新曲,李龟年引吭高歌,演唱《清平乐》。

玄宗很兴奋,亲自演奏。他调玉笛,站在李龟年旁边,笛声悠扬,舒缓柔和,十分美妙。贵妃坐在一边,手持玻璃七宝杯,笑容可掬。她品着西凉州葡萄美酒,听着新曲,欣赏着《清平乐》,心满意足。据记载,李白让高力士当众脱靴,高力士引以为耻。这场盛会以后,高力士面见贵妃,离间李白。高力士对贵妃说:《清平乐》可好? 贵妃点头:真好。高力士摇头:好是好,就是糟践了你贵妃! 贵妃一听,脸色煞白,问他:如何糟践? 高力士说:学士以赵飞燕比你,这不是讥讽? 贵妃细读新词,越看越生气。玄宗爱惜李白诗才,想授李白高官,但贵妃阻止,三次未遂。

七、万千宠爱杨玉环(下)

1. 贵妃"秽事"

贵妃风流,有关她与安禄山的"秽事",流传很广。这些秽事,最早记载于《天宝遗事》。《天宝遗事》全称《开元天宝遗事》,作者是五代时期的王仁裕。这是一部玄宗一朝的野史笔记,传闻内容较多。南宋初年,学者洪迈就鄙视此书,认为其"固鄙浅不足取,然颇能误后生。"洪迈先生不幸而言中,贵妃洗禄儿的秽事,本来只是道听途说,然而,因为史学家司马光采录了《天宝遗事》,载于《资治通鉴》,

结果流行开来，堂而皇之大白于天下。以讹讹传，一讹千年！

贵妃为安禄山"洗儿"一事，是否属实？司马光持肯定的态度。他在《资治通鉴》卷 216 中说："禄山生日，上及贵妃购衣服。……召禄山入禁中，贵妃以锦绣为大襁褓，裹禄山。……上自往观之，喜，赐贵妃洗儿金银钱，复厚赐禄山。……自是，禄山出入宫掖，不禁。或与贵妃对食，或通宵不出，颇有丑声，闻于外。"

司马光学识渊博，是一位严谨的历史学家，他以 20 年之功力，编纂此书，眼睛都累瞎了。可是，这一段"洗儿"史，司马光无眼，可能真是"瞎史"。明清时期，批评司马光者，多指斥他采街谈巷议、稗史杂说，多以这一段为例。清学者袁枚是这一派的代表人物，他很为贵妃鸣不平，明确指出，司马光之说，简直是荒唐可笑："杨妃洗儿事，新旧唐书皆不载。而温公《通鉴》。乃采《天宝遗事》以入之。岂不知，此种小说，乃村巷俚言！……乃据以污唐家宫闱耶？" 清帝编纂的史书《御批历代通鉴辑鉴》中，明确地指出司马光之说是荒谬绝伦："考此，皆出《禄山事迹》及《天宝遗事》诸稗史，恐非实录，今不取。"

确实，《旧唐书·杨贵妃传》只说杨妃有姐三人，皆有才貌，并承恩泽，出入宫掖。 但是，书中并没有扯到安禄山。安禄山出现在贵妃身边，较早之书，见于李肇《国史补》："安禄山恩宠寝深，上前应对，杂以谐谑，而贵妃常在座。诏令杨氏三夫人，约为兄弟，由是禄山心动。及闻马嵬之死，数日叹惋……。"

读这一段历史，人们奇怪，唐玄宗为什么"诏令杨氏三夫人，约为兄弟"。其实，这是当时盛行的突厥遗风。唐崔令钦写《教坊记》，书中记载："坊中诸女，以气类相投，约为香火兄弟。……儿郎既聘一女，其香火兄弟多相奔，云学突厥法。"也就是说，教坊之女，意气相投者，多以兄弟相称，只要一女有男友或者夫君，她们可以共用之，这是突厥人的传统，也是中国上古时期或者战乱时代姊妹共夫的风俗。

唐代之时，"胡"风很盛。李唐皇室有胡人血统，他们在生活的许多方面，继承了胡人的习俗。杨氏三夫人，都是已婚的妇女，她们都不是皇帝的女人。可是，皇帝宠爱杨贵妃，也很喜欢她们三姐妹，如何才随意"承幸"？玄宗有主意，就是仿突厥风俗，让她们约为兄弟，并承恩泽。玄宗这样做，似乎是名正言顺，天经地义。因为，当时风气使然，社会各方面也都认可。关于这一点，有杜甫之诗为证：

虢国夫人承主恩，平明上马入金门。

却嫌脂粉污颜色，淡扫蛾眉朝至尊。

再说说安禄山，他是半个突厥人：他的父亲是康国人，母亲是突厥人，居住在营州柳城(辽宁朝阳)。后来,他的母亲嫁给安国人安延偃,他才改姓安,更名禄山。他对突厥人的习俗当然了如指掌,通六蕃语言,任职互市郎。他武功过人,骁勇善战,被幽州节度使张守珪发现,视为奇宝,养为假子。随着战功卓著,历官玉卢兵马使、营州都督。他善于钻营,通过各种手段结交宫廷内官,获得了唐玄宗和杨贵妃的赏识和欢心,青云直上,官至平卢、范阳、河东三镇节度使,拥兵15万之众。

安禄山喜爱杨贵妃,也喜爱贵妃的三个姐姐。皇帝让她们约为兄弟,一起共皇上的恩泽,安禄山自然"心动",羡慕皇帝的艳福,自己也想当皇帝。安禄山极尽诌媚之能事,讨好皇帝和杨贵妃:他诚惶诚恐地认杨贵妃作干娘,而他的实际岁数,却比杨贵妃大二十多岁! 安禄山严重肥胖,肚子奇大,他的形体无美可言:"每行,以肩膊左右抬挽其身,方能移步。……禄山肚大,每着衣带,三四人助之,二人抬起肚!"那么,杨贵妃喜欢他什么? 为什么李认他这个干儿子? 因为,安禄山"风趣"。

这段史事,诗人王建有《宫词》为证:

日高殿里有香烟,万岁声长动九天。

妃子院中初降诞,内人争乞洗儿钱!

2. 安史之乱

贵妃进入唐宫,陪伴着玄宗,大约一起生活了10年。10年的宫廷生活,如生活在人间天堂,享尽了荣华富贵。据说,贵妃好艳服,宫廷之中,仅仅为贵妃一人服务的织绣女工,就有七百人之多。然而,一切都有完结的时候。事盛极而衰,这是自然法则,贵妃也逃不出这种宿命。

天宝十四年(755年)十一月,安禄山在范阳(河北涿州)宣布起兵,名义上是讨伐杨国忠,实际上是夺取皇位。安禄山遍列杨国忠、虢国夫人、贵妃三人的种种罪状,昭示天下。近臣得到檄文,不敢奏闻。玄宗出逃,想以皇太子监国,继承皇帝位,玄宗自称太上皇,让新皇帝领兵亲征。玄宗找来杨国忠,与他商量。杨国忠一听,大惊,摇头坚决反对。

杨国忠心中恐惧,回第以后,告诉姊妹们,哭泣说:"我们危险了,危在旦夕! 如果太子监国,随后即位,就会和贵妃拼命!"姊妹大哭,随后一起面见贵妃,告诉紧急情况。贵妃立即面见皇帝,请求收回成命。玄宗无奈,这才作罢。安禄山率兵南下,攻取洛阳。仅仅几个月时间,叛军势如破竹,逼近长安。第二年,安禄山称帝,国号燕,改元圣武。他派遣一支精锐部队西入潼关,占领长安。

史思明,宁夷州突厥人,世居营州柳城(辽宁朝阳),与安禄山同为乡里。擅长武功,天宝初年,累军功至将军,知平卢军事。随后,追随安禄山讨伐契丹,升平卢兵马使。安禄山起兵时,他率兵掳掠河北,被安禄山任命为范阳节度使,占有18郡,拥兵8万。

70 高龄的唐玄宗带着贵妃及其姐姐、堂兄杨国忠,仓皇出逃。安禄山以诛杀逆贼杨国忠为名,把贵妃、虢国夫人等都列为罪人。灾难从天而降,大唐承受着不祥的命运,玄宗和贵妃也大感迷惘,不知道繁荣昌盛的大唐为什么一夜之间仿佛土崩瓦解。

安禄山、史思明都是突厥人,联合反唐。有一个将军名叫哥舒翰,也是突厥人,他却忠心耿耿,保卫大唐。哥舒翰是突厥哥舒部人,历官陇右节度使、河西节度使,封西平郡王。安禄山起兵时,他正在长安家中养病。安禄山攻占东都,高仙芝、封常清将军纷纷败退,玄宗任命哥舒翰为兵马副元帅,统兵20万,镇守潼关。诸将认为,潼关宜守,不宜出战。杨国忠以哥舒翰拥兵20万在外,恐图谋自立,逼迫他出关速战。结果,出关交战,溃不成军,兵败被俘。潼关失守,玄宗一行再次出逃,南奔巴蜀。

3. 马嵬坡兵变

玄宗仓皇出逃,一路上,风餐露宿,颠沛流离,狼狈不堪。叛兵势盛,潼关失守。玄宗惶恐不安,立即率后宫美妃出逃,西奔巴蜀。走到马嵬驿马嵬坡(今陕西省兴平县西)时,禁卫大军忽然停了下来。据说,这马嵬驿,是晋人马嵬在此筑城,得名。这时,护卫皇帝的御林军密谋哗变,准备包围马嵬驿。

西右龙武将军陈元礼知道许多卫士的家属还在京城,他们匆匆出逃,心中怨恨。陈将军怕发生兵变,对军士们说:"如今,天下大乱,皇上西奔,都是由杨国忠造成的! 如不杀了杨国忠,何以谢罪天下!"众军士齐声大吼:"早有此意!"正在此时,军士们发现,吐蕃使者正在驿门,与宰相杨国忠议事。军士们兴奋,不禁大喝:"抓住杨国忠,他正与蕃人谋叛!"一眨眼间,禁卫军士包围了马嵬驿,围住驿门,杀死杨国忠等人。

陈将军奏报,已经发生了兵变,杀死了杨国忠。玄宗亲自走出驿门,犒劳禁卫军。可是,犒赏之后,禁卫将士依然站在那里,不解围。他们认为,国破家亡,罪在杨氏兄妹,杨国忠死了,杨贵妃还活着。所以,禁军将军陈玄礼请求皇帝:已杀杨国忠,请赐杨贵妃自尽。玄宗奇怪,惶惶然顾左右,茫然不知所措。

玄宗不解,问高力士:兵不解围,是何缘故? 高力士回答:"杨国忠有罪,将士们杀了他。可是，贵妃是杨国忠的妹妹。贵妃还在，将士们能不忧惧？请皇上圣裁！"玄宗无言，默默地走进驿门。门内静悄悄的，有条小巷，直达寝室。玄宗不忍直接进去，便在巷中，倚杖而立。天渐渐黑了，玄宗依然不想进去。

这时，随同皇帝出逃的重臣京兆司录韦谔进奏："兵不解围，形势逼人，危矣！乞陛下割恩，以宁国家。"玄宗木然地望着他，默默无言。实际上，玄宗已经失去了思维力和判断力，这个时候，他就像一个被疯狂野兽追逐的农夫，只知道自己逃命，其他的事，一概不管，一律不想，也不去想，一切不由自主，听天由命。

玄宗徘徊了许久，夜深人静之时，他身不由己地走进了行宫。玄宗脸色苍白，四肢无力，浑身微微发抖。贵妃看着他，他的那双炯炯有神的眼睛此时暗淡无光。什么都不用说，贵妃看着自己十年朝夕相处的皇帝此时像一只落水狗，她什么都明白了。她知道，她已经成了众矢之的，所有的人都不饶恕她，一切罪过都得由她承担。她没想到，今天就是自己的末日。

4. 美人诀别

贵妃坐在那里，不知道该收拾什么。不知过了多久，她站起来，表示自己准备好了。玄宗十分虚弱，无力地抚着贵妃，走出驿门，来到马道的北墙口。夜色昏暗，天气阴沉，远处偶尔听到几声狗吠。诀别之际，贵妃哭了，哭得十分伤心。她呜咽着，泣不成声地对玄宗说："皇上啊，多多保重吧。臣妾有负国恩，死而无恨，请让我为你礼佛吧！"玄宗老泪纵横，悲痛欲绝，瘫倒在地上，仿佛站在阴阳界上一样，神思飘忽。他哭泣着，悲哀地说："爱妃保重，愿妃子善地受生！善地受生！"

高力士站在一边，脸上没有任何表情。他奉圣旨，送贵妃归天。他早就准备好了，看两人已经告别，他看看天色，意思是时间差不多了。这时，他拿出罗巾，挂在树上，用力扯了几下，试试是否很结实。他让皇帝回去，将门关好。然后，他将白罗巾套在贵妃的脖子上。一代美人，香销玉殒，凄惨地缢死于佛堂前的梨树之下。

虢国夫人知道大势已去，一行人匆忙逃往陈仓官店。杨国忠被杀，使臣赶到陈仓，陈仓县令薛景仙率领吏卒追杀虢国夫人一行。忙乱之中，虢国夫人一行闯入一片竹林。山风袭来，听到竹林一片哗啦啦的响声。虢国夫人以为叛军到了，惊慌之中，挥刀先杀了其儿子，再一刀结果了她的女儿。杨国忠的妻子裴柔走投无路，绝望之中，指着自己和女儿，请求虢国夫人：娘子，何不借我方便？为我了结！很有男人气概的虢国夫人提着刀，立即结果了裴柔和她的女儿。

虢国夫人浑身是血,看着竹林里血迹斑斑,一片狼藉,长叹一声,挥刀自刎。不知过了多久,虢国夫人醒了过来,发现自己躺在一座监狱之中。她摸摸自己的脖子,发现脖子上全是血,结成了血块。她摇愰着,站立起来,问狱卒:是大唐江山?还是叛军天下?(国家乎?贼乎?)狱吏说:都有,正打呢。虢国夫人不说话,不久,血液凝结,封住了她的咽喉,她无声无息地死去了。狱吏就将虢国夫人一行的尸体集中起来,埋葬在东郭十余步道北的一棵杨树之下。

5. 贵妃之死

贵妃死了,高力士看看时候差不多了,就用紫褥裹住贵妃的尸体,陈于堂上。贵妃刚刚咽气,南方快骑驰送的荔枝刚刚送到。玄宗见到荔枝,泪流满面,哀号不已。最后,玄宗对高力士说:"送去祭她吧!"祭祀之后,高力士入内奏报:军士仍没解围。贵妃陈尸庭中,玄宗命高力士召陈元礼将军入内。陈将军带几个将领和军士,进入驿站,查看结果。贵妃躺在那里,脸上盖着一块白布。陈元礼走近过去,抬手揭开布,用手试试。将士们都过来了,他们看得仔细。确实是贵妃,而且,她真的死了。陈将军出站,告诉将士们实情,大军随即解围。

贵妃死了,时年40岁。禁卫军护卫着玄宗,一路南行,前往巴蜀。一路上,玄宗默默无言,明显苍老了。不知过了多久,有一天,一直不说话的皇帝手持荔枝,坐在马上,突然对近侍张野狐说:"从这里到剑门,一路上,鸟语花香,青山绿水,景色真好。可是,这等景色,无非让我更想念我的妃子!"说罢,玄宗老泪纵横,昏迷过去。

贵妃之死,有多种说法。一说自缢身亡,这是主流说法。第二说是乱兵所杀,血溅马嵬驿。第三说是化妆出逃,"使人牵之而去",流落民间。第四说是移花接木,逃亡日本,或远走美洲。

其实,马嵬驿被禁卫军包围,杨贵妃无路可逃,必死无疑。

清人袁枚怀念贵妃,感叹天宝旧事,不禁赋诗,指责玄宗无情:

到底君王负前盟,江山情重美人轻。

玉环领略夫妻味,从此人间不再生。

6. 思念

从马嵬驿出发以后,来到扶风道,玄宗一直沉默不语。这时,新雨过后,玄宗看见道旁开满了鲜花,心情十分复杂。山寺之畔,发现了几棵石楠树,非常粗壮,笔直笔直的。玄宗不禁前去,抚摸着,想起了贵妃的端正楼,喃喃自语:多好啊,就叫端正树吧。御驾南行,到达斜谷口,一路上十余天一直是阴雨连绵。这一天,走在栈道上,玄宗透过雨声,听到一阵阵铃声从山外传来。玄宗思念贵妃,骑在马上,凝神静听,采取铃声谱写了一首歌曲,赐名《雨霖铃曲》。

两年后,唐肃宗至德二年(757年),官军收复了西京长安。这年11月,玄宗从成都回到长安,祭祀死去的贵妃。玄宗十分悲伤,打算将匆匆埋葬的贵妃隆重改葬。新掌权的内侍首领李辅国等人不愿意,玄宗的想法无法执行。这时,刚刚上任的礼部侍郎李揆进奏:当年,龙武卫将士以杨国忠谋反,故起兵诛杀国忠。如今,陛下想改葬贵妃,恐怕会引起龙武卫将士的疑惧。新皇帝唐肃宗得报,终止了贵妃改葬之议。

玄宗十分思念贵妃,密令一直很信任的中官偷偷将贵妃遗骨挖出来,保存在一个秘密的地方。当初,贵妃下葬时,用紫被褥包裹着。这时,已经一年有余,遗骸挖出来,发现紫被褥还在,然而贵妃的肌肤、肉体全都没有了,只剩下一堆白骨。打开紫被褥,贵妃的胸前还有一只香囊。中官奉密旨将贵妃移葬以后,将贵妃的香囊送给玄宗,玄宗老泪纵横,将香囊放入自己的袖中。玄宗思念贵妃,请来宫廷画师,画出贵妃的画像,悬挂在他生活的别殿,朝夕凝视,落泪欷歔。

新皇帝登基以后,太上皇的玄宗居住在独立院落的南宫内。夜深人静的时候,玄宗思念贵妃,无法入睡。他干脆起来,踏着月色,自己登上勤政楼。玄宗凭栏远望,夜色如铅,烟月迷蒙,满目都是贵妃的影子。玄宗情不自禁,唱了起来:庭前琪树已堪攀,塞外征人殊未还! 歌歇之际,玄宗隐约听见不远处传来应和的歌声。玄宗对身边的高力士说:莫非是当年的梨园旧人? 天明了,替我找来。

第二天,高力士到里中访求,果然是梨园弟子,他们一起去见玄宗,又找到了贵妃当年的侍女红桃。他们一起唱《凉州词》,这首词是当年贵妃亲自写的。玄宗吹玉笛,细心地为《凉州词》谱曲。曲罢歌尽,众人相视,抱头痛哭。玄宗再临幸华清池,跟随的宫妃嫔御众多,但大多数不是旧人,玄宗十分伤感。望京楼下,玄宗命张野狐演奏《雨霖铃曲》,演奏刚刚一半,玄宗四顾,满目凄凉,不禁潸然泪下,左右随侍也无不伤感悲泣。

新丰女伶谢阿蛮来了,擅舞《凌波曲》,当年贵妃很喜欢她,赏赐极厚,允她自由出入宫禁。玄宗让她跳《凌波曲》。曲调悠扬,舞姿优美,舞蹈跳完了,阿蛮上前,进献金粟装臂玉环:陛下,此环是贵妃所赐。玄宗拿过环,凄然落泪:此是我祖大帝大破高丽获得的,有两宝,一是紫金带,一是红玉支。我以岐王所进《龙池篇》极佳,赏赐紫金带,将红玉支赏给了贵妃。后来,高丽得知两宝在唐,上言说:本国因失国宝,风雨无常,民困兵弱! 我想,大唐留人国宝,不太好,就命还其紫金带,唯独留下红玉支。这稀世珍宝你得之于贵妃,今天再次见到了,物是人非,真是很悲伤啊! 说罢,玄宗潜然泪下。

乾元元年(758 年),贺怀智上言:有一年夏天,皇上与亲王下棋,令我独弹琵琶。琵琶以石为槽,以鸡筋为弦,用铁弹拔。贵妃立在棋局前,静静观战。几个回合以后,皇上眼看就要输了。贵妃悄悄放下怀里抱着的小狗康国呙子,它一下子蹿上来,搅乱了棋局,皇上大悦! 当时,一阵风吹来,贵妃的领巾吹到臣的头巾上,好一会儿才落下。我回家以后,吃惊地发现,满身都是香气啊! 于是,我摘下头巾,收藏在一个锦囊之中。现在,给皇上进呈所收藏的头巾。玄宗接过锦囊,掏出头巾,眼泪哗啦啦地淌,他微笑着,哽咽地说:这是瑞龙脑香,七日香气不散! 我记得,曾经在华清宫暖池的玉莲花朵上施过此香,一年后再到暖池时,香气犹在,何况这丝缕润腻之物哉! 说罢,玄宗伤感不已,唏嘘落泪。接着,玄宗独自吟咏:

刻木牵丝作老翁,鸡皮鹤发与真同。

须臾舞罢寂无事,还似人生一世中!

八、梅妃江采萍

1. 梅妃

梅妃,姓江,名采萍,福建莆田(今福建莆田县黄石镇江东村)人。梅妃出身于书香门第,她的父亲叫梅仲逊,世代行医,是远近闻名的医生。梅妃从小聪明过人,9 岁时,就能吟诵《二南》。二南,是指《诗经》中的《周南》、《召南》。周南是周公统治下的南方区域,召南是召公统治下的南方之地。从地理上说,二南包括长江、汉水、汝水流域广大地区的诗歌。北宋文豪苏辙等人认为,《诗经》可分为风、雅、颂、南四类,也就是说,《周南》、《召南》为代表的二南,应当从《国风》中独立出来。二南,人称 正始之音,风化之诗。宋文豪欧阳修推崇二南,他在《王国风解》中说:"《周》、《召》二《南》,至正之诗也。"清代诗人屈绍隆在《杜曲谒杜工部祠》一诗中,称赞二南:一代悲歌成国史,二《南》风化在诗人。

梅妃幼年时就喜欢《诗经》,对二南情有独钟。她对父亲说:"我虽是女子,当以此为志!"父亲感到很惊奇,很宠爱她,就取名为江采萍。她 15 岁前后,就能写一手好文章。据说,她写过八篇赋:《箫》、《兰》、《梨园》、《梅花》、《凤笛》、《玻杯》、《剪刀》、《绚窗》,在当地广为传诵,人称福建第一个才女。唐开元年间,玄宗心爱的妃子武惠妃去世,玄宗终日闷闷不乐。皇帝的御前宦官首领高力士决定为皇帝解忧,出使盛产美女的闽、粤之地,寻芳觅宝。来到福建莆田,高力士惊奇地发现了刚刚及笄的少女采苹,他喜出望外,感觉不虚此行。高力士觉得,江采苹聪明,懂事,温和,美丽,是他见过的最好的女人。高力士将她带回宫中,献给了皇帝李隆基。

　　江采苹是位典型的南方淑女,酷爱读书,善写诗作文,以才女自居。江采苹虽然才高八斗,但是,她天性恬淡好静,日常的时候,淡妆雅服,清心娴雅,宁静明秀。江氏最喜好的植物是梅花,她喜爱梅花的坚韧、孤傲、清香宜人。所以,她在室内养梅,在院子里种梅,墙上悬挂着《梅花图》,书房、卧室里到处是她抄写的梅花诗。南朝诗人谢燮写的《早梅》别具一格,她很喜欢,特地挂在卧室:

　　迎春故早发,独自不疑寒。畏落众花后,无人别意看。

　　玄宗很惊奇,他没想到,这位来自南方的美人竟然如此喜爱梅花。他每次来到她的宫院,发现宫门外、院子里,到处都是她种植的梅花,梅树各种各样,千姿百态。尤其是到了冬天,瑞雪纷飞,红梅盛开,淡淡的幽香在寒冷的宫院中飘荡,真是令人心旷神怡。玄宗喜欢采苹,特别喜欢到她的宫院赏梅,梅香暗动,佳人之美,又胜过梅花,玄宗感觉很陶醉。玄宗特地为采苹御笔题写了一个《梅亭》匾,挂在宫门外。每当梅花盛开的时候,江采苹格外高兴,心花怒放。玄宗常会每天陪伴着采苹,两人一起赏花赋诗,在梅花前流连忘返,直到夜分。采苹爱梅,身上有一种淡淡的梅香,玄宗怜香惜玉,称她为梅妃。

2. 斗草梅精

　　自从江采苹入宫以后,玄宗几乎天天陪伴着她。当时,东都、西都皇宫,美女如云,特别是长安大内、大明宫、兴庆宫三宫和东都大内、上阳两宫,是皇帝、后妃生活的地方,也是大量嫔妃伺候皇帝起居的所在。唐玄宗时,后宫美人4万,她们都是皇帝的妻群。自从有了江采苹,玄宗只到梅妃宫中,眼里只有梅妃,视后宫4万美人如草芥。美人们争风吃醋,可是,她们一见到梅妃,便低下头来,自叹不如,甘愿认命。

　　梅妃心灵手巧,聪颖博学。她不仅喜欢诗词歌赋,擅写文章,而且,还精通乐器,长于歌舞。在斗草、藏钩游戏方面,梅妃很有天赋,表现出过人的聪慧。难怪玄宗有时感叹:兰心蕙质,真梅妃也!有一次,玄宗和梅妃玩斗草,诸王在一旁观看。不知道因为什么,梅妃屡斗屡胜。玄宗觉得奇怪,他和别的女人斗草,很少输过。玄宗看看梅妃,笑着对诸王解嘲说:你们看,真是梅花精啊!赏赐白玉笛演奏,跳惊鸿之舞,无不都是光彩照人,满座光辉。现在,斗草之戏,她又胜我了!

皇帝由衷夸赞,小女人一定受宠若惊。可是,一身仙气的梅妃更胜一筹,她听了玄宗这样说,立即应声回答:草木之戏,不过是侥幸赢了陛下而已!如果论君临天下,威服四海,陛下从容不迫,自有法度,我哪能与陛下相比?梅妃的一番话,说得巧妙、幽默,生动有趣。如此甜润的语言、别致的应答,玄宗感觉很兴奋,听完以后,不禁如醉如痴,龙颜大悦。显然,梅妃是一个知书达理、内慧外秀的女人。这样的淑女,清心淡雅,和风细雨。对于温文尔雅的皇帝来说,这样的女人,如同淡淡幽香的梅花,观赏、品味,其乐无穷。

梅妃很轻易地融进了玄宗的生活,玄宗喜欢她,敬爱她,欣赏她。如果没有杨贵妃,梅妃会很幸福地陪伴在玄宗的身边,他们一起生活,生儿育女,过着快乐的家庭生活。梅妃恬淡、风雅,清新雅致的风格与众不同,玄宗为之倾倒。然而,当杨玉环突然出现在玄宗的面前时,一切都发生了改变,风流倜傥的玄宗目瞪口呆,庄重典雅的梅妃也很快陷入了困境。

贵妃和梅妃,风格迥异,个性完全不同:一、贵妃玉环丰满、妖冶,浑身散发着女人的气息,充满活力,媚态千姿,娇情万种;梅妃采萍文雅、瘦弱,浑身洋溢着高贵的气质,亭亭玉立,孤芳自赏,弱不禁风。二、玉环肥胖、贪杯,娇情、任性,有控制欲;采萍单薄、矜持、端庄、理性,有平常心。三是玉环结交内侍权贵,能够将所有构成威胁的美女清理出宫,全部送往东都上阳宫;采萍博览群书,能够以单纯之心来看待宫廷的每一个女人,希望她们都过得幸福;四是玉环很有才情,但性情狭刻,天资机警;采萍文才出众,不过,在气势上,她显然敌不过杨贵妃。

3. 二美争宠

杨玉环入宫以后,玄宗在两个美人之间,二者必选其一。然而,两个美人都好,玄宗谁也割舍不下。玄宗迷恋玉环,被玉环的魅力所吸引;但是,他又放不下梅妃,时时牵挂着她。对于玄宗来说,他当然希望能够同时拥有这两个女人,尽量化解她们之间的冲突,让她们和好。玄宗曾天真地把她们两人想象成围绕在自己身边的两个女人,如同远古之时圣主舜的两个妻子,也就是尧之二女、舜之二妃——娥皇、女英,她们相敬如宾,一起伺候舜。然而,玄宗的这些想法只是梦想。

玉环以儿媳妇的身份入宫,在梅妃的心里就产生了很大的反感,梅妃写诗一首,嘲讽玉环:撇却巫山下楚云,南宫一夜玉楼春。冰肌月貌谁能似,锦绣江天半为君。梅妃的这首诗,从表面上看,好像是赞叹杨贵妃之美。实际上,字里行间却是在讽刺她原是皇帝的儿媳,竟然不顾人伦天理,从寿王府中进入皇宫,成为公公的女人。不仅如此,还以满月一样的肥胖来迷惑皇帝,纵欲寻欢,扰乱朝政。

尽管梅妃说的都是事实,但如此写诗嘲讽,贵妃当然不甘示弱,也写诗回敬:美艳何曾减却春,梅花雪里减清真。总教借得春风草,不与凡花斗色新。贵妃的这首诗,清新典雅,表面上看,也是赞美梅妃。实际却是极尽挖苦之能事,嘲讽梅妃瘦弱不堪,一幅病歪歪的样子。就是这样的状况,却受到皇帝的宠爱,而且宠得也太过了。这样弱不禁风,怎能与新春的鲜花媲美,更不能与鲜艳的花朵争奇斗艳了!

玄宗迷恋贵妃,已经到了痴迷的程度。皇帝都掌握不了自己,梅妃的命运自然就捏在了贵妃的手里。贵妃很聪颖,在感情上是绝不苟且的,对于梅妃,她的明确态度是有我无她、有她无我。贵妃很决绝,迫使玄宗作出选择。玄宗很痛苦,不得已,在贵妃面前,只好许诺放弃梅妃。梅妃和其他有点姿色的女人一样,只能接受冷遇的命运,打入冷宫,迁住东都上阳宫。玄宗依然留恋梅妃,吩咐给她单独安排一个幽静的宫院,待遇优厚。可是,梅妃心里很难过,她不明白,才华横溢的皇帝怎么会迷恋这样一个肥胖的女人,而且还是儿媳妇!

时光飞逝,玄宗的眼里只有贵妃,不知过了多少个日夜。一天夜里,玄宗突然想起了梅妃,想起了这个梅花一样清香的女人,也想起了他们曾有过的缠绵恩爱。于是,玄宗不顾曾经的许诺,派心腹宦官前往东都,悄悄地把梅妃接来。已是深夜,梅妃坐在轿子里,感觉不是滋味:一路上,悄无声息,引路的内官不敢点亮灯笼,偷偷摸摸的,好像不是做什么光明正大的事。梅妃明白了,这是皇上私自召见,怕被肥胖的贵妃玉环发现,以免再起波澜!

梅妃到了翠华西阁,阁内的龙床、桌椅布置依旧,被褥、窗帘全部是新的。玄宗看见梅妃,发现她消瘦了很多,心中更加怜爱。两人重叙旧情,互诉相思,感觉不胜悲凉。梅妃本来就感觉很委屈,比贵妃进宫早,是皇帝正式册封的妃子,玉环不过是儿媳妇,更晚进宫,反而更加得宠,而且骄横跋扈,连皇帝见自己都要偷偷摸摸!梅妃不说话,只是伤心一夜,哭泣一夜,整个人就像一个泪人。

久别重逢,不知不觉间,天已经大亮了。突然,玄宗惊醒过来,原来,御前内官推醒了皇帝,前来惊慌奏报:皇上,贵妃已到了前阁!看来,半夜偷情,已经被贵妃的耳目奏报贵妃,贵妃得知以后,迅速前来兴师问罪了。玄宗大为惊恐,惶惑地看着梅妃。他好像突然想起了什么似的,慌忙下床,将梅妃抱起来,三步并作两步地奔向后室,将梅妃藏在夹幕间。

玄宗回到床上,长长地嘘了一口气。这时,贵妃怒气冲冲地闯进门来,劈头盖脸地兴师问罪:"梅精在哪里?"玄宗装作不知道,一脸无辜地裹着被子,疑惑地说:"梅妃在东都啊。"贵妃不依不饶,四处看,恨声地说:"哼!在东都?请你现在把她召来,她和我同去温泉!"贵妃真是厉害,如果梅妃就在这里,皇帝下旨,如何宣至?玄宗婉言拒绝,绕开说:"她已经疏远很久了,并无往来。"贵妃不相信,一再追问。但是,没有见着人,玄宗就是不承认,假装东张西望,顾左右而言他。

贵妃看着皇帝一幅无赖的样子,心里很不痛快。再看到他幸灾乐祸的表情,更加生气。贵妃冲进内室,发现桌子上是昨夜吃剩下的饭菜,桌子上还放着两只夜光酒杯,杯子里尚有美酒。贵妃嗅嗅空气,环顾室内,不禁勃然大怒:"好啊,这里分明有女人的味道!美酒佳肴,杯盘狼藉!"贵妃细看,发现内室的御榻下,还有一双女人的绣花鞋。

贵妃怒火中烧,立即哭泣了起来,大声质问:"陛下说啊,半夜何人前来侍寝?一双绣花鞋,通宵欢醉,日出都不视朝!现在,陛下可以去见群臣,我就在这儿,等你回来!"玄宗羞愧难当,但是,他别无选择,只得耍赖。他把被子拽过来,盖在身上,闭上眼睛,有气无力地说:"今天病了,不能上朝。"贵妃哼的一声,瞪了皇帝一眼,怒气冲冲地走了。

4. 陛下遗弃我吗

大清早,贵妃大闹翠华宫,玄宗头晕脑涨。贵妃走了,玄宗惊魂甫定,立即想起了梅妃,他马上吩咐近侍:快请梅妃出来。近侍奏报:梅妃早已送回了东都。玄宗恼羞成怒,憋了一肚子气,无处发泄,看着近侍惊恐不安的样子,气不打一处来,飞起一脚,踢翻了那位宦官,大喝:拉下去!玄宗气哼哼地,在大殿来回走。突然,他想起让贵妃叫喊的绣花鞋,就走近过去,捡起梅妃的绣花鞋,命内侍立即送给梅妃。

内侍不敢怠慢,马上赶往东都。梅妃眼睛都哭肿了,看见皇帝的内侍飞奔而来,一头大汗,眼泪哗啦啦地流了下来。内侍送上绣花鞋,梅妃接过来,泪眼模糊地对内侍说:"皇上说什么了?难道皇上要永远遗弃我吗?"内侍轻声回答:"皇上惦记你,不会遗弃你的,只是,怕惹贵妃生气。"梅妃凄然地看着内侍,惨笑说:"惦记我?怕惹肥婢生气,岂不就是遗弃我!"说罢,梅妃瘫坐在地上,泪如雨下。

怎样才能重新赢得皇帝,让皇帝回心转意,重叙旧好?梅妃冥思苦想,她想起了曾经一起的恩恩爱爱,期待着皇帝醒悟过来,再次回到自己的身边。梅妃觉得,贵妃是妖魅,迷惑了皇帝。她想起了被汉武帝遗弃的陈皇后,心如刀绞。当年,汉武帝宠爱时,陈皇后金屋藏娇。汉武帝变心后,陈皇后被打入冷宫,幽闭在长门宫。陈皇后为了重新赢得皇帝的心,想起了武帝喜欢司马相如的赋,陈皇后拿出重金,请司马相如特地写了一篇《长门赋》。

梅妃知道,《长门赋》写得非常成功,把陈皇后的冷宫幽怨、愁肠百结,描写得淋漓尽致。然而,此赋虽然没有让武帝回心,但是,却是实实在在地感动了武帝。梅妃想,也许,不妨仿陈皇后一试,或可万幸,真的能感动皇上? 环顾当今,人子济济,请什么人写,恐怕只能求助于高力士了。也许,高力士能找到今日的司马相如,借助这样的高才,抑或有所转机。

不久,高力士大寿,内侍和朝臣进献寿礼者络绎不绝。梅妃以特殊身份,呈上贺寿礼,千金! 能获得梅妃如此抬爱,身为御前内侍的高力士真有点受宠若惊,喜出望外。梅妃让侍女告诉高力士她的困境、苦闷和心愿,请高力士代求高人,仿司马相如所作《长门赋》,写一篇上乘佳作,感动皇帝,重新赢得皇帝的心。高力士微笑着答应了,但是,他知道,他不会做的:此时,杨贵妃正得宠,他正在全心全意奉承杨贵妃,也畏惧杨贵妃的霸气和盛气。几天后,高力士托人转告:找遍了京城,没有合适的人会写赋。

5. 泪洒《楼东赋》

江采萍愁肠百结,心里充满了无限的悲伤。月华下的宫院一片惨白,上阳宫静寂得没有一点声音,只有蝉鸣声时断时续,令阴寒、空旷的宫殿显得更加寒冷、更加静寂。采萍一腔幽怨,无法排遣满腹忧思。她食不甘味,夜不成眠,思绪如潮水一般地翻涌。记得当年,一身淡雅的素装,与皇帝在太液池上泛舟,温情缠绵,水光浮荡,一切历历在目。画船悬挂着红色的灯笼,描绘着鹢鸟的仙舟铺满了御池,笙歌悠扬,余音袅袅,动听的音乐在月华似水的波面上久久回荡。可是现在,山盟犹在,锦书难托。奈何肥婢妒火冲天,夺我之爱幸,斥我于幽宫! 月圆之夜,梅妃满含热泪,挥笔写下了《楼东赋》:

玉监尘生,凤奁香殄。

懒蝉鬓之巧梳,闲缕衣之轻练。

苦寂寞于蕙宫,但凝思乎兰殿。

信标落之梅花,隔长门而不见。

况乃花心杨恨,柳眼弄愁。

暖风习习,春鸟啾啾。

楼上黄昏兮,听风吹而回首。

碧云日暮兮,对素月而凝眸。

温泉不到,忆拾翠之旧游。

长门深闭,嗟青鸾之信修。

忆昔太液清波,水光荡浮。

笙歌赏燕,陪从宸旒。

奏舞鸾之妙曲,乘画鹢之仙舟。

君情缱绻,深叙绸缪。

誓山海而常在,似日月而无休。

奈何嫉色庸庸,妒气冲冲。

夺我之爱幸,斥我乎幽宫。

思旧欢之莫得,想梦著乎朦胧。

度花朝与月夕,羞懒对乎春风。

欲相如之奏赋,奈世才之不工。

属愁吟之未尽,已响动乎疏钟。

空长叹而掩袂,踌躇步于楼东。

梅妃写完了《楼东赋》,早已经泣不成声。《楼东赋》行行热泪,字字悲歌。这篇情真意切的赋通过侍女送到了玄宗的手里,玄宗深为感动,也感到非常震惊:一直以为梅妃是个冷美人,没想到,在她冷淡的外表之下,如同其他的女人的一样,也是渴望被爱,满腔热情。更没想到,玄宗忘乎所以,这么一篇极其私密的赋竟然让随时前来查岗的贵妃看见了。贵妃怒不可遏,大声质问玄宗:梅妃庸才,竟以庾词宣言怨望,请赐死! 玄宗沉默良久,始终不发一语。贵妃气恨不已,"哼"一声,扬长而去。

梅妃江采萍递上《楼东赋》以后,天天倚着宫门,期盼着被感动的玄宗坐着御辇来到东都,或者皇帝的使臣奔驰而来,宣召自己前往长安,回到皇帝的身边。梅妃望穿秋水,一直没有皇帝的身影,也没有看到皇帝的特使。渐渐地,梅妃情绪消沉,由期望到失望,再由失望到绝望。有一天,她远远看见有使臣回来,她不知道这是去岭南的使节回来了,以为是皇帝派来的特使,就问身边的侍女:何处来的使臣? 是梅使吗? 侍女眼圈红红的,轻声告诉她:回娘子,不是梅使,是给贵妃娘娘进贡荔枝的使臣。江采萍闻言,一阵心口痛,泪如雨下,悲愤不已。

西域的使臣来到长安,向大唐进贡珍宝。玄宗一身礼服,在花萼楼中隆重地接待了西域使臣。他们进贡的珍宝之中,有十分珍稀的珍珠,晶莹剔透,成色极佳。玄宗很喜欢这些珍珠,就亲自封珍珠一斛,用宫廷宝盒装好,让近侍悄悄地送给梅妃。这份赏赐,就算是对梅妃《楼东赋》的回复,意思是说:皇帝依然思念着梅妃,也惦记着梅妃。梅妃见到皇帝赏赐的珍珠,不见片言只字,也不见皇上的身影,感觉又失落,又伤心。她思绪万千,含着泪水,挥笔写了一首诗,命皇帝的使者带给皇帝,连同皇帝赏赐的珍珠也一起带回去了。玄宗深感意外,心慌意乱地接过使者带来的秘信,左右看看,贵妃确实不在,他才小心翼翼地打开。只见诗写道:

> 柳叶双眉久不描,残妆和泪湿红绡。
>
> 长门自是无梳洗,何必珍珠慰寂寥。

玄宗再三阅读,诗意真美,感觉就像有针扎在自己的身上一样。玄宗怅然若失,不知不觉间,发现自己已经满脸是泪。玄宗怕贵妃闹腾,不敢前往东都,也不敢召梅妃前来翠华阁。很长时间,玄宗一直郁郁寡欢,闷闷不乐。有一天,玄宗再次吟咏梅妃的诗篇,感觉一种特殊的暖流漫遍全身。玄宗不禁自己拍着音律的节奏,哼唱起来。玄宗命将此诗付之乐府,让乐师配以曲调,赐名《一斛珠》。中国宫廷戏曲之中,《一斛珠》的曲名就是自此而始。新的乐曲诞生了,曲调幽怨,哀婉动人。可是,从此以后,玄宗和梅妃咫尺天涯,再也没有相聚。

6. 梅妃幽魂

安史之乱后,玄宗携贵妃一行仓皇出宫,西奔巴蜀。由于御林军哗变,贵妃惨死于马嵬坡。大难来时,玄宗完全忘记了梅妃,在他出宫逃亡之时,他也没有想到梅妃的死活。平乱以后,玄宗已经是太上皇,东归长安。这个时候,他才想起了梅妃,派近侍到处寻找,没有结果,没有任何人知道梅妃江采萍的下落。回到皇宫,安定下来之后,玄宗想尽办法寻找梅妃,但是,几十天过去了,依然找不到梅妃。玄宗推测,可能是兵荒马乱之时,梅妃逃出宫廷,流落他处了。于是,玄宗下诏,悬赏访求梅妃的下落:知梅妃下落者,赏官二秩,钱百万。

时间一天天流逝,悬赏访求,依然没有任何结果。玄宗想起了方术之士,希望他们能够施展法术,为梅妃招魂回宫。方士们进宫了,他们施展法术,建造道场。方士们烧纸画符,飞神御气,潜经天地。然而,方士们用尽方法,依然不能为梅妃招魂,即使想知道梅妃之所在,也没有任何结果。玄宗深感内疚,自己心爱的女人没有一个善终,他感觉自己太无能,也太对不起她们了:贵妃被卫士逼死了,梅妃不知所终,假如死了,尸体都不知道在什么地方。

玄宗思念梅妃,食不甘味,夜不成眠。天天失眠的玄宗经常眼角挂着泪水,自言自语:梅妃啊,你在哪里?你告诉我啊,让我知道如何找你,你托梦啊! 玄宗确实是倍感哀痛,人消瘦了许多,每天神思恍惚,身体也大不如前了。御前宦官高力士见玄宗哀毁过甚,心里很难过,就从宫殿储藏室中,找出梅妃的写真像,送给皇帝。玄宗看到梅妃的画像,睹像思人,一时泪如泉涌,心如刀割。这幅像画得极像,栩栩如生。可惜的是,画中人不能说话,只是冷冷地待在那里,恍若隔世。玄宗心中很悲伤,坐在御案前,自己砚墨,挥笔在画上题诗:

> 忆昔娇妃在紫宸,铅华不御得天真。
>
> 霜绡虽似当时态,争奈娇波不顾人。

诗写完了,玄宗读了一遍又一遍,每一遍都是思绪潮涌,伤心落泪。玄宗将梅妃的画像挂在自己的卧室,将画像上的题诗也抄录下来,写在御案上。玄宗害怕这些丝质的画像被烧毁了,或者被小偷给偷走了,怎么办?他想了想,决定把梅妃的画像刻在石头上。精选最好的石头,比如汉白玉石,将画像雕刻出来,可以永久保存。玄宗想到这些,觉得自己终于为自己的女人,做了一件有意义的事情,最起码,梅妃的写真像,可以永久地保存下来,流传千古。

有一天,玄宗看着梅妃的画像,不知不觉间,睡着了。恍惚之间,玄宗来到了一片竹林,一阵风吹过,竹林一片哗啦啦的声音。风过之后,玄宗猛然看见,梅妃就在一片杂乱的竹林之中,正在伤心地哭泣。玄宗感觉头脑嗡的一声,泪水哗哗地涌了出来,立即走近过去,叫喊着:是梅妃吗?是梅妃吗?找你找得好苦啊,梅妃!

可是,梅妃没有任何反应,只是在不远处的竹林之中,用袖子掩面,浑身颤抖着,不停地哭泣。玄宗想走近些,怎么也走不过去。想看清她的脸,怎么也看不清楚,好像她的脸上蒙上了一层薄雾。玄宗揉着眼睛,想仔细看看,可是,梅妃怎么没有眼睛、鼻子和嘴巴啊?脸上是一片白的,什么也看不见。玄宗泣不成声,哭喊着:我的梅妃,你说话啊!

玄宗感觉一头是汗,汗都是冷的。他努力走近过去,看着梅妃,依然看不清。梅妃低着头,呜咽地说:"陛下,当年,陛下蒙尘时,我留在宫中……"梅妃说不下去了,伏在地上,哭成一摊泥。玄宗流着泪,一个劲地叫着:梅妃,梅妃啊,是我的错啊!过了好一会儿,梅妃才静下来,慢慢地说:"陛下,叛军进宫了,我誓死不从,死于乱兵之手。后来,可怜我的人,就把我埋在御池东边,一株梅树下。"玄宗想走近梅妃,抱着她。可是,梅妃像一团白雾一样,突然飘走了。

玄宗大声叫喊着:梅妃梅妃!突然惊醒后,原来是一场梦。玄宗立即叫来高力士,命近侍都到太液池东边,寻找梅树,在梅树下挖掘。可是,找遍了太液池的梅树,都挖了,依然没有梅妃的踪影。玄宗想一想,突然想起了温泉池边,那里有梅树十余棵,会不会梅妃被人带到了那里?

　　玄宗亲自带着近侍一行人,风风火火地去了。梅树很旺盛,枝繁叶茂。他们在树下挖掘,果然,在一棵最大的梅树下,发现了梅妃的尸骨:尸体裹着锦裍,放在一只酒槽之中,上面盖着三尺黄土。尸骨已经腐烂了,然而,能够看到,她的右肋骨处,有明显的刀痕。玄宗站在那里,看着一堆尸骨,伤心哀号,悲哭不已。左右的侍从也都哭了起来,没有人敢看皇帝悲哭的样子。玄宗吩咐,按照妃子的礼仪重新厚葬了梅妃。玄宗很伤痛,亲自写了一篇诔文,纪念梅妃,寄托自己的哀思。

　　世间流传着一本《梅妃传》,作者不详。明《唐人说荟》说,此书作者是曹邺。《说郛》和《顾氏文房小说》两书均题:《梅妃传》,无名氏撰。传后有跋:此传得自万卷朱遵度家,大中二年七月所书,字亦媚好。又跋:惟叶少蕴与予得之。曹邺是北宋时人,生活在宋真宗时代,正是真宗大中祥符时期。朱遵度是宋初时人,叶少蕴即叶梦得,宋神宗熙宁时人,他们相距70余年,所以,鲁迅先生认为此跋文系后人伪托。

　　梅妃的故事,一直不见于史传,唐人笔记小说之中也鲜有提及。这本《梅妃传》、《新唐书》、《宋史》、《崇文总目》、《郡斋读书志》、《直斋书录解题》等公私书目均没有著录。然而,此传问世以后,很快传遍大江南北,家喻户晓。明人吴世美杂剧《惊鸿记》、清洪昇传奇《长生殿》都是吸收此传,演绎梅妃与唐玄宗的爱情故事,感人至深。

第七章

大唐风情

大唐宫廷之中,皇帝之外,宫中后妃永远是宫中的主人。在后宫中,除了后妃以外,还有成千上万的女子分布在长安皇宫、东都大内、上阳宫和星罗棋布的离宫别苑之中,这些女子称为宫女、宫娥、宫婢。其实,这些女子可分为两类:一类是有职位的宫中女官,一类是当差的普通宫女。这些女子,在广义上,构成皇帝的妻群。这些皇帝的女人们,在历史上都被视为宫人。

大唐时期,供职、供役宫中的女子有着一套严格的宫官制度。宫官是管理宫中女子和各种事务的职事官,供职宫廷,是宫中的女官。在宫廷之中,她们是属于宫中有身份、有地位的女子,虽然不像后妃那样有名分,但却地位特殊,管理着成千上万的宫女和宫廷之中的各种事务。宫官是宫人的上层人物,是管理后宫嫔以下各执事的各级女官。宫官之下,便是劳累奔波的众多宫女。

入选宫中的宫女都是有严格条件的,她们主要来源于四个渠道:一是名门之后,二是良家女,三是进献入宫的士宦女子,四是获罪没入宫中的女子。这些入宫的女人,能够挑选出来担任女官的,通常是选自良家女的、才华出众的女人。入选的标准,第一是看其才德,有胆识,能服众;第二是看其能力,有魄力,能办事;第三是人缘,有人脉,能管理。从史料记载上看,唐初后宫之中,女子众多,突破了万人大关:唐太宗时,宫中有宫人数万之众;唐玄宗开元、天宝年间,宫中美人超过四万,她们都是皇帝的女人。

红叶题诗的故事在中国流传很久,令人感叹。其中,以唐代的红叶题诗故事最为感人。《本事诗》记载,唐玄宗时期,诗人顾况看见一片梧桐叶,从御沟中漂出,叶子上似乎有字句。顾况赶紧伸出手,抓着叶子,心里想:叶子上的文字,莫不是诗文?顾况拿起梧桐叶,不禁大喜,叶上果然有一首诗:一入深宫里,年年不见春。聊题一片叶,寄与有情人。

大唐风情,千年传颂。

一、唐宫后妃制度

皇帝的女人们生活在高墙围起的皇宫之中,千百年来,人们一直迷惑不解:她们在宫中是如何生活的? 她们如何穿衣、吃饭? 如何洗澡、如厕? 如何为皇帝和后妃们提供服务? 她们如何执役宫禁? 她们在什么情况之下会和皇帝、后妃发生特殊的关系? 她们入宫的短暂岁月有着怎样惊人的故事?

唐后宫制度完备,设立宫廷六局,管理后宫事务:尚宫局、尚仪局、尚服局、尚食局、尚寝局、尚功局。六局,统管宫中一切事务。六局主管的女官是后宫事务的主要负责人,分别称为尚宫、尚仪、尚服、尚食、尚寝、尚功,她们的职位相当于外朝六部尚书。六局之下,再详细分工:二十四司、二十四典、二十四掌以及宫正、彤史、女史等官。二十四司,各司之中,又设众多女官,包括司记、司言、司簿、司闱、司籍、司乐、司宾、司赞、司宝、司衣、司饰、司使、司膳、司醖、司药、司管、司设、司舆、司苑、司灯、司制、司珍、司綵、司计。宫中女官,可谓多矣,她们职务众多,等级森严。

入选宫中的宫女都是有严格条件的,她们主要来源于四个渠道:一是名门之后,二是良家女,三是进献入宫的士宦女子,四是获罪没入宫中的女子。这些入宫的女人之中,能够挑选出来担任女官的,通常是选自良家女的才华出众的女人:入选的标准,第一是看其才德,有胆识,能服众;第二是看其能力,有魄力,能办事;第三是人缘,有人脉,能管理。因此,在宫廷之中能够如鱼得水之人,往往是缘于才能,而不一定是有出众的姿色和才艺。唐德宗时,才女宋若昭扬名天下,然而,她相貌平平,被聘入宫中,授予尚宫,负责管理后宫事务,管得有条不紊。唐女皇武则天时,大臣裴行俭的母亲库狄氏妇德遐迩闻名,被召入宫中,授女官御正,负责教导后宫。

值得注意的是,唐代宫廷在六局之外,还有一个特设机构,就是内文学馆。唐人好文学,从皇帝到后妃,从女皇到女官都是如此。唐宫规定,宫人之中,有文学天赋的女子往往经过严格挑选,被选入内文学馆中,出任学士。她们相当于文学教授,以才学教导妃嫔、宫人,学习文学、经、史、书算和女孝经等等。尚宫宋若昭以文学驰名,在宫中就是女学士,兼掌六宫文学,教导皇子、公主和驸马等人学习文学,有时也教习嫔妃、宫女,宫人尊称她为宫师。宫师以才华、学识立身宫廷,身份和地位很高,备受宫官、宫人的尊敬,后妃、皇子、公主、驸马往往以师礼待之。

二、花鸟使选美

从史料记载上看,唐代后宫之中,女子众多,突破了万人大关:唐太宗时,宫中有宫人数万之众;唐玄宗开元、天宝年间,宫中美人超过 4 万人。这 4 万人,都是皇帝的女人。皇帝的后宫嫔御,从皇后到妃嫔,都是从这数万女子之中选出的。可以说,唐代宫中女子,数量庞大,她们是何许人也? 来自何地? 如何进入大唐宫廷? 事实上,每一个入宫的女子身世不同,入宫的情形也大不相同。不过,唐代之时,入宫女子大致有如下三种情形:礼聘、采选;地方进献;仕宦子女没为宫奴。

四海之内,莫非王土。率土之滨,莫非王臣。天下子女玉帛,都是皇帝的私产,所以,从法理上说,除了皇太后之外,所有的女子都是皇帝的女人。她们从少女到成年,都应该按照规定,首先供宫廷挑选。唐代豪门大族的女子和仕宦人家美名远播的女子,都是皇宫重点挑选的对象。朝廷按照惯例,要逐一挑选官宦女子,入选者,一一礼聘入宫。这些礼聘入宫的女子,大多出身高贵,气质高雅。她们身份特殊,有的来自皇亲国戚,有的来自豪门贵族。其他入宫的女人,通常是以德、才、美色闻名而礼聘入宫者,才会受到皇帝的特别青睐。这些礼聘入宫的女人,从入宫那天开始,就会受到皇家的特别优待,往往一入深宫,就予以册封,成为有名位、身份的妃嫔和女官。

唐代时期,宫廷定期向民间采选良家女入宫,形成制度。从此以后,各朝各代皇帝都沿袭这一做法,采选良家女充实后宫、太子东宫以及诸王王府,再从入选的良家女中,选取更好的女子册为后妃、太子妃、王妃。唐玄宗时,曾特下《选皇太子诸王妃敕》,明定朝廷为太子、诸王选取文武百官子女和九品官之女的各种条件。唐文宗时,也效法父祖,颁《选皇太子妃敕》,命令百官,各自进言十年内嫡女、妹、侄女、孙女,以为太子选妃。

从唐代皇帝的敕令和有关史料上看,选采良家女是宫廷后妃的主要人选:从良家女中为帝王、太子和诸王选妃,目的是保持皇家良好、纯正的血统。不过,事实上,美貌的女子,或者才艺出众之人,她们只要引起了皇帝、太后的注意,往往不论出身是贵是贱,都有可能脱颖而出,成为皇帝后妃的人选,或者成为太子之妃。

唐玄宗风流倜傥,即使他的后宫有美女数万,仍不满足。为了搜罗天下美女,玄宗特地派遣猎艳的花鸟使四出,前往全国各地。这些花鸟使是钦差身份,权力很大,他们唯一的目的就是采选天下美色女子,召入宫中。从有关史料上看,这些花鸟使都是经过特别训练的,他们有着识别美人的独特眼光,个个都是猎艳的高手。在他们的眼中,自然不看门第、身份,不分贵贱,只看姿色,凡是美艳的,不管出身是什么,也不管是否婚嫁,全力以赴,虏入深宫,以供皇上享用,这是他们的唯一职责。

在历代官场之中,往往有不少官吏醉心于仕途,他们出于自己前途的考虑,有时会将自己年轻美貌的妻子、女儿,或者自己治下才、色双绝的女子主动进献给皇帝。这些特别进献的女子通常是十分出众的,也会引起皇帝的特别注意。她们以特殊的身份进入后宫,她们以及她们家人的命运也因此而发生改变。唐代著名诗人和大臣崔湜就是一例,他出于个人前程的考虑,甘心将自己美艳的妻子、女儿献给太子,送入太子东宫。太子喜出望外,即位以后,就厚赏崔湜,崔氏因此获得高官。如此风气一开,上行下效,唐代一批又一批的官员都如法炮制:甘心情愿地进献自己的美艳妻女,以求取高官,获得荣华富贵;一旦获得了高官之后,再重新选择美貌的女人作为自己的妻妾。

历代政治舞台上,京城文武百官和地方官吏被收捕入狱、判处获罪,是经常发生的,也是不可避免的。这些获罪官员的妻女、侍婢通常没为官奴,她们是宫女的一个重要来源。不过,所不同的是,这些获罪没入宫中的女子,她们的生活往往是十分悲惨的:入宫之前,无论她们多么尊贵,一旦以罪人之身进入宫廷,她们就是宫中最底层的苦役者,每天从事最艰苦的劳役,奔波劳累,苟且终生。在这些人群之中,能够出人头地者是微乎其微的。

在中国历史上,只有极个别成功的例子,在逆境之中,能够跳出苦海,成为宫女之中的人上人。如武则天时,权倾朝野的上官婉儿就是一例:其祖父获罪,她在襁褓之中,随同母亲一起没入宫中,成为女奴。后来,她长大了,聪明、美貌,慢慢出人头地,成为武则天时期最为重要的女官,权掌朝廷机要;同时,她也是被皇帝特别宠幸的女人,纳入后宫嫔妃之列。

中国后宫之中，一直有三夫人、九嫔、二十七世妇、八十一御妻之说，这是按照《周礼》的规定，是皇帝庞大妻群的正式称呼。唐初规定，后宫设皇后一人，皇后之外，设四妃、九嫔。四妃：贵妃、淑妃、德妃、贤妃；九嫔：昭仪、昭容、昭媛、修仪、修容、修媛、充仪、充容、充媛。妃嫔之外，就是九婕妤、九美人、九才人、二十七宝林、二十七御女和二十七采女。这些女子，各有特别的身份和品位，她们是皇帝的女人，共同构成皇帝的妻群。太子有太子妃，太子妃下，设良娣、良媛、承徽、昭训、奉仪。

三、宫女得幸之门

1. 今夜宿于何处

唐高祖李渊统领大军西下，经下邽，过栎阳，看见路左一片富丽堂皇的宫室，十分惊讶。原来，这是隋炀帝杨广的行宫。行宫连着园苑，风景优美。侍从报告说，行宫之中，还有许多美人。李渊沉吟片刻，随后诏告天下，说大业以来，炀帝巡幸过度，出行驻跸宿止，喜欢寻找依山傍水的地方。这是一块风景胜地，炀帝经过这里，建造行宫，搜罗美女充实其中。离宫巍峨耸立，雕梁画栋，极其壮丽。行宫中的女子，都是良家子女，不计其数。怨旷感于幽明，糜费极于民产，天下怨愤，四海翻腾。悉宜罢废宫室，放还宫人！

李渊争夺江山的时候，知道诏告天下：罢废宫室，放还宫人。然而，他率兵进入长安之后，建立了唐王朝，随着政权的稳固，他就开始追求享乐了：后宫的第一件事，就是大规模建造宫殿；第二件事，就是广召天下美女进宫。从中国历史上看，江山稳固以后，君临天下的皇帝们似乎都是一个想法，就是醉心享乐，这似乎是他们夺取天下的唯一的目的。

皇帝们广建宫室，扩建园囿，不遗余力地搜罗天下美人充实后宫。大唐建立100年后，第十代皇帝唐玄宗李隆基登上皇帝宝座。在他统治的开元、天宝年间，后宫美人之数高达4万，创中国历史上后宫女人的最高纪录。每天下朝以后，走向后宫的唐玄宗脚步有些徘徊：宫中佳丽数万，脚步该走向何方，自己今宵宿在何处？后宫之中，薄雾笼罩着亭台楼阁，暖暖春风里，满眼都是绝色佳人，她们伫立窗前，凝目远眺。宫院中海棠盛开，春情涌动。

然而，佳人如许，究竟如何安排？今宵宿于何处？对于这个问题，风流多情的唐玄宗想出了一个好办法：每天傍晚，他将一群自己选中的嫔妃集中在一起，让她们投骰子,投中者中,选最优胜者,当夜侍寝。这一发明,对于女人们来说,相对较为公平,她们欣然接受。因此,在私下,太监们称骰子为剉角媒人。

2. 蝶幸

春花秋月,不同的季节,有不同的风景。唐玄宗是性情中人,他会根据不同季节,采用不同的花样临幸他的女人:春天的时候,他倡导美化庭院,吩咐妃嫔宫女们在各自的门前种花。晚霞满天的时候,玄宗会尾随一只蝴蝶,蝴蝶飞进哪座宫院,落在谁的门前,当夜,玄宗就宿在这座宫院,由院中的女主人侍寝。这种临幸之法,玄宗很喜欢,宫人称之为蝶幸。秋天的时候,玄宗会坐着羊车,或者花辇,羊车停在哪所宫院,今晚就宿在何处。

唐穆宗时,宫中的风流游戏并不亚于他的儿子唐敬宗。据说,穆宗喜爱牡丹,曾让宫人在宫殿、御苑种千叶牡丹。牡丹花开,香气袭人,鲜红娇艳,十分可爱。穆宗每天都观赏牡丹,感叹其清香、娇嫩,人间独有。最为奇特的是,宫中牡丹盛开以后,每天夜里,就会有黄、白两色的蛱蝶,聚集花丛间,成群飞舞,直到天明方散。

穆宗喜爱牡丹,也喜爱蛱蝶,他命宫人张罗空中,每天网罗成百上千的蛱蝶。闲暇的时候,穆宗集中一些宫嫔美女,让她们在宫院中追逐蛱蝶游玩,获蝶者当夜侍寝,也称为蝶幸。穆宗还有一个发明,就是以元绡、素纱墨书做衣服,赐赏承幸的宫女。衣服出自内府,衣服上所书,都是淫荡、鄙陋之诗词,人称浑衣。这种浑衣,在六十年后的唐僖宗广明年间还出现在宫中。

3. 风月常新

由于进御的宫女实在太多,玄宗难以一一记住她们,于是,玄宗又发明了一种风流办法,就是将所有皇帝已经临幸过的进御的宫女,在她们的手臂上,打上一方印,上书"风月常新"。这是唐宫特制的印章,印上渍以宫廷特制的桂红膏,盖在手臂上,使印记十分牢固,水洗也不会褪色。

"风月常新"印是唐玄宗的发明,也是玄宗风流生活的一部分。对于皇帝来说,这方印是皇帝知道是否已经临幸过的女人的标记。皇帝的后宫嫔妃有自己独立的宫室,她们与皇帝是一种长久而固定的关系,所以,她们不会盖什么"风月常新"印。

后宫的宫女是一个特殊的群体,日常生活之中,她们与蝶幸无缘,能够盖上"风月常新"印自然是她们的运气。不过,宫女数万,能够盖上此印者毕竟廖廖无几。有趣的是,大唐宫廷之中,几乎所有的宫女都与蜥蜴有关:她们害怕蜥蜴,但她们都必须与蜥蜴有着体肤上的接触。蜥蜴的用途是十分特殊的,在中国的宫廷中不可或缺,宫人们称之为守宫。

中国宫廷养育蜥蜴,历史很悠久,养育的方法很特殊:从小到大,基本上是用朱砂喂养。蜥蜴因为常食朱砂,因此,其身体尽赤。大约长到七斤以后,将蜥蜴杀死,风干、捣碎,碾成粉末,称为丹粉。据说,丹粉在宫廷中有特殊的用途:少女入宫以后,将这些赤色粉末的丹粉,点在每个处女的肢体上,可以终身不灭。直到皇帝临幸,红粉才会消失。

4. 风流箭

唐敬宗李谌即位的时候不到 15 岁,是位少年皇帝。他可能患有多动症,每天都安静不下来:喜游乐,好宴饮,爱击球,性喜渔色。他在位时间很短,仅仅 3 年。可这 3 年,他在历史上留下了两个不雅的形象,也是他的两大爱好:一是喜欢深夜捕捉狐狸;二是发明了一种风流箭,追逐美女。

捕捉狐狸,古已有之,不是敬宗的独创。不过,风流箭确实是敬宗的发明。敬宗发明此箭,实在费了一番心血:箭既风流,又不伤人,还人人愿意被射。风流箭用竹皮做弓,用内府纸做箭,纸箭中间,密贮宫廷特制的龙麝香末。每天,夕阳西斜之时,敬宗只要有兴致,就让他指定的美人站在一起,他在两丈开外,张弓搭箭,射向美人。射中者,龙香触体,清香四溢,射中的地方没有痛楚,只有微微发麻的感觉。中箭者,当夜侍寝。因此,宫人中流传着一首歌谣,渐渐成为宫中俗语:风流箭中的——人人愿。

唐敬宗作为少年皇帝,除了人人愿的风流箭之外,还有许多鲜为人知的风流账,其中之一,就是金屋宝帐。据记载,敬宗宝历年间,宫中来了两位从浙东来的美女。她们是舞女出身,一个叫飞燕,一个叫轻风,身材苗条,美丽出众。敬宗第一次见到她们时,以为见到了天仙:皮肤白皙,头发乌黑,蛾眉蠕首,头戴金丝鸾鹤冠,冠上饰着五彩细珠,冠顶镶嵌着红玉芙蓉。

两位浙东美女貌如天仙,沉鱼落雁,敬宗十分喜爱。不仅如此,敬宗发现,她们口吐兰香,白皙的身上散发一种迷人的香味。与她们在一起,感觉置身于幽兰盛开的花园之中。特别奇怪的是,她们身上飘逸的幽兰之气,四季都是如此,源源不断。更让敬宗惊奇的是,她们冬天不穿厚衣服,夏天再热,也从不出汗,身体轻轻的,飘飘若仙。她们的歌喉圆润动听,舞蹈技艺独树一帜,不是宫中艺人所能模仿的。可以说,她们非凡的才艺,非宫中乐舞伎所能媲美。

唐敬宗很兴奋,有了飞燕、轻风陪伴在身边,他感觉每天精力充沛,有做不完的开心乐事。敬宗对她们宠爱不已,让她们日夜陪伴,不离左右。夜幕降临之时,是每天敬宗最为期盼的时刻。他坐在特制的宝座上,喝着美酒,让轻风、飞燕载歌载舞,她们身穿奇特的舞蹈服装,装扮花样翻新,歌声婉转,如鸾凤之音,绕梁不绝。

最为独特的是,每次歌舞之后,这两个独特的女人总是清香四溢,敬宗十分喜欢这特殊的香味,为之陶醉。为了保住这些特殊的美女香味,敬宗特地建造了一座金屋,制作了一顶宝帐。每次歌舞之后,敬宗就将她们藏于金屋之内,置于宝帐之中,以便自己独自享受,细细品味。白天,敬宗尽量让她们活动于金屋之中,不让她们出来,怕她们被风吹跑,被日晒坏。于是,金屋宝帐之说,传遍后宫,也很快传遍京师。宫中后妃和宫人们嫉妒、羡慕轻风、飞燕,她们在复杂的心情中,传唱着一首歌谣,宫人们称为宫谣,或者宝帐歌:

宝帐香重重,一双红芙蓉。

5. 念奴娇

念奴是唐代歌女的名字,擅长唱歌,歌喉响遏行云。据唐诗人元稹《连昌宫词》自注,念奴在唐玄宗的生活中地位特殊,身份不同凡响:"念奴,天宝中名倡,善歌。每岁,楼下酺宴,累日之后,万众喧隘。严安之、韦黄裳辈辟易不能禁,众乐为之罢奏。玄宗遣高力士大呼于楼上曰:'欲遣念奴唱歌,令二十五郎吹小管逐,看人能听否?'未尝不悄然奉诏。"意思是说,唐玄宗每年举行隆重的辞岁宴会。每次宴会时,时间一长,宾客们就开始说话、吵闹,负责治安的禁卫官员无能为力,乐工们无法将音乐演奏下去,只好停止。玄宗就叫御前近侍高力士,大声呼叫念奴,让她出来唱歌。玄宗说:让念奴唱歌,令二十五郎吹管伴奏,看是否还有人说话? 念奴一唱,大家真的安静了下来。

念奴是唐玄宗宫中的一流歌手,她的歌喉激越清亮,能够赛过25郎的吹管高音,这样的嗓音恐怕无人能出其右。诗人元稹感慨,写诗赞叹:力士传呼觅念奴,念奴潜伴诸郎宿。……春娇满眼泪红绡,掠削云鬟旋装束。飞上九天歌一声,二十五郎吹管逐。《开元天宝遗事》记载:"念奴每执板当席,声出朝霞之上。"明代戏剧家汤显祖在《荆钗记·折柳阳关》中,特别提到念奴:"你红粉楼中一念奴。"

传说,玄宗每年游幸各地的时候,念奴总是暗中随行。玄宗离不开念奴,因取其名,为念奴娇,作为词牌名。作为词牌,此调分仄、平二体。据《词谱》记载,此词以苏轼"凭空跳远"词为平、仄体规范正格,词共一百字,前片四十九字,后片五十一字,各十句四仄韵,宜于抒发豪迈之情。《念奴娇》,又称《百字令》、《千秋岁》、《醉江月》、《杏花天》、《赤壁谣》、《壶中天》、《大江东去》、《大江西上曲》等,有十多个名称。

四、唐宫才人

1. 上官婉儿

(1)籍没为奴

上官婉儿,又称上官昭容(664—710 年),唐武则天时期著名的女官、女宰相、女诗人,也是唐中宗的女人,封为昭容,纳入后宫嫔御之列。她是陕州陕县(今河南三门峡)人,其曾祖是上官弘,曾任隋江都盐官,宦居扬州。其祖父是西台侍郎上官仪,举家迁往江都。唐高宗麟德元年(664 年),上官仪感于皇后武则天擅权揽政,危极皇权,主张废除其皇后身份。高宗李治深有同感,正有此意,命令上官仪起草废后诏书,准备废除武则天的皇后身份。侍女得讯,立即飞报武后,武则天立即行动,直接面见皇帝,兴师问罪。皇帝李治恐惧,将废后之事,全部推到上官仪的身上。武后大怒,下令将上官仪满门抄斩。这时,婉儿刚刚降生。她的母亲郑氏是太常少卿郑休远的姐姐,因为郑少卿的援救,她们母女才幸免于难。但是,家产籍没,她们母女以罪人之身没入宫中为奴。于是,尚在襁褓之中的上官婉儿与母亲郑氏一同进入大唐宫廷。

婉儿 14 岁时,已经出落得花容月貌,高贵而艳丽。她出身于名门,身上有一种特殊的气质和风韵,三分美丽,三分端庄,三分妖冶,一分宁静。婉儿身体轻盈,美目含情,她的一颦一笑自成风格,惹人怜爱,招人喜欢。她天资聪颖,古今诗文一目十行,过目不忘。她出口成章,下笔千言,文采过人。本来,武则天对上官家族十分痛恨,觉得自己的锦绣前程,甚至于身家性命,差点毁于一旦,毁在上官仪的手里。可是,当武则天面对婉儿时,却一点也恨不起来。婉儿太聪明,太可爱,太招人喜欢了。武则天赏识她,信任她,渐渐也离不开她。

(2)女宰相

唐高宗仪凤二年(677 年),上官婉儿不到 14 岁,武则天下旨,召婉儿进宫。武则天听说她才华出众,当场命题作文,考核婉儿。上官婉儿从容不迫,一挥而就。她的笔迹十分娟秀,文章一气呵成,文采飞扬,珠圆玉润。这一年,武则天

54 岁,临朝执政二十余年,她一直在寻找一个文才出众、可独当一面的女宰相,一无所得。这时,见到婉儿所书,反复阅读,不禁心中大悦:女中宰相,舍她其谁!武则天使用人才,历来是不拘一格的。于是,她当堂下旨:令婉儿侍婢身份,升为宫中女官,执掌宫中诏令。从此以后,武则天所有重要的文案、制诰、圣谕,几乎全部出自上官婉儿之手。婉儿身份特殊,地位尊崇,一人之下,万人之上,朝野官员和宫人称婉儿为女宰相。

（3）太子私情

当时,少女婉儿刚刚长成,情窦初开,对宫廷生活充满好奇和兴趣。这时,太子李贤正当成年,刚刚 24 岁。李贤是武则天的第二个儿子,相貌堂堂,才华横溢,为人正直庄重,在朝野群臣之中,赢得了一片赞誉之声。上官婉儿侍从在武则天的身边,是武后最为宠信的红人,她在后宫办公,每天除了武后之外,她见得最多的人,就是皇帝李治和太子李贤。婉儿虽然比李贤小 10 岁,但是,她的才华让她早熟,她的智慧让太子对她刮目相看。他们经常在一起探讨学问,交流心得,太子很喜欢她,也很敬重她,将她视作侍读,尊为师傅。他们之间,容止合度,默契和谐,渐渐产生了异样的感觉,他们恋爱了。

武则天是一个超强个性的女人,她贪恋权力,一切都是以自己为中心。太子李贤太贤明了,是太平盛世的理想天子,真是太完美了。然而,这样完美的天子当然要治理天下,他君临天下了,自己干吗呢？回到后宫,虚度时日？武则天当然不能容忍,即使是自己的儿子也绝对不行。武则天不能容忍儿子李贤,当然也就不能容忍儿子的爱情:她将儿子李贤囚禁起来,儿子与婉儿的爱情,自然在武则天的权力机器之下被碾得粉碎。三年后,八月二十二日,武则天下旨,废除李贤的太子身份。这一年,李贤 27 岁。十分残酷的是,那份废黜太子李贤的诏书,正是上官婉儿奉旨草拟的。当时,婉儿 17 岁。婉儿虽然内心很失落,但是,她表面上十分平静,没有任何失职、失仪和失态。她知道,宫廷中没有爱情,权力舞台上没有爱恋。她更知道,她必须全心全意,跟随女皇武则天。

（4）上官体

上官婉儿出身于名门望族,貌美,多才,经历坎坷,使她有着特殊的人格魅力。当她以罪人之身进入宫廷之后,她的母亲就着手培养她、教导她。她聪明、美丽、坚强、自负,从不向命运低头,也决不会被眼前的困境所吓倒。她天赋很高,自幼就才思敏捷,诗歌词赋出类拔萃。她的诗词风格很柔媚,可能是遗传使然,有其祖父上官仪之风。上官仪诗尚绮丽,浮艳之体,人称"上官体"。婉儿将上官体发扬光大,将宫廷之中的奢侈淫逸融入诗中,形成独树一帜的诗风,获得了女皇武则天的赏识,一时名流云集,纷纷拜倒在她的脚下。

(5)偷情

武则天崇尚疑人不用,用人不疑。她信任上官婉儿,委以重任,倚为心腹,公务、私事都信任她,甚至于自己的隐私也不回避她。据说,婉儿任何时候可以出入武则天私密之地,即使是武则天与张昌宗在床榻间寻欢的时候,婉儿也可以直接进来,汇报军国大事。婉儿此时正值青春年少,看到武后的淫行,她没法不心动。张昌宗是典型的美男子,丰神秀美,自命不凡。他仗着武后的宠爱,在后宫之中,俨然是半个主人。他看见婉儿如此清秀,自然很动心,一有机会就用眼神勾引婉儿,调戏婉儿。婉儿心里明白,不免春心荡漾,心如鹿撞。

有一天,婉儿寻找武则天,不料在宫中正好撞见了张昌宗。张氏看见婉儿丰满迷人,一时按捺不住,上去就调谑婉儿,拥抱着她。婉儿没有心理准备,一时意乱情迷,糊里糊涂地投入张氏的怀抱之中。这时,恰巧武则天来了,看到眼前的一幕,怒气冲天,顺手拿起一把身边的金刀。武则天挥刀就刺,金刀"啵"的一声,直插入上官婉儿的前髻。顿时,婉儿"啊"的一声惨叫,左额鲜血直流。武则天扔下金刀,怒不可遏地骂道:"大胆奴才! 你敢近我禁脔? 罪当死!"张昌宗立即跪在地上,叩头求情:陛下息怒,奴才罪该万死! 是奴才招惹上官婉儿,奴才该死!武则天闻言,怒气稍减,赦免了婉儿。

(6)婉儿妆

婉儿没有怨言,依旧忠心耿耿地侍候女皇。武则天怒火平息下来以后,知道自己错怪了婉儿,就吩咐御医全力以赴地为婉儿疗伤。婉儿额头的伤稍好之后,她就出现在武后的身边,像什么事没有发生一样。伤口痊愈了,但婉儿的脸上留下了伤疤。武则天看到这处伤疤,心里不免感到愧疚。婉儿是何等聪明之人,她对着镜子,看着鲜红的伤疤处,想出了一个绝好的美容方法:在伤疤处,刺一朵红色的梅花,遮掩伤痕。当武则天看到婉儿时,十分惊讶:伤疤没了,伤痕处的红梅娇艳迷人,使年轻的婉儿更加娇嫩,更加妩媚。宫女们觉得婉儿更美了,纷纷仿效她,甚至于有人偷偷用胭脂在自己的前额上点红,效仿红梅妆。这种红梅妆,宫人们十分喜欢,人称梅花妆、婉儿妆。

(7)称量天下士

据史书记载,婉儿出生的时候,其母亲郑氏做了一个奇怪的梦。梦中,她看见了一个巨人走来,给她一杆秤,说道:"持此,称量天下士。"巨人身型巨大,相貌奇特,郑氏接过秤,一下子惊醒过来。她回忆了整个梦境,心中大喜,猜想自己的腹中,一定是一个男孩,将来必能做大官,才可以称量天下人才。出乎意料的是,孩子出生了，不是男孩，却是一个女儿。郑氏看到是女孩，大失所望，心中闷闷不乐。不仅如此，婉儿出生之后，仅仅一个多月，灾难就降临了：满门抄斩，母女入宫为奴。郑氏想，也许这是天意，命也。郑氏没有别的指望，只有婉儿，她把人生的希望都寄托在婉儿身上。

时光流逝，婉儿出落得花容月貌，人人都夸其美丽，像她的母亲。但实际上，婉儿的美丽胜过了她的母亲。幼女时期，婉儿就表现出了特别的聪明伶俐。有一天，郑氏看见怀中的婉儿，面如满月，容颜清秀，不禁戏语说："小东西，汝真能称量天下士也？"婉儿睁开她的大眼睛，笑眯眯的，呀呀答应。郑氏笑了起来，开始相信梦中之言，每天黯然祈祷。武则天赏识婉儿，委以重任，朝廷士子的选拔、作用，武后经常与婉儿商量；文士们的才华、诗文的等次，武后总是让婉儿品评。朝野内外都知道，婉儿称量天下士，因此，人称她为女宰相。武则天去世后，中宗执政，韦皇后是六宫之主。皇帝、皇后喜欢诗词，但不善诗词。宫廷活动中，皇帝、皇后的诗词都是由婉儿代为捉刀，品评士人，也是非婉儿莫属，直到婉儿去世，人们都是称她为女宰相、女相。

（8）情人崔湜

神龙政变后，唐中宗李显即位。新皇帝，新气象。婉儿正当盛年，也一直在寻觅自己的意中人。

才子佳人，从来都是相互爱怜、惺惺相惜的！当初，武后掌权之时，上官婉儿就和武后的侄子武三思暗中相好，结下了一段私情。可是，婉儿知道，武三思只能做情人，而且是地下情人，他的特殊身份决定了他的特殊生活，一旦政局有变，李唐皇室重新执政，武氏家族可能会满门抄斩，武三思性命难保。自从见到了兵部侍郎崔湜，婉儿的心开始无端地乱跳。崔湜年轻有为，才华出众，在朝臣之中真如鹤立鸡群。最为关键的是，他健壮、英俊，眉宇之间，英气勃勃。他神态安闲，飘若神仙。婉儿欣赏他，暗中喜欢他，准备以身相许。

韦皇后入主后宫，武三思成为韦皇后的裙下之物。婉儿知道，后宫之主的私有之物，都是禁脔，不能有任何非分之想。婉儿毅然斩断了与武三思的情丝，一个人孤傲地行走在宫中，过着寂寞凄凄的生活。她已经有了意中人，她将一腔痴情，全部寄托在侍郎崔湜身上。崔湜何等聪明，得知女相上官婉儿对自己有意，喜出望外。他们两人至此结成一对佳偶，玉成了一段露水姻缘，真是天赐良缘。

婉儿混迹宫中二十余年，终于有了自己心仪的情人。但是，婉儿感觉遗憾的是，他们相好了，却不能天天守在一起：崔湜在宫外，婉儿在宫内，每天毕竟宫墙相隔，交流都不方便，更何况亲热。婉儿是宫中的红人，没有什么事能够难倒她：

她心生一计，吩咐近侍，率内府工匠，营建外第，作为自己的一所秘密住宅，以便处理紧急事务。婉儿知道，在京城营造府第，一定是隐瞒不了。于是，她直接奏报皇帝李显。皇帝喜爱婉儿，皇帝的女人营造一座小小府第，当然不在话下。

皇帝李显很重视婉儿的请求，特地派人为上官婉儿建造府第：选择京城最幽静的地方，建造典雅的居所，婉儿十分高兴。据记载，婉儿外第，穿池为沼，叠石为岩，穷极华丽，精美雕饰。婉儿喜之，常引大臣宴乐其中。外第建好后，上官婉儿经常在深夜回到这里，与自己的情人崔湜幽会，一起鸳鸯洗浴，饮酒作乐。

崔湜出身于官宦之家，有兄弟4人，他的弟兄崔莅、崔液、崔涤和他很相像，都是相貌堂堂，眉清目秀，多才多艺。崔湜知道他们兄弟的魅力，更知道女宰相婉儿的能量，他一有机会，就将自己的兄弟带进宫中，引见他们与上官婉儿见面。婉儿很喜欢他们兄弟4人，他们像一家人一样。每天有四个美男子围绕在自己的身边，夸赞自己，做自己的情人，婉儿很惬意。上官婉儿出行，人们经常会看到崔家兄弟陪伴在她的一旁。后来，崔湜奉旨主持铨选官员，徇私舞弊，御史李尚隐等上书弹劾，崔氏获罪，贬谪外州司马等低级职务。上官婉儿联合太平公主援手施救，崔氏官复原职。婉儿随后将情人崔湜引荐给太平公主，公主也很喜欢他。

(9) 韦皇后

神龙元年(705年)，宰相张柬之等发动宫廷政变，拥立李显复位，李显重新登基，为唐中宗。中宗即位以后，大唐的政权基本上掌握在以韦皇后为主的女人们手中。当年，李显被母亲武则天废黜，流放房州，过着颠沛流离、朝不保夕的生活。在他最为艰难的日子，生性柔弱的李显差点崩溃，每次都是皇后韦氏悉心照顾，救了他的性命。可以说，如果没有韦氏陪伴在他的身边，李显根本不可能活下来。有一次，李显感动地对韦氏说：一旦得势，你可为所欲为。如今，李显复位，韦皇后把持朝政，真的开始为所欲为了。

韦皇后一生最恨的是武则天，最敬仰、最佩服的也是武则天。所以，掌权之后，她一心学武则天，勾结女儿安乐公主，一手遮天。韦皇后知道，只要把皇帝侍候好了，一切自己做主。她知道上官婉儿很能干，也很美。她召见了上官婉儿，两人一拍即合，结成联盟。韦皇后将婉儿推荐给皇帝李显，李显召幸婉儿，十分喜欢，立即将她纳入后宫嫔妃之列，册为昭容。婉儿在宫中二十余年，熟悉宫廷的一切，也对朝廷政务了如指掌，韦后与皇帝信任婉儿，命她专掌起草诏令，依然充当女相的角色，比武则天时期权力更大。皇帝李显很喜爱婉儿，迷恋她，还特旨封婉儿的母亲郑氏为沛国夫人。

韦皇后知道,上官婉儿与武三思关系暧昧。她见到武三思后,也很喜欢这位相貌不凡的风流男人。婉儿知道了韦皇后所好,立即退出这场三角关系,拱手相让。韦皇后内有安乐公主、上官婉儿,外有武三思,她感觉势力强大,游乐后宫更是无所顾忌。韦皇后迷恋武三思,经常召三思进宫,在皇后的寝宫中,他们一起玩双陆之戏。近侍们经常发现,韦皇后和武三思对坐床上,赌双陆,皇帝李显在他们旁边旁观助兴,帮着他们数输赢的筹码。

武则天去世后,宰相为首的张柬之拥立李显,武氏集团完全失势。当时,拟将武三思斩首。由于韦皇后、婉儿和公主的袒护,武三思苟活下来。没想到,武三思很快与韦皇后结成联盟,卷土重来。宫中、府中都由韦皇后控制,武三思的加入,韦皇后势力倍增,皇帝李显完全被架空。武三思依靠韦皇后和安乐公主等人的大力支持,渐渐执掌政权。武氏感觉条件成熟了,相继陷害主持政变的张柬之等五大臣,将他们贬官、流放,逐出京城。随后,张柬之、桓彦范、敬晖、袁恕己和崔玄暐等五大臣相继被杀,武三思权倾朝野,不可一世。

(10)太子叛乱

韦后俨然以女皇自居,她和武三思联手,把持政权。上官婉儿投靠韦后,所草诏令,经常推崇韦氏和武氏,贬抑李唐皇室。太子李重俊十分愤怒,忍无可忍。景龙元年(707年)七月,太子李重俊联络左御林大将军李多祚等人发动宫廷政变,假传皇帝圣旨,发左御林军及千骑军三百余人,于半夜时分,兵分两路,包围武三思、武崇训府,诛杀武三思、武崇训及其家人和私党数十人。随后,他们直趋肃章门,进入皇城和宫城,搜索韦皇后、安乐公主、上官婉儿。

浓烟四起,杀声震天。上官婉儿得知太子起兵,知道事情紧急,立即逃到皇帝和韦后的住处,哭着对皇帝说:"陛下,太子起兵了!观太子之意,是先杀上官婉儿,然后,再依次弑皇后和陛下!"韦后愤然,看着皇帝。皇帝李显闻言,立时大怒,随即带着上官婉儿和安乐公主登上玄武门城楼,躲避叛军的兵锋。皇帝传旨:命右羽林大将军刘景仁立即进宫,率飞骑军两千人入宫平叛。御林军很快包围了皇宫,屯兵太极殿前,各宫各殿,闭门自守。太子寡不敌众,兵败被杀。皇帝下诏,将太子首级进献太庙祭祀。

叛乱平息了,韦皇后得知武三思已死,心中万分悲伤,韦皇后听说皇帝指示将太子首级送到太庙祭礼,也下了一道懿旨:"将太子首级,送武三思、崇训父子柩前致祭。"武府设立灵堂,隆重哀悼武三思。韦皇后和安乐公主亲赴灵堂,吊祭武氏父子。三思之死,上官婉儿十分悲痛,写诗表达自己的哀思。一切重回正轨,皇帝依旧是傀儡,政权依然掌握在韦皇后手里。婉儿一如既往地侍候着韦皇后,替她拟定诏书,发号施令。

婉儿建议韦后和皇帝,设立修文馆,广召天下才子,编书修史。皇帝、韦后喜欢赐宴游乐,君臣赋诗唱和,流连忘返,醉不思归。上官婉儿经常代替皇帝、韦后和安乐公主写诗,有时同时写数首,每一首诗句都很美,一时传为佳话。每次献诗,令众大臣品评,上官婉儿总是名列第一。皇帝李显十分高兴,赏赐金爵、珍宝和丝帛之物。

(11)婉儿之死

太子事变之后,虽然太子失败被杀,但是,对婉儿震动很大。经历了这场流血政变,婉儿虽然躲过一劫,但是,她知道,下次就不会这么幸运了。表面上,婉儿一如既往,恭恭敬敬地依附于韦皇后,但是,暗地里,她开始给自己留后路,广结李唐宗室,向太平公主、相王李旦等人示好,充分利用自己的特殊身份,营造一个人脉广阔的生存环境。没有多长时间,婉儿就打开了一个全新的局面,如果不是皇帝突然被毒死,她也不会卷入一场凶恶的政治阴谋之中,成为政权更迭的牺牲品。

韦皇后自我膨胀,感觉大权在握,江山已经完全是韦氏的了,此时不做女皇,还待何时?景龙四年(710年)六月,韦皇后与安乐公主母女合计,毒死了皇帝李显。皇帝到死也不敢相信,一个是自己的妻子,一个是自己的女儿,他一生最疼爱的两个女人,竟然对自己下毒。皇帝死得仓促,没有任何遗诏,如何向天下臣民交代?韦皇后召上官婉儿和太平公主,她们一起商量,决定草拟一份皇帝的遗诏。遗诏宣称:皇子李重茂即皇帝位,为唐殇帝,年号为唐隆,韦皇后以皇太后摄政,武则天第四子李旦辅政。

可以说,这是一份上官婉儿拟定的遗诏,是折中李唐皇室和韦皇后之意后的妥协产物。韦后不满意的是,她不喜欢在重要职位上看到李旦,觉得由他辅政和参知政事,对自己的威胁实在是太大了。于是,韦皇后提出异议,强改遗诏,诏告天下:授与李旦太子太师。太子太师,不过是名誉职位而已。很显然,韦氏后党与李唐宗室之争已经趋于白热化。韦皇后没有想到的是,正是这一修改,逼迫李唐皇室再度起兵,发动了另一场血腥的宫廷政变。

这一次,李唐宗室经过策划,率先发难,核心人物正是李旦的儿子李隆基。景龙四年(710年)七月,李隆基联络御林军,以羽林兵数百人为核心,发动宫廷政变,神不知鬼不觉地包围皇宫,一鼓作气,将韦皇后、安乐公主及其党羽数十人诛杀。政变成功后,李隆基入宫,协助政变的上官婉儿光鲜亮丽,率领众宫女恭迎李隆基。婉儿站在那里,宫女们秉烛列队,十分隆重。婉儿手持自己与太平公主一起草拟的那份"遗诏",呈给李隆基,以此证明自己不是韦皇后的私党,而是一直站在李唐宗室一边的。婉儿请求大臣刘幽求面见李隆基,为自己求情。李隆基不答应,认为婉儿与韦皇后之流,都是一丘之貉。李隆基说:"此婢妖淫,淫乱宫闱,怎可轻恕? 今日不诛,后悔无及"。于是,下令将上官婉儿斩首。

2. 徐妃《长门怨》

徐惠妃是湖州长城人,她自小美丽,聪慧过人,以神童扬名乡里。徐惠 8 岁时,父亲徐孝德考察她的才学,让她仿《离骚》风格,写一篇文章。徐惠人小气魄大,落笔成章,语句惊人,一气呵成,完成了《小山篇》:

> 仰幽岩而流盼,
>
> 抚桂枝以凝望。
>
> 将知龄兮此遇,
>
> 荃何为兮独往?

亲眼目睹了小女儿挥笔成诗的过程,徐孝德知道,自己这样美貌的才女是藏不住的,迟早会尽人皆知。果然,几年后,徐惠的才名不胫而走,很快传遍了京师。宫中后妃、宫女听说有这么一个才女,纷纷议论。唐太宗得到奏报,觉得有点奇怪:小地方真是小题大做,不过是一个有点才学的女子罢了,能有多少与众不同? 不过,既然这样传扬,不妨召入宫中看看。于是,太宗派专使前往湖州,召徐惠入宫。

这时,徐惠已经长大,专使宣召时,看到的是一个亭亭玉立的成熟女子。徐惠进宫了,太宗召见她,没有发现有什么特别之处。徐惠第一次进入宫廷,对皇帝没有什么印象,只是对宫廷的建筑和宫室的豪华,她感觉与老家有天壤之别。太宗观察她,发现她性格温和,较为沉默寡言,举止优雅。但是,宫中的其他女人大多数也是如此。所以,第一次召幸之后,太宗就忘记了她。

唐太宗是位勤奋工作的皇帝,处理政务是他的日常主要内容。政务之外,他兴趣广泛,对于文化、音乐、历史的关注耗费了他的大量时间。后宫美人很多,太宗忙不过来,自然而然,他一转身,就忘记了那个曾经盛传京城、轰动一时的徐惠。徐惠虽然美丽,但在美女如云的后宫,她的相貌不是很突出。徐氏是以才学取胜的,而有才华的女子,只有在长久的生活之中才会体会到才具的非凡,只有在静静地欣赏中才会感觉到特别的吸引力。

可惜,太宗没有时间,也没有心情,他对徐惠没有什么印象,因而也就不会迷恋徐惠了。宫中的繁华和宫室的富裕生活让才华横溢的徐惠十分感慨,生活在深宫,她没有感到快乐,感到的只是孤独、寂寞。深宫太深,长夜太长。饱尝孤独和寂寞的徐惠每天生活在宫中,感觉静夜太静、天阶太凉。她想起了汉武帝陈皇后的十年爱恋和不幸遭遇,深有感触,就自己研好墨,一口气写下了盛传宫中的《长门怨》:

> 旧爱柏梁台,新宠昭阳殿。
>
> 守分辞芳辇,含情泣团扇。
>
> 一朝歌舞荣,夙昔诗书贱。
>
> 颓恩诚已矣,覆水难重荐。

徐惠的诗作在宫人中传诵,赞誉者有之,诋毁者也不少。很快,这事被唐太宗得知。太宗读到这首诗,这才发现这是一位才女,而且是一位沉默寡言、才气非凡的女人。太宗个性很强悍,喜欢柔弱、沉静的女人。他开始注意徐惠,经常召幸,和她一起吟诗写赋,纵谈古今。太宗喜爱徐惠,感觉到她有一种与众不同的美。当时,徐惠是后宫世妇之中最低一级的才人,仅仅半年时间,她就一跃而为九嫔中的第八级充容。徐惠得宠,其父亲徐孝德也沐浴皇恩:由普通小吏超擢为水部员外郎。

才女徐惠生活在豪华的大唐宫室,皇帝宠爱她,生活无忧无虑。所以,这段时期,她的诗作表现了她积极向上、蓬勃生机的一面。她眼界开阔,心情平静,秋天的时候随皇帝出行,触景生情,写下了动人的诗篇,这就是她的代表作《秋风函谷》诗,真是写得气势磅礴:

> 秋风起幽谷,劲气动河山。
>
> 偃松千岭上,杂雨二陵间。
>
> 低云愁广隰,落日惨重关。
>
> 此时飘紫气,应验真人还。

徐惠的这首诗,力量雄劲,有着男儿的气概,着实让太宗感到十分惊讶。徐惠在日常生活之中,表现出来的多情多才、多姿多彩,更让太宗爱怜不已。有一天,太宗正在寝殿理政,突然感觉很想念徐惠,就吩咐近侍,宣徐惠前来。太宗坐在殿中,耐心地等待了很久,仍然不见这美人的踪影。太宗再派近侍去请,可是,近侍还是有去无回,美人依旧没有来。太宗等得心焦,不免有些恼火,猛然站起来,正要发威。

不料,远远地只见徐惠来了。美人姗姗来迟,笑盈盈的样子,正津津有味看着一脸怒容的太宗。徐惠一边看着太宗,一边不慌不忙地走到案前,拿起笔,写下了一首诗,递给太宗。太宗恼怒地接过诗,仔细看,立时转怒为喜,大笑起来。

他感叹才女诗中所表现的特别柔情,一份只有才女才可能有的、女人矜持之中的多情和幽默,太宗为之心醉了。笑过之后,太宗不禁吟咏起来:

> 朝来临镜台,妆罢暂徘徊。
>
> 千金始一笑,一召讵能来?

3. 宋氏姐妹

唐德宗时期,有宋若莘为首的宋氏五姐妹才貌双全,闻名遐迩。宋若莘,《旧唐书》作宋若华,《新唐书》称宋若莘,字不详,贝州清阳(今河北清河)人。生年不详,大约生活在唐德宗至唐宪宗年间。她的父亲名宋廷棻,平生不详,生有一男五女,将全部的希望寄托在独子男儿身上。可惜的是:偏偏这个独子愚不可教,请了多少塾师都无济于事,而出人意料的是,五个女儿个个美貌惊人,机警聪慧,擅长诗文。五个女儿,就像五朵鲜花,人人喜爱,她们的美名不胫而走,迅速传播,人称宋氏五姐妹。

宋氏五姐妹中,宋若莘最长,依次为宋若昭、宋若伦、宋若宪、宋若荀。她们生性恬淡,喜静好学。她们厌恶世俗的生活,不愿意嫁人,只想以才学名于世,一心一意献身学业。长姐如母,若莘聪颖过人,教诲诸妹严若塾师。她们美貌若仙,才华横溢,令地方官员无不为之惊叹。唐贞元四年,公元788年,大臣李抱真特地上表,称清阳宋氏五姐妹有倾国之貌,班氏之才,宜召入宫中。德宗大喜,遣派使臣宣旨,召宋氏五姐妹进宫。五姐妹进入深宫,德宗面试诗赋经史,果真才识非凡。德宗很赏识五姐妹,将她们留在宫中。皇帝与大臣饮宴时,五姐妹奉旨入宴,唱和诗词,赓续对句,她们的风姿情操和绝世才华,为她们赢得了荣誉,皇帝和大臣不以侍妾视之,而是直呼为学士。

宋氏五姐妹出身于书香门第,从小就受到严格的教育,学习经史,研习诗赋。五姐妹之中,以大姐若莘、二姐若昭最为博学,也最有才华,两人曾明确表示一生不出嫁,只要以才识、学艺教化乡里。奉旨入宫,她们别无选择。可惜的是,宋若伦、宋若荀不幸先卒。五姐妹中,若莘、若昭、若宪历侍德宗至文宗五朝,先后授与宫廷女官,奉旨执掌宫中簿籍文案诸事。

贞元七年(791年),德宗下旨,诏宋若莘总领秘阁图籍。元和末年,若莘不幸去世,宪宗赐赠内河郡君。宋若莘著有《女论语》十篇,其妹宋若昭为之注释,流传于世。若昭气质高雅,相貌出众,才华过人,也最为干练。皇帝授与她后宫女官首领:尚宫。皇帝欣赏若昭,命她在内文学馆讲学诗赋。每次讲学时,宫中嫔妃、公主、驸马、亲王、皇子、皇孙都前来听讲。他们很喜欢她,尊她为师,敬称宫师。若宪排行第四,长得清秀,写一手绝妙好词,长于文章,擅长议论奏对,深得文宗李昂的器重和宠爱。不幸的是,若宪卷入了一场荒唐的政治风波之中,糊里糊涂地被判处死刑。事情平息以后,文宗后悔不迭,十分惋惜。

五、宫人生活

1. 宫人

宫中女官是宫人的管理人员,属于庞大宫廷中的上层人物。她们身份特殊,待遇优厚,生活较优越。她们每天都能接近宫廷主子,日常侍候着皇帝、后妃、皇子、公主、驸马等大小主人。她们小心翼翼,耐心周到,因此,在侍奉皇帝、后妃生活起居的过程中,经常会引起皇帝、后妃的注意,受到特别的青睐和器重。有的被皇帝临幸,进而荣登妃嫔之列。有的受到特别提选,授以宫廷要职,平步青云,享受荣华富贵。更有甚者,有的女官特别奉旨,随皇帝视朝,立于朝堂,面对群臣,传宣诏命,受到皇帝的特别信任。

不过,宫中更多的宫女是生活在最底层的女子,她们劳役终生,没有节日,没有休息时间,更没有家庭生活。这些普通宫女,居住在最低矮、最简陋的房屋之中,穿普通的宫中衣服,吃简单的食物。相对宫外平民女子而言,宫女们衣食无忧,衣着也算得上体面。但是,宫廷中最艰苦的活,包括宫室中各类粗细杂活,都是由她们和宦官负责:看守宫院门户者,称为户婢;浆洗衣服,曝晒布料,供役暴室,由宫中女囚负责;缝纫、织绣者,是宫中女工,她们为皇帝、后妃提供精美服饰;庭院殿堂洒扫、照看园林、查看灯烛、仓库者,为粗使宫女等等。

有些时候,遇到荒淫无耻的皇帝,宫女们往往日子很难过。皇帝寻欢作乐,变出各种花样,做种种变态游戏,宫女是最直接的受害者,也是皇帝最得意的玩物。当然,遇到一些喜欢游乐的皇帝,有的时候,宫女们也会较为轻松。宫女有快乐的日子,更多的是令人压抑的、愁苦的差事。她们最怕的事情,莫过于皇帝去世:先皇撒手西去,有后妃、宫女殉葬的先例。什么宫女殉葬,就听天由命了。

先皇入葬,陵园要派内侍和宫人看守。一些宫女派往陵园,称为奉陵宫人、陵园妾。当然,也有获罪的女子发配陵园,成为奉陵人。据说,唐宣宗李忱痛恨穆宗,也就是自己的三哥李恒。宣宗登基以后,迁怒于穆宗的宫女:将穆宗时期的所有宫人,全部发送各处陵园,作奉陵人,以此作为惩处。可怜这些宫女,正值妙龄,只能终日在深山中守陵,终老于此。所以,有诗人感叹,写诗这样描述:山宫一闭无开日,未死此身不令出。

武则天时期,李显受尽委曲,即位后,为唐中宗。他做了皇帝以后,最大的开心乐事就是逛市,参与市肆叫卖,乐此不疲:他在宫中设立市场,让宫女们打扮成小贩模样,在宫市上叫卖。他带着近侍、宠臣,游逛市场,与宫女们交易买卖,讨价还价,争吵拌嘴,甚至于大声叫骂,乐不可支。宫女们觉得,这种市场叫卖生活比起供役、奔波当然更为有趣,所以,她们个个很兴奋,嬉笑欢声不绝。中宗看着市肆兴旺,人声鼎沸,感觉很高兴,他从一张张绽开的笑脸中,品味着做天子的滋味,也感受着人生的乐趣。

2. 上阳白发人

宫女奔波于宫殿之中,她们的生活是寂寞孤独的。这些女孩十分不幸,她们十几岁就被迫离别亲人,远离家乡,进入深宫,受尽苦难。服役宫廷的女子往往受到劳役和身心的多重折磨,一入皇宫,她们就被森严的宫规和严厉的制度所约束和压制,受尽凄苦,不得自由。

宫女在宫中的身心摧残是不可想象的,有的人不能忍受,含恨自尽。有的人不堪其苦,精神分裂。宫女们生活在高墙阻隔的深宫大院,在日夜不断的劳作之中葬送大好的青春年华,耗尽女人的娇容姿色。她们被剥夺了人身自由,没有任何少女的欢乐,奔波终日。因此,古往今来,许多多愁善感的文人才子多以宫女为题材,写诗撰赋,吟咏她们的生活,描述她们的凄苦。

唐玄宗时期,皇帝宠爱贵妃杨玉环。贵妃串通御前太监高力士,将宫中稍有姿色的女子全部迁往东都上阳宫。大诗人白居易感慨这段历史,撰写了《上阳白发人》长诗,生动地展示了大唐上阳宫的宫人生活,其细节的描写,正是中国宫廷之中宫女生活的最生动写照。

六、红叶题诗

1. 顾况结缘

宫女们当然也不甘心让青春流逝、容颜衰老、时光虚度。她们内心哀伤,也一样有着普通女人的期盼和愿望,生活在宫廷之中,仍然会以各种各样的方式寄托自己的愿望,追求自己的幸福,表达对自由生活的渴望和向往。宫女们的美好愿望,通过一片片红叶,传出宫廷。于是,就有了传颂千古的红叶题诗故事。

红叶题诗的故事在中国流传很久,不绝于书。其中,尤其以唐代的红叶题诗故事最为感人。《本事诗》记载,唐玄宗时期,诗人顾况喜欢游山玩水,有一次,他信步走到宫外,在一片御苑围墙外散步。御苑风景优美,丛林密布。绿色的林荫之下,是一条条御沟,渠水清澈,潺潺流淌。

诗人顾况正欣赏着宫室美景,无意之中,看见了一片斑驳的叶子,从御沟中漂出。这是一片梧桐树叶,叶子很大,像一叶小舟,在水中颠簸,叶子上似乎有字句。顾况赶紧伸出手,抓着了叶子,心里想:叶子上的文字,莫不是诗文?顾况拿起梧桐叶细看,叶上果然有一首诗:

一入深宫里,年年不见春。

聊题一片叶,寄与有情人。

显然,这是幽居深宫的一位女人所写的幽怨诗,很可能就是宫女写的。诗很工整,用词准确,意境耐人寻味。写诗人感情细腻,写此怨诗,无非是寄托自己的满腹情怀,排遣寂寞,表达自己对终日困锁宫中的不满和无奈。顾况诗兴大发,乘兴在一片梧桐叶上和诗一首。他写好诗后,走到上游,放进御沟,让写了诗的叶子流进深宫。

叶子入宫后,被宫人发现了。这件题诗案,很快演成了一件宫廷大事。内侍知道事情重大,涉及宫闱隐私,立即奏报唐玄宗。玄宗阅读题诗,确实很感动,就特别发布了一道圣谕:宫女愿意者,许其出宫。这一次,有不少宫女获得了自由。只是,这位题诗树叶的宫女,不知道是不是也在放出之列。十分可惜,人们不知道这位宫女的名字。

2. 红叶题诗

唐人范摅是一位学者,他写《云溪友议》一书,在书中,他记载了这样一段感人故事:中书舍人卢渥是一代才子,诗文独步当世。有一年,他到京城应试举人,成为红叶题诗的见证人。一个秋天,层林尽染。卢渥闲步宫外,柳林如画。宫苑的御沟潺潺流淌,直接连通着这片宫外的柳林。卢渥闲步林中,意外地发现,从御沟中漂出一片片叶子。叶子很红,随波起伏,叶片上,清晰可见几行文字。卢渥感觉奇怪,立即顺手捡起了一片红叶,只见叶子上面,有一首题诗:

流水何太急?深宫尽日闲。

殷勤谢红叶,好去到人间。

很显然,这是一位后宫女人题写的诗句。这是一首五言诗,诗意很美,是诗人幽闲深宫,看到眼前景物,借景抒情,抒发自己内心的寂寞和感慨。红叶随着湍急的流水流出宫外,带着困居深宫的女人对人间幸福生活的向往。

宫里的御沟是十分幽静的,御沟中的流水本来也是十分缓慢的。可是,对于尽日悠闲的宫女来说,这御沟流动的水就显得太快了!卢渥将红叶诗给同僚好友看,大家很感慨。不久,红叶诗传遍了京城,传进了深宫。后来,唐宣宗感于宫女的寂寞,下令大量放还宫女。凑巧的是,题诗红叶的宫女因缘巧合,刚好嫁给了捡到红叶的诗人卢渥。看来,一切都是缘分。新婚之夜,这位宫女见到郎君的巾箧之中收藏着自己的题诗红叶,激动不已,吁叹良久。女人泪水如雨,她看着卢渥,动情地说:当时,只是随意题写的,没想到,这红叶诗,竟然收藏在郎君箧中!

3. 王凤儿

唐德宗李适是一位很个性化的皇帝,他在位时期,也是大量选美女进宫。奉恩院王才人有个养女,名叫王凤儿,相貌秀丽,被选入宫中。王凤儿博学通才,喜好诗文,多愁善感。有一天,她在宫苑值事,在一片红叶上题诗一首。然后,她将红叶放入御沟,流出宫外。这片红叶,被进士贾全虚捡得。很快,红叶题诗的故事在士林中传播。禁卫军金吾卫士得知此事,立即上奏。唐德宗得讯,特选进士贾全虚为金吾卫兵曹,特旨将宫女王凤儿许配给贾全虚为妻。贾全虚、王凤儿感激涕零,谢恩不尽。德宗之德,因此载于史册。这一故事似乎是真实的,记载于王铚拘《侍儿小名录》。

宫女无数,同样感人的故事,依旧在大唐宫廷上演。唐僖宗李儇是一个荒唐的皇帝,一生嬉游好乐,是一个典型的嗜赌贪玩、骑射斗鸡、醉心音律的浪荡君主,他尤其喜好骑马击球,只要玩起这个游戏来,他就忘乎所以,什么都可以不顾。这样一位贪玩好动的皇帝,大量时间用于野外活动,自然没有太多的精力去照顾皇宫成千上万的女子。

僖宗12岁时做皇帝,在位15年,27岁时离开人世。所以,僖宗时期,宫中的女人们是寂寞、痛苦的,她们生活在皇帝身边,根本看不到皇帝的身影,也看不见任何希望。宫女韩氏感情丰富,悄悄地捡几片红叶,题上诗句,一次又一次地将题诗红叶丢进御沟,慢慢漂出宫外。其中,有一片红叶诗被诗人于祐捡到。于祐和诗一首,投入御沟上流。十分凑巧,刚好被韩氏捡到、收藏。不久,僖宗下令,放还宫女三千。于祐托媒人迎娶了一位宫女,正是当年题诗红叶的韩氏!两人双目相对,泪眼蒙眬。他们各自在洞房之夜取出箱内的红叶,喜出望外,感叹不已。这个感人的故事流传很广,记载于宋代刘斧的《青琐高议》。

4. 结今世缘

结今世缘的故事，类似红叶题诗，在唐代时就广为流传，又称纩衣题诗。《太平广记》记载，唐开元年间，宫女奉旨为镇守边塞的军士赶制军衣。军衣做得很密实，按期分发到将士们的手中。天气寒冷，将士们穿着温暖的衣服，由衷感谢皇恩浩荡。

无意之中，一位士兵在身上的棉衣内，发现了一首诗。士兵吓了一跳，看过诗后，觉得不妥，便将诗交送给将军。将军感觉这首诗是宫内的女人写的，也不敢怠慢，立即派专使驰送皇宫，交给皇帝李隆基。皇帝吟咏诗句，感觉诗写得很好，很有真情，就吩咐近侍找到写诗的那个宫女。皇帝发现，宫女很端庄，就对她说：给你结今世缘，你准备出宫。皇帝特降谕旨，将这位宫女嫁给了那位得诗的士兵。纩衣诗很美，是这样写的：

沙场征战客，寒夜苦为眠。

战袍经手作，知落阿谁边。

蓄意多添线，含情更着绵。

今生已过也，结取后身缘。

第八章

五代风流

五代十国历时 53 年(907—960 年),是中国历史上一个动荡的时代。这个期间,在中原地区相继出现了 5 个王朝,南方地区先后建立了十个小国,故称五代十国。五代,是指后梁、后唐、后晋、后汉、后周。十国,是指吴、南唐、吴越、楚、闽、南汉、前蜀、后蜀、荆南(南平)、北汉。

这个时期,战火不断,生灵涂炭,许多村庄城市变成废墟,人民流离失所。宋代大文豪和史学家欧阳修撰写《新五代史》,感叹人民生活凄苦,行文中大量出现"呜乎!"。宋神宗非常敬重欧阳修,对这部史书很喜欢。他曾问王安石:看过这部五代史否?政治家王安石很恭敬地点头:臣还未曾仔细看,仅仅见到每篇的开头,都是呜乎二字,想来事事都是使人叹息的了!

这个时期,宫廷生活更是让人感叹。皇宫富丽堂皇,皇帝的御食极其精致,后妃的衣服十分鲜美;宫院之中,美女充栋,皇帝和他的女人们过着奢侈淫逸的放浪生活;宫中女人的眼中,尽是鲜花、艳服,皇帝的眼中则全是美酒、佳人。南唐中主是位美男子:相貌堂堂,光鲜俊美,如同美玉雕成,眉宇之间有轩昂的气度和饱读诗书所蕴含的不世才气。

南唐中主的才气,能与他的相貌媲美。史家对他的才能评价很高,称他:多才艺,好读书。时时作诗歌,皆出入风骚!人们都知道,南唐李后主诗才最高,代表作就是:小楼吹彻玉笙寒。有谁知道,这一妙句,出自他的父亲南唐的《摊破浣溪沙》。

五代十国,风流人物辈出。

一、皇后爱珍宝不爱皇帝（上）

1. 李克用父子

英雄立马起沙陀，奈此朱梁跋扈何。

只手难扶唐社稷，连城犹拥晋山河。

风云帐下奇儿在，鼓角灯前老泪多。

萧瑟三垂冈下路，至今人唱《百年歌》。

　　　　　　　　　——清《三垂冈》

清代诗人严遂成写了一首七言律诗，《三垂冈》。全诗仅有 56 字，然而，诗篇意境开阔，气势恢宏，生动地描写了李克用父子气壮山河的英雄风貌，展示了五代时期发生在三垂冈的、波澜壮阔的战争场面。《三垂冈》诗简洁明快，对仗工整，用笔十分老辣。它以精炼的语句囊括史事，融汇古今，特别是诗句之起首和结尾非同凡响。严遂成喜爱历史，这首七律，记述的正是中国历史上战乱频仍的五代时期一次最为典型的战役。

三垂冈地理独特，位于山西省长治市郊，又称三垂山、二冈山，是中国北方地区一座奇山、险山。宋代史学家欧阳修先生撰写《新五代史》，在《唐庄宗本纪》中，记载："初，（李）克用破孟方立于邢州（河北邢台），还军上党（长治市），置酒三垂冈，伶人奏《百年歌》。至于（唱到）衰老之际，声甚悲，坐上皆凄怆。时，（李）存勖在侧，方五岁，克用慨然捋须，指而笑曰：吾行老矣，此奇儿也，后二十年，其能代我战于此乎！"《百年歌》，是西晋诗人陆机的组诗，共十首，每十岁为一首，吟唱人之一生从幼年到老年的悲欢离合。

李存勖是李克用的儿子，自幼随父征战，擅长骑射，胆识、勇猛过人。后梁开平二年（908 年），李克用死，临终之前，嘱托三事：解潞州（上党）之围；灭梁（朱温）报仇；恢复唐室宗社。这一年，李存勖 23 岁。安顿好老父之后，他戴孝出征，正是在三垂冈突出奇兵,大战获胜,从而为他称霸中原奠定了基础。上党,古代史记称之为天下之脊,其战略位置十分重要,自古以来,为兵家必争之地。拥有上党、太行之地,就可俯瞰三晋,直指幽冀,跃马齐鲁,问鼎中原。为此,二十余年,黄巢部下大将朱温和李克用拼死争夺上党,其重要城池、山口、关隘,反反复复,先后五度易手,战事十分惨烈。

李克用(856年—908年),唐末大将,沙陀部人,别号"李鸦儿";因为他一目失明,又号"独眼龙"。其父朱邪赤心,唐懿宗赐姓名李国昌。早年,李克用随父出征,勇猛果敢,冲锋陷阵,军中称之为"飞虎子"。他生于神武川之新城(山西雁门北部),生前,被封晋王;其子李存勖建立后唐时,追尊他为后唐太祖。他善于用兵,先后镇压庞勋起义军、黄巢起义军。大顺二年(891年),唐廷恢复李克用官爵,封为晋王。从此,李克用长期割据河东,与占据汴州的朱温对峙。兄弟5人,李克用为长子,他四个弟弟:李克让、李克修、李克恭、李克宁。其正室是秦国夫人刘氏、贞简皇后曹氏以及魏国夫人陈氏。其儿子11人:唐庄宗李存勖、永王李存霸、邕王李存美、薛王李存礼、申王李存渥、睦王李存乂、通王李存确、雅王李存纪[39]、李廷鸾[40]、李落落[41]、李存矩;义子众多,主要有9人:李嗣源、李嗣昭、李嗣本、李嗣恩、李存信、李存孝、李存进、李存璋、李存贤。

天祐四年(907年)朱温代唐称帝,国号梁,改元开平,史称后梁,他就是后梁太祖。朱温定都开封,做了皇帝,第一道谕旨就是派兵10万,围攻上党。上党守将,是李克用义子李嗣昭,闭关坚守。梁军久攻不克,于是,他们在上党(时称潞州)城郊之地,筑起了一道小长城,围困上党。此城状如蚰蜒,内防攻击,外拒援兵,称之为"夹寨"。这样,两军对峙,相持一年有余,战事进入胶着状态。

天祐五年(908年)正月辛卯日,李克用去世,享年53岁。其子李存勖继位,将李克用安葬在雁门。李存勖继晋王之位于太原,他召集众将,宣布:"梁人幸我大丧,谓我(年)少而新立,无能为也,宜乘其怠击之!"于是,他亲率大军,疾驰六昼夜,进抵三垂冈。故地重游,他不禁感叹:"此先王置酒处也!"随后,他将全军隐蔽集结,准备发动突袭。对此,梁军毫无察觉。第二天凌晨,大雾弥漫,李存勖发布突袭命令。大军借助大雾的掩护,悄悄前进,直捣梁军夹寨。突然之间,火光冲天,浓烟滚滚。正在梦中的梁军晕头转向,仓促应战,被晋军斩首一万余人,余部溃不成军,向南奔窜,填塞道路。朱温在开封闻讯,大惊,感叹:"生子当如是,李氏不亡矣! 吾家诸子,乃豚犬(猪狗)尔!"

毛泽东喜爱读史,身边摆放着一部线装《二十四史》,随时阅读。1964年12月,毛泽东翻阅《五代史》时,想起自己早年读过一首诗,《三垂冈》,但是,时间太久，他一时记忘记了作者名字。于是，29日，毛泽东写信秘书田家英，请帮忙查出。毛泽东随笔手书："近读五代史后唐庄宗传三垂冈战役，记起了年轻时，曾读过一首咏史诗，忘记了是何代何人所作。请你一查，告我为盼！"田家英花了很长时间，才查出此诗出处。

2. 美人刘金贵

晋王李克用的正妃刘氏，是代北(山西代县)人。李克用封晋王时，封刘氏为秦国夫人。晋王的次妃曹氏，是太原人。刘氏为人明敏，足智多谋，常随晋王从征，但刘氏始终没有生子。晋王生性残暴，对两位妃子却是极为敬爱。曹氏一连给晋王生下了四个儿子：长子李存勖，后为庄宗；次子李存霸，封永王；三子李存渥，封申王；四子李存纪，封雅王。

在晋王李克用夺取沧州、定州，班师晋阳时，李克用手下爱将袁建丰领着黑骑队在魏州一带抢劫，抢来了一个小女孩，进献曹夫人。小女孩才六岁，姓刘，没有名字，长得清秀可爱。曹夫人很喜欢她，取名金贵，把她留在身边。她就是后来南唐庄宗李存勖的刘皇后。

刘氏为人机敏，帮助李克用打天下，屡建功勋。刘氏没有子嗣，天性宽厚，贤而不嫉。刘氏常对李克用说："曹氏面相当生贵子，好好待她！"曹氏封为晋国夫人，生下儿子存勖，由是专宠。存勖继晋王位，对曹氏极为孝顺。

存勖既有军事天才，也有音乐、歌赋方面的卓异天赋。他对唱歌、戏曲特别爱好，并能自谱自唱。一次他回晋阳看望母亲，母亲曹氏万分高兴。第二天，曹氏邀正室刘氏一同宴饮，吩咐选几位会唱的女侍助兴。

几位歌女相继表演，各尽其能，轮到了刘金贵。此时的刘金贵已经成人，亭亭玉立，清秀文静，长得沉鱼落雁。刘金贵的嗓音也极清脆圆润。唱过以后，她又吹笙、击鼓，表现得完美无缺。李存勖着实被刘氏迷住，不停地夸奖，一双眼睛直勾勾地看着她。曹氏明白了儿子的心意，酒宴以后，就把刘氏留了下来，赐给了儿子。

3. 魏国夫人

在此之前，李存勖已有两位夫人，正室是卫国夫人韩氏，次室为燕国夫人伊氏。韩氏、伊氏都是官宦千金，嫁给李存勖后，一直没有子嗣，李存勖对她们感情平平。

李存勖拥有了刘氏以后，当即封为刘美人，单独辟一庭院，供她独处。随后，封刘氏为魏国夫人。不久,刘氏生儿子李继岌。李存勖认为儿子极像自己,大为爱幸。自此刘氏专宠后宫,取侯氏而代之。李存勖自下魏博、战河上十余年,一直由刘氏随军侍驾。刘氏足智多谋,又善解人意,体贴入微。李存勖因而离不了她,其他嫔御也因而无由得进。

4. 不认老父

刘氏的父亲刘叟,黄色须发,名刘奎,以善医卜、卖草药为生,自号刘山人。袁建丰抢走六岁的刘氏时,刘山人无能为力。后来,刘山人浪迹天涯。这时,刘山人听说自己的女儿已经富贵,独宠后宫,便到魏宫上谒。然而,此时的刘氏正与其他几位夫人争宠,互相鄙夷对方,以门望相高比附。刘山人的出现,显然不合时宜。刘山人衣衫褴褛,面黄肌瘦,突然来认女,刘氏不免大怒,说:"我离乡时,还记事,记得我的父亲死于乱兵。我当时抱尸大哭才离去,这个老农怎么到了这里认亲!"刘氏不认自己的父亲,还借机发泄,为洗自己清白,竟命随从鞭笞刘山人于宫门,直打得他皮开肉绽,含恨而去。

公元922年四月,李存勖在魏州称帝,国号唐,史称后唐,为唐庄宗。庄宗即位后,想立刘氏为皇后,但正室韩夫人和次室伊夫人名分在刘氏之上,争执不下,此事便置。庄宗尊母亲曹氏为皇太后,而以嫡母正室刘氏为皇太妃。太妃刘氏名分在太后之下,刘氏便往曹氏处道谢。曹太后手足无措,面露惭色。刘氏则很从容,坦诚地说:"但愿我儿长治久安,我死后侍候先君,心里也安,还说什么?"

曹氏、刘氏名分确定,皇后一事悬而未决。宰相豆庐革、枢密使郭崇韬探知庄宗的本意,便上书请立刘氏为皇后,庄宗自然大喜。公元924年,庄宗正式册封刘氏为皇后,册韩氏为淑妃、伊氏为德妃。刘氏受册,乘坐翟车,卤簿、鼓吹拜见太庙。韩氏、伊氏愤愤不平,但没有办法。

二、皇后爱珍宝不爱皇帝(下)

1. 皇后贪财

庄宗灭梁时年仅38岁,正当盛年。突然间敌国夷灭,敌人杀尽,便渐渐志意骄怠,日夜沉溺于玩乐。他好唱歌、音乐,尤其醉心于戏剧,每天总令俳优排演戏剧为乐,他自己也参与其中。宦官、伶人乘机乱政,刘皇后也借机用事中宫。刘皇后出身寒微,踰次立为皇后,深以为是佛祖助力,因而虔诚信佛。同时,刘皇后从微贱中深知金钱的宝贵，于是在享乐、纵欲之余，不择手段地积敛财宝。

刘皇后聚财主要有两条渠道。一是遣使四出，充当商贾，有的干脆出入市肆，凡是看上的，均强买强卖，称中宫所需，征为公用，谁敢说半个不字？这样，没过多少时日，财源滚滚，财富日益增多。第二渠道是来自朝野百官。百官要想仕途通达，不至丢官失职，便要取悦庄宗，而刘皇后在庄宗的生活中举足轻重，因此，聪明的官员每次进贡，总是一式二份，一份进贡皇上，一份进贡皇后。此风得到了庄宗和皇后的鼓励，愈演愈烈，以至宫中货贿堆积如山。刘皇后自然心中得意，每天只是抄写佛书，馈赠僧尼。而庄宗自此也敬奉佛事。

当时，皇太后和皇后都在中宫弄事，交通藩镇，太后称诰令，皇后称教命，两宫使者络绎于道。许州节度使温韬向刘皇后献媚，请求以私第为佛寺，用以替皇后荐福。庄宗常带皇后临幸温韬、郭崇韬、元行钦、张全义私第，纵酒作乐。庄宗还命刘皇后拜张全义为养父。张全义便日夜遣姬妾出入中宫，问候馈遗不绝。

2. 李天下

庄宗自号艺名李天下，常题材翻新地排演节目，寻乐宫中。有一天，他突发奇想，召来儿子继岌，衣衫褴褛，背负着药囊，来到皇后寝宫，扮演刘山人寻找女儿一幕。刘皇后又气又急，顺手拿起床头的一尾拂尘追打，左右宫女力劝方止。庄宗虽然恣意寻乐，甚至敢拿皇后调笑，但总体来说，在宫中庄宗还是礼让皇后，而且有时近乎窝囊。最有说服力的便是庄宗一位爱姬的下场。

这位爱姬年轻漂亮，姿色迷人，极得庄宗的喜爱。后来，爱姬还为庄宗生下了一个儿子。刘皇后觉得这位女人是个祸害，对此耿耿于怀。

有一天，庄宗燕居宫中，大臣元行钦侍侧。庄宗随意问元行钦：“你新丧妇人，还娶吗？我帮你聘娶。”刘皇后见机指着庄宗的爱姬应声回答：“皇上可怜行钦，何不赐她？”庄宗一时无措，不得已，只好应允。刘皇后鼓动元行钦拜谢。元行钦大喜过望，再三跪拜，然后站起来看着美姬，肩舆出宫而去。庄宗闷闷不乐，心中好像堵塞了什么，以至几天称病不起，不进饮食。

3. 见死不救

刘皇后知道庄宗好戏，因而选长于戏剧的优伶侍候庄宗，其中主要有景进、敬新磨、史彦琼、郭门高等。刘皇后与他们互相勾结，舞权弄事，势倾朝野。王朝便成了皇后和伶官的天下。后唐此后便江河日下。洛阳的禁军不满于庄宗偏宠伶官，疏远旧将，人心浮动。军士生活艰苦，刘皇后奢侈挥霍，弄得怨声载道。禁军不稳,随时会发生哗变。宰相豆庐革忧心忡忡。他和延黄讨论时局,没有钱物,不知如何应付。

刘皇后在屏间偷听,却只是拿几样妆奁首饰,抱着幼子面见庄宗。刘皇后说:"诸侯进贡的给赐已尽了,宫中只有这些,请卖了赏给士兵!"宰相豆庐革见如此情状,知道大势已去。

不久,发生兵变,进攻皇宫。庄宗匆忙应战,身负重伤,想见刘皇后。刘皇后却只吩咐宦官送去食酪,自己却不去看望,只顾收拾财宝,准备出逃。后庄宗因流血过多而死在殿阶之上。刘皇后收拾好一应金银财宝,装进麻袋,驮上马背,在庄宗的弟弟李存渥的保护下,焚嘉庆殿,拥百骑出狮子门,逃出洛阳城,直奔晋阳。一路上,刘皇后和李存渥奸通,直到太原。到太原后,刘皇后无路可去,便削发为尼,脱出尘世,以为能保住一条性命。

庄宗死后,明宗李嗣源即位。李嗣源认为刘皇后是个祸害,便派人前往晋阳,逼令她自杀,刘皇后便结束了自己的生命。

三、后唐宫人生活

1. 明宗怜香惜玉

后唐庄宗李存勖,好美人,在位仅四年却多次命宦官采选民间美女,充实后宫。所选不仅仅限于京畿,还远至太原、幽州等地,后宫美人便有数千之多。明宗李嗣源即位以后,庄宗后宫的美人多被冲散,宣徽使按簿引进,还有一千余人,宫使便选数百个端庄美丽的少女,侍奉明宗。

明宗踏看了庄宗后宫,看着眼前这些稚嫩的少女,平静地说:"怎么这样?"宫使连忙进奏,说:"宫中内职,各有典掌,不能缺。"明宗便召来老年宫人,问她入宫几年? 老年宫人说:"唐僖宗乾符年间,就已在宫中奉职,熟悉宫中典故。"明宗点点头,和蔼地说:"宫闱仪制典故,不是耆艾明睿的人,哪里记得住? 看看这些少女,这样年轻,不会是宫中故人。"明宗接着戏言:"不是你知道往事仪制,是你和我差不多!"于是明宗下令,少年宫人都令回家;无家可归的自己选择去所;西川刚刚送进的美女也一体遣回。

2. 秦王叛乱

明宗克己复礼,清理后宫,即位时已年过六十,每晚在宫中焚香恭祝,愿天早生圣人，为民生主。谁早生圣人呢？当然是他自己。明宗不是圣人，当然需要美女。明宗临幸宫人，生下了儿子，命王淑妃抚养，这位儿子便是李从益，后来封为许王。李从益的乳母是后宫司衣宫人王氏，王氏见明宗年老多病，没几年靠头了，就转动芳心，打明宗的第二个儿子秦王李从荣的主意。当时秦王手握兵权，王觉得如果投奔他，以后就有靠了。

当时，李从益已经四岁，也能说话了，王氏教从益说，要求见秦王。明宗疼爱小儿，哪里会不满足这点愿望？于是明宗命乳母王氏抱着从益前往秦府。王氏年轻美丽，丰满迷人。秦王李从荣盛年气盛，精力充沛。两人一见钟情，如漆似胶，巫山云雨。王氏委身秦王是觉得有个依靠；秦王占有王氏，收为心腹，是想让王氏伺察父皇明宗宫中的动静，以便知已知彼，到时候入主大位。

公元 933 年 5 月，明宗突然得了风疾，连续十几天不能临朝，百官惶悚恐惧，不知道怎么回事。后来，明宗病情稍好，便带病临朝，百官情绪稍见平安。半年后，明宗病情加重。王氏将宫中情形随时禀报秦王，秦王李从荣这时就进入皇宫，问候明宗的病况，明宗果然病重，此时已不省人事。秦王刚刚出宫，身后便哭声震天，秦王便判断明宗驾崩了——其实，当天晚上，明宗的病情好转，人也清醒了。

秦王知道他的声望平常，一旦由父皇遗诏立帝，他恐怕不会有希望。于是，秦王一不做二不休，领兵入宫，想借皇上刚驾崩，宫内混乱无主，一举得帝位。但宫中禁兵森严，在禁兵反击下，叛兵纷纷逃窜。秦王从荣被乱兵杀死。明宗得报以后，悲痛惊骇，几次落下床去，昏死复苏多次。明宗醒来以后，泪如雨下，呜咽着说："我家里事这样了，真是愧见你们！"说罢病情加剧，接着死于雍和殿。明宗的第三个儿子李从厚即帝位，为后唐闵帝。宫人王氏眼看着期望落空，口中怨愤不平，又有宫人密告王氏不法，闵帝大怒，赐王氏自尽。

四、蜀主心上的花蕊夫人（上）

中国五代十国时期，有两位别具美色的夫人。人们以美艳花朵中的花蕊相比，称她俩为花蕊夫人：一个姓徐，一个姓费。徐花蕊天生丽质，美艳多情，有才有色，以色取胜，是前蜀主王建宠爱的妃子。费花蕊沉鱼落雁，国色天香，才色俱佳，以才取胜，是后蜀主孟昶的夫人。

徐花蕊高雅秀丽，可她的丈夫王建早年却是无赖。王建是许州舞阳人，又说是今河南沈丘人，出身寒微。后因勾结随唐僖宗入蜀的权宦田令孜，得到僖宗的信任。

公元 888 年，唐僖宗去世，昭宗即皇帝位。昭宗委韦昭度为招讨使、王建为行营诸军都指挥使，统兵十万征讨成都，并建永平军，委王建为节度使。成都攻克后，王建成为成都尹、检校司徒。公元 903 年，唐封王建为蜀王。公元 907 年，王建在成都自立为帝。

徐花蕊是成都人，父亲名徐耕。徐耕有两个女儿，都是绝色姜人。王建占有蜀地以后，慕徐氏二女美名，纳两姐妹入宫。两姐妹羞花闭月，尤其是姐姐，王建神魂颠倒。徐氏两姐妹，姐姐宠冠后宫，封为贤妃，不久怀孕生下儿子王衍，进封贵妃，她便是徐花蕊。王衍封郑王，立皇太子，继王建之后即皇帝位。徐花蕊的妹妹封淑妃，也生下一个儿，授封王爵。

王建沉迷女色，日夜和徐氏姐妹寻欢。徐花蕊和妹徐淑妃乘机结交内官、朝官，专权用事。徐花蕊工于心计，设计立自己的儿子——王建最小的儿子王衍为皇太子，势倾朝野。徐花蕊内倚权阉飞龙使唐文康，外结宰相张格，不可一世。王衍立为太子以后，王建病魔缠身。

王建去世后，太子王衍即帝位，尊王建正室周氏为昭圣皇太后。王建去世后几天周氏也去世，王衍尊母亲徐花蕊为皇太后；徐花蕊妹徐淑妃尊为太妃。

五、蜀主心上的花蕊夫人（下）

蜀后主孟昶虽然是亡国皇帝，但在短命的五代十国王朝中，他统治的时间最长。孟昶本名孟仁赞，是后蜀高祖孟知祥的第三个儿子，以聪明懂事、知书达礼深受父皇喜爱，历任检校太保、东川节度使、同中书门下平章事。明德元年，公元 934 年，孟知祥去世前几天立孟昶为皇太子，遗诏大臣赵季良、李仁罕、赵廷隐、王处回辅政。孟昶即皇帝位年仅 16 岁。

孟昶治政颇有成效，但后来沉湎声色之中，而忘了富国强兵，不顾国家安危。每年他要广选美女入宫。广政六年，公元 943 年，孟昶下令大选天下女子，凡年 13 至 20 岁的女子都在入选之列。百姓吏民骚动，人们纷纷将适龄女儿出嫁，称为惊婚。

大臣对孟昶纵情声色自然不满，纷纷谏阻。但孟昶置之不理，依旧广召美女，充实后宫。后宫美人充栋，人满为患。孟昶将后宫女子选出美色惊人的作为宠妃，分成昭仪、昭容等十四等级。

费花蕊是蜀地青城(四川灌县)人,天生丽质,美丽动人。费花蕊自小就以秀美闻名乡里,后才、色并重,选入后蜀深宫。孟昶见费氏有惊艳姿色,才艺出众,大加宠幸,称她为花蕊夫人。孟昶日夜陶醉在花蕊夫人的美色之中,纵情享乐,不能自拔。

费花蕊博学多才,最长于写宫词。后蜀宫中宫词盛行。孟昶在费花蕊的艳歌丽赋、脂粉香阵中神魂颠倒。后蜀陷入繁荣和奢靡之中。孟昶过着放荡的生活,连便壶也要用七宝装饰。

公元965年,宋军大举南下,孟昶走投无路,投降宋军,后蜀灭亡。

孟昶和他的后宫美人一夜之间便沦为阶下囚。孟昶和太后、嫔妃、美人及文武百官浩浩荡荡被押往汴京,住进了利仁坊为孟昶造好的府第。费花蕊也被押解汴京。费花蕊依依不舍,被迫离开这生她养她的繁荣蜀地。可是,沦为阶下囚,只能听任摆布。

宋太祖早就听说了费花蕊的芳名,对她的才气和美貌垂涎三尺。费花蕊解到汴京,太祖立即召见,果真是美艳绝伦。赵匡胤自然占有了这位绝色奇才的女子。渐渐地,太祖贪恋费花蕊的才情美色,不能自拔,政务懈怠。晋王赵光义忧心忡忡,多次进谏都没有用。晋王决定除掉费花蕊。

有一天,晋王随太祖到后苑骑猎,费花蕊侍驾随行。晋王引矢瞄准走兽,突然回弓引满而射,费花蕊一声惨叫,当场毙命。费花蕊是一代才子,曾仿王建文风,写宫词九十余首,现存约有三十余首。

孟昶的母亲十分壮烈。孟昶去世后,他的母亲李氏也随即去世。李氏为人仁厚,深明大义。李氏到了汴京,宋太祖对她十分尊重,下诏书称她为国母,时常召见抚慰,对她说:请国母好自珍重,不要太过伤感,思念蜀地,等天下平定了,我再送国母回故土。

李氏平静地说:家在太原,如果能老死故土,就死而无憾。太祖答应平定了刘钧就派人送她去太原老家。七天后,孟昶去世。李氏没有哭,用酒祭奠死者,淡淡地说:你不能为江山社稷赴死,苟且偷生,自取羞辱。我一直不忍死去,只是因为有你。如今你去了,我还活着干什么?李氏绝食,几天后死去。

六、前蜀玉箫

十国中的前蜀是一个很小的国家,由王建创立。王建死后,最小的儿子王衍即位,为前蜀后主。王衍后宫中有两位美人受宠,一个是昭仪李舜弦,一个是宫人李玉箫。王衍常常在宣华苑设宴,命李玉箫唱他所作的宫词《月华如水》。李玉箫声音柔婉,优美动听,令举座倾倒。

后宫中最受宠爱的是昭仪李舜弦,李舜弦是梓州(四川三台县)人,长于词赋,动辄下笔千言。后主王衍感于李舜弦才色并重,光华四溢,立为昭仪,世称李舜弦夫人。李夫人勤于笔耕,著有蜀宫庆制诗、随驾诗、钓鱼不得诗等,颇得历代文人赞赏。

王衍曾经吩咐侍从,缘山和所建宫殿楼观上全部结扎绸缎,称为缯山。如果风雨所侵,绸缎稍被损坏,即令用新绸缎全部重换。王衍常和太后、太妃在缯山上欢宴嬉乐,有的时候竟数十天不回宫中。王衍还在山前开渠,渠水通往宫中,有时还在夜间乘船回宫。一路上,让宫女们手持蜡烛,立在船上,缓缓前行,烛光辉煌灿烂,水面波光如画。王衍在宫中宴饮时,总是鼓乐喧天,脱冠露髻,裘慢放荡,通宵达旦。

王衍喜欢和太后、太妃同游青城山(今四川灌县)。每次游玩时,王衍常命宫女身穿艳服,服饰上绘绣云霞。风吹美服,飘飘若仙,望若仙女。王衍创作甘州曲,描述宫女的仙子形象和上下山谷。王衍常常即兴而歌,并命宫人随声唱和。

王衍游完山水,从绵谷返回成都,百官和后宫美人在七里亭结队候迎。王衍与宫人排成回鹘队,从容入城回宫。陪同王衍在后宫游乐的,还有无数的狎客。其中,主要的有三位:文思殿大学士韩昭、内皇城使潘在迎、武勇军使顾在珣。这些狎客英俊漂亮,或长于文才。王衍命他们陪侍游宴,和宫女嬉戏杂坐。他们或和宫女艳歌唱和,或者谈嘲谑浪,鄙俚亵慢,无所不至。后主王衍每每此时大乐,赏赐无数。

七、风流李后主

1. 李后主

风流皇帝李后主多才多艺,是中国五代十国时期定都金陵的南唐末代皇帝。李后主名叫李煜,是南唐中主李璟的第六个儿子。李煜最初取名李从嘉,字重光,号钟隐,后改名李煜。李煜短暂的一生浪漫多情,留下了许多动人的故事,也留下了流芳千古的不朽词作。李煜是位一流词作家,是位一流情场高手,但却是一位不入流的政治家,最后便落得以泪洗面、亡国亡家的结局,并以哀婉动人的词句慰藉自己,踏上穷途末路。

李煜出生于升元元年,公元 937 年。李煜排行第六,如何继承帝位? 原来,李煜的五个哥哥,除大哥李弘翼活到了 19 岁,其他四个哥哥都没有成年就去世,而十九岁的长兄也不幸亡故。李煜便在长兄去世后,继承皇位。

李煜生有奇表:广额、丰颊、骈齿、一目重瞳,看相的人说这是帝王之相。李煜专心于诗词歌赋,醉心于文学,不问政务,终日手不释卷,以读书自娱。因宫中藏有丰富的书籍和大量书画珍品,李煜从藏书中汲取丰富的养料,在诗词方面打下了坚实的基础。

2. 周娇娥

风流皇帝李煜是位性情中人,感情生活浪漫、丰富,多姿多彩。保大十二年,公元 954 年,李煜 18 岁,以皇子身份娶司徒周京的女儿周娥。周娥长李煜一岁,是 19 岁。两人婚后十分恩爱。周娥天姿国色,舌如丁香粒,嘴如樱桃果,千娇百媚,顾盼生情,令李煜陶醉。周娥又通经史,长于琴棋歌舞,尤其精通琵琶,李煜宠爱着她简直宠得无以复加。

周娥在李煜做了皇帝后,册封为国后。聪明多才的周娥天生丽质,擅长化妆,创高髻、纤赏、首翘髻朵妆,令后主李煜倾倒,后宫嫔妃美人争相仿效,流行宫中,倾动京师。周娥精通音律,得几百唐代霓裳舞曲残谱,周娥钻研补充,恢复了原曲,很得李煜的激赏。周娥皇后纵情玩乐,每日和李煜游乐不够。周娥好歌舞,也好美酒,美酒佳人,李煜自然沉醉其中,不能自拔。

李煜生活奢华,制销金红罗为幕壁,以白金钉玳瑁,金银玉器琳琅满目。御苑广种花草,尤好梅花,梅花千树,清香数里。春暖花开时,在宫室四处插上各色香花,称锦洞天。宫女们奉旨用红白锣纱一百余匹,做月宫天河,庆贺万寿。宫廷节宴不断,歌舞通宵,纸醉金迷。

周娥皇后居住柔仪殿,喜好各种香气,专设主香宫女。焚香器皿极多,有名的有数十种,主要有三云凤、王太古、容华鼎、折腰狮子等,都用金、银、玉器做成。不管宫室如何富丽,不管鬟朵妆、天水碧、北宛妆如何诱人,周娥皇后依然抵不住病魔的攻击,李煜的痴情也扳不回踏向冥路的脚步。周娥皇后一病不起。李煜泪水不断,朝夕侍疾,衣不解体,但病势不见好转。这时,周娥最宠爱的少子李仲宣夭折,周娥受沉重打击,病情恶化,不久便去世,年仅 29 岁。

周娥皇后隆重地入葬懿陵。周娥十分幸运,和李煜相亲相爱十年,没像汉武帝陈皇后那样十年恩爱以后发配冷宫,也不会目睹江山沦亡,夫妻流落敌手。周娥谥昭惠皇后。周娥去世,李煜自称鳏夫煜,以此寄托哀思。李煜亲作诔文,洋洋数千言,哀婉动人,并相继写下了《长相思》《喜迁莺》《谢新思》等多篇名作。

3. 小周皇后

李煜是多情种子。他对周娥皇后如此痴情,可感情并不专一。李煜在宠爱着周娥时,早就勾搭上了周娥皇后的妹妹。这位小妹也是美丽动人,羞花闭月,而且才艺出众,天真好动,极其逗人喜爱。

周娥小妹入宫多年,一直没有名号,只是偷情。周娥去世后,李煜十分哀痛。第二年,母亲圣尊后钟氏去世,李煜居丧。开宝元年,公元968年,李煜册立周娥小妹为皇后,史称小周皇后。李煜移情很快,对小周皇后无微不至。两人如漆似胶,纵情欢爱。

李煜随着南唐的灭亡而从至尊皇帝沦为阶下囚。小周皇后也被掳至汴京,宋封她为郑国夫人。两人从欢乐的天堂骤然落入深谷,终日没有阳光,凄风苦雨,相依为命。昔日的欢乐随风而去,剩下的只是泪眼相对。李煜很心痛小周皇后,可自身难保的亡国之君如何能照料自己的娇妻?

小周皇后沦为阶下囚,受尽艰难折磨,但仍是楚楚动人,惹人怜爱。好色的宋太宗垂涎小周皇后,令小周皇后进宫,专门为他表演歌舞。李煜毫无办法,眼巴巴地看着自己的妻子走出府第,被带去狼窝。几天以后,小周皇后回来了,一见李煜,泪如泉涌,没有说话,早成泪人。李煜倍感凄苦。

42岁的李煜心灰意懒,在生日的七夕之夜,他的一缕幽魂随风飘去。几个月后,忧郁悲痛的小周皇后也追随李煜而去。这便是末路中的一代帝后,真挚的感情令人心动,悲惨结局引人深思。

第九章

大宋繁华梦

宋代是中国历史上一个科技发达、文化繁荣的时代,历时 320 年(960—1279 年),包括北宋、南宋两个时期。北宋历时 168 年(960—1127 年),凡 9 个皇帝:宋太祖赵匡胤、太宗赵炅、真宗赵恒、仁宗赵祯、英宗赵曙、神宗赵顼、哲宗赵煦、徽宗赵佶、钦宗赵恒。南宋历时 152 年(1127—1279 年),凡 9 个皇帝:宋高宗赵构、孝宗赵眘、光宗赵惇、宁宗赵扩、理宗赵昀、度宗赵禥、恭宗赵㬎、端宗赵昰、卫王赵昺。北宋、南宋,共 18 个皇帝。

北宋的疆域,东、南到大海,北到今天津海河、河北霸县、山西雁门关一线,与辽接壤;西北至陕西横山、甘肃东部、青海湟水流域,与西夏、吐蕃接界;西南达岷山、大渡河,与大理、吐蕃相邻;南到广西,与越南接壤。

宋代的皇帝重文轻武,所以,宋代文化发达,军事疲弱,在历史上表现出一种十分奇特的景观:一方面,经济发达,生活富裕,科技繁荣;另一方面,被动挨打,老是被周边游牧民族和小国欺负,签订屈辱的条约。最后,北宋王朝的结局震惊中外,实数千年未有之事:京城陷落,父子皇帝双双被俘,皇帝后妃、宫嫔、王公贵族女眷等金枝玉叶 6000 余人以及京城 6000 美女成为战利品,繁华富庶之地的京城被洗劫一空!

宋代的皇帝喜好文事,都有诗才,万几余暇,留意文史。宋太祖、太宗、真宗、仁宗、神宗、徽宗、高宗、孝宗、光宗、理宗、度宗、恭宗等等,都是文人天赋,富于诗才。不过,比起大诗人、大词人来,他们的诗才不敢恭维。只有宋徽宗的艺术鉴赏天赋较高,他的书画造诣、诗词歌赋和对美女的品位,在宋代皇帝之中,以及在中国皇帝之林中,都是杰出的、出类拔萃的,无人能出其右。

徽宗父子被俘,离开京城北上,经过真定(河北正定)、中都(北京)、上京(黑龙江阿城)、韩州(辽宁昌图)等地,最后关押于五国城(黑龙江依兰)。北行路上,备尝艰辛。一夜,宿于林下,蒙眬月夜,传来笛声。诗人皇帝触动灵感,徽宗口吟《眼儿媚》:玉京曾忆旧繁华,万里帝王家。琼林玉殿,朝喧弦管,暮列笙琶。花城人去今萧索,春梦绕胡沙。家山何处?忍听羌笛,吹彻《梅花》。太上皇吟罢,哽咽问儿子钦宗:你能和一首吗?钦宗含泪吟咏:宸传三百旧京华,仁孝自名家。一旦奸邪,倾天坼地,忍听雏琶。如今塞外多离索,迤逦远胡沙。家邦万里,伶仃父子,向晚霜花!

相传,《北行见杏花》是宋徽宗生平最后一首词,也是留给世人的最后一篇文学佳作,这篇作品,历来被认为是他最高诗词成就的代表:裁剪冰绡,轻叠数重,冷淡胭脂匀注。新样靓妆,艳溢香融,羞杀蕊珠宫女。易得凋零,更多少无情风雨。愁苦!问院落凄凉,几番春暮?凭寄离恨重重,这双燕何曾,会人言语。天遥地远,万水千山,知他故宫何处?怎不思量,除梦里有时曾去。无据,和梦也新来不做。

宋代是中国历史上一个科技发达、文化繁荣的时代，历时 320 余年，其中，北宋 170 年，南宋 150 余年。北宋 9 个皇帝，南宋 9 个皇帝，共 18 位皇帝。宋代的皇帝好文重文，轻视武事，所以，宋代文化发达，军事疲弱，在历史上表现出一种十分奇特的景观：一方面经济富裕，科技繁荣，另一方面，却老是被周边落后小国欺负，签订了一个又一个屈辱的条约，最后的结局，更是数千年来前所未有：京城陷落，父子皇帝双双被俘！

宋代的皇帝喜好文事，都有诗才，他们万几余暇，留意文史。宋太祖、太宗、真宗、仁宗、神宗、徽宗、高宗、孝宗、光宗、理宗、度宗、恭宗等等，都有文人天赋，富于诗才。不过，比起大诗人、大词人来，他们的诗才不敢恭维。只有宋徽宗的艺术鉴赏天赋较高，他的书画造诣、诗词歌赋和对美女的品位在宋代皇帝之中都是出类拔萃的。

一、太祖三贤后

皇后，是后宫的中心人物。北宋自太祖赵匡胤建国，经历了 160 余年的风风雨雨。北宋先后有九代帝王，皇后有十几个。北宋的皇后之中，仁德本分、温柔贤惠者居多。但是，北宋在积贫积弱挣扎，随着王朝的渐渐衰落，皇后们的仁德也挽救不了皇朝日渐没落，走向灭亡。最终，皇后也还是陪侍在君侧，拖着沉重的脚步，流离失所。

宋太祖赵匡胤，是北宋的开国皇帝，他先后有三个皇后：贺皇后、王皇后、宋皇后。贺氏是河南开封人，生有一个儿子和两个女儿，即后来的魏王赵德昭和秦、晋二公主。太祖没即位前，贫民出身的元配贺氏便撒手西去，年仅 30 岁。太祖即位后，于建隆三年，追册她为皇后。史称：贺氏天性温柔恭顺，谨守礼法。因此，她死后，谥号为孝惠。

贺氏故去以后，太祖续娶了邺州新平人王氏。王氏是彰德军节度使王饶的第三个女儿，当时，太祖是殿前都点检，将王氏聘为继室。王氏恭顺勤谨，宽厚仁慈，周世宗赐赏冠帔，封她为琅琊郡夫人。太祖即位，于建隆元年（960 年）八月，册立她为皇后。王氏出身于官宦之家，她是太祖的第一任正式皇后。她为人贤惠，衣着朴素，常常宽衣常服，亲佐御膳。闲暇之时，她还替太祖弹筝鼓琴，欢娱圣心。每天早晨，她必诵佛书，心境沉静。由于她文静、贤淑，因此，她极得太祖的宠爱，也颇得杜太后的欢心。她先后生下了三个子女，但遗憾的是，子女都一一夭折。乾德元年（963 年）十二月，王皇后去世，年仅 22 岁。皇帝十分悲痛，特地为她举行国丧。君臣悲恸，为她致哀守孝。翰林学士窦仪奉命为她撰写哀册文，称颂她的功德，表达哀思。

宋氏是河南洛阳人，是左卫上将军宋偓的长女，母亲是汉永宁公主。宋氏小的时候，曾随永宁公入见周太祖，周太祖赐赏冠帔。宋太祖建国，乾德五年（967 年），召见宋氏，又赐赏冠帔。当时，宋偓任华州节度，宋氏随母亲归镇。王皇后死，宋氏随母亲入京，进入宫廷，恭贺佳节。宋氏风姿绰约，被太祖看中。开宝元年（968 年）二月，太祖册宋氏为皇后，时年十七岁。宋氏也是天性仁厚，柔顺好礼。太祖每次下朝归来，总能看到身穿凤冠霞帔的宋氏亭亭玉立地在殿前迎接，两人相携着回到后宫，由宋氏亲自调膳，侍候圣驾。开宝九年（976 年）冬天，太祖赵匡胤死，弟弟赵光义继位，尊称宋氏为开宝皇后。此后，开宝皇后又活了十年，先住西宫，后迁东宫，四十四岁时在宫中去世。

宋太祖的几位皇后贤淑仁德，垂范后世。

二、太宗三贤后

太宗赵光义先后有三个皇后：尹皇后、符皇后、李皇后。尹氏、符氏是太宗即位前就故去的，即位后才追封为皇后，只有李皇后是太宗在世时册封的。尹氏是相州邺地（河南安阳）人，是滁州刺史尹廷勋的女儿，哥哥尹崇珂任保信军节度。符氏是陈州宛上（河南周口）人，魏王符彦卿的第六个女儿，曾先后封为汝南郡夫人、楚国夫人、越国夫人，34 岁时去世。尹氏、符氏都很贤德，太宗即位后，追封她们为皇后，谥号分别为淑德、懿德。

李皇后是潞州上党（山西长治）人，是淄州刺史李处耘的次女。太平兴国三年（978 年），她 19 岁入宫。六年后，雍熙元年（984 年），她被立为皇后。她天性恭谨庄肃,抚育太宗诸子,厚待宫嫔女御。真宗即位以后,她被尊为太后,住西宫嘉庆殿,死后,谥赠明德。

三、真宗痴情刘美人

真宗原配夫人,是大名(河北大名)人潘氏,忠武军节度潘美的第八个女儿。潘氏是在真宗封韩王时由父亲宋太宗替真宗聘娶的,封莒国夫人。真宗没即位前,潘氏 22 岁时,便去世了。真宗即位以后,追封潘氏为皇后。

真宗的第一任真正皇后,是宣徽南院使郭守文的第二个女儿。淳化四年(993 年),真宗在襄王府邸,太宗为他聘娶,封鲁国夫人,进封秦国夫人。真宗即位后,册立其为皇后。十年后,景德四年(1007 年),她 32 岁时,病逝。史称:郭皇后谦恭俭约,厌恶奢靡。她的族属入谒禁中,只要衣饰华丽,她便加以斥责;有的想借助她的地位,相求于真宗,她总是坚决不许。因此,真宗对她又敬又爱。郭皇后死,真宗十分悲痛,突破七日释服的礼制,特诏十三日释服。郭氏灵驾发引后,真宗无以排解忧伤,又特命翰林学士杨億撰写哀册,寄托哀思。

皇后一位空缺,宫中候选人有两个。一个是宰相沈义伦的孙女儿沈才人,其父是光禄少卿沈继宗。沈才人是以将相家子入选后宫的,因而起点高,能以千金之身引起皇上的注意。沈氏没有官宦小姐常有的骄纵,而是文静贤淑,俭约朴素,她在宫中,历才人、美人、婕好、充媛,至于德妃,很得真宗的宠爱。另一个是刘美人,虽出身寒微,襁褓而孤,却美丽动人。真宗为她着迷,进而立为皇后。

比起刘美人来,出身高贵的沈才人确实是黯然失色。刘美人不仅秀美,还擅长播鼗。她由蜀人龚美带到京师,15 岁时,送进时为襄王的真宗府邸,真宗神魂颠倒,大加宠爱。乳母秦国夫人认为刘氏妖媚,偷偷向太宗奏报。太宗大怒,命襄王逐出刘氏。襄王割舍不下,将她寄放在王宫指使张耆家。太宗死后,真宗即位,这才将刘氏召回后宫,授美人,旋进修仪,再进位德妃,宠冠后宫。

皇后位缺,沈才人立后的呼声最高,几乎众口一词,尤其是朝中大臣、皇亲国戚,因为,沈才人是出身于相门。但是,真宗迷恋的是刘美人,要立刘氏为皇后,大臣们激烈反对。翰林学士李迪甚至公开进谏,明确声称:刘妃出身微寒,不可以母仪天下。真宗拒绝谏言,执意立刘氏为皇后。

刘皇后天性敏悟,通晓书史,对朝廷一应大事小事,都能熟记于心,并能详其始末。真宗退朝以后,批阅天下章奏,直至深夜,总是刘皇后陪同,而且一同理政。宫中无论大事小事,她都能援引以往宫廷故实,妥善解决。真宗感激刘皇后,着迷她,对她又敬又爱。刘皇后熟悉宫中生活,熟谙朝廷政务。于是,刘皇后开始干预政事,插手皇帝的政务活动。宋代后宫干预朝政,自此开始。

四、悲情李宸妃(上)

宋代后宫之中,有一位悲情女子,她是御前宫女,替皇上侍寝,皇上见她美丽动人,便占有了她。不久,她怀孕了,生下了一位皇子。皇子生下以后,一直由别人抚养。后来,这位皇子继承大位,做了皇帝。奇怪的是,皇帝一直不知道这位女子是自己的母亲。

这位女子,就是李宸妃,她的儿子便是宋仁宗。

李宸妃是杭州人,祖父李延嗣,曾为金华县主簿。父亲李仁德,终官为左班殿直。最初,李氏是真宗刘皇后身边的侍女,长得清秀,文文静静,沉默寡言,刘皇后很喜欢她。刘皇后没有子嗣,派李氏到真宗身边,任司寝,侍候真宗入睡。真宗多情,很喜欢这个美丽动人又少言寡语的女人。于是,真宗临幸了她。

一个月后,李氏发现自己怀孕。真宗很高兴,更加宠爱李氏,让她不离左右。有一天,风和日丽,真宗让李氏侍驾游幸。登临砌台时,李氏娇喘,不意插在头上的玉钗坠落,掉下砌台。玉钗是皇上赏赐的,是皇上的信物,玉钗掉了,李氏很恼火。真宗淡然一笑,吩咐侍从捡上来。当时,真宗心里自个占卜:如果玉钗完好,李氏当生男孩。一会儿后,侍从捡回玉钗,果真完好无损。真宗看见完好无损的玉钗,十分兴奋,如同孩子似的。李氏和众多侍从看见皇帝兴高采烈的,疑惑不解,不知道是怎么回事。

不久,李氏生下了一个孩子,果真是男孩。真宗下令,降生庆贺。在盛宴上,真宗这才告知砌台玉钗一事。李氏和侍从们恍然大悟,才明白喜从何来,原来是天意。李氏儿子生于大中祥符三年(1010 年)四月十四日,取名赵益。

李氏是位谨守本分的女人,她始终不忘自己的侍女身份,感恩刘皇后,认定刘皇后永远是自己的主人。她的儿子赵益出生后,刘皇后吩咐,以赵益为自己的儿子,养育宫中。刘皇后精心抚养,将这位儿子改名为赵祯。生下儿子后,侍女李氏被封为崇阳县君。此后,真宗怜爱有加,常临幸李氏。不久,李氏又怀孕了,生下了一个女儿,李氏进封才人,旋迁婉仪。

刘皇后是后宫之主,不怒自威。她将李氏的儿子夺为己有,并给他改名。对于此事,皇帝一直知道,但一直沉默,李氏也沉默。赵祯长大了,一直不知道自己的生母是谁,他始终认为,刘皇后就是自己的生母。经年累月,宫里太监、侍女慑于刘皇后的淫威,谁不也不敢多嘴,没有一人敢于走漏半点风声。

五、悲情李宸妃(下)

赵祯天性仁厚,宽怀礼让,喜怒不形于色。四岁时,赵祯被授予左卫上将军,封庆国公。第二年,迁为忠正军节度使兼侍中,封寿春郡王。两年后,任中书令。再过一年,八岁时,被立为皇太子,改名赵祯。乾兴元年(1022年)二月,真宗去世。赵祯十二岁,以皇太子继承皇位,为宋仁宗。刘皇后被尊为太后,垂帘听政。仁宗的母亲李氏,封授顺容,奉命守护真宗的永定陵(河南巩县西南)。

刘太后觉得,李氏受委屈了。念及李氏识大体,保持沉默,刘太后派刘美、张怀德二人出宫,访求李氏的亲戚。他们找到李氏的弟弟李用和,由刘太后出面,特旨补授三班奉职。事实上,皇帝即位,委屈其母亲,这一直是刘太后的一块心病。这样刻意安排,给李氏弟弟李用和授予官职,既示笼络,又可作为人质。仁宗即位后的第十年,明道元年(1032年),李氏身染重病。此时,皇帝儿子已经成22岁了,不久将亲政。但是,生病中的李氏,依旧保持沉默。刘皇后吩咐,李氏册立为宸妃。几天后,李宸妃去世,终年46岁。李氏一死,刘皇后大大地松了一口气,仿佛去了一块多年的心病。

刘皇后控制朝政,大权在握。李氏去世了,刘皇后决定,丧事从简。于是,刘皇后吩咐,李氏丧事,以普通的宫人丧礼行之。于是,宫中奉旨,准备在宫外乱草丛中,葬了李氏,草草了事。朝堂上,丞相吕夷简闻讯李氏丧事从简,坚决不同意,力主葬礼从厚。刘太后害怕皇帝起疑,赶忙拉起仁宗回宫,避开这个问题。随后,刘太后独召吕丞相,问他:一个宫人死去,因何这样感兴趣? 吕夷简回答:身为丞相,事无内外大小,都要参与意见。刘太后愤愤然,指责他说,你难道想离间我们母子?! 吕夷简十分镇定,从容不迫地回答:"如果太后不以李氏为念,不考虑后果,那我不说什么;如果太后还顾念后人,则一定要丧礼从厚。"刘太后有些明白,但还是不相信仁厚宽怀的仁宗在她死后,即便明白了真相又会如何,而且,刘太后也根本不把自己的侍女李氏放在眼里。

吕夷简请求,以一品夫人之丧礼,下葬李氏。刘皇后同意,以一品夫人,殡仪于洪福院。这等仪式,是仅次于皇后的规格。吕夷简特别要求:李氏之尸身,必须以皇后的衣服收殓,用水银实棺。刘太后开始还是不同意,直到吕夷简执意坚持,晓以利害,这才有折扣地以厚礼下葬李氏。一年以后,即明道二年,刘太后去世,终年65岁。23岁的仁宗亲政。这时,燕王进言仁宗,告诉他李氏是他的母亲,并说,李氏在世时,受尽折磨,一年前,被人所害,连下葬时都草草了事,实在令人悲哀。仁宗闻言,如五雷轰顶,立即号啕大哭,悲恸不已,几天几夜,仁宗不上朝,不思饮食,以致形容消瘦,形销骨立。

仁宗情绪稍缓以后,下哀痛诏,引咎自责。随后,仁宗下旨,尊李宸妃为皇太后,赐谥庄懿。仁宗亲临洪福院祭告生母,并吩咐更易梓宫,让李宸妃的弟弟开棺验视。棺材打开了,仁宗和众人大惊。棺材是上等的,棺材灌满了水银,李氏安静躺着,一身华服,玉色如生。这不是最高的丧礼吗?一身衣服都是皇太后才有资格穿的。仁宗喟然长叹:人言可畏啊,人言实不可信!从此,仁宗越发认定,抚养他的刘太后是仁心宽厚的,因此,对刘氏加恩。

仁宗郑重地下葬母亲李氏,让她陪葬在真宗的永定陵。随后,仁宗在景灵宫建神御殿,赐名广孝殿,用于祭祀自己的母亲李氏。随后,仁宗任李宸妃的弟弟李用和为彰信军节度使、检校侍中,宠赉甚渥。后来,仁宗追念生母不已,又不知道该如何厚遇李氏家族,便将长女福康公主下嫁李用和的儿子李玮。

六、名妓李师师(上)

1. 染匠孤女

皇帝与妓女的往来,在中国历史上并不稀罕。自秦汉至清代,几乎代代不绝。一般地说,皇帝喜欢妓女,迷恋名妓,是出于色情和肉欲的需要,为的是纵欲和荒淫。但是,宋徽宗赵佶和名妓李师师的恋情则是一个例外,他们相爱相恋,完全如高山流水,相互视为知己,视为知音,琴瑟和谐,在国破家亡之际,演绎了一场惊天动地的爱情。

李师师是汴京(河南开封)人,出身寒微。她的父亲是一个普通的染匠,老实巴交,为人本分。她的母亲在她出生时,不幸过世。父亲不善生计,面对生活变故,手足无措,不知道如何养育襁褓中的幼小女儿,经常豆浆代替乳汁,喂养她,使她得以苟活。当时,汴京有个约定俗成的习俗,就是父母如果喜爱孩子,必须将孩子舍身佛寺,以求孩子吉祥平安。李师师慢慢长大了,她的父亲将她送到佛寺。在佛寺中,眉清目秀的李师师十分显眼,面如满月,如同菩萨转世,寺僧很喜欢她。寺中住持也很高兴,惊异地自语:"是女,真佛弟子也。"于是,替她取名为师师。

2. 京师名妓

李师师度过艰辛的童年,不幸却接踵而来。四岁的时候,她的父亲因罪入狱,不久被处死。从此以后,李师师无依无靠。最后,她被寄身倡籍的李姥收养。李师师在倡门中默默地成长着,学习女工和琴棋书画。不知不觉间,李师师长大了,亭亭玉立。不久,她迷人的姿色和高雅的才艺传遍京师,成为一代名妓,色艺无双,家喻户晓。

宋徽宗赵佶,博览群书,工于音律,擅长书法字画。他讲求奢华,追慕风雅,极尽声色犬马之能事,终日在深宫后苑之中,寻欢作乐。但是,天长日久,风流才子赵佶渐渐厌倦了这种例行公事式的宫中享乐,他想何不出宫微行,看看外面的世界,去寻找新的刺激。

赵佶宠信宦官,名叫做张迪。赵佶微行出宫,都是由他一手操办的。张迪没有入宫之前,就经常出入青楼妓馆,和汴京青楼妓馆的老鸨很熟,更了解京师的一些名妓,尤其是李姥和李师师。于是,张迪详细向赵佶描述京师之繁华,特别称赞李师师,称她如何美艳无双、温柔秀丽、才艺盖世,堪称京师花魁。才子赵佶酷爱艺术,追慕美人,他听了这番话,不禁怦然心动。

3. 微服私访

第二天,徽宗赵佶命张迪携带宫中珍宝,前往青楼。他自称是大商人赵乙,特地拜访李师师。徽宗是天黑时出门的,夹杂在 40 名宦官中,走出东华门。他们步行了两里,来到镇安坊。徽宗求见美人心切,吩咐随侍众宦官散去,只留下张迪随行。主仆二人步入坊门,走进李姥的青楼。李姥笑容可掬,非常热情,因为,这位大富商送的礼物十分精美,非常贵重。李姥迎进赵乙,用新鲜水果先招待他,陪他说话。冒名赵乙的徽宗是来看美人的,哪有心思吃这等水果?他时不时回顾,只想看看仙人一般的李师师。然而,等了很久,李师师却始终不曾出现。

徽宗耐心等待着,又和李姥聊了好一会儿。随后,他被李姥引入一间装饰典雅的小轩。轩中朴素雅洁,情调别致,窗外还有翠竹数轩。徽宗爽然就座,意兴闲适,心情舒畅地等着美人的到来。可是,又过了好一会儿,依然不见李师师。这时,李姥来了,引徽宗进入后堂。堂中山珍海味,摆开一桌宴。李姥、徽宗进餐,虽然李姥殷勤备至,但美人还是迟迟不出现,又不前来陪酒,徽宗越发地好奇和不解。吃过饭后，李姥请徽宗入室沐浴，徽宗辞谢。李姥对徽宗耳语："这孩子天性好干净，不要见怪。"徽宗不得已，只好随李姥到浴室沐浴。

洗浴过后，李姥再请徽宗来到后堂，继续吃酒。时间过得真慢，一个时辰如同一年。等到最后，徽宗好不容易随着李姥的红烛，进入美人的卧房。徽宗有些忐忑，以为美人一定在房中。但他撩帷而入，却只是一灯荧然，一只鲜艳的红烛，在一片红帷前摇晃，根本没有美人的影子。这种状况，大大出乎徽宗的意料。徽宗耐着性子，十分安静地等待美人。然而，李师师迟迟不见踪影。赵佶对于李师师，越发地感觉好奇和着迷。就这样，他以天子之尊，倚在几榻间，等着一个妓女的降临。

不知过了多久，徽宗抬起眼，看见李姥拥着一位美人，姗姗而来。美人一片淡妆，不施任何脂粉，身穿素雅浅淡的衣服，面色白中略带红润。显然，她是新浴刚罢，显得特别娇艳典雅，惹人怜爱，宛如出水芙蓉。这位美人，就是李师师。一时间，徽宗赵佶惊呆了，有点魂不守舍。李师师轻盈地来到房中，看到自称富商赵乙的徽宗，眼光轻蔑、神色极为倨傲，不微笑，也不施礼。李姥赶忙和颜调解，对徽宗耳语："孩儿性情有些个别，不要见怪。"徽宗点点头，至于说了什么，其实根本都没有听见。

徽宗定定神，神情凝注，神色飘逸，恢复了一代天子的从容神气。他借着烛光，凝视着美人的容颜，果然，幽资神韵之中闪烁惊眸，真乃倾城国色！徽宗心驰神往，和蔼地问她年龄，并走近了过去。李师师连眼睛都不抬一下，根本不予理睬。徽宗走近了些，再问她些别的。她还是没有回答，反而挪动娇姿，移坐到另一个地方。李姥又凑近赵佶，笑着耳语："孩儿喜静坐，请莫见怪。"说完后，李姥微笑着，走出了卧室，掩上房门。

李师师十分平静，慢慢地站了起来，取下墙上的琴。她移动莲步，在桌旁坐下，旁若无人地弹了一曲《平沙落雁》。她轻拢慢捻，流韵淡然悠远，出神入化。徽宗凝神静听，深受感染。一支曲子以后，意犹未尽，再奏一曲。三支曲子将尽，外面已是鸡鸣破晓。徽宗静静地坐着，十分入神地欣赏着美丽的曲调，毫无倦意，显得很高兴，也很兴奋。这次微服私访，徽宗好像只是为了看看美人，听听弹曲，此时，他十分心满意足地走出了房间。李姥备好了早点，徽宗饮过杏酥之后，从容地离去。随从的内侍们通宵潜候在镇安坊外，这时，他们见徽宗过来，便簇拥着回宫。

4. 皇上怜我

徽宗离去以后，李姥对李师师的冷淡态度，极不满意。这位商人出手大方，礼物贵重,人又彬彬有礼,为何这样慢待! 李师师鄙夷商人,怒冲冲地说:"一个商人罢了,我能为他干什么!"

第二天,京师满城风雨,盛传皇上驾幸镇安坊,夜访名妓李师师。一时间,京师轰动,沸沸扬扬。李姥闻讯之后,大惊失色,心想:昨夜,师师如此怠慢了皇上,这身家性命,岂不断送了? 李姥吓破了胆,只是日夜啼哭。李师师知道以后,深为徽宗感动,便从容地对李姥说:"不要怕,既然皇上来看我,哪里忍心杀我? 而且,相会的夜晚,皇上没有威逼,可见很怜爱我啊! 只是,我心中不安的是,我流落下贱,使不洁的名声,玷污了圣上,我真是死有余辜!"李师师觉得,皇上圣洁,而自己寄身下贱,她从心里感激皇上,好像一下子真的爱上了徽宗。

七、名妓李师师(下)

1. 醉杏楼

四个月以后,徽宗派张迪带着蛇跗琴,前往镇安坊,赐赏李师师。接着,徽宗再次微行镇安坊,夜访李师师。这一次,李师师身着淡淡素服、俯伏在阶前,迎接圣驾。徽宗环顾四壁,发现上次来时的典雅景致全不见了,室内富丽堂皇,珍宝琳琅满目,如同皇宫。徽宗摇摇头,感觉十分失望,也十分惋惜。

李姥瑟瑟发抖,见皇上驾到,便躲了起来。徽宗召李姥前来,李姥浑身哆嗦,吓得说不出话来。徽宗喜欢前次频频耳语的李姥,告诉她,不要拘束,也不要害怕。李姥放下心来,微笑着,恭敬地拜谢,觉得皇上确实不会怪罪她,也不会要她的命,便放下心来。

李姥引徽宗来到新建的楼前。李师师叩请徽宗,赐赏御匾。时值三月,杏花盛开,徽宗拈笔挥毫,写下了三个大字:醉杏楼。李姥欢天喜地,摆上丰盛的酒席。徽宗命李师师坐在身边,侍驾饮酒。酒过三巡,徽宗命李师师弹奏蛇跗琴。李师师一身素装,端坐着,优雅地轻弹《梅花三弄》,音韵袅袅,不绝如缕。徽宗衔杯谛听,如醉如痴,连称弹得好。

看着一桌丰盛的盛宴,徽宗记起了上一次的素淡饮食,感觉极好。可是,这一次的饮食,都是些龙凤形的精美食品,其刻镂雕绘,同宫里别无二致。徽宗问李姥,李姥这才如实禀告:怕皇上吃不惯粗淡饮食,就出钱请膳食房的师傅烹制。徽宗知悉后,颇为不快,席还未终,他就快快离去。

2. 画中人出也

徽宗回宫以后,对李师师割舍不下。但是,第一夜朴素淡雅的情调和超凡脱俗的景致烟消云散了,想一想,他又不忍再去。他经常想念李师师,常常派遣随侍,给李师师送去礼物。徽宗爱幸妓女的消息传遍京师,也传到了后宫。后宫正位宫闱的郑皇后得知此讯,便郑重进谏:"妓女下贱,不宜于侍奉皇上,而且,夜间微行,怕有不测,请皇上自爱。"徽宗点点头,觉得有道理。此后,连续几年,徽宗没去看望李师师,但是,内联经常派人慰问和赉物赏赐。

十年以后,徽宗再次来到李师师处,临幸醉杏楼。进入楼中,他细细端详自己多年前赐给李师师的画。画题为:金勒马嘶芳草地,玉楼人醉杏花天。徽宗观玩良久,回头注视依旧仙子般的李师师,喟然轻叹:"画中人呼之竟出耶?"徽宗幸过了李师师,恋恋不舍,赐赏李师师文房四宝及大量金银珠宝。

3. 天然风韵

近侍张迪十分精明,他看出了徽宗对李师师的眷恋,便向徽宗建议:从宫中向东挖二三里的地道,可以直通镇安坊,这样既来去方便,也可防微服夜行不测。徽宗点头同意,指示由张迪负责。张迪立即行动,地道很快便修好了。此后,徽宗经常通过地道,临幸醉杏楼,和李师师在一起。从镇安坊到宫城一带,有众多的御林军把守。从此以后,李师师正式成为皇帝的女人。每天,李师师静坐楼中,以安逸平静的心境中,怀着对徽宗的感恩和爱恋,弹琴、绘画,坐等与徽宗的约会。

有一天,徽宗在后宫宴请众婉妃。受宠的韦贤妃悄悄问徽宗:"李师师是什么样儿,让陛下如此爱怜?"徽宗平静地回答说:"没什么,如果你们后宫百人,全都淡妆素服,让她置身其中,便可见其别具一格,她的一种天然风韵,飘逸风姿,远远要在容色之外。"众婉妃闻言,沉默着,无言以对。

4. 侠妓殉情

北宋积贫积弱,军事废弛。然而,金兵的铁蹄踏破了大宋的歌舞升平。徽宗、钦宗和后宫美人三千,一夜之间由至尊至贵而沦为阶下囚。京师拱手敌国,北宋灭亡。在国破家亡的灾变中,李师师挺身而出,将徽宗多年赐赏的金钱、财物,全部捐为军饷,希望能够挽救危亡。李师师担心皇上,不愿意皇上为自己分心。于是,她请张迪代为禀告已经退为太上皇的徽宗,说她自守节操,愿出家为女道士。徽宗同意她的请求,并赐她住城北的慈云观。

金兵攻破汴京，疯狂地烧杀抢掠。主帅吩咐搜索京师，寻找李师师。然而，连续几天，都不见师师的踪影。后来，叛臣张邦昌带着亲信，循迹找到了李师师，准备将李师师献给金帅。李师师怒斥张邦昌："我不过是一介女妓，承蒙皇上眷念，宁愿以一死报皇上知遇之恩。你等高官厚禄，朝廷有什么对不起你等？非得事事干绝，要斩灭宗社而后快？如今又降虏称臣，摇尾献媚，我怎能作你们谄媚的贡品呢！"

李师师说罢，从容地拔下金簪，刺向自己的咽喉。可是，金簪刺偏了，没有死。李师师毅然决然地再次拔出金簪，将其斩断，然后，狠命吞下去。于是，李师师，这位一代名妓，这位被徽宗宠爱并封为才女的宫外美人，就这样悲壮不屈地死去了。后来，许多年后，身陷北国、心如死灰的徽宗听到李师师的死讯，知道了她为自己、为故国，是那样的悲壮不屈地死去，徽宗不禁为之动容，涕泪滂沱。李师师，真是一代如风猎猎之侠妓，其不屈和自尊，令人敬仰。

八、韦贤妃（上）

韦贤妃是开封人，她是宋徽宗的妃子，是南宋第一代皇帝宋高宗赵构的母亲。最初，韦氏入宫时，只是一个普通的侍御。崇宁末年，一次偶然相遇，她美丽动人，才引起了皇帝赵佶的注意，临幸了她，封她为平昌郡君。韦氏娴静优雅，聪慧机敏。很快，赢得了风流天子徽宗的喜爱。大观初年，韦氏进封婕妤，累迁婉容。大观元年（1107 年）五月，韦氏生赵构于东京皇宫。靖康元年（1126 年），宋钦宗即位，进封韦氏为龙德宫贤妃。贤妃是妃嫔中的第二级，仅次于贵妃。

靖康元年十一月（1126 年 12 月），金军攻破汴京，徽宗、钦宗及后宫嫔妃三千余人被俘，韦贤妃也在被俘之列。韦贤妃风尘仆仆，夹在庞大的俘虏队列中，流落北漠，心中苦不堪言。被俘的屈辱是无法言表的，更何况是女人。她们曾经锦衣玉食，是后宫的主人，是真龙天子视为金枝玉叶的娴静爱妃。韦贤妃强忍着泪，含垢忍辱，苟且偷生，期望有回归大宋的一日。

赵构南行，在南京即帝位。建炎元年（1127 年），遥尊韦氏为宣和皇后，封韦氏的父亲韦安道为郡王；另外，特别授予韦氏家属官三十人，并遣使问讯不绝。南宋绍兴七年（公元 1137 年），企盼着南归的郑皇后和徽宗赵佶相继去世。徽宗、郑皇后的去世对高宗赵构震动很大，他马上想到了生他、养他的母亲韦氏，不免肝肠寸断，撕心裂肺。十年生死两茫茫，不思量，自难忘。何况他们这样的母子？何况他的母亲以贵妃、太后的身份被掳掠到敌国，受尽磨难。高宗只想偏安江南，不思北取，不思报仇雪恨，但是，他却时常牵挂自己的母亲，他要不惜江山社稷，救回自己的母亲。

高宗终日愁眉不展，在宫中，他矍躠顿足，喃喃自语：如果金人答应我的要求，让母亲南归，我可以什么条件都答应！宋使频繁交涉，最后，宋使王伦带回消息，说金人同意韦氏南归，但必须答应四个条件：宋对金奉表称臣；宋每年进贡银二十五万两，绢二十五万匹；宋割唐、邓、商、秦四州；宋杀抗金大将岳飞。出人意料之外，高宗赵构痛快地答应了这些屈辱的条件，接回韦贤妃。这四个条件，对南宋人民以及赵宋国破家亡的宗室来说都是极其屈辱的。屈辱的条约，换回了宋徽宗、郑皇后、邢夫人的尸体，以及皇帝赵构的母亲韦贤妃。

九、韦贤妃（下）

南宋绍兴十二年(1142年)八月，韦贤妃流落北漠达15年之久后，随同三具棺材，一同回到了南宋都城临安。皇帝赵构不胜兴奋，大赦天下。赵构认为，丞相秦桧办事有功，杀岳飞有功，特降谕旨，进封他为太师、魏国公。大宋后宫，喜气洋洋，张灯结彩，为迎回了太后而举宫欢庆。

韦贤妃一行是四月动身的，整整行走了四个月。她们在金使高居安、完颜宗贤的扈从下，经燕山南下，自东平坐舟南行，然后，由清河直达楚州，渡过淮水。高宗命参政王次翁为奉迎使，令韦太后的弟弟安乐郡王韦渊、秦鲁国大长公主、吴国长公主恭迎于淮水大道。皇帝赵构亲自移驾临平，奉迎母亲。普安郡王、宰相大臣、两省、三衙管军等文武百官、侍从，跪迎于大道之旁。临平河畔，母子相会，两人抱头悲泣，乐极而泣。到达临安后，韦氏迎入后廷，入住慈宁宫。从此，韦氏以太后之尊，又开始了锦衣玉食、钟鸣鼎鼓的生活。

正史记载，韦氏是值得尊敬的。她被俘于敌国15年，不卑不亢，始终保持着一个泱泱大国贤妃和太后的自尊。当金人同意返宋时，韦氏怕金人反悔，立即招呼侍役，准备启程。当时，正值北漠盛暑，金人不大乐意。启程以后，韦氏吩咐，尽量照顾金人。夜长梦多，韦氏希望昼夜兼程前进。然而，天气太热，韦氏怕再生变故，在途中，她小心翼翼，多次假称有疾，请求待凉爽一点再行。同时，韦氏借贷金使，得黄金三千两，犒赏众人，于是，途中众人没有怨言，诸事很顺。

韦氏在北漠，知道了一些韩世忠抗金大捷的事迹。到了临平，母子相见以后，韦氏提出立即召见大将韩世忠，好生慰问。回到后宫后，高宗侍奉韦太后，常常半夜不舍离去。韦太后便说，你不必这样，早些去，听朝很早，恐怕妨碍国家大事。韦太后谆谆告诫高宗：任何时候，都要勤政爱民。至于宫中，两宫仆从，应都一样，免得有彼我之分，让人生是非。

韦氏回宫以后，皇帝赵构依然没有再立皇后。韦氏多次告诉皇帝，应该册立皇后。皇帝仁孝，请求母后降道手谕，亲自选立皇后。就是说，由韦太后选立，颁诏天下。韦氏回答说，我只知家事，外廷之事不是我当干预的。册立皇后时，宫中的一应典礼仪制，韦太后非常熟悉，宫人无不钦佩。高宗为了韦太后安宁长寿，还特地告诫随侍宫人：务必谨慎小心，细致周到。太后年事已高，只许报喜，不许报忧。

七年以后，绍兴十九年（1149 年），韦太后七十岁。后宫张灯结彩，庆贺太后万寿，亲属各迁官一等。生日不久，太后身体不适，累月不出殿门。当时，牡丹盛开，高宗入内问候太后，请太后赏花。太后拄着龙杖，漫步在绿叶红花之间，悠然自得，感到很高兴。于是，太后在花园设宴，尽一日之欢。太后为眼病所苦，高宗请来了御医皇甫坦，治好了太后的眼病。在皇帝的悉心照料下，太后过着愉快的晚年。

这样，又过了十年，绍兴二十九年（1159 年），太后八十大寿。宫中喜气洋洋，再次举行了盛大的宴会，庆贺太后大寿。皇帝龙颜大悦，降旨施恩：韦氏亲属，各迁官一等；庶人凡九十以上、宗室子女贡士以上、父母满八十者，均封授官职。几天后，太后卧病不起。皇帝罢朝，敕书辅臣祈祷天地、宗庙、社稷，保太后平安。天意无可挽回，太后在慈宁宫去世。不久，皇帝降旨，韦氏亲属进秩十四人，授官三人。

十、亡国帝后的悲凉

1. 多情徽宗

赵佶 17 岁时成婚，娶德州刺史王藻之女，生钦宗赵桓和崇国公主。他即位后，为宋徽宗，随之册立王氏为皇后。王皇后相貌平平，性格温顺，天性俭约。她从不主动取悦于徽宗，正位中宫，一直不得宠。徽宗喜爱美人，非常宠幸郑贵妃、王贵妃。郑、王二人，本是向太后宫中的押班，太后身边内侍。她们天生丽质，眉清目秀，善于言辞，极得向太后喜欢。赵佶为藩王时，经常到慈德宫请安，向太后总是命郑、王二人陪侍。二人小心谨慎,细致入微地招待,眉目传情,甜言奉承,赵佶颇为受用,很有好感。天长日久,互生情愫。

赵佶即位,向太后就把郑、王二人赐给他。徽宗赵佶喜出望外,十分感恩,甚为欢喜。徽宗更偏爱郑氏,史书记载,郑氏"自入宫,好观书,章奏能自制,帝爱其才"。徽宗多情,多次赐给郑氏情词艳曲。这些艳曲,传出宫禁,广为流传。不久王皇后去世。政和元年(1111年),徽宗册封郑氏为皇后。郑皇后、王贵妃之外,赵佶还宠爱刘贵妃、乔贵妃、韦贵妃等人。刘贵妃,出身寒微,然而,她容貌美丽,生得花容月貌。她一入宫,就得到赵佶宠幸,连升7级,由才人升至贵妃。可是,好景不长,升贵妃不久,刘氏就去世了。在庭院之中,刘贵妃曾亲手种植了几株芭蕉,当时,她忧伤地说:"等这些芭蕉长大,恐怕我也看不着了。"她身旁的侍从闻言,慌忙奏报徽宗,徽宗没太在意。两天后,刘贵妃病危。徽宗前去探视时,刘贵妃已经驾鹤西去。徽宗十分悲痛,特加赏赐四字谥号"明达懿文",并吩咐,将其生平事迹编成诗文,令乐府谱曲奏唱。

2. 郑皇后

政和元年(1111年),郑氏继王氏为皇后。受册时,按照宫规,有司要创制冠服。郑氏节俭,说非常时期,正当国用不足,冠珠贵重,多费钱财,不如让工匠改制作妃时的旧冠即可。随后,郑氏奏请减少仪仗,罢黄麾仗、小驾卤簿等。郑皇后严于律己,严格约束家族。郑氏族人郑居中精明能干,供职于枢府。郑皇后进奏徽宗,说外戚不当干预国政,如果要用,就请在后宫任职。于是,郑居中罢职。后来,郑居中又复用,担任要职。郑皇后进言皇帝,说:居中和父亲郑绅来往密切,人称其招权纳贿,伏请皇上问责,并许御史弹劾!

郑皇后天性端谨,善解人意,仁治后宫。然而,郑皇后的仁厚大德挽救不了大宋覆亡的命运。徽宗被迫禅位,赵桓入继大统,为钦宗,郑皇后被尊为太上皇后,迁居宁德宫,称宁德太后。钦宗皇后朱氏,开封祥符人。钦宗继位,朱氏立为皇后。郑氏跟随徽宗,南奔南京。金师北退后,为防不测,她又先于徽宗北还。当时,汴京危言四起,说太上皇要在镇江复位,太上皇后将由端门直趋禁中。内侍提醒钦宗,要严加防备。钦宗不相信流言,深知郑太后的为人,执意出宫,亲自到郊外迎候。钦宗见到郑太后,悲喜交集。

3. 帝后蒙尘

靖康二年(1127年)正月,金军先后使计,以皇帝亲自和谈为诱饵,将宋徽宗、宋钦宗父子拘留在金营之中。这样，金人处于十分有利的地位：一、皇帝被俘，使得大宋群龙无首；二、有皇帝作人质，增加了与宋人谈判的有效筹码。二月六日，金主开始采取行动：一、金主下诏，废宋徽宗、宋钦宗为庶人，北宋灭亡；二、立投降金朝的原宋朝宰相张邦昌为皇帝，建立伪楚国；三、金主为了羞辱大宋，下旨封宋徽宗为昏德公，宋钦宗为昏德侯。

四月初一日，金军踌躇满志，俘虏宋徽宗、宋钦宗二帝，以及皇后、妃嫔、皇子、皇女和宗室、贵戚等数千人，浩浩荡荡北撤。北宋王朝，从此覆灭，史称"靖康之耻"。北宋王朝是中国历史上最为富裕的王朝，168 年的财宝积累，宫廷珍宝，琳琅满目。北宋灭亡，皇室堆积如山的金银珍宝，皇帝宝玺、皇家舆服和国家法物、礼器、浑天仪等珍贵器物，以及繁华的汴京京城，都被金人洗劫一空。

汴京被攻破了，郑氏随同徽宗、钦宗和整个后宫人等成了金兵的阶下囚。一大群金玉之身被押解着，在滚滚黄尘中带入金营。金主下令，废徽宗、钦宗为庶人，逼令他们立即脱下龙袍，换上庶人的衣服。一同被俘的吏部侍郎李若水不胜悲恸，痛哭失声，怒气冲冲，大骂金人为狗辈！金人冷笑着用刀割断李若水的舌头，砍下他的脑袋。李若水在徽宗面前，不幸惨死。

徽宗、钦宗贪生怕死，面对赴义殉国的旧臣，死于对手，没有任何的表示，只是乖乖从命。太子被推上了遣送金营的大道，没有任何反抗，只是哭泣不止，大喊：百姓救我，百姓救我！黄沙滚滚，尘土蔽日。大宋的皇帝、后妃、皇子、皇孙、诸王、公主和一大群宫娥美女共三千余人，组成了庞大的俘虏队伍，流离宫禁，踏上了流亡北漠的征途。他们衣带相结，迎着漫漫风尘，被金兵押解着，苦不堪言地一路北上，进入荒漠。

4. 含泪悲歌

负责押解徽宗、钦宗和徽宗郑皇后、钦宗朱皇后四人的是金将泽利。一路上，泽利趾高气扬，用各种方法侮辱大宋的亡国帝后，践踏和蹂躏他们的人格和自尊。到达新安县，泽利和县令共同设宴，大摆酒席，以胜利者的姿态嬉笑玩乐，大吃大喝。泽利酒酣耳热，兴致甚浓。他命令朱皇后在席前唱歌，以助酒兴。朱皇后哪里受得了这等侮辱？可又怕违命之后，钦宗、徽宗吃亏，朱皇后含着泪，强忍着悲痛，挣着虚弱不堪的身体，哀伤地吟唱：

幼富贵兮厌罗绮裳，长入宫兮奉尊以觞。

今委顿兮流落异乡。嗟造物兮速死为强。

朱皇后吟唱，歌声哀婉凄切。泽利听不懂，醉意朦胧之中，觉得很惬意。他

乘着酒兴,命朱皇后再唱一首,敬县令一杯。朱皇后不得已,只好再唱:

> 昔居天上兮珠宫玉阙,今日草莽兮事何可说。
>
> 屈身辱志兮恨何可雪,誓速归泉下兮此愁可绝。

5. 朱皇后之死

朱皇后泪流满面,悲恸不已。这时,泽利已醉。他挥着手,要朱皇后坐到他身边,陪他喝酒。朱皇后哪里肯答应?泽利站起身,强行拉过朱皇后。朱皇后拼死挣扎,坚决不陪酒。泽利大怒,顺手就是一巴掌,打得朱皇后头晕眼花,扑倒在地。钦宗忍无可忍,怒喝泽利,骂他岂能无礼!泽利抽出刀,准备刺死钦宗,新安县令连忙解劝。说上令要活着朝见,逼死他们,恐怕于将军不利,泽利这才作罢。

十几天后,他们一行到达燕京。徽宗、钦宗夫妇四人,蓬头垢面,暂住悯忠寺。几天后,他们以庶人的身份朝见金太祖阿骨打的同母弟、此时为金主的金太宗吴乞买。吴乞买宣布:免他们一死,发放灵州。四人退出以后,关押在一间土室,每天麦饭两碗,上面盖几片腐肉。朱皇后悲伤过度,受尽屈辱,加之饥寒交迫,至此,卧病不起。她躺在冰凉的地上,一声声的呻吟着,奄奄一息。钦宗流着泪,请求派医生诊治。监守不理。三天后,朱皇后痛苦不堪地死在土室,最后,被监守用一张草席卷走,草草埋葬了事。

6. 女俘上万

王朝的覆灭,最为悲惨的莫过于女人。靖康之耻,是大宋王朝的奇耻大辱。有关靖康之耻的史料、笔记,为后人展示了一幅疯狂摧残女人的血腥地狱图。在这些真实的历史记录中,宋徽宗、钦宗之后妃、公主,南宋高宗赵构之母韦氏,以及大量宗室之女,被金人百般蹂躏,惨不忍睹。宋人确庵、耐庵编纂《靖康稗史笺证》一书,详细记录了靖康之耻,令人不忍卒读。

金人开出如此屈辱之条件,被俘的宋钦宗为了保命,只得签字同意。于是,有了皇帝的签署,一切顺理成章。金人在执行的过程中,变本加厉,索求无度。令人痛心的是,开封府不仅完全照办,而且,在《开封府状》的正式官方记载中,还清晰地保存了大宋耻辱之见证。书中,开列了一份详细的账单。账单之上,京城各类妇女,明码标价,几乎与金人所开列的价格完全相同,所不同的是,金人所说的"贵戚女",在这张账单中改成了"良家女"。很显然,金人当时极度想索要的是后妃和贵族之女。到开封府这里,进一步扩大范围,完全扩大到整个京城之女子。而且,部分京城女子,经过帅府选择,被淘汰,不入寨。

据史书记载,宋靖康元年(1126年)十一月二十五日,北宋汴京城破,金人共计俘虏大宋后妃3000余人,男女宗室4000余人,贵戚5000余人,各类工匠3000余人,教坊3000余人,民间美女3000余人,以及文武大臣、宗室家属数千人。当时,金国左副元帅粘罕,将汴京城西南5里之青城,作为自己的居室,将这座大宋皇帝郊祭圣地的斋宫,变成了大宋女子的集中营。右副元帅斡离不住,选择在汴京城东北5里之刘家寺,这里同样是大宋贵族女俘的集中营。宋靖康二年(1127年)二月,《开封府状》记载:当时,金人有女俘11635人,皇帝公主之帝姬21人。据档案和史书记载,宋徽宗共有女儿26人,其中,夭折4人,最小的公主是福帝姬,刚刚1岁,城破之时,下落不明。于此,则宋徽宗之公主21人,一网打尽。

7. 折磨致死

从有关史料记载上看,自靖康元年(1126年)十一月二十五日汴京城破,到靖康二年(天会五年,1127年)四月一日宋徽宗、宋钦宗二帝被俘北行,在这不到壮年期间,大量女俘死亡。据《南征录汇》记载:二月"二十日,信王妇自尽于青城寨,各寨妇女死亡相继。……二十四日,仪福帝姬(17岁)病,令归寿圣院。随后,死亡。二十五日,仁福帝姬(16岁)薨于刘家寺。二十八日,贤福帝姬(16岁)薨于刘家寺。"皇帝公主不堪折磨,如此高的死亡率,可以想象她们当时受到了何等非人的蹂躏,其境遇何等惨烈。

按照金人的安排,宋徽宗、钦宗二帝和14000余被俘人员,分成七批,往北押送金国。《呻吟语》记载,第一批北行人员,有妇女3400余人。三月二十七日,第一批人员自青城国相寨起程,四月二十七日,抵达燕山。可是,仅仅一个月时间,只有1900位妇女活了下来,其余1500名女子不堪折磨,死于非命,占近二分之一。第二批人员,包括宋徽宗韦妃,她是南宋高宗的母亲;邢妃,南宋高宗的妻子;富金、嬛嬛两位帝姬,南宋高宗妹妹。

第二批人员,于三月二十八日押送北迁。第二天,宋徽宗一行启程;第三天,宋钦宗一行启程。第二批押送韦妃的领队,是珍珠大王,也就是金军元帅宗翰长子。《青宫译语》称:"天会五年(1127年)三月二十八日午,国相左副元帅(粘没罕)、皇子右副元帅(斡离不)命成棣随珍珠大王、千户国磕、千户阿替纪,押宋韦妃(赵构之母)、邢妃(赵构之妻)、朱妃(郓王之妻)、富金、嬛嬛两帝姬(赵构之妹)、相国王赵梴、建安王赵楧等先至上京。"

第二天,出现意外,汴京城破两个月内,一直未曾出嫁的两位帝姬,显然因为强奸都怀孕了。《南征录汇》记载："二十九日,邢、朱二妃、二帝姬以堕马损胎,不能行。"千户国禄奉命押送嬛嬛帝姬,他每天强暴帝姬。可是,盖天大王出现后,横刀夺爱,杀死了千户国禄,霸占了嬛嬛帝姬,又强暴了赵构之妻邢妃。邢妃不堪受辱,在河南汤阴县含恨自尽,但是,没有死成。

三月四日,队伍到达黄河。在延津滑县之地,渡过黄河时,金将为了抢夺帝姬,开始互相残杀。《南征录汇》记载："万户盖天大王迎侯,见国禄与嬛嬛帝姬同马,杀国禄,弃尸于河,欲挈嬛嬛去,王以奉诏入京语之,乃随行。"五月二十三日,南宋高宗赵构之母韦后、赵构之妻邢妃等人,一路艰辛地到达金上京。六月初七日,金国皇帝"接见"韦后等人。实际上,这是金主举行的献俘大典。献俘大典结束后,金帝吩咐,将赵构之母韦后、赵构之妻邢秉懿,和帝姬赵柔福、赵嬛嬛等 18 名贵妇,以及宫嫔共计 300 余人,由一队金兵押送,送进了浣衣院。

8. 浣衣院

浣衣院,实际上就是军妓营。浣衣院位于金会宁皇城内,距离皇宫干元殿较近,大约五百步,是金人特地修建的一座土木建筑群,内有数十间土木房屋。浣衣院四周围,建筑了一道高出一人的土质围墙。院内,分隔成许多小院,每个小院有房三、四间。每个小院相对独立,小院周围,用芦苇杆围住。这些芦苇杆,是混同江边的特产,非常高大粗壮。按照金人的安排,每个小院内,每间小屋,居住两名后妃、帝姬或者宫嫔。

这样,一个相对独立的小院,就安置了 10 位被俘的后妃、帝姬和宫嫔,她们的日常生活和饮食起居,有两名地位低下的宫女照料,而她们每天的主要工作,就是接待入院玩乐的金人。整个浣衣院,则由一些金人老年妇女进行管理。浣衣院大门前,驻守着一队金兵,任何人员出入浣衣院,必须凭金人发放的特殊腰牌。

韦后等 18 人,事实上是第一批入院的顶级军妓。韦妃、邢妃、帝姬等人进入浣衣院后,才知道这里不是安身之所,而是金军妓院。可是,她们别无选择,无处可逃。每天,有大量金军将领来到浣衣院,肆无忌惮,百般蹂躏。徽宗等人第二批俘虏到达上京时,浣衣院已经美妇如云,热闹非凡。《呻吟语》记载:"妃嫔、王妃、帝姬、宗室妇女,均露上体,披羊裘。"

宋高宗的母亲韦贤妃、妻子邢妃和柔福帝姬等其他帝姬、宫嫔,进入浣衣院后,一时弄不清身在何处。当天晚上,邢妃和柔福帝姬两人,就被金人带出浣衣院所居住的小屋。第二天早上,她们二人送回浣衣院小屋时,已经面目全非,满脸疲惫,面色惨白,如同被摧残了的一朵鲜花。邢妃进屋后,一言不发,爬上床铺,倒头便睡。柔福帝姬面无血色,哭泣着,跟韦后诉说昨晚的经过。原来,她俩被金主蹂躏了一整夜。

9. 韦妃之辱

宋代大词人辛弃疾慷慨悲歌,写有大量诗词,感叹山河破碎。他在《窃愤续录》书中,记录了这样一段痛史:绍兴年间,宋钦宗被拘押在上京(内蒙古巴林左旗)一寺中,一日,他偶然"于壁隙中,遥见韦妃同一官长偕行,身旁有一人抱三四年小儿,皆胡服,每呼韦妃为阿母,于是,帝知韦妃已为盖天大王妻也"。辛弃疾的《窃愤续录》记载,透露了如下信息:一、宋徽宗的韦妃已经失身,被金人盖天大王霸占为妾;二、韦妃是南宋高宗赵构的母亲,此时,她又生下了金人之子,即给赵构添了一个金人血统的同母异父弟弟。

北宋灭亡,宋宫后妃以及 3000 宫女、3000 京师女子,先后被金人押送北漠,成为金人大王、将领以及各级首领、军人的战利品,包括后妃在内的许多女人成为军妓,遭受到了非人的凌辱。可怜这些金枝玉叶之身,由于种种原因,在金人的残酷折磨之下,大约有五分之四死于非命。

据史书《燕人麈》记载:宋朝"妇女分入大家,不顾名节,犹有生理。分给谋克以下,十人九娼"。这里的"妇女分入大家",意思是说,金人将宋室俘掳的皇后、妃嫔以及 3000 宫女,按照年龄、身份,分配给大家,包括:金人大王、将领和各级首领、高级军官。这些大家,都是在金人之中有身份的人,一旦宋室皇妃、宫女分配在他们名下,生命就有保障,虽然失了名节,但起码能够活下去。可是,数千宋室女人,如何能够满足数十万军人的需求?攻灭北宋、洗劫都城汴京之后,金主考虑要满足取得大捷的下级军官谋克以及下级军人的性需要,指示将首领、高级军官挑选剩下的宋室宫女、女子,集中在一起,专供军人轮流享受。韦妃是南宋皇帝的母亲,虽然已经 38 岁了,但风韵犹存。几天后,金盖天大王就看上她,将她纳为小妾。盖天大王名赛里,本名是完颜宗贤,当时,他与海陵王同为丞相。韦妃为了生存,不顾皇妃的尊严和身份,苟且偷生,成为盖天大王赛里的小妾。《开封府状》也记载了韦妃侍奉盖天大王之事。

宋徽宗女儿柔福帝姬,年轻美丽,同样被盖天大王蹂躏,下嫁成为小妾。柔福帝姬是侄女公主,韦皇妃是婶母,她俩同侍盖天大王一夫,实是宋室的奇耻大辱。最为可悲的是,经历了不可想象的蹂躏和摧残之后,聪明的柔福帝姬乘隙逃出魔掌,回到了故乡,万分庆幸地回到南宋皇宫。柔福帝姬以为,从此以后,她的恶梦结束了。谁曾想,等待她的竟然是更大的恶梦。

宋金签订《绍兴和议》,金熙宗完颜亶履行承诺,放归韦妃。柔福帝姬回来时,韦妃已经回到南宋,被她的儿子宋高宗赵构立为太后。听说柔福帝姬回来了,韦太后面无血色,声色俱厉地宣称:柔福帝姬早已病逝了,此女一定是假冒的,必须斩首。高宗诚惶诚恐,不敢违抗母亲,下令立即诛杀柔福帝姬。

韦妃认识柔福帝姬,为什么一定要诛杀她?袁枚在《随园随笔》中说:"柔福实为公主,韦太后恶其言在虏隐事,故亟命诛之。"原来,韦太后和柔福公主同事盖天大王,知道许多在金不可言状的屈辱之事,韦太后怕她说出真相,就杀人灭口。

宋徽宗被俘后,被金人封为昏德公。《金史·太宗本纪》记载:"诏以昏德公(宋徽宗)六女为宗妇。",意思是说,宋徽宗之六女,被金人收入房中,纳为小妾。高宗皇后邢秉懿,成为金太宗的玩物。天会九年(绍兴元年,1131年),她为金太宗生下儿子,被封为建炎宋国夫人。金熙宗拥有宋徽宗最年轻漂亮的女儿,先后封徽宗之女宁福、金福等帝姬为夫人。《呻吟语》引用天会八年(1130年)七月金太宗诏书,上云:"邢皇后、韦太后怀孕。次年,又有诏云,邢、韦二人,各举男子一人。"

据史料记载,被俘的皇妃中,唯有宋钦宗的朱皇后,不失国母之尊,她不堪凌辱,自尽身亡。

10. 末路

徽宗一行三人到达灵州。州令将他们安置在土室,派一些番官、丁役看守。番官借口搜查凶器,乘机猥亵郑皇后。郑皇后想陪侍徽宗,只好忍气吞声。他们在灵州自耕自种,淋风沐雨,形容憔悴。如果任何旧臣看见皇帝、皇后,恐怕很难一时认出他们就是当年的帝后。一年以后,他们又先后被迁往污州、涞州。宋高宗绍兴五年(1135年),徽宗、钦宗已作了近五年的俘虏。

这时,南边传来宋军大败金军的消息。徽宗一行,又被解往五国城,这里是他们生命的最后归宿。他们在五国城生活了很长的时间,在那里,郑皇后终于倒下了,永远地闭上双眼。面对荒漠,面对死亡,徽宗、钦宗痛泣不已。他们心中哀恸,唯有那又咸又苦的泪水。不久以后,徽宗熬持不住了,瞎了一只眼睛。第三年,徽宗双目失明。南返的希望此时已彻底破灭,他的重返故国山河的美梦也因之化为泡影。

徽宗绝望了,心如死灰。他白天枯坐着,晚上蜷伏在草垫上,完全像一个死人,徽宗就这样默默地在异国他乡死去,终年 54 岁。徽宗死后,钦宗还顽强地活着,希望能返回国土,重历大好河山。他一个人熬过了漫长的 21 年。南宋高宗绍兴二十六年,金帝完颜亮兴兵伐宋。大阅兵马时,金帝命令让钦宗作箭靶,用乱箭射死,然后让群马践踏,蹂之于泥土之中,终年 56 岁

第十章

草原悲歌

辽、金、元三朝,是中国北部由三个少数民族建立的、曾一度强盛的统一大帝国。辽、金、元,先后建都北京。契丹人建立的辽国称北京为南京,是辽四京之一。女真人建立的金国称北京为中都。蒙古人建立的元朝定都北京,称为大都。辽、金、元三代的帝王们是在无边的荒漠和纵马驰奔的草原中出生和长大的,他们的喜好和生活习性和汉代的帝王们大不相同。但是,辽、金、元和汉代的帝王们,不管他们在生长环境和文明进化上如何有别,而在荒唐淫逸方面却是大同小异,异曲同工。他们沉溺于酒色,纵情于骑猎和犬马,嬉游无度,杀人如同儿戏。他们的有些行为如同禽兽,不齿于人类,实在令人发指。

辽国是由契丹民族建立的统一王朝,公元916年,由契丹领袖耶律阿保机创建,国号契丹。2年后,建都皇都(内蒙古巴林左旗南波办城)。公元947年,改国号为辽,改皇都为上京。辽历时83年(983—1066年),凡9帝:辽太祖耶律亿、太宗耶律德光、世宗耶律阮、穆宗耶律璟、景宗耶律贤、圣宗耶律隆绪、兴宗耶律宗真、道宗耶律洪基、天祚帝耶律延禧。公元前125年,辽被金所灭,统治前后长达210年。辽国疆域,东北到黑龙江河口、日本海,西北到蒙古中部,南达今天津海河、河北霸县、西山雁门关一带,与宋接壤。辽帝中,辽圣宗、辽兴宗和辽道宗都喜欢汉文化,都是诗词的爱好者。学者沈德潜称他们:雅好词翰,咸通音律。

金国是由女真族建立的庞大帝国,公元1115年,女真族完颜部领袖阿骨打创建金,定都会宁(黑龙江阿城南)。天会三年(1125年),金太宗灭辽。第二年,灭北宋,先后迁都中都(北京)、开封。金历时119年(1115—1234年),凡9帝:金太祖元颜旻、太宗完颜晟、熙宗完颜亶、海陵王完颜亮、世宗完颜雍、章宗完颜璟、卫绍王完颜永济、宣宗完颜珣、哀宗完颜守绪。金国疆域,东北到日本海、鄂霍次克海、外兴安岭,西北到蒙古,西到河套、陕西横山、甘肃东部,与西夏接壤;南到秦岭、淮河,与南宋接界。

公元1206年,蒙古族领袖成吉思汗建立蒙古汗国。随后,势力范围扩大至黄河流域。从成吉思汗到蒙哥汗,陆续灭亡西辽、西夏、金、大理,在吐蕃建立行政机构,直接统治。至元八年(1271年),忽必烈定国号为元。至元十六年(1279年),灭亡南宋,统一全国,定都大都(北京)。元历时97年(1271—1368年),从成吉思汗到元亡,历时163年,凡15帝。建元之后,凡10帝:元世祖忽必烈、成宗铁穆尔、武宗海山、仁宗爱育黎拔力八达、英宗硕德八剌、泰定帝也孙铁木儿、幼主阿速八吉、文宗图帖睦尔、宁宗懿璘质班、惠宗妥懽帖睦尔(顺帝)。顺帝北走塞外,仍称元朝,史称北元。明建文四年(1402年),鬼力赤杀坤帖木儿汗,始去元国号。元之疆域,东、南到大海,西到今新疆,西南到西藏、云南,北到西伯利亚大部,东北达鄂霍次克海。

一、宫中后妃制度

辽代皇后之下,有元妃、德妃、文妃、惠妃,各妃之间没有什么等级差别。元代除了皇后和妃这两个称谓,后宫中再没有别的名号。相比之下,金代则复杂和完善一些。

金代明确规定,选后不取自庶族。金创国之初,后宫嫔妃没有名号。到金熙宗时,始有贵妃、贤妃、德妃之称。海陵王执政时,后宫嫔妃众多,宠妃有十二位:元妃、姝妃、惠妃、贵妃、贤妃、宸妃、丽妃、淑妃、德妃、昭妃、温妃、柔妃。金世宗大定年间,后宫简少。金章宗明昌时期,后宫规制大备。

金后宫制度规定:皇后下设贵妃、贤妃、德妃三妃,其他一如唐制。诸妃视正一品,比汉三夫人。昭仪、昭容、昭媛、修仪、修容、修媛、充夜、充容、充媛视正二品,比汉九嫔。婕妤九人视正三品,美人九人视正四品,才人九人视正五品,比汉二十七世妇。宝林二十七人视正六品,御女二十七人视正七品,采女二十七人视正八品,比汉八十一御妻。另有尚宫、尚仪、尚服、尚食、尚寝、尚功,都是后宫内宫。

二、辽景宗萧皇后

1. 萧燕燕

辽景宗皇后名叫萧绰,小字燕燕,是北府宰相魏王思温的女儿。萧绰很小就聪慧过人,连扫地都不同寻常。思温常看几个女儿扫地,见萧绰稳重端庄,扫得干净利落,便感叹说:"这女孩能有出息。"长大后,萧绰美丽动人。辽景宗即位,册为贵妃,旋立为皇后,正位中宫。

景宗即位后,因有婴风疾,多不视朝,国事都由皇后裁决。景宗天性仁懦,爱好音律,喜欢医术,因针灸医道见长被他拜官任相的达三十余人之多。他还好游猎,但体惫不能骑马。又沉溺酒色,晚年纵欲不休,外朝、后宫全仗着皇后支撑主持。

萧皇后治理政务和后宫,有条不紊。史称她明达治道,闻善必从,加上习知军政,能驾驭臣工,所以多得能臣为她效力。其父北院枢密使萧思温被贼兵杀害之时,她保持镇定,不辍政务和后宫事务,任命右皮室详稳耶律贤适接任北院枢密使。四个月后,她得悉国舅萧哈济和哈里等是杀害父亲萧思温的元凶,吩咐立即将其斩首,并流放其弟绅图于黄龙府,旋即将绅图斩首。

萧后替景宗生了三个儿子:长子耶律隆绪、次子耶律隆庆、三子耶律隆祐。隆绪即后来的辽圣宗。隆庆字燕隐,小字普贤奴。史称隆庆相貌奇特,小时就爱战阵游戏,指挥群儿,没有谁敢违拗。

萧后主掌内外,敢作敢为。她追封父亲萧思温为楚国王,追封祖父瑚穆里为韩王,赠伯父瑚噜古兼政事令、宁右齐兼侍中。接着,她吩咐史馆,此后书皇后,一律称朕、予,并且著为定式。这是皇后与皇帝分庭抗礼。

2. 太后生涯

乾亨四年(982年)九月,景宗去世,遗诏梁王耶律隆绪即位,军国大事听决于皇后。梁王即位为辽圣宗,萧氏尊为皇太后地主摄国政。一天萧后悲泣地说:"母寡子弱,族属雄强,边防未靖,怎么办?"心腹大臣耶律斜轸、韩德让进奏说:"信任臣等,有什么可忧虑的!"于是,萧后以耶律斜轸、韩德让参决军政,委北院大王于越休哥为行军都统,主南边事;任南院大王巴济总领山西诸州事,同平章事萧道宁领本部兵驻守南京。

统和元年983年五月,萧太后大寿。萧道宁以国舅和平章事的双重身份,奏请萧太后回父母家庆寿。寿典隆重而热烈。齐国公主和命妇、群臣,都奉送厚礼。接着,少年圣宗率领群臣百官上萧太后尊号,尊为承天皇太后,并举行了庄严的册皇太后仪。据史书记载,辽最早举行册太后仪者,是太宗会同初年册舒噜皇后为应天皇太后,这是辽太后受册的开始。但《礼乐志》正式记载册立皇太后之制,是统和元年,即特指萧后册为承天皇太后之时,所以说,辽完整的册皇太后仪是从圣宗统和元年册萧氏为承天皇太后开始的。

萧氏尊称承天皇太后以后,发布的第一道重要诏令是,着有司制定确立朝服:三品以上法服,三品以下服大射柳服。辽太祖时,朝服中裹甲,以备征战时用。法服是汉代服饰。辽太宗以后,皇帝和南班汉官都服汉服,太后和北班契丹官员服其国服。

统和十五年(997年)八月,圣宗带领近侍骑猎平地松林。《方舆纪要》称,龙门卫西十里,有大松山,山上有许多古松。圣宗驻跸鸯泺,游猎松山,就是在这里。释智仆《盘山志》说,盘山古松数百万计,奇绝的古松生于石罅,大的有数十围,皆龙鳞斑驳。口北松柏奇多,蔽云遮日,绵延千里松林,称为平地松林。

圣宗游猎松林,萧太后告诫说:"前代圣人有言,欲望不可狂纵。我儿是天下君主,驰骋用猎,一旦有什么不测,怎么办?你好自珍重吧!"圣宗俯伏听命,无限感慨。因为八年以前,圣宗击鞠无度,谏议大夫、知宣徽院事的马得臣曾也上书切谏:应以唐太宗、玄宗为法,不应轻万乘之尊,图一时快乐。万一有变,对于社稷、太后,怎么办?圣宗遂听命太后,用心国事。因此,史书称:圣宗称辽盛主,太后教训为多。萧太后聪慧、明智,为大辽培养出了圣宗这样一位一代圣主。

三、《十香词》淫词冤案(上)

1. 品味《十香词》

辽人王鼎是一位博学的才子,他撰写的《焚椒录》视角独特,别具一格。书中记载了一首《十香词》,人称淫词,辞藻华丽,遣词准确。这首淫词传世以来,署名的词作者一直是皇后萧观音。事实上,这首淫词隐藏着一件千古罕见的冤案:冤案的主人就是萧皇后,用于栽赃陷害的正是这首《十香词》。

《十香词》很有传奇性,它的真正作者不是萧观音,而是奸臣张孝杰,萧观音不过是欣赏者和抄录者。然而,因为萧观音轻信侍女,亲手抄录,成为这件大冤案的直接受害者。这首词产生于一千多年前的北漠草原,有点出人意料。细细品味《十香词》,发现它是如此工整细腻、生动婉约,读后着实让人拍案称奇,叹为观止。这是一首奇词,以十香名之,分别描述女人的十香之美,不妨奇词共赏:

第一香:秀发香

青丝七尺长,挽作内家妆。不知眠枕上,倍觉绿云香。

第二香:酥胸香

红绡一幅强,轻阑白玉光。试开胸探取,尤比颤酥香。

第三香:粉腮香

芙蓉失新艳,莲花落故妆。两般总堪比,可似粉腮香。

第四香:颈边香

蜻蜓那足并,长须学凤凰。昨宵双臂上,应惹颈边香。

第五香:口甘香

和羹好滋味,送语出宫商。定知郎口内,含有暖甘香。

第六香:风来香

非关兼酒气,不是口脂芳。却疑花解语,风送过来香。

第七香:玉手香

既摘上林蕊,还视御苑桑。归来便携手,纤纤春笋香。

第八香:软钩香

凤靴抛合缝,罗袜卸轻霜。谁将暖白玉,雕出软钩香。

第九香:裙内香

解带色已颤,触手心愈忙。那识罗裙内,消魂别有香。

第十香:满身香

咳唾千花酿,肌肤百和装。无非噀沉水,生得满身香。

2. 不知辽为何物

辽王朝起于北漠,亡于北漠,他们来如烟,去如风。在历史上,辽人似乎什么都没有留下,甚至于帝王后妃的陵墓也都没有踪影。只有史学家、文人、学者的作品和多个时代的文物古迹,真实地展示了辽人的历史、物产、风云人物、传奇故事和人文风貌。不过,史家之言,太过简略,许多人物、故事语焉不详,让人如坠五里雾中。有些读书人尚搞不清辽有几主,一般普通民众,更不知辽为何物。所以,文人元好问感叹:"呜呼,世无史氏久矣!……泰和中,诏修《辽史》,书成。寻有南迁之变,简册散失,世复不见。今人语辽事,至不知起灭凡几主,下者不论也。"

辽是契丹族迭刺部创立的王朝,创建人是耶律阿保机。阿保机姓耶律氏,名亿。公元907—926年在位,执政20年。10世纪初,他统一契丹八部,强势控制了邻近的女真、室韦等重要部族。他重用汉人韩延辉等改革习俗,建筑宏伟的城郭。他创制契丹文字,发展农业、商业,极大地推进了契丹族的发展。公元916年,他创立契丹国。向南,攻取了营平等州,就是今天的河北东北部一带。两年后,他建都皇都,地点是今天的内蒙古巴林左旗南波罗城。公元926年,他攻灭渤海,随后离开人世。

几乎与阿保机同时,中原地区,朱温建立了梁王朝。30年后,公元947年,契丹主耶律德光攻灭后晋,入主汴京,建国号辽,改元大同,改皇都为上京。辽之疆域,东北到黑龙江口,西北到蒙古国中部,南到今天津海河、河北霸县、山西雁门关一带。辽历 9 帝,历时 210 年,是统治中国北部的一个契丹族建立的军事王朝。

3. 辽人文化生活

契丹人之所以钟情于"辽",据说,是因为他们源于辽水。辽水是北漠的生命河,也是契丹人的圣水,它奔腾不息,滋养了北漠草原,也滋养了草原上的游牧民族。契丹有个古老的传说:"有神人乘白马,自马盂山浮土河而东。有天女驾青牛车,由平地松林泛潢河而下。至木叶山,二水合流,相遇为配偶,生八子。其后,族属渐盛,分为八部。"二水合流,汇成相交之水,就是辽水。

契丹人的历史、文化,许多是通过汉字歌谣、诗词才得以流传下来的。契丹族人的最早记事、计时方法,是"刻木为契",相当于中原民族的"结绳记事"。耶律阿保机创立辽国以后,吩咐族人,创制契丹字。他们在汉族士人的帮助下,以汉字为基础,创契丹字,通称契丹大字。契丹大字,是在汉字的基础上增添笔画、偏旁而创制的一种文字。汉字本来就复杂,难记、难读、难懂,契丹字增添笔画,更是难过天书。因此,这种文字,很难普及。耶律阿保机的弟弟迭剌感于契丹大字之难,决定另辟蹊径。他借用流行北漠的回鹘文,创制简单易行的文字,称为契丹小字。契丹小字,字数少,笔画少,读音简单,所以,简便易学,容易普及。

据说,公元 930 年,契丹使臣奉契丹主之命,出使中原地区的五代后唐王朝。他们带着两份文书,以契丹文字书写的函件,结果,整个后唐,从皇帝李嗣源到文武大臣,没有认识这契丹文字的。契丹大字,实在是太难懂了。契丹大字,有一千多个发音符号;契丹小字,有五百多个发音符号。据统计,现在全世界认识和研究契丹字的,也就 10 人左右。

宋朝建立以后,与辽国建立了密切的联系,在文化、生活诸方面进行了广泛的交流。中原宋王朝,以儒家为中心的汉文化影响深远,传播和渗透到辽人生活的各个方面。契丹人汉化是一个漫长的过程,特别是契丹上层,他们仰慕中原,对汉人的诗词歌赋十分喜爱,一些附庸风雅之辈从小就开始接受汉文化,学习汉语,熟读《诗经》,研习唐诗。

据说,宋人出使辽国,目睹了辽人学习儒经、研习汉诗的情景。回朝以后,有一位宋使感慨万千,特地写了一首打油诗,描述当时的情景:此老方扪虱,众雏争附火。想当训诲间,都都平丈我。这是说,一位契丹老先生,一边在摇头晃脑地吟诵儒经,一边在火炉边上找虱子。在他的身边,有一群契丹女人,她们挤在火炉边,一边烤火取暖,一边听读经文。屋子里还有不少契丹子弟,他们手捧着《论语》,跟着老先生一边诵读,一边摇头晃脑。他们专心致志,十分陶醉。

可惜的是,他们把《论语》中的"郁郁乎文哉",误读成了"都都平丈我"。字虽然读错了,但他们仰慕中原,对汉文化的学习是非常认真的。宋学者洪迈写《夷坚志》,在这部书中,他记载了契丹少儿诵诗的情景:月明里,和尚门子打;水底里,树上老鸦坐。这些少儿所诵读的诗,显然是贾岛的诗:"鸟宿池边树,僧敲月下门。"他们这种解读,很适合少儿呀呀学语。

辽代皇帝、皇室和上层贵族一直都很重视汉文化,强调"汉化",特别注重汉诗的学习。辽国的开创者是耶律阿保机,他懂汉话,会说汉语。他的长子东丹王耶律倍和后来的辽太宗耶律德光两兄弟都喜爱汉人的生活方式,在汉语方面,他俩都很有造诣,能诗能文。然而,皇长子耶律倍不得皇太后欢心,太后喜欢耶律德光,皇长子继位无望,绝望之下,愤然逃往中原。临行时,他写诗一首,将自己心中的压抑和愤慨之情表达得淋漓尽致:小山压大山,大山全无力;羞见故乡人,从此投外国。

辽圣宗耶律隆绪,12 岁时登上皇帝宝座,由其母亲萧太后摄政。辽圣宗少年即位,萧太后和大臣耶律斜轸、韩德让参决军政,并派遣大将耶律休哥守燕(北京)。宋军攻辽,她大胆布阵,派遣大将在歧沟关(河北涿县)迎战,大败宋军。后来,她和辽圣宗率军南下,直抵澶州(河南濮阳),逼宋真宗签订了对宋而言极为屈辱的《澶渊之盟》。开泰年间,喜得传国玉玺,圣宗十分高兴,用汉语写诗一首,表达欢喜之情:一时制美宝,千载助兴王。中原既失守,此宝归北方。子孙皆慎守,世来当永昌。他擅丹青,喜诗歌,有御制诗 500 余首,可惜大都失传。

辽兴宗耶律宗真也是一位汉语的热心实践者,他的汉诗水平不差,他自认为自己可以算是一位诗人。重熙二十四年(1055 年),宋使来辽,恭贺佳节。当时,辽朝的司空郎思孝最有才华,兴宗让他在宋使面前赋诗,以显示辽人的才华和修养。会谈很融洽,辽兴宗高兴,自己先赋诗一首,以抛砖引玉:

为避绮吟不肯吟,既吟何必昧真心。

吾师如此过形外,弟子争能识浅深。

4. 辽道宗的汉诗造诣

在辽朝九位皇帝之中,辽道宗耶律洪基是最为突出的一个。可以说,他是汉化最好、汉文化造诣最深、汉诗写得最棒的一位君主,他的诗歌意境出神入化,可以与大唐诗人相媲美。辽道宗时,重用汉人,委任大量汉人做官。大臣李俨就是汉人,道宗很喜欢他,特旨赏赐国姓耶律,人称耶律俨。一个秋日,耶律俨写《黄

菊赋》一篇,进呈道宗。道宗览之,大喜,一时不禁文思泉涌,挥笔成诗《题李俨黄菊赋》:

> 昨日得卿黄菊赋,碎剪金英填作句。
>
> 袖中犹觉有余香,冷落西风吹不去。

人常说,人生在世,不必多阅世,阅世愈浅,则性情愈真。辽道宗就是这样一个阅世浅、性情真的皇帝。道宗的这首《题李俨黄菊赋》诗,挥洒自余,情趣悠长,令人回味。许多文人推崇这首诗,称为绝世佳作。元人张肯特地将此诗填成词,完成了一首意境完美的《蝶恋花》:

> 昨日得卿《黄菊赋》,细剪金英,题作多情句。
>
> 冷落西风吹不去,袖中犹有余香度。
>
> 沧海尘生秋日暮,玉砌雕阑,木叶鸣疏雨。
>
> 江总白头心更苦,素瑟犹写幽兰语。

5. 第一奸臣

辽道宗时期,第一奸臣是耶律乙辛。他出身于贵族之家,是辽八大部之一的五院部人。到他父亲耶律迭剌时,家族败落,几乎一贫如洗,所以,部落里的人都叫他的父亲耶律迭剌为"穷迭剌"。就是这位穷迭剌,生下了心狠手辣的奸臣耶律乙辛。在中国历史上,有 26 部被官方认可的史书,称为正史。正史是为帝王将相树碑立传的纪传体史书,正史中的帝王都是具有神格的人,他们的出生几乎都异于常人,有神异之象。《辽史》也不例外,辽主有各种各样奇特的神迹。更令人意外的是,《辽史》记载的耶律乙辛,出生之时,也如同帝王一样,有种种异兆。这位辽代历史上的第一大奸臣,竟然真的与众不同。

据说,耶律乙辛的母亲怀孕之时,梦见自己在一片荒野之中,与一只健壮的羚羊奋力相搏。她大喝一声,拔其羊角和羊尾,血涌如注,猛然惊醒。醒来以后,已经是阳光明媚的早晨。他的母亲疑惑不解,立即找来巫师,为她解梦。巫师沉吟片刻,从容地说:"恭喜夫人,这是吉兆! 羊字去角去尾,就是王字,贵子当封为王爷!"不到足月,耶律乙辛就迫不及待地来到人间。据说,就在他早产之时,他的一家人正长途跋涉,在转移到新的牧场途中,一路上,没有食物,没有水。小孩降生,无水洗浴,怎么办? 一大家人正在发愁之时,小孩子所在的车轮之下,忽然甘泉喷涌。

耶律乙辛少年时,帮家里放羊。有一天,天色很晚了,仍然不见他回家。他的父亲迭剌就去找他。在山上,远远地看见了乙辛,他正躺在草地上,十分舒坦地做着美梦。他的父亲很生气，过去飞起一脚，把乙辛踢醒。乙辛跳了起来，怒声说："你怎么把我惊醒了！刚才，我正梦见神人，给我吃太阳和月亮，已经把月亮吃掉了，正要咬太阳，快入口了，你把我惊醒了！"明明是偷懒，梦见自己吃烧饼，乙辛装神弄鬼地说吃月亮。他的父亲耶律迭剌很迷信，认为自己的儿子吃太阳和月亮，真是不同凡响，岂能是普通人？从此，老爹就供养着他，不再让他去山野里放羊。

耶律乙辛长大后，真是一表人才。史书记载他是美风仪，身长八尺，相貌堂堂。不过，后来的历史证实，他是大奸若忠，外和内诈。辽兴宗时，耶律乙辛不过是一个初级小吏，负责掌管太保之印。后来，他以媚术赢得了太后的喜爱，破格提拔，竟然成为护卫宫廷太保的禁卫军卫队长。辽道宗时，耶律乙辛以先帝旧臣身份，再次被破格提拔，任命他为同知点检司事，随后授与他执掌朝廷政务的枢密副使，也就是掌握实权的副宰相。仅仅几年之后，清宁五年（1059 年），道宗任命他为南院枢密使，封赵王。

清宁九年（1063 年），驸马都尉萧胡睹结党营私，千方百计地在朝中结交私党。他历练多年，以前，他是皇太叔耶律重元的党羽。重元图谋不轨败露后，他另起炉灶，自己建立起关系网。他的运作十分成功，基本上达到了自己的所有目标。在朝廷中，他认为自己最大的敌人是先朝重臣耶律仁，官高位重。萧胡睹想将他排挤出京，外放西北路招讨使。辽道宗信任这位驸马都尉，不详细调查，就决定采纳萧胡睹的建议。史书上说，道宗"将从之。"

道宗倚重耶律乙辛，对于驸马都尉萧胡睹的建议，想听听乙辛的意见。耶律乙辛沉吟片刻，进谏说：耶律仁，乃先帝旧臣，不可遽离朝廷。辽道宗考虑再三，没有接受乙辛的进谏。后来证明，乙辛的说法是对的。尤其是平定了皇太叔耶律重元之乱后，道宗想起耶律乙辛不久前的进谏，感觉乙辛是一个不可多得的人才。在平定叛乱之中，乙辛表现得镇定自若，全力以赴，平息了内乱。于是，道宗再次破格提拔，任命乙辛为北院枢密使，进封魏王，赏赐"匡时翊圣竭忠平乱功臣"。

从此以后，耶律乙辛官运亨通，大权在握。不久，道宗加封乙辛为太师，执掌朝廷军政大权。道宗特旨，命其执掌四方军旅之事，许以便宜行事之权。也就是说，除了皇帝之外，他是唯一能够随意调动军队、任免文武官员的朝廷大臣。史书称：自此，乙辛势震朝野，门下贿赂不绝。在乙辛的操纵下，所有阿谀奉承之徒和投奔门下之辈，耶律乙辛一一举荐，授与要职，升官发财。而那些忠于职守、禀性忠直之人，一律被他逐出朝廷，几乎无一幸免。

6. 萧观音

辽代第八位皇帝是辽道宗耶律洪基,他是兴宗耶律宗真的长子,他的夫人就是《十香词》冤案的主角萧皇后。道宗之时,大辽已基本汉化,他们尊重儒术,仰慕和接受中原文化。道宗 24 岁即位,雅好儒学,喜爱诗文,是一位能文能武的皇帝。史官描述他:性情沉静,为人严毅。每次上朝时,他的父皇辽兴宗看见他都为之敛容。

萧氏小字观音,是辽兴宗生母钦哀皇后之弟枢密使萧惠的女儿。据说,她的母亲怀她之时,曾有异兆:梦见一轮明月,投入其怀。接着,明月上升,月华四射。最后,明月被一片乌云遮掩,渐渐消失。萧氏是在母亲神秘的梦境之中来到人世的,她出生以后,样子十分可爱,父母满心欢喜。然而,她的父亲知道了这个奇怪的梦境之后,心情一直十分沉重。问过星相大师之后,她的父亲郑重地说:"从星相上说,乌云遮月,是大不吉,犯天狗小人之命。女儿五月降生,也是古来之大忌。由此看来,女儿命虽贵,但恐怕不能善终!"

萧氏母亲闻言,大惊失色,问怎么办?其父说:如此之兆,将来只好送女儿入寺,出家为尼。萧氏生长在富贵之家,每天锦衣玉食,过着无忧无虑的生活,接受良好的教育。14 岁时,她已经出落成绝世美人。她端庄秀丽,倾国倾城,才艺双绝。见者无不夸赞她的美丽,称她为观音。观音美名远播,闻名遐迩,以致人们忘记了她的本名,只知道她叫观音。史称她:姿容冠绝,工诗词,善议论。能自制歌词,自行吟唱,并擅长弹奏琵琶。重熙年间,耶律洪基为燕赵王,纳萧氏为王妃,时年 16 岁。

萧观音年轻美貌,16 岁进入王宫,占尽优势:美色、才艺、门第,无人能比。皇帝册洪基为太子,太子喜爱观音,册她为太子妃。第二年,辽兴宗去世,太子耶律洪基入主帝位,为辽道宗。丧事刚刚完毕,道宗册立王妃萧氏为皇后。册立仪式十分隆重,册立的地点选在辽宫最为巍峨的宫殿清风殿。萧皇后年方 17 岁,美丽动人:头戴金冠,金冠上装饰着珠玉翠羽。身穿白绫袍,尽显优雅高贵。腰系红带,佩着玉坠,脚蹬皮靴,真是光彩照人。

当时,册立仪式十分隆重,16 名衣着鲜艳的命妇簇拥着她,参与大典的宾客们被萧皇后的美丽所震惊,他们目睹了整个典礼之后,更加惊叹皇后的典雅高贵,恭称她为皇后观音。宫人们钦佩她,敬仰她,赞美她。京城之中,很快有歌谣传唱,赞美皇后之美:孤稳压迫,女古华革,菩萨来做特里蹇。意思是说:玉饰头,金饰足,观音来做辽皇后。

道宗对萧皇后十分宠爱,新婚之后,两人几乎形影不离。遗憾的是,三年时间过去了,萧皇后一直没有怀孕。皇太后着急,决定为皇帝、皇后举行隆重的再生仪。奇迹出现了,再生仪举行的第二年,萧皇后怀孕,生下了一个儿子。皇帝喜出望外,给儿子赐名耶律浚。耶律浚,小字伊啰斡。据史官说,他的相貌酷似其父亲。皇子十分聪明可爱,幼年时,他就好学能文,父母对他格外喜欢。清宁九年,耶律浚6岁,父皇封他为梁王。第二年,梁王奉旨随父亲出宫游猎。在路上,遇上了10只鹿,7岁的梁王张弓搭箭,一阵连射,射中了9只。皇帝闻讯,大喜,吩咐设宴庆贺。一年后,梁王被册立为太子。

年轻的时候,皇帝耶律洪基经常携皇后萧观音外出打猎,四处巡游。有一次,她和皇帝在伏虎林中打猎,大有斩获。皇帝很高兴,大摆宴席,君臣一起欢宴饮酒。萧观音心情极好,喝着美酒,即席赋诗:威风万里压南邦,东去能翻鸭绿江。灵怪大千俱破胆,哪叫猛虎不投降!皇帝闻言,大为赞叹。

辽道宗信任耶律乙辛,委以宰相重任,把国事交给他全权处理。道宗喜爱游乐,他终日带他的随从和美人出宫打猎,巡游无度,乐此不疲。时光飞逝,到大康元年(公元1075年),皇帝颁旨,让皇太子耶律浚参决朝政。皇太子为人正直,不喜欢耶律乙辛。手握大权的耶律乙辛突然感到末日到了,他不甘心大权旁落,怎么办?一向诡计多端的乙辛经过精心策划,终于想出了一个一箭多雕的毒计:让皇帝废了皇后萧观音,再由皇后顺藤摸瓜,废了太子。如何才能让皇帝发怒废掉皇后?只有一计:红杏出墙。于是,乙辛炮制了《十香词》,嫁祸于萧观音,一场千古罕见的冤案就这样形成了。

四、《十香词》淫词冤案(中)

1. 深宫寂寞

辽道宗是位多才多艺的皇帝,然而,皇权没有约束,在他年青的时候,他干了不少荒唐事。对于皇帝来说,任用大臣历来是一件十分严肃的事情,不可儿戏视之。然而,这位北漠之主的辽道宗通常是在欢宴以后,醉酒之余,以掷骰子的方式提拔和重用大臣。这样选才治国,简直有点儿戏的味道。不仅如此,辽道宗还是一位放浪不羁的皇帝。有的时候,这位风流成性的皇帝会别出心裁,做出一些不合常规的事情。比如,他以皇后萧观音的名义,召大臣漂亮夫人入宫,随意淫乐。据记载,大臣李俨之妻邢氏就曾多次召入宫中,被道宗逼淫。

一年之中,更多的时候,风流成性的道宗是在宫外度过的。他终日信马游缰,过着畋猎、饮酒、纵情狂欢的生活。他常年游乐在外,皇后萧观音留守宫中。他们夫妻二人经常不能见面,时间一久,渐渐感觉生疏。萧观音多情多才,内心丰富。她对于丈夫的逐渐疏远,习以为常,也不抱什么幻想。深宫寂寞,长夜难熬,面对如铅夜色,萧观音时常思绪万千,情如潮涌。有一天,她满含热泪,写下了一行行情意缠绵的宫词,取名《回心院词》,共有十首:

一、扫深殿

打深殿,闭久金铺暗。游丝络网空作堆,积岁青苔厚阶面。扫深殿,待君宴。

二、拭牙床

拂象床,凭梦借高唐。敲坏半边知妾臣,恰当天处月辉光。拂象床,待君王。

三、换香枕

换香枕,一半无云锦。为使秋来辗转多,更有双双泪痕渗。换香枕,待君寝。

四、铺锦被

铺绣被,羞杀鸳鸯对。犹忆当时叫合欢,而今独覆相思魂。铺翠被,待君睡。

五、挂绣帐

装香帐,金钩未敢上。解除四角夜光珠,不教照见愁模样。装绣帐,待君眠。

六、理床褥

叠锦茵,重重空自陈。只愿身当白玉体,不愿伊当薄命人。叠锦被,待君临。

七、铺瑶席

展瑶席,花笑三韩碧。笑妾新铺玉一床,从来妇欢不终夕。展瑶席,待君息。

八、剔银灯

剔银灯,须知一样明。偏使君王生彩晕,对妾故作青荧荧。剔银灯,待君行。

九、蒸香炉

蒸薰炉,能将孤闷苏。若道妾身多秽贱,自沾御香香彻肤。蒸薰炉,待君娱。

十、奏鸣筝

张鸣筝,恰恰语娇莺。一从弹作房中曲,常和窗前风雨声。张鸣筝,待君听。

《回心院词》写得情意缠绵,荡气回肠。这种特殊的填词句式,在中国诗词史上,是第一次出现,正是萧观音所首创。静坐空旷的寝殿之中,萧观音展阅墨迹淋漓的词稿,反复吟咏。哀婉之音绕梁不绝,感慨之余,她不禁潸然泪下。词意太美了,萧皇后决定将这十首词进行加工,自谱成曲。她按曲吟唱,自己都醉了。于是,皇后宫中,宫人们开始传唱这首相思词,也教会其他宫院的宫人演唱。这是一首怀人之长曲,也是一首静夜的思夫情歌。幽怨的曲调正中宫人下怀,她们相互传唱,抒之幽怀,为之动情。据说,皇后和她的宫人们经常传唱此词,动辄哭成一片。

2. 伶人赵惟一

《回心院词》情深意切,词句幽怨,曲调优雅,吟咏朗朗上口。不过,萧皇后的谱曲复杂多变,演奏起来,难度很大。许多宫廷伶人入内演奏,萧皇后不满意,伶人们纷纷知难而退。近侍们到处物色最好的乐师,演奏此曲。经过多方打听,他们得知伶人赵惟一是一流琴师。赵氏是汉人,精通音律,擅长乐器,他的高超技法出神入化,能够演奏几乎所有复杂多变的乐曲。赵惟一被请进了宫中,在萧皇后跟前,演奏此曲。他的高妙技法将幽怨缠绵的《回心院词》演绎得惟妙惟肖,丝丝入扣,荡气回肠。

萧观音听了赵惟一的演奏,十分吃惊。她没想到,在这世上,竟然还有人如此懂她,能够将她的心思如此准确地通过琴声表达出来。萧观音深受震动,对他另眼相看。她发现,这位专心致志的赵惟一不仅是一流伶官,还是一个一流相貌的英俊男人。萧观音不禁喜欢上了这位仪表堂堂的美男子。幽旷已久的萧皇后被赵惟一的幽思之琴点燃了,她的一颗孤独之心向着赵惟一。

萧观音与赵惟一是否越过了界限,不得而知,因为史料没有记载。不过,萧皇后写了一首《怀古诗》,借古抒怀,表达了自己特别的情怀。这是一首怀古诗,也是一首相思诗,好事者吃惊地发现,在这首幽怀诗中,竟然藏着一个特殊的名字,就是萧观音朝思暮想的赵惟一。更为奇怪的是,萧观音的这首诗,本来只是写着自娱的,一直放在皇后宫中。可是,不知道为什么,仅仅几天时间,这首诗,就在宫人中传唱开了,而且传得沸沸扬扬。就是这首《怀古诗》,以诗传情,为萧皇后带来了灭顶之灾:

宫中只数赵家妆,败雨残云误汉王。

惟有知情一片月,曾窥飞燕入昭阳。

关于萧观音的恋情,记载事件始末最为详细的是辽末文人王鼎。王鼎的史料来源,是依据其妻的乳母所讲述而记载下来的。这位乳母不是普通人,她的先人曾在萧观音宫中供职,知道许多内情。王鼎撰写的《梦椒录》是纪实性的,因为是历史的亲历者及其后人亲自讲述,所以,许多内容应真实可信的。按照这本书以及有关书籍的记载,可以认定,《十香词》是权臣耶律乙辛早就精心策划的,他的整套方案设计得天衣无缝:第一步,他派人请精通汉词的高手伪造此词;第二步,他精心物色一名侍女,安排到萧皇后身边;第三步,他得到了这首淫词之后,就交给早已物色好的侍女,让侍女千方百计地哄骗萧皇后,让她照抄一遍。

3. 冤案始末

综合各种史料,梳理整个冤案,可以得到如下清晰的脉络。

这场祸机,是因皇太子而起的:赤山秋猎时,皇太子十箭射获九鹿,皇帝大摆庆功宴。当时,随皇帝出行的皇族之中,地位最高的是皇太叔耶律重元和其妃子萧氏,他们应邀出席了这场盛宴。道宗对皇太叔耶律重元很敬重,任命他为天下兵马元帅。耶律重元萧妃,徐娘半老,但是,不论什么场合,她总是喜欢浓妆艳抹,举止轻佻。史官描述为:艳冶自矜。

这场宫廷盛宴,耶律重元的萧氏依然我行我素,打扮得不合时宜。萧皇后端庄贤淑,严于律己,她对萧氏的衣着、言行看在眼里,一直很不舒服。宴会间隙,萧皇后单独将萧妃召入自己的帐中,略带责备地笑着告诫她:"你是贵家女,何必如此做派!"萧氏是皇后的叔母,年纪大些,萧皇后如此诚斥,虽然轻描淡写,可她心里哪里受得了? 更何况,她本来就心胸狭窄,爱计较,好算计。于是,萧氏怀恨在心,一场祸事开始滋生了。

宴会之后,萧妃天天缠着丈夫耶律重元,逼他一定要想尽办法,夺回皇位。夺位太难了,重元不敢想象,有些犹豫不决。萧妃生有一个儿子,名叫烈鲁古,生性阴狠毒辣,狂妄自大。道宗封烈鲁古为楚王,拜官南院枢密使。楚王二十多岁时,就已经手握重权,位高爵显。生活诸方面一帆风顺,养成了楚王妄自尊大,目空一切。萧妃鼓动丈夫重元图谋皇位,丈夫没有反应。萧妃就将希望转向这个手握重权、目空一切的儿子。烈鲁古年轻气盛,听了母亲的想法,当然乐意相助。他沉吟片刻,明智地提出自己的想法:要想获得帝位,必先侦知皇帝的行动;要想熟悉皇帝的行动,必得交结皇帝的近侍。当时,道宗身边最得宠的近侍就是耶律乙辛。

楚王烈鲁古决定拉拢耶律乙辛,想让他作为自己谋位的内应。乙辛巧妙周旋,完全得知了楚王的谋位意图之后,他决定出卖楚王,谋取更高职位。乙辛一直寻找机会,向皇帝表示效忠,没想到,机会自己送上门了:楚王如此鲁莽,不可能成就大事。如果借机向皇帝告密,救皇帝于危难之中,一定会得道宗的特别信任,高官显爵,自然唾手可得。于是,乙辛倒戈,秘密向道宗告发。道宗大怒,派人立即查处,收捕叛党。结果,楚王烈鲁古被杀,萧妃自尽,皇叔耶律重元拔刀自刎,所有党羽、门徒、家人全部被捕,分别处置。

楚王之变平息之后,乙辛获得要职,权倾朝野,他在朝中的地位也更加稳固了。道宗好游猎,特别喜爱骏马。乙辛投其所好,从各地选最好的良驹,经常进献给皇帝。皇帝终日骑马游猎,不理政务。身为皇后,萧观音忧心忡忡。萧皇后觉得，乙辛身为宰相，不匡辅政务，也不进言规劝，终日诱导皇帝，出宫游乐，这不是一个良相的作为，这样的人，不是为人卑劣，就是心术不正。有一天，萧皇后对道宗说：请陛下不要沉溺于游猎，要留心政务。乙辛不是良善之辈，不要将政事尽委于他，谨防重元之乱上演！

萧皇后的进言没有引起道宗的警觉，反而引起了他的反感。一转眼，太子16岁了，道宗觉得太子应该历练政务，以便日后接班。道宗下旨，封太子为燕赵国王，参决朝政；从此以后，各部院奏事，先送太子过目。太子心地仁厚，孝爱天下，为人正直无私。太子目睹了乙辛的所作所为，对他很不屑，甚至于有几分厌恶，太子的蔑视形于颜色。乙辛心里明白。一旦太子即位，就是他的仕途终结，甚至于可能死无葬身之地。于是，乙辛开始设下毒计。

中年以后，萧皇后色衰，道宗经常带着别的爱妃巡行各地，四处游猎。太子监国，奉旨留守中京。萧皇后好静，也留守京城。道宗疏远萧皇后，萧皇后一有机会，就动辄进谏，反对游猎，道宗更加疏远皇后。耶律乙辛忧惧太子，决定从其母亲萧皇后下手，一直精心准备，伺机行动。道宗信任乙辛，收拾了叔叔耶律重元之后，他将重元豪华的府第连同府中的舞妓歌女赏给了乙辛。

歌女之中，有一位女人名叫单登，为人乖巧，善解人意，擅长吹笙和弹奏琵琶。单登已经出嫁，她的丈夫是宫廷教坊艺人朱顶鹤。耶律乙辛恩威并重，用重金收买了朱顶鹤和单登，经过一番精心布置，就将晓歌舞音律的单登送到了皇后宫中，侍候感情丰富、喜欢音乐的萧皇后。单登很会粘人，体贴入微。萧后很喜欢她，让她做贴身侍女，随侍左右。

萧皇后很单纯，单登轻而易举地取得了萧后的信任。作为卧底，她随时将萧后的一切告知乙辛。乙辛对萧后了如指掌，得知萧后撰写了《回心院》词、伶官赵惟一秘密入宫，以及萧后经常与赵惟一饮酒、弹琴，赵获得厚赏，乙辛心里有谱了，一条毒计随之出笼：乙辛密召自己多年合作的朋党张孝杰、萧十三，共商大计。他们决定，由擅长写文的张孝杰担纲，写一首淫词。经过几昼夜创作、修改，一首注定将留名青史的淫词《十香词》问世了。

张孝杰写好淫词以后，第二天，就派人交给了单登。单登人极乖巧，善于察言观色。她伶牙俐齿，为皇后精心设计了一处温柔陷阱，萧皇后在劫难逃。有一天，天极阴沉。萧皇后闷极无聊，坐在桌前，研好墨，铺开纸，想写写诗，可是，怎么也写不出来。这时，单登来了，沏好茶，侍候在萧后身边。于是，单登拿出了《十香词》，递给萧后，温柔地说：皇后，你别骂我。这是从外面偷偷抄下的，你看看。听说，这是宋国皇后所作。萧后接过纸，举目细看，不禁面红耳赤，挪不开眼晴了。

这时,单登笑着问:皇后,词写得如何? 萧皇后脸红红的,高兴地说:"词,写得好是好,只是太浪了点。想不到,宋国皇后这样大胆,敢写出这样的词来。"单登笑了起来,十分诚恳地请求说:"皇后,词好就行啊! 这样好的词,是宋朝皇后写的。如果皇后你能抄写一份,赐给奴才,奴才死了也值,那可叫双绝啊!"萧皇后嫣然一笑,想都不想,就拿起笔,抄写起来。抄得心旷神怡,极其舒畅。抄完以后,兴之所至,萧后又在词的后面,写上了一首《怀古诗》:

宫中只数赵家妆,败雨残云误汉王。

惟有知情一片月,曾窥飞鸟入昭阳。

五、《十香词》淫词冤案（下）

1. 东窗事发

皇后萧观音寂寞、多情,没有任何防人之心。她抄写了一份《十香词》,赏给侍女单登。接着,她又抄写了一份,真心实意地赏给自己的知心人赵惟一。赵惟一是伶官,有皇后宠着,心里很美。时间长了,赵惟一不免恃宠而骄,忘乎所以,想在同事跟前炫耀一下。赵惟一不知天高地厚,在同事跟前炫耀他与皇后的私情,这无异于找死。有一天,赵惟一与好友朱顶鹤一起吃饭。酒过三巡,他有了几分醉意。这时,他得意洋洋地拿出随身携带的《十香词》,向同事朱顶鹤炫耀:瞧瞧,这是皇后写的,是皇后亲笔手书的《十香词》! 你知道,是什么十香吗?

朱顶鹤满脸堆笑,面露惊异、羡慕的神色,恭恭敬敬地接过皇后的亲笔墨迹。在琴技上,朱顶鹤知道,他无法与赵惟一相比。对此,他早就妒火中烧,一直想找机会收拾这个天才对手。没想到,现在,他居然送上门来了。朱顶鹤不动声色,从容不迫地接过萧观音的亲笔手迹,收藏起来。接着,他殷勤地给赵惟一灌酒,只一会儿工夫,赵就醉了。朱顶鹤得到了萧皇后的手迹,立即告知宰相耶律乙辛。乙辛喜出望外,大叫:天助我也!。

一切具备,乙辛认为时机成熟,决定正式向皇帝耶律洪基告发此事。大康元年(1075 年)十月,道宗从漠北游猎归来。宰相耶律乙辛命单登、朱顶鹤到北院告发,称萧皇后和伶官赵惟一通奸。随着奏状,呈上萧后亲笔书写的《十香词》和诗。道宗得报,大惊失色。他脸色铁青,愤怒地将瓷杯砸得粉碎,喃喃自语:皇后平日一本正经,端庄有礼,竟然干出这等好事!

平静下来以后，道宗有些疑惑，问乙辛：这样的淫词浪诗，朱顶鹤、单登是如何拿到的？乙辛如实回答，道宗气得浑身发抖。这时，乙辛乘机进奏："陛下，这是大事，微臣不敢隐瞒，立即禀报陛下。此事不宜张扬，皇上可直接传问单登、朱顶鹤。"乙辛的说辞天衣无缝，道宗不得不信，又不敢相信。

道宗传问单登，她的供词，几乎和乙辛的一模一样，只是在对话之处，略有出入。单登说，有一次，她在窗外偷听，只听室内传出笑声，皇后说："可封你为有用郎君。"赵惟一说："奴才是小蛇，哪里比得上真龙天子。"皇后回答："什么真龙天子，一条懒龙而已！"

道宗听罢，感觉如五雷轰顶，头晕眼花，气得一句话也说不出来。愤怒之余，他立即宣召萧后，前来对质。皇帝怒气冲天，愤愤地将《十香词》朝萧皇后扔去，冷冷地说："你自己看！"萧皇后诚惶诚恐，看一眼皇帝，小心翼翼地捡起《十香词》。萧后一看，面无血色，只得如实承认："这词是我抄录的，但不是我写的。"

皇帝怒吼：你还要狡辩？写淫词，写淫诗，还有赵惟一！要召单登对质？

萧皇后十分震惊，她从来没有见过皇帝如此震怒，一时吓得目瞪口呆。萧皇后定定神，方知自己被侍女单登出卖和暗算了。萧皇后明白过来以后，就站在那里，大骂单登，说她血口喷人，希望皇帝不要听一面之辞。可是，道宗逼问她："这词和诗都是你的笔迹，这词是你抄的，这诗也是你抄的吗？这是你亲笔写的！如此晦淫，如何解释？"

萧皇后知道事情危急，赶紧解释，反复陈述事情的经过，说这首词是宋朝皇后写的，词中有亲桑之说，只有宋朝养蚕，本朝是从没有养蚕的。皇帝妒火中烧，心中已经认定了此事是真的，人证、物证俱在，皇后不过是在这里狡辩而已。皇帝盯着她，冷不丁地质问："本朝没亲桑之说，那凤靴抛合缝也是宋朝的？岂有此理！"一句话，萧皇后被问得哑口无言。

皇帝见萧皇后哑口无言，以为是皇后理屈词穷了，默认了这一事实。那么，奸情一定是真的了！萧皇后神思恍忽之际，皇帝看着她，不禁勃然大怒，顺手操起御座旁的铁骨朵，怒冲冲地朝萧皇后击去。萧皇后躲闪不及，铁骨朵一下子击中肩部。顿时，血流如注。萧皇后惨叫一声，倒在地上，失声痛哭起来。皇帝怒不可遏，大骂：淫妇贱货！来人啊，把她关起来！侍卫们一拥而上，将浑身是血的萧皇后捆绑起来，送往别院囚禁。萧皇后临走时，还在不停地哭诉、辩解，说这是诬陷栽赃，请皇帝不要听信奸人之言，日后一定会后悔的。

2. 千古冤案

皇帝先入为主,基本上认定了奸情属实。萧皇后申诉无门,被囚禁于别宫。人证、物证俱在,时间、地点、人物俱全。道宗食不甘味,怒火中烧,吩咐宰相张孝杰会同耶律乙辛查办此事。史书记载说:"上大怒,命张孝杰与(耶律)乙辛穷治其狱。"张孝杰是乙辛的朋党,身份较为特殊。他是道宗时期职位最高的汉人,以进士第一名进入官场,官至北府宰相,封陈国公。可以说,张孝杰是汉官之中最受皇帝尊宠的一位汉官。

大康年间,是张孝杰仕途的黄金时期。辽道宗宠信张孝杰,特别下旨,赐与他国姓。据说,张孝杰善解人意,有一套独特的马屁工夫。有一次,纵马游猎之后,举行欢宴。道宗心情很好,命张孝杰侍宴,赐坐于御坐之旁。酒酣之际,道宗兴起酒杯,吟诵《黍离》诗,大声唱道:"知我者,谓我心忧。不知者,谓我何求!"张孝杰闻言,立即跪奏:"今天下太平,陛下何忧?今富有四海,陛下何求?"

张孝杰是一位佞臣,官至宰相,皇帝离不开他。他和权相耶律乙辛惺惺相惜,相互利用,是利益相关的政治结盟者。萧观音一案,本来就是他们二人设计的,现在,此案交给他们二人审理,结果可想而知。重刑之下,所有涉案人员屈打成招。人证、物证在,涉案人员全部招供,形成铁案了。审理之后,张孝杰领衔据实上奏。

面对一叠案宗,道宗有些怀疑,犹豫不决。他仔细审阅了皇后所写的《怀古诗》后,问主审官张孝杰:"这首《怀古诗》,是骂汉皇后赵飞燕的,皇后怎么会写这些?"张孝杰笑一笑,低头说:回皇上,奴才不敢说。道宗瞪了他一眼:说吧,恕你无罪。张孝杰这才小声说:"这是一首思念诗,皇后思念赵惟一。"张孝杰说的每一个字,就像一颗钉子一样,钉在皇帝的心上。道宗咬牙切齿,盯着他,质问:"有何据?"张孝杰指给皇帝看,从容地说:"诗中一句、三句,嵌有三字:赵惟一。"

道宗忍耐到了极点,再也坐不住了。他狂怒起来,立即吩咐:族诛赵惟一,皇后赐其自尽。听说赐皇后自尽,太子什么也不顾了,直接闯进大殿,跪在父皇跟前,请求免母亲一死。太子求情,也无济于事。道宗处于盛怒之中,他厌恶地瞪了太子一眼,拂袖而去。侍女捧着一条白练,来到萧后跟前。萧后泪如雨下。临终之前,无处申诉的萧后乞求在押官,让她再见皇帝一面。可是,狂怒中的皇帝拒绝相见。萧观音泪尽泣血,又怨又悔,含泪写下《绝命词》一首,悬梁自尽。《绝命词》是一篇文字华美的自白书,内中称:"虽衅累兮黄床,庶无罪兮宗庙"

3. 太子之死

皇后获罪,被废、赐死,这是政坛上的大事件,能引发一系列政治大地震。皇后之死,第一个受波及的,就是皇太子耶律浚,他的太子地位岌岌可危了。皇后萧观音除掉了,权臣耶律乙辛初战告捷。但是,皇太子在,他依旧心中惴惴,坐卧不安。耶律乙辛专权,政治黑暗,直接威胁到许多人的利益。宫廷护卫萧忽古等人痛恨乙辛,他们知道皇后是冤死的,密谋多日,准备杀掉乙辛。不料,东窗事发,乙辛立即采取行动,将他们一网打尽,全部收捕下狱。

当时,投靠耶律乙辛的萧十三担任殿前副检点,也就是御林军副总指挥。他是乙辛的心腹之臣,他知道乙辛的心病,献计说:"现今,太子犹在,民心所向。大王您在朝中,根基不厚。现在,又有诬死皇后之嫌。一旦太子继位,大王或许有性命之虞。宜从长计议!"耶律乙辛闻言,不禁叹息:"吾忧此久矣。"萧十三悄悄地说:侍卫叛乱,如果主谋是太子呢?乙辛看着他,大笑起来:萧十三啊,你真是天才!已经查实了,侍卫叛乱,主谋就是皇太子!萧十三献计献策有功,乙辛授与他殿前都检点之职,负责整个禁卫军。

经过密谋,耶律乙辛指使心腹之臣上书,陷害皇太子。护卫太保耶律查刺依附乙辛,他上书皇帝,诬告不依附乙辛的正直禁卫将军耶律撒拉等人密谋篡位,图谋弑君,迎立皇太子。弑君叛乱?这是大事。道宗亲自过问,派人调查。调查的结果是查无实据,此案只好作罢。这次诬告,没有成功。这时,萧十三出场了。他经过精心安排,特派手下牌印郎君萧讹都斡出马,前往御前"自首"。

牌印郎君对道宗说:奏报陛下,耶律撒拉等人多次找过我,确实曾密谋造反。密谋之事,小臣也曾多次参与。本来,我们约定,打算杀掉耶律乙辛,立皇太子为帝。微臣忠于皇上,胆小怕事,不敢隐瞒此情,特来自首。牌印郎君是皇帝的仪仗队长,自然和皇帝关系很好,道宗信任他。由仪仗队长出面"自首",情况就完全不同了。

道宗相信牌印郎君的话,下令立案审讯,由耶律乙辛负责。在乙辛的精心安排下,所有相关人员全部被捕。重刑之下,屈打成招。乙辛冷笑,对侍从说:只要权力在手,没有办不成的案子!乙辛将审查的结果上报,道宗大怒,吩咐全部处以极刑。史书记载称:上怒,命诛(耶律)撒拉等人。

耶律乙辛诡计多端,为了完全消除皇帝的怀疑,经过精心策划和细致安排,他特地在将这些叛乱者处以极刑之前,宣布在负责审讯的刑部大院内,"公审"涉案的主要几名犯人。时值伏天,暑气炎热。"公审"那天,乙辛让所有参加"公审"的涉案人员剥去上衣,每人身上戴着超重的特大枷锁,让他们在烈日之下暴晒。

每个犯人的身后，各有一名卫士，用细绳索勒住这些犯人的脖子：当犯人困倦的时候，就勒紧一下；犯人快要窒息的时候，又稍稍松一下手。

如此酷刑，犯人生不如死。史书记载："人人不堪其酷，惟求速死。"要知道，这是钦定大案，出于慎重，临刑之前，道宗特派近侍，复核此案。耶律乙辛得讯，盛情招待钦派特使，重金买通负责复查的太监等人。钦派太监提审有关犯人，问他们：有何话说？是否有冤情？每个犯人都说谋反是实，别无异辞。审查结果上奏，的确是谋反叛乱，主谋者是皇太子。

道宗大怒，派人立即将皇太子耶律浚囚禁起来，命耶律燕哥主审。耶律燕哥和萧十三沆瀣一气，都是耶律乙辛的心腹死党。狱卒严刑拷打，逼太子认罪。太子大声喊冤，怒发冲冠，一直声称自己无罪。太子寄希望于主审官耶律燕哥，对他说："吾为储君，尚何所求？公当为我辩之！"耶律燕哥表面上答应为太子申冤，但暗地里，他却伪造了太子的认罪书，连同罪证，一起上呈辽道宗。

道宗大怒，下诏废太子为庶人，命囚太子于上京荒院。侍卫奉旨，将太子关进囚车，押出宫门。临上车前，太子耶律浚仰天长叹："天啊，我有何罪？竟至于此！"负责此案的萧十三气势汹汹，大声呵斥太子：少啰唆，快进去！太子连推带搡，被关入囚车。萧十三飞起一脚，将囚车门踢上，挂上锁，由侍卫押往上京。

太子囚禁上京，毕竟依然活着。太子活着，耶律乙辛、耶律燕哥和萧十三都不踏实。时隔不久，心怀鬼胎的耶律乙辛秘密派两个壮士前往上京，潜入太子囚所，神不知鬼不觉地把皇太子活活掐死，时年 20 岁。太子死了，两人用腰刀割下太子首级，装在一只匣子中，星夜回京，当面交给耶律乙辛，验明正身，领取厚赏。上京留守萧挞得是耶律乙辛的死党，随后，他上书奏报：太子因病亡故。

辽道宗听到皇太子的死讯，如梦初醒，不禁悲从中来。道宗回想起太子的日常行为，想起他和太子之间曾经有过的父子亲情，感觉自己可能做得有些过分。他立即下诏，命近侍接太子妃回京。控制了宫廷内外的耶律乙辛得到消息之后，抢先行动，派出可信的杀手前往上京，埋伏在路上。他们伪装成盗贼，在半路上，成功地截杀了太子妃。太子妃一死，太子冤案大白于天下的最后一次机会丧失了。

两年后，大康五年（1079 年），道宗得到近侍的各种密报之后，开始怀疑权相耶律乙辛。有一天，道宗吩咐近侍，准备出宫游猎。这时，耶律乙辛进奏：请皇太孙留守京城。道宗不假思索，表示同意。大臣萧兀纳忠心耿耿，听说耶律乙辛奏请留下皇太孙，担心有变，立即秘密进奏皇帝："窃闻车驾出游，将留皇孙。苟保护非人，恐有他变。果留，臣请侍从左右！"看奏以后，道宗似乎明白了什么：难道耶律乙辛阴谋叛乱？于是，道宗吩咐，皇太孙一起出游。出宫之前，道宗突然下旨，降耶律乙辛王爵为郡王。

经过秘密调查，道宗察觉张孝杰、耶律乙辛狼狈为奸，为害朝政。大康六年，道宗突然下旨，剥夺张孝杰朝廷要职，贬逐出京，押送安肃州。大康七年，道宗再次下诏，将张孝杰削职为民。与此同时，道宗以"鬻禁物于外国"之罪，下令逮捕权相耶律乙辛。近侍奉旨，将乙辛捉拿归案。乙辛被五花大绑，浑身挂满粗大的铁链，由侍卫押出京城，囚禁于四面环山的来州监狱。大康九年（1083年），聪明过人的耶律乙辛试图越狱，想南逃宋国。事泄，道宗下诏：赐死。乙辛走投无路，只好自缢身亡。

永安七年（1101年），道宗去世，皇后萧观音的孙子耶律延禧继位，史称天祚帝，年号乾统。天祚帝得知父母冤死，下令深入调查。真相大白，父母已经亡故，制造冤案的仇人也都一一归天了。天祚帝欲哭无泪，吩咐立即挖掘耶律乙辛、张孝杰、萧十三等人坟墓，开棺戮尸，暴尸荒野。同时，天祚帝下旨，将几位奸臣家族族诛，家眷籍没为奴，其家族族产分赐天下。几大权臣家族，张孝杰、耶律乙辛家中财产最多。据说，有一次宴聚，张孝杰对亲戚说："无百万两黄金，不足为宰相家！"

六、元妃李师儿

1. 出身微贱

元妃李师儿出身微贱，因父亲获罪，全家没入宫籍监。金世宗大定末年，李师儿成为一名宫女。宫中宫女很多，每年要选一些聪明伶俐的宫女接受宫教，以便选取最为优秀的侍候皇帝和后妃。李师儿声音清脆，音色圆润，善解人意，侍候体贴入微，李师儿便被选出接受宫教的学习。

金代宫中规定，宫教时用青纱作为障蔽，把宫教官和宫女隔开。宫教官在障外，宫女在障内，宫教官和宫女不准见面。所以，金代宫教时，宫教官和宫女始终不认识，他们是通过声音来完成学业、教授知识的。

当时，教授李师儿一群宫女的宫教官名叫张建。张建在教授学业中，知道有一位宫女天资聪颖，极善领解。张建不知道这位宫女是谁，但知道她的声音独特，很清亮圆润。有一次，金章宗来到宫教场所，问宫教张建："宫教女子中有谁可资调教？"张建回答说："她们中声音清亮的最可教。"章宗选出这位女子，留在身边,她就是李师儿。

章宗雅好文事,对诗文出众的文士很礼重,对才华横溢的女子当然更是爱幸不已。宦官梁道很敬重李师儿,叹服李师儿人品端庄,文才华美,梁道力劝章宗纳李师儿为妃。章宗召幸李师儿,知道这位外貌平常的女子慧黠过人,通文识字,悉达文义,体贴入微。章宗日益爱幸,越来越喜欢李师儿。明昌四年,章宗封李师儿为昭容,次年进李师儿为淑妃。

章宗钦怀皇后去世以后,中宫长久虚位,想立李师儿为皇后。但金历代皇后,都是出自图克坦、唐括、富察等名门望族,而李师儿出身寒微。朝野一致反对,章宗只得作出让步,进李师儿为元妃,但势位显赫,和皇后没有什么不同。

章宗为何如此爱幸李师儿?刘祁《归潜志》中说,李氏小时给事太后,章宗看见了她,非常喜欢,于是大加恩宠,嬖以专房。接着拜为元妃、势敌正后。李氏姿色不甚美丽,但天性聪颖,能迎合人主意,以此见幸于章宗。李氏最初不大知书,后来见章宗好文章,便习文练诗,很得章宗的宠爱。

李氏在昭明观后建有一座妆台。章宗常和李氏在妆台露坐,沐风赏月。妆台目睹着两人的恩爱,也记录着两人的许多趣事。有一天,章宗拥着李氏,坐在台上,即兴吟道:"二人土上坐。"李氏应声答出:"一月日边明。"这真是千古绝对。

2. 千古之谜

章宗钦怀皇后和其他妃姬生有几个皇子,但都两三岁或几个月就夭折。承安五年,章宗以继嗣未立,有些焦急,便隆重地祷礼太庙、山陵。一年后,即泰和二年八月,李元妃生皇子忒邻。

皇子忒邻满月,章宗赐名,封他为葛王。葛王是世宗当初的封号,世宗大定以后,这个封号不再赐赏大臣。实际上,葛王已经是太子的代称。但忒邻刚满两岁就不幸死去。章宗和李妃痛心疾首。

泰和八年(1208 年),承御贾氏和范氏两位美人怀孕,但未乳月,章宗却卧病不起。十一月,章宗病重。元妃和诸大臣商议,共议卫王即位。章宗去世,留下遗嘱:我的内人见有孕者两位,如其中有男,当立为储嗣。如皆是男,择可立者立之。

卫王完颜永济即位。即位第一年,即大安元年二月,章宗内人范氏遗腹损失。完颜永济忙颁诏天下,讲明原委。一位有孕的宫人动了胎气,竟至如此郑重地颁发诏书,晓谕天下,真是绝无仅有。两个月后,完颜永济便下令杀死元妃李氏和有孕的宫人贾氏,再度郑重颁诏:"近者有诉李氏潜计负恩,自泰和七年正月,章宗暂尝违豫,李氏与新喜窃议,为储嗣未立,欲令宫人诈作有孕。计取他儿伪称皇嗣。遂于年前闰月十日,因贾承御病呕吐,腹中若有积块,谋令贾氏诈称有身,俟将临月,于李家取儿以入。月日不偶,则规别取,以为皇嗣。"

这可真是千古奇事。章宗临终前就已确知有两位美人贾氏、范氏有孕,并遗诏写得明明白白,在这里竟一切都推倒了,还说这自始至终都是元妃李氏的花招。

完颜永济人品如何,在这等大事上是否忠诚坦直,李氏和贾氏是真如诏书所称谋位有诈,这些都在正统史书的文字记载之外,于今无法得以证实,真相也就无从确知。但可以推测的是,贾氏、范氏有孕可能是真实的。永济称贾氏有诈,矛头先是指向元妃李氏,然后才是指向贾氏、范氏和她们可能生出的儿子。就当时的情况来说,元妃李氏在宫中、朝中多年经营,势力很大,私觉密布,永济要想江山永固,就得除掉元妃。遗诏明示天下是一旦生下了皇子,不管是有孕的贾氏或范氏所生,都得继承皇位,这无疑对于刚刚坐上至尊皇位的永济来说觉得很别扭,也无法容忍。因此,可以推测,永济之所以小题大做,将不该公布的宫禁隐私以诏书的郑重形式颁示天下,是他一手操纵和精心安排的。他想将他的私心掩盖在维护皇统、明察秋毫的幌子之下,以此答复天下。

永济最后在诏书中是这样描述这场骗局的前后经过的:元妃李氏正在精心策划时,章宗不幸去世,谋划一时来不及施行;章宗弥留之际,命平章宗颜匡都提点中外事务,明旨有两宫人有孕,并召进平章,左右人等都闻其语;李氏和黄门李新喜不敢不依敕旨,想召李喜儿、李铁哥兄弟入宫,但时间来不及;李氏便密与提点近侍局乌库哩庆寿定计,但议复不定,一时拿不准主意;李氏得知近侍局副使图克坦札克缴遣人立召平章,而且平章已到了宣华门外,便同平章入内,一遵遗旨,以定大事。

元妃李氏真如诏书所言,那就真正死有余辜了。永济还郑重其事,派大臣、宰相一审再审,每审具实。在罪证确凿的情况下,有司奏请论罪法当极刑,但永济念她久侍先帝,想网开一面,免她一死。可是,王公大臣,朝野百僚都不同意,主张立即将她处死,这样便赐李氏自尽。承御贾氏也赐尽。

永济用这洋洋千言的诏书告示天下,自己当然就可以江山永固,而不是什么代行皇帝事。这件事连讳莫如深的史书也不敢太含糊其辞:或谓完颜匡欲专定策功,构致如此。这件事的确实真相,还是一个谜。但李氏从此以后,便不再称元妃,而是直呼李师儿。

七、末代皇后的命运

1. 答纳失里皇后

元顺帝答纳失里皇后,钦察氏,是太师太平王燕铁木儿的女儿。至顺四年,顺帝即位的第二年,由太皇太后操办而正式册立答纳失里为皇后。帝王立皇后时夸得天花乱坠,似乎母仪天下,非她不行,还要承诺什么昭示悠久。可是,一旦想废掉皇后,即便小有过失,便一纸休书,将其逐出宫室,不是在冷宫幽禁中度过残年,便是死于非命。就在答纳失里册为皇后的第二年,她的哥哥以谋逆伏诛,其弟奔入后宫藏匿,她用衣服遮蔽弟弟,希望免于一死,没有成功,结果牵连获罪,被迫迁出后宫。不久,丞相伯颜将她鸩杀于开平民舍。

答纳失里皇后死去以后,后宫虚位三年,到了至元三年三月,才立伯颜忽都为皇后。伯颜忽都姓统吉刺氏,是武宗宣慈惠圣皇后真哥的侄儿毓德王勃罗帖木儿的女儿。伯颜忽都受到了顺帝的宠爱,不久生下皇子真金,真金不到两岁却不幸死去。

伯颜忽都皇后天性节俭,虚怀若谷,从不因别的女子得宠而妒忌使性,总是端庄文静以礼法自持。元后宫除了正皇后以外,还有所谓第二皇后、第三皇后,只要皇上高兴,设多少皇后都行。伯颜忽都正位中宫,第二皇后奇氏居兴圣西宫。奇氏美丽多情,长于风月,极得顺帝的爱幸,因此,顺帝常去兴圣西宫寻欢留宿,很少到东内的皇后正宫。侍候皇后的左右侍女将皇帝素幸兴圣西宫的事禀报皇后,一个个万分激愤,但皇后泰然视之,脸上和眼中没有一丝怨恨之意。

皇后端庄温柔,不贪一时之乐,事事都从大局着眼,挂念着皇上的安危。有一次,她随顺帝出巡上京,驻扎道途。顺帝想临幸皇后,派内官前往皇后住地传旨。皇后却坚辞说:"暮夜不是陛下该来的。"坚决不同意。内官往返三次,三次都遭拒绝。顺帝大为感叹:"这真是一代贤后。"

顺帝曾问伯颜忽都皇后:"中政院所支钱粮,都说是你支的,你还记得吗?"皇后回答说:"我当用则支,关防出入,必选人负责,我哪能都记得?"顺帝这是与她游戏。但皇后却越发严谨,从此以后住在坤德殿,只是终日端坐,足不出户。至正二十五年,离元王朝倾覆还有三年,伯颜忽都皇后不幸死去。年仅 42 岁。皇后去世后,第二皇后奇氏闻讯去看视,见皇后所留下的衣服破损不堪,奇氏放声大笑,说:"正宫皇后,何至于穿这种衣服?"可见皇后节俭朴素、谨礼守道到了何种程度。

2. 第二皇后奇氏

正宫皇后去世,第二皇后奇氏扶正。奇氏名完者忽都,是高丽的绝代美人。奇氏出身微贱,家境贫寒,由于她被顺帝宠爱,家族三世都追封王爵。奇氏最初是由徽政院院使秃满迭儿送进皇宫的,为宫中的一名宫女,负责茗饮,事奉顺帝。她天性颖黠,善于察言观色,而且美貌惊人,顾盼生情。顺帝当然不能自制,便占有了她。

答纳失里作皇后时,骄纵成性,不能容忍其他女子染指圣躬。答纳失里皇后发现奇氏娇媚顺帝,便怒火中烧,多次侮辱奇氏。答纳失里被害,顺帝想立奇氏为皇后,但丞相伯颜等权臣力争不可,结果立了伯颜忽都。伯颜罢相以后,大臣沙剌班调和折中,奏请立奇氏为第二皇后,居兴圣宫、并改徽政院为资政院,待遇相当于皇后。

奇氏虽然恃宠而骄,在皇后尸骨未寒时竟当众嘲笑,但她生活在宫中,还是遵守礼法,从不胡作非为。她在宫中无事时,常取《女孝经》和史书,翻看历代皇后的贤行懿德,用心取法。各地进献给她的果实珍味,她总是先派人荐献太庙,然后自己才品尝。至正十八年,久旱无雨,天下饥荒,她命内官在宫外设粥锅,广食饥民,并让官吏也如此。她还献出私藏金银粟帛,命资正院使朴不花在京师十一座城门立冢,葬抛尸路途的饥民遗骸达十余万具,还让僧人建水陆大会为亡灵超度。

当时,顺帝荒于政务。皇后奇氏所生皇子爱猷识理达腊,立为皇太子。皇后鉴于顺帝不理政务,恐怕皇权旁落,便和太子阴谋内禅。皇后遣朴不花谕意丞相太平,太平避而不答。皇后召太平入宫,赐给太平美酒,再次表示太子内禅之意。太平不同意。于是,皇后和太子都忌恨太平。顺帝知道了皇后的意思,不禁勃然大怒。他开始疏冷皇后,以至两个月时间不见踪影。皇后奇氏只有伤心落泪。

奇氏的家族当年在高丽显赫骄横,不可一世。不幸触怒了高丽王,高丽王便下令杀尽奇氏家族。幸存的奇氏家人便苟延残喘,四处流落。至正二十三年,身为皇后的奇氏记起了家族深仇,便对太子爱猷识理达腊说:"你为何不为我复仇?"于是,征讨高丽。结果大败而归,奇皇后惭愧不已。

至正二十四年七月,孛罗帖木儿称兵犯阙,皇太子出奔冀宁,下令讨伐孛罗帖木儿。孛罗帖木儿大怒,唆使监察御史武起宗进奏,说皇后外挠国政,请皇上逐皇后出宫。顺帝虽然冷遇皇后,但还不至于要逐后出宫,所以就置之不理。二十五年三月,后幽囚于诸色总管府。孛罗帖木儿逼宫,并取出印玺,召皇太子。后回到幽所,讨好孛罗帖木儿,送给他无数的美女。孛罗帖木儿死后,皇太子入京师,后传旨令廓扩帖木儿以拥太子入城,准备胁迫顺帝禅位。廓扩帖木儿会意,但到离京城三十里时,遣军回营。皇后和太子就恨上了廓扩帖木儿。

伯颜忽都皇后去世,中书省奏请奇氏正位后宫,顺帝不作答。中书省又奏改资政院为崇政院,立奇氏为皇后,顺帝这才同意,授奇氏册宝、举行盛大的册后仪。至正二十八年,顺帝携皇后奇氏北奔和林。

八、月夜谁吹笛

元顺帝才华横溢,生性极为浪漫。他自称为玉宸馆佩琼花第一洞烟霞小仙,在万岁山筑垣起城,名紫霓城,在城中建玉宸馆,叠石为琼花洞,顺帝这位烟霞小仙就在洞中居住。顺帝常和嫔妃美人嬉游后宫,顺帝曾这样说:"百年光阴等于驰电,日夜行乐犹不满十万,况其间疾病相侵,年寿难必,如白云有期,富贵皆非我有。何必自苦,以虚度一生!"从此顺帝长歌大舞,通宵达旦,号为遗光。顺帝不间断地宠幸美人,以至佩夫人印的不下百数。淑妃有龙瑞娇、程一宁、戈小娥;丽嫔有张阿元、支祇氏;才人有英英、凝香儿,这些人尤其得宠,宫中称为七贵。七贵中有一位便是夜吹笛的主人程一宁。

春夜静寂,溶溶的月色洒满庭院,宫禁越发显得空旷和神秘。清风送凉,一曲清脆的笛声幽怨苍茫。熟悉曲声的人知道这是一首宫怨调。顺帝在月下漫步,听着笛声,欣然驻步。笛声幽怨动人,是从翠鸾楼传来。顺帝记不起来有哪位美人住在那里,便问侍从:"谁在吹笛?"侍从们都知道是才人程一宁,因为程一宁常常登临翠鸾楼,倚栏弄玉龙之笛,传遍宫中,侍从们就告诉了顺帝。程一宁的名字和溶溶月夜里的笛声就此刻在了顺帝的记忆里。

几天以后,顺帝又故地重游,再次听到了程一定的笛声。顺帝伫立良久,凝神细听,为程一宁的笛声深深地感动。顺帝便坐上金根车,前往翠鸾楼。程一宁在楼上吹得如醉如痴,突然发现楼下一群火炬,簇拥着皇帝到来,不知道楼里出了什么事,吓得奔出楼来,迎接圣驾。

顺帝亲自扶起程一宁,看见她美丽的容颜,心中涌出一丝怜香惜玉的爱意。顺帝看着程一宁,拉着她的纤纤素手说:"不是你的玉笛有深意,我如何到了这里?"顺帝牵着程一宁来到柏香堂,命宝光天禄厨设开颜宴。顺帝笑着对程一宁说:"今夕之夕,情圆意聚。可封你为圆聚侯。"顺帝临幸了程一宁,龙心欢悦。从此以后,宠爱日隆,恩冠后宫。顺帝改翠鸾楼为奉御楼,改柏香堂为天怡堂。

第十一章

明帝妻妾成群

明清两代，历时 544 年，是中国皇权专制时代的最后两个王朝。公元 1368 年，朱元璋称帝，建立明朝，定都南京。永乐十九年(1421 年)，明成祖迁都北京。明朝历时 276 年(1368—1644 年)，凡 16 帝：明太祖朱元璋、惠帝朱允炆、成祖朱棣、仁宗朱高炽、宣宗朱瞻基、英宗朱祁镇、代宗朱祁钰、宪宗朱见深、孝宗朱祐樘、武宗朱厚照、世宗朱厚熜、穆宗朱载垕、神宗朱翊钧、光宗朱常洛、熹宗朱由校、毅宗朱由检。明朝疆域，东北抵日本海、鄂霍次克海、乌地河流域，西到河套，西北达新疆哈密，西南到西藏、云南民，东南到大海及海外诸岛。

明清的宫殿紫禁城至今还以它独特的建筑雄姿完好地耸立在北京的中央。紫禁城是世界文化遗产中保留最完整、规模最宏大的皇家宫城。紫禁城既拥有令世人叹为观止的庞大建筑群，同时又保存有明清两代五百多年间几十位帝王、皇后和无数妃子、美人曾使用和享受过的生活起居用品。紫禁城和这些丰富的宫中用品引起着人们浓厚的兴趣，每天观众如云。紫禁城供人凭吊，勾起人们怀古的幽思。

明太祖朱元璋出身贫寒，当过三年和尚，是从社会的最底层通过自己的努力拼搏才登上皇帝的宝座。他本来是个文盲，通过他的刻苦学习，也略通诗文，写了一些好句子。朱元璋厌恶出身高贵的女人，为了朱明王朝的长治久安，他规定：所有子孙登临皇位者，必须娶平民之女为皇后以此抑制后族势力。这一条祖训，十分奇特，结果是大明的天子们留给历史的印象是：性格奇特，个性古怪，政务基本直交给大臣，后宫生活千奇百怪，五花八门。朱元璋没有什么文化，却喜欢舞文弄墨。不过，他的诗也写得有点意思：

杀尽江南百万兵，腰间宝剑血犹腥。

山僧不识英雄汉，只凭晓晓问姓名。

明太祖规定，后妃必须来自民间。于是，大量平民之女进入皇宫，成为大明天子之后妃。明代皇帝与众不同，明宫后妃也是各具特色。

一、仁德马皇后

1. 马小姐

明代，受元代影响，后宫女子虽多，名号仅妃一级。宫女被"御幸"后可获得妃的名号。有贵妃、淑妃、宁妃、贤妃、恭妃、宸妃、康妃、庄妃、裕妃等，贵妃位最高。

中国历代开国皇帝大多有同甘共苦、贤慧能干的妻子，最为典型的便是明太祖和他的马皇后。马皇后是皖北宿州闵子乡人。母亲早卒，父亲马公和女儿相依为命。时值白莲教反叛四起，战火自山东漫延到皖北。白莲教徒要抢夺马公的女儿，马公杀了白莲教徒，带着女儿星夜投奔好友郭子兴，并把女儿托付给郭子兴。

郭子兴是定远（安徽滁州）人，在当地是一方大财主。马公死后，郭子兴便将马氏视为自己的女儿。马氏聪明能干，善解人意，郭子兴夫妇很喜欢她。马氏就在郭府过着小姐般的生活。

元末统治黑暗，各地起义不断。郭子仪也募兵起事，占据了濠州。朱元璋17岁时，濠州大灾，他的父母和三个哥哥相继死去，只有一个姐姐远嫁在外。朱元璋走投无路之下，先是出家为僧，后投奔郭子兴。朱元璋身强力壮，且机灵能干，很快得到了郭子兴的赏识和倚重。郭子兴的二太太小张夫人见过朱元璋，觉得他相貌不凡，可以倚信，便建议联姻，将义女马小姐配给朱元璋。郭子兴为巩固自己的权位，就促成了这桩婚事。

朱元璋25岁时娶了小自己五岁的马小姐。马小姐身材修长，姿容秀丽，尤其是黑色的秀发和如玉的肌肤，更具有一种大家闺秀的秀美。马小姐有一双发达的脚，后来证明这是帮助朱元璋打天下的一双天赐的天足。最令朱元璋这位目不识丁的壮夫敬仰的，是马小姐天生丽质之外的那份修养，那种端庄明智，那种知书达礼所独有的超然风韵。

马氏知道朱元璋出身寒苦，更知道她这位身强体壮的夫君所深藏着的是一颗出人头地的雄心。但马氏更加清楚，像朱元璋这样的人物，要想图谋大事，必须在武艺之外还得读书学习,了解历史,熟悉地理,而后才能君临天下。朱元璋敬爱自己的妻子,当然听从马氏的话,征战之余注意读书识字。朱元璋很有灵性,没过多长时间就能写诗。

朱元璋广召天下英才,认真地采纳有益的建议,势力日益壮大,占领了滁州。郭子兴想在滁州称滁王以号召天下。朱元璋觉得不妥,认为过早树起王旗,容易招致强敌,称王暂缓为宜。郭子兴见朱元璋反对他称王,大为恼火。郭的亲信又嫉恨朱元璋,进谗说朱元璋素有野心。郭子兴便疑忌朱元璋,想分他的兵权。

朱元璋很为难,就和夫人马氏商量。马夫人让他对郭子兴更加恭顺,作战有俘获尽量献给郭子兴和他的二夫人。马氏再从中调停,两人的关系就这样又扭转了过来。据史书记载说,当时朱元璋和郭子兴及郭氏儿子的关系异常紧张。郭的儿子常构陷朱元璋,郭就把朱元璋在别室幽禁起来,断绝饮食。夫人马氏偷拿热腾腾的蒸馍,藏在衣内乳房旁边,带给朱元璋吃。朱元璋依此勉强度日,而夫人马氏却因蒸馍太热,烙焦了肌肤,乳房糜烂。

朱元璋创业的艰难岁月中,类似的情况有过多次,每次都是马夫人救朱元璋于危难之中。因此,朱元璋得天下以后,册立马氏为皇后,对群臣感叹地说:"不是皇后仁德,哪里有今日? 我怎敢富贵了而忘贫贱之恩。"皇后马氏却说:"我听说夫妇和谐容易,君臣相处却很难。陛下不忘我,我只希望陛下不忘群臣百姓。"皇后马氏的仁德日益远播。

2. 马皇后

至正十五年,郭子兴死。朱元璋时年 28 岁,独率全军,闯荡天下。至正二十八年元顺帝兵败北逃,元帝国灭亡。朱元璋在南京即位,建明帝国,为明太祖。夫人马氏册为皇后。马氏为皇后时已经 35 岁,生下了五个儿子。

朱元璋在发迹的过程中渐渐侍妾增多,以致将马氏养父郭子兴的女儿收为侍妾,扶为二夫人。马氏对朱元璋的贪色很宽怀和容忍,她正位六宫以后,佳待诸姬妾,厚爱宫女。宫中上下对马氏非常爱敬。

马氏勤于内治,空闲时常探求古训,并常常以古训教导六宫嫔妃和宫女。马后以宋代的贤后很多,命女史录宋代家法,朝夕省览。有一个女官进言说:"宋代家法过于仁厚,不足为法。"马后正色回答:"仁厚不比苛刻更好吗?"马后身边有位清江人范氏,素习女史,马后常令她讲解书传,谈论古今贤后事迹。有一次,范氏讲汉代窦太后,马后听完就问范氏:"黄老是什么教? 如何窦太后这样喜欢?"范氏回答:"黄老讲求清静,主张无为而治。其教化所及,臣民孝慈。"马后立即说:"孝慈就是仁义,世上哪有舍仁义而为孝慈的呢?"

马皇后亲自照料朱元璋的饮食起居,亲自检查饭菜。宫女们劝她不必如此操劳,她却说:"侍候丈夫的饮食是女人的份内事,而且饮食一旦有点不合口味,自己不照料恐怕别人会遭殃。"马皇后就常常这样体谅他人。有时,宫女犯错,有些过失,朱元璋发怒,马后也故意发怒,吩咐将犯错的宫女交付宫正司。朱元璋事后问她这是为什么。马后回答:"赏罚须公正,人君喜怒时赏罚会失正,而交宫正司能斟酌轻重予以施罚,这样才能公正相宜。"

有一次,朱元璋和大臣在前殿议事,议完后在殿中吃饭。朱元璋的饮食由后宫负责,朝官的饮食由光禄寺负责。马后这时来到前殿,吩咐将朝官饭菜拿来,自己尝尝,结果饭菜很凉,又没有什么味儿。马后就进奏说:"待士之道,自奉要薄,养贤要厚,如今朝官的饭食冰凉无味,不是皇帝养士之道。"朱元璋当即召光禄寺卿徐兴祖,当面切责。众人无不称赞马后。

朱元璋数兴大狱,杀戮功臣。胡惟庸逆案牵连甚众,杀死臣僚数万。太子师保大学士宋濂的孙子宋慎、宋燧也牵连其中。当时,宋濂已年迈乡居。朱元璋不放过宋濂,想派人杀死他,并抄他的家。太子听说要杀自己的老师,苦苦哀求。朱元璋不听。太子投水自尽,被侍从救起。马皇后知道这事以后,便吩咐当天的膳食,全部用素。

朱元璋入宫用膳,发现全是素菜,问什么缘故。马后回答:"平常百姓家请个先生,都是礼敬有始有终。宋先生教导诸子,我为他吃素祈福。"朱元璋知道又是为宋濂求情,气得将筷子一扔,怫然离去。宋濂终于免于一死。

洪武十五年,马皇后病重。朱元璋寝食不安,命各地祭山川神灵,为皇后祈福。又征天下良医前来诊治。马皇后对朱元璋说:"死生是命中注定的,祷祀有什么用? 御医诊治,如果服药没有效用,希望陛下不要因此而降罪御医。"旋即,马后病情恶化,临终时遗言:"愿陛下求贤纳谏,慎终如始,子孙皆贤,臣民得所而已。"八月,马后去世,终年 51 岁。

二、钱皇后彻夜跪哭

1. 痴情钱皇后

明英宗正统十四年,土木堡巨变,英宗被俘。噩耗传入京师,朝野震动,宫中一片死寂。英宗皇后钱氏五内俱焚。缓过神后,钱氏捐出全部宫中资财,佐军迎驾,乞望迎回英宗。钱皇后是海州人(今江苏连云港),出身于普通平民之家。明英宗宠爱钱氏,封她为皇后,还想封她的家人为侯爵,钱皇后拒绝了。

暮色四合,宫禁万籁无声。宫院中传来一阵阵撕心裂肺的哀泣。那是英宗的皇后钱氏。钱氏将饮食起居都忘诸脑后,终日只是祈祷和哭泣,哭累了就昏死在地。钱皇后就这样彻夜跪在地上,为英宗祈福,持续了一年的时光。由于长期受寒,双腿受压和弯曲,钱皇后的一条腿终于残废。又因为终日忧伤,以泪洗面,钱皇后的一只眼睛也因此失明。钱皇后就这样折磨着自己,开始还常常回想那册立皇后时的美好时光,心中越发想念英宗,也越发悲伤。

那是英宗正统七年,宫中制订了隆重的纳后仪,迎娶海州人钱氏入主中宫。先有正、副使奉册宝持节行奉迎礼。司礼监官整顿卤簿,以奉迎礼入达女官,女官奏请皇后冠服出阁。女乐前导,宫人擎执拥护,自东阶直达香案。主婚人唱声:"戒之敬之,夙夜无违。"钱母施衿结悦:"勉之敬之,夙夜无违。"而后在隆重的礼仪仪式中进入洞房。钱氏当年才15岁,她兴奋至极,耳边常常萦回着主婚和母亲的唱词。婚后七年,钱氏一直没有怀孕生子,英宗丝毫没有嫌弃她,依旧宠爱有加。

钱皇后想起这些,便泪如泉涌。渐渐地,钱皇后支撑不住了,什么也想不起来,心中一片空白,眼前只是一片黑暗和流不尽的血泪。钱皇后残酷的自我摧残,似乎终于感动了苍天。被俘一年以后,英宗无恙归来。钱皇后万分高兴。然而,安然无恙的英宗见到钱皇后时,愣在了那里,差点认不出来:20出头的皇后时隔一年,竟面目全非。皇后蓬乱枯黄的头发下,一只眼睛黯然无光,一只眼睛完全失明。钱后行动时,被侍女搀扶着,一条腿已经残废。

英宗悲痛至极。归来以后,英宗作为太上皇,被迫幽囚在宫城外的南内。南内高墙深院,门锁封死,院外重兵把守。英宗在南内郁郁寡欢,只有残废痴情的钱皇后守候在他的身边,照顾他的饮食,为他解去忧烦。南内的生活供给贫乏,饮食很艰苦。钱皇后拖着病体,不停地做针线活,让人拿出变卖,以此改善生活。英宗和钱皇后就这样相依为命,在南内度过了将近八年,直到英宗复位。

钱皇后一直没有子嗣,宫中周贵妃替英宗生下了儿子,英宗和钱皇后一致同意,立其为皇太子。英宗病危,临终前还眷顾钱皇后,遗命:钱皇后千秋万岁后,与朕同葬。英宗在政治上很昏庸,但在感情上却毫不含糊。

2. 与英宗合葬

英宗死后,太子朱见深即位,为明宪宗。宪宗生母周贵妃尊为皇太后,钱皇后尊为慈懿皇太后,两宫并尊。

成化四年六月,钱太后去世。周太后不想遵英宗遗命,让钱太后和英宗合葬。宪宗不知道该怎么办,便再下廷议。大学士彭时说:"合葬裕陵,主祔庙,是定礼。"第二天,宪宗召问,彭时依旧如此对答。宪宗坦率地说:"我难道不知道?只是考虑日后母亲怎么办?"彭时回答:"皇上孝事两宫,这是应该。合乎礼仪,才是大孝。"商辂也进言说:"不祔葬,有损圣德。"刘定之也附合:"孝从义,不从命。"宪宗默然良久,感叹地说:"不从命,还是孝吗?"

大学士彭时坚决奏请钱皇后和英宗合葬,主张将钱后合葬在裕陵左边,右边留着以待周太后千秋万岁以后。大臣们一致赞同大学士彭时的建议。宪宗最后说:"你们说的很对,但我多次奏请太后,没有答复。违礼不孝,违亲也不孝。"中旨依旧不顾廷臣合议,一意孤行,按周太后的意思,另择葬地。宪宗在礼和情方面,倾向于私亲私情。中旨传出,百官跪哭文华门外。宪宗命群臣退去。群臣只是叩头,提出不得圣旨让钱后与英宗合葬,不敢退出。最后宪宗没有办法,只有接受群臣的要求。

但可叹的是,内臣在合葬时又奉旨做了手脚:将通往钱后的隧道距离英宗玄堂数丈的地方堵死;而虚右圹以待周太后,隧道畅通,而且奉先殿祭祀,也不设钱后神主。

三、奇特的生死恋

1. 得宠的万氏

明代的第八位皇帝是成化皇帝朱见深,即明宪宗,是英宗朱祁镇的儿子。宪宗年幼时,他的祖母即明宣宗朱瞻基的孙皇后派了一位姓万的宫女侍候他。万氏是诸城人氏,四岁的时候就被送入皇宫。她面目清秀,为人聪明伶俐,入宫为宫女后便在英宗的母亲孙太后宫中服侍。万氏在宫中长大,渐渐出落成一位亭亭玉立、楚楚动人的少女。万氏很得孙太后的喜爱,天长日久,她便成了孙太后的心腹。

朱见深出生不久,便被立为太子。朱见深立太子以后,孙太后就派万氏去伺候太子。朱见深小万氏 18 岁,他在这个和乳母年龄相仿的女人精心照顾下,一天天长大,成为一个少年。成为少年就进入了人生的多事之秋,感情波动,易于为异性所迷惑,容易陷进温情的激流漩涡。

　　万氏聪明过人,天性慧黠。她照料着成为少年的太子,关心体贴,无微不至,又时时展示着一个风华正茂的女人所特有的似水柔情。少年的太子幼稚、单纯,哪里受得住一个成年女子柔情挑逗? 终于有一天,万氏成功地勾引了多情单纯的少年太子,太子沉迷在她的无限柔情里,从此不能自拔。太子依恋着万氏,沉醉在她的柔情之中。

　　万氏像母亲一样照顾着太子,又像情妇和监护人一样地看护着他,让他纵情畅快,别无他顾。万氏还恩威并用,用得恰到好处。太子在万氏的爱护下长大,除了对万氏有感情的依恋和性爱的需要,还怀有一份敬畏。正是出于太子的这三重依赖,万氏在太子即位以后,便横行宫中,为所欲为,俨然一代正位宫闱的皇后。

　　天顺八年正月,英宗死去,太子朱见深即位,是为明宪宗。宪宗即位时刚满16 岁,而令他倾心的万氏这时已经 35 岁。但半老的万氏风韵犹在,媚情、美色不亚于当年,而且较之含苞欲放的少女更解风情,更长于风月。万氏机警,又长于察言观色,迎合圣意,因此,万氏进谗之下,正位宫闱的皇后吴氏竟然被废。美貌的吴氏对此百思不解。

　　吴氏是顺天(北京)人。宪宗天顺八年正月即位,七月即经过隆重的典礼,立吴氏为皇后。严格地说,宪宗是想立万氏为皇后的,而且在他心目中,万氏实际上就是正位六宫的皇后。然而,朝廷不能接受万氏,皇亲国戚和臣民百姓不能容忍一个大皇上 18 岁的随侍宫女成为母仪天下的一代国母。因此,朝廷选择了吴氏为的皇后,授权她正位六宫。

　　但朝廷的授权只是空落落的,真正的权柄在皇帝那里。宪宗一直宠爱着万氏,视万氏为后宫至尊。吴氏立为皇后以后,不能容忍身为宫女的万氏目空一切、蔑视后位的行为。于是,有一天,吴皇后抓着万氏的过错,大施皇后之威,吩咐杖责万氏。万氏在宪宗面前哭诉。宪宗哪里能容忍自己心爱的女人被人欺侮? 哪怕是皇后! 宪宗龙颜大怒,在吴氏立为皇后仅仅一个月,便废吴皇后为庶人。废后诏书也写得强词夺理。

　　当年宪宗在东宫时,英宗为他选择了 12 位美人,当时身为太子的宪宗看上了三个:吴氏、王氏、柏氏,将她们留在宫中。吴皇后被废以后,王氏便被立为皇后。有了前车之鉴,王氏默许了万氏宠冠后宫,处之淡然。万氏越发无法无天,独宠专房,其他后妃宫嫔稀得进御。在宫廷御苑,人们常能见到宪宗的车驾前,有一位肥硕丰满的中年妇人戎服前驱,她就是万氏。

2. 宪宗与万贵妃的生死恋

宪宗即位的第二年,即成化二年正月,万氏生下了宪宗的第一个儿子即后来的明孝宗。宪宗大喜,兴奋之余派遣特使四出,祭祀山川河海、天地神灵。万氏也因此晋封贵妃。但过不多久,皇子不幸夭折。万氏乐极生悲,入主皇后、皇太后的美梦一时化为泡影。万氏此后虽然费尽心机,但终是没能再怀孕。万氏便将一腔怨恨向后宫发泄,大施淫威。后宫中凡被宪宗临幸和怀孕的妃嫔美女都受尽凌辱,被强行堕胎,一个个痛不欲生。后宫中一提到万贵妃,无人不是闻而色变。

宪宗沉迷于万氏的爱恋之中,政务荒疏。各地流民蜂起。明廷出兵镇压。在广西,明兵镇压了那里的土司叛乱。明军杀死了土司首领,将其女儿纪氏俘至北京,送入后宫。纪氏长得白皙、美丽,为人伶俐聪慧。纪氏入宫以后,很快升任女史。纪氏在宫中一天天长大。她秀美出众,颇有文才,但由于她是乱酋之后,没有资格侍候皇帝和宫中后妃。她被派往一处宫室,管理书籍。

宪宗喜好文墨,不知道是慕名前往还是宫室中看书时巧遇,宪宗为纪氏的姿色所动,临幸了她,纪氏因此怀了孕。宪宗临幸纪氏,不过是游兴所致,临幸以后转身便忘了,依旧去迷恋自己的万贵妃。万贵妃有宪宗的宠爱,日益骄横。宫中用事应差的宦官,稍有不称意,便马上斥逐,太监们无不为之惶悚。后宫中先后又有几位被宪宗临幸怀孕的女子,都被迫饮药堕胎,并都由万贵妃的心腹太监监督。纪氏怀孕,也受害其中,但纪氏是不幸中的万幸,吃过药以后在监督太监的袒护下,还是生下了一个儿子,这就是后来的明孝宗。

万贵妃声威显赫,令后宫颤栗。纪氏在冷宫安乐堂生下儿子,竟六年不见天日,也不敢面见父皇。六年后父子相认,纪氏却在回皇宫后不久被万贵妃弄死。万贵妃养尊处优,在宫中喜好奇技淫巧,大肆祷祠宫观,结果糜费无数,后宫府库为之一空。宪宗对此不置一顾。

万贵妃58岁时,变得喜怒无常。有一次,她对一位宫女发火,怒冲冲地杖责宫女,但由于身体太过肥胖,心脏不胜负荷,加之气血冲顶,一时憋过气去,再也没有醒来。万贵妃就这样暴死宫中。宪宗闻讯以后,肝肠寸断,哀痛欲绝,不思饮食,连续辍朝七日。万氏谥恭肃端慎荣靖皇贵妃,下葬天寿山。宪宗思念万贵妃,常常独自发呆。宪宗怅然叹息说:"万贵妃去了,我还能活多久?"宪宗终日郁郁寡欢,万贵妃死后几个月,终于支撑不住,在忧郁中死去,终年40岁。

四、皇后临危不乱

1. 世宗的三位皇后

明世宗朱厚熜以藩王入继大统,先后有三位皇后:孝洁皇后陈氏、废后张氏、孝烈皇后方氏。世宗入主帝位的这一年,他 16 岁,迎娶 15 岁的陈氏为皇后。陈氏端庄秀丽,楚楚动人,尤其是娴习史书。世宗和陈氏非常恩爱,过着愉快的人间生活。

嘉靖七年(1528 年),这一天,世宗和陈皇后并坐,张妃、方妃恭敬地捧进茶水,供帝、后品尝。生性严厉的世宗见色性起,发现美妃的手指娇嫩,便看得目不转睛。已有身孕的陈皇后醋劲大发,竟一怒而起,扔下茶杯,愤然离去。世宗哪里受得了这等无礼?于是勃然大怒。陈皇后万分恐惧,惊悸之下不幸流产,结果大出血而死。陈皇后死去了,世宗痛不欲生。

废后张氏是位很内向的女人,世宗的第二任皇后。最初,张氏封顺妃,陈皇后去世,才由顺妃立为皇后。张皇后身世不详,但据推测,想必温柔和顺,从不违拗沉迷于上香祷祀的皇帝,甚至还一味迎合,参与祭礼。

世宗沉迷在古礼之中,终日奉祀不休,把宫中搞得乌烟瘴气。每次隆重的祀日,还要皇后一同陪祭。天长日久,张皇后不免忧郁烦闷。世宗觉着祭礼不过瘾,又仿照古礼,要张皇后在东郊亲祀蚕神。有一次,终于发生变故。张皇后等一行人正行大礼,忽然狂风大作,暴雨倾盆。张皇后哪儿经受得了这个?惊吓、恐惧、饥寒交迫,祀礼只好草草结束。张后因此病倒,卧床不起。

张皇后病愈后又恰遇玉霄帝君的生辰大日,世宗吩咐张皇后穿新制的祭衣,一同陪祭。张皇后穿上祭服,心里一凉,看着镜中的自己发呆:这像巫婆似的女人,难道是自己吗?是母仪天下的一国皇后?张皇后便拒绝穿上祭服。

术士邵元节又别出心裁,编荒诞不经的《圣女训》,让皇后以下每三天听从宣讲,听讲时还有一套繁琐的祭拜仪。张后实在忍受不了,便直言进谏,表达自己的由衷不满和坚决反对。世宗好言相劝,张后坚持己见。不久,张后被幽禁冷宫,废为庶人。张后过了两年囚禁的生活,终于忧郁而死。

世宗终日祭祀祷告,炼丹吃药,只求自己长寿,但后宫没有主事的皇后,又没有广延后嗣的众多嫔妃,终究不是王朝的一件好事。于是,世宗接受了大学士张孚敬博求淑女,为广皇嗣的建议,于嘉靖十年(1531 年)三月,同时册立方氏、郑氏、王氏、阎氏、韦氏、沈氏、卢氏、沈氏、杜氏为九嫔,仪制稍次于皇后。九嫔中世宗最宠爱的是方氏、沈氏、闫氏三人。于是,世宗立方氏为皇后,沈氏封宸妃,闫氏封丽妃。

史书关于方皇后的记载不是很多,行文极为简略,只说她是江宁(江苏江宁)人。至于她如何入宫,受过什么教育,天资品性如何,语焉不详。不过,仅从方皇后临危不乱、遇事沉着冷静和坚毅果断来看,方皇后想必是一位才、色、识、胆全面的女子,最典型的事件是世宗险些被宫女勒死的杨金英案。

世宗像其他那些享尽荣华富贵的帝王一样渴求生命长久,对道术的仙丹长寿异常着迷。他从一道士那里得一长寿秘诀,让宫女每天在御花园采集甘露以供。宫女们每天黎明,左手持玉杯,右手拿玉簪,在已洗净的树木枝叶上采集甘露。早晨天凉风冷,宫女们天未明即起,露湿了衣衫,立在凉风习习的花木丛中,其凄惨可想而知。天长日久,采集甘露的宫女不胜其苦,便相继病倒,没有病倒的也是充满怨怒。采集甘露渐渐地变成了世宗惩罚失宠嫔妃和犯错宫女的一种刑罚。宫中的女子自此视采露为畏途,惧之如虎。

九嫔中论美色以王宁嫔最次,但王宁嫔极有心计,善于迎合圣意,体贴入微,而且能诵读世宗酷爱的青词。加之王宁嫔发明了紫沉香和檀香木屑加糠末制成的香饼,放在九孔香炉中燃烧,产出异香,沁人心脾,因此,王宁嫔极得世宗的爱幸。九嫔中最美又最媚的是曹端妃。曹端妃淫媚世宗,渐渐独宠专房,冠绝后宫。端妃日益不可一世。其他的嫔妃、美人当然妒恨端妃,尤其是刚刚得宠旋又失宠的王宁嫔。

端妃恃宠而骄,目中无人,甚至在宴会上公然颐指气使,呵斥众嫔。王宁嫔对她咬牙切齿,背后骂曹氏是骚狐狸。曹端妃耳目很多,侦知王宁嫔骂她,便到世宗面前哭诉,自然又添枝加叶。世宗大怒,吩咐召来王宁嫔,当场裸笞,打得她遍体鳞伤,哀号不已。接着,世宗便罚王宁嫔采集甘露,如有怨言,就立即处死。王宁嫔忍气吞声,只好加入到采集甘露的宫女中,并笼络杨金英、邢翠莲两位宫女。三人常在一起互吐苦水,泣不成声,对世宗的怨恨也一天天加深。

2. 救驾却失宠的方皇后

嘉靖二十一年(1542年),世宗36岁。严嵩私党赵文华为邀宠,假造了一只五色龟进献世宗,说是千年灵物,得于华山深谷。世宗当然兴奋,吩咐将这五色瑞龟养在御苑池中,并命采露的杨金英、邢翠莲负责照管。过不多久,五色龟在池中死了。杨、邢二人大为恐惧,求教于王宁嫔。王宁嫔曾经很得皇帝宠爱,自从端妃来后,皇帝冷落她,一切都变了。王宁嫔恨死了端妃,也憎恨皇帝。

王宁嫔听了杨金英的哭诉,沉吟片刻,献上一计:每天清早起来,你们就到御花园,采集甘露,亲自送到端妃的住处庆灵宫。端妃每天早起以后,总要到后宫御膳房中,亲自监视蒸制甘露。皇帝喜欢早寝,通常睡到日近中午,从来没有人敢去惊动皇帝。端妃走后,庆灵宫中,只有两个宫女留守,只要想些办法,哄她们出宫就行了。这个时候,你俩快速进入庆灵宫,用事先准备好的绳子,做个活圈,快速地勒死皇帝!皇帝死在端妃的寝宫,端妃当然脱不了干系,都会认为是端妃干的。皇帝一死,宫中大乱,谁会还有工夫去管什么五色瑞龟?

王宁嫔竟然想杀死皇帝!杨金英、邢翠莲一听,吓得灵魂出窍,目瞪口呆。让我们弱女子去勒死皇帝?这真是闻所未闻,从来连想都没有想过。可是,她们转念一想:也许,宁嫔说的有道理:一旦皇帝追究五色龟,我们肯定是不能活命,死得一定十分悲惨。如果想要逃脱一死,可能只有这唯一的办法了。来回想了一夜,二人想好了,拿定了主意,准备接受王宁嫔的建议,冒险一试。可是,两个女人能做这么大的事吗?人手太少了。她们三人商量,再增加两个结拜姐妹张金莲、王秀兰两人。一切准备就绪,她们悄无声息地依王宁嫔的计划而行。

嘉靖二十一年(1542年)十月,有一天晚上,世宗郑重祈神之后,回到端妃宫中,两人饮酒作乐,直到黎明时分,才沉沉睡去。王宁嫔、杨金英、邢翠莲等人知道时机成熟了,依计行事,扑向端妃宫。慌乱之中,杨金英将绳子套住了皇帝的脖子,可是,怎么也拉不拢!原来,杨金英将套绳结了个死结!世宗惊醒以后,奋力反抗。众女人奋力按住皇帝的身子,杨金英将绳子一端拴在床栏上,用力下拉。世宗被抵在那里,勒得出不了气,很快眼突舌伸,口中呼呼直出粗气,奄奄一息。

杨金英见皇上还是断不了气,吩咐二人拉紧绳子,她自己扑上去,用手勒住皇上的脖子。床上乱成一团,四个女人手脚忙乱,心中惶恐不安,急得像热锅上的蚂蚁。世宗喘过了气,便奋力相抗。张金莲发现事情不妙,大势不好,在混乱之中,偷偷地溜出了端妃的寝宫,直奔坤宁宫,向方皇后报告这场变故。情急之中,杨金英拔出银钗,向皇帝猛刺。皇帝奄奄一息,这时,突然的刺痛让皇帝嗞哇乱叫。王宁嫔等在宫外,见张金莲飞奔而去,知道事情不顺,立即吩咐宫女们散去。

一会儿后,方皇后带着几名太监和侍女飞奔端妃寝宫。杨金英等听到急促的脚步声知道有人来了,就想躲藏起来,却被奔进来的几个太监抓到。方皇后奔进室内,被眼前的情形惊呆了:皇上被绳子拴在床栏上,头发蓬乱,舌伸眼突,胯间鲜血淋漓,奄奄一息。方后迅速镇静,上前解开绳索,吩咐扶平皇上,速召御医。闻讯赶来的端妃也呆在了那里。方皇后接着发布了第一道命令：将所有的人看管起来，加强禁卫，没有命令谁也不许出入。

御医赶到后，立即抢救，世宗总算保住了性命，直到两个月后方才康复。方皇后这段时期穷治杀逆主谋，查出了王宁嫔。王宁嫔知道难逃一死，便把平日痛恨的人一一牵连进去，尤其是死咬端妃，说她知道此谋，并参与其中。方皇后颁发命令，将端妃、王宁嫔、杨金英等二十余人，全部凌迟处死，家属族诛。临刑时，端妃大喊冤枉，骂王宁嫔血口喷人。王宁嫔一声冷笑，颇为得意，仿佛此行并不是赴死。

三个月后，世宗康复，以方后救驾有功，宠幸有加。后来，世宗详细查问了全案经过，问清了端妃临刑时的情况，知道端妃是冤死。世宗怀念端妃，以至时常恶梦。世宗对方后的感激渐渐变成了仇恨，认为是方后杀死了他心爱的端妃。世宗表面上还是礼遇方皇后，但在感情上却移宠于丽妃阎氏。

嘉靖二十六年十一月，方皇后所住的坤宁宫失火，火势很猛。住在坤宁宫左侧万寿宫的世宗观赏着火焰，竟不让宫人救火，还说烧了旧宫，好再造一座新宫。方皇后就这样被活活烧死。这成了明宫的一大疑案。有人认为，这场大火可能是世宗安排的。但这只是推测，没有什么凭据。

五、舍身殉情

崇祯皇帝是明代的最后一位皇帝，其皇后周氏，祖籍苏州，后来徙居大兴。天启年间，神宗刘昭妃摄太后事，宫中事务决于熹宗张皇后。崇祯朱由检是光宗的第五个儿子，17岁时即皇帝位。周氏是在朱由检为信王时选为王妃的。当时，张皇后见美艳沉静的周氏很单薄，担心不能担当重任，母仪天下。刘昭妃却说："如今虽弱，以后必会长大。"这才册为信王妃。信王即皇帝位，周氏便被册为皇后。周皇后作为明帝国的末代皇后，在明覆亡时，毅然决然地舍身殉国，十分悲壮。

周皇后素性俭朴。正位六宫以后，周皇后便裁减中宫用度。她首减椒房资用，亲事妇事，衣着浣衣，注重内治。周皇后祖籍苏州，穿着江南服饰，极得崇祯的宠爱，宫中纷纷仿效，称为苏样。宫女是可以仿效服饰，但美色却是天成，谁都无能为力。周皇后早年居家时，有一次，被文士陈仁锡瞧见。陈仁锡惊叹周氏的美貌，对她的父亲说："你的女儿是天下贵人。"陈仁锡便教授周氏《资治通鉴》和经史之书。因此,周皇后知书达礼,颇通文墨。崇祯也极好读书。各处宫室宝座左右,都遍置书籍,坐即随手翻阅。书生风度的崇祯帝自然对才色双绝的周皇后宠爱无比,视为红颜知己。

能与周皇后争艳争宠的人物,是贵妃田氏。田氏多才多艺,她的美貌与周皇后相当,但却冷艳过之。相比之下,崇祯帝对田贵妃更加着迷。田贵妃恃宠而骄,谁都不放在眼里。周皇后对娇惯的田贵妃不能容忍,日常就多加裁抑。史书说,有一年岁兀日,天气寒冷,田贵妃朝见周皇后,翟车直至庑下。周皇后故意拖拉,好半天才出室就坐,受田贵妃跪拜。拜过以后,周皇后一言也不发,竟自离去。而另一位贵妃袁氏来朝时,周皇后则热情接待,相见甚欢,两人亲热地说话多时,久久方才离去。

田贵妃听到这些消息以后,恨死了周皇后。田贵妃受制于皇后,自己又没有办法,便向崇祯皇帝哭泣,倾诉委屈。崇祯皇帝当然不高兴,觉得皇后有些过分。有一次,皇帝和皇后在交泰殿谈事,所议不合,崇祯皇帝怒火顿起,愤然推开皇后,扬长而去。可怜的周皇后金枝玉叶,哪里受得住皇上一推?当即仆倒在地上,悲泣不已。皇后自此躺在床上,拒绝进食。崇祯帝后悔自己鲁莽,就派中使持貂裀赐赏皇后,算是谢罪,并询问皇后的饮食起居。周皇后这才结束绝食,帝后和好如初。

不久,田贵妃惹怒了崇祯帝,被斥居启祥宫,整整三个月不被召幸。周皇后这时又于心不忍。有一天,周皇后陪崇祯帝在永和门看花。周皇后见崇祯帝高兴,便乘机进奏,请召田贵妃。崇祯帝没有作声。周皇后就命用车迎来田贵妃。崇祯帝见到了爱妃,心中感念不已,两人和好,如胶似漆。

宫内温暖和平静,宫外却狼烟四起。起义军横扫江南,局势危急。周皇后有意南迁,便进言说:"我在南边还有一家居!"崇祯忙问家居情况,周皇后又吞吞吐吐的。崇祯帝为国事忧心,决意如素理政,时日久了,就容颜憔悴。周皇后关心着皇上的身体,执意亲理佳肴,进呈皇上。刚好崇祯的岳母瀛国夫人进奏,说夜梦崇祯的生母孝纯刘太后,刘太后哭着说,皇上忧劳憔悴,不能再这样下去,并最后说:为我语帝,食毋过苦。崇祯帝拿着奏章进宫,恰遇进呈美食的周皇后,两人相向而泣,泪水洒满案头。

崇祯十七年三月十八日,李自成攻陷北京。崇祯帝知道末日到了,回到后宫,见到周皇后,痛苦地说道:"大势已去,你为天下之母,应当赴死。"周皇后顿首恸哭说:"我事奉陛下18年,什么都听你的,今天同死社稷,又有何恨!"

周皇后扶着太子和皇二王失声痛哭,让侍从将他们护送出宫。崇祯帝令周后自尽。周皇后走入内室,关上门户。一会儿后,宫女出奏:"皇后领旨。"周皇后自缢而死。皇后死了,崇祯帝又命袁贵妃自尽。袁贵妃吊上屋梁,不料绳子断了,贵妃落在地上,一会儿后便苏醒。崇祯帝拔剑向贵妃肩头砍去,袁贵妃像一片败叶,倒在血泊之中。田贵妃两年前已死去。崇祯帝砍过袁贵妃,又胡乱地向其他嫔妃刺去,死伤数人。但袁贵妃命大,最终还是活着。清廷感于崇祯帝的悲壮,以礼赡养袁贵妃,以全其节。

六、宫女的幸福之门

后宫是以皇帝和他的后妃为中心的,皇帝和后妃们是后宫的主人,在后宫享受着人间最优裕的生活,而后宫的一切粗细事务,则由宫女和宦官负责。宫女的首领称为女官,女官和嫔妃不同于一般宫女,她们都是获得了名号的女子,在后宫是官,有相应的俸禄。而宫女则不同,一无所有,在宫中忙碌奔波,劳累终生。留在宫廷的宫女,除了劳累之外便是无尽的血和泪。

宫女的得幸和后宫皇后、美妃的得幸一样,不外乎美色、才艺和别于其他女子的独树一帜。她们以此引起皇帝的注意,得幸于宫中,从而命运为之改观。宫女得幸与否取决于皇帝,宫女得幸以后命运如何则取决于后宫的皇后和嫔妃。

明第五代皇帝是明宣宗朱瞻基,宣宗喜好读书,雅尚文墨,是位尚文爱才的皇帝。宣宗后宫有位郭氏宫女,来自凤阳(安徽凤阳),颇有文采。郭氏才华横溢,入宫不久,便被宣宗赏识和爱幸。宣宗宠爱郭氏,封她为嫔,对她礼重得无以复加。然而,郭氏消受不起皇帝的疼爱,入宫仅仅二十天就突然死去。郭氏死后,宫中寒气森森,阴风不断。有人说,郭氏是爱幸得太快,受宠得太快,引起了整个后宫的怨恨和嫉妒。郭氏具体的死因无从得知。

明武宗时期,霸州出了一位命运奇特的民女,叫王满堂。王满堂姿色秀丽,美貌驰名霸州。王满堂以美艳送入皇宫,备选嫔妃。不知出于什么原因,王满堂在美女如云的宫中落选,并被遣回霸州。王满堂心志极高,引宫中落选为耻,发誓不再嫁人。

有一天,王满堂做了一个梦。梦很奇异,说有一位名叫赵万兴的人必定来娶她,她应当从嫁,此人贵不可言。王满堂的梦一时传为佳话,不胫而走。有位道士名叫段铱听到这事以后,便改名赵万兴,到王家骗婚。段氏为了应验大贵,作妖书宣传他将承继天命。王家马上欢呼罗拜,答应将女儿嫁给他。妖书一出,广为流播,信服者越来越多。道士怕如此下去,会败漏获罪,便携带王满堂逃入嵫阳。

不久,道士被捉,抚按查问时认为逆案重大,便呈报武宗。武宗下令将段氏及其从党处死。武宗还特降圣旨,吩咐不许杀死王满堂,将她没入宫中,以官奴送入宫中劳改场——浣衣局。武宗是位淫荡、贪色的皇帝,有了这么一个尤物,他当然不会放过。于是,王满堂因祸得福,得幸于武宗,从假皇帝的宠幸变成了真皇帝的爱物。王满堂被武宗召入淫乐的豹房,随侍左右,恩宠无比。

第十二章

清帝的女人们

　　大清王朝崛起于白山黑水之间，满洲铁骑以摧古拉朽之势鼎定中原，建都北京。满清入关之时，内有三藩之乱、台湾割裂和准噶尔之忧，外有俄罗斯不断地侵扰犯边。顺治皇帝 6 岁即位，13 岁亲政，亲领上三旗，加强中央集权，继续展开军事行动，统一全国。康熙皇帝 8 岁即位，16 岁铲除权臣鳌拜，20 岁指挥平定三藩之乱，随后收复台湾、击溃沙俄入侵、平息准噶尔叛乱，开疆拓土，基本实现了国家的统一。自康熙历雍正至乾隆百余年的休养生息和稳步发展，大清王朝经济繁荣，军事强盛，疆域辽阔，国力如日中天，北京成为当时世界向往的政治、文化中心。

　　清朝历时 268 年（1644—1911 年），从清太祖算起，凡 12 帝：清太祖努尔哈赤、太宗皇太极、世祖福临、圣祖玄烨（康熙）、世宗胤禛（雍正）、高宗弘历（乾隆）、仁宗颙琰、宣宗旻宁、文宗奕詝、穆宗载淳、德宗载湉、末帝溥仪。清之疆域，西到今巴尔喀什湖、楚河、塔拉斯河流域，以及帕米尔高原，北达戈尔诺阿尔泰、萨彦岭，东北抵外兴安岭、鄂霍次克海，东、南达大海，包括台湾及其附属岛屿，南到南海诸岛，西南到广西、云南西藏，包括拉达克地区。到 18 世纪末，中国人口达 3 亿，是当时亚洲东部最强大的国家。

　　满清继承了历代宫廷珍藏，广征天下遗籍，遍揽四海人才，在宫禁之地开展大规模的修书活动，编纂了《康熙字典》、《渊鉴类函》、《古今图书集成》、《十三经注疏》、《二十一史》、《四库全书》、《四库全书荟要》、满文《大藏经》等大型典籍，经史之盛、学术之繁荣，远超汉宋，史家盛赞：康乾盛治，文教大昌！国学之盛，近古未有！康熙、乾隆百余年的繁荣发展，造就了一个经济发达、文化昌盛的繁荣盛世，史称康乾盛世。这个盛世始于康熙时期，终于乾隆之世（1662—1799），历时 138 年。

　　清帝克己复礼，皇宫制度森严。不过，对于皇帝来说，性嬉渔色，实乃天性，随兴为之，无碍江山社稷。慈禧太后执掌朝政，一手遮天，长达半个世纪，她的爱恨情仇就是一部栩栩如生的宫廷生活长卷。

一、清宫后妃制度

1. 选秀女

清宫选秀女,是清圣祖顺治皇帝从自己不幸的婚姻中总结教训而发明的。顺治八年(公元1652年)八月,刚刚14岁的皇帝迎娶第一个皇后博尔济吉特氏,她是蒙古卓礼克图亲王的女儿,也是顺治生母孝庄文皇后的侄女。这位美丽的皇后非常任性,极其奢侈,皇帝每天感觉十分不悦,两人关系渐渐疏远,最后形同陌路。这门亲事,是由睿亲王包办的,没有经过顺治皇帝挑选,皇帝决定废除这桩婚姻。孝庄皇太后看儿子态度坚决,只好舍弃侄女,同意废后。皇帝很高兴,颁谕天下:"选立皇后,作范中宫,敬稽典礼,应于内满洲官员之女,在外蒙古贝勒以下、大臣以上女子中,敬慎选择。"这是清宫选秀女的开始,也是早期的选秀标准。

满清后宫不同于任何朝代,从皇后到宫女,都是从旗人女子中挑选出来的。八旗是清朝独有的,从八旗女子中挑选秀女之制也是清代所独有。清太祖努尔哈赤创立了八旗制度,这套军政合一的制度,兼有行政、军事、生产等多方面职能。以黄、白、红、蓝四色旗帜为标志,组成镶黄、镶白、镶红、镶蓝、正黄、正白、正红、正蓝八旗。

清入主中原后,旗人分为八旗和内务府包衣三旗。八旗包括满洲八旗、蒙古八旗和汉军八旗,共二十四旗,这是清廷政权的主要支柱;内务府包衣三旗是清皇室的奴隶,二者的政治地位不同。所以,尽管八旗和包衣三旗女子的挑选都称为选秀女,但具体的挑选方法和她们在宫中的地位是有所不同的:八旗秀女,三年一次,由户部主持,可备皇后妃嫔之选,或者赐婚三代以内、血缘关系比较密切的近支宗室;包衣三旗秀女,一年一次,由内务府主持,主要承担后宫杂役。清代后期,包衣三旗的女子挑选,不再称为秀女,而是明确称"引见包衣三旗使女"。

2. 选秀十分严格

清宫挑选秀女,制度是十分严格的:

(1)严格审查旗属与年龄,不在旗的想参选,不可能;在旗的想逃避,也不可能。顺治朝规定:凡满、蒙、汉军八旗官员、另户军士、闲散壮丁家中年满十四岁至十六岁的女子,都必须参加三年一度的备选秀女,十七岁以上的女子不再参加。乾隆五年(1740年)进一步规定,如果旗人女子在规定的年限之内因种种原因没有参加阅选,下届仍要参加阅选。没有经过阅选的旗人女子,即使到了二十多岁也不准私自聘嫁,否则,查参该旗都统,予以惩治。

乾隆六年(1741年),闽浙总督德沛上折,请求乾隆皇帝允许他年过17岁的儿子恒志与两广总督马尔泰的女儿完婚。不过,马尔泰的千金没有参选秀女。乾隆皇帝大为恼火,命令德沛立即赴京,当面训饬,同时强调:"我朝定例,八旗秀女,必俟选看后方准聘嫁。凡在旗人,理宜敬谨遵行。近见尚有未经选看之秀女聘定许字者,大臣等有奏事之责者,虽系蒙朕恩俞允,究与体制未协。选看八旗秀女,原为王、阿哥等择取福晋;若在未经挑选之前即行结亲许字,非为废弛旧制,并恐无奏事责任之人,或不敢陈奏之人,伊等已行许字之女,朕因不知,另指他人,亦大有关系;且八旗秀女,于十三四岁即行选看,并无耽搁之虞。"乾隆二十年(1755年),再次补充规定:应阅视的秀女,在未受阅选之前私自与宗室王公结亲者,其母家照隐瞒秀女例议处。清宫选秀女的年龄,通常在11—20岁之间。

(2)挑选秀女,逐级上报。先是户部奏报皇帝,允准以后,行文八旗都统衙门,逐层呈报,汇总到八旗都统衙门,最后由户部上报,皇帝决定选阅日期。凡是有病、残疾、貌丑者,必须逐层具保,由都统咨行户部,户部奏明皇帝,由皇帝定夺。

(3)各旗秀女,坐骡车提前到京。乾隆时规定:"引看女子,无论大小官员、兵丁女子,每人赏银一两,以为雇车之需。……此项银两,……著动用户部库银。"秀女到京后,入宫前一天,坐在骡车上,由本旗参领、领催安排次序,称为"排车"。

(4)按照顺序入宫。排列顺序是:八旗序列——满、蒙、汉;每旗序列——宫中后妃之亲戚,曾选中留牌子、复选之女子;新选秀女。各组秀女,分别依年龄排列,鱼贯而入,车树双灯,上有:某旗某佐领某某人之女。

(5)入宫路线。日落发车,入夜进地安门,到神武门外等宫门开启,由太监引导,按序入顺贞门。秀女们乘坐的骡车则从神武门夹道东行而南,出东华门。第二天,骡车由崇文门大街北行,经北街市,经地安门来到神武门外。中午时,初选完毕的秀女们在神武门外坐上来时所坐的骡车,各归其家。这种排车法,是嘉庆年间的一位名叫丹巴多尔济的额驸发明的。

（6）验看秀女。秀女们在神武门外下车后，按序列队，由太监引入宫中御花园、体元殿、静怡轩等处。每天阅看两个旗，通常是六人一排，有时仅一人，由皇帝或太后选阅。选中者，留下其名牌，称留牌子；没有选中者，称撂牌子。

（7）留牌复选。留牌子者，再定期复选，复选未留者，也称为撂牌子。复选选中者，一是留在宫中，随侍皇帝或者女主，二是赐予王公、宗室。

（8）入选妃。复选选中者，成为后妃候选人。经"引阅"、"复看"，选中者分"记名"、"上记名"。记名，就是留牌子；上记名，就是皇帝亲自选中留牌子者。经过"留宫住宿"，女官仔细检查、考察，选定数人，入选后妃。其余人等，都撂牌子。

清宫选秀女，有两条标准：一是出身，二是品德。品德不好把握，没有具体条款，选中者通常说是：孝慈、宽仁、淑慎、温恭。这样，门第就成为最为重要的标尺，册书上常见"诞育名门"、"祥钟华阀"等等。光绪皇后隆裕相貌平平，但出身名门，是慈禧皇太后的侄女，故选为皇后。珍妃的父亲是侍郎长叙，其祖父裕泰曾任总督，其伯父长善是广州将军，最为关键的是，长善是大学士桂良的女婿，还是恭亲王奕訢的连襟，她们姐妹选中进宫，册为珍嫔、瑾嫔，不足为奇。

3. 红档头牌

清宫留下的空白档案红纸，没填姓名，说明了门第的重要："同治十一年二月初三日，敬事房传旨：原任公爵之女着封为妃，将军之女着封为妃，知府之女着封为嫔，员外郎之女着封为嫔。钦此。"清自顺治到光绪九朝，选秀女 80 余次。入葬皇帝妃园陵寝的后妃，共有 214 人。

同治十一年（1872），同治皇帝 17 岁了，要准备大婚。两宫太后在皇后人选上，出现分歧：慈安太后看中了崇绮的女儿阿鲁忒氏。崇绮是蒙古第一位金榜题名的状元，官至翰林院侍讲，阿鲁忒氏生长在书香门第，淑慎端庄。慈禧太后则看中了凤秀的女儿富察氏。凤秀是员外郎，慈禧太后喜欢这位聪颖俏丽的少女，觉得她像年轻时的自己。同治皇帝坚决站在慈安太后一边，执意立阿鲁忒氏为皇后，皇帝生母的慈禧太后无能为力，只好败下阵来。二月初三日，两宫太后懿旨，选阿鲁忒氏为皇后，册富察氏等三人为慧妃、瑜嫔、珣嫔。

阿鲁特氏和富察氏的两块绿头牌，至今还保留在中国第一历史档案馆里。绿头牌，是清代文武官员的身份牌，是奏事时用的。后来，皇帝选秀女、召幸后妃时，也借用此法。阿鲁忒氏的绿头牌，正面清楚地写着其旗籍、家庭和年龄：正蓝旗，蒙古，佐领名图们达赉，原任员外郎景辉之曾孙女，前任副都统赛尚阿之孙女,侍讲崇绮之女,18岁。富察氏的绿头牌上,也写着同样的内容。两块绿头牌的另一面,分别写着"皇后"、"慧妃",可能是刚刚确定了皇后和慧妃的名分时写下的。

4. 后妃等级

清宫后妃制度较为简洁,承自明朝,却更加完善。清宫之中,后妃分为八个等级:皇后之下,分为皇贵妃、贵妃、妃、嫔、贵人五级,下有答应、常在,不算正式名号。

5. 皇帝大婚

皇帝结婚,称为"大婚"。清宫规定了皇帝大婚的礼仪程序,每次皇帝大婚,必须严格按照规定,筹办婚礼。主要步骤包括:议婚、纳采、大征、册迎、合卺、庆贺及赐宴等。

(1)议婚

清代皇帝娶谁为后,通常由皇太后指定,或皇太后与辅政大臣商定,故称"议婚"。选定后,由皇太后下谕旨,命皇帝娶某女为后。由内阁(后改为翰林院)撰写册文、宝文,礼部监制金册、金宝,内务府准备彩礼,由钦天监选定吉日,按吉期行礼。

(2)纳采

纳采即聘礼,是皇帝首次向其皇后家颁赐定婚的礼品。清制规定,礼品为:鞍辔俱全的文马 10 匹、甲胄 10 副、缎 100 匹、布 200 匹。制书:"皇帝钦奉皇太后懿旨,纳某氏某女为后,命卿等持节行纳彩礼"。正使受节,至皇后府邸,皇后之父跪迎。同日,皇家在皇后府邸设纳采宴,宴请皇后家人。

(3)大征

大征即"六礼"中的"纳征",是定婚后,由皇帝颁赐给皇后父母的礼品。比纳采的数量要多,规格也更高:黄金 200 两、白银 1 万两、金茶器 1 具、银茶器 2 具、银盆 2 个、缎 1000 匹、具鞍辔文马 20 匹,冬夏朝服、朝衣两套、貂裘两件。又有甲胄、弓箭等。皇后的兄弟、姐妹也均赐衣服、财物等礼品。

(4)册迎

册迎礼是册封和奉迎两种礼仪的合称。因这两种礼仪在皇帝大婚之日一并举行,故称"册迎礼"。

册迎礼是大婚诸礼中最为隆重的典礼。大婚前一日,皇帝照例要派遣官员告祭天地、太庙。大婚这天，宫中处处张灯结彩，皇后仪驾经过的午门、太和门、太和殿、乾清宫等处，搭盖了"囍"字彩棚、彩门。吉时一到，皇帝穿礼服、乘舆去慈宁宫拜谒皇太后，谒毕，皇帝回太和殿、登宝座。奉迎正副使听宣后，即率队携皇后金册、金宝、仪驾、冠服出太和门，赴皇后府邸奉迎皇后。此日皇后府邸披红挂彩，后父率子弟家人跪迎于门外，内务府官员派女官将冠服进奉皇后。皇后在内堂穿戴毕，并跪受金册、金宝，然后登凤舆，随仪驾入宫。皇后凤舆中上下均铺有大红金绣云凤纹"囍"字铺垫，颇似民间的喜轿。凤舆之后是丰盛的嫁妆，由皇室提供。嫁妆有金银珠翠、服装、家具等，常有二百抬。凤舆经大清门（今天安门）、午门、太和门至太和殿阶下止，皇后降舆，再由命妇迎入坤宁宫与皇帝行合卺礼。

（5）合卺

卺即瓢。汉族古代婚礼中，将一瓠对剖为两瓢，各盛以酒，令新人各饮其一，叫做"合卺"，寓夫妻一体、相互敬爱之意。清宫合卺礼，于大婚当天在坤宁宫举行。届时，坤宁宫东暖阁被装饰为临时洞房，内设龙凤囍炕，炕上悬挂五彩百子帐，铺大红缎绣龙凤囍字炕褥和朱红彩缎百子被，象征帝后多子多福。行合卺宴时，福晋四人服侍皇后净面，穿戴礼服，乘礼轿先入坤宁宫等候，皇帝着吉服后至。帝后对面坐炕上，皇帝居左，皇后居右，四名福晋夫人在旁恭侍。宴用黄地龙凤囍字膳桌；食品有"子孙饽饽"和以"龙"、"凤"、"呈"、"祥"、"乾"、"坤"、"和"、"泰"、"囍"等字为名的菜点；碗盘餐具多为金、红色并饰百子、囍字纹样。帝后进合卺宴时，还有结发侍卫夫妇于室外念"交祝歌"，祝福帝后大婚吉祥、子孙满堂、夫妻美满。是夜，帝后同寝于坤宁宫洞房中，正式结为夫妻。

（6）朝见礼

大婚第二天一早，皇后要向太后行朝见礼，即民间的拜见公婆礼。因皇帝即位和大婚多是在前代皇帝死后，故皇后朝见的通常只有婆（皇太后）而无公（太上皇）。这天早晨，皇后着礼服出坤宁宫，乘舆至慈宁宫，先向太后行三跪九叩礼，然后，亲自服侍太后盥洗和用早膳。礼毕，皇后乘舆回坤宁宫。第三天，行庆贺礼。皇帝率群臣至慈宁宫向太后行礼。礼毕，皇帝御太和殿，王公百官上表庆贺皇帝大婚。皇帝颁诏，将大婚盛典晓喻天下。女眷如公主、福晋、命妇等则至坤宁宫向皇后行礼，以示祝贺。这天，皇帝在太和殿举行盛大筵宴，宴赏皇后之父及其男性族人，王公百官均与宴；皇太后在慈宁宫赐皇后之母及其女性亲属宴，公主、福晋、夫人和大臣命妇等与宴。大婚礼后，皇后从东、西六宫中选择某宫居住，是为"本宫"。

6. 宫里的妈妈

清宫之中,有太监、宫女、女官,还有大量的妈妈。习惯上说,宫里年青的女子称为宫女,有一定职位的女子称为女官,年龄较长的已婚女子,宫人们称为妈妈、嬷嬷。严格地说,妈妈、嬷嬷这两种称呼是有区别的:她们都是皇宫中的已婚女子,年纪较大的女佣人称为妈妈,皇子皇女的乳母称为嬷嬷。嬷嬷身份特殊,地位也很特殊,她们往往与主子相处融洽,有乳养之功,所以,小主人断奶以后,她们也可能留在宫中,继续以妈妈的身份服役。

宫廷的规定是十分严格的,皇帝、皇后、太后、嫔妃使用宫女、嬷嬷的数量是有严格规定的,任何人都不能越级使用,除非是最高统治者的皇帝或者皇太后,如慈禧太后。根据清宫则例规定,使用宫女人数:皇太后 12 人,皇后 10 人,皇贵妃、贵妃 8 人,妃、嫔 6 人,贵人 4 人,常在 3 人,答应 2 人。

后来,《宫中现行则例》规定,皇太后名下,使用女子 10 人,妈妈里 4 人。凡皇太后例应妈妈里 4 人,系于内务府管领下挑取,从无子女、无挂碍、40 岁以外、50 岁以内之孀妇中捡选,其吃食分例,俱按宫女办理。

女子,就是宫女。妈妈里,就是妈妈。事实上,慈禧太后就突破了这一规定,根据清宫档案记录,慈禧太后宫中,有宫女 22 人,妈妈 8 人,嬷嬷五人。

慈禧太后为什么要用嬷嬷五人?原来,她用她们,是喝她们的人乳。这五位档案如下:

福长,清光绪七年正月二十六日入宫,镶黄旗恒喜管领下承应人永顺之妻祁氏,年二十三岁。

福春,清光绪七年三月二十二日入宫,正白旗署理崇光佐领下披甲人灵广之妻门氏,年二十四岁。

福桂,清光绪八年二月二十四日入宫,镶黄旗恒管领下苏拉广泰之妻黄氏,年三十二岁。

福顺,清光绪九年三月初二日入宫,正白旗安佐领下间散人德顺之妻赵氏,年二十八岁。

福荣,清光绪十五年闰五月二十一日入宫,正黄旗多伦布营领下幼丁存福之妻魏氏,年二十一岁。

慈禧太后 45 岁以后,经常有小病。有一次,大病不起,御医们束手无策。慈禧太后突然想起了一位老太医,就立即发布懿旨,征他入宫。老太医 80 多岁了,垂垂老矣,近侍们抬着老太医入宫。号脉之后,老太医开了一剂药,对慈禧太后说:"老佛爷,如药见效,可接着吃几副。报了大安以后,可吃人乳,保健康长寿。

以后,奴才再不能上来了!"不久,老太医去世。慈禧太后吃药以后,果然见效,从此以后,她坚持每天吃人乳。

吃人乳,首先是挑选乳妇:从京畿妇女中,挑选刚刚生育的妇女,要求健康、端庄。选中之后,让她们挤出新鲜的奶水,放在盘子中,然后一齐拿到太阳底下曝晒:晒成血水者、腥臭者、不成形者均淘汰;晒后白洁者,入选。白洁者中,以雪白如凝脂者最佳。

二、孝庄太后嫁叔之谜（上）

1. 皇太极

皇太极是清第二代皇帝,生于明万历二十年十月二十五日(1592 年 11 月 28 日),属龙。35 岁登极,在位 17 年,清崇德八年八月初九日(1643 年 9 月 21 日)去世,终年 52 岁。葬于清昭陵,位于辽宁沈阳北陵,庙号清太宗,谥号文皇帝。他是清太祖的第八个儿子,他出生的时候,父亲努尔哈赤 34 岁,母亲那拉氏 18 岁,她就是清代第一位皇后:那拉氏高皇后。皇太极身材魁梧,英勇善战,在八大贝勒中,排名第四,人称四贝勒。

父亲努尔哈赤先后娶有 16 个妻子,生有 16 个儿子、8 个女儿。皇太极是第 8 个儿子,生活在一个庞大的家庭之中:他有 4 个叔父,二叔门下有 11 个堂兄弟,三叔门下有 9 个堂兄弟。他有兄弟 15 人,同父异母,他排行第 8,上有 7 个哥哥,他和长兄、二哥都是同母,由元妃佟佳氏所生:长兄褚英,长 12 岁;二哥代善,长 9 岁;三哥、四哥长 7 岁,五哥长 5 岁,六哥、七哥长 3 岁。他有子、侄约 150 人。

清初四大贝勒,是指大贝勒代善、二贝勒阿敏、三贝勒莽古尔泰、四贝勒皇太极。无论身份、地位,还是年龄、威望,皇太极都是在最后,为什么他能够登上皇帝宝座? 是天时、地利、人谋的结果。长兄褚英,已经被努尔哈赤处死。二哥代善是同母兄弟,处于大贝勒之地位,最有资格继承大汗之位。代善性格温和,天性宽柔,军功显赫,权势极大,深得民心。努尔哈赤多次表示,将由代善继承大位。他说:百年之后,我的幼子和大福晋,交给大阿哥收养。褚英死后,代善就是大阿哥。

皇太极知道自己处于劣势,按照正常程序,他肯定是继位无望。然而,他聪明过人,胸怀大志,暗藏心机。他知道自己有帝王之才,深负江山重任,为了皇位，一定要不择手段。他知道，亲哥代善是个完美的男人，确实是无懈可击。但是，代善有一个致命伤：心软、好色。果然，皇太极得知，父亲的大福晋经常深夜外出，前往代善住处。皇太极巧妙地告诉了父亲的小福晋德因泽，德因泽借机巧妙地告诉了努尔哈赤。努尔哈赤大怒，结果，皇太极一箭三雕：收拾了大福晋，小福晋得宠；收拾了代善，代善继位无望；殃及二贝勒、三贝勒，他们的地位受到动摇。从此，努尔哈赤偏爱四贝勒皇太极，给与他特别权势和地位。因此，努尔哈赤去世后，皇太极的势力最大。

天命十一年（1626年），清开国皇帝努尔哈赤在一次大战中身受重伤，不久，不治身亡。晚年时，努尔哈赤受到后位继承问题的困扰，放弃传统的储位指定制，宣布八贝勒共议制：由八贝勒推举新大汗。努尔哈赤去世后，四贝勒势力最强大，关于汗位人选，他们在庙堂之外秘密谋定。代善无望，他让他的两个儿子前往皇太极处，请四贝勒继承大汗位。两儿子代表代善，十分诚恳：国不可以一日无主，应当早定立汗大计。四贝勒才德冠世，深得先帝之心，众皆悦服，当速继大位！

代善不知道自己的亲弟弟在后面搞鬼，他是一片至诚，也有私心：既然自己不能继位，当然由自己的亲弟弟继位最好了。四贝勒问计于代善，代善表白：你继大位，是吾心也！天人允协，谁不赞同！他们亲兄弟一联盟，势力无人能比，大局已定。第二天，诸王、贝勒会议，大贝勒代善向二贝勒、三贝勒提出，请四贝勒皇太极继承大汗位。没有争议，无人反对。于是，努尔哈赤的第八个儿子皇太极继承汗位。

随后，皇太极着手收拾兄弟们，建立绝对集权：他宣布二贝勒阿敏16大罪，剥夺一切职务，幽禁起来，没收全部财产。三贝勒莽古尔泰暴卒，终年46岁。皇太极杀三贝勒管辖的正蓝旗官兵1000余人，辱骂其福晋，将其弟弟、妹妹和3个儿子全部处死。天聪九年（1635年），多尔衮远征蒙古察哈尔部，获得蒙古国宝"传国玉玺"。据说，这颗玉玺，自汉传至元，是一统万年之瑞宝。皇太极得传国玉玺，喜出望外，遂布告天下：亲祭太祖福陵，祈告祖上，更改族名，称为满洲；第二年四月，建国号为大清，年号崇德。这时，大清的疆域，基本上囊括了山海关以外的整个东北。

皇太极后妃众多，有正式名号的后妃是15人。他正式称帝以后，在盛京皇宫，建立了自己的后宫制度，由5个女人构成了一个完整的家：一后四妃，合称五宫。五宫，五个女人，都是蒙古人，都姓博尔济吉特氏。五宫五个主人，她们分别是一后：皇后博尔济吉特氏；四妃：东宫宸妃、西宫贵妃、东次宫淑妃、西次宫庄妃。

皇后是蒙古科尔沁贝勒莽古思的女儿,明万历四十二年(1614 年)定亲,时年,皇太极 24 岁,她 15 岁。皇太极建立后金,称天聪汗后,迎娶博尔济吉特氏,她成为皇太极第一福晋,入主中宫,称为清宁宫大福晋。皇太极建立大清,正式称帝,她成为皇后,也就是中宫主人。顺治即位后,尊她为皇太后。顺治六年,去世,终年 51 岁。

东宫关雎宫宸妃,名海兰珠。她是科尔沁贝勒寨桑的女儿,是中宫皇后的亲侄女,也是西次宫庄妃的姐姐。天聪八年(1634 年),皇太极娶她,皇帝 42 岁,她 26 岁。

西宫麟趾宫贵妃,名那木钟。她是蒙古郡王额齐格诺颜的女儿,原本是蒙古林丹汗福晋,林丹汗去世后,天聪九年(1635 年)投顺后金,皇太极娶她,封为贵妃。她生有一儿一女,儿子就是襄亲王博穆博果尔,其王妃董鄂氏与顺治演绎了一段生死恋情。

东次宫衍庆宫淑妃,名巴特玛·璪。她是蒙古阿霸垓部人,原本是蒙古察哈尔林丹汗窦土门福晋,林丹汗去世后,率部于天聪八年(1634 年)降金。不久,皇太极娶她,册为淑妃。她有一个女儿,可能是林丹汗的后代,后来,由皇太极作主,嫁给多尔衮。

2. 孝庄皇后

西次宫永福宫庄妃,名布木布泰,她就是闻名历史的孝庄文皇后,姓博尔济吉特氏。她生于明万历四十一年二月初八日(1613 年 3 月 28 日),死于清康熙二十六年十二月 25 日(1687 年 1 月 27 日),终年 75 岁。孝庄文皇后来自蒙古科尔沁部,是贝勒寨桑的女儿,是清太宗皇太极皇后哲哲的侄女,也是太宗关雎宫宸妃海兰珠的妹妹。

天命十年(1625 年)二月,其兄吴克善台吉将她送到后金,嫁给努尔哈赤的第八子皇太极,时年她 13 岁,皇太极 34 岁。这个时候,皇太极已经和她的姑姑哲哲一起生活了 12 年。10 年后,她的姐姐海兰珠也嫁给了皇太极。这样,姑姑、侄女姐妹 3 个女人共同侍候一个丈夫,这在古今中外的历史上是十分罕见的。不过,这是满洲政治统治的重要手段,以满蒙联姻来巩固政权。

崇德元年(1636 年),皇太极登基称帝,册封她为庄妃,居住在永福宫。皇太极共有 11 个儿子、14 个女儿。其中,庄妃生 1 个儿子、3 个女儿。她生的 3 个女儿分别是皇四女、五女、七女,分别称固伦雍穆长公主、固伦淑慧长公主、固伦淑哲长公主。她是一口气生了3个女儿,差不多两年左右生一个:生皇四女时,她17岁;生皇五女时,她20岁;生皇七女时,她22岁。5年后,崇德三年(1638年),她26岁,生下儿子福临,也就是皇九子,他就是后来的顺治皇帝。崇德八年(1643年),皇太极去世时,庄妃31岁,多尔衮是32岁。

清朝历史上,庄妃是一个十分了不起的女人,她对大清王朝的建立立下了不朽功勋:经历了5个朝代,对太祖、太宗、世祖(顺治)、圣祖(康熙)4个皇帝产生了重大影响,特别是对入关的头两位皇帝顺治、康熙的即位和理政,有着决定性的作用。顺治皇帝福临在多尔衮等人的拥立下即皇帝位,尊博尔济吉特氏为皇太后。康熙即位后,博尔济吉特氏被尊为太皇太后。康熙二十六年(1687年),太皇太后去世,终年75岁,谥孝庄文皇后。

孝庄文皇后精明能干,工于心计,颇有智谋。当丈夫清太宗皇太极暴病身亡之时,她曾痛不欲生,想以身殉情。但是,当她念及子女尚幼,便收起悲伤,毅然决然地决定抚育和保护子女,鼎力扶持儿子登上皇位。当时,亲王多尔衮实力最强大,她以特殊的女人身份和卓绝的才智赢得了王公贝勒们的支持,特别是与亲王多尔衮结成了特殊联盟,终于使6岁的儿子福临登上了皇帝宝座。她知道,宫廷之中,争夺皇权十分凶险,她不惜一切地与亲王们周旋,竭尽心力地保护自己的儿子和这个幼年皇帝所拥有的江山社稷。

三、孝庄太后嫁叔之谜(下)

1. 多尔衮

多尔衮(1612—1650年),是清太祖努尔哈赤与大妃乌那拉氏·阿巴亥的儿子,是努尔哈赤的第14个儿子,深得他的器重和钟爱。阿巴亥出嫁的时候,刚刚12岁,美丽、丰满,努尔哈赤十分疼爱她,先后生下了3个儿子:长子阿济格,二子多尔衮,三子多铎。可以说,在太宗皇太极执政时期,最显赫的一个人物是太宗的弟弟多尔衮。可是,当年,努尔哈赤去世后,四大贝勒争夺权位,为了逼多尔衮就范,他们曾合力威逼多尔衮的母亲阿巴亥,使她走投无路,自尽身亡:一说是她自缢身亡,一说是被勒死的。没有了母亲作坚强的后盾,多尔衮失去了争夺皇位的基础。

皇太极临政后,多尔衮全力以赴,追随皇太极南征北战,屡立战功,成长为一个文才武略的领军人物。最初,他被封为贝勒。天聪二年,皇太极攻伐察哈尔多罗特部,多尔衮破敌有功,赐号墨尔根代青。天聪三年,多尔衮自龙井关进军明边,和贝勒莽古尔泰攻下汉儿庄,在广渠门大败明将袁崇焕,并在蓟州全歼山海关援兵,一时间,声威大震。崇德元年,多尔衮进封为睿亲王。这个时候,他的实力和声望几乎可以与太宗皇太极比肩。

崇德八年,太宗皇太极去世。这一年,多尔衮 32 岁,实力最为雄厚,也正年富力强。宫中围绕着皇位继承展开了激烈的争斗,险些大打出手,兵戎相见。争夺最激烈的是以睿亲王多尔衮为首的一派,包括豫亲王多铎、武英郡王阿济格等人,与以郑亲王济尔哈朗、肃亲王豪格之间的明争暗斗。豪格是皇太极的皇长子,比多尔衮大 3 岁。最后,各派妥协,达成协议:皇长子豪格退出;共立太宗皇太极幼年的儿子福临即位,是为清顺治皇帝,时年 6 岁;朝廷政务由多尔衮和济尔哈朗共同辅佐。

这份协议,名义上是两王辅政,实际上,拥有两白旗的多尔衮实力最雄厚,根本没把济尔哈朗放在眼里。渐渐地,多尔衮依靠自己拥有的实力,强势抢权,取得了绝对的统治地位,进而独有天下。这时,多尔衮俨然以一代皇帝自居了。最明显的事例是,他以皇宫的主人身份,自由自在地出入宫禁。当时,扶立幼帝时,多尔衮以辅政身份,发出誓词,言之凿凿:有不秉公辅理,妄自尊大者,天地谴之。如今,多尔衮完全变了,天地是谁? 谁能谴之? 只有实力决定一切。围绕权力的斗争由激烈渐渐趋于平静,最后,全部权力归于多尔衮的铁拳统治之下。

福临即位之初,郡王阿达礼等人秘密进奏多尔衮,请他立即废掉年青的皇帝,自立为帝。不料,这份密奏不胫而走,朝野大哗。多尔衮知道二人忠心耿耿,多年来一直是自己的心腹。然而,面对群臣的压力,多尔衮还是忍痛当众宣布:阿达礼等人逆谋,下令将他们立即处死。于是,多尔衮初战告捷,名望如日中天,实力大增。接着,他恩威并重,施展手法,说服了共同辅政却性格软弱的郑亲王济尔哈朗,议定罢免诸王、贝勒共管六部事宜的旧例,一切权力收归辅臣。再接着,他逼迫济尔哈朗自行退出辅位。然后,他再以皇帝名义特颁一道上谕:一应事宜,均先禀睿亲王多尔衮。这样,多尔衮一手遮天,权倾天下了。

顺治元年(公元 1644 年)四月,多尔衮领兵进抵翁后。明朝平西伯吴三桂被起义军李自成逼得走投无路,自山海关遣使多尔衮:愿意投降,乞师进关。多尔衮当机立断,接受吴三桂的投降,以吴氏为急先锋,蜂涌入关。他整顿满洲铁骑,以摧枯拉朽之势长驱直入,进入中原,入主北京,建立清王朝以北京为清的都城。随后,满洲亲王护卫着顺治皇帝,从遥远的北疆进入山海关,来到北京,成为坐上紫禁城龙椅的第一任满洲皇帝。

多尔衮进入紫禁城以后,在武英殿处理军政事务。他派人自通州接顺治皇帝入宫,将皇帝安置在后宫之中。他自己一直坐镇武英殿,严密地控制着北京,也控制着中原地区的整个政局。多尔衮雄姿英发,踌躇满志。他心里很得意,坐在武英殿的龙椅上,心想:这整个皇宫,这万里河山的天下,实际上不就是自己的吗?废除小皇帝自立,不过是谈笑间的事而已。

入关以后的时局,孝庄太后看得十分清楚。顺治帝福临进入北京以后,在孝庄太后的授意下,第一件大事,就是进封多尔衮为叔父摄政王。十月,福临在紫禁城即位,特诏礼部尚书朗球、侍郎蓝拜、启心郎渥赫立石刻碑,详记摄政王多尔衮的功德,进封多尔衮为皇父摄政王。随后,郑亲王济尔哈朗呈上摄政王仪制。这个时候,摄政王俨然是一位不是皇帝的皇帝了,哪有当年共辅天下的辅政王影子?摄政王临政仪制,当然得到批准,并认真遵循。

摄政王多尔衮势焰熏人,权倾朝野,朝臣无不惶悚。多尔衮入朝时,阁部大臣一见到这位无异于天子的摄政王,无一不双膝下跪,迎候大驾。多尔衮行走在大臣跪伏的夹道中,心中无限豪迈,品味着只有天子才有的一份自得。当然多尔衮不能只是心中品味,他要让大臣说出来。于是,多尔衮走近大学士刚林问道:这是上朝,你们怎么跪迎?刚林战栗惶惑,害怕得说不出话来。这时,不知廉耻的御史赵开心赶忙上前,谄媚地说:大王,你以皇叔之亲,兼摄政王之尊,臣民怎能不跪迎? 多尔衮大悦。接着,赵开心进一步献媚:皇上称王为叔父摄政王,王为皇上叔父,只有皇上才能这样称呼! 至于臣民,应于叔父之上,再加一个皇字!这样,才能上下有别,合乎体制!

赵开心是有备而来的,我的这番话,真是让多尔衮大为开心。听了这番话,多尔衮感觉很受用,也很顺耳,心里美滋滋的。多尔衮点头,当即吩咐:下部众议。众议的结果自然不言而喻,一致通过:多尔衮被尊为皇叔父摄政王。这年年底,江南平定,多尔衮大权独揽,总摄朝政事。面对朝野大臣全心拥戴多尔衮,顺治皇帝特别诏谕多尔衮:遇朝贺大典,朕受王礼。若小节,勿与诸王同。多尔衮与皇帝分庭抗礼,并驾齐驱了。多尔衮大权在握,俨然以天子自居,哪里会把小小的皇帝放在眼里?多尔衮自由出入宫禁,结果,他与皇嫂博尔济吉特氏的特殊关系传遍京城。最后,人们干脆就说:太后下嫁,皇叔父明媒正娶庄妃。

2. 太后下嫁

当时,博尔济吉特氏虽然生下了几个子女,但正值盛年,风华正茂,楚楚动人。博尔济吉特氏的姿色和才华是公认的,早就遐迩闻名。最典型的事例,就是她以独特的女人工夫,感化了绝食寻死的明大将洪承畴,使他归顺,并甘心情愿地成为满洲铁骑顺利入关的带路人。问题是,博尔济吉特氏决定下嫁皇叔多尔衮,为什么要明诏天下,将一件本应藏于深宫的个人隐私公之于世?她这样做,更主要的考虑是,想保护她年幼的儿子顺治皇帝。

多尔衮正值盛年,身材魁梧,体格健壮。他仪容英伟,长于骑射,对自己的这位皇嫂早就垂涎三尺。在他的眼里,刚刚30岁的皇嫂肌肤雪白,美艳照人,人称大玉妃,真是名副其实。独揽大权以后,他经常出入宫禁,直接进入孝庄玉妃宫中,俨然一对夫妻。多尔衮想结束这种偷情,让盛年寡居的嫂子成为自己的女人。于是,多尔衮密召心腹大臣范文程,授以密计。范文程依计而行。

第二天,百官上朝,范文程出班进奏:皇父摄政王德高望重,谦抑自持。自从入关以后,摄政王威权在握,却并不以帝位自居,尽心辅佐皇帝。摄政王视皇上如子,皇上自当视摄政王为父。这一段话,出自大臣之口,真是骇人听闻。朝臣们知道,有好戏唱了。但是,没有一人敢吱声。范文程见无异议,接着说:摄政王亲侣新丧,皇太后盛年寡居,既然皇上视摄政王为皇父,当然不应使父母异居,因此,伏请摄政王和太后同宫。多尔衮很威严,下令廷议。结果,当然是一致赞成,没有人敢提出异议。于是,孝庄文皇后博尔济吉特氏正式下嫁皇叔多尔衮。

3. 太后下嫁史料

关于太后下嫁皇叔多尔衮,史学界一直众说纷纭。有人根本就否认此事,说纯属子虚乌有。其实,太后下嫁,从习俗和当时的局势来看,应该是确有其事的,这也合乎满族的传统。至于太后是否正式下嫁?下嫁时的规模如何?下嫁是否向天下颁发诏书?所有这些,还有待进一步考证。不过,一些颇具历史价值的史书还是较为确切地记载了这件事。《清朝野史大观》之中,有三条专门记载此事,这三条是《太后下嫁摄政王》、《太后下嫁贺诏》、《太后下嫁后之礼制》。书中说,多尔衮以顺治的名义,向天下颁布诏书:皇叔摄政王现方鳏居,其身份容貌,皆为中国第一人,太后颇愿纡尊下嫁。

清学者蒋良骐毕其一生,撰写《东华录》,自称信史。他在书中说:多尔衮自称皇父摄政王,亲到皇宫内院。试想,如果太后不曾下嫁,摄政王不以皇父看待顺治帝,他敢经常亲到内院?否则,舆论大哗,皇亲宗室恐怕也不会答应。

朝鲜《李朝实录》是编年体史书,书中也记述了这件事:顺治六年二月,清廷曾派使臣赴朝鲜递交国书。朝鲜国王李倧见书中称多尔衮为皇父摄政王,便问道:国情咨文中有皇父摄政王之语,此何举措?使臣回答:今则去叔字,朝贺之事,与皇帝一体。右议政郑太和说:勅中虽无此语,似是已为太上。国王李保感叹说:然则是二帝。

《清圣祖实录》记载说,康熙二十六年十二月,孝庄文皇后病重。孝庄对康熙说:太宗文皇帝梓宫,安奉已久,不可为我轻动。况我心恋汝皇父及汝,不忍远去,务于孝陵近地择吉安厝,则我心无憾矣。清室讲究帝后合葬,显然,孝庄文皇后觉得下嫁皇叔多尔衮以后,愧对太宗,便托辞不忍远去,就近安葬。孝庄文皇后的难言之隐不合情理,但作为孙子的康熙是面听遗命的,当然不能不加遵守。于是,康熙吩咐,把孝庄的灵柩停放于东陵。清雍正时,才将灵柩葬入东陵地宫。

据说,四川师范学院图书馆收藏有一部《皇父摄正起居注》,注后有刘文兴写的跋,跋称清宣统初年,内阁库垣圮,家君刘启瑞时任阁读,奉命检阅库藏,得顺治时太后下嫁皇父摄政王诏,遂以闻于朝廷。

孝庄文皇后下嫁多尔衮以后,皇朝的礼仪、奏章、请旨之类都要相应地发生变化。顺治三年以后,群臣上书进奏,均称摄政王多尔衮为皇父,摄政王和皇上字号并列,上谕也直书皇父摄政王,甚至在殿试士子的策颂文字中,也是皇父、皇上并称。由此可见,此事在当时几乎是家喻户晓。

据记载,多尔衮和皇太后同居不久,以微小的罪名,逮捕了自己的政敌、领两黄旗的太宗长子肃亲王豪格,将他圈禁致死。接着,他将豪格美丽的妻子抢夺过来,据为己有。顺治七年十二月初九日戌时,多尔衮突然暴死于边外的喀喇城,终年三十八岁。多尔衮死后,顺治帝颁发诏书,命丧礼一如帝制,并追尊多尔衮为成宗义皇帝。顺治帝亲政,时年十四岁。

顺治帝亲政不久,追夺多尔衮封爵。孝庄文皇后是顺治帝生母,顺治亲政以后,依旧尊她为皇太后。顺治十三年二月,太后万寿节,顺治帝写御制诗三十首进呈。康熙帝即位,尊孝庄为太皇太后。康熙二十六年,孝庄去世,终年 75 岁。

4. 质疑太后下嫁

否认太后下嫁者,为数不少,其中,最值得怀疑的是张煌言的《建夷宫词》。

南明史料中,张煌言在《建夷宫词》之中,以诗的形式,生动也描述了此事:上寿称为合卺樽,慈宁宫里烂盈门。春宫昨进新仪注,大礼恭逢太后婚。这件事,可能当时传遍天下,张煌言感慨,特地写诗吟咏。

张煌言是浙江宁波人,人在江南,志在抗清。他的诗是否有历史价值,值得怀疑:一、顺治六年十二月,多尔衮元妃去世。第二年正月,他娶寡居的肃亲王豪格王妃为妻。张煌言可能听信误传,或者故意将娶王妃说成了是娶皇嫂孝庄太后。二、顺治时期,有两位皇太后,一个是中宫哲哲,尊为孝端皇太后;一位是永福宫庄妃,尊为孝庄皇太后。张煌言写《建夷宫词》时,孝端皇太后已经去世,孝庄皇太后没有住在慈宁宫。根据档案记载:李自成火烧皇宫以后,慈宁宫被焚毁,直到顺治十年(公元 1653 年)时才修缮完成,孝庄皇太后才搬回入住。顺治七年(公元 1650 年),多尔衮 38 岁时暴死,他怎么可能与孝庄在慈宁宫举行婚礼?没有婚礼,如何灿烂盈门?

质疑者中,最有影响的人物,就是著名史学家孟森先生。孟森在他的力作《清初三大疑案考实》中,逐条驳斥了太后下嫁之说,明确列证如下:

①关于尊称。顺治尊称多尔衮为皇父,只是古代国君尊称臣下为尚父、仲父的遗意。

②关于张煌言。张煌言与清朝为敌,他的诗句不可信。如其诗"掖庭犹说册阏氏,妙选嫱闱作母仪",诗文水分太多,因为,清初是没有皇帝娶有遗腹子的寡妇为皇后的。所以,他的《建夷宫词》不过是捕风捉影而已。

③关于诏罪。顺治八年,顺治颁诏数列多尔衮罪状,其中有一条即是多尔衮亲到皇宫内院。这只能说是这位登徒子式的摄政王有淫乱后宫之嫌,不一定就是与太后有染,硬说两人私通,纯属臆断。

④关于朝鲜实录。李朝与清廷关系密切,清廷的一应重大礼仪活动,李朝都有使节参加。不存在避讳问题的《李朝实录》却没有太后下嫁的确切记载。

四、顺治出家

1. 朕极不幸

顺治皇帝名福临,生于清太宗崇德三年正月三十日(1638 年 3 月 15 日),属虎。卒于顺治十八年正月初七日(1661 年 2 月 5 日),庙号世祖,葬于河北遵化清东陵之孝陵。6 岁登极,在位 18 年,终年 24 岁。他是清朝第一位入关的皇帝,也是清朝第一位幼年登基的少年天子。年号顺治,意思是顺利昌盛治国,华夏完全一统。

清统治中国,长达 296 年。入关为帝者,先后有 10 人。其中,有 5 位少年天子:顺治 6 岁登基,是满清入关的第一位皇帝;随后,康熙皇帝八岁即位,同治皇帝 6 岁为帝,光绪皇帝 4 岁登基,宣统皇帝 3 岁继位。所以,作为入关第一人,顺治皇帝对后继诸帝影响深远。顺治是在满洲铁骑的征战之中长大的,并没有接受系统的儒家学说教育。他取名福临,但他并不认为自己有福,恰恰相反,他认为自己十分不幸。他对自己少年时代的不幸遭遇并不忌讳,认为自己失学是大最大不幸,他曾对高僧木陈忞坦承:

> 朕极不幸,五岁时,先太宗早已宴驾。皇太后生朕一人,又极娇养,无人教训,坐失此学。年至十四,九王薨,方始亲政,阅诸臣章奏,茫然不解。由是,发愤读书。每晨牌至午,理军国大事外,即读至晚,然玩心尚在,多不能记。逮五更起读,天宇空明,始能背诵。计前后诸书,读了九年,曾经呕血。从老和尚来后,始不苦读,今唯广览而已。

顺治登基以后,作为少年皇帝,他的政治压力是巨大的,主要来自于他的叔父摄政王多尔衮。这位叔父是位强势的、强有力的人物,手握重兵,在确立顺治为帝、入主中原、鼎定北京、稳定局势、统一全国的重大活动中,都起着极其重要的、关键性的作用。然而,正是这位强有力的叔叔,让少年天子倍感生活的艰难和做人的沉重。在他幼小的心灵中,他虽然身为皇帝,却经常感到自己是看人脸色生活,时时刻刻都觉得孤立无援,生活没有自由。顺治七年(1650 年)十二月,多尔衮在塞外喀喇城狩猎时暴死。随后,顺治皇帝亲政,时年 11 岁。顺治亲政的第一件大事,就是下令追究多尔衮罪责:列十大罪状,籍没家产,削除封典,撤享宗庙,诛杀其党羽。

2. 福临无福

年轻的顺治皇帝福临,幸福并没有降临。太后本来很疼爱他,他们关系很好。但是,福临贪玩,太后十分严厉,他们之间的冲突一再爆发。太后做主,将自己的侄女册立为皇后。皇后娇生惯养,脾气很大。皇太后既是她的姑母,也是她的姑奶奶,小皇后恃宠而骄,更是目中无人。顺治和皇后经常发生口角,最后,不可调和,顺治决定废了皇后。随后,他又娶科尔沁贝勒的女儿,但是,两人依然关系不好。顺治唯一动心的女人是弟媳董鄂氏,皇太后反对。顺治感觉心力交瘁,想放弃皇位出家,皇太后怒斥他,表示坚决反对。

顺治皇帝感觉很绝望,心里很凄苦,无人可以倾诉。宫中唯一可以安慰他的人是乳母李氏,他们一直关系很融洽。睿王摄政时,皇太后与朕分宫而居,每经累月,方得一见,以致皇太后萦怀弥切。乳母竭尽心力,多方保护,诱掖皇太后,卷念慈衷,赖以宽慰。可惜,乳母却溘然长逝了!

3. 家庭生活

据记载,福临有后妃 18 人:皇后 4 人,妃子 14 人。第一位皇后是蒙古科尔沁博尔济吉特氏,是皇太后的亲侄女。因为"无能",顺治皇帝不顾太后反对,坚持废掉皇后。第二位是孝惠章皇后,也是蒙古科尔沁博尔济吉特氏,14 岁聘为妃,一个月后册立为皇后。不久,她也受到顺治皇帝的斥责,但是,她能委屈求全,加上太后的阿护,一直未废。有趣的是,她与淑惠妃是亲姐妹,共同侍候皇帝。第三位皇后是孝康章皇后,姓佟佳氏,都统依图赖的女儿。顺治十一年生下了玄烨,时年 14 岁。玄烨即位,为康熙皇帝,追封她为皇后。第二年,她因病去世,康熙皇帝 10 岁,她 24 岁。第四位皇后是孝献章皇后,也就是董鄂氏,是顺治为之魂牵梦萦的女人。

据档案记载,清东陵之顺治皇帝陵中,有后妃 31 人,废后 1 人,共 32 人。

4. 董鄂氏之谜

关于董鄂氏,有多种说法,主要有三种:第一说,她是栋鄂氏,不是董鄂氏。第二说,她是福临弟弟博穆博果尔亲王的福晋(媳妇)。第三说,她是江南名妓董小宛。

第一说,代表者是《清史稿》,书中记载她姓栋鄂氏,18 岁时入侍皇帝:孝献皇后栋鄂氏,内大臣鄂硕女。年十八入侍。上眷之特厚,宠冠后宫。

第二说,代表者耶稣会士汤若望,他在《回忆录》中记载:董鄂氏明秀温婉,有过人的聪明才智。吟诵经史,熟读诗书,特别善解人意。她是福临第十一弟襄亲王博穆博果尔的福晋,福临与襄亲王是同父异母兄弟。一次偶然的机会,福临与董鄂氏相遇,两人一见钟情,热烈相恋。襄亲王发现了他们的私情,怒斥董鄂氏。董鄂氏感觉很委屈,就到福临跟前哭诉。福临大怒,召来襄亲王,挥手扇了他一个大耳光。襄亲王血气方刚,可是,他无处发泄,感觉愤怒、痛苦、伤心、绝望。顺治十三年(1656 年)七月初三,襄亲王含恨去世:一说是忧郁成疾,不治身亡;一说是忧伤难抑,自杀而死。董鄂氏服丧,27 日服满,顺治皇帝将她迎进后宫。

第三说,董鄂氏是江南名妓董小宛,纯属无稽之谈。

5. 宠爱

顺治皇帝对董鄂氏的宠爱是真挚的,没有半点虚假。顺治十三年(1656 年)八月,董鄂氏入宫。几天后,八月二十五日,顺治就册立她为贤妃。一个月后,九月二十八日,晋为皇贵妃。十二月六日,顺治皇帝特地为她举行了十分隆重的册妃典礼,大赦天下。为皇贵妃大赦天下,这是中国历史上极其罕见的,清廷是第一次,也是最后一次。

传教士汤若望说:满洲人有肉欲之癖,天生好色纵淫。少年皇帝福临也不例外,经常有好色纵淫的过失。然而,自从董鄂氏进入顺治的生活以后,顺治变成了一个感情专一的情圣和圣徒。董鄂氏受到皇帝的特别宠爱,感到心满意足。顺治十四年(1657年)十月初七日,董鄂妃生下了皇帝的第四个儿子,也是董鄂妃的第一个儿子。可惜,三个月后,小皇子夭折了,没有取名。痛失爱子,对董鄂妃是一个致命的打击。顺治皇帝也是同样悲伤,陷入了痛不欲生、不能自拔的境地。顺治皇帝全心安慰董鄂妃,悉心照料她。皇帝特降谕旨,追封这个去世的皇四子为和硕荣亲王。顺治皇帝下令,在蓟州风景如画的黄花山下,修建高大的"荣亲王园寝",墓碑上刻着:和硕荣亲王,朕第一子也!

6. 奇特的恋情

顺治帝和董妃的关系,历来传闻极多。有关的史料、论文、著述不少,大略讲明了其来龙去脉。当然,年轻的顺治皇帝也给历史留下了诸多谜案,有些谜案至今未解。一个不争的事实是,顺治帝对董妃很迷恋,他们之间相亲相爱。他们的爱子去世,对董妃打击很大。董妃忧郁而终,对顺治皇帝打击很大,他基本上丧失了一切生的希望。可以说,顺治皇帝和董鄂妃的奇特恋情,在古往今来的历史上是十分罕见的,只有唐玄宗和杨贵妃的恋情能与之相比。

可惜的是,由于入关以后,清代实行高压的专制集权统治,大量有关顺治和董妃的史料消失了,现有的史料零零碎碎,没有一部真正可信的史书将他们之间的事情,完整详细地记载下来。从顺治皇帝和董鄂妃的感情事迹中,找不到太多像唐玄宗和杨贵妃那种生死与共、回肠荡气的生动史实。不过,好在顺治皇帝留下了亲笔书写的回忆董鄂妃的《行状》,从字里行间中,能够感觉这位多情皇帝的感情有多么沉重。

人们在面对史料缺乏的历史事件无法进行解释时,往往通过想象来加以丰富和完善。于是,顺治皇帝和董鄂妃之间的生死恋情便笼罩在传说与真实相叠加的重重迷雾之中。传闻最盛、流传最广的说法,就是董鄂妃是汉人,是明末秦淮四大名妓之一的董小宛。这一传说,情节生动,故事逼真。顺治十七年(1660年)八月十九日,顺治的宠妃董鄂氏去世,年仅20岁。顺治皇帝得悉这个噩耗,痛不欲生。他辍理朝务,不思饮食。5天以后,顺治皇帝突然召见军机大臣,在养心殿发布了一道圣谕,追封董鄂妃为皇后,特赐谥号。

圣谕一下,群臣大惊失色,目瞪口呆。董氏不过是一位贵妃,何以如此隆重?况且,朝中盛传董妃实际上是明代秦淮名妓,真名叫董小宛,是明末四公子之一冒辟疆的宠姬。董小宛是在明末弘光年间被掠入京师的,入宫以后赐姓董鄂氏,旋即册封为贵妃。冒辟疆曾访知其下落,知大势已去,不敢声张,便写下了《影梅庵忆语》,寄托相思。像这样的一位贵妃,皇上竟然要追封为皇后?群臣们惊愕,但都默然不语。顺治帝追封爱妃,不过是借以排遣相思。深切的哀痛一直折磨着顺治皇帝,令他神思恍惚,不能自拔。年轻的皇帝无法面对人去楼空的空寂殿阁,毅然决然地走出皇宫。他削去头发,决心远离尘世,登上五台山,遁入空门。

这一传闻很生动,但显然是荒诞不经的。事实上,董妃和董小宛并非是同一个人,她们互不相干。顺治皇帝也没有离宫出家,削发为僧。

7. 董妃其人

董妃的身份和来历有些复杂,她的相貌美丽却是不容置疑的。据清初经常出入宫禁的传教士汤若望说:董妃原是一位满洲贵族的妻子,相貌十分美丽。顺治皇帝看上了她,他们之间产生了特殊的恋情。这位贵族不知因何犯罪,被顺治皇帝虐待至死。事实上,这位贵族不是别人,就是顺治皇帝的异母兄弟、襄亲王博穆博果尔。襄亲王虐待致死一个月后,董妃入宫。

根据汤若望这段史料记述,可以推测,顺治皇帝是在一次极偶然的机会,见到了襄亲王福晋董氏的。更确切的说法是,顺治十三年(1656年),福临大婚,董鄂妃作为陪娘被福临看见了,两人眉目传情。董氏仙人一样的美貌,惊动了年轻的皇帝。很快,顺治皇帝向董氏示爱,董氏不敢拒绝。不久,董氏的丈夫得知真相,怒不可遏。顺治皇帝以至尊身份虐待襄亲王,亲王走投无路,忧愤自尽。这段记述较为可信,也耐人寻味。

董妃留下的史料,在中国正统的史书中是非常简略的。《清史稿》称其为栋鄂氏,是内大臣鄂硕的女儿。栋鄂氏十八岁进入后宫,侍奉顺治帝。顺治对她眷爱特厚,宠冠后宫。顺治十三年八月,栋鄂氏立为贤妃。十二月,进为皇贵妃,皇帝为她举行隆重的册立礼,大赦天下。上皇太后徽号时,鄂硕以军功授一等精奇尼哈番,旋越级特进三等伯。顺治十七年八月,栋鄂氏去世,顺治追封栋鄂氏为孝献皇后。栋鄂氏去世后,顺治皇帝特别忧伤,食不甘味,亲笔撰写《行状》,记述他和鄂妃之间的感情和董氏的高尚品德和亲善为人。

8. 皇帝心中的女人

根据顺治皇帝在《行状》中的描述,可以清楚地看出,董妃在顺治皇帝心中的形象:董妃端庄秀丽,是一位温柔、贤惠的女人,特别善解人意,知书达礼。如果说,顺治皇帝初次见到董氏,为其气质所动,迷恋的是她的美色,那么,在他们共同生活的岁月,董妃彻底征服了顺治皇帝,成为皇帝心目中最完美的女人:娴静优雅,通情达理,关心体贴,无微不至。可以说,她将女性的温柔、体贴和美丽演绎到了极致,令顺治帝刻骨铭心。

董鄂妃去世,对顺治皇帝打击很大。顺治皇帝追封董氏为皇后,在灵柩停放的承乾宫,举行了隆重庄严的追封仪式。福临悲痛欲绝,亲撰董鄂妃《行状》,洋洋数千言。董鄂妃死后,福临下令举行国丧,全国至哀:百姓服丧 3 日,文武百官服丧 30 天。福临特别降旨,命太监、宫女 30 人殉葬。高僧奉旨在景山寿椿殿主持仪式,为董鄂妃火化,收取骨灰。

五、康熙家庭生活

1. 生在帝王家

(1)降生景仁宫

爱新觉罗·玄烨是清朝第四代皇帝,也是清世祖顺治皇帝入主北京以后的第二代皇帝。他是中国历史上五百多位皇帝中最杰出的一位圣明君主,也是十七世纪末、十八世纪初期东方世界中一位遐迩闻名的中国皇帝。他 8 岁时即皇帝位,16 岁时以迅雷不及掩耳之势一举铲除了权臣鳌拜,开始亲政;执政 61 年,年号康熙,1662—1722 年在位,终年 69 岁,谥号合天弘运文武睿哲恭俭宽裕孝敬诚信功德大成仁皇帝,庙号圣祖,葬于清东陵之景陵(今河北遵化马兰峪),通称康熙皇帝。

中国的皇帝们历来视国家为一人之国家,江山产业为一人之产业。这一姓血脉之专制国家,这一人独享之欲望产业,都悬挂着一面云龙杏黄旗。金灿灿的杏黄旗下是镂雕着蛟龙的金龙椅,皇帝端坐在镶嵌珠宝的高大紫檀木龙椅上,率性地大笔一挥,把个大大的朕字写到了天上,于是,这巨大的朕字之下广袤的土地和人民就成了他的家私。正是:普天之下莫非王土,率土之滨莫非王臣。这样的家天下之下,好皇帝自然如凤毛麟角,数千年中难寻其踪。

康熙皇帝却是一位难得的好皇帝。在中国乃至世界历史上,他是一位认认真真做皇帝的人，也是一位勤政爱民、有所作为的圣明之君。历时八年平定三藩，稳定政权；收复台湾，统一全国；击败沙俄的入侵，成功地签订了边界条约，亲率大军，平定叛乱；广招英才，有效地治理黄河；将明朝的疆土扩展了三倍，让后人享有广大而统一的领土等等，都是康熙皇帝杰出的经邦纬国之业绩。康熙皇帝有句名言：一事不谨，即贻四海之忧；一念不谨，即贻百年之患。

据档案记载，康熙皇帝降生在紫禁城后廷东六宫之景仁宫。在中国古代，后妃宫嫔居住的宫区，都在皇帝寝宫北面，正宫就是乾清宫、坤宁宫、交泰殿三大宫，三宫两边就是东西六宫。在建筑上，东六宫和西六宫是完全对称的；在名称上，东西六宫的门户、长街的名称，也都是尽可能地对应。西六宫中心街西二长街的南口是螽斯门，北口是百子门，东六宫中心街东二长街南口是麟趾门，北口是千婴门。西六宫包括：永寿宫、太极殿、长春宫、翊坤宫、储秀宫、咸福宫，东六宫是指：景仁宫、承乾宫、钟粹宫、延禧宫、景阳宫。

从景运门进入乾清门广场，就走进了宫禁之地的后宫。走进乾清门东侧的内左门，在乾清门东廊的日精门外，就是内廷东六宫的一条永巷——东一长街。与长街南口内左门相对应的，是长街北口的通往御花园的琼苑东门。东一长街的东侧，就是整齐排列的东六宫：由南到北，第一排是景仁宫、承乾宫与钟粹宫，这三座宫院是东六宫中偏西的三座，它们的西侧是东一长街，东侧是东二长街。三座宫院都沿自明代，重修于顺治十二年。一般来讲，东六宫中，居住在这三座宫院的嫔妃地位较高。第二排，是延禧宫、永和宫、景阳宫。

从东一长街的咸和左门进来，东六宫中的景仁宫就到了。在明代中早期，景仁宫叫做长安宫。明代第一位被废黜的皇后胡善祥，就是在长安宫度过了她悲惨的余生。明代早期的宫廷之中，婚姻、宫室、生育等诸方面，都很讲究，常常请来大师，占卜吉凶。出生于山东济宁的胡善祥，就是明成祖用这种方式为他的孙子朱瞻基择定的。朱瞻基即位以后，她顺理成章地成为皇后。但是，费尽心机的吉祥之选，并不能保障胡善祥一生吉祥。

明宣宗朱瞻基，是一位很有理性的皇帝。但是，理性的皇帝为欲望所驱使，也有疯狂的时候。被爱情之火点燃了的年轻皇帝朱瞻基，狂热地迷恋美艳夺人的孙贵妃，他不顾太后和众大臣的反对，一意要立孙氏为皇后。宣德三年（1428年）春天，心地仁慈、通情达理的胡善祥皇后，依照皇帝的指令，主动提出辞位，默默地为新皇后孙氏腾出坤宁宫，平静地搬进了东六宫的长安宫，并从此断却尘缘，做了一名女道士，皇帝赐名为"静慈仙师"。胡氏性情澹泊，与世无争，在长安宫了却余生。从这以后，长安宫就成了宫中的不吉之宫。

明嘉靖十四年(1453年),长安宫改名为景仁宫。清承明制。明宫中一直笼罩在不祥阴霾下的景仁宫,进入清代以后重见天日,开始弥漫着吉祥的喜气。先是,清代入主紫禁城的第一位皇帝清顺治皇帝的妃子佟佳氏入住此宫,生下了康熙皇帝;接着,康熙皇帝的儿子雍正皇帝荣宠此宫,随后康熙皇帝的孙子乾隆皇帝更是对此宫推崇有加,御笔题写匾额——在景仁宫的前殿,悬挂着乾隆皇帝的御笔匾额:赞德宫闱。

每年宫廷年节,景仁宫都要装饰一新,其西壁张挂"燕姞梦兰图",东壁张挂乾隆皇帝御撰的、大臣张照敬书的"燕姞梦兰赞"。宫训图"燕姞梦兰"是一则很有教育意义的典故,讲的是春秋时期郑文公宫廷中的一位普通姬妾燕姞的故事。有一天,她梦见上天赐给她一束兰草,兰草很幽香,她闻了闻,于是,就有了身孕,生下了一个男婴——他就是后来成就霸业的郑穆公。宠姬生下儿子,文公很高兴,特地为儿子起名为"兰"。

清顺治十一年三月十八日(1654年5月4日),一个男婴降生在景仁宫,他就是后来的康熙皇帝。他的母亲佟佳氏,当时只是顺治皇帝的一名普通嫔妃。这一年,顺治皇帝福临17岁,而生下儿子的佟佳氏刚刚15岁。 因为佟佳氏太平常,不过是顺治皇帝身边的一名普通女子,有关她的记述非常之少,除了她的出身和生下康熙皇帝之外,再没有留下什么别的事迹。

佟佳氏是少保佟图赖的女儿。她被选入皇宫以后,就成为顺治皇帝的妃子之一。顺治十一年(公元1654年)春天,正是春暖花开、柳絮堆烟的时节。在一个阳光明媚的日子,佟佳氏怀着愉快的心情,按照宫中惯例来到慈宁宫,向孝庄太后问安——当时,她已经怀孕八个月了,但她的腹部却并没有明显地隆起。问安完毕,将要出宫的时候,敏锐的孝庄太后吃惊地发现,眼前这位普通的妃子佟佳氏的衣裾之上,闪着奇异的光泽!

孝庄太后万分惊讶,就叫回了佟佳氏,慈爱地问她:是不是有身孕了? 佟佳氏点点头,脸上洋溢着按捺不住的幸福。得知佟佳氏确实身怀六甲以后,一直庄严肃穆的太后脸上绽开了笑意。孝庄太后微笑着对身边的近侍说:我当年怀皇帝福临的时候,就是显现了这种祥瑞,如今,佟佳氏也是,一定会生出一个杰出的皇子,必定会有大福啊! (朕妊皇帝实有斯祥,今妃亦是,生子必膺大福。)

确定佟佳氏怀孕,宫里迅速地忙碌起来,为孕妇准备护理、接生和乳养的相关人员,以及各种待产用品。从明代时起,宫中就有奶口、稳婆、医婆。中国宫廷是一夫多妻制的大家庭,为皇帝提供性服务的宫廷嫔御制度,是众多的女人共同拥有一个丈夫即皇帝。这样,后宫之中,嫔妃众多、宫女无数,怀孕、生产之事,没有规律可循，都是不时地发生。所以，中国历朝历代的宫中，都要时刻准备好孕、产的各种事务。这些事务之中，最为重要的就是选择好奶口、稳婆、医婆。

奶口，就是喂养乳汁的乳媪，是经过严格挑选以后进入宫廷专门为皇室婴儿哺乳的。奶口要求严格：15—20 岁之间，必须是丈夫子女齐全，容貌端正，而且是生完第三胎以后第三个月的妇女。符合上述条件以后，宫中经过筛选，还要检查其是否有什么隐疾，乳汁是否均匀。每个季度，宫中通常是精选奶口 40 名，备选 80 名。一旦内廷宣召，就从正选的 40 名中选择最好的妇女，穿上新的宫廷衣服，送进后宫。

稳婆，就是接生婆，是从民间接生婆中挑选技术最娴熟、人品最端庄的女人充任。医婆，就是精选通晓妇科、方脉的妇女入充宫廷，负责孕妇的生活起居，料理产妇的身体，配方用药，调养血脉，恢复产妇的健康。在中国历史上，民间妇女历来是以入选宫廷、供职禁地为家族荣耀的，所以，内廷所需要的这三类妇女，竞争非常激烈。相比之下，奶口依靠的是自然生理状况，稳婆和医婆则是依靠自己的技术和手艺，因之后两个职业竞争尤其激烈。

皇子出生前几天，相关的各种准备都已经就绪，特别是稳婆、医婆和奶口这三类妇女，必须每天都到内廷值房候召，一旦有分娩的消息，立即前往伺候。如果生下的是女孩，就以生下男孩的奶口哺乳；如果生下的是男孩，就以生下女孩的奶口哺乳。几位奶口依次试着哺乳，大约一个月后，留下最佳的奶口，以奶妈的身份长期留在宫中，负责哺乳皇子，其余的则全部送回。产妇满月以后，稳婆、医婆也要在得到厚赏以后，送出后宫。

孝庄太后吩咐备办产育物品的一个多月之后，即这一年的三月十八日，佟佳氏在景仁宫生下了皇子玄烨。据说，玄烨降生的时候，景仁宫显现了种种异象，有人说霞光满室，有人说宫院中紫气升腾，有人说景仁宫的上空祥云高悬，文殊菩萨踩着五彩霞光降临宫院。这些传闻真实与否，不得而知，但从此以后，景仁宫在宫人的眼中就成了一座福宫、吉祥宫。康熙皇帝玄烨即位以后，也对此宫充满温情，即使在政务繁忙之时，也时常在这里盘桓，流连忘返。

景仁宫，宫院吉祥整洁，环境幽雅。宫院迎门是一座汉白玉石屏，据说是元代宫廷的遗物。院子中生长着一株苍劲挺拔的雪松，孤傲高洁的雪松注视着幼小的玄烨一天天长大。长大以后，玄烨也听说了他出生时的各种传说，他将信将疑。康熙皇帝一生不信仙佛，不过，他却一直以文殊自居，常自称文殊菩萨。故宫博物院成立以后，发现景仁宫中，收藏有康熙时期噶尔丹、喀尔喀之奏章，奏中称康熙皇帝为至尊皇帝、仁圣太平皇帝、文殊菩萨皇帝。

(2) 不幸的童年

　　玄烨是佟佳氏唯一的孩子,是顺治皇帝福临的第三个儿子,在他前面还有两个哥哥:长子牛纽,次子福全。玄烨的两位哥哥都是顺治皇帝的庶妃所生,都不在荣宠之列,没有受到特别地重视。玄烨虽然也是庶妃所生,也非荣宠之辈,但是他的身世有些特别。据档案记载,他是汉人之后。孝庄太后曾下令严禁汉妃入宫;汉妃佟佳氏,顺治皇帝破例选入宫廷,并不特别得宠于顺治皇帝,然而却得到了孝庄太后的喜爱。

　　史书记载,佟佳氏是辽东汉人佟养真的孙女。佟养真和他的长子丰年追随清太祖起兵抗明,以从龙之士受到宠遇。后来,他不幸遇难,是清王朝重要的开国功臣;佟养真的从弟佟养性受到清太宗的器重,太宗赐宗女为妻,太宗选汉人健壮者组成汉军一旗装备红衣大炮,由宗室女婿佟养性为昂邦章京,总理汉人事务。佟氏与清皇室从此联姻。但清廷祖制规定:后妃之选,不得选及汉人。清太祖、太宗的后妃群中,除了满人就是蒙古人,没有汉人。特别是清太宗,蒙古后妃多达七人之多,无一人是汉人。

　　孝庄皇太后曾降谕:有以缠足女子入宫者,斩!此谕,一直高悬于紫禁城北门神武门内。谕令之意,就是不得从汉人女子中入选后妃。年轻的顺治皇帝入主北京以后,面对错综复杂的民族关系,为了改善政治环境,缓和民族矛盾,决定改变祖制,从八旗汉军中选取妃子——皇后之人选,仍然从满洲和蒙古女子中选充,妃嫔则可从汉军中选取;八旗汉军虽然原系汉人,但非一般汉人可比,既然入了旗,就算旗人了,而且,女子都不缠足。

　　孝庄皇太后很重视与故乡蒙古的关系,特地为顺治皇帝挑选了五位博尔济吉特氏蒙古后妃,可惜,年轻的皇帝与这些来自额娘家乡的女人们格格不入,如同路人,且呈水火不相容之势:他废掉了孝庄亲侄女的第一任皇后,冷落孝庄亲侄孙女的第二任皇后,疏远另三位蒙古妃子。可是庶妃佟佳氏及其她嫔妃也受到冷遇,佟佳氏即使生下了玄烨,也没能改变被冷落的命运。就在佟佳氏生下玄烨两年后,年轻的顺治皇帝迷恋上自己的弟弟,襄亲王的福晋董鄂氏。

　　玄烨的降生似乎真的有点生不逢时,他的不幸童年与父皇轰轰烈烈的爱情相始终;在父皇顺治皇帝闪烁着蓝色火焰的爱情之光映照下,玄烨的童年显得越发的暗淡苍白,没有生机和活力——顺治皇帝独特的爱情生活,决定了玄烨童年的不幸。始终处于热恋中的皇帝,根本没有心思和精力去顾及其他的后妃,更何况是小小的皇子?小玄烨就是在被忽视和冷落之中,渡过了他的寂寞童年。

　　仿佛一切都是命中注定:在他2岁的时候,父皇与董鄂氏相爱,襄亲王自杀;

他 3 岁时，董鄂氏入宫，被册封为仅次于皇后的皇贵妃；他 4 岁时，董鄂氏生下皇四子，顺治皇帝喜出望外，称皇四子为朕第一子！并且举行隆重的庆祝盛典，以此表明，这位刚刚出生的皇子，就是未来的皇位继承人；他 5 岁时，皇四子病逝，被破例追封为荣亲王，顺治皇帝与董鄂氏痛不欲生；他 7 岁时，董鄂氏病逝；顺治皇帝心碎，哀莫大于心死，5 个月后，顺治皇帝撒手西去。

按照宫廷制度的规定，皇子出生以后，交乳母、保姆哺乳，由宫女、太监服侍。玄烨的乳母、保姆各有数人，其中，与他相处最久、关系最亲密的乳母，小皇子身边是正白旗汉军包衣曹玺的妻子孙氏。在乳母、保姆之外，小皇子身边还有针线上人、灯火上人、浆洗上人、锅灶上人等。宫女、内监是皇子的生活伙伴，负责饮食、起居、言行、礼节，她们也是皇子最早期的启蒙老师。清特别规定：皇子降生以后，必须离开母亲由保姆乳养。皇子从小就离开母亲的怀抱，常年与生母分居两处，平常很少相见。

对于幼年的玄烨来说，命运似乎更为残酷：他不到 3 岁时，顺治皇帝以他未曾出痘，为了避痘，强令将他和保姆送往紫禁城外，送到皇宫西华门外北长街路东的一处宅院居住。这处宅院，在康熙皇帝的儿子雍正时期，改称福佑寺。住在宫里，玄烨就受到冷落；别居宫外，他的生母佟佳氏很少能够见到儿子，更别说他人了。不久，瘦弱的玄烨患上了天花。在当时，天花是致命的，是不治之症，患了天花的人，其命完全捏在上帝的手里，很少有人能够存活下来。

小皇子玄烨被天花折磨得死去活来，命悬于一线之间，几乎不可能生还。然而，玄烨命大，硬是闯过了鬼门关，真的活了下来。在他游离于生死线上之时，祖母孝庄太后伸出了温暖之手，一直保护关爱着他。康熙五十九年十二月，68 岁的玄烨回忆童年的不幸时，感慨地说：世祖章皇帝（顺治）因朕幼时未经出痘，令保姆护视于紫禁城外，父母膝下，未得一日承欢。此朕六十年来抱歉之处。

玄烨在很小的时候，就表现出了过人的天赋。在他六岁时，有一天，他和兄弟们 3 人来到父皇跟前问安，顺治皇帝问他们：将来有何志向？顺治皇帝看着皇二子福全，福全有点紧张地说：愿意做一个贤王。顺治皇帝看着皇三子，玄烨从容不迫地说：愿意效法父皇。顺治皇帝感到非常惊讶，但陷入爱河的年轻皇帝，并没有开始考虑江山社稷的继承人问题，也就没有考虑进一步地培养玄烨。

（3）祖母孝庄太后

对于康熙皇帝玄烨，如果要列出在他的一生之中与他感情最深、影响最大、令他又敬又爱、钦佩有加的人，大概他会毫不犹豫地写下：祖母孝庄文皇后。他从小就饱受冷遇和不幸，是在祖母的呵护下，才得以顺利地长大成人；在他最受苦难的时候,是祖母给予他温暖和关怀;在他仅仅 8 岁的时候,是祖母毅然决然地将江山社稷的重任放在他的肩上,并义无反顾地为他遮风挡雨,让他健康成长。康熙皇帝和他的祖母孝庄文皇后之间的深厚感情,在中国历史上皇室家庭中的祖孙关系之中,恐怕是绝无仅有的。

孝庄太后博尔济吉特氏,是清太宗皇太极的皇后,她是蒙古科尔沁贝勒寨桑的女儿。科尔沁博尔济吉特氏与清初的清皇室关系密切,世代联姻:清太祖努尔哈赤一后、清太宗皇太极一后四妃、清世祖福临二后、清圣祖玄烨一后等,都是出自博尔济吉特氏。天命十年(1625 年),孝庄年方 13 岁,就嫁给能征善战的大汗皇太极为妻。11 年后的崇德元年(1636 年),皇太极改后金为大清,正式称帝,她被册封为永福宫庄妃。3 年后,她生下福临,就是后来的顺治皇帝。

清太宗皇太极与博尔济吉特真是有缘,一后四妃,都是来自这一家族;非常有趣的是,孝庄太后一家两代 3 人都嫁给了英气逼人的皇太极:第一位是孝庄的姑姑孝端文皇后,她于明万历四十二年(1614 年)嫁给皇太极,但一直没有生子;由姑姑举荐,孝庄嫁给了皇太极;好长一段时间,孝庄也一直没有怀孕生子。皇太极非常喜欢她们,特别是孝庄,于是,他又娶了孝庄的亲姐姐。这样,姑侄 3 人,同为皇太极的后妃。

孝庄姑侄 3 人之中,最聪明过人的是孝庄,她在婚后的第 13 年生下了福临。地位日隆以后,孝庄的精明和才干也逐步显示了出来。姑侄 3 人中最受宠爱的却是孝庄的姐姐,可惜,天妒红颜,她不久即病逝,谥敏惠恭和元妃。耸立在 4 米高台上的、城堡式建筑清宁宫(正宫,今沈阳故宫中路正中),见证了皇太极与孝庄相知相爱的感情,这里是他们起居的寝宫,也是孝庄熟悉政务的重要地方。宫前两侧是东西配宫,顺治皇帝福临就降生在东部的永福宫内。

孝庄太后个性很强,是位精明能干、具有远见卓识的女人。她的一生,极具传奇色彩。她的一些举动,影响了历史,也改变了历史。她辅助 6 岁的儿子福临登上皇帝宝座,走过一段刀光剑影的风雨历程。她下嫁权臣多尔衮,确保了皇位稳固,进而鼎定中原,稳稳地入主紫禁城。她力主让年仅 8 岁的皇孙玄烨即皇帝位,从而产生了中国历史上少有的一位圣明君主,并诞生了长达百年的前所未有的康乾盛世。

孝庄对于福临的关爱,远远不及对于孙子玄烨的关爱、教养和呵护。孝庄是位有一定文化素养的女人,她拥有相当的历史知识,尤其是嗜好图史,正是在她的影响和教导下,诱发和引导了幼年玄烨的读书兴趣,使得小玄烨从小就对看书学习产生了浓厚的兴趣,并形成嗜好,伴随他的一生。玄烨一生都矢志读书,他早晚诵读,寒暑从不间断,常常废寝忘食。

　　小玄烨的保姆朴氏从没有见过像小玄烨这样酷爱读书的人,看他小小年纪,瘦瘦单单的,一拿起书就忘掉一切,担心他像这样读下去,会伤了身体,所以,总是及时劝他休息,多到外面活动活动;劝告不奏效时,朴氏干脆时不时地将玄烨痴迷的书籍藏起来,每次,总要等他急得团团转时再拿出来。索回了书籍的玄烨像换了一个人,立即津津有味地阅读起来,并沉醉其中。

　　小玄烨太爱读书了,酷爱到了痴迷的程度,以至于他身边的人心里有些害怕,担心他会读书读得累死。对于孙儿的好学,孝庄又惊喜,又欣慰,又自豪,又心疼。有的时候,她看着孙儿废寝忘食地读书,看着孙儿读书不知疲倦的样子,不禁要委婉地责备几句:读书,要慢慢地来,你还小呢。哪有像你这样读书的人,贵为天子,却像个不分昼夜、寒窗苦读的书生,是不是准备赶考哇? 小玄烨只是羞涩地笑笑,继续看书。

　　孝庄不仅引导玄烨读书明理,更多的是非常注重他的全面发展,希望他能够成为一个心地仁厚、贤明正直、胸怀天下的人。她告诫他,一定要先学做人,做人要正直廉洁,要堂堂正正,要心胸开阔,要严于律己,因为,只有修养了自己,并且身心健康的人,才能齐家,才能治国平天下。玄烨在孝庄的严格要求下,一直严于律己,对读书一丝不苟,并不耻下问,虚心学习;在生活上,在孝庄的严格要求下,玄烨律己甚严,坐有坐姿,站有站相,不喜饮酒,不好仙佛。

　　保姆好吸烟,好奇心重的小玄烨,看着保姆优美的吸烟姿势和袅袅升腾的烟雾,不禁有些着迷,也跟着吸了几口,并渐渐习惯了,还有点上瘾。孝庄知道了此事以后,严肃地告诉玄烨,吸烟有很多的坏处,不要吸烟。玄烨明白过来之后,知错就改,非常坚决地戒了烟。从此以后,玄烨再也没有尝试吸烟,并严禁在朝堂上吸烟;不仅如此,他还一再劝诫那些吸烟的大臣们,不要吸烟。所以,康熙一朝之中,吸烟的大臣很少,嗜烟如命的更是绝无仅有。

　　在孝庄太后的默认和鼓励下,玄烨系统地学习了儒家经典五经——《易》、《书》、《诗》、《礼》、《春秋》;四书——《大学》、《中庸》、《论语》、《孟子》等,对于这些经典的学习,他自称是:必使字字成诵,从来不肯自欺。《书经》是儒家经典之中较为难懂的,由于辅政大臣的干扰,没能及时延请硕学鸿儒充当老师,玄烨就在身边太监的指导下学习,他描述说:"于典谟训诰之中,体会古帝王孜孜求治之意,期见之施行。"

　　当时,朝廷之中,有一股极强的顽固旧势力,他们拒绝让玄烨过早地接触汉文化,防止玄烨走上他的父皇顺治皇帝好华语、慕华制的老路,更不让汉官接近玄烨。孝庄太后力排朝廷中守旧势力的排汉、斥汉之风,毅然决然地延聘汉人老师,学习汉制,吸收汉文化。玄烨回忆他的早年学习经历时说:朕八岁登极,即知黾勉学问。彼时教我句读者,有张、林二内侍,俱系明时多读书人,其教书唯以经书为要,至于诗文,则在所后。

幼年时期打下的学习基础,在小玄烨的心灵深处烙下了很深的烙印。这些学习的烙印,影响了他的一生,也影响了他所创造的一个繁荣昌盛的康熙时代,并对于其后世子孙产生了深远的影响。康熙皇帝后来回忆说:朕七八岁所读之经书,至今五六十年,犹不遗忘。可见,幼小之时所学的儒经,对于造就一个饱读经书的硕学皇帝来说,是何其重要;这些信手拈来的儒家治国之道,渗透到社会生活之中,也就自然而然地造就了一个温文尔雅、礼仪之邦的儒化国度。

骑射是满洲得天下、守天下的看家本事,玄烨在孝庄太后的督导下,从小就接受严格地训练,丝毫不敢懈怠。康熙皇帝回忆说:朕自少习射,亦如读书、作字之日有课程,久之,心手相得,辄命中。用率虎贲、羽林,以时试肄。念祖宗以来,以武功定暴乱,文德致太平,岂宜一日不事讲习。朕于骑射、哨鹿、行猎等事,皆自幼学习,稍有未合式处,侍卫阿舒墨尔根即直奏无隐。朕于诸事谙练者,皆阿舒墨尔根之功。迄今犹念其诚实忠直,未尝忘也。

孝庄太后注重孙儿的全面发展和综合培养,再加上玄烨的天赋和努力,使得玄烨成为一个心地仁厚、身体健康和知识广博的人,在言行举止、学识见解、个人气质和待人接物方面都达到了几乎完美的程度。人们常常从影视作品中能够看到皇帝在龙椅上俨然端坐、俯视众人的样子,其实,皇帝这俨然端坐的工夫是一个皇帝举止修养的基本功,是长期严格要求下培养出来的。孝庄曾一再告诫小玄烨:"凡人行住坐卧,不可回顾斜视。此等处不但关乎德容,亦且有犯忌讳。"

康熙皇帝常常忆起祖母对他的教诲,感慨不已:"朕自幼龄学步能言时,即奉圣祖母慈训,凡饮食、动履、言语,皆有矩度。虽平居独处,亦教以罔敢越轨,少不然即加督过,赖是以克有成。"康熙为此也颇为自豪,他曾这样告诉他的子孙们:"朕自幼年登极,以至于今日,与诸臣议论政事,或与文臣讲论书史,即与尔等家庭闲暇谈笑,率皆俨然端坐,此乃朕自幼习成,素日涵养之所致。"

康熙皇帝的儒雅气质,也深深地触动和影响了外国入华传教供职中国宫廷的传教士们,并赢得了他们的爱戴和尊敬。法国传教士白晋就曾这样给他的国王描述康熙皇帝:"他和陛下一样,有高尚的人格,非凡的智慧,更具备与帝王相称的坦荡胸怀。他治民、修身同样严谨,受到本国人民及邻国人民的崇敬。从其宏伟的业绩来看,他不仅威名显赫,而且是位实力雄厚、德高望重的帝王。在边陲之地能见到如此英主,确实令人惊讶。简言之,这位皇帝具有作为英明君主的雄才大略。他是自古以来,统治天下的帝王之中,最为圣明的君主。"

有一天,小皇帝玄烨俨然端坐在皇帝的龙椅上,孝庄当着众大臣的面,问他:"身为天下之主,如何治理天下?"玄烨不假思索地回答:"臣无他欲,唯愿天下乂安,生民乐业,共享太平之福而已。"对于太后的养育、培养之恩,康熙一生都没能忘怀,时常铭记于心。他曾多次说:"忆自弱龄,早失怙恃,趋承祖母膝下三十余年,鞠养教诲,以至有成。设无祖母太皇太后,断不能致有今日成立。罔极之恩,毕生难报!朕自幼蒙太皇太后教育之恩,至为深厚,仰报难尽!"

(4)嫡母孝惠太后

皇帝嫡母,就是父皇的正宫皇后。玄烨在顺治十一年三月十八日降生的时候,还没有嫡母——父皇的第一任皇后博尔济吉特,是孝庄太后的亲侄女,在婚后两年的顺治十年八月二十五日被废;玄烨降生三个月之后,他才有了一位嫡母,她就是顺治皇帝的第二位皇后博尔济吉特氏,她是孝庄的侄孙女,当时年仅13岁。

玄烨即皇帝位时,年仅8岁。第二年的康熙二年(1663年)二月,玄烨的生母去世,嫡母开始在小皇帝幼小的心灵中占据重要的位置,他们长达半个多世纪的交往正式拉开序幕,而且随着时间的推移,母子之间的感情越来越深。康熙皇帝登基以后,奉孝庄为太皇太后,嫡母博尔济吉特氏被尊为皇太后,移居慈宁宫。康熙皇帝与太皇太后、皇太后之间的关系一直很融洽,但相比之下,他与太皇太后的感情更深于与嫡母皇太后的感情。

康熙皇帝曾多次恭奉孝庄太皇太后、嫡母皇太后出宫,拜谒祖陵,临幸盛京,西巡五台山,出古北口到避暑山庄避暑,一路之上,康熙皇帝都亲自照应,在太后的舆前舆后奔忙,对于太后的衣食起居,事必躬亲,不敢有丝毫的懈怠。孝庄太皇太后慈爱而温情,她以尊贵长辈的特殊身份,将康熙与嫡母皇太后紧密地联系在一起,和谐相处。但也是由于孝庄的存在,康熙将依恋之情完全系于祖母一身,客观上影响了他与嫡母之间的感情,他对嫡母的孝养较之祖母来,也就平淡了许多。

康熙十二年(1673年)冬,懿靖大贵妃病危,嫡母皇太后前往探视,玄烨随皇太后的御辇一同谒宫问疾。清太宗打败了漠南蒙古察哈尔部首领林丹汗后,将他宠爱的美丽妻子纳入自己的后宫,封为麟趾宫大福晋贵妃;顺治九年,大福晋贵妃晋封为懿靖大贵妃。皇太后和懿靖大贵妃都是来自大漠孤烟的蒙古草原,故乡让她们有着同样的情感和思念,也让她们感到一种天然的亲切。在孝庄的建议下,皇太后以儿媳辈的身份探视她,还有小皇帝陪同,懿靖大贵妃非常感动。几天以后,大贵妃去世,玄烨依旧步随着皇太后的御辇进入大贵妃宫致哀。

皇太后生于明崇祯十三年(1640年)十月初三日,到康熙十九年(1680年),是她40岁的寿辰。到十月初三日这一天,裁理政务寒暑不辍的康熙皇帝,破例辍朝一日,特地为皇太后举行大寿庆典。宫内举办了隆重的皇室家宴,太皇太后、皇太后、皇帝玄烨、皇太子和众皇子们祖孙四代,高高兴兴地欢聚一堂,热烈隆重地为皇太后庆祝40大寿。庆典很热闹,寿宴也十分祥和热烈,皇太后感到非常欣慰。这天下午,皇帝玄烨率皇太子先后到祖母、皇额娘宫中问安,祖母孝庄太皇太后和皇太后都非常高兴。

康熙二十二年(1683年)六月,康熙皇帝恭奉孝庄太皇太后出古北口避暑、行围,皇太后没有随行,历时两个多月以后才返回北京。在这期间,玄烨只是一心一意地照料着祖母太皇太后,对她的生活起居关怀备至,却忘记了远在皇宫的皇太后,一直没有派人送去任何的消息和问候。直到返回途中,在祖母的提醒下,玄烨记起了皇太后,才派使送信问安。在玄烨的心中,太皇太后和皇太后,显然分量是不同的。

不过,皇太后与婆婆孝庄之间的关系一直很好,两人的感情也很深,她的父亲是孝庄哥哥的仲弟察罕之子,她是孝庄的侄孙女;孝庄选定她为皇后,顺治皇帝一直冷落她,在她最低沉、最困难的时候,孝庄给予她安慰和鼓励。顺治十五年正月,是她一生之中最为险恶的日子,因为孝庄病危,皇帝责怪她礼节疏阙,下旨切责,并命停止进呈中宫笺表。这意味着,她将重蹈废黜的覆辙。重病的孝庄得讯后,召来皇帝福临,袒护皇后,千方百计为她开脱。皇帝沉默,她终于保住了皇后之位。

皇太后从内心深处对孝庄怀着深深的感激、由衷的钦佩和无尽的敬意,无论在什么场合,无论在什么地方,也无论是什么时候,即使是她做了宫中人人尊敬的皇太后之后,她也是一如既往地孝敬孝庄,表现得极为谦卑、恭敬和柔顺。她的孝敬、柔顺的美德,给康熙皇帝留下了深刻的印象,也成为宫中女性的楷模。

孝庄太后不幸去世,宫中笼罩在巨大的阴影之中,悲伤之情在宫院中弥漫。最为哀痛的莫过于皇太后和康熙皇帝。孝庄从病危到辞世,皇太后一直守候在她的身边;孝庄入殓以后,她也不离梓宫半步。她泪流满面,几天几夜都是那样发自内心深处的哀伤痛哭,不吃不喝。康熙皇帝同样哀恸,一连数日,滴水未进,大臣们无论怎样劝慰,都无济于事。哀伤守灵中的皇太后,同时担心着皇儿康熙皇帝的健康,她亲自劝皇帝吃些糜粥,皇帝懂得皇太后的苦心,流着泪,勉强吃了少许，但无法下咽。

孝庄太后的去世，拉近了皇太后与康熙皇帝之间的距离，也增进了两人之间的感情。同样的哀伤，一样的真心关切，短短几天感情上的共鸣，胜过了他们二十多年礼节性的来往，使他们相互理解，懂得了对方。孝庄的去世，结束了一个旧的时代。从此以后，康熙皇帝与皇太后之间，共创了一个新的历史时期。皇太后性格平和，做了几年皇后，遭受冷遇，然后就是五十多年寡居深宫的皇太后生活，那份不可言表的寂寞孤独，只有康熙皇帝给与她真正的关切和抚慰。

孝庄辞世后的第三天，康熙皇帝对侍臣们说："皇太后圣躬素弱，近者太皇太后病笃，朝夕侍奉，慈颜瘦减。又因太皇太后上殡，皇太后悲哀过甚，昼夜不离梓宫，饮食不御，愈加赢弱。当今最尊者，惟皇太后一人。朕见皇太后慈颜赢弱，力为劝慰，皇太后不允。尔诸王、大臣，具系骨肉至亲，应公同奏劝。又诸王妃、郡主等与哀叹时，皇太后恸哭几至仆地，谅众所共睹，而无有进前劝慰者，今已三日矣！若此时漠不关切，将来宁不汗颜耶？"

孝庄月祭前夕，病中的康熙皇帝前往皇太后宫中问安。康熙皇帝看见皇太后瘦弱不堪，一脸病容，心如刀割。第二天，康熙皇帝特地召来大学士明珠、内务府总管班第、总管太监顾氏，对他们郑重地说："自太皇太后违豫，皇太后尽孝侍奉，甚为劳瘁。不幸太皇太后殡天，复哀痛太过，慈颜清减。昨者，朕谒皇太后宫问安，见癯瘦更甚，积劳成疾，服药调理。皇太后关系甚大，朕心深为忧虑。明日太皇太后一月之祭，尔等可奏请不必前去。"

总管太监前往传宣御旨。皇太后回答说："太皇太后之丧，予身有何劳苦？皇帝前者侍奉太皇太后，已极诚敬，后又悲哀过当，劳苦致病，心甚忧虑。予之服药，专为明日月祭前往之意。"在这非常时期，皇太后与康熙皇帝相互关切，相互体谅，心心相通。顺治皇帝曾评价皇太后：秉心淳朴，却乏长才。她的确为人温厚，一生老实本分，宽厚平和。她做了五十多年的太后，在后宫中生活了 64 年（1654—1717 年），康熙皇帝一直理解她，敬重她，照顾她。

（5）生母佟佳氏

佟佳氏幼年入宫，不知道是幸运还是她有什么独特的、不为人知的、迷人之处，她成了皇帝福临的妃子。可以肯定的是，她并不是以美貌著称的，加之她的年纪太小（生玄烨时只有 15 岁）、性格内向，因而并不受到皇帝的宠爱。佟佳氏怀玄烨时，据说衣裙间有龙盘绕，赤光灿烂；生玄烨时，则合宫异香，五色光气充溢殿庭。但两年后，顺治皇帝迷上了董鄂氏，将她纳入宫中，宠擅后宫。皇帝与董鄂氏处于热恋之中，相貌平平的佟佳氏的处境可想而知。她虽然生下了皇子玄烨,但却一直被皇帝冷落,那时,她还不满 17 岁。

佟佳氏岁数太小,在景仁宫中的生活十分寂寞。与所有的孩子一样,小玄烨在感情上十分依恋母亲。幼年的玄烨,从小就表现出了他的过人成熟和聪慧。在日常生活中,他从母亲孤独、痛苦的眼神中,能够感觉到母亲生活的艰辛。他是个十分敏感的孩子,也很善解人意,他虽然不谙人情世故,却能够用超出他的年龄的成熟和懂事,来抚慰母亲的愁苦和不幸。他登上了皇帝的宝座以后,佟佳氏被尊为太后,她在宫中的地位也与以往不可同日而语。

玄烨即皇帝位后,康熙的生母佟佳氏被尊为皇太后,因而康熙初年,宫中有三位太后:一位是孝庄太皇太后;一位是顺治孝惠章皇后,就是康熙的嫡母博尔济吉特氏;一位就是康熙生母佟佳氏。在康熙初年,康熙的嫡母和康熙的生母,并称为两宫皇太后。佟佳氏是在康熙元年(1662 年)十月被正式尊称为慈和皇太后的,但仅仅过了 4 个月,在康熙二年(1663 年)二月,佟佳氏就不幸病故了,享年只有 24 岁。生母的患病、去世,给少年康熙留下了终生的伤痛;而他与生母在最后一年相处的日日夜夜,也为康熙皇帝留下了最美好、最珍贵的回忆。

在生母染病期间,小玄烨朝夕侍奉在母亲的床前,亲自端汤喂药,照顾母亲的起居。史书记载他:朝夕虔侍,亲尝汤药,目不交睫,衣不解带,寝膳俱忘。母亲佟佳氏在清醒的时候,提醒他不要太过悲伤,要以国事为重。他恭敬地听从。但随着母亲的病势加重,他也就日益废寝忘食,忧心如焚。大臣们见小皇帝如此悲伤,实在看不过去,就郑重进奏,叩请皇帝节劳少休,进些饮食。但康熙皇帝根本听不进去。

御医作了最大的努力,但还是无力回天,康熙的生母佟佳氏最后还是去了,将人世间最大的遗憾和痛苦,留给了年轻的小皇帝玄烨。小玄烨泪流满面,擗踊哀号,水浆不入,衣不解带,终日哭无停声,悲鸣之音在空寂的殿廷萦回。皇帝的至痛哀鸣,也使众侍卫泣不成声,悲伤不已。乌鸦在宫殿上空盘旋,哇哇之声不绝。哀伤的阴云,再次将皇宫笼罩。康熙皇帝执意亲自护送母亲的梓宫出紫禁城,安奉于坝上享殿。这年六月,佟佳氏葬于孝陵,谥号为:孝康慈和庄懿恭惠温穆端靖崇天育圣章皇后。

2. 圣明天子玄烨

(1)庞大的妻群

康熙皇帝玄烨是中国历史上五百多位皇帝中,是拥有正式封号的后妃最多的一位皇帝。康熙皇帝在位 61 年,69 岁时去世,据文献记载,他有正式封号的妻群共 55 人,其中,康熙皇帝亲自册封的有:皇后 3 人,贵妃 2 人,妃 11 人,嫔 5 人,贵人 11 人,常在 14 人,答应 9 人;康熙皇帝去世以后,德妃乌雅氏是继位的雍正皇帝的生母,追封为皇后,尊为皇太后;雍正、乾隆两朝,又先后将康熙皇帝的贵妃 1 人、妃 2 人追封为皇贵妃,嫔 3 人追封为妃,贵人 1 人、常在 5 人追封为嫔。

这样,康熙皇帝的 55 位正式封号的后妃包括:皇后 4 人——赫舍里氏、钮祜禄氏、佟佳氏、乌雅氏,皇贵妃 3 人,贵妃 1 人,妃 11 人,嫔 8 人,贵人 10 人,常在 9 人,答应 9 人。这 55 人之中,大约有 40 余人可以确切知道其民族,以满族人为主,约 30 余人,确知的汉人 10 人,蒙古人 2 人。满洲人中,以天子自将的上三旗为主,尤其是主要选自正黄旗和镶黄旗——康熙皇帝亲自册封的后妃主体皇后 3 人、贵妃 2 人、妃嫔 9 人等都是来自这两黄旗。

康熙皇帝结婚的年龄在中国历代帝王中是最早的,他 11 岁就正式结婚;他的婚龄也是中国历代帝王中最长的,婚姻生活长达五十余年——康熙四年举行大婚,康熙五十七年生下最后一个皇子。有趣的是,在康熙皇帝庞大的妻群之中,有 4 对是亲姐妹:3 对是满洲镶黄旗人,1 对是满洲正黄旗人;3 人是 3 位皇后之妹,1 人是宜妃之妹。由于权臣多尔衮的缘故,康熙宠爱的后妃之中,竟然没有一人来自上三旗之一的正白旗。这共有一个丈夫的庞大妻群,在日益繁荣昌盛的康熙时代,和平相处,共同缔造了一个前所未有的王朝盛世。

康熙四年(1665 年)七月,孝庄太后选定四大辅臣之首索尼之子、领侍卫内大臣噶布喇的女儿赫舍里氏为皇后。九月,宫中举行隆重的大婚仪式,新郎皇帝玄烨只有 11 岁半,新娘皇后只大新郎 3 个月。年岁虽小,小夫妻婚后十分恩爱,婚姻生活美满幸福。婚后第四年,皇后生下了皇子承祜。承祜系皇后嫡出,人又生得端正,聪明过人,英气勃勃,皇帝、皇后非常喜爱,视如掌上明珠。不幸的是,皇子四岁的时候夭折了。在痛苦中挣扎了两年的皇后,终于如愿地再次怀孕。但不幸也再次降临,于康熙十三年五月初三日,皇后因难产而死,年仅 21 岁。

第二位皇后钮祜禄氏是大臣遏必隆的女儿,康熙皇帝在痛失皇后 3 年之后,奉祖母之命,于康熙十六年(1677 年)八月正式册封为皇后;同时册封妃嫔的还有 8 人——大臣佟国维的女儿佟佳氏册封为贵妃,李氏等 7 人册封为嫔。令人痛心的是,钮祜禄氏只做了 6 个月的皇后,于康熙十七年(1678 年)二月去世。康熙皇帝称赞这位皇后:性秉温庄,度娴礼法,柔嘉表范。她性情温和,知书达礼,才华横溢,颇得康熙皇帝的喜爱,康熙称她是自己的良配,是不可多得的内廷良佐。

　　第三位皇后佟佳氏是在册封第二位皇后时被封为贵妃的,她的父亲佟国维是康熙皇帝生母孝康皇后的幼弟,历任内大臣、领侍卫内大臣、议政大臣。第二任皇后去世3年后,康熙皇帝再次奉祖母之命,于康熙二十年(1681年)十二月,晋贵妃佟佳氏为皇贵妃,总摄六宫事务。两年后生下皇8女。佟佳氏也是一位言容有度的温婉端庄的女人,她在宫中多年,勤勤恳恳,任劳任怨。康熙二十八年七月,她患了重病,皇太后念及她多年的勤劳,下懿旨册封她为皇后。令人悲痛的是,她仅仅做了一天的皇后,就不幸病逝!

　　接连痛失3位心爱的皇后,康熙皇帝欲哭无泪。佟佳氏的去世,对38岁的康熙皇帝打击很大,他所表现出来的发自内心的哀痛,令大臣们都胆颤心惊。大臣们跪伏一片,叩请皇帝节哀,劝慰皇上,千万不要有伤圣体。但悲痛中的康熙皇帝全然听不进去,风霜雨雪从不辍朝的勤劳皇帝,此时却破天荒地下令辍朝5日,并要亲自为皇后穿孝服10天!他亲自将皇后的梓宫护送到朝阳门外的殡宫,并住在那里守灵,每天上食举哀。3个月后,又亲自将皇后的梓宫送往景陵。

　　第三位皇后佟佳氏是康熙皇帝3位皇后之中,唯一一位与他有着血缘关系的皇后,她是皇帝玄烨的亲表妹,是康熙生母的亲侄女,他们之间是兄妹之情、夫妻之情,还有一份康熙对于早失母亲的亲情。康熙皇帝写下了《挽大行皇后诗四首》,其中之一诗云:

月掩椒宫叹别离,伤怀始觉夜虫悲。

泪添雨点千行下,情割秋光百虑随。

雁断衡阳声已绝,鱼沉沧海信难期。

繁忧莫解衷肠断,惆怅销魂忆昔时。

　　清朝先后有11位皇太后,其中有8位生育过子女,而她们之中,生育子女最多的应是康熙皇帝的第四位皇后、雍正皇帝的生母孝恭皇后乌雅氏,她先后生育了皇子3人,皇女3人。乌雅氏虽然被尊为皇后、皇太后,但这都是死后的追封,她生前不过是康熙皇帝妻群中一个极普通的妃子。她是满洲上三旗之一的正白旗人,她的父亲只是个中级武官护军参领。她入宫的时候,只有十余岁。她的相貌、姿色一般,一直默默无闻。但由于她19岁时生下了一个不同寻常的皇子——皇四子胤禛,她的命运从此彻底改变。

　　她怀孕和生下皇四子的时候,据说出现有神奇的异象:她怀孕时,梦见了月亮扑入怀中,华光四射;她生产时,祥光盈室,经久不散。生下了皇四子一年之后,她被正式册封为德嫔。从此以后,她从一个普通的女子进入了康熙皇帝另眼相看的妃嫔行列。康熙皇帝十分喜爱皇四子,因而对皇四子的母亲乌雅氏也格外垂爱。在随后的岁月中，由于皇帝的垂青，她先后替康熙生下了皇六子、皇七女、皇九女、皇十二女、皇十四子。她也从德嫔晋封为德妃。

康熙皇帝虽然没有表现出对于乌雅氏的特别宠爱，但他对她和她的儿子的情份，令她刻骨铭心。她从心底喜爱康熙皇帝，敬重康熙皇帝，这份感情，一直伴随着她的一生。康熙皇帝最后选中皇四子为皇位继承人，她感到万分高兴。后来，康熙皇帝的去世，令她肝肠寸断，痛不欲生，并作出了令朝野震惊的惊人之举：为丈夫殉情，追随康熙皇帝共赴黄泉！

刚刚肩负江山社稷重任的皇四子，面对自己决意殉情的母亲，真是欲哭无泪。最后，他一边流泪，一边哀求自己的母亲：皇考以大事遗付冲人，今圣母若执意如此，臣更何所瞻依？将何以对天下臣民百姓？乌雅氏还是不为所动。皇四子急了，痛苦地威胁说：如果圣母仍然坚持要殉死，那么，这个皇帝我也不当了，我也随圣母一起去死！事情发展到了这一步，乌雅氏只好作罢，回心转意。皇四子即皇帝位，为雍正皇帝。母以子贵，乌雅氏尊为孝恭皇后、仁寿皇太后。遗憾的是，她还没来得及上皇太后徽号，就于雍正元年五月二十三日病逝，终年64岁。

清王朝在关内外建造了10座妃园寝，其中，以康熙皇帝的景陵妃园寝入葬的人数最多，多达49人。这座庞大的妃园寝，坐落在河北遵化马兰峪镇昌端山清东陵康熙皇帝景陵以东，大约半华里的地方，都是坐北朝南，依山而建，依次排列，包括贵妃1人，妃11人，嫔8人，贵人10人，常在9人，答应9人，以及一个空位。据说，这49位嫔妃，都是自然死亡然后陆续入葬在这里的，前后入葬的时间长达88年之久。其入葬人数之多、入葬时间延续之长，在中国历史和世界历史上都是绝无仅有的。

非常奇怪的是，在景陵妃园寝的东南，还有一座单独的双妃园寝，入葬的是康熙皇帝极为喜爱的悫惠皇贵妃和惇怡皇贵妃。这就是景陵皇贵妃园寝，人称双妃陵、双妃园寝。在景陵妃园寝还有许多空位的情况下，康熙皇帝为什么要单独建造这两座妃园寝？这里安葬的是两位什么样的妃子？一些令人吃惊的传闻一时甚嚣尘上，一直流传至今，传闻主要有两种：一说她们是康熙皇帝的亲姐姐，一说是她们是一对亲姐妹。

好美是人之天性，圣明天子也不例外。持康熙皇帝胞姐之说的人认为，她们天生丽质，其美丽、气质和才华都令多情多才的康熙皇帝不能自拔，于是，康熙皇帝不顾伦理常情，将她们强纳为妃。康熙皇帝和这两姐妹非常恩爱，感情也很深。可惜的是，红颜薄命，她们在最鲜艳夺目的花样年华之时，不幸离开人世，将无尽的痛苦留给了康熙皇帝。康熙皇帝念及她们的情分,不忍心让她们杂处在众多的嫔妃群中,于是,单独建造了双妃园寝。这件超越伦常之事,有人愤愤然,特地写诗讽刺:

> 头戴飞禽羽,身穿走兽衣。
>
> 父子不同姓,姐弟配夫妻。

其实,这两种传闻今天被史实证明都是凭空想象,都是荒唐的无稽之谈。这两位康熙皇帝的爱妃,一位是康熙皇帝的亲表妹、领侍卫内大臣佟国维之女佟佳氏,也就是悫惠皇贵妃,乾隆八年去世,终年76岁;一位是三品协领祐满之女瓜尔佳氏,是康熙时期的和妃,雍正时晋封为贵妃,乾隆时晋封为皇贵妃,乾隆三十三年去世,终年86岁。她们抚养过幼年的乾隆皇帝弘历,对弘历一直体贴入微,照顾得非常周到;弘历与这两位奶奶辈的皇妃关系很好,直到他入主帝位,他一直十分感念这两位长辈。刚即皇帝位的第九天,乾隆皇帝就尊封她们为皇贵太妃。

乾隆皇帝在谕旨中称:两太妃仰体皇祖圣心,恩勤备极周至,朕心感念不忘,意欲为两太妃千秋之后另建园寝。乾隆八年,寿祺皇贵太妃佟佳氏去世;25年后的乾隆三十三年,温惠皇贵太妃病逝——她是康熙皇帝所有的后妃之中,最后一个离开人世的;她以86岁的高龄离开人世,乾隆皇帝非常伤心,特地写了一首挽诗,以寄托自己的哀思:

> 成鼎轩皇卅六春,懿恭奉养藉诚申。
>
> 太妃世上超群寿,圣祖宫中无一人。
>
> 为忆当年勤诲爱,那堪此日剧悲辛。
>
> 佳城双峙景陵近,志我追思恪念谆。

清太宗皇太极后宫之中,有姑侄三人同为嫔妃的;清世祖福临后宫之中,有姑侄四人同为嫔妃的。更为有趣的是,在清圣祖康熙皇帝玄烨的后宫之中,有四对姐妹同为后妃的:第一对是元配嫡皇后孝诚皇后姐妹,孝诚皇后正位中宫,不久她的妹妹也被选入后宫,并生下了一个皇子,康熙三十五年去世后封为平妃;第二对是孝昭皇后姐妹,皇后做了半年就去世了,三年后她的妹妹入宫,生下了皇十子和皇十一女,病逝后破格赐谥温僖贵妃;第三对是康熙皇帝的两个亲表妹,都长得冰清玉洁,花容月貌,姐妹同封为贵妃,姐姐后来封为皇贵妃、皇后,妹妹封为皇贵妃;第四对是八旗佐领三官保的两个女儿,姐姐生了3位皇子,封为宜妃,妹妹生下1位皇子和1位公主。

(2)子女们

康熙皇帝 11 岁结婚,13 岁生下第一个孩子,即皇长子,65 岁生下最后一个孩子,即皇 35 子。他是中国皇帝之中,结婚最早、婚龄最久、生育年龄最长的皇帝,他活了 69 岁,执政 61 年,婚育年龄却长达五十余年;他也是中国皇帝中,生育子女最多的皇帝,共有子女 55 人,与后妃的人数相等,其中,皇子 35 人,公主 20 人。他的 55 位后妃之中,有 31 人生育了子女;他在 40 岁以前,精力最为旺盛,生育了约 40 个子女;他 54—65 岁这生育的最后十余年间,一连生下了 6 个皇子;有趣的是,他的第一个孩子和最后一个孩子都是皇子,皇长子精力过剩,性情暴躁,最后一个皇子一出生便即夭折,当时他已经 65 岁了。

康熙皇帝虽然早婚、早育、多妻、多子,但他一直身体健康,精力旺盛,这和他先天的身体素质好、后天的尚武习文、知识广博有关。同时,他又是一位心胸开阔、很有理性的皇帝,他有条不紊地治理国家,恩威并济地对待后妃,施恩于妻群,施惠于百姓,真正做到了儒家所推崇的修身、齐家、治国、平天下,所以,当时的大臣们称颂他,后世的统治者也视他为英明之主;他的孩子们身体素质高,在教育子女方面也很成功,他有 20 位皇子长大成人,除皇七子是瘸子之外,其余都很健康,而且大多智商都很高。

皇子皇女按照清廷的规定,通常是 6 岁就延聘全国一流的硕学鸿儒为师傅,入学读书。每天凌晨 4 点前后到达书房,先学习满文、蒙古文,然后再学习汉文,12 点才放学。宫廷三大节之一的元旦,放假一天;除夕日及其前一日,可以在 10 点前后提前放学。康熙皇帝为自己的孩子精选了许多师傅,都是全国一流的大儒,称为教书、课读,这些师傅主要包括:张英、李光地、徐元梦、熊赐履等人。读书的地方,一说是在乾清宫左边的上书房;一说是在懋勤殿、南薰殿、西长房、咸福宫等多处。

皇子们学习的课本,以儒家经书为主,兼及历史、地理、天文、算学等诸多学科;课文之外还有书法、骑射等等。康熙皇帝还亲自教授孩子们读书,尤其是对确定为皇位继承的皇太子皇二子。康熙皇帝曾亲口说:"朕于宫中,谕教皇太子,谆谆以典学时敏,勤加提命,日习经书。朕务令背诵,复亲为讲解,夙兴宵寐,未尝间辍。"史书也曾这样记载:"上在宫中,亲为东宫讲授《四书》、《五经》,每日御门听政之前,必令将前一日所授书背诵、复讲一过,务精熟贯通乃已。"

康熙皇帝对皇太子的教育,可以说倾注了自己的全部心血。皇太子生于康熙十三年,在他 6 岁以前,康熙皇帝就亲自教他读书;他刚满 6 岁,就选择张英、李光地做他的老师,并特选熊赐履教授性理之书,到他 13 岁的时候,康熙皇帝仿照明宫的做法,让太子出阁读书。康熙皇帝说:"自太子入学以来,朕于听政之暇,时时指授,罔或有间,故学问渐有进益。如《四书》、《易经》、《书经》、《礼记》,今俱已诵习。但朕日理万机,精神有限,课诵之事,恐未能兼,致误太子精进之功。于汉大臣内择其学问优长者,专侍太子左右,朝夕劝导,庶学问日进,而德性有成矣!"

自幼练习满、汉文书法,是康熙皇帝要求皇子们必须做到的基本功。康熙皇帝对皇太子的书法,尤其留意,要求更加严格,吩咐每写一纸,必经皇帝朱笔圈阅。由于训练有素,皇太子的书法颇见功底,大臣们都赞不绝口。康熙皇帝曾将皇太子从6岁时习字到13岁时出阁读书期间所写的满、汉文习字,一并发给大学士、翰林、詹事们观阅,大臣们看过以后惊叹不已,郑重进奏说:"恭奉缥缃,琳琅满幅,臣等再三展览,满字自六岁起至十岁,汉字自十岁起,至今年睿龄十三岁,闰四月二十三日出阁以前卷册,积累已几等身。岁月时日,加进无已。字字端正,笔笔清楷。自兹以外,深宫视膳之暇,帐殿从幸之时,翰墨之美,又不知凡几!"

康熙皇帝为皇太子倾注了太多的心血,寄予了太多的期望,结果却令皇帝一次又一次大失所望。皇太子在少年时期表现出来的聪慧,在后来的岁月之中,难寻其踪,而且越来越表现出超出常人的言行:他不孝的恶行,他的行为失度,他的生活奢侈和性格暴戾等等,都像恶梦一样始终困扰着康熙皇帝的后半生。康熙四十七年,55岁的皇帝痛心疾首地对侍臣们说:"朕所治平之天下,断不可付此人!"康熙皇帝愤然地废了太子。第二年,心中有所不甘的康熙皇帝又恢复了太子之位,期望有所转机。然而,太子依旧怪戾、无耻。康熙五十一年,年近花甲的老皇帝再次废了太子。

(3)仁与孝

康熙皇帝的仁慈与孝行,一直为后世所称道。他的仁,主要表现在政务和对待百姓上;他的孝,则主要表现在他对太皇太后、皇太后的孝行上。康熙皇帝说:"仁者,无不爱。凡爱人爱物,皆爱也。故其所爱甚深,所及甚广。在上则人咸戴焉,在下则人咸亲焉。"他又说:"朕自幼登极,生性最忌杀戮。历年以来,惟欲人善而又善。即位至今,公卿大臣保全者,不计其数。即如幼年间于田猎之时,但以多戮禽兽为能。今渐渐年老,园中所圈乏力之兽,尚不忍于射杀。观此,则圣人所言,我欲仁斯仁至矣之语,诚至言也!"

康熙皇帝每次来到皇太后宫,觉得宫室太小,也太旧。于是,他吩咐侍臣,修建一座新宫,供皇太后居住。宁寿新宫建成以后,宽敞明亮,金碧辉煌,康熙皇帝传谕大学士、内务府总管,恭奉皇太后入住;并传谕钦天监,选择吉日。吉日选好以后,皇太后于康熙二十八年十二月初四日入住新宫,康熙皇帝郑重地遣派都统化善前往太庙祭告行礼。入住当日下午,康熙皇帝亲自在新宫接驾,特地率领诸王、内大臣、侍卫等人入宫行礼恭贺。皇帝如此这般地礼仪周到、典礼隆重,皇太后始料未及,感到有点意外和吃惊。

康熙二十四年,康熙皇帝在外巡幸的时候,听说太皇太后圣体违和,便下令星夜回京,亲自到太皇太后床边伺候汤药,几乎一夜未曾合眼。太皇太后康复以后,奉太皇太后游幸白塔寺,即将下大雨,近侍们急切进奏:道路泥泞,请雨过天晴时再游幸。康熙皇帝郑重地说:近因圣祖母偶尔违和,朕心实深忧虑。今已痊愈,甚为庆幸,何惮此一往,不以仰慰慈衷乎!于是,康熙皇帝陪伴着祖母,冒雨游幸,满意而归。康熙皇帝说:凡人之行,莫先于孝。百行以孝为大,其他又何足观也!

祖母对康熙皇帝无微不至,呕心沥血,康熙皇帝对祖母尽心孝养,朝夕事奉,三十余年如一日,一片赤诚。康熙皇帝无数次地前往祖母居住的慈宁宫叩问起居,每次都是心情迫切地去,非常愉快地回,这种真诚探望祖母的情形,他曾亲笔写诗这样描述:晨昏敬睹慈颜豫,不尽欢欣踊跃回。即使他游赏南苑,偶尔离宫,也会时时牵挂着祖母,记着送些水果致问圣安。他曾这样写诗:

日永离宫节候新,薰风早已献嘉珍。

赤瑛盘内千鲜果,奉进瑶池第一人!

从康熙十一到康熙二十年(1672—1681年),风华正茂的康熙皇帝恭恭敬敬地侍奉祖母,不敢有丝毫懈怠。据记载,他沉痛曾先后6次事奉身体尚健的祖母前往温泉休养和游赏:遵化西北约40里福泉山温泉3次,昌平北汤山温泉两次,宣化赤城温泉1次。每次逗留的时间都在一个月以上,最长的一次曾达七十多天。康熙皇帝每次都亲自陪侍,到祖母宫中接祖母上辇,并亲自护辇,步行到神武门后他才上马随行。途中的饮食起居、衣着冷暖、驻跸启程等等,他都事必躬亲,一一安排妥当之后,才去吃饭;吃饭之后,还要亲赴祖母行宫,下马趋前侍立;启程时,侍奉祖母乘舆,他亲自扶辇护从,步行数十步之后方才上马。

即使在崎岖的山路上,康熙皇帝也是一如既往地事奉着祖母。祖母非常心疼他,一次又一次地对他说:你步行劳苦,乘马前行吧!康熙皇帝总是乐呵呵地回答说:这里道路太险,非得扶辇整辔,心里才安。看到祖母在温泉疗养心情舒畅,康熙皇帝非常高兴,曾写诗一首,表达自己的喜悦之情:

温谷神丹力不穷,五云暖溜绕行宫。

圣躬喜得今康豫,宇宙欢欣旧日同。

起居注官记载此事，曾感叹地说：圣上天性纯孝，古帝王未之有也！

康熙二十二年（1683年）夏天，天气非常炎热，康熙皇帝奉祖母出古北口避暑，12岁的皇长子、10岁的皇太子和7岁的皇三子一同前往。孙儿皇帝事奉左右，曾孙绕膝嬉乐，孝庄太后感到不胜欢喜，此次避暑，往返行程长达72天，所经之地，都是大山深谷、茂密丛林，风景非常美丽。随行的起居注官这样记载：是行也，每日清晨，上亲谒太皇太后行幄，候升辇起行，随从里许，然后分道。至暮，复亲谒行幄，请安毕，始还御幄。沿途视膳问寝，承欢养志，无所不曲尽焉！

孝庄太后在70岁以后，身体日渐转弱。72岁时，她的心脑血管的病症开始加重。康熙二十四年（1685年）六月，康熙皇帝身体欠安，祖母让他到口外避暑静养。想不到的是，康熙皇帝返京前夕的八月二十八日深夜，孝庄太后突然中风。经过御医的抢救、调养，孝庄太后的病情好转。康熙皇帝一直亲侍汤药，每天都是奉至夜半方才安歇。康熙二十五年（1686年）二月，孝庄太后74岁生日，康熙皇帝特上《太皇太后万寿表》，上书："臣幼荷深恩，长资明训，孝养难酬，罔极尊崇，聊展承欢，伏愿景命弥新，纯禧益茂，叶八千岁以为春，东朝永滋，锡亿万年而成算；西母常来，臣踊跃欢欣之至！"

康熙皇帝还特地为祖母铸造了一座铜镀金四臂观音像，像高73厘米，莲花座，座上铭刻满、汉、蒙、藏四体文字，上书：大清昭圣慈寿恭简安懿章庆敦惠温庄康和仁宣弘靖太皇太后，虔奉三宝，福庇万灵。自于康熙二十五年岁次丙寅恭奉圣谕，不日告成。永念圣祖母仁慈，垂佑众生，更赖菩萨感应，圣寿无疆云尔。孝庄太后信奉佛教，是一位虔诚的佛教徒。康熙皇帝送呈佛像作为祖母74岁的生日礼物，是希望佛能保佑祖母，身体健康，长命百岁。

康熙二十六年（1687年）十一月二十一日，孝庄太后的病情开始恶化。从此以后，康熙皇帝一办完政务，便立即前往慈宁宫侍候祖母。在孝庄病重期间，康熙皇帝几乎每天都是衣不解带，寝食具废。他仔细查对每一个药方，亲调药饵。每天等病中的祖母入睡以后，他总是要隔幔静候，席地危坐许久，而一闻皇太后的叹息之声，便立即来到床前，看看祖母需要什么，亲自服侍。康熙皇帝下诏刑部大赦天下，希望感动上苍保佑祖母渡过难关。十二月初一日凌晨，他又冒着刺骨的寒风，率领群臣从乾清宫步行到天坛祭天，伏愿皇太后能够转危为安。

34岁的康熙皇帝跪在地上，滴泪成冰，乞求上苍减少他的寿命以尽可能地延长祖母的寿命。然而，康熙皇帝的至诚并没能感动上苍，孝庄太后还是在康熙二十六年（1687年）十二月二十五日离开了人世，终年76岁。内心沉痛的康熙皇帝痛苦地回忆说："朕自谓精诚所感，可以上邀天鉴。后太皇太后不豫，朕以保育恩深,益复虔诚步祷,请减已算,为圣祖母延年,讵意竟不可回。朕以此抱痛于心,知天道幽远,难可期必。朕为圣祖母不能祈求永年,而为民请命,即使天心有感,能不负愧于中乎!"

六、英俊天子弘历

乾隆皇帝弘历是雍正皇帝的第五个儿子,他上面还有 4 位哥哥:大哥弘晖,由皇后乌喇那拉氏所生,8 岁夭折;二哥弘盼、三哥弘昀、四哥弘时,都是齐妃李氏所生——弘盼近 2 岁时夭折,还不曾叙齿排行;弘昀 11 岁时去世;弘时很健康地成长,在弘历降生时,他这位三哥弘时,已经 8 岁了。弘历的母亲是格格钮祜禄氏。如果按立嫡立长的古制,弘时应该排在弘历之前,但雍正皇帝不是按照立嫡立长的古制选择储君,而是以才取人,确立弘历为皇位继承人。雍正皇帝选择弘历,也与他的父亲康熙皇帝喜欢弘历有关,也就是说,康熙、雍正父子眼光一致,都看准了英俊少年弘历,认为他就是未来的太平天子。

弘历 6 岁时就开始启蒙学习,9 岁的时候正式入学读书。他的天分很高,禀赋过人,对于学习过的课文学业,通常都是过目成诵;他读书一目十行,作文则文思泉涌。他的老师,都是全国一流的学者和饱学之儒士。他先后受业就学于庶吉士福敏、署翰林院掌院学士朱轼、翰林学士徐元梦、翰林院编修蔡世远诸人。

福敏是满洲镶黄旗人,学识渊博,为人极严厉,办事认真负责,为人刚直不阿。雍正皇帝很欣赏他的学识和为人,选择他为自己最为疼爱的少年皇子弘历的启蒙教师。在福敏长年不懈的督导下,少年弘历熟读了四书、五经以及大量的儒家著述和史地书籍,像《诗经》、《论语》、《孟子》诸书耳熟能详,都能倒背如流,而对于《易经》、《尚书》、《春秋》、《礼记》之类的儒经也都十分熟悉,能融会贯通。

弘历很喜欢史书,他孜孜不倦地通读《史记》、《汉书》、《唐书》、《明史》等二十四部正史,如饥似渴地阅读《资治通鉴》、《通鉴纲目》、《贞观政要》诸书,他的过人天赋和学业日新月异的长进,令才子自居的福敏都感到震惊。弘历登上皇帝宝座以后,对于启蒙老师福敏心存感激。他说:冲龄就儒时,(福敏)启迪之功多矣!

朱轼是汉人,江西高安人氏,他是才高八斗的一代才子,以不世之才学和超凡的天赋负一世之望,成为当时的一代儒学领袖。雍正皇帝特选他为弘历的入学师傅,特地在懋勤殿设教席,让弘历郑重其事地行拜师礼,系统地接受他的儒家经学的教育。朱轼作为一代儒学宗师,对于儒家经学烂熟于心,融会贯通。他深入浅出地讲解经义,阐述儒经所包含和传达的微言大义和深邃思想,讲古文经学和今文经学的学案纷争,讲贾谊、董仲舒、朱熹、王守仁。少年弘历如饥似渴,津津有味,广吸博收。

蔡世远是一位活学活用的饱学之士,他一直宣称,要读书明志,要学以致用。雍正皇帝很赏识这位福建漳浦籍的大才子,特地在上书房设教席,礼请蔡世远为皇子之师,教授弘历经史大义。蔡世远从不督促弘历背诵经书,而是阐述经书大义,联系实际,举一反三。他还一再告诫他的聪明学生弘历,不要读死书,要领会经义,学在于用,在于做人,在于齐家,在于治国平天下。

乾隆皇帝对这三位恩师一直心仪而敬重,充满感激。乾隆皇帝这位学富五车、风流自负的才子在谈到这三位老师对自己的影响时,这样评述:"于(朱)轼得学之体,于(蔡)世远得学之用,于福敏得学之基。"

乾隆皇帝一生之中,都始终在眷念圆明园和热河避暑山庄。为什么? 因为是在圆明园,他第一次和他的祖父康熙皇帝结缘,从而改变了他一生;因为在热河避暑山庄,他随着祖父康熙皇帝读书,习武,打猎,从一个英俊少年成长为一个知书达礼,能文能武的英武青年。

康熙六十一年(1722年)春天,圆明园春意盎然,牡丹盛开。康熙皇帝兴致勃勃,驾临圆明园,在镂月开云台观赏牡丹。雍亲王将11岁的儿子弘历,引荐给68岁的康熙皇帝。坐在台上的康熙皇帝一眼看见弘历,便眼前一亮,欣喜之情油然而生。只见弘历身材颀长,头发浓密乌黑,天庭很饱满,眉清目秀,一双眼睛炯炯有神;他的行礼落落大方,举止文雅,步态稳重,答话时声若洪亮,彬彬有礼。身心已然被皇位继承人之事弄得疲惫不堪的康熙皇帝,此时感到非常欣慰,他在心中感叹:好一个翩翩少年!

康熙皇帝儿孙满堂,他见过的这般翩翩少年真是太多了,但大多都不成器,都是些金玉其外、败絮其中之辈。康熙相信自己的眼力,他觉得眼前这位皇孙,一定是一个难得的可造之材。康熙随意地问道:孩子喜欢什么? 雍亲王应声回答:读书。

康熙喜出望外,又十分吃惊,真是惊喜交集。一生爱书如命、博览群书的老皇帝康熙,当年夜以继日地读书,竟然累得吐血,想不到上天垂顾,又赐给一个爱好读书的好皇孙。康熙皇帝仔细询问了弘历的学习情况,吩咐将这位皇孙留在身边,带回宫中养育抚视,精心培养。

聪明一世的康熙皇帝,一生都被太子的事所困扰。他对太子寄予太多太高的厚望,可太子太令人绝望,也太让老皇帝寒心。他觉得自己一生堂堂正正、清清白白,是一个爱民如子的好皇帝,可为什么,只想寻找一个人品、学识兼优的皇子来继承皇帝位,将这偌大的江山社稷交付与他,怎么就这么难!

康熙皇帝知道弘历读了许多书后就随意地问弘历:儒经中,最喜欢哪一部?弘历回答:《论语》。康熙问道:为什么?弘历回答:因为,《论语》讲的话好懂,通篇都是至理名言,是讲做人的道理。比如,温故而知新,学而时习之,三人行必有我师,说得多好啊!

康熙微笑道:怎样做人呢?比如,什么是君子?什么是小人?弘历脱口而出:孔子说到君子、小人,真是太多了,也很精辟和独特!我最喜欢的是——君子求诸已,小人求诸人。就是指立身,要自强不息;君子坦荡荡,小人长戚戚。这是指做人的心态,要光明磊落;君子成人之美,不成人之恶,小人反是!这是指如何待人,要有向善之心;君子怀德,小人怀土;君子怀刑,小人怀惠;君子喻于义,小人喻于利。这是指做人的行事原则,要德怀世界,义薄云天。弘历说着,谦逊而羞涩地看着康熙:孙儿说的,不知道对不对?康熙心潮澎湃,但他仍旧笑眯眯地问:喜欢读什么文赋?听这一问,少年弘历又来了精神,笑吟吟地回答:宋玉的《风赋》,陆机的《文赋》,江淹的《别赋》、《恨赋》,韩愈的《师说》,范仲淹的《岳阳楼记》和周敦颐的《爱莲说》,都喜欢。

康熙皇帝心中窃喜,但他仍然不动声色:《爱莲说》文句甚美,不知道能记得多少?弘历脱口而出:水陆草木之花,可爱者甚蕃。晋陶渊明独爱菊,自李唐来,世人甚爱牡丹;予独爱莲之出淤泥而不染,濯清涟而不妖,中通外直,不蔓不枝,香远益清,亭亭净植,可远观而不可亵玩焉!予谓菊,花之隐逸者也;牡丹,花之富贵者也;莲,花之君子者也。噫!菊之爱,陶之后鲜有闻。莲之爱,同予者何人?牡丹之爱,宜乎众矣!弘历朗朗上口,老皇帝泪光闪烁,默然颔首。康熙皇帝笑吟吟地看着他,心中感叹:好一个英俊少年啊!史官记下这段史事时,只写下四个字:奖悦弥至。

弘历的骑射工夫,是跟皇室中的佼佼者庄亲王允禄、贝勒允禧等人学习的。允禄是清太宗皇太极的第五子硕塞的儿子,他文才出众,武艺过人,还精通数学、音律和天文地理。他的骑射工夫在宗室子弟中是出类拔萃的,尤其是火器的使用,十分娴熟。允禧是康熙皇帝的第二十一个儿子,他能书善画,诗词俱佳,特别是一身百步穿杨的骑射本领,无人能及。弘历在他们的调教下,日新月异,百步穿杨,强弓射兔,几乎是百发百中。翩翩少年英姿飒爽,康熙皇帝看在眼里,喜在心头!

　　这年秋天,康熙皇帝前往热河行宫避暑山庄。弘历一同前往,住在南山坡上掩映在一片松林之中的雅室万壑松风——这里背山临湖,林木葱茏,阵阵山风之中时不时地夹杂着鹿鸣虎啸,景致十分秀美,正是雅士高人梦寐以求的读书好去处。这一天,弘历正在万壑松风读书,读的是《孔子家语》,读得津津有味。弘历发现,这孔子的三千学生、七十二弟子之中,似乎除了颜回一人之外,个个一有机会就给先生提一些难以回答的问题,常常故意刁难先生,甚至有时咄咄逼人,让老师难堪。难怪孔子多次称赞颜回——伟哉,回也! 原来是老先生很有感慨,也有些无奈啊!

　　弘历正入神地看着书,想着,突然,山下的湖面上,传来了祖父康熙皇帝洪亮的声音。原来,康熙正乘船游湖,御船停泊在晴碧亭。一身便服的皇帝,坐在一片明黄的御船上,正远远地向弘历招手。弘历立即放下书本,答应着,兴高采烈地叫喊着,一路狂奔地跑出书房,冲下山坡,从布满藤萝的悬崖峭壁上飞奔而下,扑向康熙皇帝所在的御船。老皇帝看着弘历在山巅间狂奔,吓得心惊肉跳,连忙站起身摇着手大声喊道:别跑,别跑啊,免得摔倒! 快别跑! (史官们写成:忽疾行,恐致蹉跌! 可笑。)侍卫们也吓出了一身冷汗,关切地叫喊着,迎了上去,让弘历别跑。

　　康熙皇帝张着双臂,看着跑到跟前、气喘吁吁、一头是汗的小弘历,不禁老泪纵横,他笑吟吟地张臂拥抱着孙儿,一脸亲切、爱怜和慈祥的神色,他的眼中,满是泪花。康熙皇帝感慨万千,决定临幸邻近御园避暑山庄的狮子园——这是康熙皇帝赐赏给雍亲王的一处精巧别致的园林,康熙皇帝吩咐在这里,特地召见了弘历的生母钮祜禄氏。钮祜禄氏诚惶诚恐,生怕儿子有什么地方做得不得体,让老皇帝不高兴。康熙皇帝走到她的跟前,只高兴地对她说了一句:你是有福之人啊! 然后,赐赏了大量的绸缎丝帛。

　　秋风萧瑟,秋猎的日子又到了。康熙皇帝喜欢围猎,他带着浩大的侍卫亲军前往木兰行围。弘历也一同前往,陪伴在老皇帝左右。围猎之中,康熙皇帝一箭射中了一只成年的大公熊。大公熊挣扎着,睁着一双血红的眼睛,仍然在狂奔,扑向少年弘历。情急之中的康熙皇帝惊出一身冷汗,慌忙大喊:弘历快射!

　　弘历一闪身,刚刚跨上马。受伤的狂怒大公熊,这时已经扑了上来——它发疯似地吼叫着,站立了起来,猛地扑向弘历! 老皇帝眼疾手快,一个箭步冲上前来,挡在弘历的身前,快速地补上一枪,将大公熊击毙。众侍卫们也同时扑了上来,击杀了大公熊。骑在马上的弘历,灵活地控制着骏马,张弓搭箭,神态自若,看上去极其英姿飒爽,风流潇洒。爱孙心切的老皇帝惊魂甫定,看着弘历这番神态,真是惊喜交集,喜出望外。回到御帐以后,康熙皇帝将这惊险的一幕,告诉给随侍行围的温蕙贵妃,贵妃也吓出了一身冷汗。最后,老皇帝高兴地感叹说道:这儿,命贵重,福分将超过我啊!

这年的十一月初,康熙皇帝病危。临终前,对倚重的侍臣们口授遗诏:雍亲王最贤,我死后,立为嗣皇帝;雍亲王第四子弘历,有英俊之气,可封为太子! 这年十一月十三日,康熙皇帝去世,终年68岁。雍亲王奉遗诏即皇帝位,为雍正皇帝。次年,为雍正元年。弘历被册封为皇子,时年12岁。雍正元年八月,45岁的雍正皇帝创立储君密储法,毫不犹豫地立弘历为嗣皇帝,秘密地写上弘历的名字,一份收藏在身边,一份收藏在乾清宫正殿正中最高处、由清世祖顺治皇帝亲笔御书的"正大光明"大匾之后。

8年后,弘历20岁。他在父皇的授意下,将14岁以来自己所写的诗文精心挑选,汇成一辑,以自己的书斋名"乐善堂"取名为《乐善堂文钞》——后来传世的《乐善堂全集定本》三十卷,是清乾隆二十三年户部尚书蒋溥奉旨重新编纂的,此本收存于《四库全书》集部之中。这部《乐善堂文钞》,实际上是在雍正皇帝的默许下,为他这位皇位继承人作舆论准备的——精明过人的弘历特地请了当世14位有影响力的人物为他这部书作序,这些人物包括:庄亲王允禄,果亲王允礼,贝勒允禧,平郡王福彭,师傅蔡世远、朱轼,大学士鄂尔泰、张廷玉以及在继承皇位上惟一能与自己抗衡的弟弟弘昼等人。

七、孝贤皇后的爱情(上)

乾隆皇帝 先后有过两位皇后,第一位是富察氏,第二位是乌喇拉那氏。两位皇后,两种命运:乾隆皇帝对第一位皇后的真挚爱情,令人感动;他对第二位皇后的冷落,令人感慨莫名。

乾隆皇帝弘历的元配夫人是富察氏,她出身于名门世家。富察氏出身于满清著名的勋贵大家族,这个家族的祖先,从清太祖时期起,就追随太祖起事,一生驰骋疆场,南征北战,为大清王朝的建立,立下了汗马功劳。此后数代,这个从龙起事的大家族,都受到历代皇帝赐给的封爵和荣宠,其家族中的主要成员,先后在宫中担任高级侍卫武官,并出任朝廷要职。

富察氏的曾祖父旺吉努,曾追随清太祖努尔哈赤起兵,努尔哈赤视他为从龙之士,留在身边。皇后的曾祖父哈什屯,是富察什家族中担任皇帝亲军侍卫的第一人,他由前锋校升至内大臣、议政大臣,统领侍卫亲军,后荣加太子太保。哈什屯的长子米思翰,是康熙皇帝最亲信的大臣之一,历任内务府总管、礼部侍郎、户部尚书兼职议政大臣。他有四个儿子:长子马斯喀,次子马齐,三子马武,四子李荣保。

马斯喀,是康熙时期最著名的侍卫将军之一:他从上三旗侍卫佐领历武备院卿、副都统、内务府总管大臣、领侍卫内大臣,成为康熙朝最年富力强的侍卫首领。马武是富察氏家族中,担任御前侍卫最久的一位,他也是最受康熙、雍正两位皇帝信任的大臣。他先后历官副都统、都统、领侍卫内大臣,统领侍卫亲军,在内廷侍卫之职上,任职长达五十余年。

李荣保为人稳重,历官佐领、参领、察哈尔总管。因受康熙末年太子废立一事的打击,李荣保不幸英年早逝——其兄马武参与拥立皇八子之谋,他也被牵连下狱,被削夺一切官职,不久便离开人世。因他的女儿被立为皇后,他后被追封为一等公;他的女儿就是乾隆皇帝的第一任皇后富察氏,也就是清代著名的孝贤皇后。乾隆时期被称为中朝第一人的掌握兵权的人物傅恒,是孝贤皇后的弟弟。

清雍正五年(1727年)七月,富察氏被册为皇四子弘历的嫡福晋,时年16岁。乾隆皇帝即位以后,于乾隆二年(1737年)十二月初四日,弘历身穿礼服,亲御太和殿,册立富察氏为皇后。与此同时,乾隆皇帝恩及王公贵戚:皇室从王公以下,至奉恩将军、闲散宗室,民之公、侯、伯以下至二品以上之命妇,都加恩赏赐;八旗满洲、蒙古汉军40岁以上从小系为夫妇者,也一体给与恩典,除十恶、谋杀等不赦之犯以外的犯法妇女,一律赦免。

富察氏天性仁孝,为人很温和,日常生活方面非常朴素,衣着、饮食都很节俭,平常很少涂脂抹粉,也从不穿金戴银、佩饰珠翠。她的衣着很整洁,偶尔以通草绒花为饰。她心灵手巧,每年都要按关外的传统,亲手用鹿羔细皮绒缝制荷包,送给皇帝,以此表示永不忘本。

富察氏是一位典雅的女人,具备了贤后的美德,她与乾隆皇帝的感情很好,伉俪情深。大学士阿桂讲了这样一件亲历之事,足见富察氏与乾隆皇帝的笃爱之情:乾隆皇帝壮年的时候,身上有毒,长了一个痈,十分难受。御医细心诊治,快好了时,特别叮嘱:要休养一百日,元气才可恢复。皇后知道以后,二话不说,立即搬到皇帝寝宫外居住,每天朝夕亲自奉侍,不离皇帝左右半步。直到一百天,皇后这才搬回自己的寝宫。

皇后是后宫的主人,负责统摄六宫之事——对上要孝敬、伺奉皇太后,朝夕承欢太后膝下,让太后满意;日常要侍奉皇帝,过问皇帝的饮食起居;对下要抚视诸后宫嫔妃,照料诸位皇子的生活和学习,处理后宫一应事务。富察氏细心周到,为人谦逊,后宫上下左右,从皇太后到诸宫嫔妃到宫女太监,无一不心服口服,赢得一片赞扬之声。

富察氏皇后令人敬佩的,就是两个字:孝和贤。乾隆皇帝很感念皇后,很疼爱她,视她为他生命的一部分,称她为贤内助。乾隆皇帝曾对侍臣们由衷地说:我之所以能够很专心地处理国家事务,有很多空闲的时间从事文化活动,全得力于皇后啊! (朕得以专心国事,有余暇以从容册府者,皇后之助也!)

八、孝贤皇后的爱情(中)

富察氏与乾隆皇帝缠绵恩爱,天遂人愿,先后生下了二男二女。可惜的是,她的两个可爱的儿子竟先后天折:长子(乾隆皇帝的第二个儿子)永琏,乾隆皇帝疼爱有加,将他内定为皇位继承人。清乾隆三年去世,时年 9 岁;次子(乾隆皇帝的第七个儿子)永琮,长得聪慧可爱,极像幼年的弘历,乾隆皇帝也已经将他内定为储君。遗憾的是,乾隆十二年除夕,孩子竟然因出痘而去世! 这一年,富察氏皇后 36 岁。皇后所生二女:皇长女,早觞;皇第三女固伦和敬公主——下嫁额驸科尔沁和硕亲王色布腾巴勒珠尔。

乾隆十三年二月初四日,经历了失子之痛的乾隆皇帝下旨东巡,他想以游乐来分散皇后的注意力,以使她从悲痛中解脱出来。皇后满含着伤痛,强装笑颜,领情地随皇帝圣驾东巡。一路上,皇后细心地照料着同样悲伤的乾隆皇帝。

二月下旬,皇帝的车驾抵达曲阜,乾隆皇帝携皇后祭祀孔庙,拜谒少昊陵,致祭周公庙,登临泰山顶,临幸繁华的济南府。不幸的是,皇后在这番奔波中,微感风寒,生病了。乾隆皇帝体贴皇后,休息了几天,皇后还是有些不适,但她表示,她已经康复了。他们一同观赏奇特的趵突泉,举行阅兵大典。乾隆皇帝还兴致勃勃地张弓射箭,连射中的。他们到舜庙行礼,又到千佛山拈香,然后泛舟大明湖,过下亭,至北极庙行香,最后又重新游历了趵突泉。经过了一段时间的诊治和调养,皇后的风寒之症得到了控制,并且一天天好转。

三月初八日,乾隆皇帝一行从济南回銮。三月十一日,皇帝的车驾行至德洲登舟,皇后突然病情加重。乾隆皇帝忧心如焚,一时有点手足无措,他亲自跑到太后的御舟告知皇后病危的消息,太后立即前往皇后寓所看望。太后久久凝视病中的富察氏,眼泪哗哗地往下淌:多好的一位皇后啊,上苍怎么忍心将她收走?

皇太后泪如雨下,悲恸不已。史官记载当时的情景时,写下这样一行字:皇太后临视,悲恸良久。三月十一日子夜时分,皇后富察氏与世长辞,终年 37 岁。

九、孝贤皇后的爱情(下)

乾隆皇帝伤心欲绝,泪如泉涌。一整夜,他都坐在皇后的椟前,不忍离去。第二天,乾隆皇帝降谕天下:"皇后同朕奉皇太后东巡,诸礼已毕,忽在济南微感寒疾,将息数天,已觉渐愈;诚恐久驻劳众,重厪圣母之念,劝朕回銮。朕亦以肤疴已痊,途次亦可将息,因命车驾还京,今至德洲水程,忽遭变故。言念大行皇后乃皇考恩命作配朕躬,22 年以来,诚敬皇考,孝奉圣母,事朕尽礼,待下极仁,此亦宫中、府中所尽知也!"

经历了两次丧子之痛的乾隆皇帝,再经历丧失爱妻之痛,他的内心伤悲,无以言表。悲痛的乾隆皇帝,用隆重的丧礼来寄托自己无尽的哀思。他吩咐,以最高的规格、最隆重的方式来操办这次皇后的丧礼。大行皇后富察氏的梓宫,一路顺利地回到北京,送进紫禁城内皇后一直居住的长春宫。

长春宫,明代天启皇帝以前称为永宁宫。明天启皇帝在位时,因为宠爱李成妃,特地下旨修葺此宫,并改名为长春宫,赐赏李成妃居住。当时,天启皇帝与乳母客氏关系暧昧,客氏恃宠而骄,横行宫中,使尽种种手段,让张皇后失宠,并残酷地饿死了即将临产的张裕妃,还残忍地将范慧妃打入冷宫。最后,客氏打算狠毒地收拾居住在长春宫的李成妃:她以皇帝的名义下旨,断绝李成妃的所有饮食。聪明的李成妃早有准备,预先在墙角、屋壁间,储存了一些粮食。过了好些时日,李成妃没有被饿死,客氏觉得十分奇怪,疑惑不解。于是,宫内人都觉得,这长春宫一定是一座福宫,这里有天神保佑。

最后,相信长春宫为福宫的客氏,只得拿出杀手锏:又以皇帝圣旨的名义,废李成妃为宫女,将她赶出长春宫。李成妃离开长春宫的那一天,正是一个寒冷的风雪天,她的面色苍白,众宫人默默为她流泪,为她伤怀。乾隆皇帝很清楚这段往事,他知道这风景雅致的长春宫是一座福宫,也知道当时流传宫中的一首宫词:

众中自恃独承恩,锦帐宵分夜语频。

回首繁华成往事,萧萧雪霰别长春。

乾隆皇帝宠爱富察氏,特地将长春宫赐赏给她居住。乾隆皇帝在长春宫的前殿,亲自御书大匾:敬修内则。大匾悬挂于大殿正中。每年年节的时候,长春宫的西壁上,悬挂着《太姒诲子》的宫训图——这是指西周开国之君周武王的母亲太姒教诲儿子的故事;乾隆皇帝亲自撰写《太姒诲子赞》,让大臣梁诗正墨笔抄写,悬挂在东壁之上。

大行皇后的梓宫停放在长春宫以后,乾隆皇帝亲自临视,吩咐让皇子祭酒,王以下文武百官服丧服齐集灵堂,举行哀礼。乾隆皇帝口授圣旨:皇帝服持素绸,九天内不理政事;嫔妃以下,皇子、皇子福晋,均服白布,截发辫,剪发致哀。允准总理丧仪王大臣所请:诸王以下、文武百官,俱斋宿二十七天,缟素二十七天,一百日后才许剃头;公主、福晋以下,至乡君、奉恩将军,民公、侯、伯、一品夫人以下,至侍郎、男夫人,皇后娘家一应男妇,俱服成服,齐麻举哀;外藩额驸、王、公、台吉、公主、福晋、郡主以及朝鲜诸国使臣于服内来京者,也是服成服,每天三次奠献;外省文武官员,从奉圣旨时起,应摘去冠缨,齐集公所,哭临三天。

深为哀恸的乾隆皇帝,亲自撰写《挽诗》祭奠自己的爱妻:

恩情廿二载,内治十三年。
忽作春风梦,偏于旅岸边。
圣慈深忆孝,宫壸尽钦贤。
忍诵关雎什,朱琴已断弦。

夏日冬之夜,归于纵有期。
半生成永诀,一见定何时?
帷服惊空设,兰帏此尚垂。
回思相对坐,忍泪惜娇儿。

愁喜惟予共,寒暄无刻忘。
绝纶轶巾帼,遗泽感嫔嫱。
一女悲何恃,双男痛早亡。
不堪重忆旧,掷笔黯神伤!

总理丧仪王大臣进奏乾隆皇帝,如何议谥?乾隆皇帝记起了在乾隆初年时,贵妃高佳氏去世,乾隆皇帝赐给高佳氏谥号慧贤皇妃。当时,富察氏也在场,她郑重地对乾隆皇帝说:我以后去世了,赐谥孝贤可以吗?乾隆皇帝没有说话,以为是悲伤的富察氏随便说说而已,而且这么年轻,怎么会死呢?想不到,在她三十七岁的时候,真的撒手西去!乾隆皇帝遂下旨,赐谥:孝贤皇后。皇帝的圣旨下发礼部,敕谕天下:思惟孝贤二字之嘉名,实该皇后一生之淑德,应谥为孝贤皇后。

乾隆皇帝特地下旨,长春宫要长期保存孝贤皇后平日所用的器具、妆奁和衣物,她作为皇后所特有的东珠、礼冠、朝珠、朝服,也要长期存放在这里,留待嗣皇帝即位以后,由新皇后服用。据记载,此后的数年间,每逢年节之时,长春宫总要悬挂孝贤皇后的画像。一时间,恩爱缱绻的乾隆皇帝,还没有从皇后爱情的温情中清醒过来,他一直还不敢相信,皇后真的已经离他而去。夜深人静,多情的乾隆皇帝,无以排遣自己对皇后的相思,铺好宣纸,挥毫写下了感人至深的思念皇后的《述悲赋》。

大行皇后的梓宫迁到观德殿后,乾隆皇帝来到白纱缥缈的大殿,目睹灵堂的一切,伤怀不已。他睹物思人,情不自禁。近侍备好文房四宝,乾隆皇帝挥毫疾书,又写成一首长诗以寄托哀思:

凤韡逍遥即嫔宫,感时忆旧痛何穷。

一天日色含愁白,三月山花作恶红。

温清慈闱谁我代?寂寥椒寝梦魂通。

因参生死俱归幻,毕竟恩情总是空。

廿载同心成逝水,两眶血泪洒东风。

早知失子兼亡母,何必当初盼梦熊?

乾隆皇帝对于爱妻的思念情真意切,对亡妻的哀思可谓缠绵深沉。然而,风流皇帝在皇后之外的多情,也是不可否认的事实。因此,皇后之死因,又有了一种新的说法:乾隆皇帝风流好色,导致了这场本该可以避免的悲剧。

皇后富察氏生长于名门之族,从小娇生惯养,身体一直不是很强壮,体质较为虚弱。她被龙凤喜轿迎入皇宫、入主皇后宝座以后,仆从成群,她的身体越发虚弱不堪。皇后这样的身体状况,经不住任何的挫折,更不用说是风霜雨雪地打击了。对于一个女人来说,最大的挫折、最痛彻心扉的打击,莫过于感情的背叛。

乾隆皇帝又是一个多情种子,天性喜爱拈花惹草。名义上,皇帝是带着丧子之痛的皇后奉皇太后东行,而实际上,皇帝却一路上无所顾忌地风流好色。身为皇后的富察氏,自然伤心欲绝,有苦无处哭诉,有怒不敢发,只能强忍着口苦水,自己折磨自己。这样,对于身体虚弱的富察氏来说,是极其残酷的,结果,只能是走向死亡。

官方史家不敢直书皇帝风流,只简单地写下:皇后崩于德州。正值盛年的孝贤皇后之死,的确是一件值得怀疑的事,好在有一些史料笔记可资参考。孝贤皇后此前一直没有什么疾病,只是身体有些虚弱而已,偶遇风寒,突然得病虽有可能,但不会一下子导致死亡。据朝臣们在私下里传,此事是风流皇帝乾隆,与皇后的弟弟、朝中一品大臣、被乾隆皇帝称为中朝第一人的傅恒之妻的私情有关。

傅恒是在乾隆五年、以贵戚的身份进入皇宫入充侍卫亲军的。因为身份特殊,一入宫,他就被授予蓝翎侍卫,很快升迁为头等侍卫。出身于侍卫世家、又是皇后的亲弟弟的傅恒,自然受到乾隆皇帝的格外信任、器重和欣赏。仅仅在内廷任侍卫两年,便扶摇直上,历任总管内务府大臣兼管圆明园事务、户部侍郎、军机大臣,此时,傅恒年仅24岁。随后,傅恒命在军机处行走,继而迁任户部尚书。就在这个时候,孝贤皇后在德州去世。

傅恒的妻子非常美丽,乾隆皇帝垂涎已非一日。很快,天下至尊的风流皇帝乾隆,与傅恒的妻子一同堕入爱河。对于皇后来说,皇帝与自己的亲弟弟之妻,关系暧昧,发生私情,这种违背伦理、大违伦常之事,皇后无论如何都不能相信、不能接受,也不敢相信,无法接受。

皇后为此多次劝导、进谏和告诫皇上,都无济于事。皇后跟皇上争吵,一次又一次夫妻反目。乾隆皇帝念及与皇后的恩情,一直隐忍着,也曾一时下定决心,毅然断绝了与傅恒妻子的瓜葛。然而,这次东巡,风云突变,一切发生得那么突然,让所有的人都感到意外和措手不及。回銮途中,乾隆皇帝与爱妻孝贤皇后同宿在御舟之中。不甘寂寞的乾隆皇帝,面对美好的夜色,又一次心猿意马,想起了与傅恒美丽妻子的缠绵之情,说起她来,那份欣赏,那份思念,那份牵挂,竟形之于颜色。皇后脸色苍白,一时花容失色,瞪着一双惊恐的眼睛,看着皇上,委婉地说了几句责备皇帝的话。

想不到的是,神思恍惚的乾隆皇帝,立时勃然大怒,失去了理智——竟然命令皇后从御船上跳下去!皇后气恨攻心,血液沸腾,一时间气血上涌,竟然真的冲上船头,一头栽进了波涛汹涌的滚滚江水之中。当时,正值深夜。护从圣驾的侍卫们,得讯以后,心惊肉跳,一时之间,乱成一团。他们慌忙跳入水中,救起皇后。然而,一切已经太迟了,皇后因为溺水而死。孝贤皇后去世以后,乾隆皇帝多次南巡,每次总是绕道而过,不入济南城,怕的是触景生情,引起无限伤感。乾隆三十年,乾隆皇帝第四次南巡,终于按捺不住自己对于亡故皇后的思念,写下了这样一首《南巡过济南韵诗》,以寄托自己的哀思:

济南四度不入城,

恐防一入百悲生。

春三月昔兮偏剧，

十七年过恨未平。

十、皇后削发风波（上）

处处效法圣祖康熙的乾隆皇帝弘历，在后妃方面也不甘落后。清代的后妃制度，是在前朝后宫制度的基础上有所损益而确定下来的。到康熙时期，基本上形成了定局，确立了后妃八级制度：皇后一人，皇贵妃一人，贵妃二人，妃四人，嫔六人，贵人、常在、答应无定数。当然，这不过是制度上的规定。具体到每一个朝代，因皇帝的个人情况不同而各有差异，后妃的多少，完全取决于皇帝自己。

乾隆皇帝执政64年，活了89岁。在中国历史上，皇帝正式册封后妃的数量，他仅次于康熙皇帝。但实际上，从真实的生活状况上看，拥有女人数量最多的，应该是这位风流倜傥的乾隆皇帝。

乾隆皇帝60多年的执政生涯中，先后册封了40多位后妃，其中包括两位皇后。富察氏去世以后，38岁的乾隆皇帝一时无心再立一位皇后。然而，皇后之位不能久虚，后宫不能长期无主。这样，皇太后就出面干预了。

选谁为皇后？皇太后有合适的人选：娴贵妃乌喇那拉氏。孝贤皇后去世近四个月后的乾隆十三年（1748年）七月一日，乾隆皇帝册立娴贵妃那拉氏为仅次于皇后一级的皇贵妃，并答应在孝贤皇后丧期27个月以后、皇帝40岁寿庆之前将皇贵妃那拉氏册封为皇后。乌喇那拉氏是满洲正黄旗人，她的父亲是佐领那尔布。她早年在弘历是皇子时，服侍于潜邸，因为美丽可人，封为侧福晋。乾隆二年，进封娴妃；乾隆七年，晋封贵妃。

乾隆十五年（1750年），乾隆皇帝40岁，皇贵妃那拉氏被册立为皇后。乾隆皇帝对于第二任皇后那拉氏虽然没有像第一任皇后那样充满感情，但还算是基本满意，仍怜爱有加。乾隆十五年（1750年）以后，乾隆皇帝拜谒祖陵、西巡嵩洛、登五台山进香、四下江南、曲阜祭孔等等活动，那拉氏皇后都一直陪伴在乾隆皇帝的身边，并受到乾隆皇帝的礼遇和宠爱。那拉氏皇后先后生下了两个儿子和一个女儿：皇第十二子，皇十三子，皇五女。

乾隆三十年（1765年）正月，乾隆皇帝携带温婉可人的那拉氏皇后第四次南巡。这对天下第一夫妇，关系融洽，相互关心，相互体贴。侍从们看在眼里，喜在心头——他们都松了一口气，因为，皇帝心情好，他们才会比较轻松，才可以稍稍地放松一下,看看沿途的美丽风景。

在南巡的路上,细心的乾隆皇帝,特地为那拉氏皇后过了一个而隆重热烈的生日——皇后 48 岁千秋节,宫府上下,一片欢腾,个个喜气洋洋,人人笑逐颜开。生日中的皇后那拉氏一身漂亮的皇后新衣,美丽动人,在江南的一片迷人春色中,更加显得光彩夺目,鲜亮无比。兴高采烈的那拉氏皇后,每天率众妃嫔侍候着皇太后,陪伴着皇帝,游山玩水,打猎骑射,品尝无数的美酒佳肴,尽兴地观景游玩。史官目睹了当时的喜庆情形,写下了四个字来形容:备极欢洽。

然而,谁也没有料到,一场急风暴雨式的皇家风波即将发生,而且会波及整个朝廷,震撼朝野。这场风波来得太突然了,人人都始料未及,有点不知所措。二月中旬,皇帝的车驾,顺利地抵达被乾隆皇帝多次吟咏和赞赏的称为人间天堂的 杭州。二月十八日,乾隆皇帝心情愉快,很高兴地赐赏了那拉氏皇后许多御膳佳肴。可是,变故发生了,那拉氏皇后第一次公开与皇帝发生争执,并在晚膳时没有露面。

第二天,早膳的时候,那拉氏皇后还是没有踪影。侍从们惊慌失措,大臣们也乱作一团。堂堂国母之尊的皇后怎么会失踪? 大家都问:皇后去了哪里? 紧接着的消息,令侍臣和大臣们万分震惊:皇后已经愤而削去头发,宣布要出家为尼! 一时之间,皇后的削发风波闹腾得沸沸扬扬,满城风雨。

乾隆皇帝十分震惊和愤怒,堂堂国母之尊的皇后,怎么能如此率性,说剪发就剪发? 说出家就出家? 她眼中还有没有我这皇帝? 还有没有皇太后? 还有没有这江山社稷、国家大法? 乾隆皇帝压下自己心中的怒火,悄悄吩咐侍臣,令额驸福隆安率领一队侍从,立即护送皇后回京。那拉氏皇后回宫以后,一直闷闷不乐,虽然像是被软禁了,但一切待遇照旧。不过,皇后心里明白,她的不幸命运是已经注定了的,现在只是个时间问题。

十一、皇后削发风波（中）

乾隆皇帝南巡回京,那拉氏皇后的不幸便接踵而至:乾隆皇帝下旨,收回皇后的四份纸券册宝——皇后一份,皇贵妃一份,娴贵妃一份,娴妃一份。也就是说,乾隆皇帝不仅收回了皇后的荣宠,就连以往的宠爱、感情和恩遇,也统统一笔勾销。皇后虽然没有被正式削去皇后的封号,但实际上,此时她已经什么都不是，她没有任何身份凭证。

　　紧接着，那拉氏皇后宫里的侍女，慢慢被大量裁撤了。到这年的七月，仅仅几个月的时间，皇后宫中，只剩下两个侍女服侍那拉氏皇后。幽囚在冷宫之中的皇后那拉氏，终日郁郁寡欢，闷闷不乐。侍女发现，有好几个月的时间都没有人听到皇后说一句话。一年后，忧愤成疾的皇后那拉氏，终于一病不起。这是乾隆三十一年（1766年）七月，乾隆皇帝照例带着他的宠妃和大队人马前往木兰狩猎，那拉氏已经没有资格奉旨侍驾。十四日，早已心死的皇后那拉氏，含恨离开了人世，终年四十九岁。

　　正在行宫围猎的乾隆皇帝，得到皇后那拉氏去世的噩耗，如轻风拂耳似的毫不在意！他像什么事也没有发生一样，照常骑射玩乐！乾隆皇帝派皇后那拉氏的儿子皇十二子回京奔丧，负责料理其母亲的丧事。第二天，乾隆皇帝依然带着他的宠妃和文武大臣和大队侍从，游山玩水，骑射打猎。不仅如此，乾隆皇帝还特地颁发一道谕旨，指斥皇后那拉氏不能恪尽孝道，举止迹类疯迷，着所有丧仪按照皇贵妃的级别办理：

　　皇十二子奉旨回京，办理其生身母亲的丧事，虽然乾隆皇帝吩咐让按照皇贵妃例办理，但那些精于人情世故的办事人员，谁都心里明白，在这个时候，表现得太好了，皇帝肯定不会高兴。所以，皇后那拉氏的丧礼，实际上连贵妃一级的规模都远不如，而是像民间普通人家的普通丧事一样，办得冷冷清清，规格极低。

　　按照清宫的规定：皇后、皇贵妃都是金质棺椁，所有皇帝妃子园寝，都是一人一座地宫，每座地宫各自为券；妃以上设神牌，园寝大殿内设供，妃以下的嫔妃虽然不设神牌，但在祭日的时候，照例都要由陵寝官员举行祭奠仪式，摆设各种各样的供品，焚香行礼。

　　皇后那拉氏却没有这些待遇，连嫔妃中最低一级的待遇都没有：她没有自己的地宫和宝顶，没有金棺，没有神牌，没有供设，没有祭品，没有祭奠仪式，没有焚香行礼，只是将简陋的棺材，生硬地塞进了纯惠皇贵妃的地宫之中，就算完事。从此以后，再也无人过问，似乎在这堂堂的皇家园寝之中，没有这位皇后；也似乎在清室的历史上，那拉氏皇后从来就没有出现过。

　　可怜一代皇后，只因一时性起，且不管其性起的理由多么充足，因为结果是得罪了皇帝，故不幸得到了如此凄惨的结局，连死后也得不到尊重，还得寄人篱下，不得安宁。

十二、皇后削发风波（下）

　　面对乾隆皇帝如此冷酷无情、薄情寡恩，面对皇后那拉氏遭受的如此不公正的待遇，朝中一些正直的大臣，以不同的方式提出了质疑，表达了自己的关切、担忧和不平。御史李玉鸣上奏乾隆皇帝，很婉转地提出质询：皇后的丧事仪式中，是不是有什么遗漏？十分敏感的乾隆皇帝感到气愤，当即下旨：将李玉鸣革职，立即锁拿，发往伊犁充当苦差，效力赎罪。

　　皇后那拉氏的不幸遭遇，在京师之中，反响极大，连年迈的老太太，也愤然站在皇后这一边。宗室觉罗、刑部侍郎阿永阿，一生为人正直，他从微末之官的笔帖式做起，以才具和名望，一直做到刑部少司寇。那拉氏皇后一事，令这位刑部大老寝食难安，想上书力谏，为皇后鸣不平，却又顾虑年迈的老母亲。年迈老母亲看出了儿子的苦恼，问清了事情的来龙去脉，毅然地站出来，支持儿子上书，为可怜的皇后说句公道话。

　　阿永阿的老母亲喟然长叹地说：你是皇亲，想进谏为皇后说话，又顾及老母是吧？不要顾虑我，你尽忠伸志去吧！忠孝不能两全时，你就先尽忠！（汝为天家贵胄，今欲进谏，及以亲老之故以违汝忠。尽之志耶，可舍我以申伸其志也！）阿永阿知道此次上书，凶多吉少。他特地备了一桌丰盛的酒席，告别老母。然后，他听从母命，义无反顾地愤然上疏，为皇后鸣不平。

　　乾隆皇帝看到阿永阿的上疏，勃然大怒，恨恨地说：阿某是宗戚大臣，也学汉人的恶习，为的是博取自己的好名声！做得好啊！（阿某宗戚近臣，及敢蹈汉人恶习，以博一己之名耶！）乾隆皇帝立即召集九卿大臣廷议。

　　大学士陈文恭知道事情不好，立即出面和稀泥：皇上，这是无可奈何之事啊。忠臣直言，请皇上息怒。冢宰之臣都知道皇帝的心思，纷纷附和皇帝，指斥阿永阿：皇帝、皇后，是天下臣子的父母，父母失和，作为人子的臣子们，哪能从中挑拨是非！

　　户部侍郎钱汝诚知道阿永阿处境危险，他心中愤愤不平，想说句公道话，为阿永阿求情。他诚恳地说：阿永阿有老母在堂，仍不顾个人安危，上书皇帝，发表自己的看法，他这是尽忠；忠孝不能两全时，他选择尽忠，而不是尽孝；他对皇帝是一片赤诚，他不过是尽一个大臣的本份。乾隆皇帝怒火中烧，当堂呵斥钱汝诚：尽忠尽孝？你何不回家尽孝啊?!

　　乾隆皇帝当堂下旨，将钱汝诚斥革回家，不再叙用。乾隆皇帝口授圣旨，将阿永阿革职拿问,流放黑龙江充军戍边。阿永阿一家,一夜之间,便妻离子散,家破人亡。流放伊犁的李玉鸣和流放黑龙江的阿永阿,一直无人申救,最终惨死于荒漠苦寒的边疆。

十年后的乾隆四十一年(1776年)七月,山西高平人候选吏目严谱,投书大学士舒赫德,呈词条陈,在"请议皇后"一项中,将自己的耳闻目睹一一陈述,为皇后鸣不平。舒赫德不敢耽搁,立即将此书奏报皇帝。乾隆皇帝闻讯大怒,下旨以八百里快骑将严谱逮捕,严厉审讯。乾隆皇帝面谕舒赫德,务必将要犯捉拿解京,秘密审讯,将审讯的结果秘奏。乾隆皇帝还是放心不下,又秘密传谕舒赫德:不必解赴行在,恐致无识之徒妄加猜疑。两年后,即乾隆四十三年(1778年)九月,锦县生员金从善,不顾个人安危,毅然决然地在御道旁上书皇帝,条陈四事,也想替皇后说句公道话,并恳请皇上下罪己诏,选立新皇后。

尘封已久的往事,又一次闹腾得沸沸扬扬。乾隆皇帝怒不可遏,气得七窍生烟。他特地于乾隆四十三年(1778年)九月乙未日下道圣谕,解释皇后一事,说自己如何仁至义尽,皇后的选立是如何按照法定程序选定的,并不是因为私情和美色而选立皇后,所以也不会因为色衰爱弛另有新欢才导致冷落皇后。乾隆皇帝在谕旨中,还详细叙述了皇后是如何不可理喻,而皇帝又是如何宽容。最后,乾隆皇帝在谕旨中,指斥生员言事荒唐,语言狂悖,不可理喻。

皇帝定了调子,大学士、九卿大臣合议的结果,自然是以最严厉的惩罚来结束金从善的生命:凌迟处死。乾隆皇帝为了表示皇帝对于此事的宽大为怀,又下旨从轻处理,杀还是要杀,只是从极其残酷的凌迟处死,改为斩立决!

杀戒一开,朝野大臣再也无人敢出来说话,大家保持沉默。人们疑惑不解:一向心胸宽广的乾隆皇帝,为何在那拉氏皇后这件事上如此不依不饶、冷酷无情?一向爱民如子的风流皇帝,面对大臣的疑问和质询,又为何会如此地处罚严厉?一向坦坦荡荡的风雅皇帝,在处理有关这类案件上,为什么又是如此的躲躲藏藏、遮遮掩掩?那拉氏皇后在人间天堂的杭州,究竟面临了怎样的不堪、羞辱和痛苦?是什么能导致性情温婉的皇后,行为如此失常,举止迹似疯迷?又是什么能让一个刚刚兴高采烈地过完生日、对未来生活充满热情的皇后,如此绝望,如此心死,能做出剪发为尼的壮举?并从此不再说话,始终保持沉默?尽管乾隆皇帝守口如瓶,尽管朝廷大臣们对此讳莫如深,尽管官场人人自危,视此为禁区,不敢妄言妄议,但是,私下的传闻、传说,依旧是五花八门,不胫而走。

这些传闻之中,最可信的是乾隆皇帝的花心纵欢,导致了这场本可避免的悲剧:据说,乾隆皇帝在南巡途中,一路上在近侍佞臣的献媚、纵容下,随心所欲,沾花惹草。他们搜罗和享受各色美女，不论年龄，不论职业，甚至包括尼姑道婆，只要美艳可人，就照单全收，纵情享乐。那拉氏皇后对此事早有耳闻，但一直隐忍着。到了人间天堂的杭州，乾隆皇帝越发率性玩乐，无所顾忌。这一天，皇后贸然闯进了皇帝的寝宫，目睹了皇帝正与一群尼姑做花样年华的好事，皇后只差气得昏死过去。皇后心如刀割，跪在地上，苦苦进谏，苦苦哀求。一场甜美的好事，就这样搅黄了。乾隆皇帝勃然大怒，做出了超乎寻常之事。

这一传闻是真是假，谁也无法得到证实。但山西高平人严谱一案的证词，却可以从侧面证实这一传闻的可信。翻查《清代文字狱档》，在《严谱私拟奏折请立正宫案》中，有审讯时的具体记录。据严谱交代，他在山西本籍的时候，就听说了此事；他曾在都察院当过吏目，在京师时，也听说了此事。都说皇上在江南，要立一个妃子，皇后不依，就惹怒了皇上。

档案的记录，当然是真实的，何况是这样一件可能导致杀身之祸的案子，谁还敢随意编造，随便胡写？

严谱供述：

我曾在都察院当过吏目……自(乾隆)二十五年役满回籍后，(乾隆)三十一二年，在本籍，即闻皇上南巡路上，有皇后得了不是先行回京之事。及(乾隆)三十三年，我到京师，听见皇后已故，并未颁诏。又有御史将礼部参奏，当即发遣。我心里就想，这个御史，为人梗直。……我那时在山西本籍，即闻有此事。人家都说，皇上在江南，要立一个妃子，纳(那拉氏)皇后不依，因此挺触，将头发剪去。这个话，说的人很多。

十三、花心（上）

乾隆皇帝弘历是一位多情多才的风流天子，他的风流韵事数不胜数。乾隆皇帝的众多风流韵事之中，传闻最广、也是最花心的一桩，恐怕要算美女杏儿的故事。

杏儿是山东青州的一户普通农夫的女儿，但这位杏儿却不普通。她天生丽质，秀发乌黑，皮肤白嫩光滑，体有异香，其美丽自然天成。她 13 岁那年，勤劳的父亲不幸病故，从此，这位美丽的女儿就和母亲相依为命，在艰难的困境中挣扎，苦撑时日。当地姓黄的一位富户人家，是读书人出身，虽然家里膏田万顷，但为人善良，从不欺压百姓，而且乐善好施。黄某最遗憾的一件事是一直膝下无子，为此他很苦恼,为家业计,他正在考虑收养一位义子或义女。

这时,黄某听说了杏儿母女的不幸,他很同情她们的困境,决定收养杏儿为义女。

杏儿的母亲正在为生计发愁,听说此事以后,喜出望外。她知道黄老爷的为人,为女儿的将来考虑,就同意了黄某的请求。这样,杏儿就走进了黄氏大门,过上了衣食无忧的生活。很快,杏儿出落得花容月貌,成为远近闻名的美人。达官显贵、乡绅巨室,都纷纷前来提亲,想迎娶杏儿。

正在这个时候,乾隆皇帝第四次南巡,听说山东青州有一个绝世的美人,特地在回銮时,绕道山东青州。这是乾隆三十年(1765)三月,山东之地,柳絮堆烟,绿草如茵,到处一派欣欣向荣,大地充满勃勃生机。 乾隆皇帝的车驾抵达济宁府以后,他吩咐近侍护送皇太后和嫔妃女眷从水路回京。他自己留下贴身侍从、侍卫一千余人,停驻济宁府。地方大员们受宠若惊,纷纷行动起来,千方百计大献殷勤,想利用这千载难逢的好机会,给皇上留下深刻的印象。

济宁知府知道皇帝喜美食、好口味,特地请来最好的厨师,烹制最上口的美味佳肴。为皇帝接风的丰盛宴席,摆满山珍海味,美酒飘香。不知怎么回事,再好的酒菜,丝毫提不起皇帝的胃口。美艳的歌舞伎一一登台,皇帝还是没有兴致。济宁府的大小官员们,一时吓傻了,浑身哆嗦,不知道在什么地方让皇上不满意? 他们悄悄询问皇帝的近侍,这才得知,原来是皇帝一直在惦记着贵地那位传说中的美人杏儿!

济宁知府高悬着的心,一下子放了下来。原来是冲着杏儿来的,这好办。穿着华丽官服的大官们,在武官的护从下,坐着宝马香车,赶至黄氏家中,对黄某说明情况。猛地见到这么多高官、武士来到门前的黄某,开始时吓得心惊肉跳,等官员们一说,黄某的心才踏实下来。内人们早已得知事情原委,知道当今皇上要见杏儿,个个笑逐颜开,细心地为杏儿梳妆打扮开了。

杏儿在仆人们的簇拥下,来到了大堂,面见府堂的众大人。众官员一直只是听说,青州之地的杏儿,是如何美丽,如何花容月貌,但谁也没有真正见过;他们还对此传闻不屑一顾,曾笑着说,一个农夫的穷女儿,能美到哪里去哟? 不过是一群没见过世面的井底之蛙,在那里瞎鼓噪而已!

官员们借着微弱的灯光,在大堂上举目细看,这一看不打紧,一个个吓了一大跳。这是何等的美人啊! 哪里是人世间的人儿,分明是仙女下凡——那面如满月的容颜,那幽潭似的一双杏眼,那杏眼中一对黑漆漆的眼珠,那瀑布似的乌黑的长发,那如白雪一般的白皙肌肤,那如弱柳扶风般的窈窕的身材,那散发着兰花般清香的婀娜身姿……

杏儿睁着一双天真无邪的眼睛,看着大堂上的众人,不知道他们在这里干什么。也许,她习惯了人们这样惊愕的眼神和表情,她像没事一样,打量着众人,来到义父跟前,忽闪着她那双会说话的大眼睛,仿佛在问:这些人在干吗?

黄某不无紧张地小声说:杏儿,你真是好造化啊,皇上要见你。杏儿高兴地说:好啊,皇上是谁? 黄某一脸惊恐,小声说:皇上就是万岁爷啊! 济宁府的大官过来献媚:杏儿真是天女下凡啊,卑职小官特地来侍候娘娘,请跟我们到府堂,去见当今圣上万岁爷。

第二天,乾隆皇帝刚处理完传送的紧急奏折,近侍禀报:杏儿在后院,候着万岁爷! 乾隆皇帝喜出望外,立即来到后院。

十四、花心(下)

院子里海棠盛开,粉红的花瓣,在绿叶丛中摇曳,蝴蝶翩跹,蜜蜂起舞,好一派风软树静的太平景象啊! 乾隆皇帝大步走进室中,但见一袭淡淡绿色的轻纱窗前,一位豆蔻年华的美貌少女,正亭亭玉立地站在那里,仿佛是刚刚从画上走下来似的,睁着一双迷人的大眼睛,一眨不眨地看着走进来的乾隆皇帝。她的眼中,没有一丝恐惧,没有一片杂质,没有一点忸怩作态,好像两人早就认识似的,一见如故。

乾隆皇帝从来没有过这样的激动,他第一次感到了自己在微微发颤! 乾隆皇帝走过去,靠近她,不大真实地抚摸着她,有点不敢相信眼前的一切。这一年,乾隆皇帝 55 岁。侍从们也不敢相信眼前发生的一切,因为 55 岁的皇帝,见过无数的美人,这一次,怎么会如此地失魂落魄? 十几天后,心满意足的乾隆皇帝,启程回京。乾隆皇帝好好表扬了一番济宁的政绩,厚赐了众官员。临行前,乾隆皇帝特地为留下美好记忆的、温馨雅致的书房,题写了一联:

竹叶杯中,万里溪山闲送绿;

海棠院里,一帘风月独飘香。

乾隆皇帝依依不舍,但政务繁忙,不得不返京。乾隆皇帝一行人马整装出发,回到北京。几天后,近侍也将杏儿护送到京,安排在同样雅致温馨的四知书屋。乾隆皇帝怕太后知道他的风流韵事,理政之余,总是以读书为借口,到四知书屋与杏儿幽会,并在那里过夜。杏儿体贴入微,善解人意。弘历怎么安排,她就怎么接受。弘历想怎样,她就怎样听从,从不提什么要求,不要什么名分,也从不给弘历出难题、添麻烦。弘历很依恋杏儿,在理政的时候,也惦记着她。有一天,天下起了雨,弘历在御案上写了一副对联让近侍送给杏儿:

> 槐火光明春替换,
>
> 杏花消息雨传知。

乾隆皇帝金屋藏娇,皇太后不久就知道了。皇太后传宣懿旨,召见了杏儿,觉得这女子真正是一位天真无邪的天仙一般的人物。皇上都55岁了,既然皇上喜欢,何必躲躲藏藏的呢?皇太后下一道懿旨,封杏儿为银妃。杏儿有了专门的名号,自然就有一套单独居住的宫室。

乾隆皇帝很高兴皇太后的安排,他下朝以后,信步来到杏儿的宫院。只见满院的青杏、海棠和柏树,花草的清香,在宫室中弥漫,一只喜鹊,落在白皮松松树枝上,欢叫不止。走进室内,雪白如玉的杏儿,正坐在窗前,对着镜子,看自己那张俊俏的脸。乾隆皇帝叹息一声:好一个画中人儿! 他拿起御用的笔,立即写下了一联:

> 秋水为神,纤尘不染;
>
> 寒冰作骨,皓月同明。

可是,乾隆皇帝写诗作文,杏儿一句也看不懂。无论乾隆做什么,她总是睁着一双天真无邪的眼睛看着他,似乎这双眼睛会说话。时间长了,乾隆皇帝的爱怜与日消退,她那双会说话的眼睛,好像又不会说话了。渐渐地,杏儿的这双眼睛,开始出现了哀怨,开始涌出了眼泪,开始出现了惊恐。杏儿开始念经学佛,她每天都去雨花阁,去那里烧香跪拜。乾隆皇帝送给她一幅墨迹,就是他对她的爱情注脚:

> 谁谓我屋,谁谓我家,本来栖息人间,难得此远思近想;
>
> 何必学仙,何必学佛,也算优游洞府,都不是俗骨凡胎。

这是乾隆皇帝众多风流韵事中,最为花心传闻中的一则,但其真实性值得怀疑。

乾隆皇帝四十多位有名号的后妃中,有妃8人:愉妃、循妃、舒妃、颖妃、豫妃、容妃、惇妃、顺妃,并没有银妃。

十五、香妃之谜(上)

乾隆皇帝的40多位后妃之中,有一位回族女子,她就是香妃。香妃是新疆人,她是新疆显赫的大家族和卓氏家族的后裔。和卓氏家族是世居于叶尔羌的回族始祖派噶木巴尔的后代,他们在富饶的叶尔羌繁衍生息,游牧打猎,过着自由自在的生活,他们的家族称为和卓。和卓家族和新疆别的大家族一样,家族中只有男性才有名字,而家族中的女子,没有名字,只称其为族氏。所以,香妃,也可称之为和卓氏。

和卓家族统治着当地广大的地域,香妃的父亲,就是当地的统治者,即第二十九世回部台吉。清乾隆初年,统治着叶尔羌、喀什噶尔广大地区的首领是玛罕木特。称雄北疆的准噶尔发动叛乱,很快就吞并了叶尔羌地区,忠于清廷的玛罕木特和他的两个儿子大、小和卓木,都被准噶尔拘禁。乾隆皇帝下令,命兆惠将军统兵平息叛乱。清军挥师西进,直抵伊犁,以摧枯拉朽之势,平定了准噶尔叛乱,解救了大、小和卓木。

乾隆二十年(1759 年)四月二十四日,清定边将军右副将军萨喇尔奏报,击败了准噶尔汗达瓦齐的叛乱,陆续招降各部人员共 4000 余户。在奏报中,将军特地提到了原叶尔羌、喀什噶尔回部之长的大和卓木布拉敦和小和卓木霍集占两兄弟,称他们率部来归大清。乾隆皇帝很高兴,在奏折上批示:投诚之和卓木,原系叶尔羌、喀什噶尔回部之长,著将其派令前来入觐;回营时,仍令复回原部,预行告知,俾知感戴。

清廷按照乾隆皇帝的安排,将大和卓木送回叶尔羌,统领其旧部,而将小和卓木留在伊犁,管理当地的回务。清廷对于大、小和卓木,实行的是招抚政策。大和卓木为人较谨慎,不想得罪于清廷,愿意接受清廷的统治。但小和卓木却奸诈异常,力图独占回疆。两年后的乾隆二十二年(1757 年)五月,小和卓木霍集占杀死前来招抚的清副都统阿敏道,正式发动叛乱。他自称巴图尔汗,迅速占领了南疆广大地区。大和卓木也闻风响应,在喀什噶尔起事,其他一些小的部落,不是归附就是逃亡。

香妃的父亲是和卓氏阿里,其五叔脸色尹和其哥哥图尔都在大小和卓木叛乱时,率领全族,从天山南路的叶尔羌逃亡,向北逃奔天山北路的古城伊犁。乾隆二十三年(1758 年),清军兆惠将军所率领的军队被困于黑水营,图尔都毅然出兵攻打喀什噶尔所属的英吉沙尔,减轻和缓解了兆惠将军的压力,使清军很快转危为安。大、小和卓木的叛乱被平息了,额色尹和他的儿子玛尔特、图尔都、阿卜都喇满、帕尔特等五户和卓氏助战有功,受到了清廷的嘉奖。乾隆二十五年(1760 年),这五户助战有功的和卓氏和霍集斯、和什克、哈什木三户在平叛中立下战功的南疆维族上层人士被乾隆皇帝陆续召到北京,给予封赏。

乾隆二十四年(1759年),香妃的五叔额色尹和哥哥图尔都等被召入北京,第二年被正式安置在北京长期居住。额色尹被封为辅国公,图尔都被授给扎萨克一等台吉,后进封为辅国公。乾隆皇帝很热情、隆重地接待了这批从新疆来的贵宾,让他们带着家眷,永久在北京安家定居。

乾隆二十五年(1760年)正月十五日,乾隆皇帝在同乐园正大光明殿,举行了一次甚大的皇家宴会,特地宴请额色尹、图尔都等平叛有功人员和他们的家属。二月初四日,图尔都的妹妹也奉旨召入皇宫。这一年,她27岁。乾隆皇帝亲自接见这位盛传满身异香的美丽的回族女人,当即册封存她为贵人,宫中称之为和贵人。乾隆皇帝很喜欢这位异域的美人,赐给她金螺丝凤冠、珊瑚朝珠等大量珍贵物品。这位和贵人,就是名扬天下的香妃。

乾隆皇帝看香妃如此清香美丽,夸奖她是仙池福星。香妃的确很有福分,她入宫仅仅两个月,宫中从南方移植来的荔枝树,就结满了惹人喜爱的又圆又大的荔枝,而且,她所居住的宫室之中的荔枝树所结的荔枝最大最多,竟多达二百多颗。有了异域美人,乾隆皇帝很高兴;宫中的荔枝果实累累,宫廷上下都兴高采烈,宫人们以欢快的心情替皇上祝福,她们也很愉快地接受了这位从遥远的异域来到北京的回族美人。三年后的乾隆二十七年(1762年)五月十六日,皇太后降下懿旨,封和贵人为容嫔,这一年,她29岁;她的哥哥图尔都也进封为辅国公。

十六、香妃之谜(中)

乾隆三十年(1765年)春天,乾隆皇帝第四次南巡。皇帝带着皇太后、皇后、令贵妃、庆贵妃、容嫔、永常在、宁常在以及图尔都等一行一千余人,在侍卫亲军的护从下,一路南行,游山玩水。他们游历了苏州、杭州、江宁、扬州等地,饱赏了江南风景和天下美食。乾隆皇帝一路上十分惦记着回族美人容嫔,派专人侍候她的饮食起居,前后赏赐了八十多种合乎她口味的美味佳肴,包括苏州糕、羊肚片、羊他他士、酒炖羊肉、奶酥油野鸭子等。

乾隆皇帝东巡时,特地令容妃随行,他们一同游历了泰山、曲阜,拜谒了东北盛京祖陵。无论走到哪里,乾隆皇帝都关心和照料着容妃的饮食起居。如乾隆四十六年(1781年)八月二十日、二十四日,两次赐赏的御膳之中,乾隆皇帝赐赏给别的妃子的只是野猪肉,而赏赐给容妃的是鹿肉、狍子肉等。

乾隆皇帝很迷恋这位新疆的回族美人,她不仅姿色美丽,身有异香,而且歌舞、习剑、骑射,样样都会;不仅如此,其模样之俊俏、身姿之娇美、服装之奇特、气味之清香,都给风流的乾隆皇帝留下了刻骨铭心的印象,乾隆皇帝被这从没经历过的异域风情所迷惑,为之神魂颠倒。

乾隆三十三年(1768年)六月,皇太后再下懿旨,晋封容嫔为容妃。宫中赏给处还奉乾隆皇帝的御旨,从速为容妃办理满洲朝服、吉服、项圈、耳坠等。十月初六日,乾隆皇帝命大学士尹继善、内阁学士迈位逊为正、副使,正式册封香妃为容妃。册文称:尔容嫔霍卓氏,端谨持躬,柔嘉表则。秉小心而有格久,勤服侍于慈闱,供内职以无违……兹奉皇太后慈谕,封尔为容妃。这一年,容妃35岁。

容妃喜欢吃荔枝、哈密瓜、绿葡萄干、白葡萄子等回族的瓜果小吃,乾隆皇帝吩咐要每天供应,还要选最好、最新鲜的果品。容妃吃不惯满族的饮食,乾隆皇帝特地请来了回人厨师,为容妃做最精美、最可口的回民美食。

容妃有时自己动手烹饪,请皇帝前来品尝 。有的时候,容妃让自己的回族厨师,做几样富于浓厚民族特色的精美的美味佳肴,送给皇帝。如乾隆四十六年正月五日,斋宫晚膳的时候,容妃让自己的厨师烧了两道回族美食:谷伦杞和滴非雅则。

乾隆皇帝品尝之后,大为赞赏。其实,这两味美食也不是什么稀罕物,谷伦杞就是手抓饭,滴非雅则就是洋葱炒菜,只不过他们炒的饭和菜与众不同罢了。这就是民族特色,不然的话,美食家的乾隆皇帝怎么会赞不绝口?

容妃40岁生日时,乾隆皇帝特地赐赏白玉如意、青玉寿星、无量寿佛、玛瑙灵芝杯、银晶象耳双环瓶等奇珍。容妃50岁生日时,乾隆皇帝宠遇不衰,特地为她祝寿,赏赐精美如意一盒,珍贵古玩九件,上好锦缎九匹,银元宝九个,喻其九九长寿之意。不仅如此,乾隆皇帝还特别指示,让思念家乡的容妃,身穿回族衣服,并特地建造回子营和回族礼拜寺让回人居住、礼拜和生活,以慰藉容妃的思乡之情。

第二任皇后去世以后,乾隆皇帝不再册立皇后。乾隆四十年,皇贵妃被赐死。这样,乾隆皇帝身前最受宠爱的人,就是回族美人容妃了。乾隆四十六年(1781年)正月十五日,乾隆皇帝在圆明园奉三无私殿举行皇室家宴,容妃就坐在西边头桌的首位;到这一年十二月乾清宫皇家大宴时,容妃又升格至东桌的第二位。这一年,容妃48岁,她的荣宠、地位和身份,宫中无人能比。

清乾隆五十年(1785年)以后,容妃身体欠佳,从此很少在公开场合露面了。清乾隆五十三年(1788年)四月十四日,乾隆皇帝赏赐容妃10个橘子。这是容妃生前所获得的最后一次赏赐。十九日,容妃因病去世,终年55岁。临终之前,容妃把乾隆皇帝赏赐给她的和她自己的全部衣服、用品、珍贵首饰等,统统分赐给其他妃嫔、宫女和娘家的亲眷姊嫂姐妹。

容妃的去世,乾隆皇帝非常悲痛,特地下旨隆重地治丧:皇帝辍朝三日;皇子以上、宗室人等,三日内服素服,不祭神;亲王以下、奉恩将军以上,民公侯伯以下、二品官和子以上,公主、福晋以下至于县君、奉恩将军妻、一品夫人等,齐集公所举哀;容妃以金棺下葬,其金棺奉移殡宫,行祭礼,用金银锭七万、楮钱七万、画缎一千端、楮帛九千匹。

容妃因美丽动人、身体有天然异香,所以人称为香妃。有关香妃的传说很多,有些传说纯属是传闻而已,不足为信。传说她是小和卓木霍集占的妻子,因为长得天姿国色,美丽动人,而且从不涂脂抹粉,不用香料,身上能散发奇异和天然香味,所以,人称她为香妃,远近闻名。风流的乾隆皇帝听说了这样一位回族的美人,垂涎三尺,发誓一定要得到。

大、小和卓木叛乱,机会来了,乾隆皇帝立即派兆惠将军统大军西征。临行前,乾隆皇帝特地召见兆惠将军,让他留心香妃,一定要把她带来。平定叛乱以后,兆惠将军果然将香妃带到皇宫,献给了乾隆皇帝。皇帝喜出望外,厚赏了兆惠将军。无奈香妃对于多情的皇帝冷若冰霜,她手持利刃,决不相从。乾隆皇帝想尽了千方百计,香妃仍然不从。恼羞成怒的乾隆皇帝,饮食不思,终日神思恍惚。一天,皇太后趁皇帝不在皇宫之时,下令将香妃赐死。乾隆皇帝得讯以后,悲痛万分,但已成事实,他又无可奈何,只好下旨厚葬了香妃。

这段野史的传闻,带有明显的民间色彩,故事虽然很感人,但不足信。香妃不是小和卓木的妻子,她不是以俘囚家眷的身份入宫的;她进入皇宫以后,并没有死,而是活了许多年,直到病死;她深明大义,与乾隆皇帝感情很好,也加强了清廷与新疆广大地区的联系,巩固了大清王朝在边疆的统治,促进了民族间的相互学习和融合。

宝月楼的传说也很神奇。一说宝月楼建于乾隆二十三年(1758年),与香妃没有关系。此说依据的是乾隆皇帝《御制宝月楼记》,文中说,宝月楼建造于乾隆二十三年(1758年)秋天,建楼的直接原因是太液池南岸太过逼近皇城,其间仅有宽4丈、长200丈、完全没有屏障的狭长地带。乾隆皇帝每次登城远眺,总觉得这里过于空旷,就考虑在这里建造一座楼阁。

乾隆皇帝很喜欢这座花费了自己许多心血的宝月楼,楼上的众多联匾,都是乾隆皇帝的御笔。楼上最高处高悬的大匾,就是乾隆皇帝的亲笔御书:仰观俯察。金字大匾的两边,悬着一副对联:佳兴四时同,图呈苑里;清辉千里共,鉴彻池心。大楼东室题匾为：错秀。对联是：云容水态从头会，秋月春风取次拈。大楼南室题匾为：芳援。对联是：云敛琳宵目因会，水澄兰沼意俱深。

从这些题写的联匾上看，似乎真的与香妃没有关系。另一说宝月楼始建于乾隆二十三年（1758 年），增建于乾隆二十四年（1759 年），与香妃有关。容妃入宫以后，乾隆皇帝因为喜欢这位回族姑娘，特地在宝月楼墙外，又增建了回子营和回教礼拜寺，为的是让容妃不至于太过寂寞。多情浪漫的乾隆皇帝，曾多次写诗吟咏，并自写注解，特地阐述了宝月楼外的回子营的建立，是为了让西域来的回人居住。清乾隆二十七年（1762 年）《御制宝月楼诗》：淑气渐和凝，高楼拾级登。北杓已东转，飘宇向南凭。乾隆皇帝在此诗后自注：楼临长安街，街南俾移来西域回部居之，屋宇即其制也。

清乾隆二十八年（1763 年）《御制宝月楼诗》：

冬冰府北沼，春阁出南城。

宝月昔时记，韶年今日迎。

屏文新弗绿，镜影大光明。

鳞次居回部，安西系远情。

乾隆皇帝在"回部"二字后，这样自注：墙外西长安街，内属回人衡宇相望，人称回子营。新建礼拜寺，正与楼对。

十七、香妃之谜（下）

容妃去世以后，关于香妃的传说甚嚣尘上，大量的野史笔记、演义稗乘纷纷出笼。随着故宫博物院展出十多张宫中美人的油画像之后，大江南北、长城内外的人们，都知道了乾隆皇帝的回族美人香妃，大家都对这位完美绝伦的异族姑娘充满好奇。《清稗类钞》、《清朝野史大观》、《满清十三朝宫闱秘史》等野史笔乘所记述的香妃五花八门，或说是大和卓木的妻子，或说是小和卓木的妻子，她是在清军平定叛乱之后，由兆惠将军带回皇宫；都称这位回族女子天姿国色，体有异香，人人都惊为天人。或说她得宠而遭众妃的嫉妒，谗言之下，皇太后将她处死；或说她袖藏白刃，要为家乡的父老报仇，最后被太后发现而将她赐死，如此等等，不一而足。

令人奇怪的是，香妃有两处墓地，一处在河北遵化清东陵，一处在新疆喀什。怎么会出现两个墓地？哪一个是真的？容妃去世以后，乾隆皇帝隆重地将她安葬,她的金棺被送入纯惠皇贵妃的园寝,她的神位排在舒妃之次。嘉庆四年,乾隆皇帝去世以后,葬于清东陵的裕陵。乾隆皇帝的裕陵妃园寝内,一共安葬了乾隆皇帝生前所宠幸过的 36 位后妃。主宝顶下的地宫之中,安葬着那拉氏皇后和纯惠皇贵妃,其余 34 位妃嫔各立宝顶,各自分券,宝顶分成五排形成一个拱卫的弧形。容妃墓居于显著位置,正躺在乾隆皇帝的身侧——嘉庆皇帝遵照父皇的遗嘱,将乾隆皇帝生前最钟爱的两位女人纯惠皇贵妃和容妃二人,分别放在乾隆皇帝的金棺两侧。

裕陵陵园秀美,境致幽幽,高大的松柏苍劲挺拔,陵园掩映在一片苍翠的绿色之中。陵园内有宫门、享殿、明楼、宝城。环形的宝城内,静静地安睡着乾隆皇帝的 36 位后妃。香妃就是其中的妃子之一,她的墓地位于五排中的前第二排东首第一位。这是真正的香妃墓。

1979 年 10 月 2 日,清东陵古建队在维修裕陵妃园寝内的宝顶时,发现容妃墓前塌陷了一个洞,顺着洞往下看,能看见地宫的门楼瓦垅、脊兽和石门。地宫积满了水,有一人多深。水抽干后,可见一块巨石拱券而成的一座威严的地宫,一道石门,一道梓券,一座金券。金券内就是棺床,棺床上是横放的棺木。棺椁的一侧有一个大洞,洞口的边缘上是人动过的痕迹,到处伤痕累累。很显然,这座墓地被人盗掘过。

香妃墓分上下两个部分,上部是圆形穹顶,下部是地宫,由石券的墓室砌成。进入地宫门楼以后,就是两个拱顶石券组成的丁字形墓室。墓室的宝床上,安放着红漆棺木,棺木内安卧的正是香妃。棺木的前部,有数行手写的回文金漆文字,正是《古兰经》的开头语,字意是:以真主的名义。棺木的上方,写镌着《古兰经》经文。棺木内有绣花龙袍、青缎衬帽以及各色宝石等等。从这座地宫的灰浆中,清理出了香妃的头颅骨、体骨、辫子以及香妃的吉祥帽和如意、荷包、珍珠、宝石、猫眼石等等。经过学者们的鉴定,这里躺着的主人,就是乾隆皇帝的宠妃容妃,也就是香妃。

喀什是新疆维吾尔自治区西南部的一座闻名于世的历史古城,维吾尔人称之为喀什噶尔。在喀什城的东门外约三公里之处,有一个被维吾尔人称为艾孜牙提的地方,耸立着一座富于浓厚的伊斯兰教色彩的古墓,人称为香妃墓,据说,乾隆皇帝当年掳入皇宫的回族女子香妃,就安葬在这里。香妃墓怎么会出现在这里? 香妃去世以后,她是如何被迁葬到了这里?

事实上,这里是香妃家族和卓氏的家族墓地,香妃并没有安葬在这里。那么,这里怎么就传说成了香妃墓地? 这片墓地实际上是香妃的外祖父阿巴·霍加于公元 1640 年为他的父亲阿吉·穆罕默德·伏素福·霍加建造的。墓地中躺着的是阿吉为首的霍加五代家族成员,共计 72 人。也就是说,这里是和卓氏家族的墓地。和卓氏家族,以香妃为家族的荣耀,其家族和当地人就称这里为香妃家族的墓地,久而久之,就简称为香妃墓。维吾尔人称这里是艾孜牙提,维吾尔语的意思就是香妃。

这片和卓氏家族的墓地,在历史上一直不见于经传。到了清乾隆二十五年香妃入宫以后,史书才开始有所记载。最早记载此处墓地的官方史书,是《清高宗实录》,随后有《回疆通志》、《喀什噶尔》等书相继记述,但这些史书只是如实记载这里是:和卓坟。清末光绪年间,萧雄在他的著作《听园西疆杂述诗》中,首次称:香娘娘庙,在喀什噶尔回城北五里,庙形四方,上覆绿瓷瓦,中空而圆顶,四周乔木成荫,引水为池。从这以后,人们开始称这里为香娘娘庙、香妃庙、香妃坟。

民国时期,《丛书集成初编》、《关中丛书》等书收录了萧雄的著述。随着丛书的广泛发行,香妃庙、香妃坟广为人知,人们反而不知道这里是和卓坟了。随后,《新疆游记》、《新疆内幕》诸书相继采用萧雄之说,和卓坟正式改称了香妃坟、香妃墓。好热闹的人们接受了这一说法,也乐意将这个贫瘠的地方与皇宫联系起来,让苦寒的人们,多有一些想象的空间。

1914 年,北平故宫古物陈列所举办了一次震惊海内外的展览,展示了一直深藏于宫中的十余幅宫中美女油画像,这些画像,都是由清乾隆时期供职于宫廷的西洋画家意大利人郎世宁所画。其中,有一幅油画像,画的是一位英姿飒爽的女人,据故宫的专家考证,此人正是香妃。展览时的香妃像旁,是当时拟写的简介说明:

香妃者,回部王妃也。美姿色,生而体有异香,不假熏沐,国人号之曰香妃。或有称其美于中土者,清高宗闻之,西师之役,嘱将军兆惠一穷其异。回疆既平,兆惠果生得香妃,致之京师,帝于西内建宝月楼居之。楼外建回营,毳幕韦韝,具如西域式。又于武英殿之西浴德室,仿土耳其建筑,相传亦为香妃沐浴之所。盖帝欲藉种种以悦其意,而内稍杀其思乡之念也。讵妃虽被荣眷,终不释然,尝出白刃袖中,示人曰:国破家亡,死志久决。然决不效儿女汶汶徒死,必得一当以报故主。闻者大惊。但帝虽知不屈,而卒不忍舍也。如是数年,皇太后微有所闻,娄戒帝弗往。不听。会帝宿斋宫,急召妃入,赐缢死。有图,即香妃戎装像,佩剑矗立,翅翅有英武之风,一望而知为节烈女子。

十八、乾隆最后的爱妃

乾隆皇帝晚年最宠爱的女人，就是惇妃汪氏。汪氏是满洲正白旗人，她的祖父汪整是正白旗包衣旗鼓人，四世孙四格就是汪氏的父亲，历任员外郎、佐领等职，官至都统。汪氏生于乾隆十一年（1746 年），而这一年，乾隆皇帝已 36 岁。

清乾隆二十九年（1764 年），汪氏被选入皇宫，时年 18 岁，这一年，乾隆皇帝已经 54 岁了。最初，她封为永常在，不久进封为永贵人。清乾隆三十六年（1771 年），汪氏晋封为惇嫔，时年 25 岁，正是乾隆皇帝即位时的年龄，而这一年，乾隆皇帝已是 61 岁了。三年后，她由嫔晋迁为妃。

最令乾隆皇帝欣慰的是，在他 66 岁的时候，汪氏替他生下了一个女儿，即是乾隆皇帝的第十个女儿和孝固伦公主，她也是乾隆皇帝的最后一个女儿。这位小公主相貌酷似乾隆皇帝，她天资聪颖，人极伶俐，为人活泼可爱，俊俏的小脸，妩媚动人。

老来得子的乾隆皇帝，视小公主如掌上明珠。小公主 5 岁的时候，由乾隆皇帝作主，将她许配给宠臣和中堂的儿子丰神殷德。小公主 13 岁时，乾隆皇帝破例正式册封她为和孝固伦公主——因为，根据清制规定，只有皇后生的女儿才有资格册封为固伦公主，而嫔妃们生下的女儿只能封为和硕公主。

汪氏依恃着乾隆皇帝的宠爱，性情越来越暴躁，脾气也日益刚烈，动不动就虐待下人，她的近侍宫女、仆从人等，都很怕她。清乾隆四十三年（1778 年）十一月初七日，68 岁的乾隆皇帝正在为自己的太平盛世洋洋自得的时候，国泰民安、四海升平的大清帝国竟然出人意外地发生了一起殴打宫女致死案，制造这一耸人听闻的命案的主人，就是乾隆皇帝宠爱的妃子汪氏。被殴打致死的宫女是翊坤宫里执事的一名宫女，不知道因为什么事，惹怒了脾气暴躁的汪氏，汪氏盛怒之下，将她打死。

乾隆皇帝得报以后，非常震惊，也十分愤怒，在这堂堂礼仪之邦的天朝上国，怎么会发生这样惨绝人寰的血案？边疆蕃属之邦和周边的国家如果听说，会有怎样的看法？会作如何想？

第二天，乾隆皇帝召集诸皇子和军机大臣，临御大殿，亲自过问此事，严厉呵斥和指责汪氏之过，下旨将她降为嫔。乾隆皇帝同时训诫诸皇子，要以此为戒，严加约束家属，并再次申谕，禁止滥施刑罚，虐待宫婢。

乾隆皇帝是如何处理如此严重的杀人命案？如何严惩汪氏呢？他是这样秉

公执法的：将汪氏降妃为嫔，罚银 100 两，并将罚银交给被打死宫女家人作为丧葬费；翊坤宫首领太监郭进忠、刘良革去顶带，罚钱粮两年；翊坤宫总管太监王忠、王秉义、赵德胜、郑玉桂各罚钱粮 一年；以上太监受牵连受罚，所有被罚钱粮一半，由汪氏代缴。

对于懂得养生之道的乾隆皇帝来说，任何事情发生以后，过了就过了，不再放在心上。挥之不去、日夜烦忧的情形，乾隆皇帝是从来没有过的。乾隆皇帝和他的后妃们，此后又过了 21 年的美好时光，到嘉庆四年时，他才依依不舍地离开人世，那时，他已经是年届 89 岁高龄了。

这件殴毙宫女案对于汪氏来说，确实是一件影响她人生的一件大事，从此以后，她不再那么暴躁如雷了，脾气见好，人也变得安静了。在乾隆皇帝去世后的第七年，即嘉庆十一年（1806 年）正月十七日，汪氏去世，终年 61 岁。第二年，十一月初三日，汪氏安葬于乾隆皇帝裕陵妃园寝。

十九、咸丰嫖妓

清代的皇帝感于明帝的荒淫亡国，十分注重两件事情：一是防止女色，一是防止内官。清代的典籍浩如烟海，是中国历史上留给后世最为丰富、史料最为完整的朝代。然而，在清宫秘档之中，很少见到有关房中术的奏折、秘图、书籍。这些并不是说，清代的皇帝不懂得房中秘术，宫廷之中没有春宫画册。

乾隆皇帝 25 岁即位，执政 60 年，太上皇 4 年，活了 89 岁，是中国历史上寿命最长、最精通房中术、拥有女人最多的一位皇帝。咸丰皇帝更是沉溺女色，最后因为纵欲而英年早逝。

同治皇帝醉心于女色，最终因为性病而撒手人寰。大臣王庆祺曾向同治皇帝进献春药、房中秘术和春宫画册。有一天，一个太监送茶，正赶上同治皇帝和王庆祺君臣二人在那里低头看书。小太监随意地瞄了一眼，发现君臣二人正津津有味地看一本春宫画《秘戏图》。

清宫因迷恋房中术，纵欲身亡的，应数风流才子咸丰皇帝。咸丰皇帝一生有三好：一是诗词，二是美酒，三是女人。咸丰皇帝通晓房中术，喜欢春药，平生之一大好是携佳人游赏山水。圆明园是清代皇帝的夏宫，这里湖光山色，赏心悦目，自然是游赏的最佳之处。咸丰皇帝每次来这里，总要带着精选的大量美女，在这静谧的山林胜地一同游乐，纵情寻欢。

一次，近侍告诉咸丰，有一位寡妇很美，不仅黑发如瀑，皮肤如脂，最厉害的是床上工夫！咸丰皇帝听到这些，如猎人听说最好的猎物一样兴奋，立即带着心腹前往。果然，寡妇姓曹，相貌姣好，皮肤白皙，一双如深潭的眼睛充满秋水。让咸丰皇帝最为兴奋的是，她有一双十分精致的小脚，小脚出奇的小，也出奇的香，更出奇的美。

咸丰皇帝伸手握着小脚，大约不足 3 寸，这三寸金莲的小鞋，精致的缎面上，绣绘着缠绵的交胫鸳鸯，鞋头是闪烁着迷人光泽的珍珠，珍珠串下是栩栩如生的春宫图。鞋子里衬着让人晕眩的香屑，淡淡的香味，若有若无地飘荡着，夹杂着女人特有的气息，弥漫在空中，引人无穷遐想。咸丰皇帝感叹：真正天生尤物啊！从此，曹寡妇生活在宫中，受到咸丰皇帝的特别宠爱。宫人们很敬畏她，恭敬地称她为娘娘，私下里称她为皇宫曹寡妇、大家曹寡妇。

咸丰皇帝喜欢冶游寻乐，吃春药纵欲，出入烟花之地和繁华酒楼。京城之中，有一位雏伶，名叫朱莲芬，不仅美貌如仙，而且擅长歌舞，令京师王公大臣趋之若鹜，以得到这位雏妓为最大乐事。两位风流大臣赢得美人的芳心，一位是陆御史，一位是吏部大员龚引孙。龚氏还有所顾忌，陆御史痴情于美人，不能自拔。

咸丰皇帝听说了这段风流事，横刀夺爱，强占了雏伶朱莲芬。皇帝见到这位美人，惊为天人！她不仅容貌美丽，黑头发，雪白肌肤，而且丰满迷人，浑身散发着诱人的清香。更为令皇帝惊奇的是，这位美人，擅长唱昆曲，这是皇帝之所好，不仅唱得曲目多，而且唱得销魂，唱得美妙，歌喉宛转，如天籁之音！

陆御史再想见到朱佳人，就比登天还难了。怎么办？陆御史不甘心，就郑重其事地上一道奏折，引经据典，洋洋数千言，诉说皇帝以天下之尊，宠爱一个伶人，这是古来所没有的，成何体统！希望皇帝以国家为重，以江山社稷为重，不要再宠伶人朱莲芬了！咸丰皇帝看到陆御史的奏章，不禁大笑，不屑地说：陆都老爷，醋矣！咸丰皇帝兴之所至，拿起朱笔，在奏折上大笔一挥：如狗啃骨头，被人夺去，岂不恨哉！钦此！

二十、第三位女皇的爱恨情仇（上）

慈禧太后 16 岁入宫，封兰贵人，丈夫是咸丰皇帝。10 年后，咸丰皇帝去世，26 岁守寡，儿子载淳即皇帝位，为同治皇帝，她成为皇太后。慈禧历咸丰、同治、光绪三朝，经历咸丰、同治、光绪、宣统四位皇帝，立六岁的同治、四岁的光绪、

3 岁的宣统,执政统治中国长达 48 年之久,入宫近 60 年,光绪三十四年十月二十二日(1908 年 11 月 15 日)去世,终年 74 岁。

咸丰元年(1851 年),她 15 岁时参加清宫选秀女。清宫后妃分八级:皇后、皇贵妃、贵妃、妃、嫔、贵人、常在、答应。兰儿如此清秀,一身兰香,自然入选,并封为第六等级的贵人。因为她一身兰香,喜爱兰花,咸丰赐名为兰儿。少女兰儿入宫,获得皇帝的格外恩宠,主要取决于三绝:一是貌绝。她美貌惊人,在少女中出类拔萃。史官描述为:姿容超群,天生丽质,娇艳无匹。二是才绝。她的才气是古来宫中女人所少有的,代批军政奏章,驾轻就熟,似乎是天生的政治家。三是艺绝。能书善画,能歌善舞,善解人意,妖态迷人。

刚刚入宫的兰贵人,清香飘逸,秀丽可人。可是,她毕竟才 16 岁,从来没有经历过男人,她是用什么手段将风流成性的咸丰皇帝征服,从皇帝痴迷的四春手中将皇帝俘虏,并让皇帝从此收起自己的真情谁也不给,只给兰儿? 这实在是令人匪夷所思,也是一件只有慈禧知道的历史之谜。咸丰一生为爱疯狂,他为了四春,抛弃了所有的清规戒律,也忘记了所有的祖规古训,只想拥有这些绝色的美人。可是,小兰儿一进入他的生活,一切都发生了改变。皇后钮祜禄氏小兰儿一岁,比兰儿更加端庄美丽,然而,年轻好色的咸丰皇帝就是喜欢和兰儿在一起。这段深宫情事,令所有史学家感叹。

咸丰皇帝名奕詝,生于道光十一年六月初九日(1831 年 7 月 17 日),属兔。20 岁即位,在位 11 年。年号咸丰,意思是:四海丰盈,天下富足。咸丰十一年七月十七日(1861 年 8 月 22 日)去世,终年 31 岁。

咸丰皇帝一生命苦,祸事连绵:十岁丧母,19 岁丧父,30 岁逃离京师,皇家御园圆明园被英法联军纵火烧毁;一生喜好游乐,却游不出什么花样,是一个瘸子;一年四季缠绵于美色,然而,身体虚弱,折了阳寿;祖宗们留下的万里江山,没能很好地守住,兵连祸结,四处狼烟,偌大的帝国竟然没有一片静土;31 岁撒手人寰,将满目疮痍的庞大国家留给自己不满六岁的儿子。更没有想到的是,万里帝王家,最后落入了懿妃叶赫那拉氏手中。

咸丰皇帝继承了父亲性格:犹豫,多疑,好色。

咸丰皇帝接受了母亲遗传:聪明,多变,轻佻。

咸丰皇帝一生之中有三大爱好:好戏,好酒,好风流。

咸丰皇帝一生喜爱诗词戏曲,到了近乎痴迷的程度。他喜欢看戏,特别注意欣赏伶人的扮相、工夫,细心品味戏子们字正腔圆的京腔、京韵。他也喜欢自己唱戏,说、打、念、唱的工夫做得有板有眼,登台表演时,入情入戏,入木三分。无论是在紫禁城漱芳斋、畅音阁，还是圆明园德和园，避暑山庄一片云、如意洲等地，到处都有他点戏、赏戏、观戏、演戏的身影。心情极好的时候，他还指导身材标志的太监学戏，教他们学唱《教子》、《三岔口》，有时自己亲自粉墨登场，唱一曲《青石山》、《朱仙镇》、《平安如意》，感觉自己的嗓子悠扬动听，响遏行云，颇为自鸣得意。

咸丰皇帝喜爱美酒，日日贪杯，美酒佳酿是他的至爱，几乎到了每食必饮，每饮必醉，每醉必暴怒的程度。他撒酒疯是出了名的，内侍、宫女们都怕他喝酒，一撒酒疯，必有一二内侍、宫女遭殃，轻则受皮肉之苦，重则或伤或残，甚至命丧黄泉。酒醒之后，他又十分后悔，一方面对随侍侍从、宫女多方宽慰，一方面大加赏赐，宠爱有加，侍卫、宫女们常常是一脸伤痕地接受皇帝超乎寻常的赏赐，他们诚惶诚恐，被皇上一脸的真诚所感动，五体投地，涕泪横流。

咸丰皇帝才情过人，他认为自己的才华仅次于乾隆皇帝，而才思敏捷方面则不在乾隆皇帝之下。他说，如果能够参加科举考试，他一定会高中状元，他就是天下无双的翰林天子。他喜欢玉兰，那玉树临风的骄美丽姿容能让他怦然心动，流连忘返。他极喜爱海棠，每年春暖花开、柳絮堆烟的日子就是他最为快活的时光。春雨过后，海棠盛开，面对红艳欲滴、粉雾飘香的美景，他经常忘记上朝，在美艳的花下饮酒赋诗。

《宫女谈往录》说，慈禧太后喜爱玉兰和海棠，是由于咸丰皇帝极喜欢玉兰和海棠。宫女荣儿回忆说：

有一天，老太后看到一棵玉兰，对随侍说，这棵玉兰，还是乾隆爷给后代留下的，乾隆爷的福泽，一直绵延到现在！那时，玉兰很多。这一片，几乎有几十株，培育得也好。初春，花一开，谐趣园都能闻到花香。当时，宫人们很喜爱这里，称为玉香海。后来，乾隆爷晏驾了，花也跟着走了。从那以后，我们修乐寿堂，都要先把玉兰保护起来，然后再盖宫殿。……

后来，我又从极乐寺移来西府海棠，这种苦心是没人知道的。文宗显皇帝（咸丰）是极喜欢海棠的，和高宗纯皇帝（乾隆）一样，他才思敏捷，能诗善赋，常说自己是翰林天子。每当春雨过后，常对红艳的海棠流连不舍。现在，把海棠移来，花繁叶茂，也是我的安慰了。老太后像对我们说，又像是自言自语，又像对花来表白心情。多么刚强的人，一个老寡妇，也免不了有自身的哀怨！……后来，把迎春、牡丹也移来了，合缀成了玉（玉兰）堂（海棠）春（迎春）富贵（牡丹）。……这是老太后对玉堂春富贵，又一种实实在在的解释了。

咸丰皇帝喜爱风流，纵情美色。他早年在圆明园时，宠爱4位汉人美女，分居亭馆4宫,分别赐名:牡丹春、海棠春、杏花春、武陵春,合称为四春。在四春之外,他还喜爱各种美色,其中,最美的女人就是寡妇曹美人了。曹氏是山西人,皮肤白皙,美丽妖艳,一双眼睛如狐狸一般,妩媚动人,特别是那双三寸金莲的小脚,令年轻的咸丰皇帝痴情忘返,失魂落魄。史官记载:山西籍孀妇曹氏,风流姝丽。脚甚纤小,喜欢在鞋履上缀以明珠。咸丰帝召入宫中,最为眷爱。《清宫词·圆明园四春》:纤步金莲上玉墀,四春颜色斗芳时。圆明劫后宫人在,头白谁吟湘绮诗。

咸丰皇帝也喜欢看春宫画,尤其是套色彩印的春宫画册。中国绘画的线描技艺堪称一绝,特别是套色印刷的线描技艺,使充分表现肉体之美的春宫画,获得了普通色块套版技术所不能获得的、前所未有的鲜活灵妙,使整体画面栩栩如生。最入咸丰欲望之眼的是明代的春宫画,其中,极品之作是明神宗时期所问世的早期明代春宫画册,四色套印,以黑、蓝二色为主调,配以红色和绿色,经典作品包括《风流绝唱》、《花营锦阵》、《鸳鸯秘谱》以及《繁华丽锦》、《江南销夏》等。

咸丰在世的时候,慈禧的身份一步步升迁:16岁入宫时,因为年轻美丽,封兰贵人。一年后,受到咸丰的特别恩宠,封懿嫔。渐渐地,皇帝再也离不开这位非凡的女人,经常留宿于她居住的储秀宫。咸丰皇帝喜爱她一身兰花清香,称她为兰儿。

兰儿喜欢喝茶,咸丰皇帝也喜欢。他们每天一起品茗的同时,还一起赏诗。他们都特别喜爱唐代大诗人元稹的作品,尤其是那一首别具一格的宝塔诗《一至七字茶诗》:"茶。香叶,嫩芽。慕诗客,爱僧家。碾雕白玉,罗织红纱。铫煎黄蕊色,碗转曲尘花。夜后邀陪明月,晨前命对朝霞。洗尽古今人不倦,将至醉后岂堪夸!"咸丰抚诗感叹:好一个碾雕白玉,写尽了人间风情! 兰儿点头相和:是啊,不愧是大唐超凡才子,罗织红纱,透彻肌肤!

咸丰喜欢的,兰儿也喜欢,他们喜欢春夜的花香,喜爱无边春夜没来由的诱惑,喜欢在春夜里聆听淅淅沥沥的绵绵春雨和万千草木在春雨里蓬勃生长的吱吱声。宋代大诗人陆游的《春雨》让咸丰和兰儿特别痴迷:世味年来薄似纱,谁令骑马客京华? 小楼昨夜听春雨,深巷明朝卖杏花。

咸丰皇帝流连于兰儿生活的储秀宫,有时甚至几天都不上朝,只喜欢和这个美丽妖冶的女人在一起。皇后盼望着皇帝驾临坤宁宫,皇帝却似乎忘记了这里。皇后感觉奇怪,论相貌、论身份,皇后都优于兰儿啊,而且,皇后比兰儿还小1岁!这个妖冶的女人是用什么办法让皇帝迷恋? 皇后认为,兰儿不是狐狸精就是妖魔的化身。

皇后几乎每天都在失望中煎熬，最后实在忍无可忍，只好搬出《祖训》来要挟皇帝，希望皇帝不要迷恋于女色，要勤于政务，做一个合格的好皇帝。皇后怒气冲冲，命人传唤懿嫔到坤宁宫。她坐在皇后的宝座上，决定动用皇后的权威来维护后宫主人的尊严。她冷冷地坐着，脸上是冷嘲热讽的神情，然后严厉责问懿嫔："你知罪吗？"你说说，你是用什么妖术迷惑了皇帝？皇帝本来是一位勤政爱民、很有抱负的君王，自从你进宫以后，一切就彻底改变了！为了你，皇帝变得不早朝，不理政，成天和你纵欲狂欢！你说，你知罪吗？

兰儿跪在冰冷的金砖地上，低着头，流着眼泪，一副楚楚可怜的样子。看到她这样，心慈面善的皇后不仅没有生出一丝同情，反而更加莫名烦恼起来，她盯着兰儿，无名的怒火呼地一下子点燃了。皇后心想：这女人一定是妖狐，她这个样子，我都动心了，何况是好色成性的皇帝！皇后压往怒火，再次喝问：你说，你到底认不认罪？兰儿流着泪，有气无力地小声说：兰儿知罪！兰儿知罪！

皇后一听皇帝天天叫唤的"兰儿"两个字，就浑身冒火，她咬着牙说："兰儿知罪！好，来人啊，家法侍候，给我打！"听了这声喊，兰儿吓了一大跳，不自觉地用双手捧着小腹，眼泪哗哗地淌。身强体壮的侍从拿着棍子，闻讯走了进来，正想行皇室家法，惩罚兰儿。这时，皇帝的御前太监突然高喊：皇上到！兰儿闻言，一下子昏了过去。咸丰皇帝告诉盛怒的皇后：兰儿有喜了！皇后万分惊愕，嗫嚅着说：为何不早说？快扶兰儿！

慈禧太后一生之中，最敬仰、最喜爱的有两个男人，一个是乾隆皇帝，一个就是她的丈夫咸丰皇帝，她认为这两个男人，似乎与她有缘。她喜欢花，她曾形象地用花来比喻这两个男人。她说，皇家宫院里、御花园中、颐和园山麓和乐善堂前，都栽种了玉兰，那是乾隆爷留给后人的。乾隆爷一身清香，玉树临风，才华横溢，他就是玉兰的化身。他的福泽覆盖天下，绵延至今。最盛的时候，宫院里的玉兰，多达几十棵。初春时节，玉兰花开，宫院外几十里都能闻到花香，能感觉天恩浩荡，宫人都叫喊着"玉香海"！后来，乾隆爷晏驾了。奇怪的是，这些香飘数十里的玉兰，似乎都有灵性，它们不再盛开了。从那以后，宫里有个规矩，无论何时何地，不管修缮到哪里，所有的玉兰树，一概都要保护起来，不管死活，然后才考虑建筑宫殿。

想到这些往事，慈禧太后常说："宫里这样做，算是思念祖宗的一点心意。我们日常听讲史书，就是要听出史书字里行间的一点真意来。古代有位召公，他和周公一起做丞相，辅助周朝，天天勤劳国事。有一天，召公实在太累了，在一棵树底下休息一会儿。很快，召公睡着了。这棵树，就是玉兰树。从那以后，老百姓就把那棵玉兰树保护起来,他们说,无论如何,这棵树永远不能被砍伐,我们尊敬的召公,曾经在这棵树下休息过!老百姓多好,有这样真挚的感情!百姓都如此,何况我们?也要这样对待列祖列宗留下来的珍贵树木!"

慈禧太后很喜爱海棠,每年四月初,大大小小的宫院之中,海棠盛开,浓郁的花香在高大的红墙中弥漫,那香味仿佛沿着宫殿中闪光的琉璃黄瓦流淌。春风拂来,花团锦簇的海棠在绿叶间摇曳,芬芳的花叶引来无数美丽的蝴蝶,在烂漫的春风之中翩翩起舞。每年海棠花开时节,慈禧太后总是格外高兴。她经常看着海棠,自言自语。有好几次,慈禧太后一边说,一边流泪。每当这时,她身边的宫女心里就想,那么威严的太后,居然如此多情,令人意想不到!有一天,慈禧太后无限深情地对侍女说:

不知道从何时起,我就喜爱海棠。有一次,我路过西直门外的极乐寺,看见一株海棠,十分喜欢,就吩咐他们,把这株海棠移植到宫里来。我的这种苦心,是没有人能够知道的。当年,文宗显皇帝(咸丰)爱花,极喜欢的花就是海棠。他和高宗纯皇帝(乾隆)一样,才思敏捷,能诗善赋,才绝天下啊!

皇上他常说,自己是翰林天子呢!每当春雨过后,皇上常对红艳的海棠,流连不舍。有一次,皇上对我说,我是海棠,兰儿,你就是在海棠之中穿梭飞舞的小蝴蝶,是天生的海棠春富贵啊!

二十一、第三位女皇的爱恨情仇(中)

1. 太后知己

荣禄,字仲华,号略园,别号田舍主人。苏完瓜尔佳氏,满洲正白旗人。生于道光十六年(1836年),卒于光绪二十九年(1903年),终年67岁。荣禄小慈禧太后一岁,属猴,为人精明干练,长于权谋,临事深思熟虑,办事雷厉风行,深得慈禧太后的信任和宠爱,成为慈禧太后一生的知心男人。慈禧太后晚年的英国情人爱德蒙·伯克豪斯在《慈禧外传》中说:关于叶赫那拉氏的童年,资料匮乏,只有一点可以确信,她少女时代的一个玩伴叫荣禄,两人是亲戚,此人后来在慈禧政治生涯的多个紧要关头起到了重要作用。据传闻,荣禄和叶赫那拉氏自小定有娃娃亲。这一传说,现在已无法考证。但毫无疑问,荣禄对慈禧的影响之所以远远超过她的家人或其他臣子,原因就在于二人两小无猜的亲密关系。康有为和其他一些反对满族统治的汉族官员甚至断言,早在热河避难、咸丰帝还未驾崩之前,荣禄和慈禧就有了暧昧关系。

荣禄的祖父塔斯哈官至新疆喀什噶尔帮办大臣,他的父亲长寿曾任甘肃凉州镇总兵官。咸丰二年(1852后)十一月,荣禄以荫生赏主事,时年16岁。十二月,承袭骑都尉兼一等云骑尉。第二年,他开始在工部任职,长达4年,因为他工作一直兢兢业业,办事认真负责,获得了上司的信任和肯定。咸丰七年(1857年),他奉命办理恭亲王生母孝静康慈皇太后下葬事宜,因为办事谨慎,思虑周全,深得皇帝嘉许,奉旨补主事后以工部员外郎升用,随后由工部员外郎调户部银库员外郎。银库管理较混乱,荣禄乘机贪污银子,却被权臣肃顺查获,差点被处死。咸丰皇帝前往热河避难,特别设立巡防处,慈禧太后说动皇帝,任命荣禄总其事。这是荣禄正式走向仕途的开始,也是荣禄与慈禧太后一生心照不宣共谋帝业的开始。咸丰十一年(1861年)八月,荣禄象征性地花了一些银子捐输军饷,朝廷奖励他,授予直隶候补道。十月,慈禧太后设立禁卫军神机营,授予荣禄神机营文案处翼长,时年,荣禄25岁,慈禧太后26岁。士为知己者死,荣禄感念慈禧太后的知遇之恩,他以有这样一位知己太后为荣,决心将自己的一生全部奉献给这个聪慧美丽的女人。

2. 一生的亲人

荣禄和慈禧太后,年龄相仿,性情相投,他们是一生的情人,也是一生心心相印的知心爱人。可以说,同治年间是荣禄一生中最为荣幸和荣耀的日子,也是他一生中最为幸福的岁月。在大臣的眼中,荣禄年轻有为,仕途通达,扶摇直上。同治三年(1864年),慈禧太后任命荣禄为神机营全营翼长,统管这支装备精良、战斗力最强的禁卫军,时年,荣禄年仅29岁。不久,他奉旨以五品京堂用,统领神机营官兵奔赴山东剿捕马贼,并奉命前往长城喜峰口、铁门关察看边关。回京后,赏副都统衔,管理禁卫军健锐营事务。荣禄任职期间,大力督练营兵,管理有方,所部官兵纪律严明,深得慈禧太后的赏识,特旨赏戴花翎,并破格提拔他为禁卫军神机营、健锐营马队专操大臣以及神机营威远队专操大臣。随后,慈禧太后授予荣禄署正蓝旗蒙古副都统,充本旗专操大臣,旋授正蓝旗蒙古副都统。半年后,荣禄奉旨调任镶白旗满洲副都统,时年30岁。

同治七年(1868年)正月,大股捻军涌入直隶境内,京师危急。荣禄奉旨随恭亲王襄办巡防处事务,授左翼总兵官。荣禄平定捻军有功,慈禧太后颁旨给予嘉奖:以随同筹划防剿事宜悉臻妥协,赏赐头品顶戴,旋充管理沟渠河道大臣。大学士文祥很敬重荣禄,认为荣禄是一位杰出的人才,应该授予更多要职。在慈禧太后的授意下,由文祥正式举荐给朝廷,称荣禄是忠节之后,为人低调,爱惜名声,办事临事才能卓越,管理军务政绩斐然。如果格外重用,授予文职,也能胜任,一定能不负圣上厚望。慈禧太后批示部议,拟格外重用。同治八年(1869年)三月,慈禧太后授予荣禄皇帝亲领的上三旗之一的镶黄旗满洲副都统。这项任命,意味着荣禄正式进入了参与王朝军政事务的核心领导层,时年,荣禄33岁。从此,荣禄身兼多职,渐渐执掌各种大权,掌管着大清王朝最为重要的禁卫军、户部、工部和吏部以及钱粮事务,特别是执掌着管理整个皇宫事务的内务府:历任神机营全营事务大臣、工部侍郎兼管钱法堂事务、管理值年旗事务大臣、户部左侍郎兼管银库三库事务、兼署吏部左侍郎、正蓝旗护军统领、禁军左翼监督、总管内务府大臣。

光绪元年(1875年)三月,慈禧太后任命40岁的荣禄兼署负责京城禁卫重任的步军统领,兼署镶蓝旗蒙古副都统。一年后,正式授予荣禄步军统领,旋调授镶黄旗护军统领。由于荣禄忠心耿耿,严于职守,慈禧太后特旨赏赐荣禄紫禁城骑马。时年,荣禄42岁。

紫禁城骑马,只有满清亲王、郡王、贝勒、贝子才能享此殊荣。可是,赏大臣紫禁城骑马,创于康熙皇帝时期,是皇帝体谅德高望重、年迈体弱的大臣而给予的特别赏赐。康熙二十一年,皇帝特别准许年老体衰的南书房翰林朱彝尊可在紫禁城骑马。这是大清王朝第一次准许大臣在皇宫之中使用代步工具,这也是大臣们所津津乐道和引以为自豪的荣宠。每当朱彝尊上朝,或者参加皇宫盛宴时,一身官服、面目清朗的朱彝尊就乘坐轿子先到东华门,入门之后再换一匹宫中矮小温顺的老马入宫,众大臣无不投去羡慕的眼光。

从此以后,有一批德高望重的大臣获此殊荣。清廷明确规定,骑马从东华门入宫者,到箭亭下马;从西华门入宫者,骑马至隆宗门外迤南的内务府衙门门前下马。乾隆年间,张廷玉、鄂尔泰、和珅等宰相获赏紫禁城骑马或者坐轿,特别是皇帝年轻的宠臣和珅,竟然坐轿越过箭亭,进入景运门。清中期和后期,紫禁城骑马,称为赏朝马,并形成一项荣誉制度,每年军机处开列名单,一品二品大臣、年龄60岁以上者,皇帝批准赏朝马。在大清为数不多的紫禁城骑马大臣之中,和珅和荣禄可能是最为年轻的佼佼者。

刚过40岁的荣禄为慈禧太后所倚重,他的身上,官职越来越多:紫禁城值年大臣、都察院左都御史、工部尚书。荣禄疲于奔命,奔波在重要的工作岗位上,疾病频扰,身体日差,以至于不得不请假养病。慈禧太后体谅心爱之臣,特地以其差务繁忙,着解除其工部尚书,开去总管内务府大臣差使。光绪五年(1879年)

六月,44岁的慈禧太后任命43岁的荣禄为承修普祥峪万年吉地工程大臣,负责全面修缮圣上百年之后的墓地。荣禄不负厚望,将万年吉地修建得深合圣意,慈禧太后龙颜大喜,下旨特别奖赏荣禄大卷巴丝缎二匹,着下部优议。养病数年后,慈禧太后依旧重用这位知心大臣,任命他为镶蓝旗蒙古都统,旋任命他为总领禁卫军的领侍卫内大臣,兼署镶蓝旗汉军都统,时年52岁。

光绪十五年(1889年),皇帝大婚,慈禧太后任命53岁的荣禄为扈从凤舆大臣,负责迎娶皇后的一切安全。皇帝大婚,婚礼十分隆重,也办得非常成功,慈禧太后对荣禄十分满意,任命他为禁卫军专操大臣,旋授镶红旗汉军都统。光绪十七年(1891年),慈禧太后授予55岁的荣禄为西安将军,赏加尚书衔。荣禄到任后,立即奏请添练洋枪步队500人,组建西安威远队。慈禧太后认为荣禄很有远见,同意荣禄的奏请。不久,荣禄就练成了一支精干的洋枪队。这支特别的部队,很快就发挥了特别作用:荣禄利用这支部队,保护了逃亡西安的慈禧太后的安全。

3. 为太后分忧

光绪二十年(1894年)十月,慈禧太后将60大寿,荣禄入京为慈禧太后祝嘏(祝寿)。慈禧太后十分高兴,详细了解了西安的情况,对荣禄对西安的全面安排以及洋枪队的组建感到满意,授予荣禄京城禁卫军步军统领。这时,中日正处于交战状态,日本侵略军入侵中国,陈兵榆关,大清内外防军全面失利,京城震动,慈禧太后非常忧虑。荣禄非常明白京城的危急,更知道太后的苦衷,他欣然接受了京城步军统领之职。

荣禄知道,京城形势危急。他一方面认真布防,调动兵力,确保皇宫和京城的安全;一方面,他研究中日双方的局势和实力优劣,日以继夜地奋笔疾书,为太后分忧。荣禄向慈禧太后陈述应急之策《疏陈急固根本之策》,提出了用兵无非战守二事,必须以守为本的观点,认为未有不固畿辅而能言战的重要战略思想,奏请依照咸丰三年、同治七年故事,特设巡防局,以亲王领其事,专决军务,简派精干大臣督理五城团防,以安京城。朝廷应以特旨启用宿将,请前任湖北提督程文炳,甘肃、新疆提督董福祥,凉州镇总兵闪殿魁,募集重兵,驻防京畿,以备缓急之需:

"驭夷不外和战二策,然必先以战为根本,而后能以和藏事。光绪十年,法、越之役,凉山一胜,始能讲解,未有不受惩创而能成和者。用兵不外战守二事,然必先以守为本,而后能以战施功。咸丰、同治年间,粤、捻之役,畿辅先固,贼势渐衰,未有不固畿辅而能言战者也!"

慈禧太后看了荣禄的奏报,喜忧参半。喜的是有这样一个知心男人在自己身边,京城无忧矣。忧的是大清真的处于危亡之秋了,列强虎视眈眈,国内烽烟四起,特别是京城作为首善之区,如果不能确保安宁,牵一发而动全身,到时候恐怕一发不可收拾。慈禧太后立即批示,接受荣禄之奏请,着军机大臣马上拟旨照办。同时,慈禧太后发布一道谕旨,命荣禄在总理各国事务大臣上行走,时年,荣禄59岁。第二年,慈禧太后授予精通军务的荣禄兵部尚书,全面执掌全国的兵权。

兵部尚书荣禄走马上任,感觉武举之弊和军事人才的奇缺,很快,经过调研之后,他向慈禧太后上疏,奏请变通武科举,认为中国试行的武科举选拔武学人才,是以弓矢的使用作为标准的。自从火器盛行以后,弓箭已经被淘汰,如果仍然以旧的方式选拔武科人才,显然是南辕北辙,必须马上拟定办法,逐渐停止旧有的武科取士方法,代之以新的武举制度,选拔适合火器运用的优等人才保卫祖国,守卫皇宫:

"武科之设,原期折冲御侮之才。自火器盛行,弓矢已失其利,习非所用,与八比试帖之弊略同。积弱之端,未始不由于此。查应试武童,各州县少则百人,多或数百至千人不等,约而计之,县以二百人为率合之,各省数可三四十万,皆年富力强,里籍可稽。若每省延聘精通洋操之教习数十人,就地教练,一岁之后,可成精兵。定以学习三年,作为武生。选材武聪颖者,挑入武备学堂,习格致、舆地诸学,分炮队、枪队、马队、工程队诸科。三年,由督抚考试,列优等者,作为武举人。其名数不得愈本省旧额十分之五,此为武备特科。

其三年一试之武科,暂准照旧举行,但须酌减旧额一半,以期相济为用。俟新章试行有效,再将旧制停罢。并将此次特科武举人,咨送京师大学堂,限以三年,由兵部奏请钦派王大臣考试,列优等者作为武进士,其名数与常年会试中额各得其半。仍恭候廷试,各就本科验其技艺,询以方略,以侍卫、守备分用。各路军营,自哨长以上,均用此项武举人、武进士补充,以备干城之选。似此,参酌中外兵制,造就将才,于国事实有裨益。"

慈禧太后认为言之有理,批示所司大臣议行。后来,大清罢武科举,各省设立武备学堂,基本上都是依照荣禄的奏议施行的。光绪二十二年(1896年)四月,慈禧太后授予60岁的荣禄更高的荣誉职衔:兵部尚书、协办大学士,充玉牒馆副总裁。第二年,慈禧太后以荣禄见识卓越,才具出众,充经筵讲官。荣禄纵观五洲形势,上疏慈禧太后,提出宜以充足军费广练团兵,以维大局:

"当今世局,合五洲之地,已成一大战国。武备之事,日新月异。英、法、德、俄养兵之费,每岁恒愈万万。外交之进退,视其兵之多寡强弱以为衡,强则公法所不能拘,弱则盟约皆不可恃!"

光绪二十四年(1898年)四月,光绪皇帝推行的维新变法,如火如荼。居住在颐和园的慈禧太后,经常听取奏报,密切关注着朝廷的动向。随着变法的深入,慈禧太后感觉京城形势危急,悄悄地进行军事调动,特地授予荣禄大学士,参预军机决策,管理户部事务,旋署直隶总督,全面负责京畿防卫,守护皇宫。五月,授予荣禄文渊阁大学士,补授直隶总督,兼充办理通商事务北洋大臣。62岁的荣禄深感责任重大,提出加强京畿防卫,疏请慈禧太后,整顿保甲制度,联络渔团,加强防卫。荣禄提出四条建议:损益旧章,厘剔积弊,明定赏罚,严司稽查。

光绪二十四年(1898年)八月,慈禧太后在直隶总督荣禄的密切配合和全力支持下,成功地发动了一场宫廷政变,囚禁了光绪皇帝,彻底收拾了变法党人,将皇权再一次牢牢地控制在自己手中。荣禄获得首功,慈禧太后任命荣禄为军机大臣,仍节制北洋各军,随后奉旨管理兵部事务,旋赐西苑门内骑马。这时,北洋除淮军,还有聂士成、董福祥、宋庆、袁世凯所领的毅军、甘军、武毅军、新建陆军四军。荣禄特地组建武卫军,奏请慈禧太后允准。

聂士成毅军为前军,驻守芦台,防卫大沽、北溏,扼守北洋门户;董福祥甘军为后军,驻守蓟州,兼顾通州一路;宋庆武毅军为左军,驻防山海关内外,专防东路;袁世凯新建陆军为右军,驻防天津小站,扼守津郡西南要道;荣禄自募亲军一万人,组成武卫军为中军,在北京南苑选择一处佳地安营扎寨,督导训练。

荣禄建立了前后左右中军五军,严密供卫京城,以自己的亲军装备最精良,力量最雄厚。同时,他向慈禧太后提出,保证军饷是军事之第一要义,新募中军一万人,岁需军饷银120余万两,请以部拨添练新建陆军饷银40万两,改拨备放,其不足费用,从部库存储各省拨解福建船厂经费之中调拨。毅军、甘军、武毅军、新建陆军,原有豫饷、淮饷及部拨各省之饷保证提供,然而,近年来,四军军饷不能保障,务必严饬户部,催促各省迅速调拨充足。如果不能足额保证,查照陕甘总督左宗棠西征成案,指名严参查究。如果足数保障,每三年一次奏请奖励。慈禧太后很赞同荣禄所奏,吩咐照此办理。

光绪二十五年(1899年)正月,63岁的荣禄充文渊阁大学士,领阁事。随后,授予正蓝旗满洲都统,充崇文门监督。第二年,光绪皇帝30大寿,赏赐荣禄御书大匾,以表彰他政绩卓著。慈禧太后感觉外敌威胁日益严重,授予荣禄内大臣,赐紫禁城内及西苑门乘坐二人肩舆。这年七月,义和团风起云涌,八国联军以拳民造反,祸乱京城,贸然挥师入侵北京。慈禧太后带着光绪皇帝和皇帝家眷匆忙西逃,懿旨荣禄为留京办事大臣,旋赴西安行在。

光绪二十七年(1901年)六月,荣禄奉旨管理户部事务。八月,慈禧太后吩咐回銮北京,特旨赏荣禄黄马褂。十月,慈禧太后颁谕天下,赏荣禄双眼花翎:现在时局渐定,回京有期。荣禄保护使馆,力主剿匪,复能随时赞襄,匡扶大局,著赏戴双眼花翎,并加太子太保衔。十二月,授予荣禄文华殿大学士。65岁的荣禄上书慈禧太后,以自己年老多病,奏请开去各项重要差使,仅以散员供职。

慈禧太后离不开知心男人荣禄,特地下旨嘉勉:

"荣禄公忠体国,谨慎小心,久为朝廷所信任。上年拳匪之变,众口纷纭,该大学士独能坚持定见,匡扶大局,厥功甚伟。今虽时事粗定,而元气大伤,除弊更新,百端待理。正当同心戮力,共济艰难,宫廷振厉不遑,孜孜求治。该大学士受恩深重,更何忍置身事外,独使宵旰忧劳,揆诸鞠躬尽瘁之义,于心安乎?所请,著不准行。"

光绪二十八年(1902年)二月,河南沁阳县发生了一起震动全国的教案,慈禧太后十分愤怒。66岁的荣禄体谅太后的忧心,上书疏陈民教相安之策。

4. 最后的情书

光绪二十九年(1903年)三月,荣禄终于病倒了。卧病的荣禄牵挂着相爱一生的女人,特地上书慈禧太后,请求解除枢务,选拔贤能。慈禧太后正在保定行宫,闻讯忧心如焚,特地派遣御医前往荣府调治病情,并郑重发布上谕,抚慰荣禄:览奏,实深廑焉。该大学士翊赞枢机,公忠懋著。现在振兴庶政,倚畀方殷,著安心调理,毋庸开去军机大臣差使,并不必拘定假期,一俟病痊,即行入直。

可是,慈禧太后等到的不是荣禄病愈的喜讯,而是荣禄去世的消息。慈禧太后呆呆地站在那里,许久没有反应。随后,慈禧太后潸然泪下,泣不成声。慈禧太后平静下来后,吩咐大臣,为荣禄拟旨,表彰他的丰功伟绩。慈禧太后称赞荣禄是忠君爱国之士,具有非凡的远见卓识,不管是主事、员外郎等芝麻小官,还是官至内务府总管、统兵将军、封疆大吏的总督以至宰相身份的军机大臣,他都能倾其所有,为国效力,政绩斐然。特别是在数年前的十余年中,荣禄在促进大清与各国和平共处的事业中做出了杰出贡献。

慈禧太后对于荣禄的去世,无法表达自己悲伤凄凉的心情。她静默致哀,泪流满面,感觉刻骨的思念在血液中流动。一日数道谕旨,依然不足以表达她内心无以复加的伤痛和无法排遣的相思情怀。虽然是杨柳堆烟的春天,她却感觉周身寒冷。她仿佛觉得,自己就是瑟瑟秋风中的一片红叶,树都萧瑟了,叶将安附?

心何以安?

她站在窗前,瘦弱的身子禁不住地颤抖。她一会儿吩咐赏赐一块内府精制的陀罗尼经被,盖在这位王朝倚为长城的英杰之才身上,以奖励他对国家、对主人的忠诚;一会儿吩咐年逾 70 高龄的恭亲王,亲率 10 位御前侍卫,代表太后,到荣禄的灵前致祭默哀。接着,慈禧太后亲拟谥号,吩咐给予这位在自己的一生任何一个关键时刻,能够不计较个人得失、赴汤蹈火、在所不惜的好男人以最高的尊敬,赐赏谥号文忠。

默默地做了这些,慈禧太后仍然感觉无论怎样做,都不足以表达自己对荣禄的感情。她特别下旨,赏荣禄之子优等,可承袭父亲职位。慈禧太后是位懂得分寸、遵守祖制、维护纲常、赏罚分明的人,她的这种推恩及子的恩宠,是前所未有之举,完全突破了大清祖制。按照清制规定,只有立过赫赫战功、身为皇室后裔者,才可以享此殊荣。不仅如此,慈禧太后还郑重吩咐,为荣禄建造墓园,从内府库银中拨款 3000 两银子,将荣禄祖先的坟墓迁入荣禄的陵园。这等恩宠,不仅在大清的历史上,而且在中国数千年的历史之中也是绝无仅有的。

令慈禧太后感到意外的是,重病中的荣禄留下了一份遗折。荣禄的临终奏折,很快送到了慈禧太后的面前。她知道,这是自己一生爱恋的知心男人给她的最后情书。这份临终遗折,一直收藏在宫中,从没有公开。慈禧太后一边阅读这份遗折,一边流泪,内心受到了极大的震动。慈禧太后身边的侍从从来没有见过太后如此激动和伤心,她们十分担心,不知道太后会不会因此倒下,她们有点不知所措。

这份遗折,慈禧太后反复阅读,然后特地亲笔手书,颁布了一份重要懿旨。这份懿旨,充分表达了慈禧太后对荣禄的真情实意,毫不掩饰自己对于失去这位知心大学士的切肤伤痛。尤其突出的是,老于世故的慈禧太后在这份懿旨中,一再加恩于荣禄。这些都是前所未有的恩宠:一是赐恤、赐祭、奠酒;二是赠谥文忠,追赠太傅;三是晋封一等男,入祀贤良祠;四是灵柩发引前一日设坛赐祭;五是生平事迹付史馆立传;六是儿子开恩授予员外郎之外,再加恩补四品京堂官,这可是地方督抚之职。

光绪二十九年(1903 年),公历 4 月 10 日,荣禄在临终的前一天,用尽最后的力气写完了他的遗折之后,终于长长地松了一口气。4 月 11 日,这位为京畿的安危心力交瘁的大学士终于撒手人寰。一直在暗中与荣禄抗衡的庆亲王及其集团也大大地松了一口气,他们终于盼来了期望已久的时刻。事实上,在朝堂之中,只有荣禄能够压制住满清王公大臣,在荣禄之后,庆亲王是唯一可以在资望、能力上胜任军机大臣的满洲王公。在长期的较量和消长中，庆亲王如愿以偿地坐上首席军机大臣的第一把交椅。

庆亲王的忠心、能力和眼光，比起荣禄来差之甚远；对于朝政的规划和谋略以及远见卓识方面，更不能与荣禄相比，也不能达到慈禧太后所一直掌握的执中尺度。慈禧太后最后的五年，可以说是在艰难险阻中度过的。她的每一天，都心力交瘁，度日如年。如果荣禄依然活着，他肯定不会同意慈禧太后在匆忙之中颁布法令和措施。可以肯定的是，只要荣禄表示反对或者不表示赞成，慈禧太后一定会慎重考虑，绝不会让不成熟的措施出台。在慈禧太后西逃回宫之前，荣禄再三建议慈禧太后下旨，出于大清长治久安的考虑，慈禧必须尽快改革旧制，实行新政。但是，荣禄太过于谨小慎微了，他一直没有正式上书慈禧太后，慈禧太后就认为他还没有考虑成熟，变法改革就延迟了几年。

荣禄留下的遗折，回忆了自己从侍卫做起，兢兢业业，忠君爱国。是咸丰皇帝弥留之际，荣禄第一个发现了郑亲王、怡亲王和肃顺一伙图谋不轨，危害朝廷，他立即秘密进言太后，出谋划策。身处险局的慈禧太后力挽狂澜，转危为安，最后荣登皇太后宝座，荣禄也蒙恩升任内务府大臣。同治去世，慈禧太后命荣禄迎接光绪皇帝入宫，并就任负责京城安危的步军统领，虽然贸然行事中触犯了圣怒，太后并没有怪罪，整整七年，荣禄一直闭门思罪。

随后，荣禄历数慈禧太后在国家危亡之秋，如何审时度势，洞若观火，力挽狂澜，以及他如何默契配合，多方补救，共赴危难。特别是每当社稷重大之事时，慈禧太后总是将重任付之于荣禄，视为知己，荣禄虽五体投地也无以为报。全文1125字，从细处着眼，念念不忘太后之关切，念念不忘新政之实行，情真意切，娓娓道来：

军机大臣、文华殿大学士奴才荣禄，为病处危笃，恐今生不能仰答天恩，谨跪上遗折，恭请圣鉴事。窃奴才以驽下之才，受恩深重，原冀上天假以余年，力图报称。追思奴才起身侍卫，咸丰十年，国势岌岌，内则奸臣蓄谋不轨，外则英法联军占据京师，宗庙震惊，宫驾出狩，驻跸热河，奴才备位侍从。文宗显皇帝圣躬不豫，渐至弥留，奴才乘间进言于皇太后，发觉郑、怡二王之阴谋。及圣驾宾天，奸王僭称摄政，图谋不轨，皇太后身处危险之中，有非臣下所忍言者。幸上天佑助，皇太后垂帘听政，叛乱削除，升平复睹，奴才蒙恩升任内务府大臣。

当穆宗毅皇帝（同治）宾天之际，皇太后亲命奴才迎请皇上入宫，以社稷重大之事，付之奴才。受命惶悚感激，曷可言喻？奴才虽竭尽心力，岂能仰报于万一耶？其后，受任步军统领，触犯圣怒，七年之中，闭门思罪。皇上亲政，复蒙慈恩，出任西安都统,既而仍回原职。光绪二十四年,皇太后皇上鉴于国势之强,决意采行新法,以图自强。皇上召见奴才,蒙恩简任直隶总督,命以破除积习,励行新政。孰意康有为籍口变法,心怀逆谋,致为新政之阻。皇上误信奸人夸诞之辞,一时之间,偶亏孝道,亲笔书谕,言变法之事,为皇太后所阻。又谓皇太后干预国政,恐危国家。对于奴才,数动天威,几罹斧钺之诛。奴才密见皇太后,陈述康党逆谋。皇太后立允奴才等所请,再出垂帘,以迅雷之威,破灭奸党。

光绪二十六年,诸王大臣昏愚无识,尊信拳匪,蒙弊朝廷,虽以皇太后之圣明,而不免为其所动。直至宗庙沦陷,社稷贴危,竟以国家之重,轻徇妖术。奴才屡请皇太后睿识独断,不蒙信纳,数奉申斥,忧惧无术,四十日中,静候严罚。然皇太后仍时时召奴才垂询,虽圣意未能全回,而得稍事补救。各国公使,不致全体遇害,故事过之后,时荷天语感谢。自西安回銮之初,即将肇祸之王公大臣,分别定罪,渐次改革庶政,不事急激,期臻实效,两年以来,改革已不少矣。圣驾回京,如日再中,东西各国,亦均感皇太后之仁慈。

奴才自去年以来,旧病时发,勉强支撑。两月以前,请假开缺。蒙皇太后时派内侍慰问,赏赐人参,传谕安心调理,病痊即行销假,恩意叠沛。无奈奴才命数将尽,病久未痊。近复咳嗽喘逆,呼吸短促,至今已濒垂绝之候,一息尚存。惟愿皇太后皇上励精图治,续行新政,使中国转弱为强,与东西各国并峙。奴才在军机之日,见朝廷用人,时有人地不宜者,此乃中国致弱之源。奴才以为,改革之根本,尤在精选地方官吏,及顾恤民力、培养元气之二端。皇太后皇上深居九重之中,闾阎疾苦,难以尽知。拟请仿行康熙、乾隆两朝出巡之故事,巡行各省,周知民情。奴才方寸已乱,不能再有所陈,但冀我皇太后皇上声名愈隆,得达奴才宿愿,则虽死之日,犹生之年。谨将此遗折,交奴才嗣子桂良呈请代递。临死语多纰谬,伏祈圣鉴赦宥。奴才荣禄跪上。

二十二、第三位女皇的爱恨情仇(下)

1. 是情人还是骗子

英国人爱德蒙·伯克豪斯(1873—1944)本来是一个普通的的英国男人,人们简称他为巴克斯。他之所以引起人们的注意,是因为他的特殊身份和特殊经历。他最引人关注和最惹人争议的身份,无疑是他是否是晚清最高统治者慈禧太后最后的情人。关于这个问题,我想强调三点:

第一、西方学者和史学家较为关注，对于他作为晚清宫廷专家、历史学家和是否是慈禧太后私宠的身份充满兴趣。在这方面，主要有两派，一派以英国牛津大学现代史教授罗珀为代表，他在自己的专著《北京隐士——巴克斯爵士的隐秘生活》一书中说：巴克斯是一个伪造者、欺诈者和骗子，可是，骗子被揭露，骗子伪造的史料却成为学术基石；一派是以学者美国人德理、英国人晏格文为代表，他们正在全力以赴地整理巴克斯晚年留下的珍贵手稿《满洲的衰落》，想通过这部手稿和深入研究，尽可能真实地复原历史的原貌。

第二、中国史学者界对此持怀疑态度，因为，至今没有发现任何有价值的档案和史料来佐证巴克斯作慈禧太后情人的身份。

第三、我个人认为，这是一个值得研究的历史疑团，不要轻易否定或者肯定，应该客观地分析，认真地研究巴克斯的手稿，结合有关史料和档案，探寻历史的真相。

2.26 岁来到中国

巴克斯是个天才，有着多重身份：一个出生在富裕家庭的忧郁青年，一个文笔优美的英国作家，一个精通十二种语言的语言学家，一个熟悉中国宫廷生活的历史学家，一个痴迷于享受的双性恋者。当然，也有人说他是远东最著名的无赖、历史学方面最高明的骗子。

美国人斯特林在《龙夫人》中描述说：在1900年的拳乱期间，莫理逊和濮兰德以康有为的指控为炮弹，对慈禧太后进行了狂轰滥炸。和他们串通一气的，就是巴克斯，这个颇有才华的文学骗子。这位来自牛津大学的青年，精通英语、日语、俄语、汉语、法语、德语、丹麦语、蒙古语、希腊语、意大利语和西班牙语等12种语言，在文学、历史和语言方面有着出众的才华，讲究享乐、追求情感刺激。他相貌英俊，外表看上去斯文怯弱，没有任何攻击性，对于女人来说，有很强的安全感。他神情独特，富于魅力，淡淡忧郁之中饱含无奈。最为吸引女人的是，他有着一双忧郁的眼睛，他无奈的眼神和一脸茫然的样子，令女人心醉。

26岁的巴克斯告别了家乡，只身来到中国，在莫理逊的帮助下，定居八朝古都的北京。莫理逊是英国《泰晤士报》驻北京的负责人，他来到北京时也是26岁。他的个子很高大，膀大腰圆，相貌英俊，声音有些嘶哑。他的最大特点是脸皮厚，胆子大。不过，他是一个十分敏锐的记者，很有眼光，正是他，选择了才华横溢的巴克斯作为助手。在莫理逊的印象中，巴克斯是一个羞涩、内向的年轻人，有一张温文尔雅的脸，像一只温驯敏感的小白鼠。他们两人在相处的岁月中结下了情谊,巴克斯为莫理逊提供了大量有价值的史料和轰动性的报道。然而,在后来的日子,由于价值观不同和性格的冲突,巴克斯转而和趣味相投的璞兰德合作,两人分道扬镳。莫理逊恼羞成怒,指责巴克斯是骗子,并且成功地将这顶帽子牢牢地戴在他的头上。

3. 多重身份

巴克斯是英国西北部兰开斯特人,父亲是一位银行董事,讲究生活品位,母亲出身高贵,是一个喜欢享乐的女人。生活在富裕之家的巴克斯,却拥有一个奇特而痛苦的童年。正是这痛苦的童年,造就了他忧郁的性格,他那令女人迷惑的忧郁的眼神伴随他的一生。他说:我的童年岁月十分不幸,因为,我出生在一个富有的家庭,我的双亲拥有他们想要的一切,而我却非常痛苦。

1899 年,他 26 岁时,第一次来到北京。他很有语言天赋,一踏上北京的土地,很快就学会了满语、汉语。他试图申请一个海关翻译的职位,没有成功。于是,他开始翻译汉语新闻报道和政府公文。他的才华开始显露,也逐渐令人关注。这位身处遥远东方的翩翩青年,似乎在异国他乡的中国找到了自己的归宿。1900 年,八国联军入侵北京,慈禧太后仓皇西逃。野蛮的西方入侵者开始疯狂地掠夺古老的北京,他们在硝烟中烧杀淫掠,一座座宫殿在浓烟中倒塌,无数的奇珍异宝或被抢夺,或被焚毁。

年轻的巴克斯机灵敏捷,无数次地出入宫殿和王府之中,专注于文献、档案,在很短的时间内,获得了大量的宫中秘档和中文古旧手稿。他十分勤奋,也聪明过人。他很快知道了许多宫中内幕,也了解了中国宫廷之中存在的潜规则。特别是,他知道,要想深入地了解中国,想探听中国宫廷内的绝密内幕,必须接近中国权力的最高统治者——慈禧太后。巴克斯相貌英俊,看上去非常羞涩,性格内向。他的脸是典型的美男子脸型,鼻子高挺,眉宇疏朗,线条分明,皮肤温润而白净。慈禧太后喜欢这种英俊而富于个性的男人,特别是巴克斯那双与众不同的眼睛,如果他们见面的话,他们之间的对视一定会产生难以想象的结果。

4. 两部著作震惊世界

1908 年 10 月,慈禧太后去世,结束了这位中国第一女人长达近 50 年的铁腕统治。然而,关于她的故事并没有结束。巴克斯突然对外宣布:他与太后有着非凡的关系,他拥有许多宫中秘档和大量中文古旧手稿,这些珍贵的资料,部分是在 1900 年拳乱期间搜集到的,部分则是他与太后特殊关系的六年间所获得的。随后几年,他利用手中的这些秘密文献档案材料,结合自己的亲身经历,完成了两部重要著作,真实、生动地揭示了慈禧太后许多鲜为人知的生活细节和宫廷内幕,间接地证实了康有为当年夸大的渲染和描述,展示了慈禧太后是一个讲究享受、偶尔放纵的女人。尤其是,许多宫中内幕和后宫生活细节以及离奇的经历都十分逼真,令人惊奇,如果不是亲身经历,仅靠杜撰和虚构是十分困难的,比如,宫人下毒,结束了东太后的性命,这一谜案的最早揭示者就是巴克斯。

1910 年,巴克斯利用宫中档案,与濮兰德合作完成了第一部著作:《慈禧外记》,另一个译名是《太后治下的中国》,书中详细记述了慈禧太后统治时期的宫中历史,相当于这位末代女皇的传记。1914 年,巴克斯完成了第二著作:《清室外记》,另一个译名是:《北京宫廷的编年史和研究报告》,书中十分详实地披露了许多宫廷生活内幕和耸人听闻的奢侈细节。这些惊世骇俗的材料公之于世,世界哗然,巴克斯一跃而为权威的中国宫廷专家,他的两部著作成为人们争相拜读的学术巨著,不仅赢得了普通读者的喜爱,甚至获得了学者、外交官、新闻记者和历史学家的同声喝彩。

这两本著作,为巴克斯赢得了荣誉,也奠定了他作为中国宫廷历史权威的史学家身份。几乎所有西方外交官都为巴克斯喝彩,认为巴克斯精通中国官场规则,特别深入地了解中国宫廷内幕。英国外交大臣称赞巴克斯神通广大,无所不能! 他们称赞这两部书:在所有揭示慈禧太后谜一样性格特征的书中,它们最接近真相。《观察家》高度赞扬称:很少有哪一本围绕国家档案所写成的书籍能像这本书一样,如此可靠,如此丰富,如此引人入胜!

《纽约时报》称赞说:此书堪称是权威之作,因为它所依据的事实,全部编译自宫廷档案和太后管家的私人日记。对于这本 525 页的大书,即使是匆匆一瞥,也能感受到它卓越的品质! ……也许,此前从未有过这样的中文档案向世界披露过,也没有哪个人对中国官场生活的真相有过比这更加详尽的反映!

更为独特的是,巴克斯将一批八吨重的中文古旧手稿,大约 27000 件的中文手稿和卷轴,赠送给牛津大学图书馆。唯一的条件是:牛津大学给予他教授头衔。然而,牛津大学欣然接受了他的中文手稿,却没有答应他的唯一条件,但是,牛津大学却在图书馆的荣誉名单上写下了巴克斯的名字:名字刻在图书馆最醒目的大理石上,与大名鼎鼎的洛克菲勒基金会并列在一起。

5. 北京隐士

1918 年,巴克斯继承了他父亲的男爵爵位,身份倍增,成为爱德蒙 · 伯克豪斯爵士。

1921 年，他完全融入了北京生活，秘密居住在西方人不可能找到的地方：紫禁城上三旗旗区内的石驸马胡同 19 号。他的口音是北京人的，衣服也是中国典型的儒生模样，他的神情则更像是一个得道高人：他经常穿一件丝绸制作的白色长袍，蓄着长长的胡须，在北京秘密地居住了 20 多年，胡子渐渐白了，配着白色丝绸长袍，看上去像一个看破红尘的隐士，更像一个德高望重的圣人。

巴其斯是熟悉和了解中国宫廷的大佬，然而，他拒绝所有的社交邀请。他喜欢独处，喜欢看着夕阳回忆自己非凡的人生。他性格温和，脾气古怪，独来独往。人们不能理解的是，这样一个令多少女人激动的英俊男人，怎么会拒绝人世的诱惑？却每天沉迷在自己的过去岁月之中？他成为一个地道的隐士，徜徉在自己内心的世界之中。

两位英国主教默默地为他提供一切，照顾他的生活。1941 年 12 月，珍珠港事件爆发，太平洋战争打响。68 岁的巴克斯住进了英国使馆区，受到了领事何博礼的照顾。何领事对这位精通中国宫廷历史的白胡子长者充满敬意，虽然认为这位老人行为有些古怪，但他每天花不少时间，听这位令人肃然起敬的巴克斯讲他非凡的故事。何领事说：他是一位外表高贵、有学者气质的老人。他确实很有魅力，言谈举止，有几分老派绅士的优雅精致。他长长的白胡子令人肃然起敬，走起路来很慢，脚下有点不稳。他的眼睛非同寻常，眨眼之间，能够显示决然不同的表情——他们一会儿平静从容，就像个老学者，和他的白胡子、长袍以及优雅的举止相得益彰；突然之间，他们变成了一对虔诚迷狂的修道士的眼睛；转瞬之间，又成了一对淫荡好色的老浪荡子的眼睛，一幅精明狡猾的样子！

6. 临终手稿

1943 年 4 月，70 岁的巴克斯住进了法国人开设在北京市中心的圣米歇尔医院。何领事一直照顾着他，发现这个喜欢沉默的老人，此时性情暴躁，眼神阴郁。何领事知道，死神正在逼近这个经历丰富的老人。他知道这个老人的非凡故事，知道此时应该让他有点事干，应该把他不平凡的经历真实地记录下来。

因为战争的缘故，巴克斯从英国的汇款终止了。何领事建议巴克斯：写回忆录。一方面可以打发时光，一方面可以发表，挣点零花钱。巴克斯在临终之前，何领事协助他，完成了两部最有争议的手稿：一部是《死去的往昔》，一部是《满洲的衰落》。

何领事郑重其事地说：我有责任让它们留存下来，本质上说，两部书稿，都是五花八门的故事汇集,这些故事,都是太平洋战争爆发的头一年,在我频繁拜访他的时候,爱德蒙爵士曾经对我讲过的。且不管这些故事的价值如何,它们如果真的散失了,也不免是一件憾事!

《死去的往昔》,记载的是巴克斯回忆自己童年时期的生活,特别是孩提时代和学生时期的往事,那些熟悉的同学,他们的喜怒哀乐,他们的憎恨和忧伤,特别是讲述了他的母亲。他的童年生活是十分奇特而不幸的,他的母亲对他的一生产生了非同寻常的影响。他自己曾经痛苦地说:我的童年岁月十分不幸,因为,我出生在一个富有的家庭,我的双亲拥有他们想要的一切,而我却非常痛苦。在生活的漫长岁月里,憎恨无处不在。那时候,我母亲嘲笑我孩子气的眼泪! 她的狂怒,是真正的灾难!

《满洲的衰落》大约 15 万字,1943 年 5 月前后最后完成,书中详细地描写了他与慈禧太后的交往、性生活以及宫中生活的细节,从 1899 初到北京之时开始,一直写到 1928 年慈禧太后陵墓被盗窃。其中,最为精彩、最为详细的内容,就是 1902—1908 年间,他与中国第一女人情人关系的 6 年生活,无论宫内生活细节和宫廷秘史,还是鲜为人知的男女生活情景,都令人叹为观止。

二十三、光绪皇帝的爱恨情仇（上）

1. 家族

光绪皇帝载湉,生于同治十年六月二十八日(1871 年 8 月 14 日),属羊。四岁登极为帝,年号光绪,意思是入继帝统,光大皇帝统绪。在位 34 年,光绪三十四年十月二十一日(1908 年 11 月 14 日)去世,终年 38 岁。光绪皇帝的一生,可以说是不幸的一生,忧郁终日,至死都不得片刻欢颜。他的悲剧,都是缘于同样属羊的慈禧太后,他一直生活在慈禧太后的阴影之下,不见天日——虽然他的臣民视他为天子,视他为雨露阳光,可是,他却几十年如一日,一直生活在没有阳光、没有生机、没有雨露的宫殿里。

光绪皇帝是亲王之子,他是清代皇帝之中第一位不是以皇子身份入继大统的皇帝。他出生在王府之家:他的出生地,在北京宣武门内太平湖醇郡王府槐荫斋(今中央音乐学院内)。他的父亲醇郡王是咸丰皇帝的异母兄弟,他的母亲是慈禧太后的同胞亲妹。道光皇帝有 9 个儿子,到同治末年,只有皇五子、六子、七子、八子、九子等五人。慈禧太后的胞妹叶赫那拉氏,一直在娘家,待字闺中。她们姐妹关系较好,一直想在皇家宗室之中,寻找一位皇家血脉的男子。特别是慈禧太后,一直在寻找一位皇室人员作为自己的妹夫,宗室联姻,是历代宫廷之中最好的巩固权位之法。

可供慈禧太后考虑联姻的皇室人员,就是她的几位小叔子:六弟已经结婚成家,而且心思太多,难以捉摸;八弟、九弟尚且年幼,八弟身体较虚弱,九弟又过于羞涩;只有七弟,不仅年龄合适,而且性格又好。咸丰十年(1861年),醇郡王19岁,皇帝下旨建造醇王府,醇王奉旨与懿贵妃的亲妹叶赫那拉氏成婚。北京的醇王府,先后有三座。依照惯例,醇郡王分府出宫,皇帝赏赐府邸,就在宣武门内太平湖东岸,人称醇王府。这是满清第一座醇王府。后来,醇郡王晋封醇亲王,这里又称为醇亲王府。因为地处南城,又称为南府。

醇王福晋叶赫那拉氏生下四子,第二子就是载湉,其余三子夭折。载湉即皇帝位后,南府成了潜龙邸,这里按例要升为宫殿,或者空闲下来,或者按照雍正皇帝即位后雍亲王府升为雍宫的旧例,醇亲王府改成庙宇,升为醇亲王祠,供奉菩萨。慈禧太后特地在皇宫北部的什刹海北岸选择一处吉地,一座风水极佳的贝子府,赏赐给醇亲王。为此,慈禧太后特地拨出库银16万两,重新修缮、扩建改造,建成了一座富丽堂皇的醇亲王府。这处新建的醇亲王府,地处皇宫北部,又称北府(今宋庆龄纪念馆)。宣统皇帝即位后,醇亲王授监国摄政王,隆裕皇太后降恩,赏赐醇亲王一座新的醇王府,这就是第三座醇王府:西苑三海集灵囿紫光阁一带。这第三座醇王府刚刚动工,辛亥革命爆发,大清王朝寿终正寝了。

翻阅皇家玉牒,发现醇亲王在没有进入慈禧太后的生活之前,一直没有得到重视:没有特别的封赏,没有皇帝的恩赐,没有显赫的要职。他10岁时,咸丰皇帝登极,按照惯例,封为郡王。除此之外,他再也没有别的任何封赏。10年后,咸丰皇帝去世,他刚刚20岁。这时,生活开始悄悄地发生了变化。不经意间,他的妻姐成为慈禧皇太后,他也因为这层特殊的关系而受到特别的重用。一封封密件,一次次商谈,都让这位曾经备受冷落的醇亲王,感到自己在不知不觉中已经处于政治漩涡的中心。

咸丰皇帝去世不久,皇帝的灵柩开始运往北京。随后,他就收到妻姐也就是慈禧太后的懿旨,命他秘密率领宫廷亲信侍卫和忠诚的八旗官兵,以迅雷不及掩耳之势,开赴密云半壁店,将负责押送皇帝梓宫回京、正拥着美妾熟睡的赞襄政务八大臣首领肃顺在床上生擒,押解回京。这就是震惊朝野的辛酉政变,这场政变大获成功,醇亲王立下了汗马功劳,获得了首功。

大功之后,慈禧太后必定重赏。慈禧太后开始重用醇亲王,对他一再加恩,授予要职:由都统至御前大臣,进而到领侍卫内大臣、管神机营。醇亲王大喜过望,一年数迁,执掌着京城的禁卫军,手握兵权。随后,由醇郡王加亲王衔,正式封醇亲王。据史料记载,仅仅半年左右的时间,醇亲王在慈禧太后的关照下,获得了一大堆许多人奋斗一生都不能够获得的一个个头衔:正黄旗汉军都统、正黄旗领侍卫内大臣、御前大臣、后扈大臣、管理善扑营事务、署理奉宸苑事务、管理正黄旗新旧营房事务、管理火枪营事务、管理神机营事务等等。

醇亲王的儿子载湉,是慈禧太后的外甥。同治皇帝去世以后,慈禧太后颁发懿旨,命近侍奉载湉入宫,选择吉日在养心殿即皇帝位。面对突如其来的变故,一向老实本分的醇亲王有点不知所措,听了慈禧太后的懿旨,要宣自己的儿子入宫为帝,醇亲王一下子昏死了过去。随后几天,他一直处于非正常状态,身颤心摇,如梦如痴。醇亲王的一生,都是十分谨慎的,他不仅说话做事都小心翼翼,而且在教育子女方面也是如履薄冰,唯恐不经意之间招至灾祸。他知道,满招损,谦受益,他特别告诫家人,要防止子孙骄傲自大,不思进取。他在正房大堂,悬挂一匾:谦思堂。他喜欢读书,他的大部分时光都是在书房度过的。他在自己的书房,也悬挂一匾,上书:退省斋。他的书案之上的显著位置,摆放着一件十分精巧的欹器,器上铭刻着六个字:满招损,谦受益。

欹器是孔子极其喜爱的一件器物,这件东西的价值,主要不在其精巧,而是在于其独特的构造:虚则欹,中则正,满则覆。孔子亲自将水注入欹器之中,一次次试验,一次次都令他感到震惊。他又让弟子注水入欹器,结果还是一样:中而正,满而覆,虚而欹。孔子感叹:"吁! (老天啊),恶有满而不覆者哉!"醇王从妻子的口中和自己的观察之中知道,当今的慈禧太后,虽然是自己的妻姐,但不是一般的女流之辈,特别是对于权力,从来不苟且。

每当醇亲王想到国事,想到太后,他就会感到恐惧,就会更加诚惶诚恐。他坐在自己的书斋之中,冥思苦想,饱蘸笔墨,恭敬地写下四个大字,告诫自己,也告诫自己的儿孙:"恭谨敬慎。"不仅如此,醇亲王亲书治家格言,悬挂在自己子女的房中,时时提醒他们,日夜告诫他们,满招损,骄招祸。他的治家格言是:

财也大,产也大,后来子孙祸也大。

若问此理是若何? 子孙钱多胆也大。

天样大事都不怕,不丧身家不肯罢!

醇亲王知道,儿子做了皇帝,自己更要谨小慎微。因为,慈禧太后的权力欲望是那样的强烈,在这样一位强硬的太后面前,他和他儿子的日子都不会好过。为了避免慈禧太后猜忌自己,涉嫌弄权,他特地进奏慈禧太后,请求罢免他的一切职务。醇亲王的奏折情真意切,写得哀婉动人:惟有哀恳矜全,许乞骸骨,为天地容一虚糜爵位之人,为宣宗成皇帝留一庸钝无才之人! 慈禧太后明白醇亲王的用意,也知道这位老实本分的亲王的忠心,她吩咐,将奏折下诸王大臣讨论商议。对于醇亲王的请求,王公大臣们也心知肚明,大家一致同意。于是,慈禧太后颁下懿旨,免去醇亲王的一切职务,但王爵世袭不变。不久,慈禧太后赏赐醇亲王,食亲王双俸,主要职责是照料光绪皇帝在毓庆宫读书。

2. 皇帝读书

光绪皇帝载湉年仅 4 岁的时候,由慈禧太后指定入宫即皇帝位。慈禧太后很清楚地知道她所需要的皇帝是什么样的人,她也十分明白她要将这位幼年皇帝培养成为一个什么样的接班人。慈禧太后成竹在胸,事必躬亲。她为小皇帝指定了特殊的读书地点,也为小皇帝选择了性情和善的老师。光绪皇帝的读书地点,就是当年康熙皇帝为太子建造、后来成为清代皇子们居住、读书的毓庆宫。光绪二年(1876 年)春天,6 岁的小皇帝载湉正式在毓庆宫上学。

按照清廷礼制的规定,少年皇帝读书,与皇子在宫中读书是有所不同的,这种不同不仅表现在师生礼仪上,还表现在生活的各个方面。通常地说,在上书房读书的皇子皇孙们,都是天亮之前,由太监引领着,自己走路,前往上书房,进入书房之后,自己坐下读书。少年皇帝读书则不同,小皇帝前往读书所在的毓庆宫,则要乘坐皇帝专用的轿子。黄帝悬挂的轿子前面,专门有管事太监负责清道,防止有任何阻障皇帝前行的人员、动物或者障碍物出现。

最为重要的是,皇子读书,是自己坐在座位上,恭候师傅的到来。皇帝读书则不同,师傅们都必须在天亮之前穿戴整齐,事先到达皇帝读书之地的毓庆宫或者弘德殿,并且,师傅不能先行入内,要在宫之西侧的休息室静坐喝茶,恭敬地等候皇帝的到来。每天寅正时分,小皇帝乘着金顶黄轿,在太监的引导下来到书房。这时,正在休息室的皇帝师傅们,早已安静下来,放下茶杯,恭候皇帝。他们任何一个人,都不许出屋迎接,都必须十分恭敬地从座位上站起来,直到一身新衣的小皇帝进入书房以后,坐在休息室的师傅们方才坐下。然后,由管事太监入内传令,请师傅们一起进入书房。师傅们整肃衣冠,鱼贯进入书房,先恭敬地向皇帝鞠躬行礼。皇帝神色庄重,也要从座位上站起来,辑手还礼。然后,皇帝和师傅各就各位,同时坐下。皇帝是正向,坐北向南。师傅们是侧向,坐在皇帝左侧,面向西。

光绪皇帝少年英俊,十分聪颖。他在毓庆宫读书学习,由慈禧挑选师傅,确定翁同龢、夏同善、孙家鼐、孙诒经等儒学大师先后充任皇帝老师,专门负责教习光绪皇帝汉文儒家经典。光绪皇帝读书,是在光绪二年(1876年)。10年前的同治四年(1865年),36岁的翁同龢在乾清宫西边的弘德殿,为少年的同治皇帝教授经史,辅导皇帝读书。弘德殿内正堂之上,高悬着乾隆皇帝的御题大匾:"奉三无私。"匾额两边的对联是:"二典三谟法尧舜之道,五风十雨协天地之心。"东室则悬挂着雍正皇帝的御笔楹联,也是名垂千古的佳句:"惟以一人治天下,岂为天下奉一人。"

光绪二年(1876年)二月二十一日,光绪皇帝正始开学,这是小皇帝启蒙读书的第一天。47岁的帝师翁同龢有些紧张,天还未明,他就早早起床。翁师傅沐浴着晓风残月,来到皇帝读书的书房:养心殿东暖阁。恭亲王、贝勒、额驸诸人都在,帝师翁同龢和夏同善入内,恭敬地侍立在皇帝一侧。幼年光绪皇帝眉疏目朗,看上去十分聪明灵秀。光绪皇帝坐北朝南,御前是一张矮桌子,桌子之上是御用文房四宝。师生行过礼后,翁同龢从容上前,饱蘸笔墨,示范地写下遒劲刚毅的四个大字:"天下太平。"

笔墨的清香,在小室中洋溢。小皇帝看着四个大字,十分惊奇和欣喜。翁同龢从容不迫,再次饱蘸笔墨,写下四个大字:"光明正大"。然后,翁同龢亲自握着小皇帝的手,在事先准备好的红格子纸上,用朱笔将刚才书写的八个大字,临写一遍。这一临写,算是皇帝正式开笔了。写完字后,光绪皇帝开始学习认字。翁同龢拿出事先备好的两个方块大字,黄绫装裱的纸板上,书写:"帝,德"。这两个字,翁师傅分别放在小皇帝面前,然后,翁师傅声音清楚地念了两遍,小皇帝也跟随着口诵了两遍。这一念,算是皇帝正式念书之始了。

接着,翁同龢进讲《帝鉴图说》。这部书,是教导皇帝如何吸取历史经验教训的历史启蒙书籍,第一篇就是《三皇五帝》。翁同龢很有教学经验,他大声朗读,声音抑扬顿挫,清脆洪亮。他讲课时,配合着他的手势动作,使整堂课显得生动有趣。翁师傅善于表达,他讲得深入浅出,将三皇五帝讲得通俗易懂,引人入胜。在课堂上,小皇帝睁着聪颖的大眼睛,似懂非懂,似所领悟。小皇帝用他白嫩的小手,指着相貌奇特的帝尧、帝舜,满面春风。翁师傅看着眼前的一幕,想起了同治皇帝,不禁热血沸腾,流出热泪。在场的众人,也都十分惊奇,感动莫名。最后,额驸景寿教了满文的第一个字母,小皇帝一见这个字母,就啊的一声,准确地发了出来。众人再次大吃一惊,随后笑了起来,夸奖皇帝天赋过人,认为这是上天的恩赐,皇帝如此聪明,实乃大清之福。

第一天的课程,就这样在十分融洽而愉快的气氛中结束了。小皇帝意犹未尽,显得兴致盎然。众师傅和大臣看到小皇帝如此聪明好学,也由衷高兴。恭亲王在场,看见皇帝天资不凡,当然也松了一口气。据档案记载,光绪皇帝第一天的读书生活,从蘸墨书写,到皇帝临字,再到讲读《三皇五帝》,一直到最后认识满文,全部课程加起来,总共用了三刻左右的时间。在这么长的时间内,小皇帝始终精神良好,没有倦怠之意。光绪皇帝从正月二十二日开始,就在养心殿临字、认字、写字、听讲和识满文,一直到四月二十一日止。从四月二十一日以后,光绪皇帝才正式改在毓庆宫读书。

光绪皇帝载湉是位很腼腆、很内向的孩子,在上学读书方面,他与同治皇帝完全不同。他很文静,很听师傅的话,而且也很好学,特别是他的天资较高,许多东西,一学就会。所以,师傅们觉得,这位小皇帝聪明颖悟,是个可造之良材。皇帝聪明,师傅们自然欣喜,感觉自己满腹经纶,终于可以天从人愿,为大清王朝造就出一位圣明君主。帝师翁同龢每天起床很早,精神抖擞地来到皇帝书房,给小皇帝讲解经书,他讲解得认真仔细,特别是讲解《四书》,由浅入深,浅显易懂。然后,翁师傅又教小皇帝正襟危坐,用毛笔练习楷书字体,熟悉不同的书法,分别用大楷、小楷书写各数张。

讲书、习书、识字、温习旧文、熟悉新作,这就是小皇帝的功课,功课就这样日复一日。在讲读课业之外,翁同龢还要指导小皇帝日常礼仪,包括起立、坐下、行走的姿势。他十分严格,要求小皇帝无论行走,必须练习标准的起立、行走姿势,走要正步,行要稳健,跑步如风。翁师傅教授皇帝正确地走路、坐卧,让小皇帝在这正确的姿势中,背诵刚刚学过的文字、文句、诗词。读书之后,翁师傅就让小皇帝练习书法。光绪皇帝一生都很喜欢书法,小小年纪,练习书法也非常认真。

光绪皇帝天赋很高,十分聪明。他不仅喜爱读书,还善于思考,喜欢提问,并且对自己已经念过的书籍,几乎过目不忘。师傅每次提问的时候,皇帝不仅能够准确地回答问题,同时,还能举一反三。随着年龄的增长,小皇帝能够熟练地运用自己掌握的知识,应对各种提问。翁师傅很喜爱聪颖的小光绪,对小皇帝的读书感到很满意。光绪皇帝也十分喜爱翁师傅,他们在读书生活之中,渐渐建立了感情,结下了深厚的师生情谊。曾经在皇宫之中做客的德龄女士,亲眼目睹了光绪皇帝的读书生活,她曾这样描述光绪皇帝的学习状况:"他的记忆力很强,天性又很喜欢读书,所以无论是回答翁同龢提出的问题,或是背诵已经念过的书,他都能应对裕如。"

光绪皇帝的性格过于内向,近乎懦弱。这种软弱的性格,一半是天生的,一半是后天的。光绪皇帝的一生,都是在慈禧太后的阴影下度过的,他的这种懦弱,在威严刚烈的慈禧太后面前,就更加显得如风中残烛。也许是慈禧太后凶狠的眼光无处不在,光绪皇帝从小就觉得不安全,他在生活中找不到乐趣,就从书中寻找。渐渐地,他从书中找到了安全,并从书中感觉到无穷的快乐。可是,一到现实之中,他一接触到慈禧太后的眼睛,就感觉恐惧,仿佛天地之间,没有自己的藏身之地。在翁同龢师傅面前,光绪感到安全。所以,在光绪皇帝的一生之中,他自始至终,都十分依恋翁同龢,十分敬重这位开启圣智、教授经史的师傅。

翁师傅面目清秀,为人雍容大度,态度和蔼可亲。幼年的光绪皇帝,无论什么时候,只要有机会,就把自己的小手伸到翁师傅怀里。小光绪感觉自己躺在师傅的怀里很惬意,很舒服,也很安全,特别是躺在师傅那温暖的怀抱里,他还可以伸出小手,使劲地捋师傅那随风飘动的山羊胡子,每次,翁师傅总是乐呵呵的,满面春风。

教授小皇帝读书的最初两年,主要是认字、临字、练字、读书、讲书,读书的一个重要内容,就是反复地背熟书,诵生书。每天,背熟书50遍,诵生书20遍。小光绪身体较弱,加上曾经得过一场大病,痢疾差点夺去他的性命,所以,他的身体不好,力气不足,根本不能朗读数十遍,经常是读了几遍就不愿意读了,翁师傅怎么敦促,都无济于事,小家伙就是不开口。只有一个例外,就是慈禧太后在场的时候,小皇帝从来不敢任性。

小光绪体质较差,胆小怕事,自幼就害怕雷声。每次一听到打雷,他就躲进翁师傅的怀里。光绪二年(1876年)五月的一天,小光绪正在读书,突然,乌云翻滚,电闪雷鸣,小皇帝一下子就从椅子上滑了下来,躲藏在椅子下,紧紧地抱着椅子脚大哭。翁师傅立即扑了上去,也不管君臣的名分,将小皇帝抱在怀里,不停地安慰。这一幕,光绪皇帝一直都记得,他们深厚的师生情分就这样点点滴滴建立起来了。后来,光绪皇帝长大了,翁师傅每次回乡探亲祭祖,光绪皇帝都是依依不舍,总是一再嘱咐他,早点回来。有一次,光绪皇帝以水上风浪危险为由,阻止翁同龢回乡。

3. 傀儡皇帝

慈禧太后有许多新思维,新方法,目的只有一个,就是牢牢控制着政权。三次政治改制,就是她的大发明:第一次是在同治皇帝年幼时期,由慈禧皇太后垂帘听政;第二次是非皇子身份的载湉,继承了大行皇帝之位;第三次就是光绪皇帝亲政以后进行政治变革,维新失败以后,由皇太后训政。慈禧太后是位权术高手,每次政治改制,结果只有一个,就是她轻而易举地将游离在外的部分皇权,重新拿回到自己的手中,理直气壮,不留半点痕迹。

光绪皇帝从四岁至 17 岁,是他傀儡皇帝时期。在这期间,给他留下印象最深的,就是光绪七年(1881 年)三月初十日,45 岁美丽、温柔、慈祥的慈安皇太后突然在钟粹宫驾崩,那一年,光绪皇帝不满 10 岁。三年后,光绪皇帝 14 岁了,按顺治、康熙旧例,太后应该归政。可是,慈禧太后不愿意放权,依旧执掌朝政。直到光绪皇帝 17 岁了,慈禧太后感到来自各方的压力,皇帝亲政之事,不能再拖。可是,慈禧太后又觉得,执掌权力,这是 20 多年艰辛努力所得到的结果,怎么能轻易放弃?

慈禧太后正自苦闷、犹豫之际,光绪皇帝的父亲醇亲王来了。醇亲王知道太后的心思,他揣摸圣意,想出了一个天才的主意:皇帝年幼,请求慈禧太后继续训政。醇亲王的美意,慈禧太后当然不能拒绝。于是,醇亲王和礼亲王联名上书,恳请太后再行训政数年。亲王所奏,正中下怀。慈禧太后看过奏折,自然心花怒放。她再三阅读两位亲王所奏,着实高兴,立即在奏折上批朱:“皇帝甫逾志学,诸王大臣吁恳训政。乞体念时艰,俯允所请。俟及二旬,亲理庶务。至列圣宫廷规制,远迈前代。将来大婚后,一切典礼,咸赖训教。臣愚以为,诸事当先请懿旨,再于皇帝前奏闻。俾皇帝专心大政,承圣母之欢颜,免宫闱之剧务。此则非如臣生深宫者,不敢知,亦不敢言也!”

4. 皇帝亲政

祺祥政变以后,以慈禧太后为首的太后势力集团和以恭亲王为首的朝臣集团登上了政治舞台,开始了时分时合的较量。从此以后,慈禧太后掌控权力,培植亲信,渐渐形成了以慈禧太后为核心的政治集团,也就是后党集团。后党集团第一个要对付的目标,就是恭亲王和他的朝臣集团。用了几年时间,慈禧太后或收或放,收拾了恭亲王和他的军机班子为主体的朝臣集团。随着皇帝亲政,光绪皇帝逐渐走到政治前台,皇帝的帝师和新锐大臣围绕在皇帝身边,帝党势力形成。一直执掌大权的后党集团面临着帝党的挑战,后党的尖锐矛头,就指向了帝党。

从时间上说,后党与恭亲王及其朝臣集团的正式较量,是在光绪初年,真正进入白热化是在光绪十年(1884 年),中法战争爆发之际。慈禧太后故伎重演,联合醇亲王,收拾了政军大权在握的恭亲王。在慈禧太后的精心策划下,一夜之间,颁发圣谕,以恭亲王为首的五位军机大臣——奕訢、宝鋆、景廉、李鸿藻、翁同龢,全部被罢免。慈禧太后端掉了首席军机大臣恭亲王和他的整个军机班子,紧接着,她启用了一批没有什么政治眼光、才智平庸的王公大臣主持政务:任命礼亲王世铎、孙毓汶等为军机大臣,参决王朝军政。这一年,是农历的甲申年,史称甲申易枢。

光绪十四年(1888 年),清廷正式组建北洋海军。北洋大臣李鸿章奉旨负责筹划和组建这支军队,在李鸿章的主持下,北洋海军迅速发展,不断壮大。李鸿章亲自选定亲信和人才,出任海军统帅和将领。在他的关注、统筹和策划下,北洋海军在数年之间就很快成为当时清廷主力军队。慈禧太后也十分关注这支北洋海军,并投入了大量资金予以装备。从北洋海军的军费、装备、规模和实力上看,这支大清的王牌海军,也是当时亚洲较为强大的海军。可是,与此同时,身处海洋之中的岛国日本,一直对中国虎视眈眈,他们摩拳擦掌,用大量资金装备自己的海军,梦想有朝一日能够征服中国。

慈禧太后治下的中国,依旧歌舞升平,人们过着懒洋洋的日子。光绪十五年(1889 年)正月,光绪皇帝将满 19 岁了。奉慈禧太后懿旨,清室积极筹划,为光绪皇帝举行盛况空前的大婚典礼。连续五天时间,宫廷内外,朝野上下,一片欢腾。慈禧太后先拨国库户部银子 200 万两举办这场盛大的婚礼,因为太豪华了,资金不够,慈禧太后接着又追加 100 万两。宫廷之中,装饰成一片红色,整个宫殿沉浸在红色的喜庆气氛之中。

光绪皇帝大婚后,按照慈禧太后颁发的圣谕,皇帝就要正式亲政了。这年二月,光绪皇帝在养心殿,隆重地举行了亲政仪式。皇帝亲政,太后应该退居后宫,颐养天年,一切由皇帝自己做主。可是,皇帝亲政的当天,慈禧太后给刚刚上任的皇帝就下达了两道懿旨,要大兴土木。第一项,是扩建清漪园,作为太后颐养天年之用。这一工程,在同治时期就开始了,但由于大臣反对,这一工程暂时停工。现在,慈禧太后想让光绪皇帝继续完成。光绪皇帝虽然知道国库银子紧张,但太后懿旨,他不能不听。扩建清漪园,耗资巨大,历时 3 年时间,大规模的建筑工程方才基本完成。扩建工程完成以后,光绪皇帝陪同慈禧太后赏玩,慈禧太后看见清漪园美景如画,十分高兴,赐名为颐和园。第二项,是在什刹海北部,建造醇亲王府,又称北府。可惜,醇亲王府还没有完成,光绪十六年(1890 年),光绪皇帝的父亲醇亲王突然病逝,这位谨慎一生的亲王,仅仅活了 51 岁。

慈禧太后这位政治经验丰富的女人,善于用人,长于谋略,多年经营天下,关系网密布朝野。光绪皇帝亲政以后,王朝政坛上自然形成了两大势力:一是以慈禧太后为核心的后党集团,一是以光绪皇帝为主体的帝党集团。两大集团相互渗透,相互作用,势均力敌,持续了大约 10 年时间。最后,两大集团争权夺利,开始公开对抗和较量。两大集团势同水火,较量一步步升级,发展到白热化阶段。慈禧太后以武力解决冲突,后党集团大获全胜,柔弱无力的光绪皇帝成为慈禧太后的阶下囚,帝党集团土崩瓦解。

慈禧太后是后党的核心,核心成员有执掌军政大权的大学士、兵部尚书荣禄,军机大臣孙毓汶、徐用仪等,他们反对维新,主张法祖,在中日甲午战争上主和。帝党以光绪皇帝为核心,主要成员是帝师大学士、军机大臣李鸿藻、翁同龢等,他们富于理想主义色彩,意气用事,斗志昂扬,主张对日作战,反对法祖,坚持维新变法。面对日本的虎视眈眈和西方列强的入侵,帝党集团主张立即停止一切工程,特别是费资巨大的颐和园工程,主张立即停办慈禧太后 60 大寿庆典,建议将有限的资金充作军费,装备海军。光绪皇帝宠爱珍妃,珍妃的堂兄志锐也是帝党中的中坚分子,志锐上书慈禧太后,明确要求:"徐用仪、孙毓汶等均为平庸无能之辈,应当立即罢免,退出军机!"

二十四、光绪皇帝的爱恨情仇(中)

1. 甲午战争

光绪二十年(1894 年)四月,朝鲜东学党事件爆发,日本政府认为有机可乘,决定立即出兵朝鲜。大清方面,后党主和,想保存实力;帝党主战,想通过战事发展实力,削弱后党。面对战事,时年 23 岁、已经亲政的光绪皇帝热血沸腾,采纳了主战派的奏议,主张对日作战。光绪皇帝吩咐直隶总督李鸿章,立即派遣直隶提督叶志超、总兵官聂士成率兵两千,前往大清藩属国的朝鲜,阻止日本入侵。李鸿章老谋深算,一方面敷衍光绪皇帝,一方面请示慈禧太后,一切听从慈禧太后吩咐。光绪皇帝虽然亲政,但没有实权,也不能任免三品以上的大臣和封疆大吏。朝鲜局势危急,光绪皇帝忧心如焚,一再颁发圣谕,逼迫李鸿章督兵出战,社会舆论也倾向于主战派一边。

正当大清国在皇帝主战、太后主和之间犹豫不决的时候,日本侵略军却悄悄地集结完成,如蝗虫一般地扑向朝鲜。日军在朝鲜仁川登陆后,如饿狼扑食,势如破竹,在很短的时间内就攻占了汉城,闯入朝鲜王宫,俘虏了朝鲜国王。朝鲜是大清的附属国,大清在汉城驻守了军队。面对日军的步步进逼,清军驻军没有反击。光绪皇帝得到前线的奏报,急如热锅上的蚂蚁,连发上谕,训饬李鸿章:"朝廷一意主战,李鸿章身膺重寄,熟谙兵事,断不可意存畏葸! ……若顾虑不前,徒事延宕,致贻误事机,定惟该大臣是问!"

日军占领汉城后,兵锋正盛,组织强大兵力攻击牙山的清军。清军大败,提督叶志超败逃平壤。可笑的是,叶提督逃跑前,以特快专递向清廷报捷。光绪皇帝大喜,一面颁谕嘉奖叶志超等官兵,一面正式对日宣战。李鸿章知道,对日作战,胜算的可能性不大,他进奏光绪皇帝,日本出兵朝鲜,大清反对,由俄国出面调停。血气方刚的光绪皇帝览奏不禁大怒,严厉谴责李鸿章畏缩求和,批示李鸿章立即督兵出战。很快,日军占领平壤,驻守平壤的清军溃败。随后,中日海战爆发。北洋海军与日军海军在黄海大东沟一带交锋,双方展开激烈海战。清军五艘舰艇沉没,管带邓世昌等战死,死伤官兵千余人。日军有多艘舰艇遭受重创,死伤六百余人。大东沟一役,大清北洋海军初战失败,负责北洋海军事务的直隶总督李鸿章,命令北洋舰队退回渤海湾海港。获得初战胜利的日军舰队趾高气扬,在中国黄海大摇大摆地游荡,日本海军完全掌握了海上制海权。

这年十月初十日,大清帝国隆重庆祝慈禧太后60大寿。万寿节这天,宫廷内外,京城上下,到处欢声笑语,一片喜气洋洋。面对陆军、海军的一再失利,忧心如焚的光绪皇帝欲哭无泪。光绪皇帝心里很痛苦,一方面,他强装笑脸,参加慈禧太后的万寿大典;一方面,他冷若冰霜,严厉谴责李鸿章出师无功,一再降谕,严厉责罚李鸿章。在大清王朝一片歌舞升平的欢乐气氛之中,日军则乘胜出击,大肆烧杀抢掠。日军攻陷朝鲜义州之后,毫不犹豫地渡过鸭绿江,入侵中国领土,并接连攻占了九连城、安东、金州、大连、旅顺等要害城市、海港。

大清军队出兵朝鲜,本来是阻止日军入侵,将日军驱逐出朝鲜境内。没想到,日本侵略军不仅没有被驱逐出朝鲜,反而占领了朝鲜,还大举入侵中国!光绪皇帝奔波在养心殿政务前线和太后生日庆典的颐和园之间,焦头烂额,苦不堪言。日本大军压境,兵临城下,紧接着就会提出苛刻条件。果然,日军占领旅顺以后,正式向大清提出苛刻的停战条件。正兴致勃勃庆贺60大寿的慈禧太后,在这大喜的日子里,最讨厌的就是战争,她希望尽快结束战事,以便自己安心看戏。奉旨议和的大臣心里明白,慈禧太后只想结束战事,日本方面即使提出再苛刻的条件,也可以接受。但血气方刚的光绪皇帝不能容忍如此结局,更不能接受条件如此苛刻的城下之盟!

光绪皇帝依然斗志昂扬,坚决主战。他流着泪,哭喊着说:"严冬三月,倭人畏寒怕冷,正是我清兵进战之良时!此时停战议和,岂不是害我误我啊!"皇帝接着降谕,严厉告诫李鸿章:"旅顺既为倭据,现又图犯威海,意在毁我战舰,占我船坞。彼之水师,可往来无忌。其谋甚狡。敌兵扑犯,必乘我空隙之处,威海左右附近数十里内,尤为吃紧!"光绪皇帝一再降旨,严厉督促李鸿章,加强备战,不得轻敌,任何时候都不许投降。中日对峙,形势十分危急。正在这关键时期,慈禧太后出面干预了,她降下懿旨,任恭亲王为军机大臣,督办对日军务。

日本侵略军步步进逼,不断深入中国腹地,局势日益严峻,战况也更加险恶。御史安维峻不顾个人安危,毅然决然地上书,指斥李鸿章卖国,请求太后归政,由皇帝亲政,全面主持政务。慈禧太后勃然大怒,当即挥笔批朱:革职拿问!远戍军台!光绪皇帝想救救这位敢于直言的御史,可是,生杀大权系于太后,光绪皇帝也无能为力;光绪皇帝想与日决战,但没有实权,根本无法指挥军队,军队的调动和控制权完全掌握在慈禧太后的手中。日军疯狂进攻,掳掠山东各地,最后占领了威海,攻克刘公岛。日本向北洋海军发动全面进攻,一场激烈的战事之后,北洋海军全军覆没,提督丁汝昌及数千海军将士殉难。败讯传入深宫,众大臣老泪纵横。光绪皇帝面对奏报,痛哭失声。

光绪二十年十二月,慈禧太后派侍郎张荫桓等人前往日本和谈。光绪二十一年(1895年)正月,日本方面拒绝与张荫桓和谈,要求派李鸿章为全权谈判代表。李鸿章奉慈禧太后懿旨,以大清全权代表身份与日方谈判。正式和谈之前,慈禧太后命李鸿章赴京,听候训示。甲午战败的阴云,依旧笼罩着紫禁城。光绪皇帝余恨未消,不想见李鸿章。慈禧太后心情恶劣,也不想见李鸿章。恭亲王奉慈禧太后懿旨,面见李鸿章,传达太后和皇帝的旨意,明确和谈内容。最后,李鸿章离京前,光绪皇帝奉慈禧太后懿旨,还是正式召见了李鸿章,明确谈判原则。光绪皇帝指示:与倭磋磨定议,斟酌轻重,只谈赔款,不授予割地大权。

李鸿章已经是古稀之年,他以失败国的全权代表前往战胜国,他的心情之沉重,可想而知。李鸿章赴日本马关,与日本内阁大臣伊藤博文正式会谈。经过反复谈判,一再讨价还价,最后,签订了一份完全有利于日本、对于中国来说无异于丧权辱国的极不平等条约,这就是《马关条约》。李鸿章派专人将《马关条约》的文本急送北京,让光绪皇帝签字。因为,全权代表只是代表谈判,只有皇帝签字之后才能正式生效。光绪皇帝看过《马关条约》,待了半天,然后放声大哭,差点昏死过去。条约内容,触目惊心:中国割让辽东半岛、台湾、澎湖,赔偿军费2亿两,开放重庆、沙石等商埠,承认朝鲜脱离中国而自主等等。这么多条件,任何一条都是屈辱的,都不可接受。光绪皇帝泪流满面,坚决拒绝在条约上签字。

《马关条约》的屈辱内容,迅速在京城传播,从京城传向全国。有识之士愤怒了,全体有血性的中国人都愤怒了,人们群情激愤,纷纷游行示威,坚决反对在条约上签字。率先行动起来的,就是在京考试的举人,他们联名上书,反对与日签订条约。京城的文武百官也沸腾起来，他们纷纷上书，要求毁约，高呼：地不可弃，费不可偿，当仍废约决战！光绪皇帝度日如年，痛不欲生，他流着泪悲愤地说：割让台湾，则天下人心皆去，朕何以为天下主！光绪皇帝知道，一切的抗议和悲愤，都无济于事。他吃不下饭，睡不安稳觉，每天看着条约发呆。

慈禧太后知道战败的结局，知道这份条约根本无法更改，也知道作为战败国，大清已经没有讨价还价的余地。慈禧太后十分冷静，她和她的后党集团认为大清没有退路，只能签字。光绪皇帝满腔悲愤，最终无奈地在条约上签字。光绪签订的中日《马关条约》上，留有光绪皇帝悲痛的泪水。阳春三月，飞絮如烟，花红柳绿。然而，大清王朝割让宝岛台湾，举国悲痛。此后的岁月，割让台湾的悲痛和屈辱，依然折磨着每一个中国人。签订《马关条约》一年后，大臣丘逢甲悲愤难抑，含泪写下了《苦台湾》：

春愁难遣强看山，往事惊心泪欲潸。

四百万人同一哭，去年今日割台湾！

2. 变法梦想

西方列强欺凌中国，惊醒了中国的有识之士，他们纷纷行动起来，或者拿起笔，或者拿起枪，呼吁大清变法图强，期望这个备受欺凌的国家，能够迅速强大起来。一时之间，变法的梦想，掠过古老的京城，变成了时代的最强音；自强的声音，穿过古老的宫墙，在紫禁城的上空萦回。在这个变法图强的潮流之中，站在潮头的最著名人物，就是布衣康有为了。这位满腹经纶、才华横溢的青年，面对疮痍满目的国家，愤然挥笔，上书光绪皇帝。他在《上清帝第一书》中，大声疾呼："大清处在危机存亡之间，未有若今日之可忧也！"康有为将这份写给光绪皇帝的"第一书"，郑重其事地呈交给帝师翁同龢。翁同龢读了之后，深受感染，佩服作者有如此之气魄和才气。翁师傅感叹："如此雄健之笔力，当横扫天下。"然而，翁师傅担心皇帝接受不了，没有上呈，因为，康有为太一针见血："方今外夷交迫，自琉球灭，安南失，缅甸亡，羽翼尽剪，将及腹心！比者，日谋高丽，而伺吉林于东。英启卫藏，而窥川、滇于西。俄筑铁路于北，而迫盛京。法煽乱民于南，以取滇粤！"

康有为上书经后，翘首以望，一直没有回音。一个月后，康有为再次挥笔上书，写下了著名的《上清帝第二书》、《上清帝第三书》。《上清帝第三书》写得十分精彩，康有为慷慨激昂地写道：窃以为今之为治，当以开创之势治天下，不当以守成之势治天下；当以列国并立之势治天下，不当以一统垂裳之势治天下。盖开创则更新百度，守成则率由旧章。列国并立，则争雄角智；一统垂裳，则供手无为。不变法而割祖宗之疆土，驯至于危，与变法而光宗庙之威灵，可以强大。孰轻孰重，必能辩之者。不揣狂愚，窃为皇上筹自强之策，计万世之安，非变通旧法，无以为治！

康有为的《上清帝第三书》不胫而走，在京城之中影响极大。这篇佳作，与顺天府尹的《条陈变法自强事宜折》和南书房翰林张百熙的《急图自强敬陈管见折》一起，送达皇帝的御案。光绪皇帝读罢，十分兴奋，吩咐将所言变法的九个条陈，立即交部商议。随后发表了震动朝野的变法圣谕，这无异于吹响了大清王朝变法图强的号角，光绪皇帝鼓励朝野大臣积极地投身到变法洪流之中：

"自古求治之道，必当因时制宜。况当国势艰难，尤应上下一心，图自强而弭祸患。朕宵旰忧勤，惩前毖后，惟以蠲除痼习，力行实政为先。叠据中外臣工条陈时务，如修铁路、练陆军、整海军、立学堂，大抵以筹饷、练兵为急务，以恤商惠工为本源，皆应及时举办！"

正当光绪皇帝热血沸腾、梦想变法之时，一股超强的冷风从紫禁城深处吹来，从京城的各个角落汇集成一股强大的旋流，压向光绪皇帝。这股强大旋流的核心，就是慈禧太后和顽固的守旧势力，这股势力纠集到一起，以慈禧太后为靠山，开始活跃起来。他们最大的王牌，就是祖宗旧法不可变，反对维新，反对变法。掌管军队的直隶总督荣禄是这股守旧势力的代表，他痛恨变法，曾公开说："康有为立保国会，现在，许多大臣未死，尚不劳他保也！其僭越妄为，非杀不可！"面对这股超强势力，光绪皇帝形单影只，忧心如焚。光绪皇帝反驳荣禄，明确指出："会，能保国，岂不大善？何以要惩处？"荣禄嘿嘿冷笑，不回答。军机大臣刚毅也是一位强硬的顽固分子，他上书光绪皇帝，明确宣称："我朝成法，尽善尽美！皇上仍应遵祖宗旧制，不可轻易更张！"

守旧的阴风阵阵吹来，越吹越强劲，越吹越疯狂。慈禧太后冷眼旁观，悄悄地调动军队，对于政权的控制更紧。光绪皇帝感到很孤独，终日枯坐紫禁城中，虽然阳光明媚，但他感觉周身寒冷。光绪皇帝很苦闷，他一心想变法图强，可是，作为一国之君，想变法图强，怎么就如此艰难？光绪皇帝不明白，慈禧太后不是明明支持变法吗？不是说她退养颐和园不再过问政务吗？为什么一到关键时候，她就不放权？光绪皇帝心中惶惶，实在憋不住了，他就对庆亲王发牢骚："太后若仍不给以事权，我愿退让此位，不甘作亡国之君！"慈禧太后听到光绪皇帝的牢骚，冷冷一笑。面对危在旦夕的时局，慈禧太后耐心等待，静观时变。社会呼唤变革的声音，一浪高过一浪。光绪皇帝依然充满期待，依然热血沸腾。光绪皇帝是位理想主义的君王,他在康有为、梁启超等人的鼓动下,毅然决定变法。

光绪二十四年四月二十三日(1898 年 6 月 11 日),光绪皇帝颁发《明定国是诏》,向全国发出号召,正式宣布变法:

试问今日时局如此,国势如此,若仍以不练之兵,有限之饷,士无实学,工无良师,强弱相形,贫富悬绝,岂真能制梃?以挞坚甲利兵乎?朕惟国是不定,则号令不行,极其流弊,必至门户纷争,互相水火。徒蹈宋、明积习,于时政毫无裨益。即以中国大经大法而论,五帝三王,不相沿袭,譬之冬裘夏葛,势不两存。诏书明白宣示:嗣后,中外大小诸臣,自王公以及士庶,各宜努力向上,发愤为雄。以圣贤义理之学植其根本,又须博采西学之切于时务者,实力讲求,以救空疏迂谬之弊,专心致志,精益求精,毋徒袭其皮毛,毋竟腾其口说,总期化无用为有用,以成通经济变之才!

明定国是诏书的颁布,意味着光绪时期由皇帝主导的变法活动正式拉开了序幕。变法期间,光绪皇帝每隔几天就要赴颐和园,向慈禧太后请安,并询问太后对于变法的懿旨。光绪皇帝性急,变法伊始,就接连发布了数十道革旧维新诏书,有时一天就发布上十道,从中央到地方,展开了大规模的变法运动。这场规模巨大的变法活动,直接冲击了运转了二百多年的大清制度,特别是废除了祖宗订定的大法,让许多既得利益者失去了一切。

这样,许多失意者就汇集到了慈禧太后的身边,哭诉他们的际遇,表达他们的忠心,陈述他们的失落。随着时光的流逝,慈禧太后的神情一天比一天严肃,脸色一天比一天苍白,对王朝的忧虑一天比一天加重。有一天,她特地召见光绪皇帝,十分严肃地询问维新变法之事。她语重心长地指出:"无论如何,不能变更祖法。"为了让皇帝能够很好地记住这一次谈话,慈禧太后竟然让已经亲政数年的成年皇帝跪在她的面前,长达两个小时。

光绪皇帝没有意识到这一次长谈,是慈禧太后对他提出的一次严重警告。他依旧陶醉在自己变法图强的幻想之中,每天处于变法图强的亢奋状态之中。他一天数次召见康有为,面谈变法大事,大力推动变法。为了更快、更好地实施变法主张,光绪皇帝特下圣旨,授予康有为工部主事,可随时入宫面奏变法事宜。四月二十八日,光绪皇帝在仁寿殿召见工部主事康有为,当面任命康有为为总理各国事务衙门章京,主持变法事宜,允许专折奏事。

五月十五日,光绪皇帝赏梁启超六品衔,负责办理译书局事务,翻译和引进西方新著作、新思维。随后,光绪皇帝特旨赏赐变法精英人物谭嗣同、刘光第、杨锐、林旭四人四品职衔,命他们在军机章京上行走,参预变法新政,时称军机四卿。慈禧太后对光绪皇帝的维新变法,一直冷眼旁观,暗中布防。慈禧太后十分冷静,她一方面广泛安插耳目,了知光绪皇帝的动向,一方面,她秘密调动军队,严密监视着皇帝的一举一动。慈禧太后胸有成竹,站在颐和园高高的山顶上,对浓雾下的紫禁城发出一声冷笑。

从四月二十三日光绪皇帝颁发变法诏书,到八月初六日慈禧太后回宫发动政变,这场维新变法,历时 103 天,最后以光绪皇帝的彻底失败而告终,史称百日维新。这次百日维新变法的灵魂人物是康有为,翁同龢则是这场运动的发起人和精神导师。康有为敬重翁同龢,称赞翁同龢是中国维新第一导师。翁师傅赞成维新变法,一方面,他一直鼓励皇帝变法图强;一方面,他利用手中的权力和影响力,大力开展变法运动。

光绪二十一年七月(1895 年 8 月),在翁师傅的运作下,中国第一个政治、学术团体组织强学会在北京成立,由康有为、梁启超、文廷式、陈炽等直接筹划和领导。康有为是强学会的总策划,身为户部尚书的翁师傅是幕后设计师。翁师傅亲信弟子陈炽是户部主事,由陈炽担任强学会会长。梁启超是康有为的第一高足,任强学会书记员。强学会会员数十人,遍及京城和全国各省。

强学会的成立,标志着帝党和维新派的正式结盟和全面大联合。京城权贵、名流和主管一方的封疆大吏,纷纷表示支持强学会,他们包括:帝师孙家鼐、礼部侍郎以及湖广总督张之洞、两江总督刘坤一、直隶总督王文韶,直隶提督宋庆、聂士成等。三位总督各捐款 5000 两,用于强学会活动。李鸿章想入会,捐款 2000 两,但是,因为名声太臭,没有同意。百日维新,变革了许多旧法,在兴办学校、通商利民、整顿吏治和广布新政方面坚决果断,雷厉风行。

在这场自上而下的变法运动之中,许多守旧官员失职失业,或者调离重要岗位闲赋,他们痛恨新政,千方百计破坏变法。在这些被光绪皇帝淘汰的人员当中,最有名的两人是革出总理衙门、老谋深算、75 岁的李鸿章和德高望重的张荫桓。他们纷纷前往颐和园,向慈禧太后告状,哭诉自己的委屈。同时,他们也上书光绪皇帝,认为皇帝被奸人所蒙蔽,请求皇帝下令,诛杀康有为、梁启超等奸臣,以平民愤,以保国体。光绪皇帝无暇与他们理论,对这些奏章,一概置之不理。守旧官员们痛心疾首,捶胸顿足,他们有人甚至扬言:"皇帝吃了康有为的迷魂药!"军机大臣刚毅更加疯狂,公开叫喊:"宁可亡国,决不变法!"

强学会成立四个月后,御史杨崇伊奉命上书,弹劾强学会结党敛钱,败坏法纪,请求慈禧太后立即下旨查封。杨崇伊是李鸿章的心腹党羽,李鸿章赏识他,他们结了儿女亲家:杨崇伊的儿子娶了李鸿章长子李经方的女儿,杨的女儿成为李鸿章的儿媳妇。光绪皇帝将李鸿章清理出总理衙门,李鸿章成为慈禧太后的铁心支持者。

慈禧太后看到杨氏的奏章,喜出望外,逼令光绪皇帝下令关闭强学会。于是,北京强学会总部被查封。杨崇伊再次上书,向强学会进一步发难,直接指名强学会副会长文廷式结党营私,非议时政,谋害国家。慈禧太后立即批示:"文廷式革职,永不叙用。"北京阴云笼罩,山雨欲来风满楼。在翁师傅的细心活动下,北京强学会悄悄改名,改成官书局,负责户部事务的翁师傅提出建议,由户部每年拨款 1000 两,支持官书局事务。清宫档案之中,还留存有翁师傅的奏折及所附的官书局诸臣名单。

3. 官廷政变

从光绪皇帝颁布明定国是诏的正式变法开始,慈禧太后就着手应对之策,积极准备着全面扼杀变法。《明定国是诏》是"大手笔",这篇大手笔是帝师翁同龢的杰作。这篇惊天动地的大文章是光绪皇帝维新变法的核心,也是光绪时期响彻云霄的变法号角。国是诏的颁布和展开,让守旧官僚和后党分子大为恐慌。许多守旧官员或者丢失官职,或者大权旁落,他们仇恨国是诏,就将仇恨的矛头,对准变法领袖、帝师翁师傅。他们纷纷涌向颐和园,向慈禧太后告状,哭诉自己的悲惨遭遇。慈禧太后只是静静地听,没有任何表态。

但是,有一件事,引起了慈禧太后的特别关注。荣禄密嘱李莲英,一定告诉太后:翁同龢专横,且劝说皇帝近期游历西洋。慈禧太后闻言,大惊失色,自言自语:"翁同龢,危矣!"国是诏颁布的第四天,也就是四月二十七日,慈禧太后逼迫光绪皇帝颁发圣旨:免除翁同龢协办大学士、户部尚书,着回江苏原籍。紧接着,在慈禧太后的授意下,光绪皇帝任命直隶总督王文韶为军机大臣、户部尚书。慈禧太后知道,变法的根本大权是人事权和财政权,军队和人事,都是在她的掌握之中,只有这财权,一直在皇帝的手中。这次变动,翁师傅解职回籍,户部尚书由直隶总督兼任。直隶总督一职,一直是慈禧太后的心腹大臣担任的,任何人都不能染指。这一次,由直隶总督兼任户部尚书,军、政、财权集于一人,这在大清王朝是第一次,这是慈禧太后的一大创举。安排妥当以后,慈禧太后可以驰然而躺了,因为,她知道,可怜的皇帝已经几乎是一无所有了,皇帝只有发布诏书的权力,皇帝不过是个摆设罢了!

慈禧太后虽然居住在颐和园,过着悠闲快活的日子,每天赏花、看戏、游玩、绘画、散步、钓鱼,可是,她一直在悄悄地布防军队,调兵遣将,一刻也没有清闲。

她最大的举措,就是任命荣禄为军机大臣、兵部尚书,节制北洋海军陆军各军,总管京城禁卫军武卫军。名义上,皇帝是军队的最高统帅。实际上,兵部尚书是全国军队总司令,直接掌管兵权。

北洋军是最新式的海军、陆军,尤其是北洋海军,代表着当时最先进的军事力量,是大清王朝的军中王牌。武卫军是当时最新设立和编练的新式军队,分为五军,由慈禧太后亲自挑选心腹之人担任将军:荣禄自领最为精锐的中军,驻防北京;山东蓬莱人宋庆领左军,称毅军,驻守山海关;袁世凯领右军,称新建陆军,驻天津小站;安徽合肥人聂士成领前军,称武毅军,驻扎芦台;董福祥领后军,称甘军,驻守蓟州。这样,荣禄任直隶总督兼北洋大臣,直接统领最为精锐的北洋海军,控制着北京及周边地区的军事力量。

王文韶是慈禧太后直接提拔和重用的大臣,由他出任直隶总督,兼任户部尚书,这样,军、政、财权,全部集于慈禧太后一身。同时,为了更加保险和相互制约,慈禧太后下令,董福祥所领的甘军,由慈禧太后信任的端郡王亲领,也就是交端郡王直接管理。甘军是最为骁勇的甘肃回汉骑兵军团,这支军队,由端郡王指挥,开赴北京南郊的御猎场,守卫京城,以备不时之需。就这样,在慈禧太后的精心安排下,京城周围,重兵把守,严密布防,固若金汤。

慈禧太后布置好京城卫戍军和野战军后,仍然不放心,决定将禁卫军指挥权牢牢控制在自己手中,调整禁卫军:荣禄一直亲领负责保卫北京的步军统领,慈禧太后将步军统领一职,交给了端郡王亲信的内务府汉军正白旗人崇礼。据说,这支保卫北京的宪兵部队,装备了当时最为先进的新式洋枪和机械化火炮。在慈禧太后的安排下,三支满洲骑兵部队和一支火炮步兵营,悄悄地派驻颐和园,保护太后的人身安全,直接由慈禧太后指挥。光绪皇帝将礼部尚书怀塔布免职,怀塔布跑到颐和园,向太后哭诉。慈禧太后立即任命怀塔布为禁卫军统帅,管理圆明园八旗及鸟枪营等事务;同时,慈禧太后任命坚决反对变法的军机大臣刚毅为禁卫军统帅,管理健锐营事务。

七月二十一日,维新变法和反维新变法之争,开始进入白热化。心怀不安的慈禧太后派心腹大臣怀塔布、杨崇伊秘密前往天津,与荣禄密谋,确定在慈禧太后和光绪皇帝同赴天津阅兵之时,发动政变,囚禁并废除光绪皇帝。以光绪皇帝为首的帝党集团感觉到后党集团的步步进逼,阴气逼人,他们也在紧锣密鼓地寻找对策,想方设法争取兵权。康有为派遣亲信弟子徐仁禄前往天津,秘密来到小站,专程拜访袁世凯,表达皇帝改革的决心和对袁世凯的器重。

袁世凯是何等聪明之人,明白来者之意,立即表示效忠皇帝,坚决拥护变法。

康有为、谭嗣同等人喜出望外，信以为真。康有为十分兴奋，立即修书，奏请光绪皇帝，建议皇帝进一步笼络袁世凯，认为如果以天津小站之精锐兵力为后援，以备不虞，变法可成，太后可囚。变法中坚人物礼部右侍郎徐致靖更是大胆，公开上书《保荐袁世凯折》，请求皇帝召见袁世凯，示以恩宠，授予更重要的要职。光绪皇帝接受所请，降谕直隶总督荣禄，传袁世凯来京进见。

七月二十九日，自以为得计的光绪皇帝乘着龙轿出宫，来到西直门外的倚虹堂。然后，光绪皇帝登上专造的飘扬着龙旗的皇帝龙舟，前往颐和园，向慈禧太后请旨问安。这是明定国是诏颁布以来，光绪皇帝第九次来到颐和园，既是向慈禧太后问安，更主要的是探听太后对于变法的态度。这一次，光绪皇帝带了一份十分重要的奏折，想进行重大的人事调整。光绪皇帝决定设立懋勤殿办事处，保荐康有为、梁启超、康广仁、杨深秀等变法精英为懋勤殿顾问。

事实上，这是又一个政务中枢，相当于雍正皇帝设立的军机处。慈禧太后闻言，立即大怒，大声呵斥他："你个白痴！你要把祖宗大业，葬送于康有为等人之手吗?!"光绪皇帝毫无思想准备，更没有想到慈禧太后会如此动怒。他跪在地上，一声不吭。他抬起头，看见太后的眼睛，吓得浑身颤抖，一身冷汗。这是一双什么样的眼睛啊，如此的阴冷！光绪皇帝伏在地上，一遍遍地认罪："请皇爸爸息怒！请亲爸爸息怒！"

光绪皇帝知道，变法大事不好，不仅变法没有希望，而且自己的皇位恐怕也难保了。他回到宫中，立即写下密旨，让亲信近侍交给康有为、杨锐，告知他们：朕位且不能保，妥速筹商，密缮封奏以闻！不仅光绪皇帝知道，康有为等书生气十足的维新派人士也知道，慈禧太后准备动手了，这位铁血女人，一定会以暴力扼杀变法。面对太后的暴力威胁，帝党集团束手无策。当时，帝党集团和变法人士拥有舆论和民心，但没有任何兵权。这样，袁世凯和他的天津小站数千人马，就成为光绪皇帝和维新派精英们拯救变法的唯一一根救命稻草。康有为眼睛血红，忧心如焚，他大声叫喊："袁世凯拥兵权，可救上者，只此一人！"

袁世凯奉旨，从天津来到北京，前往颐和园。八月初一日，光绪皇帝在颐和园召见袁世凯。袁世凯一见到光绪皇帝，立即叩首跪拜。他极力赞扬变法维新，称皇帝领导的这场变法是前所未有之盛事，皇上所施行之新政是救世济世之良方。光绪皇帝十分满意，一方面称赞他的办事能力和领导魄力，一方面希望他一心一意，为皇帝效命，为国家效力。

光绪皇帝授予他兵部侍郎候补之职，专办练兵事务。袁世凯俯伏在地，再三表示，一心一意效忠于皇上，虽肝脑涂地，也在所不辞。第二天，光绪皇帝再次召见袁世凯,关心袁世凯的身体和生活,期望他练好精兵,为皇上分忧。袁世凯当即泪流满面,对光绪皇帝如此之厚爱,感激涕零。光绪皇帝也很感动,他看着袁世凯,看着袁世凯圆滚滚的大脑袋和一脸的泪水,也不禁流下泪来,光绪皇帝内心震动,感慨地说:"有袁大头在,维新变法就有希望!"

八月初三日,御史杨崇伊按照慈禧太后授意,再次上书,奏请由慈禧太后训政。慈禧太后接受了这份上封事书,吩咐群臣合议。精通官场之道的大臣们都知道,慈禧太后又要重新执政了。这天傍晚,光绪皇帝心事重重,从颐和园一回到皇宫,就把自己关进了属于自己天地的养心殿。光绪皇帝知道,自己处境危险,孤立无援,可能朝不保夕。思虑再三,光绪皇帝写下密诏,求救于书生意气的康有为:"今朕位几不保,汝康有为、杨锐、林旭、谭嗣同、刘光第等,可要速密筹,设法相救。朕十分焦灼,不胜企望之至!"

当天晚上,康有为接到皇帝的密诏,立即与维新人士商讨救上之策。一群文弱书生,能有什么救上之策。他们遇事就知道泣不成声,哪里有什么救上之策! 商讨的结果是,由谭嗣同携带皇帝的密诏,说服袁世凯,立即起兵勤王,囚禁太后,逮捕荣禄,收拾守旧顽固的铁帽子王集团(铁帽子王,是指世袭罔替的王爵,其身份很高贵,而且封爵如同铁一般的牢固,所以,称为铁帽子王),拯救维新变法。

在清朝国 268 年的历史上,再加上在关外时期,大约 300 年,获得铁帽子王这项特别殊荣的满清贵胄,仅有 12 家:礼亲王、郑亲王、睿亲王、豫亲王、肃亲王、庄亲王、克勤郡王、顺承郡王、怡亲王、恭亲王、醇亲王,以及庆亲王。在这 12 家铁帽子王中,前 8 位都是其祖先在清朝开国以及入关统一时期立下汗马功劳而受封的,因为他们功勋卓绝,所以获得世袭罔替的永久封爵,这是因有军功而受封;其他 4 位则是因为与皇帝有着特殊亲密关系而受封,属于恩封。

袁世凯居住在法华寺,康有为授意军机章京谭嗣同,前往法华寺,专程拜访袁世凯。深夜时分,谭嗣同夜访袁世凯,稍事寒暄之后就进入主题:"皇上十分器重袁世凯大人,殷切期待袁将军忠于皇帝,以大清江山社稷为重,率兵勤王,包围颐和园。"袁世凯非常冷静,听说勤王,立即跪伏在地:"奴才忠于皇上,肝脑涂地,在所不惜! 不知包围颐和园,意在何为?"谭嗣同斩钉截铁地冒出四个字:"锢后,杀禄!"

袁世凯听说禁锢慈禧太后,杀死荣禄,吓出一身冷汗。但袁世凯依然不动声色,十分恭敬却正颜厉色道:"好! 愿为皇上效命! 杀死荣禄,就像杀一条狗一样容易!"袁世凯接着说:"不过,小站营官都是旧人,枪弹火药都在荣禄衙门。而且，小站到北京，相距200余里，隔着一条铁路，恐怕我们的军队没有到京就已经泄露了。请回奏皇上，最好的日子，是在十月，天津阅兵之时，皇上入本营，则可以直接奉上命诛杀乱臣贼子！"

袁世凯同意合作，变法维新人士松了一口气。密谈之后，袁世凯带着他的卫兵秘密地在夜色中疾行，他们正秘密前往的地点，是庆亲王的郊外官邸，庆亲王和李鸿章正在那里等他。在东方泛白的晨曦之中，袁世凯来到庆亲王的郊外官邸，与庆亲王和李鸿章举行了一次神秘会晤。这次会晤，没有任何历史记录，但后来的事实证明，袁世凯将光绪皇帝和维新派彻底出卖了。这次郊外密谈之后，李鸿章立即召来他的儿女亲家、在都察院担任要职的秘密警察头子杨崇伊，将一切告诉了他。很快，杨崇伊将密谋一事奏报给慈禧太后和铁帽子王。

满清铁帽子王端郡公、澜公等获讯后，表情严肃，立即齐聚一堂，听取庆亲王和杨崇伊的紧急情况通报。这时，袁世凯和李鸿章已经悄悄走了，因为，铁帽子王公们都讨厌甚至厌恶他们二人。他们二人手握大权，办事雷厉风行，许多地方直接触及铁帽子王的利益。特别是他们依恃着慈禧太后的器重，大刀阔斧地推行新政，对铁帽子王们毫不妥协，铁帽子王们自然对他俩不满，甚至厌恶。

紧接着，庆亲王召开了一次紧急会议，商量对策，准备好所有的材料。然后，庆亲王一行，一起前往颐和园，向慈禧太后奏报，请求慈禧太后发动政变，囚禁皇帝，立即训政。袁世凯马不停蹄，立即乘坐火车返回天津。下了火车后，他立即火速前往总督衙门，面见荣禄，告知一切。荣禄十分冷静，稍事安排以后，连夜进京，火速前往颐和园。荣禄见到了慈禧太后，两人深夜长谈，仔细密谋好每一个细节。第二天，慈禧太后召见了庆亲王和军机大臣刚毅，一起讨论了紧急时局和训政事宜。董福祥奉荣禄之命，率领后军进入北京，扬言京城有大变，入卫勤王。

八月初四日，下午酉时（18点），光绪皇帝一身便服，心情极好，正在养心殿踱步，思考着如何确保新政的落实和维新变法大计的延续。这时，太监奏报："太后回宫了！"听了这声叫喊，光绪吓得脸色苍白，待在了那里。过了片刻，光绪皇帝缓过神来，立即跑出养心殿，急慌慌地前往瀛秀门，迎接慈禧太后。慈禧太后脸色阴沉，冷冷的眼光，如刀剑一般地穿透了光绪皇帝的心。光绪皇帝感觉心慌，周身发冷。慈禧太后没有停下脚步，没有正眼瞧光绪皇帝，她直接来到光绪皇帝的寝宫，吩咐将殿中的所有奏章和批件，全部拿走。光绪皇帝面无血色，呆呆地站在那里。慈禧太后这才转过身，恶狠狠地指着光绪皇帝的鼻子，怒气冲天地吼道："你这个痴儿，你这个白痴！今天没有我，明天还有你吗？！"

瞬息之间，光绪皇帝从天下至尊的皇帝变成了阶下囚。他被软禁了，被送往紫禁城西边的中南海,那里是一片孤立的小岛,湖水很深,烟波浩渺,由慈禧太后信任和严格挑选的禁卫军和太监看守着。康有为死里逃生,他在逃亡途中,写了一部《自订年谱》,在书中写道:"是时,上幽南海瀛台中,王汪航(王照)与日人谋逾南苑救上。复生(谭嗣同)与京师侠士大刀王五亦谋救上,皆未及事。"

慈禧太后发动政变以后,维新派人士拜见英使、日使、美使,请求他们设法营救光绪皇帝。八月初五日,康有为在友人的帮助下,悄悄地乘坐火车,前往天津,逃亡上海。然后,他在英国人的保护下逃往香港。梁启超得到了日本人的帮助和保护,秘密逃往横滨。初六日,光绪皇帝发布上谕,正式宣布慈禧太后训政:"现在,国事艰维,庶务待理。朕勤劳宵旰,日综万机。兢业之余,时虞丛脞。恭溯同治年间以来,慈禧端佑康颐昭豫庄诚寿恭钦献崇熙皇太后,两次垂帘听政,办理朝政,宏济时艰,无不尽美尽善。因念宗社为重,再三吁恳慈恩训政,仰蒙俯如所请,此乃天下臣民之福!"

光绪上谕发布的同一天,确定变法维新为乱党的上谕也正式颁发。这道上谕,明确指责康有为结党营私,惑乱朝政,是乱党之首。慈禧太后下达命令,逮捕康有为、康广仁等人。康有为逃跑了,他的弟弟康广仁拒绝逃亡,他正在南海会馆如厕之时,清兵包围了会馆,在马桶上将他捉拿。在直隶总督荣禄、庆亲王和军机大臣刚毅的精心策划下,慈禧太后下令,立即逮捕谭嗣同、杨锐、林旭、刘光第、杨深秀等人。随后,包括大使张荫桓爵士和72岁的维新老将徐致靖以及三十多位维新变法人士相继被捕。

刑部大堂奉旨立即会审,仅仅一天,会审刚刚开始,宫里就传来慈禧太后的懿旨,对变法维新核心人物直接宣判:六名维新变法首犯,斩立决。逮捕后的第5天,下午4点,谭嗣同、康广仁、杨深秀、杨锐、林旭、刘光等六人,五花大绑,被带到菜市口,当众斩首。由于外国公使的营救,张荫桓保住了性命,但所有财产充公,本人流放新疆,罪名是居心狡诈,行踪诡秘;趋炎附势,反复无常。康有为、梁启超逃亡在外,被全国通缉。维新官员陈宝箴、黄遵宪、江标等数十人,全部被免职。接着,慈禧太后下旨,除京师大学堂之外,所有光绪颁发的新政,一概废除。光绪皇帝失去了自由,太后到哪里,他就被带着跟随到哪里。慈禧太后在紫禁城,光绪皇帝就被囚禁在中南海瀛台。慈禧太后在颐和园,光绪皇帝就被囚禁在颐和园玉澜堂。

4. 立大阿哥

光绪皇帝作为一国之君,期望变法图强,富国强兵。他迫切地希望通过维新变法振兴国力,通过西法来挽救大清。然而,宏图未展,皇帝已成阶下之囚,所有治国强国的宏图大志皆成泡影。光绪皇帝身体虚弱,一直肾亏心虚。然而,面对这场突如其来的变法悲剧,他心有不甘,死不瞑目。他是堂堂男儿,有血肉之躯,他并不怕死,宁死也想保留他的变法成果。他说:"朕不自惜,死生听天! 汝等肯激发天良,顾全祖宗基业,保全新政,朕死无憾!"

维新变法失败以后,取得胜利的慈禧太后和她的后党集团,想立即除掉光绪皇帝,另立新帝。他们先是造谣,宣称光绪皇帝病重。驻京各国公使知道,皇帝生死未卜,大事不好了。各国公使联合起来,向慈禧太后提出警告,希望不要伤害皇帝。慈禧太后主意已定,坚决废除光绪皇帝。她宣称,光绪皇帝久病不愈,不能君临天下,宜另择新君。慈禧太后密电南方各省督抚,探询他们的意见。南方各省督抚反应冷淡,不赞成废帝另立,部分总督则公开表示反对。两江总督刘坤一复电慈禧太后,明确反对另立新君:君臣之分已定,中外之口宜防。这样,慈禧太后废除皇帝的企图,一时难以实现。

慈禧太后痛恨光绪皇帝,对皇帝图谋围园一事,一直耿耿于怀,决意要废除光绪皇帝。光绪二十五年(1899 年),明白慈禧太后苦心的直隶总督荣禄献计,改立大阿哥。慈禧太后感觉,此计可行。她一直就想另立新君,新君的理想人选,就是端王载漪的儿子,继为同治皇帝之嗣。荣禄建议,为防止外人作梗,端王载漪之子,直接改称大阿哥。十二月二十四日,慈禧皇太后在中南海仪鸾殿召集御前会议,所有王公大臣和满汉尚书都参加。慈禧太后不用征求大臣们意见,直接以光绪皇帝的名义宣布:以多罗郡王载漪之子溥儁,继承穆宗毅皇帝为子。封载漪之子溥儁为皇子,立为皇储大阿哥。同时,慈禧太后宣布:预定第二年,庚子年(1900 年)元旦,举行光绪皇帝禅位典礼,正式扶立大阿哥即皇帝位,改年号为保庆。

慈禧太后一意孤行,国内国外,一片反对之声。反对扶立新帝的声浪,此起彼伏,一浪高过一浪。维新派代表人物蔡元培和海外保皇党华侨数十万人,纷纷致电清廷,反对废除光绪皇帝,反对另立新君。上海绅商经元善等人,联合各方人士 1231 人,联名上书,反对立嗣废帝。各国公使也明确表态,拒绝参加光绪皇帝的禅让典礼,拒不承认新皇帝登基。这样,慈禧太后一手导演的大阿哥闹剧之事,不了了之。

5. 八国联军入侵北京

满清政府的衰弱,在第一次鸦片战争以后的历次战事之中,充分暴露无遗,大清王朝无法和西方列强任何一个国家相抗争,更不用说与列强联军对抗了。可是,慈禧太后镇压了维新变法以后,西主列强步步进逼,大清王朝处于风雨飘摇之中。光绪二十六年(1900年)四月,北京、天津地区掀起了规模浩大的义和团运动。慈禧太后为首的守旧势力,仇恨西方列强,决定利用义和团,围攻大使馆,教训一下狂妄自大的洋人。

五月十日,《字林西报》刊发了一篇惊天大作,天才性地预见北京的政局走向。据说,这篇大作,可能出自后来成为慈禧太后情人的英国作家巴克斯:

"笔者竭诚以告,有一项重大的秘密计划,其目的是要镇压所有在华洋人,并借此收复租借给他们的领土。……主要领导者,有太后、庆亲王、端郡王、刚毅、赵舒翘(铁帽子的刑部首脑)和李秉衡。……所利用的军队,是庆亲王统领的神机营(5万人),端郡王统领的虎神营(1万人),和刚毅等人统领的御林军各旗部队(总计12000人)。这72000人,构成了复仇大军的核心力量。同时,义和团也将被当做这场大战的后备力量。而这场大战的迫在眉睫,是北京或其他地方的洋人做梦也想不到的!"

西方列强入侵中国,迫使清政府签订了一系列不平等条约,中华民族危在旦夕。义和团的宗旨,是扶清灭洋。义和团是义民还是暴民,清廷分成两派。慈禧太后确定,义和团是义民,清军应当联合义和团,共同对付洋人。这样,义和团在清政府的鼓励下,大规模地开进北京,围攻使馆,攻击洋人。西方各国十分恐慌,他们联合起来,一致对付清王朝。面对联军的入侵危局,大清王朝何去何从?要不要与列强宣战?慈禧太后召集紧急御前会议,商讨此事。

战和不战两派,各持己见,相持不下。光绪皇帝知道,以中国之弱,对付八国联军,结果只有一个,就是亡国。处于囚徒地位的光绪皇帝忧心如焚,主张变法图强,不能对列国宣战。光绪皇帝急切地说:"使馆不可攻打,洋人不能加害,向西方列强更不能宣战!"最后,光绪皇帝沉痛地说:"战非不可言,顾中国积弱,兵又不足恃,用乱民以求一逞,宁有幸乎!……乱民,皆乌合之众,能以血肉相搏耶?且人心徒空言耳,奈何以民命为儿戏!"

慈禧太后固执己见,依然决定扶持义和团,联合团民,教训洋人。四月十九日,大股义和团浩浩荡荡开进北京。他们在清政府的鼓动下,大肆围攻使馆和教堂,烧杀洋人。五月十五日,日本使馆书记官杉山彬被杀。二十四日,德国驻京公使克林德被杀。北京城硝烟弥漫,乱成一团。粮价飞涨,商店闭户,钱庄关门。北京城的黎民百姓心中惶惶,不知道为什么一夜之间北京城成了战场?抢劫、掠夺、杀人等恶性案件,此起彼伏,正阳门城楼被焚,京城五城陷入极度的混乱状态之中。

　　六月十一日，共同对付大清帝国的八国联军组建完成，他们全副武装，进入天津，在天津南门外的八里台与清军精锐野战军展开激战，清军以冷兵器对抗西方的热兵器，伤亡惨重，直隶提督聂士成英勇殉国。五天后，列强联军攻占天津。宋庆、裕禄等大军败退，在北仓布防。马玉昆军和英勇无畏的义和团在北仓一带密切配合，狠狠打击侵略军，血战数小时，打死英军 120 人，打死日军 400 余人，最后，北仓失守。二十一日，英、法、德、俄、美、意、奥、日联军攻陷天津大沽炮台。列国联军继续烧杀淫掠，大肆清剿，无恶不作。七月十一日，联军击溃直隶总督裕禄率领的清军，占领天津杨村，裕禄走投无路，自杀身亡。

　　自七月十一日开始，八国联军纠集两万余人，全副武装，带着充足的弹药，沿着大运河，从天津直扑北京。联军沿途所到之处，大肆屠杀、抢掠，清军根本无力阻挡。宋庆军、马玉昆军多达数万人，手持大刀、长矛，与联军的热兵器一交战，就溃不成军，尸横遍野，道路充塞。京津之间，勤王之师达 3 万之众，驻守北京的禁卫军虎神营、武卫军和汉回骑兵精锐的甘军也多达三万人，溃退的宋庆军、马玉昆军约有一万人，加上直隶练军数万人，共计兵力约十余万人。清军集结兵力，重新布防，全线退守通州张家湾，试图守住拱卫北京的最后防线。十五日，八国联军向北京进发，大摇大摆地推进张家湾，寻找清军主力进行决战。负责守卫张家湾的李秉衡军与八国联军交火，清军大败，李秉衡将军自尽。18 日，八国联军占领通州，北京门户洞开。

二十五、光绪皇帝的爱恨情仇（下）

1. 悲剧婚姻

　　光绪皇后叶赫那拉氏，出生于同治七年正月初七日（1868 年 2 月 3 日），比光绪皇帝大三岁，是慈禧太后的亲侄女，是慈禧太后弟弟都统桂祥的女儿。这是慈禧太后一手策划的政治婚姻，目的主要有两个，一是亲上加亲，将皇帝变为自己的一家人；二是将老实听话的侄女安排在皇帝身边，椒房深处，才能得知皇帝的动静，以便更好地控制皇权，由太后柄政。

　　光绪十三年（1887 年），皇帝已经 17 岁了，按照大清祖制，垂帘听政的慈禧皇太后应该把皇权交还给皇帝。年轻的皇帝充满热望，期待着权力在握，大展宏图。可是，皇太后照常执政，不慌不忙，她身边的太监、近侍和文武百官却开始忧虑起来：太后垂帘听政，十多年了，一直由太后护着和照顾着，一旦皇帝执政，皇帝的宝座换了新主人，日子还会好过？归政的日期，一天天临近，慈禧太后试探性地表示要归政于皇帝。

慈禧太后身边的大臣们就开始行动了，他们上折请愿，恳请皇太后为国家计，为生民计，一定再行听政数年。这些请愿，正中下怀，慈禧太后当然高兴，欣然接受大臣之所请，提出皇帝大婚之后，再将权力交还皇帝。皇帝大婚，于是就提上了清廷的议事日程。皇帝选择皇后，历来是王朝的一件大事。光绪七年（1881 年），慈安皇太后已经去世，慈禧皇太后独揽朝政，所有大事，都是她一人作主。现在，为皇帝选择皇后，慈禧太后早就成竹在胸了。她早就选定让自己的亲侄女隆裕为皇后。

太后为皇帝选婚，各代略有不同。明代宫廷规定，先选择一正、二副、三淑女作为皇后的候选人备选，送到皇太后面前，由皇太后决定谁是皇后的最佳人选。如果太后看中了其中一位，就用青纱帕罩在这位幸运女子的头上，再用金或者玉簪挑脱，系在这位女子手臂上，就是最后的皇后人选。清代皇太后选婚时，以金如意插在这位女子的头上，表示她就是皇后的最后人选。也就是说，只要授予了金如意，就意味着皇后人选的确定。

在光绪皇帝议婚时，有五位候选人：第一位就是慈禧太后的亲侄女隆裕，再就是江西巡抚德馨的两个女儿和侍郎长叙的两个女儿。19 岁的光绪皇帝一眼就看中了一对年轻美丽的姐妹，就是江西巡抚德馨的女儿。可是，当光绪皇帝要把金如意授给这对姐妹时，慈禧太后狠狠地叫喊："皇帝！"光绪皇帝闻言，一下子愣在了那里，随后，光绪皇帝鬼使神差地将金如意授给了站在身前的隆裕。

慈禧太后对光绪皇帝的表现较为满意，然而，她仍然不放心，决意将德馨的两个女儿赏婚，让她们远离紫禁城。这对姐妹，本来已由内务府大臣奎俊拴婚（拴婚是指本人的婚姻并不由本人来决定，而是由部族或者别人来决定。对于满族人而言，因为八旗组织的存在，因此，八旗子弟的婚姻必须经由八旗管理部门的审批。对于皇室也是如此，往往由掌权的人来决定皇室和王族的婚姻。这个延续了 300 年的满族传统就是拴婚），奎俊得讯，乘机就将德馨之女聘给了自己的儿子。

光绪皇帝没有选择，只能接受皇太后的安排，娶长自己 3 岁的隆裕为皇后。侍郎长叙的两个女儿则被选定为光绪之妃，她们是 15 岁的瑾嫔和 13 岁的珍嫔。慈禧太后决定，光绪十五年（1889 年）正月二十六日，光绪皇帝举行大婚。光绪十四年（1888 年）十二月，天安门大火，殃及太和门等处。这时，距离皇帝大婚没有多少时日,想重新修造太和门已经不可能。内务府组织最为精干的能工巧匠搭建彩棚,以芦包裹其外,几可乱真。善观天象者认为,此为不吉之兆。《清宫词·光绪大婚》称:"德宗末造觏艰难,婚礼未祥事可叹。选遣祝融为肆虐,芦棚包裹假天安!"

光绪十五年(1889 年)正月,光绪皇帝举行大婚,19 岁的皇帝正式迎娶长自己三岁的、22 岁的叶赫那拉氏为皇后。慈禧太后为什么坚持选择自己的侄女做皇后?其实,她内心的想法,就是想避免重蹈自己亲生儿子同治皇帝的覆辙。当年,同治皇帝敢想敢干,同治皇后有才有德,他们珠联璧合,处处与自己作对,直到以死抗争,坐在皇帝宝座上的慈禧太后吃尽了苦头。

可是,皇帝大婚以后,慈禧太后必须撤帘归政。她已经过了不惑之年,从生理上说,她也渴望逃离忙碌的政治生活,退居颐和园,过几年自由休闲的日子。可是,她知道,自己已经离不开权力,离不开这君临天下的宝座。她已经为自己的后半生安排好了,退隐颐和园,身退心不退:由皇帝亲政,自己不插手朝廷政治。但是,她有三个条件:掌管军队,任免重要官员,每隔几天皇帝必须到颐和园奏报军国大事。

这场政治婚姻,直接受害者就是隆裕皇后。她坐着华丽的皇后凤舆,从午门、太和门进入皇宫,在十分隆重、极其热烈的大婚典礼之中,走进天下女人期盼的坤宁宫洞房。隆裕皇后怀着女人的美好梦想,坐在坤宁宫洞房的红绣被上。一层层的丝绸、锦缎被子上,彩绘着一对对鸳鸯,红烛照耀的帐幔,五彩缤纷,帐上彩绘的百子游乐图,分外夺目。隆裕皇后忐忑不安地坐着,满怀希望,等待着皇帝。

可是,红烛烧尽了,没有皇帝的踪影。隆裕皇后没有想到,喜庆的洞房花烛夜,竟是她一生之中最伤心的日子,也是她一生不幸岁月的开始。她在失望之中,开始了她漫长、寂寞的皇后生涯。

隆裕皇后在坤宁宫度过了几天有名无实的洞房花烛夜之后,就搬进了事先选定的钟粹宫。这座宫院,被宫人们认为是不吉之宫。当年,慈安太后一直生活在这里,到光绪七年(1881 年),慈安太后暴死在这里。现在,这里面貌一新了。门窗十分精致,都重新油漆,宫室雕梁画栋,精致的彩画,栩栩如生。

在皇帝大婚之前,内务府的官员们,将这座冷寂的宫院装饰一新,富丽堂皇。特别是皇后居住的寝宫,猩红的地毯,五彩的帐幔,精雕细刻的婚床,以及琳琅满目的各式紫檀家具、珊瑚珍宝和金银器皿,简直如同人间天堂。可是,生活在这天堂中的隆裕皇后,过的是一种寂寞无奈的悲苦生活,这种生活,恐怕连普通的农家村妇都不如。

光绪皇帝和隆裕皇后,本来是普通的表姐弟,没有什么直接的关系。幼年的光绪皇帝,生性十分敏感,当他第一次见到这位相貌平平的表姐时,他就很不喜欢,就想远远地躲开这个女人。他没有想到,因为慈禧太后的安排,他竟然要和这个大自己三岁的表姐生活在一起,还要以夫妻相称,每天一起面对臣仆,面对天下子民!可是,慈禧太后的意志,不能抗拒,光绪皇帝以沉默来接受这一残酷的现实。

表面上,他虽然接受了这场政治的婚姻,接受了慈禧太后对于他一生婚姻生活的安排。但是,他可以选择自己的生活方式,以冷漠表示抗拒,以沉默表达自己对这场婚姻的不满。他知道,他可以按照礼仪完成婚礼的全过程。但是,进入洞房之后,就是他个人的事了,他可以选择冷落,来冻结这场婚姻。这样的结果使无辜的隆裕皇后,就成了这场政治婚姻的牺牲品:20年的皇后生涯,不过是20年寂寞孤独的凄凉人生,是慈禧太后选定的权力祭坛上的可怜祭品。

凄凉的洞房花烛夜之后,隆裕皇后就居住在钟粹宫。每天早上和晚上,她都要前往慈禧太后寝宫,恭敬地给太后请安。接着,来到光绪皇帝的住处,给皇帝请安。然后,再回到自己生活的钟粹宫,紧闭宫门,看着窗外的树影发呆。按照宫廷礼仪的规定,皇帝生活的养心殿后殿,有专供皇后居住的宫室。在空间相对狭小的养心殿,皇后起居的宫室是最为宽敞的地方,皇后可以随时来这里居住。

可是,隆裕皇后却很少到这里,除非光绪皇帝召唤。光绪皇帝是很少召唤隆裕的,他不喜欢这个女人。隆裕皇后不在身边,光绪皇帝就会感觉轻松。皇后不来,皇帝喜爱的珍妃,自然生活在皇帝的身边,她居住的地方,就是养心殿后殿的东围房。每天,侍女们都会发现,一个穿着男子服饰的美人,出入光绪皇帝的寝宫,两人十分恩爱,乐不可支。这个穿着男装的美人,就是珍妃。

慈禧太后喜欢聪明人,特别喜欢才智出众的人,她对自己的亲人感到失望,特别是弟弟桂祥,不仅才能低下,而且生活极其平庸。堂堂的一个王府之家,竟然过得非常困窘,亲王夫妇,俨然是一对愚夫愚妇,说话、做事笑话百出,常常让人哭笑不得。弟弟如此愚蠢,倒也罢了,弟弟生的女儿隆裕,更是一塌糊涂。在慈禧太后的印象中,这个隆裕,不仅相貌平平,性情懦弱,而且,不懂诗书,不识大体,简直可以说是一无是处,一句话,就是一个实实在在、老实听话的乡下女人。隆裕的才能,比起她的父亲好不了多少,她的父亲经济上困窘,她身为皇后,在后宫之中也是有过之无不及。

清廷规定,后妃的宫费例银,是十分微薄的。尽管如此,皇后的例银往往是较高的,仅次于太后。可是,令人不解的是,每当宫中的三大节时,尤其是太后的万寿节时,各宫主子都要向太后和皇帝献礼,隆裕皇后却总是捉襟见肘。皇后在王妃、命妇会亲的时候,通常应该有所表示,每当这个时候,隆裕皇后总是力不从心。按照宫廷规定,皇后每月的经济账目,都要到太后那里奏报。慈禧太后发现,隆裕皇后,每月亏损。但是,这个胆小的女人,不敢实报,却总是报盈不报亏。这样的结果,总是不到月底,隆裕皇后就会出现入不敷出的严重状况。怎么办?隆裕只好将太后赏赐的衣服、首饰、器具、珍玩,甚至于皇后的龙袍,让仆人拿到市场上去变卖,以周济基本的生活。

隆裕的相貌极平常,甚至于有点丑陋。她身为皇后,按照古礼,就是六宫之主了,是后宫之中仅仅在慈禧太后之下的最高主人。可是,她一见到慈禧太后,就浑身哆嗦,提心吊胆。她目光怯弱,神情卑微,在嫔妃、宫女面前没有任何威信。在宫人眼中,隆裕皇后就是那种天生好脾气的女人,看上去既没有主见,又缺乏修养。

隆裕皇后的一生中,几乎听不到任何的赞美之声,只有一个人例外,她就是为慈禧太后画像的美国女画家卡尔。卡尔很感谢隆裕皇后,感谢皇后在她为慈禧太后画像期间所提供的方便。卡尔在为慈禧太后画像时,得到过隆裕皇后的多方照顾,卡尔夸奖隆裕:"她的体形和手足都很纤细秀气,面部不宽,鼻子隆起,眼睛长得很像汉人,不同于皇帝和太后。她的下巴较长,但不下垂。口微大,话语不多。她的神情颇佳,有和蔼可亲之貌,又具有至高的威仪和尊严。"

2. 珍妃之死

光绪二十六年(1900年)夏,八国联军占领北京,即将打进紫禁城。七月二十日(8月15日),慈禧太后仓皇出逃之前,下令崔玉桂将光绪皇帝宠爱的珍妃抓起来,推入紫禁城外东路颐和轩后边的小井里。这口井,后来称为珍妃井。崔玉桂是慈禧太后时期宫内的第二号太监,地位仅次于李莲英。他的身体很强壮,喜欢习武,做事干净利索。宫里的太监们都有些怕他,叫他为天不怕地不怕的小罗成。崔玉桂对于慈禧太后让他害死珍妃的事,心里一直不痛快。

这件事后,崔玉桂曾对侍候慈禧太后吸烟的侍女小荣儿愤愤地说:"老太后亏心!那时候,累得我脚不沾地。外头闹二毛子,第一件事是把护卫内宫的事交给我了。我黑夜白天得不到觉睡,万一有了疏忽,我是掉脑袋的罪。第二件事,我是内廷管事的头儿,外头军机处的事我要凑上去,里头的话我要传出去,我又是老太后的耳朵,又是老太后的嘴。里里外外地跑,一件事砸了锅,脑袋就得搬家。越忙越得沉住气,一个人能有多大的精气神? 可是,这珍妃的事,老太后为何挑我做?"

崔玉桂回忆说:"七月二十日那天中午,我想老太后传完膳,有片刻漱口吸烟的时间,就在这时候,去请膳牌子最合适(膳牌子是在太后、皇帝吃饭时,军机处在牌子上写好请求进见的人名,由内廷总管用盘子盛好呈上,听凭太后、皇帝安排见谁不见谁。膳牌子是薄薄的竹片,大约五寸多长,三分之一用绿漆漆了顶部,三分之二用粉涂白了,写上请求进见的官职。膳牌子,俗称绿头牌子)。就在这个时候,老太后吩咐我,说要在未正时刻,召见珍妃,让她在颐和轩候驾,派我去传旨。我就犯嘀咕了:召见妃子,历来是两个人的差事,单独一个人,不能领妃子出宫,这是宫里的规矩。我想,应该找一个人陪着,免得出错。"

崔玉桂说:"乐善堂这片地方,派差事的事,归陈全福管,我虽然奉了懿旨,但水大也不能漫过船去,我应该找陈全福商量一下。陈全福毕竟是个老当差的,有经验,他对我说:'这差事,既然吩咐您一个人办,您就不要敲锣打鼓,但又不能没有规矩。现在,在颐和轩管事的是王德環,您可以约他一块去,名正言顺,因为,老太后点了颐和轩的名了,将来也有话说。'"那是一个阳光灿烂的下午,夏天的小热风像带着火焰一样,在宫院里四处乱窜,将每个宫廷院落搞得闷热难当,连一直欢叫的夏蝉也热得忍受不了似的,一声不吭地趴在树上,像是知道在这静寂的宫廷深院里,将要发生一件不同寻常的大事。这几天,宫里的状况就不同寻常:身强力壮的太监,都调到神武门内御花园北门的顺贞门内外了,御花园两边,也增加了持枪的侍卫,加强戒严。

慈禧太后好几天了,总是板着脸,苍白的瘦削脸上,没有一丝笑容,特别是那张略大的嘴巴,只要是心里不痛快,嘴巴就向左边歪斜,这几天,明显歪斜更加厉害了。掌事儿的小娟子和小荣儿提醒侍女们,千万小心侍候,别出一点差错。侍女本来就害怕,这一提醒,一个个更加提心吊胆战战兢兢。这是一个平常的下午,一直睡觉很安稳的慈禧太后,在这个平常的下午却睡不着觉,没到点,就自己撩开帐子,坐了起来,自己下床——这一下,让小荣儿吃惊不小。平常的时候,无论遇到多么烦恼的事情,慈禧太后总是安然入睡,准时醒来。轻声哼一下,侍女立即上前撩开帐子,侍候太后起床。这一次倒好,太后没有准时睡觉和醒来,自己撩帐,自己起床! 侍女小荣儿吓得浑身发软,不知道自己将会面临怎样的灾难!

慈禧太后匆忙洗完了脸,脂也没擦,烟也没抽,侍女捧上的她平常夏季最爱吃的水镇菠萝也没有吃,一声没吭,就径直走出居住的乐寿堂,朝北走去。小荣儿紧张地跟着，得到暗号的掌事儿的小娟也赶来了，也紧张地跟着。走到颐和轩西廊子中间，慈禧太后回过头，严肃地说："你们不用侍候。"这是慈禧太后醒来以后，说出的第一句话。这句话，就像定形咒，两个侍女定在了那里。慈禧太后一直往北走，下台阶时，有太监恭候着，走到颐和轩。

光绪皇帝的珍妃，被关在景祺阁北边的冷宫。这一带，有一个单独的小院，称东北三所。这里的正门一直关着，上边有内务府的封条，人进出则走西边的腰子门。崔玉桂回忆说："我们去的时候，门也关着，一切都是静悄悄的。我们敲开了门，告诉守门的一个老太监，请珍小主接旨。这里，就是所谓的冷宫。我是第一次到这里来，也是这一辈子最后一回。后来，我跟多年的老太监打听，东北三所和南三所，这都是明朝奶母养老的地方。奶母有了功，老了，不忍打发出去，就在这些地方住，并不荒凉。"

珍妃住北房三间之中最西边的屋子，屋门是从外倒锁着，窗户有一扇是活的，吃饭、洗脸都是由下人从这扇窗户递进去，同下人不许接触。没人交谈，这是最苦闷的事。吃的是普通下人的饭，一天有两次倒马桶。由两个老太监轮流监视，这两个老太监，无疑都是老太后的人。关入冷宫的珍妃，最苦的是节令时候例行申斥，无一例外。按照宫里的规矩，凡是遇到节日、忌日、初一、十五、老太监要奉旨申斥，就是由老太监代表老太后，列数珍妃的罪过，指着鼻子和脸申斥，让珍妃跪在地上敬听。指定申斥的时间，是午饭时举行。申斥完了以后，珍妃必须向上叩头谢恩。这恐怕是最不人道、最严厉的家法了：别人高高兴兴地过节日，关入冷宫的人则一次次地受尽凌辱。

珍妃在接旨以前，讲究身份的她，要梳理一番，她绝不会蓬头垢面地见太监。从东北三所出来，跨过门院，穿过游廊，来到颐和轩。崔玉桂在前面引路，王德環跟在珍妃后面，太监按照规定不走甬道中间，而是走甬路两边。珍妃虽然是罪人，但还是宫里的小主，她走甬道中间。珍妃的小脸，十分苍白，像清水一样，头上是两把头的发型，头上摘去了两边的络子，身穿淡青色的长旗袍，脚底下穿一双普通的墨绿色缎子鞋。这是当时宫里最典型的有罪宫妃的装束，罪妃不许穿莲花盆底鞋。珍妃一直一言不发，她心里清楚，等待她的不会是什么好事。一行人到了颐和轩，慈禧太后一个人端坐在那里，身边没有一个侍女。崔玉桂上前请安复旨：回老佛爷，珍小主奉旨到了。

珍妃像木头人一样，上前，叩头，道吉祥，然后一直跪伏在地上，低头听训。慈禧太后尖声说："洋鬼子要打进来了，外头乱糟糟的，谁也保不定会怎么样！不过，无论是谁，万一受了污辱，那就丢尽了皇家的脸面，也对不起列祖列宗！你应当明白!"慈禧太后话说得极快,语气十分严厉,眼睛却根本不瞧珍妃。珍妃愣了一下,缓慢地说:我明白,不会给祖宗丢人! 慈禧太后又说:"你很年轻,容易惹事! 我们要避一避,带你走,不可能,也不方便!"珍妃依旧冷静地说:"您可以避一避,可以留皇上坐镇京师,维持大局。"

慈禧太后一张瘦削的小脸,一下子变得十分苍白,嘴巴歪斜得更加厉害,声音颤抖地大声呵斥道:"你死到临头,还敢胡说!"珍妃声音也提高了:"我没有应死的罪!"慈禧太后冷笑一声,一字一顿地说:"你不管有罪没罪,都得死,都得死!"珍妃平静一下,和缓地说:"我要见皇上一面。"慈禧太后冷哼一声,乜斜着眼,轻声说:"你想见皇上? 皇上是谁?"珍妃感觉一股寒气直入心底,清晰地说道:"皇上没让我死!"慈禧太后看也不看她,轻声说:"皇上? 皇上也救不了你。"

慈禧太后看一眼天空,不经意地吩咐:"扔进井里。"院子里一片死寂,仿佛掉一根针都能听见。可是,慈禧太后的吩咐,好像没有人听见似的,没有反应。慈禧太后看一眼崔玉桂,一字一顿地说:"扔进井里。来人哪!"崔玉桂、王德環像是触了电一样立即弹了起来,冲到珍妃跟前。他们看一眼慈禧太后,不知道该不该动手。王德環有意往后躲,惊恐地看着眼前的一切,不知道这眼前的景象是真是假。崔玉桂站在一边,也有点发愣。慈禧太后冷冷地却十分清晰地叫道:"崔玉桂?"

崔玉桂明白,这一切都是真的,都是必须要发生的,谁也扛不过。这时,他像鬼使神差似的,大步上前,抓住珍妃,连推带搡地推向井边。珍妃十分愤怒,怒气冲天地大声叫嚷:"我罪不该死! 皇上没让我死! 你们爱逃不逃,皇上不应该跑! 我要见皇上! 皇上,皇上,来世再报恩啊!"凄惨的声音,在深井里回荡,在宫院中回荡,在皇宫的上空久久回荡。宫人们回忆说,珍妃这声音,整整三天三夜,一直在这宫院萦回,声音颤抖,又寒冷,又凄切,又瘆人。

慈禧太后从西安回京以后,不到三天,就把崔玉桂赶出了皇宫,理由是她当时并没有想把珍妃除掉,更不想把她推进井里! 只是一时在气头上,没想到崔玉桂竟然真的逞能,硬是把她扔进了井里! 崔玉桂被赶出了宫,但他依旧练习武艺,一直腰不塌,背不驼,还是那个老样子,还是那天不怕地不怕的老罗成:老子谁也不求。他被撵出宫后,就住在鼓楼后边的一个破庙里,里面住着许多出宫的太监。崔玉桂是宫里仅次于李大总管的大红人,他自己有许多积蓄。在北京大雪纷飞的冬天,人们经常会看见一个武师模样的人,大摇大摆地走在地安门的槐树道上。这个武师,就是崔玉桂。小荣儿和崔玉桂关系很好,她描述说,他头戴一顶海龙拔针的软胎帽子,毛茸茸的活像蒙古猎人。一瞧就知道,是大内的东西。海龙是比水獭还要大的海兽,皮毛比水獭不知要高贵多少倍。这种海兽,不到大雪以后,皮毛上不长银针,必须到了节气,银针才长出来。厚厚的油黑发亮的绒毛,长出一层三寸来长像雪一样的银针,只有海参崴进贡,别处是没有的,宫里叫崴子货。

小荣儿很佩服崔玉桂,她带着赞赏的口气夸奖说,他穿着黑缎团龙暗花马褂,前胸后背,各是一副团龙,不到民国是不许穿的。两寸高的紫貂领子,俗话说,金顶朝珠挂紫貂! 过去不是入过翰林院的人是不许穿紫貂的。领子向外微微地翻着,一大片毛露在外头,这叫出锋的领子。衬着一件深湖色的木机春绸皮袍,应时当令的银狐素筒子,前后摆襟清清楚楚地露着圆圆的狐坎,那穿狐皮衣服就算到家了。他下身是玄色春绸棉裤,裤脚往后一抿,用两根蓝飘带一系,脚底下一双两道梁的满帮云头粉底大缎子棉鞋。往上身一看,很神气;往下身一看,很匪气!

3. 最后的日子

慈禧太后的晚年,身体状况基本健康,一直困扰着她的病症,就是肝病和消化不良。光绪三十二年(1906 年),慈禧太后身体不适,请她最为信任的御医、太医院院长庄守和、张仲元等为她诊断,御医们诊脉后写道:"皇太后脉息左关沉弦,右寸关滑而近数,肝脾欠和,胃热饮滞未清,清阳不升,系浊阴不降所致。"光绪三十三年(1907 年),慈禧太后的病情没有好转,还增加了口渴肢麻、头蒙咳嗽等症状,御医认为,这是中焦升降不和所致。

光绪三十四年(1908 年),御医诊得皇太后的病情还在进一步恶化:"脾胃欠和加剧,湿气下行,清阳不升。"这年十月二十二日,御医张仲元、戴家瑜请得慈禧太后脉息:"左部不均,右部细数,气虚痰生,精神委顿,舌短口干,胃不纳食,势甚危笃!"慈禧太后问李莲英:"我病了,皇上在干什么?"李莲英回答:"皇上在看书,面带喜色。"慈禧太后脸色大变,咬牙切龄地说:"面带喜色? 哼! 记住,我不能先于他走!"

光绪皇帝最后的日子扑朔迷离,他的死,成为清宫最大的一件历史谜案。光绪皇帝自幼体弱多病,长大成人之后,就一直有遗精的毛病,二十多年也没有好转。遗精之时,还伴随着耳鸣、脑响。通常是每月二三次,梦中遗精。去世的这一年,也就是光绪三十四年(1908 年),正月,一个月内,遗精十多次,而且,都是在无梦不举的情况下遗精的。这一遗精状况,秋冬之时,更加厉害。

光绪皇帝遗精,是从光绪二十四年(1898 年)开始的,那一年,他 28 岁。从那以后,他的遗精病情不断恶化,一直没有好转。光绪二十五年(1899年)正月,御医庄守和请得光绪皇帝脉息,这样写道:"面色青黄而滞,头觉眩晕,坐久则疼;左边颊颐发木,耳后项筋酸痛,漱口时或带血丝;耳内觉聋,胸中发堵,气短懒言,两肩坠痛,夜寝少眠;进膳不香,消化不快,精神不佳,肢体倦怠,下部潮寒,大便燥结,小水频数。病因是:禀赋素弱,心脾久虚,肝阴不足,虚火上浮,木燥风生,动胃火使然。"

光绪三十四年(1908年),五月二十三日,光绪皇帝自己写道:"近二日,耳响觉重,其远声如风雨人声嘈杂及擂鼓之声,其近声如裂帛蝉声,终是喧聒,搅扰殊甚。复如头闷耳堵,耳闻不真。腰胯偏右之筋牵掣酸痛见增,于低头俯腰蹲踞时尤甚,咳嗽时亦然。日日服药,迄今无少效。且因腰胯酸痛,夜寝亦因之不安。虚火上浮,头仍稍晕,喉间亦欠爽利。气体懒软,心烦口渴,大便不调诸症,无一见减者! 其详细斟酌病情,妥慎用药,勿得敷衍了事!"御医诊治之后,光绪皇帝的病情得到了控制,情绪也较稳定。

4. 非正常死亡

光绪三十四年(1908年)秋天,光绪皇帝的病情时好时坏,但依然参与了众多的政务活动:陪同慈禧太后接见王公大臣,会见外国使节,观赏内侍或者外班戏子演戏。这一年的十月十九日,光绪皇帝去世前两天,身体依然良好,他亲临仪鸾殿,给慈禧太后请安。但是,到了第二天,光绪皇帝病情突变。史官写道:"上不豫。"第三天,史官直书:"上遘病大渐,酉刻,龙驭上宾!"

光绪皇帝临终前的一个月,一直是御医屈桂庭为他精心看护、调理和医治。得到光绪皇帝的死讯,屈桂庭御医不敢相信这会是真的,皇帝一直身体很好,怎么会死得如此凄惨?屈桂庭御医在日记中,写下了他一个月的诊断和亲眼所见:"余诊视一月有余,药力有效。至十月十八日,余复进三海,在瀛台看光绪病。是日,帝忽患肚痛,在床上乱滚,向我大叫肚子痛得不得了! 时中医俱去,左右只余、内侍一二人。盖太后亦患重病,宫廷无主,乱如散沙。帝所居地更为孤寂,无人管事。余见帝此时病状:夜不能睡,便结,心急跳,神衰,面黑,舌黄黑,而最可异者,则频呼肚痛——此系与前病绝少关系者! 此为余进宫视帝病最后一次。未几,即闻皇帝驾崩矣!"

光绪三十四年(1908年),十月初十日,慈禧太后75岁大寿。慈禧太后白天庆寿,晚上在西苑颐年殿看戏,然后回到仪鸾殿睡觉。慈禧太后知道,上天留给自己的日子已经不多了。慈禧太后慎重考虑之后,召见军机大臣世续和她十分看重的军机大臣张之洞。慈禧太后问："如果皇上走了,谁当立?"世续回答:"国有长君,社稷之福。"不如,干脆径立载沣。载沣是醇亲王之子,时年25岁。慈禧太后摇头说:"所言极是。然,不为穆宗立后,终无以对死者。今立溥仪,仍令载沣主持国政,是公义私情,两无所憾也。"

张之洞知道,慈禧太后已经决定了,她已经决定的,绝对不会改变,也无法改变,张之洞沉吟片刻,直截了当地说:"然则,宜正其名。"慈禧太后笑了起来,小声问大学问家张之洞:"此事,古有之乎?"张之洞向前一步,恭敬地回答:"回太后,前明有监国,国初有摄政王,皆可援以为例。"慈禧太后沉吟片刻,认真地说:"好,可两用之。"张之洞紧盯一句,问道:"载沣,为监国摄政王?"慈禧太后点点头,肯定地说:"是。"

十月二十日,慈禧太后发布三道谕旨:第一道:"上不豫。谕内阁:朕钦奉慈禧端佑康颐昭豫庄诚寿恭钦献崇熙皇太后懿旨,醇亲王载沣之子溥仪,著在宫内教养,并在上书房读书。"第二道:"朕钦奉皇太后懿旨:醇亲王载沣,授为摄政王。第三道:谕军机大臣等:朝会大典、常朝班次,摄政王著在诸王之前。"

十月二十一日,光绪皇帝去世于涵元殿。

慈禧太后接着又发布三道谕旨:第一道:"钦奉慈禧端佑康颐昭豫庄诚寿恭钦献崇熙皇太后懿旨,摄政王载沣之子溥仪,著入承大统为嗣皇帝。"第二道:"钦奉皇太后懿旨:前因穆宗毅皇帝未有储二,曾于同治十三年十二月初五日降旨,大行皇帝生有皇子,即承祧穆宗毅皇帝为嗣。现在,大行皇帝龙驭上宾,亦未有储贰,不得已以摄政王载沣之子溥仪,承继毅皇帝为嗣,并兼承大行皇帝之祧。"第三道:"钦奉皇太后懿旨:现值时事多艰,嗣皇帝尚在冲龄,正宜专心典学。著摄政王载沣为监国。所有军国政事,悉秉承予之训示,裁度施行。俟嗣皇帝年岁渐长,学业有成,再由嗣皇帝亲裁政事。"

安排好这一切,慈禧太后病危。接着,慈禧太后发布了她一生中的最后两道懿旨:第一道:"朕钦奉慈禧端佑康颐昭豫庄诚寿恭钦献崇熙皇太后懿旨:现命报摄政王载沣监国,所有应行礼节,著内阁各部院会议具奏。"第二道:"钦奉皇太后懿旨:昨经降旨,特命摄政王为监国。所有军国政事,悉秉予之训示,裁度施行。现予病势危笃,恐将不起,嗣后军国政事,均由摄政王裁定。遇有重大事件,必须请皇太后懿旨。由摄政王随时面请施行。"

慈禧太后病势沉重,进入弥留状态。御医们手忙脚乱,开了一剂益气生津之方,想妙手回春:"老米一两,人参五分,麦冬五钱,鲜石斛五钱,水煎温服。"这是慈禧太后一生中最后一剂药方,可惜此方可以生津益气,但无法挽救她的老命。

一个时辰后,她就命归黄泉。临终前,慈禧太后郑重地说:"此后,女人不可预闻国政。此与本朝家法相违,必须严加限制。尤须严防,不得令太监擅权。明末之事,可为殷鉴!"

这真是大清历史上最为奇特的一幕,也是中国历史上最为奇特的一幕:光绪三十四年十月二十一日(1908 年 11 月 14 日)太阳落山的酉时,光绪皇帝崩逝于中南海瀛台之涵元殿,终年 38 岁;十几个小时之后,十月二十二日未时(下午 2 时左右),慈禧太后逝世于中南海之仪鸾殿,终年 74 岁。24 小时之内,皇太后和皇帝相继去世,朝野震动,天下震惊。

5. 最后的遗诏

慈禧太后去世后,清廷发布了她事先拟好的遗诏:

予以薄德,只承文宗显皇帝(咸丰)册命,备位宫闱。迨穆宗毅皇帝冲龄嗣统,适当寇乱未平,讨伐方殷之际。时则发捻交讧,回苗交扰,海疆多故,民生凋敝,满目疮痍。予与孝贞显皇后同心抚训,夙夜忧劳。秉承文宗显皇帝遗谟,策励内外臣工及各路统兵大臣,指授机宜,勤求治理,任贤纳谏,救灾恤民。遂得仰承天麻,削平大难,转危为安。及穆宗毅皇帝即世,今大行皇帝入嗣大统,时事愈艰,民生愈困。内忧外患,纷至沓来,不得不再行训政。前年,宣布预备立宪诏书,本年颁示预备立宪年限,万几待理,心力俱悴。

幸予体心素强,尚可支拄。不期本年夏秋以来,时有不适。政务殷繁,无从静摄。眠食失宜,迁延日久,精力渐惫,犹未敢一日暇逸。本月二十一日,复遭大行皇帝之丧,悲从中来,不能自克,以致病势增剧,遂至弥留。回念五十年来,忧患迭经,兢业之心,无时或释,今举行新政,渐有端倪。嗣皇帝方在冲龄,正资启迪。摄政王及内外诸臣,尚其协力翊赞,固我邦基。嗣皇帝以国事为重,尤宜勉节哀思,孜孜典学。他日光大前谟,有厚望焉。丧服二十七而除,布告天下,咸使闻知。

光绪皇帝和慈禧太后的相继去世,是大清宫廷历史中的一桩谜案,迷雾重重,真相莫衷一是。清宫医案、史料和有关实录、笔记,都记载了光绪去世前后的有关细节,我们从这些细节中,可能探寻光绪之死和慈禧太后之死的历史真相。《光绪帝脉案》称:光绪三十四,皇帝的病情更加恶化,御医记录的脉案,皇帝之病,真正是病入膏肓,危在旦夕!

美国作家荷德兰先生在《慈禧与光绪》一书中,这样写道:

从慈禧摄政之后所采取的政策看来,人们不会不感到,她完全明白自己曾经做过咸丰皇帝的妻子、现在是同治皇帝的母亲的这个皇室,正在腐烂……皇室的腐烂、外国的蚕食,再加上汉人对满族统治的反抗,使慈禧太后意识到,如想保住她的人民和这个朝代,必须要由一只比她丈夫有力的手来掌舵! 这只有力的手,在慈禧太后看来,不是别人,而是自己,而且也只能是自己。

慈禧太后很懂得用人,也很懂得政治就是妥协。但是,在她的记忆中,她是一个非常自我的女人,无论遇到怎样的困难和打击,无论遇到什么样的对手,她总是那样,坚持己见,难以妥协,直到完全按照自己的意志去行动和实施。在与恭亲王的合作与较量中,她始终是一个成功者和控制者。她的才能,是能够从成千上万的官员中,不论是进步的还是保守的官员中,挑选出自己中意的最杰出的政治家、最聪明的顾问、最好的向导和最安全的领导人。

恭亲王就是这样一个人物,一个由慈禧太后物色的杰出政治家,一个位于太后一人之下的操纵紫禁城的首要王朝领导人。他很自负,也很聪明。他是 26 岁时登上政治舞台的,他的任务是审判一位失职的军机大臣。他崭露头角,表现出了出众的外交才能,获得了一致的好评。于是,他就进入了负责外交事务的理藩院。一年后,皇帝带着后妃们逃往热河,他就留在了北京,与占领北京的英国、法国人商订和平条约。外国人评价他:在那种棘手的情况下,恭亲王的老练、机智,赢得了他的对手们的钦佩。于是,总理各国事务衙门成立时,他就成了第一任行政长官。随着他的才能日益显露,声望也随之而起。恭亲王看着满朝文武,一个个对自己无不毕恭毕敬,他一时有些昏昏然,不知天高地厚。他忘记了什么是功高盖主,有意无意之间,他甚至于在太后面前也不再像从前那样地恭敬了。

奇怪的是,慈禧太后也是 26 岁时走上政治舞台的,那一年,她的夫君咸丰皇帝去世了,她和恭亲王联合发动政变,夺取权力。这个时候,皇权稳固了,合作者的恭亲王,成了她的对手。位于恭亲王之上的慈禧太后,一想起他,心中就不痛快,觉得是该收拾这小子了。一天早上,一觉醒来,恭亲王突然发现,自己的所有权力和职位,被一道圣旨完全剥夺了。恭亲王忧心忡忡,想立即出门,给太后解释。可是,他连自己的府门也不许迈出! 恭亲王忧心如焚,第一次知道了什么是祸从天降。他真心实意,赶忙认罪,请求太后的宽恕,表示以后死心塌地为太后效劳。慈禧宽恕了他,恢复了他的权力和职位,但因他目无君上,还是剥夺了他的最重要的摄政王之职。

就这样,26 岁的慈禧太后登上政治舞台之后,收拾了自己的第一个合作者,第一个亲密的盟友,第一个杰出的政治人物。她还需要这位杰出人物为自己效力,为了表明自己并无恶意,特地将他的女儿收为自己的义女,并授予只有皇室千金才能享受的固伦公主名号。再不久，权力更加巩固了，慈禧太后再次收拾实心效力的恭亲王。恭亲王痛哭流涕，一再申明自己并无野心，没有非分之想，只是尽心为太后效劳。没有结果。恭亲王一落千丈，一无所有，他为自己的狂妄，付出代价。慈禧太后垂帘听政期间，在军机大臣领班的职位上待过的，只有两个人：恭亲王和庆亲王。前者被贬黜过许多次，其荣誉被剥夺殆尽；而后者则在三十年里，始终是个不倒翁，所得的荣耀，全都原封未动地保存了下来。张之洞、刘坤一、王文韶这三位杰出的总督、大学士也是这样，慈禧太后从来都让他们担任重要职务，但他们从未遭到过她的贬黜。理由很简单，答案并不难找。他们没有一个强大到足以危及她的统治。

信修明是晚清宫廷的老太监，他在《老太监的回忆》中写道：

太后宫内外，共六百余人。不仅大家每日提心吊胆，疲于奔命，即使太后本身也颇繁忙，一日之间，无一时闲暇，午间歇觉，晚间归寝，两小时尚不旷闲，还要读书。回銮后，各国使臣每月均有觐见。觐见时，有外交部拟就的问答词。太后不仅嫌字小，恐伤目力，还嫌词不合意，因此，常自己动笔改编。然后，命司房放大誊写。因自己不懂外国语，选裕庚之妻（德国人）、裕庚之女、三姑娘德龄、五姑娘容龄、德国女子克姑娘、某宦女贵福，昼间一同坐更，学习外国语。太后之自强精神，实令人惊奇。

太后喜写龙、虎、福、寿大字，六尺、八尺，极有气魄。太后身高四尺有余，写八尺之字。须拉纸者乘势一拉。仁寿殿的一笔寿字犹大，真是神奇！太后不写小楷，但喜绘画，而无工笔。偶然草草三五笔，稍俱规模，便命太监交如意馆添枝加叶，设计颜色。完成后，命南书房题跋，赏赐近臣。太后曾用朱笔写《般若波罗蜜多心经》一册，命如意馆前后绘观音像。如意馆按照太后的御容绘写，太后见之，大悦。此经，昔存颐和园（现存故宫图书馆）。

平日，太后早膳后即出殿。在各处步行约半小时，回殿中踢毽子。有时静坐，持珠念佛，或书或画，吃水烟，喝茶，在殿内稍稍活动。十二点钟后，进寝宫歇午觉。午觉醒来，喝茶、吃烟，然后，出殿绕大圈子。下午五六点，传膳，膳后，仍绕一小圈儿，回殿掷骰子。图为庆寿图，其式即升官图之变相，版幅大小如八仙桌，上绘有名山洞府、蓬莱仙岛、宫苑瑶池。如到龙宫海藏溺水，受罚三骰，不得前进。到了瑶池，便算赢了。八个人，各占一仙，会亲的王妃和格格均加入。如无会亲者，仅有四格格、垣大奶奶、崔玉贵和当班的御前首领。如人不够数，一人可兼二仙。

司房太监执笔记点，如闻高喊，吕仙四暴子，那就是太后赢了。此后，即准备归寝宫。有时,太后归寝宫后,与坐更人一起编戏。以升平署的昆腔高腔剧本为蓝本,翻成二黄。如《昭代箫韶》、《节义廉明》,均内廷所编。时有南方人名宦妇某与缪嘉惠,皆少寡,选进宫中。某妇善诗文,主编戏;缪善绘画,主教画。

二十六、末代帝后(上)

1. 家庭

溥仪的祖父是道光皇帝的第七个儿子,称醇贤亲王。他的父亲载沣袭醇王爵,他是第二代醇王的长子。他三岁时,被慈禧太后接进宫中,定为嗣皇帝。入宫两天后,光绪皇帝与慈禧太后相继去世,他便登极为皇帝,年号宣统。不到三年,辛亥革命爆发,隆裕太后代他在养心殿宣布退位。

荣禄是慈禧太后一生的知己,他们在重大历史关头,结下了生死情谊。光绪二十八年(1902年),慈禧太后将荣禄的女儿指婚给光绪皇帝的弟弟载沣。这一举动,明白事理的宫人和王公大臣能够猜测出慈禧太后的用意。光绪二十九年(1903年),美国女画家卡尔为慈禧太后画像,卡尔写道:"荣禄夫人膝下有一个女儿,抚养成人,已经嫁与光绪之弟醇贤亲王为妻。若能生出一个男孩。则将来入继光绪之大统,亦未可知。"

醇亲王载沣与荣禄的女儿瓜尔佳氏,果真生下儿子,这位长子就是溥仪。溥仪的祖父醇亲王是道光皇帝的第七子,是咸丰皇帝的第七弟。溥仪的父亲载沣,是醇亲王的第五子,醇亲王的第二子就是光绪皇帝。这样,溥仪是道光皇帝的曾孙,是咸丰皇帝的孙子,是光绪皇帝的亲侄儿,是醇亲王的嫡孙。同样,溥仪是慈禧太后亲妹夫的孙子,也是军机大臣荣禄的外孙。

光绪三十四年十月二十日(1908年11月13日),乳母王焦氏奉旨将溥仪抱入皇宫。这一天的傍晚,溥仪被抱到西苑仪銮殿(今中南海怀仁堂),病危中的慈禧太后正躺在那里。慈禧太后靠在帏帐后面的卧榻上面,看见刚刚3岁的溥仪,她伸出手来,想抱一抱。小溥仪被慈禧太后这张脸吓住了,这张脸苍白、丑陋、狰狞,小溥仪吓得浑身颤抖,放声大哭。两天后,光绪皇帝与慈禧太后相继去世。十一月初九日(11月24日),三岁的溥仪在养心殿举行登极大典,正式入主帝位。

2. 宣统皇帝

清宣统皇帝溥仪,字浩然,自己取英文名字叫亨利。他山……光绪三十二年正月十四日(1906年2月7日),属马。他三岁时,奉慈禧太后懿旨登上皇帝宝座,在位三年,是中国少有的幼年登基、幼年逊位的皇帝,人称清逊帝。1967年去世,终年61岁。年号宣统,意思是宣传、弘化皇帝统绪。溥仪是清末代皇帝,也是中国历史上帝制时代的最后一位皇帝。宣统皇帝溥仪的一生是痛苦而艰辛的,没有哪一位末代皇帝像他那样经历过那么多的坎坷和磨难。

清宣统元年(1908年)十一月初九日,末代皇帝溥仪在养心殿举行了隆重的登基大典,年号宣统。清朝历史上,有数位皇帝是幼年、少年即位的,但是,以婴幼儿的年龄登基,溥仪却是唯一的一位。三岁的婴幼儿对一切都懵然无知,没有任何辨识能力,突然置身于一个十分陌生的环境,在空旷阴凉的太和殿中,面对皇帝宝座下一排排大臣和殿外黑压压的人群,听到殿外突如其来的钟鼓声,幼年登基的小皇帝溥仪感觉非常恐惧,立即就大声地哭了。就这样,末代皇帝在太和殿的登基大典,在小皇帝的哭声中开始,也在小皇帝的哭声中结束。

登基以后的小皇帝溥仪,在后宫和皇帝临政的养心殿度过了三年懵懂无知的时光,朝政由其父亲摄政王载沣和隆裕皇太后主持。严格来说,宣统年间的中国政局,清皇室已经无法主持了,大清王朝风雨飘摇。宣统年间,皇帝虽然是幼年,但王朝的政务一切照常运转。养心殿正堂高高悬挂着"中正仁和"大匾,大匾之下,就是皇帝雕龙宝座和御案,御案上摆放着皇帝御用的文房四宝。东侧设立摄政王坐席,坐席之前,也设置桌案。大臣进入养心殿,先要在御坐前跪拜,叩见宝座上的主人。当然,坐在宝座上的主人,并不一定就是幼年皇帝溥仪。跪拜之后,大臣起身进入东暖阁。摄政王载沣也在这里,以主人的身份接见臣工。走下宝座的溥仪,在后宫中过着自己养尊处优的小皇帝生活。

清宣统三年(1911年)旧历七月十八日,小皇帝溥仪六岁。按照清宫惯例,隆裕太后为他选好师傅,开始在紫禁城东部斋宫右侧的毓庆宫读书。毓庆宫是清宫太子、皇子的读书学堂,这里曾是嘉庆皇帝的寝宫,也是光绪皇帝小时念书的地方。小皇帝溥仪的师傅都是从全国选出的一流儒学大臣,他们品学兼优。溥仪的汉文老师是陆润庠、陈宝琛、朱益藩、徐坊、梁鼎芬;满文老师是伊克坦。陆润庠是江苏元和(今吴县)人,他是清代末期较为著名的状元,担任朝廷要职,历国子监祭酒、工部尚书、吏部尚书,官至东阁大学士。同时,他也是一位专心实业的工业资本家,他在苏州创办了中国最早的纱厂、丝厂。时至今天,在故宫博物院的一些宫院之中,还能见到这位状元的许多墨迹。可惜的是,他教小皇帝溥仪不到一年,便去世了。

陈宝琛,福建人,也是福建一位有名的才子。同治年间,陈宝琛中进士,刚刚 20 岁时,这位才华出众的进士就点了翰林。超凡出众的才华铺就了陈宝琛的锦绣前程。他的政绩不错,在官场沉浮不定。他以直言敢谏而驰名,尤其是拜相入阁以后,他依然大胆进言,经常惹怒慈禧太后。慈禧太后对他十分恼火,后来,就彻底冷遇他,最后,他被迫归隐乡里。溥仪的英文师傅庄士敦曾这样评述陈宝琛:1919 年,陈宝琛约 72 岁。他风度优雅,富有魅力,精力旺盛,身体健康。他是著名的诗人,书法也享有盛誉,同时,又是一位学识渊博的学者。

末代皇帝溥仪成年以后,回忆说:对我影响最大的师傅,首先是陈宝琛,其次是后来教英文的英国师傅庄士敦。陈宝琛是一位精通中国传统文化的学者,也是一位有着传统道德标准的儒学通才,他以渊博的学识、严谨的治学和高尚的品格影响着少年皇帝溥仪。陈宝琛学识的积累,某方面应当归功于慈禧太后对他的冷遇:他归隐长达二十余年,一直潜心研究儒家经学、史学,颇有心得,成果丰硕。同时,他还研习诗词、书法,成为一代大家。陈宝琛出身于官宦世家,从小过着养尊处优的生活。他个人就曾拥有两处幽静的山庄,其中之一,就是福州附近的鼓山。他在那里过他的隐士生活,经常邀请朋友们在那里聚会,他们秉烛谈诗,直至深夜,甚至通宵达旦。他的诗词很优美,充满了对山川、风物、天空和溪流的欣赏和赞美。可惜的是,他的这种名士之风没有影响或传导给小皇帝溥仪。

1911 年公历 10 月 10 日,在大清王朝的心脏之地爆发了武昌起义。随后,中国民主革命的先驱孙中山在南京宣布成立临时政府,要求清帝退位。这样一个民主革命的历史契机,却被窃国大盗袁世凯所利用,他以国内最为强悍的北洋军系作为后盾,一方面要挟南京临时政府,一方面威慑日暮途穷的清王朝。在袁世凯的威逼和利诱下,隆裕太后接受了清帝退位的条件。多年后溥仪回忆当时的情景:"有一天在养心殿的东暖阁里,隆裕太后坐在靠南窗的炕上,用手绢擦眼,面前地上的红毡垫上跪着一个粗胖的老头,满脸泪痕。我坐在太后的右边,非常纳闷,不明白两个大人为什么哭。这时殿里除了我们三人,别无他人,安静得很,胖老头很响地一边抽缩着鼻子一边说话,说的什么我全不懂。"

宣统三年农历十二月二十五日,即公元 1912 年 2 月 12 日,隆裕太后率宣统皇帝在养心殿正式发布了清室退位诏书。退位诏书云:

今全国人民心理,多倾向共和,南中各省,既倡议于前,北方诸将,亦主张于后。人心所向,天命可知。予亦何忍因一姓之尊荣,拂兆民之好恶。是用外观大势,内审舆情,特率皇帝将统治权,公诸全国,定为共和立宪国体,近慰海内厌乱望治之心,远协古圣天下为公之义。

这是清王朝颁发的最后一道诏书。

二十七、末代帝后（中）

1. 挑选皇后

溥仪是 1906 年旧历正月十四出生的,在他刚过 15 周岁时,宫里的老太太们便闲不住了,张罗着皇帝的大婚,太妃们把溥仪的父亲醇亲王载沣请到宫里商议了好几次,并召集了十位王公讨论此事。据溥仪回忆说,从开始议婚到最后成婚,前后历时近两年的时间,在这期间皇后还没有确定,两个老太太——溥仪的生母和庄和太妃却撒手人世。由于时局的变幻莫测和动荡不宁,师傅们多次劝谏大婚从缓,再加上在世的几个太妃卷入情形十分复杂的争执,使得这最后一个皇宫帝后大婚变得微妙而复杂,一波三折,几起几落。

庄和太妃去世后,宫里主要有三个太妃主事:荣惠太妃没什么主见,由谁来立皇后都行;敬懿太妃是同治皇帝的妃子,总是抬出当年慈禧太后遗嘱的话"承继同治、兼祧光绪",认为宣统帝是继承同治的帝位,所以应当由她来推选皇后;隆裕太后(光绪皇后)在世时就不睬敬懿太妃的这一套,因她主持宫中事务,不仅没有尊重敬懿太妃,反而把她打入了冷宫;隆裕太后去世后,袁世凯干涉皇宫内政,指定端康太妃继承隆裕的权力主持宫中事务,端康太妃想找个自己的亲系女子册立为皇后。这样,敬懿太妃、端康太妃互不服气,也互不相让,为选婚闹得乌烟瘴气。溥仪的两位掌握兵权的叔父各支持一个太妃,上下奔走,使得宫廷更为热闹。

究竟选谁做皇后,当然由皇帝说了算。宫里的规矩是:让候选的女子排成一排,由皇帝和太后挑,选中的递上玉如意(一说系荷包于其扣上)即可。可到民国时代了,王公大臣们觉得,让人家闺女站成一排挑来挑去,不太妥当,便改为排照片,看准后,用铅笔做个记号。候选的四个女子即蒙古王公阳仓扎布家、满洲都统衡永家以及荣源家和端恭家的,照片一同送到养心殿。溥仪说:在我看来,四个人都是一个模样,身段都像纸糊的桶子;每张照片的脸部都很小,实在分不出丑俊来,如果一定要比较,只能比一比旗袍的花色,谁的特别些。

15 岁的溥仪没什么标准,便胡乱地在一张似顺眼些的相片上用铅笔画一个圈,交差了事。这个女子就是满洲额尔德特氏端恭的女儿文绣,比溥仪小 3 岁。文绣是溥仪的六伯父海军大臣载洵推荐的,是敬懿太妃中意的姑娘,敬懿十分高兴。但这个结果令端康太妃就不满意了,她不管三七二十一,强行让王公们劝溥仪,重选她推选的满洲正白旗敦布罗氏荣源的女儿婉容,理由是文绣长得不好,家境清苦,而婉容长得美丽,家境富裕。

婉容是禁卫军大臣载涛推荐的,端康太妃中意。溥仪听从劝告,用铅笔在婉容相片画个圈,重选与溥仪同岁的婉容为皇后。这一下,敬懿、荣惠两太妃又不乐意了。太妃、王公们争执不下,最后荣惠出面说:皇上圈过文绣了,她不能再嫁平民,就纳为妃吧。溥仪想不通怎么一下子有了两个老婆?不大乐意。王公们劝说,溥仪让步,这一后一妃就这么定了。

后、妃刚确定,1922 年 3 月 11 日的《宫门抄》便发出通告:荣源之女郭佳乐(婉容)立为皇后。但这并不意味着结婚。庄士敦说:中国皇帝婚礼的一个奇怪特点是,一位青年妇女晋为皇后,并不是由于她嫁给皇帝这个事实而自然形成的,而是由于皇帝发布命令造成的。命令一旦发布,她即成为皇后,尽管发布上谕的时间和举行婚礼的时间之间也许要消磨好几个月。

宣布立后的同时,《宫门抄》也宣布了选额尔德特氏(文绣)为淑妃。这一结果令汉族忠臣大失所望,他们希望皇帝能娶汉人为皇后以扭转乾坤,而甚嚣尘上的传言是皇上的新娘非徐世昌总统之女莫属。3 月 14 日的《宫门抄》又发出双重婚礼通告:荣源为其女儿晋为皇后已谒见皇帝,当面致谢,文祺为其侄女额尔德特氏被封为淑妃感到荣幸,已通过内务府代向皇帝致谢。皇后之父被赐各种恩典,授头品顶戴,送御前侍卫,赐紫禁城骑马。不久,他升为内务府大臣,晋升公爵。

2. 婚前变故

3 月份刚举行纳采礼,一系列变故发生。直奉战争爆发,中原烽火连天,婚礼便拖了下来。直拖到 12 月 1 日,徐世昌总统下台,黎元洪再次出任总统。纷繁变幻的时局,令疲惫憔悴的溥仪皇帝作出了惊人的决定:要求庄士敦立即带他去英国公使馆,打算一到使馆,便通电全国,放弃帝号、特权和民国的津贴。庄士敦在给一位通晓英语的前清官员的一封信中,详细地说到此事:皇帝于上午从电话中得悉我已返回,遂派机要通讯员送来一纸用铅笔写的中文便条,让我于当日下午三点钟到宫中他的私邸去见他。他还令我准备两部汽车同时在东华门外等候,但是没有说明原因。最后,他要求我对他写的便条要在皇室和其他几位师傅中间绝对保守秘密。我按照指定的时间乘坐自己的汽车前去进宫,并命令第二辆汽车开出……我发现皇上正在养心殿等着我。我们会面时没有第三者在场。会见持续了一个多小时,这是我有生以来经历过的这类最尴尬的场面之一。首要的一点是,皇上希望我把他带到英国公使馆去。他已如此明确地下定了决心,甚至连着首先同我讨论的余地都没有。这就是他要我准备两部汽车的原因。我和他同坐一辆汽车,他的几名侍从坐另外一辆汽车紧跟其后。皇上接着讲道,一旦到达使馆,他即打算通电中国人民.说明他对继续留在无所事事、只领国家津贴的这个位置上感到羞耻,不仅愿意放弃民国政府曾经作为退位代价而付给他的 4000000 元津贴,而且也愿意放弃他的帝号和包括占据皇宫特权的一切有关的权利。

庄士敦对选婚之间和徐总统下台之后,皇帝突然宣布要离宫出走这一戏居性变化,感到十分惊奇。皇帝为什么要这样做?为什么忽然之间要放弃津贴和帝号?庄士敦认为有四个原因:1.皇帝是聪明而富有思想的,而且是一位博览各种政治见解的人。他对中国的现实情况比许多成年人知道得更多,对他自己的地位也不存在任何幻想。他越来越强烈地感到,不做任何工作而白拿国家的巨额津贴是一种耻辱。2.皇上对他所了解的整个宫廷的腐败现象越来越感到厌恶。3.极端的共和主义者所谓的旧国会或某种类似的议会代议制在不久的将来有可能恢复,而帝号和津贴的废弃有可能被提出来。4.皇帝现在的处境对其身心是有害的。庄士敦分析了当时的时局和由此可能出现的后果,理由充分地说服了溥仪放弃了自己的打算。

3. 筹备大婚礼

皇帝的大婚礼很隆重,一直在紧锣密鼓地进行准备。清廷任命了 4 名大婚礼大臣:贝勒载涛总办,帝师朱益藩和内务府大臣绍英、耆龄为副。随之成立大婚礼筹备处。设定照同治大婚礼的规模,简肃而隆重。但即便一切从简,也得40 万元。内务府府库空虚,这笔经费从何而来?清室与民国政府磋商,要求把历年所欠的清室优待费先拨 40 万应急,但得到的答复是:方今国库空虚,碍难照办,请另行筹措。清室只好变卖珍宝。报纸一披露,天下哗然。最后,只好改用抵押,用 40 多箱金银器皿作抵押向英国汇丰银行筹借经费。民国政府财政部送给清室一封致歉的信,说特意从关税款内拔出 10 万元给清室筹办大婚,其中 2 万元算是民国的贺礼。

10 月 21 日,举行纳采礼,以礼亲王诚坤、睿亲王中铨任纳采正、副使。礼亲王骑马在前,睿亲王手中持节,一行人从乾清宫出发,后面是大队的仪仗和采礼。但京师市民看见的却是一支不伦不类的纳采队伍:分两行随行的是手持黄缎龙旗和木牌、木棍的仪仗,持节使后是一把黄伞和雕鞍锦鞯、鞍上覆盖黄色绒毯的4 匹黑马、白马;采礼是木亭、锦匣、绍兴酒和果品,采礼队列的最后是全身染成红色的 40 只绵羊,纳采队伍走到神武门后,步军统领衙门和保安队的 300 人的马队在前开路,宗人府和内城守卫队三起乐队随行奏乐——马队和乐队的人员,全都身穿民同的服装,背挎洋枪马刀,吹打洋鼓洋号。纳采队伍在人们的嬉笑声中,直奔荣公府(荣源封为承恩公)。

4. 皇帝大婚

11 月 12 日,举行大徵礼。筹备处发布消息,定于 12 月 1 日举行大婚。11 月 29 日,清室举行册封淑妃文绣的仪式,迎文绣入宫。11 月 30 日,举行册封皇后典礼,由礼亲王诚坤、怡亲王毓麒为正、副使。12 月 1 日,举行大婚典礼。溥仪身穿袍褂,来到乾清宫。满蒙王公和遗老们齐集宫内。恭亲王奕䜣的长子庆亲王载振和郑亲王昭煦任正、副使,御前侍卫衡永等 8 人随行,带着大队迎亲人马前往荣公府。蒙古亲王那彦图、蒙古郡王贡桑诺尔布和宗室载泽、溥信 4 个御前大臣在乾清宫照料一切。新郎溥仪派人把一柄如意放在凤舆里。24 人抬的大凤舆涂金的轿顶,正中一只很大的金凤凰,凤背上一个小金顶,周围 9 只小金銮嘴里都衔着长长的黄丝穗;鹅黄色缎子轿围,上绣抱着红双喜字的蓝凤凰。

大婚使用的是全副卤簿仪仗;伞棍、旗、牌、金瓜、钺、斧、节、扇和各百余对的牛角、大鼓。队伍至神武门,增加五起军乐队和民国步、骑卫队及禁卫军警察中队 2000 人。队列中有一座银顶黄缎轿和三辆银顶黄缎旧式马车,都是空的。这是备皇后日后私人使用的。队伍中较引人注目的是 60 人手提的大宫灯、70 余人肩扛的龙凤旗伞和无数仆役抬着的装金册、金印、新娘嫁妆的黄龙亭。

皇后入宫的时间预定在 1 日凌晨 4 时。满人的婚礼不同于汉人,都是在夜间举行,因为这个时辰,月亮几近饱满,月光明亮,天空澄澈无云,大地静寂无声,乾坤朗朗。凤舆从乾清宫出发,浩浩荡荡地在夜色中行至皇后家。銮仪卫轿夫将凤舆抬至前院,转由太监抬至内堂正厅,放在一个角落,使之面朝东南——此时此刻,这里由"福星"统辖。新娘早已梳妆打扮完毕:梳着双髻,戴上双喜如意,身穿龙凤同合袍,头上盖着精绣龙凤的红盖头,手里拿一只苹果。女官请新娘升入凤舆就座。太监们抬出内堂,在大门口转交给轿夫。大婚队伍启程,向紫禁城进发。新娘没有家人陪伴,只有她的父亲跪在大门外的红毯上送行。

队列行进在北京的街上。月亮西沉,夜色一片漆黑。街上的电灯稀稀落落,忽明忽暗。街道上挤满了人,他们通宵未眠,就为了一睹这最后一次的大婚盛况。凤舆经过的街道中央,都撒满了黄色的沙土,街道上干干净净。坐在凤舆中的新娘婉容忐忑不安,心情十分迷惘和复杂。队伍从东华门中门进入皇宫,一直走到乾清宫大门。凤舆在汉白玉台阶下落地。太监接替轿夫,将凤舆抬进乾清宫丹墀,停在龙座前。龙座两边是王公、福晋、侍女、太监、内务府大臣和高级官员。

5. 洞房花烛夜

王公和官员退避之后,新娘在福晋、命妇、太监的照应下走出花轿,通过乾清宫后门,来到洞房之地的坤宁宫。16 岁的丈夫溥仪正在坤宁宫迎候。福晋和命妇早已布置好了洞房:龙凤喜床上是绣工精细的锦缎被褥,上面绣着龙凤呈祥的图案,正中放一只宝瓶,瓶内装着珍珠、宝石、金银钱币和五谷,四角各放一柄如意。

过了大火盆和马鞍的新娘,由载涛的福晋接过她手中的苹果,换上宝瓶。溥仪在洞房中隆重而小心地揭掉新娘遮面的盖头,这位新郎这才第一次见到自己16 岁的新娘,原来确实十分的美貌。随后是合卺礼和合卺宴。皇宫热闹非凡,并从次日起三天三夜唱大戏恭贺助兴。

溥仪这样回忆他的洞房之夜:行过"合卺礼",吃过了"子孙饽饽",进入这间一片暗红色(坤宁宫洞房)的屋子里,我觉得很憋气。新娘子坐在炕上,低着头,我在旁边看了一会,只觉着眼前一片红:红帐子、红褥子、红衣、红裙、红花朵、红脸蛋……好像一摊溶化了的红蜡烛。我感到很不自在,坐也不是,站也不是,我觉得还是养心殿好,便开开门,回来了。我回到养心殿,一眼看见了裱在墙壁上的宣统朝全国各地大臣的名单,那个问题又来了:我有了一后一妃,成了人了,和以前有什么不同呢?被孤零地扔在坤宁宫的婉容是什么心情?那个不满 14 岁的文绣在想些什么?我连想也没有想到这些。我想的只是:如果不是革命,我就开始亲政了……我要恢复我的祖业!

6. 大婚贺礼

12 月 3 日,举行了盛大的受贺礼。皇帝升人乾清宫宝座,接受王公、大臣和民国要员的祝贺。大部分穿着满洲的礼服和朝服,民国的官员们穿西服、燕尾服。许多报纸对热闹的皇宫发出严正的声讨和批评。尽管如此,也挡不住王公大臣的兴高采烈,许多遗老、旧臣如惊蛰后的虫子再次成群飞向北京、汇集在皇宫四周。遗老遗少和太妃们大为兴奋,他们最得意的是民国的要人和东交民巷的外国客人——这辛亥革命以后皇宫中第一次出现的外国官方客人。为了答谢外国观礼的客人,按庄士敦的意思,溥仪在乾清宫特意安排了一个酒会。张勋时的外务部大臣梁敦彦拟定了英文谢词,由溥仪缓慢而清晰地念诵:今天在这里,见到来自世界各地的高贵客人,朕感到不胜荣幸。谢谢诸位光临,并祝诸位身体健康,万事如意。

值得一提的是,皇帝收到大量大婚礼物,仅现金就一百多万元。内务府印行的"红册"上记载了贺礼的名称和送礼人。孙中山和革命党人没有送礼。王公、宗室、帝师、内务府官员和旧臣都列名册中。一位前清官员为了对故主表示忠诚,不顾家境贫困,将家中惟一的珍品——一本家藏200余年的传家宝、康熙皇帝的手书《千字文》送作贺礼。绝大多数送礼的人签署:臣某某恭进。民国的官员则大多不称"臣",只写"呈进"、"恭进"。例外的是,颜惠庆博士同张勋、张海鹏这样的"忠臣"一样写上"跪进"。

最引人注目的是民国要人的贺礼和社会各界名流的礼品。大总统黎元洪在红帖子上写:"中华民国大总统黎元洪赠宣统大皇帝。"礼物共8件:珐琅器4件,绸缎2件,帐1件,对联一副——"汉瓦当文,延年益寿;周铜盘铭,富贵吉祥。"前总统徐世昌送贺礼2万元,还有许多贵重物品,包括28件珍贵瓷器、一张名贵的龙凤地毯。基督将军冯玉祥送了一柄白玉大喜如意。张勋送1万元。

民国著名官员吴佩孚将军、王怀庆将军、蔡廷幹海军上将、曹锟将军和颜惠庆博士送了礼金和礼物。张作霖、吉林总督、黑龙江总督各送1万元。富豪遗老陈夔龙、李经迈送呈钻石珠翠。"文圣"康有为送银元1000元和磨色玉屏、金屏、拿破仑婚礼时用的硝石蝶以及一副亲笔对联:"八国衣冠瞻玉步,九天日月耀金台"。溥仪的堂兄弟、英文伴读溥佳送一辆自行车,引起了溥仪的极大兴趣,很快学会后,便开始骑车游荡宫中。

二十八、末代帝后（下）

宣统皇帝溥仪先后有四个妻子,一个皇后和三个妃子:皇后婉容是正白旗郭布罗氏荣源的女儿,其娘家居住在北京什刹海南罗鼓巷帽儿胡同。溥仪在新婚之夜回养心殿后,将婉容独自留在坤宁宫。此后,溥仪也很少与婉容同居。溥仪在日本扶植下称帝的伪满洲国,一度打算废掉皇后,并借口去旅顺避寒,想将婉容留在旅顺,因日方不同意这才作罢。

溥仪将妹妹二格格韫和、刘太监、崔小姐安排在婉容身边,严密监视其言行,随时通报给溥仪。婉容的中文老师是陈曾寿,英文老师是任萨姆和师盈。婉容的老师和身边的人都很厌恶尖嘴姑长舌妇韫和。陈曾寿的长女邦巽、次女邦荃、儿媳毓倩文常入内陪伴婉容,陈曾寿总是再三叮嘱她们,对婉容讲话要特别小心,以免二格格搬弄是非。

婉容有眼病,畏光,见人时常以折扇挡住脸,通过扇缝看人。她还有神经病,又吸食鸦片。犯神经病或鸦片瘾发时,她的样子很吓人,但正常的时候,她显得温文尔雅,说话很幽默风趣,有条有理。婉容天生丽质,通习琴棋书画,对新鲜事物不乏热情和兴趣。她闲居宫中,看了许多新文化方面的书籍。她请了两位英文教师,对西方文化了解了一些,她还和溥仪用英文写信,溥仪替她取英文名字伊丽莎白。

离开紫禁城后,婉容生活十分苦闷。溥仪的冷漠无情和环境的险恶压抑都加重了婉容的病情,她很快便以吸食鸦片排遣寂寞。后来,她与侍卫发生了逾越雷池的事情,并怀孕生下了女儿。溥仪烧死了女儿后,婉容更是痛不欲生。婉容精神失常,终日以烟为伴,蓬头垢面。日本投降,婉容被溥仪遗弃于逃跑途中。1946 年 8 月,婉容去世,终年 42 岁。

端妃文绣与婉容同时入宫,时年不满 14 岁。溥仪逃亡天津。文绣向溥仪提出离婚,溥仪不同意。文绣向法院申诉,溥仪终于同意离婚,给生活费 5 万元,条件是不许她再婚。后来她在某小学任教,终身不再结婚。她所得 5 万元生活费,被律师、家人等克扣、占用,所剩无几。她的哥哥曾在《天津商报》发表公开信指责她:"我家受清帝厚恩二百余载,我祖我宗四代官至一品,且慢云逊帝对汝并无虐待之事,即果然虐待,在汝亦应耐死忍受……"

庆贵人谭玉龄,是北平一中学生,1937 年被选入伪满洲国的皇宫,册封为庆贵人。溥仪在 4 个妻子中,与庆贵人最好,但庆贵人还是感叹:我还不是守活寡!庆贵人常告诉溥仪,日本人在东北残杀中国人,别信他们共存共荣的谎言。日本人恨庆贵人,视她为眼中钉,欲除之而后快! 1942 年,她得了伤寒,日本人乘机将她害死。溥仪很悲伤,追封她为明贤贵妃。

福贵人李玉琴是 1943 年 2 月入伪满洲国的皇宫的,时年 15 岁,很快册为福贵人。李玉琴曾问溥仪,为什么不选个大点的姑娘,偏选我这样的小孩子? 溥仪诚恳地说:"庆贵人是被日本人害死的,日本人拿了许多日本姑娘的照片要我选一个,我被他们管得够呛,床上要再睡一个监视我的,受得了吗? 可中国姑娘,大一些的可能被日本训练,小些的,容易调教过来!"

李玉琴选自长春女子学校。溥仪对这个贫寒人家的女儿很喜欢,常表示:祸福与共,不能同生,但愿同死;海枯石烂,永不分离。两年后,伪满洲国垮台,李玉琴随溥仪出逃,在通化大粟子沟,她和婉容一样被抛弃。

后　记

　　1979 年，当我迈进武汉大学风景如画的校园的时候，经历过浩劫的文化中国正在复苏，开始步入一个光明的、充满梦幻般希望的新时代。子在川上曰：逝者如斯夫，不舍昼夜。时光，真是如白驹过隙。我们这代人，从总体而言是躬逢盛世，但就某些个体来说，也是蹉跎岁月。说到躬逢盛世，是指我们有机会参加高考，顺利地进入大学深造，在风华正茂的岁月开始从事学术研究，继承前人被一度中断的事业，在充分掌握大量的、第一手的、真实资料的基础上，继承和发展国学，怀着惶恐和敬畏之心，迎接一个新的儒学时代的到来。说到蹉跎岁月，其实，是一种人生煎熬。

　　1983 年，我从武汉大学毕业，到故宫博物院工作，真是很幸运，也是我一生的福气。我在故宫工作，主要关注的是中国君主。如果说，我较喜欢哪个历史人物，我想，自然应该是君主了，比如，皇帝是乾隆皇帝，女皇是武则天、慈禧太后。因为，他们作为最高统治者，执政长达半个世纪，几乎可以代表一个时代。乾隆的文治武功，在中国历史上是无人能出其右的，比如《四库全书》、《满文大藏经》、十全武功等。他的成就和功绩令人敬仰，至今仍惠及华夏儿女。武则天在男权社会的中国君主席上占有一席之地，而且干得有声有色，可圈可点。比如说，唐代的疆域，在她的手上，翻了一倍，很好地完成了中华各民族的大融合。可以说，她活得很有个性，令人钦佩。慈禧太后，一个颇有争议的历史人物，叱咤风云半个世纪，为后世留下了一大堆历史疑团。

　　二十余年来，我一直默默地在红墙碧瓦的宫院之中，从事宫廷历史、宫廷版本方面的研究。每当从落满尘土的古书中发现一篇有价值的文章、一件令人惊叹的史料，就会欣喜若狂。每当从厚厚的尘土中发现一份档案、清理一部部古书，再一一进行著录、编目，就会有一种相见恨晚的感觉。最初的时候，我也觉得奇怪，许多人都在躁动不安的经济时代奋不顾身地投身到商海之中，我怎么能如此平静地坐在这紫禁城中,在万籁俱寂的宫殿,踩着皇太后曾经无数次走过的金砖,一头埋进故纸堆中,徜徉于数百年的风云历史,与古人对话,替皇帝分忧? 可是,当我真正接触到一部部明黄缎面的古籍,看到一件件档案中那沉默的史迹时,我突然明白了,历史就是人生,历史是鲜活的。这就是我想要的生活,这也正是我想要的工作环境,它虽然寂寞,但我知道如何工作,如何在工作之中享受。

在整理宫廷古籍和珍贵档案时,我常常感叹,中国历史真是独一无二的,我们的文明史之所以没有像古代其他文明那样中断,其主要的原因之一就是文字的力量,儒学的力量。越积越厚的文化遗产,令那些曾以暴力手段夺取政权的帝王们为之叹服,为之花费一生的精力和大量时间虚心学习,孜孜不倦,乐此不疲。从古书中感觉历史,从档案中感受历史,从文字中感知历史,历史是鲜活的,历史人物就在眼前,触手可及。翻开那些纸质变黄的宫廷古籍和墨香犹存的档案文献,你会觉得,历史并不遥远,皇宫生活仿佛就在眼前。有一次,我翻开清逊帝溥仪的练习册,看到他在空白的练习册上,用铅笔十分清楚楚却歪歪扭扭地写道:溥佳是个疯子。风光两百余年的大清在溥仪手中灭亡了,可是,还是孩子的溥仪,不知道丢失江山的悲痛和羞耻,更不知道、也不会理会成群的遗老遗少正在为失去的荣耀而长吁短叹。孩子就是孩子,不管是帝王之身还是平民百姓。

每天,像上朝一样,穿过长安街,进入西华门,供职于宫中。坐拥书城,面对先贤,我常常感慨万端。我极敬佩那些孜孜不倦从事国学研究和那些为民请命、默默无闻工作的学者、长辈,佩服他们的人品、学识。我对生活要求不高,只期望每天能看看书,有所收获,能够不断地丰富自己,充实自己,努力让自己成为一个对社会有用的人,一个充满感恩、知足常乐的人,一个回忆青春往事不后悔的人,如是而已。工作之余,我查阅了大量的宫中文献、档案和有关资料,熟悉皇宫生活的每一个细节。《皇宫红档》是在故宫工作二十余年来完成的一部有关宫中后妃的作品,是一部历朝后妃的全景生活记录。书中,既借鉴了大量的档案、史料,也参考了相关专家的最新研究成果,参考书目太多,不一一列出,在此一并致谢。

诗人杜甫说:文章千古事,得失寸心知。 人,不可能永生,但是,文字,却能够超越千百年的时空。

衷心感谢读者,敬请不吝赐教。

向 斯

2014 年 8 月 26 日